Vorwort

Fast jede Epoche der Menschheitsgeschichte hat Meisterwerke der Baukunst hervorgebracht, die in ihrer Art einmalig sind und von dem Können ihrer Schöpfer zeugen. Jedes Land, jede Kultur, jedes Zeitalter schufen bleibende Denkmäler, die auch nach Jahrhunderten oder gar Jahrtausenden noch Bewunderung und Erstaunen hervorrufen.

Wohl kaum jemand vermag die Zahl der meisterhaften Bauwerke zu nennen, die der Mensch im Lauf seiner langen und abwechslungsreichen Geschichte geschaffen hat, und ebensowenig reicht ein Menschenleben aus, um sie alle aufzusuchen und zu studieren. Daher vermag auch dieses Buch nur einige, wenngleich die schönsten und erstaunlichsten Wunderwerke von Menschenhand vorzustellen.

Doch was läßt ein Bauwerk zum Wunderwerk werden? Oder anders gefragt: Was ist einem Monument wie Stonehenge und einer Bohrinsel wie Ekofisk gemeinsam? Es ist zunächst einmal die Herausforderung, die beide Werke an die technischen Möglichkeiten der jeweiligen Zeit stellten. Doch dies ist gewiß nicht der einzige Grund. Ein zweiter, nicht weniger wichtiger Gesichtspunkt sind die zeitlose Schönheit und Harmonie, die ein Bauwerk ausstrahlt. Architektonische Meisterwerke wie die Alhambra oder der Tadsch Mahal faszinieren noch heute, in einem Zeitalter eher nüchterner Eleganz, jeden Betrachter. Und nicht zuletzt zeugt ein Wunderwerk von der schöpferischen Kraft des Menschen, die sich in der Originalität und richtungweisenden Beispielhaftigkeit eines Baudenkmals ausdrückt.

Jedes Bauwerk trägt aber auch deutliche Merkmale jener Zeit, in der es entstand. Daher genügt es nicht, nur seine Form und seine Funktion zu beschreiben, sondern man muß auch den historischen und kulturellen Zusammenhang, in dem es steht, aufzeigen.

Und so bietet dieses Buch jedem etwas: Den Reiselustigen führt es in fremde Länder und zu fremden Kulturen, den an Architektur Interessierten macht es mit bautechnischen Verfahren und charakteristischen Stilmerkmalen bekannt, und dem Leser, der mehr über geschichtliche Zusammenhänge erfahren möchte, vermittelt es einen Einblick in die jeweilige Epoche, der ein Wunderwerk zuzurechnen ist. Aber auch der Ästhet, der sich vor allem für die Schönheit und Harmonie eines Baudenkmals begeistert, wird fasziniert sein, denn zahlreiche herrliche Bilder ergänzen den Text.

Inhalt

Befestigungsanlagen

Die Chinesische Mauer

Grenzwall gegen die Welt der Barbaren

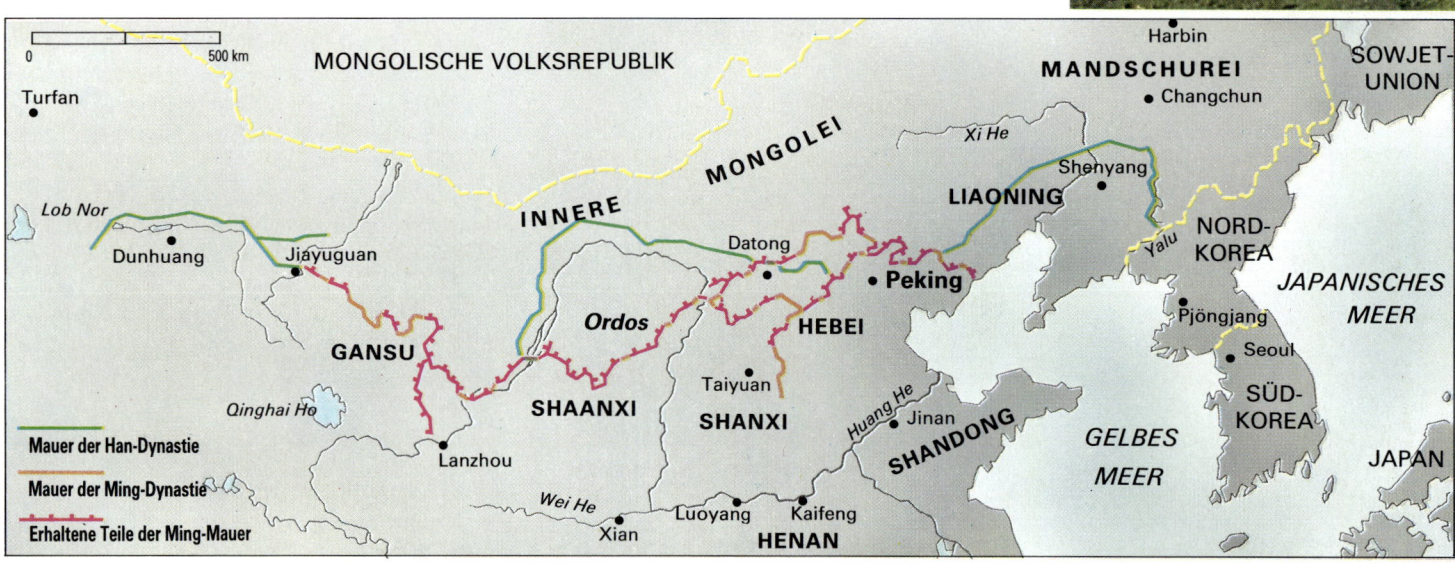

Karte mit Legende:
- Mauer der Han-Dynastie
- Mauer der Ming-Dynastie
- Erhaltene Teile der Ming-Mauer

MONGOLISCHE VOLKSREPUBLIK · Turfan · Lob Nor · Dunhuang · Jiayuguan · INNERE MONGOLEI · Datong · Ordos · GANSU · Qinghai Ho · Lanzhou · SHAANXI · Taiyuan · SHANXI · Wei He · Xian · Luoyang · Kaifeng · HENAN · HEBEI · Peking · Huang He · Jinan · SHANDONG · Harbin · MANDSCHUREI · Changchun · Xi He · Shenyang · LIAONING · Yalu · NORD-KOREA · Pjöngjang · Seoul · SÜD-KOREA · SOWJET-UNION · JAPANISCHES MEER · GELBES MEER · JAPAN · 0 500 km

Die Große Mauer ist zweifellos das bekannteste Bauwerk Chinas. Als Symbol für das Reich der Mitte stellt sie seinen Verteidigungswillen und seine unermeßliche Größe anschaulich dar. Vom Ozean bis zur Wüste durchzieht sie das Land: Sie ist der wohl gewaltsamste Eingriff des Menschen in den Raum.

Ein solches Unternehmen läßt sich zunächst aus dem Zusammenhang von Klima und Kultur erklären. Im äußersten Nordwesten des Fernen Ostens stoßen seit der Jungsteinzeit zwei Welten aufeinander: die Steppe mit ihrem spärlichen Pflanzenwuchs und China mit seinen grünenden Feldern. Diesen beiden Welten entsprechen zwei Gesellschaftsformen: die der Hirtenstämme, die mit ihren Herden in der Steppe nomadisieren, und die der seßhaften bäuerlichen Gemeinschaften, die ihren Lebensunterhalt durch Ackerbau bestreiten.

Im Lauf der Geschichte sind die Gegensätze noch gewachsen: Schon im 1. Jt. v. Chr. drangen berittene Hirtenstämme in das Ackerland ein. Diese Einfälle erschwerten es dem Bauerntum erheblich, im Norden Chinas Fuß zu fassen.

Während sich die verschiedenen chinesischen Staaten herausbildeten, entwickelte man an der Nordwestgrenze eine gezielte Angriffs- und Verteidigungstaktik. Um die Nomaden zurückzudrängen, gaben sich einige dieser Staaten nicht damit zufrieden, kraftvolle Gegenschläge zu führen, sondern bauten auch ein System von Beobachtungsposten auf, um künftige Angriffe rechtzeitig abwehren zu können. Wachttürme wurden errichtet und dann mit Bollwerken verbunden. Der Bau dieser ersten Mauern fand in einer Zeit großer Umwälzungen statt: Damals begannen die kraftvollsten der chinesischen Staaten sich auf Kosten ihrer Nachbarn auszudehnen, weshalb man diese Epoche die Zeit der Streitenden Reiche (481–249 v. Chr.) nennt. Und diese Staaten errichteten Befestigungen auch, um sich voreinander und nicht nur gegen die Barbaren zu schützen.

Die Chinesische Mauer hat also ihren Ursprung in diesen einzelnen Verteidigungsbauten, die fast gleichzeitig – manchmal weit entfernt voneinander – errichtet wurden. Doch die Tradition schreibt ihren Bau dem ersten Einiger Chinas zu, Qin Shihuang

Die Chinesische Mauer, eine über 6000 km lange, ununterbrochene Verteidigungslinie zwischen dem Gelben Meer und der Wüste Gobi, schmiegt sich, wie hier nordwestlich von Peking, den wechselnden Formen der Landschaft an.

Di, der von 221 bis 210 v. Chr. regierte. Als Reichsgründer hatte er die Macht, die Lücken zwischen den bestehenden Mauern zu schließen. Seine Mauer lief entlang der gesamten Nordwestgrenze seines Reiches und markierte endgültig die Grenze zwischen der zivilisierten chinesischen Welt und der Welt der Barbaren.

Die Kosten des Mauerbaus waren unerhört hoch, die Zahl der Arbeitskräfte war enorm. Zwölf Jahre dauerte das Unternehmen, genausolange wie die Herrschaft des Ersten Kaisers. Sein eigentlicher Bauherr, der General Meng Tian, unterwarf zunächst den Nordwesten, dann übernahm er die Leitung der Bauarbeiten. Er verfügte über 800000 Menschen: 300000 Soldaten und 500000 Bauern. Sein Werk wurde die Mauer von 10000 Li genannt (das Wegemaß Li entspricht etwa 644 Metern). Im Westen begann sie in der Provinz Gansu, nicht weit von der heutigen Stadt Lanzhou, umfing dann im Norden das Ordosgebiet, lief entlang der Grenze der Provinz Hebei, schloß die Provinz Liaoning ein und endete schließlich an der Wurzel der Halbinsel Korea.

Unter der Han-Dynastie (206 v. Chr. bis 220 n. Chr.) nahm man das Werk des Qin Shihuang Di wieder auf. In einer Eingabe an den Kaiser Wen (180–157 v. Chr.) beschreibt ein Minister die Lage an der Grenze so: „Die Xiong-nu (Barbaren) leben von Fleisch und Käse, kleiden sich in Felle und haben weder Häuser noch Felder. Sie durchstreifen die Steppe wie wilde Tiere und halten nur an, wo es Gras und Wasser gibt – sonst ziehen sie weiter. Heute haben sie ihre Weide- und Jagdgründe vor Yandai, Shangjun, Beidi und Longxi; dort lauern sie auf die Gelegenheit, bei der geringsten Reduzierung unserer Truppen bei uns einzufallen. Eure Majestät sind besorgt über die Unruhe in unseren Grenzgebieten. Es wäre von Vorteil, unter dem Befehl von Generälen und Beamten dorthin Soldaten zu schicken, um diese Gebiete zu halten, und ihre Familien dort anzusiedeln, damit sie Getreide anbauen und sich für einen etwaigen Angriff der Xiong-nu bereit halten. Bauen wir auch hohe Mauern mit Gräben, und verstärken wir sie von hinten mit Felsen und anderen Hindernissen. An den strategischen Punkten und Durchgängen könnten wir Städtchen mit jeweils 1000 Feuern gründen." Aus diesem Text geht hervor, daß sich die Verteidigung nicht nur auf die Mauer, sondern gleichzeitig auf Orte und Menschen stützte.

An strategisch wichtigen Punkten ist die Chinesische Mauer kein einfaches Band, sondern ein dichtes Netz von Wehr- und Signaltürmen, die auch zur Verteidigung dienten.

Lehren zu ziehen. In der Erneuerung der Chinesischen Mauer sahen sie ein wirksames Mittel, den Einfällen der Nomaden ein Ende zu setzen. Um diese Politik besser durchführen zu können, verlegte man die Hauptstadt von Nanking nach Peking. Fünfmal unternahmen die Ming-Armeen Feldzüge in die Steppe und zündeten diese kilometerweit an, in der Hoffnung, sich der barbarischen Horden auf immer zu entledigen.

Trotzdem blieb die Chinesische Mauer der Schlüssel der Verteidigung. Die neue Befestigungsanlage wurde um 1500 fertiggestellt. Sie unterscheidet sich in den einzelnen Abschnitten stark, je nach Bodenrelief, örtlich verfügbarem Material und den verschiedenen Wiederherstellungen.

Im Westen, in der Wüste, besteht die Mauer aus abwechselnden Schichten von Sand und Kieselsteinen, die von Reisig zusammengehalten werden. Im Ordosbogen verwendete man gestampfte Erde, und zwar in regelmäßigen, zwischen Schalungen gepreßten Schichten. Oft wurde eine Art weißer Ton beigemischt, um das Ganze haltbarer zu machen. Im Gebirge, namentlich in Hebei, liegt über gestampftem Füllmaterial ein Sockel aus mächtigen Steinen, und das Ganze ist von mehreren Schichten großer Backsteine ummantelt. Die Verwendung

Die Chinesische Mauer schmiegt sich an das Gelände; sie paßt sich also den topographischen Gegebenheiten an. Dabei war sie nicht nur ein befestigter Weg, sondern sie war an Schlüsselstellen mit zusätzlichen Verteidigungswerken verstärkt.

In der Mitte des 5. Jh. beschloß man unter der Nördlichen Wei-Dynastie, die immer mehr verfallende Mauer wieder aufzubauen. Im Jahr 446 wurden in der Umgebung der Hauptstadt Pingcheng, des heutigen Datong in Shanxi, 300 000 Arbeiter bereitgestellt. Mehrere Eingaben wie die, die zuvor an den Herrscher Wen aus der Han-Dynastie gerichtet wurde, bestehen darauf, es sei notwendig, diese Befestigungslinie wiederherzustellen. Unter der Nördlichen Qi-Dynastie wurden im Jahr 555 eine Million Menschen für eine neue Instandsetzung der Bauwerke dienstverpflichtet.

Die folgende Sui-Dynastie (589–618) führte diese Arbeiten zu Ende. Ab 593 wurden unter Kaiser Wen die Baustellen entlang der ganzen Mauer wieder geöffnet. Ein Jahr darauf bot man an die 200 000 Arbeiter auf, um die Verteidigungswerke instand zu setzen. Sein Nachfolger, Kaiser Yang, beschleunigte das Tempo, indem er zwischen 607 und 609 fast 2 Millionen Bauern aushob. Er brachte das Werk vor dem Ende seiner Herrschaft zum Abschluß.

Der Sui-Dynastie war nur eine kurze Dauer vergönnt, und die Kaiser der Tang-Dynastie (618–906) gaben das mit so großen Anstrengungen errichtete Verteidigungssystem auf. Kaiser Taizong ließ im Lauf der ersten Hälfte des 7. Jh. die Große Mauer verkommen; er ging sogar so weit, die Patrouillen abzuschaffen, die sie überwachen sollten. China fühlte sich unter der Tang-Dynastie stark und dehnte seine kulturelle Vormacht

über einen Großteil Asiens aus. Seine Sicherheit gründete es auf seine Reiterheere. Doch im 9. und 10. Jh. kam es in den Grenzgebieten erneut zu Unruhen.

Die Chinesische Mauer, die man heute sieht, erstreckt sich über mehr als 6000 Kilometer vom Fluß Yalu im Osten bis zum Paß von Jiayu im Westen. Sie stammt zum großen Teil aus der Epoche der Ming-Kaiser (1368–1644). Unter dieser nationalen Dynastie verloren der Kaiser und die Mandarine keine Zeit, aus der fast hundertjährigen Fremdherrschaft der Mongolen ihre

Die Bauweise der Chinesischen Mauer ist je nach Gegend sehr verschieden. Am Rand der Wüste wurde sie nach einer viele Jahrtausende alten Technik aus Lehm gebaut, den man mit anderen Materialien vermischte und in Holzschalungen feststampfte.

Verteidigungslinien – vom Hadrianswall zum Atlantikwall

Ebenso wie die Chinesen haben auch die Römer ihr Reich durch ein Gefüge von Befestigungen entlang ihrer Grenzen verteidigt. Jeden in sich geschlossenen Verteidigungsabschnitt nennt man Limes. Diese jeweils ununterbrochene Linie von Wällen oder Mauern mit Wachttürmen und befestigten Lagern begleitete ein Grenzweg. Unter Einbeziehung der großen Flüsse Rhein, Main und Donau erstreckten sich solche Grenzschutzanlagen von der Nordsee bis zum Schwarzen Meer. Ein besonders gut erhaltener Limes ist der Wall, den Kaiser Hadrian ab 122 in Nordengland bauen ließ.

Erst im 17. Jh. wurden wieder Grenzbefestigungen von einem gewissen Umfang errichtet, und zwar in Frankreich durch Vauban. Dabei handelt es sich nicht mehr um durchgehende Mauern, sondern um ein System von Festungen – insgesamt über 100 – an strategisch wichtigen Punkten sowohl an der Ostgrenze Frankreichs als auch an den Küsten.

Nach dem Ersten Weltkrieg kam die Idee durchgehender Grenzverteidigungslinien wieder auf. Die berühmtesten unter ihnen sind die Maginotlinie in Frankreich und der deutsche Westwall. Die erste wurde 1936 fertiggestellt und sollte das Elsaß und Lothringen decken. Diese Verteidigungslinie aus mächtigen Bunkern, Kasematten und einem Netz unterirdischer Tunnel endete bei Montmédy, denn ihre

Der Hadrianswall, eine 4,6 m hohe und 2–3 m dicke Mauer, durchquert Nordengland von der Mündung des Tynes bis zum Solway Firth über mehr als 100 km. In Abständen von einer römischen Meile liegen kleine Kastelle, dazwischen je zwei Wehrtürme.

Konzeption setzte die Neutralität Belgiens voraus.

Der Westwall bestand aus einer sehr dichten Reihe von Bunkern und Panzersperren. Der Atlantikwall, den die Deutschen zwischen 1941 und 1944 von Norwegen bis zu den Pyrenäen an der Küste entlang bauten, sollte jeden Landungsversuch der Alliierten abwehren können.

Doch trotz eines Aufgebots von mehr als 175000 dienstverpflichteten Arbeitern wurden nur 3700 der vorgesehenen 15000 Bauten fertig.

Keine dieser Verteidigungsanlagen erfüllte wirklich ihren Zweck: Die Maginotlinie wurde von der Wehrmacht umgangen; der Westwall und der Atlantikwall hielten ebenfalls nicht lange stand.

---

von Kalk im Mörtel zu Beginn der Ming-Zeit ermöglichte es, die Haltbarkeit der Bauten erheblich zu steigern. Im Nordosten, einem Waldgebiet, bildeten Eichen- und Pinienbretter das am meisten verwendete Material.

Bei der Errichtung solcher Bauwerke verwendete man vor allem menschliche Arbeitskraft. Das zeigen schon die oben erwähnten Zahlen. Steine, Ziegel oder Holz wurden meist auf menschlichen Rücken bis zu den Baustellen befördert. Kiepe, Tragjoch und Schubkarre ermöglichten den Transport schwererer Materialien. In manchen Fällen mußte man auch Zugtiere einsetzen: Esel und vor allem Maultiere halfen Menschen und Maschinen, schwere Lasten nach oben zu hieven. Beim Bau benutzte man meist Bambusgerüste. Eine Art Paternosteraufzug ermöglichte es, Mörtel in Eimern hinaufzubringen. Dachziegel, Backsteine und Kalk wurden am Ort gebrannt.

Die gesamte Anlage besteht aus der eigentlichen Mauer, den Bastionen und Wehrtürmen sowie den Signaltürmen. Das Prinzip der Chinesischen Mauer ist es, sich dem Gelände anzupassen und seine natürlichen Vorteile zu nutzen und zu verstärken. Sie ist stets eng mit den örtlichen Gegebenheiten

verbunden, und zwar sowohl durch ihren Verlauf als auch durch das beim Bau verwendete Material.

In der Nähe von Peking ist die stark geböschte Mauer durchschnittlich 8 Meter hoch, während der Weg auf der Mauerkrone 5 Meter breit ist. An der Nordwestseite verläuft eine Brustwehr mit Zinnen. Wehrtürme und Bastionen verstärken die Mauer. In Hebei beträgt der Abstand zwischen den Wehrtürmen 200–300 Meter.

Während die Bastionen nach außen über die Mauer hinausragen, sie aber nicht überragen, handelt es sich bei den Wehrtürmen um mehrstöckige Bauten mit zwei oder drei Plattformen und einer zinnengesäumten oberen Terrasse. Diese an die 12 Meter hohen Wehrtürme dienten in Friedenszeiten als Aufenthaltsplätze, und im Konfliktfall konnte man von diesen vorgeschobenen Punkten aus den Feind bekämpfen, ehe er die Mauer erreicht hatte. Unter den Ming-Kaisern setzte man dabei schon Kanonen ein. Zum Teil waren die Wehrtürme zu regelrechten Zitadellen mit Ecktürmen ausgebaut; dort hielten sich dann Garnisonen auf, die im Fall eines Alarms sehr schnell an andere Punkte gelangen konnten.

Der Alarm wurde allgemein von Wachtposten ausgelöst, die auf Signaltürmen stationiert waren. Diese ähnelten den Wehrtürmen, lagen jedoch isoliert von der Mauer an hoch gelegenen Plätzen. Jede verdächtige Kleinigkeit wurde bei Tag mit Rauchzeichen und bei Nacht mit Feuerzeichen gemeldet. Die Posten lösten sich alle 24 Stunden ab. Das Vorfeld um diese Türme war eingeebnet und gesäubert. Sowie der Alarm ausgelöst war, wurde die Nachricht im Fall erheblicher Truppenbewegungen von Turm zu Turm bis zur nächsten Garnison weitergegeben. Die Garnisonen verständigten sich untereinander durch berittene Boten, die auf speziell eingerichteten Schnellstraßen galoppierten. Im Bedarfsfall gelangte die Nachricht zum Palast, und der Kaiser war in der Lage, die Operationen selbst zu leiten. Unter den Ming-Kaisern taten mehr als eine Million Soldaten auf diesem 6000 Kilometer langen Wehrbau Dienst.

Die Chinesische Mauer ist zugleich ein phantastisches Baudenkmal – das einzige, sagt man, das vom Mond aus zu sehen ist: Vom Gelben Meer bis zur Wüste Gobi schützte sie im Lauf von zwei Jahrtausenden das Reich der Mitte vor äußeren Feinden.

Der Krak des Chevaliers

Abendländische Militärarchitektur im Morgenland

Um 1095 lag der politische Schwerpunkt Europas in den Mittelmeerländern. In Rom residierte der Papst und wurden die Kaiser gekrönt. Konstantinopel, das frühere Byzanz, war die glanzvolle Hauptstadt des Oströmischen Reiches. Im Mittelmeerraum trafen auch die beiden Weltreligionen, der Islam und das Christentum, aufeinander: Abgesehen von Spanien, waren die nördlichen Mittelmeeranrainer christlich, die südlichen islamisch.

Doch das Bild der Geschlossenheit trog. Europa war uneins, die christliche Welt in sich zerstritten. Der Investiturstreit belaste-te das Verhältnis zwischen Papst und salischen Kaisern schwer, der französische König war vom Papst gebannt, der englische Herrscher verfolgte eine antipäpstliche Politik. In Süditalien kämpften Normannen mit Byzantinern und Sarazenen um die Macht, und auf der Iberischen Halbinsel tobte die Reconquista, der Kampf der christlichen Kleinstaaten gegen die arabische Vorherrschaft. Auch die christliche Kirche redete nicht mehr eine Sprache: Das große Schisma von 1054 hatte Ost- und Westkirche, Rom und Konstantinopel, in zwei Lager gespalten.

Auf der anderen Seite die islamische Welt: Türkische Seldschuken aus Mittelasien drangen im 11. Jh. nach Westen vor, eroberten Syrien, Palästina und Anatolien und lösten die arabische Vorherrschaft im Vorderen Orient ab. 1071 besiegten sie bei Manzikert (Ostanatolien) das byzantinische Heer. Das Oströmische Reich geriet in Gefahr, von den Türken überrannt zu werden. In dieser kritischen Situation richtete der byzantinische Kaiser Alexios I. Komnenos ein Hilfeersuchen an den Papst in Rom, er möge ihn mit abendländischen Söldnern im Kampf gegen die Moslems unterstützen.

Vor diesem politischen Hintergrund eröffnete Papst Urban II. 1095 das Konzil in Clermont und malte ein düsteres Bild vom drohenden Untergang des Abendlandes: Kleinasien von Seldschuken besetzt, Kirchen und Klöster zerstört, die heiligen Orte der Christenheit von Heiden geschändet und die Pilgerrouten nach Palästina von räuberischen Beduinen gefährdet. Die Ansprache muß eine nachhaltige Wirkung gehabt haben, denn die versammelten Gläubigen antworteten mit dem berühmten Ruf „Deus le volt" (Gott will es) und nahmen zu Tausenden das Kreuz. Dies war die Geburtsstunde des Ersten Kreuzzuges.

Die Kreuzzüge waren bewaffnete Pilger-

Kirche den Kreuzzugsteilnehmern den Kreuzzugsablaß, also die Vergebung ihrer Sünden und das Seelenheil. Eine Pilgerreise nach Jerusalem galt dem mittelalterlichen Menschen als das höchste erstrebenswerte Ziel. Allein der Name Jerusalem besaß eine magische Anziehungskraft, die man sich heute kaum mehr vorstellen kann. Die Stadt galt den Gläubigen als Mittelpunkt der Welt.

So günstig die Bedingungen für die Entstehung des Kreuzzugsgedankens auch waren, so darf man dabei die Abenteuerlust des einzelnen und die Aussicht auf reiche Beute nicht unterschätzen. So mancher junge Ritter zog mit, um im Osten sein rasches Glück zu machen.

Edessa (1098). Die damit beginnende fast 200jährige Herrschaft der Franken im Heiligen Land brachte allerdings auch ungeahnte und schwierige Probleme mit sich.

Die größte Schwierigkeit war, die Eroberungen dauerhaft zu sichern. Der Mangel an Menschen war zu allen Zeiten das Hauptproblem der Kreuzfahrerstaaten. Die meisten Kreuzfahrer starben auf dem Kreuzzug; viele Überlebende kehrten in die Heimat zurück, sobald sie ihr Gelübde erfüllt hatten. Die wenigsten blieben auf Dauer. In Jerusalem wohnten um 1100 nur wenige hundert Menschen. Die Lebensverhältnisse waren zudem sehr unsicher. Die Herrscher der vier Kreuzfahrerstaaten versuchten daher, durch

Auf einem Gebirgsvorsprung, der die Ebene von Boquée beherrscht, liegt die Kreuzfahrerburg Krak des Chevaliers. Der äußere Mauerring ist mit dicken Rundtürmen bewehrt. Der gewaltige rechteckige Turm (rechts im Bild) entstand erst nach der Eroberung durch die Mamelucken.

fahrten. Unterstützt und gebilligt vom Papst, sahen sie ihre vornehmste Aufgabe darin, die Wirkungsstätten Jesu Christi im Heiligen Land vom heidnischen Joch zu befreien. Als Belohnung dafür versprach die

Aber auch allgemeine wirtschaftliche und gesellschaftliche Faktoren spielten eine Rolle. Während die Erstgeborenen den väterlichen Besitz erbten, mußten die jüngeren Geschwister selbst für ihren Lebensunterhalt sorgen. Entweder sie traten ins Kloster ein, oder sie wählten den Kriegsdienst. Der Kreuzzug bot daher für viele Ritter eine willkommene Möglichkeit, im Kampf für Gott zu Ehre und Reichtum zu kommen.

Das Ergebnis des Ersten Kreuzzuges war die Gründung des Königreichs Jerusalem (1099), des Fürstentums Antiochia (1098) sowie der Grafschaften Tripolis (1102) und

Vergabe von großzügigen Lehen siedlungswillige und kampferprobte Männer aus der Heimat ins Heilige Land zu locken. Doch Grundbesitz war nur begrenzt vorhanden. Zur Verteidigung stützte man sich auf die Kreuzritter, auf Fußsoldaten – die Bürger der Städte und die Geistlichkeit mußten bestimmte Kontingente stellen – und auf Turkopolen, leichtbewaffnete Reitertruppen, die sich aus getauften Mohammedanern zusammensetzten. Mit diesen geringen militärischen Mitteln konnte man keine offene Feldschlacht wagen, sondern nur begrenzte lokale Gefechte führen. So ist es nicht verwunderlich, daß man die Seldschuken nie endgültig in die Knie zwingen konnte. Im Gegenteil: 1187 schlug Sultan Saladin bei Hattin die Franken vernichtend und eroberte Jerusalem von den Christen zurück.

Um sich verteidigen und überleben zu können, brauchten die Kreuzfahrerstaaten ein stehendes Heer. Diese Aufgabe übernahmen die geistlichen Ritterorden, vor allem die Johanniter und die Templer. Sie stützten sich dabei auf jene mächtigen Kreuzfahrerburgen, die an der Küste und im Hinterland lagen und die lebenswichtigen Verkehrsverbindungen kontrollierten.

und Tripolis mit einschließt. Die Burg kontrollierte die lebenswichtigen Verbindungswege von der mohammedanischen Stadt Homs zur Küste. Die Kreuzfahrer sahen im Krak des Chevaliers ein weit vorgeschobenes Bollwerk gegen Homs. Die Burg war Bestandteil des fränkischen Verteidigungssystems in der Grafschaft Tripolis. Mit der benachbarten Festung Safita stand man in ständigem Blickkontakt, ebenso mit der feindlichen Stadt Homs. Auf diese Weise konnte man feindliche Aktivitäten in Homs frühzeitig registrieren und jederzeit die andere Festung warnen.

Flure. Über den Ausfalltoren waren Pechnasen angebracht. Wehrhafte steinerne Zinnen bekrönten die Mauerringe. Vor der äußeren Mauer an der Südseite, der verwundbarsten Stelle der Burg, befand sich eine flache Erdaufschüttung, die den Angreifer schutzlos den Verteidigern der Burg aussetzte. Die Türme waren vollständig in die Böschung eingelassen; der abgeschrägte Mauersockel diente als zusätzliches Hindernis für den Feind. Die überdachte Rampe war ein architektonisches Meisterwerk. In dieser ausgefeilten Konstruktion kam die Summe der bisherigen Erfahrungen im Festungsbau zum Tragen. Praktische Überlegungen bestimmten die Anlage des Grabens im Süden. Er diente als Hindernis und konnte auch als Zisterne benutzt werden – in dieser wasserarmen Gegend eine lebenswichtige Einrichtung. Der Bergfried steht nicht mehr isoliert in der Mitte des inneren Mauerrings; die wuchtigen Mauern der drei Türme sind in die Ringmauer eingebunden und verstärken die Verteidigungslinie im Süden erheblich.

Auf dem Ersten Kreuzzug eroberte Ende Januar 1099 Graf Raimund von Toulouse und Saint-Gilles die kleine arabische Burg, die kurdische Krieger im Dienst des Emirs von Homs besetzt hielten. 1110 kam die Festung an die Grafschaft Tripolis, einen der vier Kreuzfahrerstaaten. Islamischen Belagerungen in den folgenden Jahren hielt der Krak des Chevaliers erfolgreich stand. 1142 übergab ihn Graf Raimund II. von Tripolis zusammen mit der Festung Montferrand dem Johanniterorden. Die Festungsanlage mußte wegen Erdbebenschäden mehrmals restauriert werden. Die Reparaturen zogen sich über Jahre hin. Bezeichnenderweise richteten die feindlichen Angriffe weniger Schaden an als die Erdstöße – eine Bestätigung für die fränkischen Festungsbauer.

Kampf zwischen sarazenischen Kriegern (links) und fränkischen Rittern. Diese Illustration aus einer Handschrift des 14. Jh. zeigt eine Szene aus der Schlacht von Hattin (nahe dem See Genezareth) am 3. Juli 1187. Sie endete mit einer vernichtenden Niederlage für die fränkischen Ritter und dem Sieg der Truppen Saladins.

Eine der bedeutendsten Festungen dieser Art war der Krak des Chevaliers. Dieses großartige Baudenkmal ist ein typisches Beispiel mittelalterlichen Festungsbaus. Sein Name leitet sich vom arabischen Hisn el-Akrad (Festung der Kurden) her, denn bevor die Kreuzfahrer hier siedelten, stand an der Stelle eine arabische Festung mit kurdischen Soldaten.

Die Festung lag an einer strategisch sehr wichtigen Stelle. Von der steilen, 750 Meter hohen Anhöhe beherrschte sie die fruchtbare Boquée-Ebene, die bis zum Meer reicht und die bedeutenden Küstenstädte Tortosa

Die weitläufige Burganlage konnte bis zu 2000 Mann Obdach bieten und war bestens geeignet für eine defensive wie auch für eine offensive Strategie: Von ihr aus konnte man den Feind daran hindern, seine Belagerungsmaschinen zu nahe an die Festung heranzufahren, und sie eignete sich gut für Ausfälle. Andererseits bot der Felsvorsprung, auf dem die Festung liegt, einen verhältnismäßig guten Schutz gegen mögliche Angreifer. Man hat beim Bau die Vorteile des Geländes optimal ausgenutzt, und dort, wo das Gelände flach ausläuft, nämlich an der Südfront, sind die Verteidigungsbauten besonders massiv. Dies alles machte den Krak zu einer uneinnehmbaren Festung.

Die Baumeister des Krak des Chevaliers nutzten neben bewährten Methoden des Festungsbaus geschickt auch neuartige Techniken: An den Flanken der Burg befanden sich die Tore mehrere Meter über dem Boden. In den mächtigen Wallanlagen, die die Bastionen miteinander verbanden, liefen mit Schikanen und Engpässen versehene Gänge und

Am 30. Mai 1188 zog Sultan Saladin vor dem Krak auf. Er hatte ein Jahr zuvor bei Hattin die gesamte christliche Armee vernichtet, Jerusalem, Beirut, Sidon und Tortosa erobert und mit einem Handstreich die gewaltige Kreuzfahrerburg Saone genommen. Klug, wie er war, schlug Saladin sein Lager nicht in der Ebene auf, sondern auf dem Nachbarhügel. Nachdem er dann einen Monat lang die Festung ausführlich beobachtet und auf ihre Schwachstellen untersucht hatte, beschloß er, das Wagnis eines Angriffs nicht einzugehen.

Der Dritte Kreuzzug (1189–1192) mit Richard Löwenherz und Kaiser Friedrich I. Barbarossa ermutigte die Christen zum Widerstand gegen die Moslems, deren Angriffslust und Kampfgeist durch den Tod Saladins im Jahr 1193 geschwächt waren. Der Krak wurde wieder zum Ausgangspunkt von Angriffsoperationen, die allerdings nicht sehr gut geführt waren.

So wechselten im 13. Jh. Siege und Niederlagen. Einerseits konnte man 1218 die Angriffe des Emirs von Aleppo erneut abwehren; 1229 überrollten die Franken die Umgebung von Montferrand; im selben Jahr zog Kaiser Friedrich II. in Jerusalem ein; den Truppen der Johanniter und Templer gelang

Über eine ansteigende, überdachte Rampe – ein gewölbter, enger Gang – gelangte man in einer Kehrschleife vom äußeren Mauerring in den Innenhof. Der Weg zum Bergfried war mit Fallgittern, Bogenschützenständen und Pechnasen gut gesichert.

es, das Fürstentum Antiochia zurückzugewinnen, und mehrere hundert Ritter, etliche tausend Turkopolen und Fußsoldaten zwangen den Emir von Hama, den Tribut zu zahlen, den er dem Johanniterorden schuldete.

Andererseits häuften sich trotz der Anstrengungen des französischen Königs Ludwig IX., des Heiligen, seit der katastrophalen Schlacht von Forbie und der Rückeroberung Jerusalems durch die Moslems 1244 die Schicksalsschläge unter den Mauern des Krak, und seine Garnison wagte es nicht, dem flachen Land zu Hilfe zu kommen, das 1252 die Turkmenen im Dienst des Emirs von Aleppo verwüsteten. Auch in den anderen Kreuzfahrerstaaten war die Lage nicht besser: Sultan Baibars hatte von Syrien her Ägypten erobert und suchte nun das Fürstentum Antiochia heim, dessen gleichnamige Hauptstadt er 1268 ebenso einnahm wie zuvor Caesarea und Jaffa. Seine Truppen verwüsteten die Küstenebene von Boquée und Akka, die Bevölkerung wurde in die Sklaverei verschleppt, die seltenen Ausfälle aus dem Krak wurden zurückgeschlagen. Kaum war die Nachricht vom Tod König Ludwigs IX. im Jahr 1270 bekanntgeworden, eilte Sultan Baibars aus Kairo herbei, entriß das Gebiet von Tripolis den Christen endgültig, nahm den Templern die Burg Chastel Blanc weg und belagerte Anfang März 1271 den Krak des Chevaliers.

Die Garnison der Kreuzritterburg war auf einige Dutzend Ritter und ebenso viele Turkopolen geschrumpft; geflüchtete Bergbewohner verstärkten sie. Aber diese Leute waren sehr gut ausgebildet und verfügten über eine ausgezeichnete Disziplin; sie kannten ihre Festung, die gewölbten Gänge in den Mauern, die Durchlässe zwischen den Mauerringen: In wenigen Augenblicken konnten sich die Besatzer an den heißumkämpften Punkten zusammenziehen. Sie waren überdies gut ausgerüstet und bewaffnet. Außerdem hatten sie sich ausreichend mit Vorräten versorgt; sie verfügten in ihrem großen Magazin über Öl, Wein, Brot und Dörrfleisch. In dem 120 Meter langen Saal stand ihnen ein riesiger Ofen zum Heizen zur Verfügung, und obendrein hatten sie einen 27 Meter tiefen Brunnen, aus dem sie reichlich Wasser schöpfen konnten; ein Aquädukt sorgte darüber hinaus dafür, daß genügend Wasser in den großen Burggraben floß.

Auf der anderen Seite stand ihnen eine Armee von wahrscheinlich mehreren tausend Kriegern gegenüber: die kampferprobten Truppen der Mamelucken. Dazu kamen die Kontingente von Saone und von Homs sowie Beduinen aus dem Gebirge. Viele waren zwar nicht für den Nahkampf und den Angriff ausgebildet, doch die schnellen leichten Reiter kamen rasch voran. Die Bedienungsmannschaften für die wendigen Belagerungsmaschinen waren vollständig; es gab genug Pioniere, die mit Geschick die mächtigen Türme untergraben und zum Einsturz bringen sollten, ganz zu schweigen von denen, die den Sturmbock führten.

Der Krak war durchaus in der Lage, einer langen Belagerung standzuhalten, doch standen ihm keine Hilfstruppen zur Verfügung, um die Burg zu entsetzen. Der Krak war also nicht zu retten, wenn Baibars die Burg lange genug belagerte und über genügend Truppen und Belagerungsmaterial verfügte. Nun standen ihm aber kaum mehr Mittel als damals Saladin zur Verfügung – sein einziger, aber großer Vorteil war lediglich die zahlenmäßige Schwäche der Garnison. Doch auch seine eigenen Ressourcen waren nicht unerschöpflich: Die Kontingente der Emire waren nur für kurze Kriegszüge zu begeistern, erwarteten eine rasche Beute und waren schnell demoralisiert. Obendrein wäre es unklug gewesen, eine Burg Stein für Stein zu zerstören, die Baibars später selbst als Grenzfestung nutzen wollte. Der Angriff mußte also mit Kraft und Schwung geführt werden, andernfalls wären die Verluste der Moslems und die Schäden an der Festung zu schwerwiegend.

Man kennt in groben Zügen den Ablauf des Angriffs; teils berichteten arabische Chroniken darüber, teils konnten die Archäologen

Äußerer Mauerring: **1.** *Haupteingang.* **2.** *Zwei Barbakanen, die die Nordostflanke sicherten.* **3.** *Mühlenturm.* **4.** *Nordturm, wahrscheinlich über den Resten der alten kurdischen Burg errichtet.* **5.** *Südtürme, 1271 durch Sultan Baibars zerstört.* **6.** *Stelle, an der Sultan Kalawun Ende des 13. Jh. einen Turm anbauen ließ, um die Südflanke zu verstärken.* **7.** *Flache Erdaufschüttung vor dem äußeren Mauerring.* **8.** *Äußerer Mauersockel.* **9.** *Osttürme.*

Die innere Festung: **10.** *Überdachte Aufgangsrampe.* **11.** *Viereckturm, der den Aufgang zur Oberburg schützte.* **12.** *Haupttor der Oberburg.* **13.** *Bergfried mit den drei stärksten Türmen (bis zu 36 m hoch über dem Wassergraben und an der Basis bis zu 8,8 m dick).* **14.** *Fünfeckiger Bau, einer der jüngsten Bauten der Burg; diente als zusätzlicher Schutz der Rampe.* **15.** *Wassergraben und Zisterne.* **16.** *Freier Vorplatz im Burghof; darunter befand sich das Magazin, in dem die Vorräte gelagert wurden.* **17.** *Großer Rittersaal.* **18.** *Gotische Galerie (Mitte des 13. Jh.).* **19.** *Kapelle (im 12. Jh. umgebaut).*

Um 1110 errichteten Kreuzritter eine erste christliche Burg an der Stelle der arabischen Festung. Am Sockel dieses Festungsbaus ist seitlich, mehrere Meter über dem Boden, ein Ausfalltor eingelassen. An der Westseite liegt zwischen zwei Mauern ein 120 Meter langer Saal, in dem sich der 27 Meter tiefe Brunnen, der doppelstöckige Ofen und zwölf Latrinen befanden. Parallel dazu verläuft der Rittersaal (27 × 7,5 Meter). An der Ostseite liegt die Kapelle, deren Apsis einen der Vorsprünge in dem Mauerring bildet; das Kirchenschiff wurde bei dem Erdbeben von 1170 zerstört und bei seinem Wiederaufbau kurz darauf nach Westen hin erweitert. Gegen Ende des 12. Jh. begann man mit dem Ausbau des äußeren Befestigungsrings. Die alten Mauern wurden verbreitert und aufgestockt. Die bisherigen eckigen Türme baute man zu runden Bastionen aus. Die Burganlage erhielt damals im wesentlichen ihr heutiges Gesicht. Die Festung bildet ein unregelmäßiges Rechteck von etwa 200 Meter Länge und 150 Meter Breite. Die äußere Mauer ist mehr als 700 Meter lang.

manches rekonstruieren. Baibars griff an mehreren Stellen gleichzeitig an, konnte am zweiten Tag eine Bresche schlagen, wahrscheinlich rechts vom Haupteingang, und am dritten Tag nahm er eine Barbakane auf der Nordseite. Die Südtürme wurden untergraben und derart beschädigt, daß nachher der eine völlig neu gebaut und der andere umfassend repariert werden mußte. Es gelang Baibars' Truppen, auch den inneren Mauerring zu bezwingen und sich auf diese Weise Zugang zum Zentrum der Festung zu verschaffen.

Doch die Verluste der Mohammedaner waren sehr groß, und die Johanniter hatten sich in den mächtigen dreifachen Bergfried zurückgezogen, der durch seinen Sockel, den Felsen, den großen Wassergraben und durch die unglaubliche Dicke seiner Mauern vor Unterminierung geschützt war. Von hier aus nahmen die fränkischen Verteidiger den Innen- wie auch den Außenhof unter Beschuß, wo die Angreifer sich schlecht entfalten und wo sie ihre Belagerungstürme nicht aufstellen konnten. Mit seinen wahrscheinlich reichlichen Vorräten konnte sich dieser Bergfried lange halten, selbst gegen die mächtigen Wurfmaschinen. Baibars konnte sich nicht dazu entschließen, einen Angriff zu riskieren, dessen Erfolg ungewiß und dessen Preis auf jeden Fall zu hoch war. Er zog

Die großen Ritterorden

Um 1070 gründeten Kaufleute aus Amalfi ein christliches Hospital in Jerusalem, das abendländischen Pilgern im Heiligen Land Unterkunft gewährte und sich der Krankenpflege widmete. Die Mitglieder nannten sich nach Johannes dem Täufer Johanniter. Der Erste Kreuzzug und die Gründung des christlichen Königreiches von Jerusalem 1099 führten zur Entwicklung eines Ritterordens mit militärischen Aufgaben (Grenzschutz und Pilgergeleit); die karitativen Aufgaben traten dadurch mehr und mehr in den Hintergrund. 1113 erkannte Papst Pascal II. den Orden an und gewährte ihm Privilegien.

Etwa zur selben Zeit bemühte sich Hugo von Payens, ein Ritter aus der Champagne, die Unsicherheiten auf der Pilgerstraße von Jaffa nach Jerusalem zu beenden. Die Gefahr, von den einheimischen Moslems überfallen, ausgeraubt und als Sklave verschleppt zu werden, drohte bereits seit Jahren jedem Wallfahrer. Mit acht gleichgesinnten Rittern leistete er 1119 den Schwur, „die Wege zu überwachen, auf denen die Pilger reisen". Der König von Jerusalem stellte der Bruderschaft im Königspalast, dem Templum Salomonis (heute die Al-Akza-Moschee), Räumlichkeiten zur Verfügung; daher nannten sich diese Ritter Templer.

Auf ähnliche Weise entstand auch der dritte große Ritterorden. Bremer und Lübecker Bürger gründeten bei der Belagerung von Akkon 1190 ein christliches Hospital zur Verwundetenpflege. 1198 wurde aus dieser Bruderschaft der Deutsche Orden.

In der mittelalterlichen Welt waren die geistlichen Ritterorden etwas völlig Neues. Sie verbanden mönchische Lebensformen und Heidenkampf zu einem neuen ritterlichen Ideal. Die Benediktinerregel – Armut, Keuschheit, Gehorsam – wurde um die Kreuzzugsidee erweitert: Aus dem im Geist der Nächstenliebe tätigen Mönch wird der *miles christi,* der Soldat Gottes, der mit dem Schwert gegen die Andersgläubigen kämpft. Die Ritterorden handelten im Auftrag der Kirche, waren dem Papst direkt unterstellt und nur ihm Rechenschaft schuldig.

Die Orden besaßen eine strenge militärische Hierarchie und gliederten sich in Ritter, Priester und dienende Brüder. Die Geschicke des Ordens leitete der vom Generalkapitel gewählte Großmeister. Die Orden erzielten beträchtliche Erfolge. Sie garantierten die christliche Herrschaft im Heiligen Land, ihre Stützpunkte waren die mächtigen Kreuzfahrerburgen an der Küste und im Landesinneren. Die Truppen der Ritterorden glichen einem stehenden Heer, waren gut durchtrainiert und unterwarfen sich einer eisernen Disziplin.

Trotz der vernichtenden Niederlage der Franken bei Hattin (1187) und dem endgültigen Verlust Jerusalems (1244) konnten sich die Ritterorden lange Zeit im Heiligen Land gegen die einheimischen Moslems behaupten. Sie ermöglichten es zwar den christlichen Staaten, 150 Jahre im Nahen Osten zu existieren, doch haben sie deren politische und militärische Herrschaft auch entscheidend geschwächt. Da sie dem Papst in Rom unterstanden, waren sie völlig unabhängig vom örtlichen Klerus. Ihre Großmeister glichen souveränen Herrschern und standen den christlichen Königen und Bischöfen gleichberechtigt gegenüber. Hinzu kamen die Rivalitäten zwischen den Orden selbst.

Nach der Eroberung Akkons 1291 durch die Moslems zogen sich die Johanniter nach Zypern und Rhodos zurück. 1530 gab ihnen Kaiser Karl V. die Insel Malta als Lehen, was ihnen den neuen Namen Malteserorden einbrachte. Der französische König Philipp IV., der Schöne, ließ 1312 unter dem Vorwand der Ketzerei den Templerorden verbieten und bereicherte sich an dem beträchtlichen Vermögen. Der Deutsche Orden gründete 1226 einen eigenen Ordensstaat in Preußen. 1525 führte Hochmeister Albrecht von Hohenzollern die Reformation in Preußen ein und wandelte den Ordensstaat in ein weltliches Herzogtum um.

Wandmalerei in der ehemaligen Templerkapelle in Cressac (Charente). Es zeigt Kreuzritter beim Aufbruch in den Kampf um den Krak des Chevaliers 1163; sie zogen gegen die Truppen des Emirs Nur ed-Din, die sie erfolgreich zurückschlugen.

Im Zentrum des Krak liegt der Obere Burghof, an den der Rittersaal mit seiner gotischen Galerie grenzt (links). Im Hintergrund die Vorhalle, die sich zur Kapelle hin öffnet. Im Vordergrund der Vorplatz, erbaut auf den schweren Pfeilern des Magazins, wo man die Vorräte lagerte.

es daher vor, zu einer List zu greifen, und ließ ein falsches Dokument aufsetzen, das im Namen des Kommandeurs von Tripolis befahl, den Bergfried aufzugeben.

So kam Baibars in den Besitz des Krak, der nur geringe Schäden erlitten hatte. Sein Nachfolger, Sultan Kalawun, verstärkte 1285 den äußeren Mauerring, der den Hauptteil des Angriffs abbekommen hatte, durch einen mächtigen, eckigen Turm, der die Südseite zusätzlich schützte; und im gleichen Jahr griff er Margat an, die letzte Burg der Johanniter. Er hatte zu diesem Zweck in Damaskus erhebliche militärische Kräfte zusammengezogen. Hier wiederholte sich die Szene: Wie Baibars mochte Kalawun die Festung, die er erobern wollte, nicht

zerstören, und so schlug cr eine ehrenhafte Kapitulation vor: Die letzten christlichen Verteidiger bekamen freies Geleit nach Tortosa und Tripolis. So waren die christlichen Besitzungen im Heiligen Land auf einige Orte an der Küste zusammengeschmolzen. Die letzte Festung, Akkon, wurde 1291 von den Mamelucken erobert.

Die mächtigen Kreuzfahrerburgen und die geistlichen Ritterorden hatten die islamische Rückeroberung des Heiligen Landes zwar nicht aufhalten können, aber um mehr als ein Jahrhundert verzögert.

Der Gravensteen

Eine trutzige Burg der Grafen von Flandern

Am Torbau des Gravensteens, der Burg der Grafen von Flandern in Gent, findet sich diese Inschrift: „Im Jahr der Fleischwerdung 1180 hat Philipp, Graf von Flandern und Vermandois, Sohn des Grafen Dietrich und der Sybille, diese Burg errichtet."

Die jüngsten Ausgrabungen lassen vermuten, daß der Burgplatz schon seit römischer Zeit bebaut war. Im Lauf des 7. Jh. wurden zwischen den Armen der Leie und der Schelde die Abteien Sankt Peter und Sankt Bavo gegründet. Hinzu kam vielleicht ein kleines Fort auf einer Anhöhe, das von einer Palisade geschützt wurde. Am Fuß dieser Anhöhe, nahe der Küste, die damals viel weiter südlich verlief als heute, gab es auch schon einen Hafen und einen Handelsplatz. Dorthin brachten die Friesen, die die Schelde hinauffuhren, Wolle aus England, Blei und Tuche. Graf Balduin der Kahle (879–918) und sein Sohn Arnulf der Große (918–965) bauten eine Burg oberhalb der Stadt und einen neuen Hafen.

Innerhalb der Ringmauer ragt wuchtig der von Zinnen gekrönte und von Ecktürmchen flankierte Donjon auf, der Ende des 12. Jh. auf den Grundmauern des Vorgängerbaus aus dem 11. Jh. errichtet wurde. Links sieht man das Gebäude, das die eleganten Räume des Grafen beherbergte; sie entstanden erst Anfang des 13. Jh.

Auf diesem Stich aus dem 16. Jh. erkennt man das Tor und das Torhaus, die Ringmauer mit den Burgwarten, den Donjon und dahinter das Dach über den Gemächern des Grafen. Die romanische Galerie mit ihren Rundbogenfenstern wurde inzwischen verändert. Die Burgvogtei (hinten links) ist heute verschwunden.

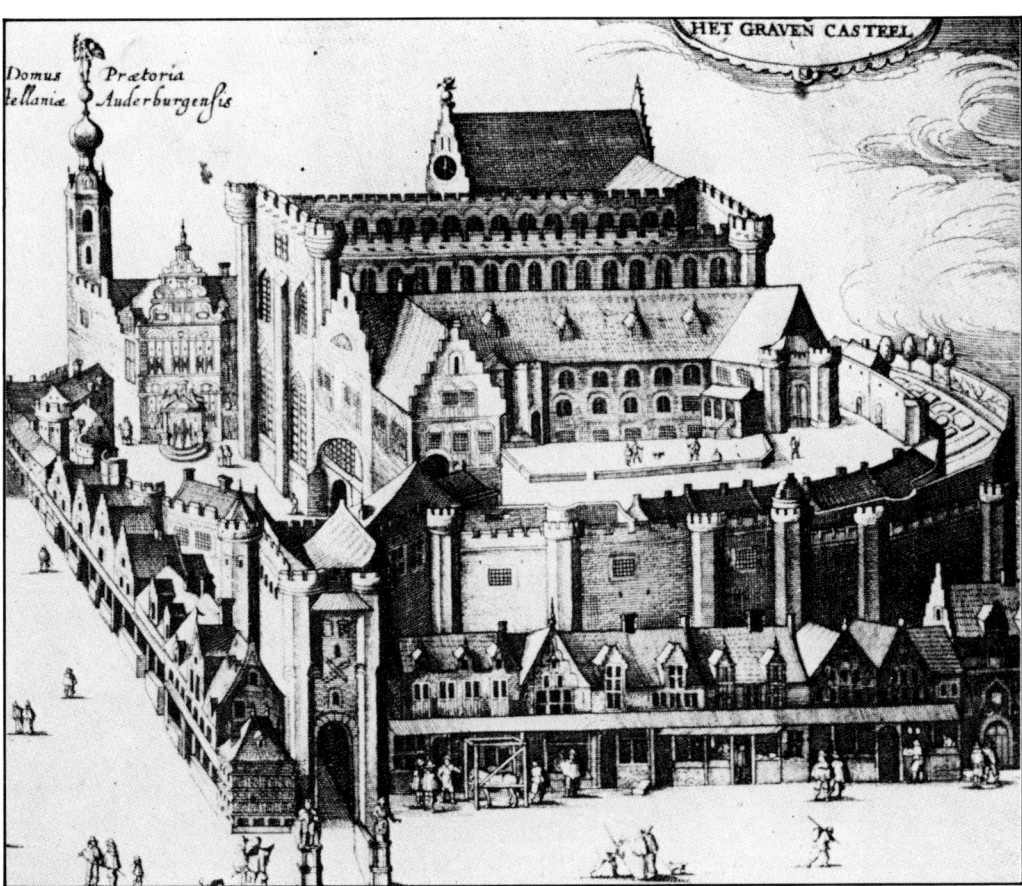

Wahrscheinlich entstand gegen Ende des 11. Jh. der erste steinerne Bergfried. Seine 2 Meter dicken Mauern trugen zwei Geschosse. Vielleicht spricht man besser von einem Wohnturm, denn es gab darin schon Kamine, eine Steintreppe und Latrinen. Durch Schießscharten in den Mauern ließ sich der Bergfried verteidigen.

Im 12. Jh. erbaute man auf den Resten des alten einen neuen wehrhaften Wohnturm (Donjon) und umgab ihn mit einer ellipsenförmigen Ringmauer. Bei dieser Burg wurden die Festungsbautechniken der Zeit zur Vollendung gebracht. Da Graf Philipp sie nach seiner Rückkehr vom Kreuzzug errichten ließ, kann es nicht verwundern, daß sie zum Teil an Burgen im Heiligen Land erinnert. Sie nimmt allerdings mit 0,5 Hektar nur ein Fünftel der Fläche des Kraks des Chevaliers (2,5 Hektar) ein. Doch dies Mißverhältnis verschwindet, wenn man bedenkt, daß die erste Ringmauer dieser berühmten Kreuzritterburg auch nur eine Fläche von 0,6 Hektar umgibt. Die Grundrisse hingegen sind sehr verschieden: In Gent umschließt die einzige Ringmauer einen frei stehenden Donjon in der Mitte; beim Krak steht der Donjon nicht mitten im Ring. Das Auffällige an der Grafenburg von Gent sind zunächst die 24 halbzylindrischen, manchmal polygonalen, etwa 10 Meter hohen Türme und die zinnenbesetzte Brustwehr über den Kurtinen, den Wällen, die jeweils zwei Bastionen miteinander verbinden. Die vorspringenden Türme oder Burgwarten werden von massiven Pfeilern gestützt. Um die Zylinderform der Türme mit der quadratischen der Pfeiler zu verbinden, verwendete der Baumeister als Entlastungsgewölbe kleine Trompen. Bewegliche Holzläden zwischen den Zinnen schützten die Bogenschützen vor feindlichen Pfeilen.

Die Vorburg, ein mächtiger Torbau, ist von achteckigen Türmen flankiert. Über dem Doppeltor durchbrechen Schießscharten und ein kreuzförmiges Fenster die Fassade. Als Durchlaß hätte man sich einen leichter zu verteidigenden winkelförmigen Gang zwischen Außentor und Torhaus denken können. Das innere Tor des Torhauses ist gegenüber dem Tor des Donjons weit versetzt. Der Donjon selbst weist außen Stützpfeiler auf, die den Entlastungsbogen im Inneren entsprechen, und vor allem hat er eine Pechnase, die der des Kraks ähnelt und die

zu den ersten zählt, die man aus dem Abendland kennt.

Zu den Gründen für den Bau einer solchen Burg zählt zunächst das Verlangen der Grafen von Flandern, ihrer Macht Ausdruck zu geben. Sie herrschten über eine reiche und dichtbevölkerte Grafschaft, die von ihrem Lehnsherrn, dem König von Frankreich, weitgehend unabhängig war. Die Grafen verfügten über 20–25 Burgen und Hunderte von Rittern, die ihnen Gefolgschaft zu leisten hatten. Die Burg zeigte ferner den arroganten Patriziern der Stadt die Grenzen ihres Reichtums und war von Nutzen bei den Aufständen, die immer wieder von der Arbeiterschaft der Tuchindustrie ausgingen. In Flandern wob man die schönsten und teuersten Tuche, besonders in Gent, das übrigens die flächenmäßig größte Stadt im mittelalterlichen Europa und mit etwa 50 000 Einwohnern nach Paris die volkreichste Mitteleuropas war. Die Grafen von Flandern unterstützten bald die Tuchmacherzünfte – wie es Graf Guy 1280 tat –, bald – wie Graf Ludwig von Nevers 1338 – Adel und Patrizier, beide Anhänger des Königs von Frankreich.

Die Grafen brauchten einerseits einen wehrhaften Wohnsitz, wo sie sich gelegentlich aufhalten konnten, andererseits eine Zwingburg, um über die reiche Stadt nicht die Kontrolle zu verlieren. Konflikte gab es in der Tat in Gent genug: So führte Jakob van Artevelde, ein Tuchhändler, die Zünfte,

die ein Krieg mit England als Hauptlieferanten von Wolle ruiniert hätte, gegen den französenfreundlichen Grafen. Er eroberte 1338 die Grafenburg und regierte die Stadt, bis er 1345 bei einer Volkserhebung gegen sein diktatorisches Regiment ermordet wurde. Sein Sohn nahm den Kampf erneut auf, bis er 1382 in der Schlacht bei Roosebeke fiel. Es folgten die Konflikte mit Philipp dem Guten (1449–1453), mit Karl dem Kühnen (1469), mit seiner Tochter Maria (1477), mit seinem Schwiegersohn Maximilian (1482–1492) und schließlich mit seinem Urenkel, Kaiser Karl V., der selbst ein Sohn Gents war. Unter dessen Sohn Philipp II. von Spanien verbündeten sich 1576, nach grauenvollen Religionskriegen und nach dem Durchzug des berüchtigten Herzogs von Alba, alle niederländischen Provinzen in der Genter Pazifikation.

Als Werk und Eigentum der Grafen von Flandern ist die Burg vor allem Sitz der Macht gewesen, d.h., sie hat wenigstens zeitweise ihren Herrn beherbergt und war ansonsten Aufenthaltsort für die Instrumente seiner Macht: sein Geld, seine Truppen, seine Justiz. Die Residenzfunktion des Donjons ist nicht offensichtlich: Seine großen übereinanderliegenden Säle könnten gewiß für Feste und Empfänge gedient haben, doch es ist die romanische Galerie, die mit ihren eleganten, säulenverzierten Fenstern eher zum Wohnen als zur Verteidigung bestimmt scheint. Dieses Gebäude war wahrscheinlich

23

te ihren Sitz zunächst in Lille, wechselte 1407 aber nach Gent und ließ sich endgültig 1489 in den gräflichen Räumen der Burg nieder. Dieser Rat von Flandern urteilte als erste Instanz in bestimmten Fällen (Majestätsbeleidigung, Falschmünzerei, Eigentumsrecht), war aber vor allem für Berufungen zuständig und auch für die Verkündung von Gesetzen, von Verordnungen und Verträgen, die nach der Verlesung im großen Saal des Donjons in Kraft traten.

Beide Gerichtshöfe verhängten Strafen und ließen sie vollstrecken. Sie verfügten über die Kerker in der Burgvogtei, über die Verliese unter den gräflichen Gemächern, über Verhör- und Folterkammern. Die Strafen wurden öffentlich vor dem Tor der Burg vollzogen: Auspeitschung, Brandmarken mit rotglühendem Eisen, Verstümmelung, Hinrichtung durch das Schwert.

Die Burg war durch ihre Ringmauer und ihre Funktionen von der Stadt getrennt, doch sie war auch ein Teil von ihr, und an ihre mächtigen Außenmauern schmiegten sich die Häuser der Stadt. Nach der Französischen Revolution, als Flandern in den französischen Staatsverband eingegliedert war und die Gerichte des Ancien régime aufgehoben worden waren, entstanden im Inneren der Burg sogar Bürgerwohnungen. Bald etablierte sich hier auch eine Baumwollspinnerei, die von den Behausungen der Arbeiter umgeben war. Doch schon bald schüttelte die Stadt ihren nachmittelalterlichen Schlaf ab: Denn dem Genter Lieven Bauwens war es gelungen, trotz der Kontinentalsperre (1806–1813) aus Großbritannien eine Baumwollwebmaschine herauszuschmuggeln, und in der Folgezeit produzierte man in Gent erstklassige Leinwand. 1827 baute man den Kanal von Terneuzen, der die Stadt direkt mit dem neuen, für große Schiffe geeigneten Fahrwasser der Schelde verband. Gent erlebte einen bemerkenswerten wirtschaftlichen Aufschwung. Der Reichtum der Stadt wuchs, und als das unabhängig gewordene Belgien mehr Sinn für die vergangene Größe der Gebiete entwickelte, aus denen es entstanden war, fand es Anschluß an die geistige Bewegung des Historismus, mit der eine neue Achtung und Ehrfurcht vor den Denkmälern der Geschichte aufkam. Die Stadt erwarb 1872 das Torhaus, der Staat kaufte 1886–1887 die Burg, und beträchtliche Mittel wurden bereitgestellt, die zur Restauration des gesamten Burgkomplexes und seiner Einrichtung als Museum notwendig waren.

dem Burgvogt vorbehalten. Der Graf konnte seinerseits über gräfliche Gemächer verfügen, die sehr viel geräumiger waren und ebenfalls aus der Zeit Anfang des 13. Jh. stammen. Sie erheben sich in vier Geschossen über einem vielleicht älteren Keller. Doch der Graf verließ die Burg, nachdem er 1353 den Prinzenhof erworben hatte, und kehrte nur noch sehr selten auf den Gravensteen zurück – zu Turnieren oder zur Tagung des siebten Kapitels des Ordens vom Goldenen Vlies (1445).

Die Münzstätte bezeugt die souveräne Autorität des Grafen in einem wichtigen Punkt: Der König von Frankreich hatte das Münzrecht in seinem Reich, und der Graf konnte nur außerhalb Frankreichs Münzen prägen, so seit Ende des 13. Jh. auf kaiserlichem Gebiet jenseits der Schelde. Doch der mächtige Graf von Flandern, Ludwig von Male, wagte es 1353, in seiner Burg eine Münze einzurichten, die zwei Jahrhunderte lang in Betrieb war. In dieser Zeit verringerte sich die militärische Bedeutung der Burg.

Als letztes Bollwerk im Verteidigungsfall konnte der Gravensteen durchaus eine große Besatzung beherbergen. Zählt man die Verteidigungsposten (112 auf den Burgwarten, Kurtinen und Türmen und 27 im Torhaus), kommt man auf die hohe Zahl von 139 möglichen Verteidigern. Aber so viele werden es selten gewesen sein. Als im Jahr 1302 die Burg erobert wurde, waren nur sie-

ben Personen dort, darunter der Kerkermeister und der Torhüter. Und als Jakob van Artevelde 1338 die Burg einnahm, standen ihm kaum 20 Männer unter Waffen gegenüber. Dennoch hätte sie mit ihren riesigen Kaminen zum Kochen, ihren geräumigen Kellern, ihrem sehr schönen, halb unterirdischen Vorratsraum, der vielleicht auch Marstall für die Pferde der Ritter und Knappen war, ohne weiteres eine große Besatzung aufnehmen können.

Die Rechtsgewalt der Grafen bezog sich auf das Lehnsrecht und das öffentliche Recht. Das Lehnsgericht war von Philipp von Elsaß eingesetzt worden. Es tagte unter dem Vorsitz des Burgvogtes unter freiem Himmel außerhalb der Burg vor dem Torbau, später dann innerhalb der Ringmauer in einem heute zerstörten Gebäude, das man Vogtei nannte.

Der Graf war höchster Richter in seiner Grafschaft, und er selbst konnte nur von dem Parlament von Paris zur Rechenschaft gezogen werden. Als unter Philipp dem Kühnen 1384 Flandern mit Burgund vereinigt wurde und Philipp zugleich für seinen unmündigen Neffen Karl VI. von Frankreich in Paris die Macht in Händen hatte, konnte er – ohne den Einspruch des Parlaments fürchten zu müssen – 1386 den Gerichtshof von Flandern nach seinen Vorstellungen reformieren und als zweites Tribunal die Ratskammer von Flandern einrichten. Diese hat-

Das Leben der Adligen im Mittelalter

Aufgabe des Mundschenks war es, an der Tafel Getränke auszuschenken und Fleisch vorzuschneiden.

Die eleganten Überwurfmäntel der Adligen im 15. Jh. bestanden aus goldbesticktem und pelzbesetztem Stoff.

Wer durch Geburt oder durch Ritterschlag adlig war, gehörte zum ritterlichen Stand. Die Ritter wurden von den Bauern unterhalten, die sie angeblich verteidigten und deren Grundherren sie waren. Allgemein standen die Ritter im Dienst eines größeren Herrn, etwa eines Grafen, der ihnen gegen den Lehnseid und die militärische Lehnspflicht ein Gut als Lehen übertragen hatte. Dieser gesamte Adelsstand zeichnete sich durch befestigte Wohnungen, reiche Kleidung und üppige Mahlzeiten aus. Wichtig waren die Herkunft des Adligen und die Sitten und Gebräuche, die man höfische Kultur nennt.

Aufenthaltsort der Ritter war die Burg ihres Herrn oder ihre eigene. Dort verfügten sie meist über einen großen Saal im Donjon oder im Palas, wo der Herr empfangen, Gericht halten, beratschlagen oder ganz einfach essen, plaudern und vor allem mit seinen Mannen trinken konnte. Der Saal war mit einem großen Kamin und wenigen Möbeln ausgestattet, hauptsächlich mit Bänken, Kissen, Schränken; als Tisch diente ein Brett, das man auf Böcke legte, wenn man es brauchte. Die Kammern waren klein, ungeheizt und schlecht beleuchtet.

Der Luxus war für den Adligen notwendig, um sein Prestige zu begründen und durch überreiches Geben seine „Milde" zur Schau zu stellen. Er hielt freien Tisch für Reisende und für Lehnsleute, die kamen, um ihren Dienst abzuleisten. Die Mahlzeiten dauerten lange und bestanden aus zahlreichen Gängen. Man aß aus Näpfen mit den Fingern, die man sich an einem Tuch abwischte, das alle gemeinsam benutzten. Zwischen den Gängen unterhielten Jongleure, Musikanten, Bärenführer, Sänger und Troubadoure, die von den Heldentaten der alten Recken erzählten, die Gäste.

Der Luxus äußerte sich auch in der Kleidung, bei der vor allem kostbare Materialien eine Rolle spielten: schwere Stoffe aus Flandern oder Brabant mit Pelzbesatz. Der Adlige war es sich schuldig, sein Gefolge mit Gewändern aus Tuch und Pelzwerk auszustaffieren. Der Graf von Flandern hatte jedes Jahr nahezu 200 Personen zu „livrieren", der König von Navarra 400, der Papst um 1350 über 1500.

Andere Äußerungen der ritterlichen Kultur waren die Umgangsformen bei Hofe, also die „Höflichkeit", ferner die „Ritterlichkeit" beim Kampf mit seinesglei-

Dame bei der Lektüre, Detail einer verzierten Initiale aus einem Werk der Dichterin Christine de Pisan (15. Jh.).

Die Teilnehmer dieses Gastmahls sitzen nur an einer Seite des Tisches; vor jedem liegt ein Messer, aber keine Gabel.

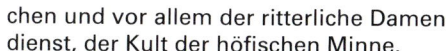

chen und vor allem der ritterliche Damendienst, der Kult der höfischen Minne.

Für den Kampf, der sein Leben rechtfertigte, trainierte der Ritter sich ständig, besonders auf der Jagd. Jagen setzte auch voraus, daß man das Recht und die Mittel dazu hatte: Hunde, Pferde, Falken, Treiber und Jagdwaffen. Der ritterliche Kampf wurde auf Turnieren geübt. Schließlich gab es die Fehden — gegen andere Herren, gegen Städte — und nicht zuletzt den Kampf gegen die Feinde des Glaubens.

Carcassonne
Sternstunden
einer mittelalterlichen Festungsstadt

Nördlich der großen Straße, die seit Jahrhunderten den Atlantischen Ozean mit dem Mittelmeer verbindet, erstreckt sich eine weite Aufschüttungsebene, durch die die Aude fließt, ein Wasserlauf aus den Pyrenäen, der sich zwischen Béziers und Narbonne ins Mittelmeer ergießt. Gegen Süden sieht man die Corbières, eine kleine, von den Pyrenäen abgetrennte Bergkette. Auf einer Kuppe, einem nördlichen Vorgebirge der Corbières, erhebt sich die Stadt Carcassonne.

Schon die Römer hatten auf der Kuppe ein befestigtes Lager mit Namen Carcasso errichtet, um das sich bald schon eine kleinere Anzahl Häuser drängte; doch die eigentliche Geschichte der Stadt als Festung begann erst im 5. Jh., in der Zeit der Völkerwanderung. Nachdem die Westgoten bereits in Gallien und Spanien Fuß gefaßt hatten, ließen sie sich 462 auch entlang der Pyrenäen und in der römischen Provinz Gallia Narbonensis nieder, zu der auch Carcassonne gehörte. Der Westgotenkönig Eurich (466–484) ließ die ganze Ansiedlung mit einer Ringmauer umgeben, von der heute noch Reste erhalten sind.

Diese erste Stadtbefestigung, die kaum dicker als 4 Meter war, widerstand erfolg-

Blick auf Carcassonne von Westen her. Eng an die Mauern geschmiegt, erhebt sich die wehrhafte Grafenburg, deren Südseite vom mächtigen Saint-Paul-Turm flankiert ist (rechts im Bild).

reich den Angriffen der zum christlichen Glauben übergetretenen fränkischen Könige. Da die Westgoten der Irrlehre des Arianismus anhingen, wandten sie sich in ihrem Herrschaftsgebiet heftig gegen das Wirken der katholischen Bischöfe, die daraufhin den Frankenkönig Chlodwig (482–511) zu Hilfe riefen. Vergeblich jedoch versuchte dieser im Jahr 508, die Stadt Carcassonne einzunehmen.

587 trat auch der Westgotenkönig Rekkared I. (586–601) zum katholischen Glauben über, und in der außerhalb der Stadtmauern gelegenen Vorstadt Bourg wurde die erste Kathedrale von Carcassonne gebaut. Damit war der Glaubensgegensatz zwischen Franken und Westgoten gelöst. Und ein neuer Feind, die aus Spanien anrückenden Araber, ließ die beiden ehemaligen Gegner schließlich zu Verbündeten werden.

Die Araber waren 711 über die Straße von Gibraltar nach Spanien eingedrungen und hatten hier die Westgoten bis nach Asturien hinauf zurückgedrängt. 713 kamen sie erstmals auch über die Pyrenäen herüber und plünderten die Vorstadt von Carcassonne und die Kathedrale Notre-Dame. 725 gelang es ihnen sogar, die Stadt selbst zu erobern. Erst der Sieg Karl Martells 732 bei Poitiers beendete den scheinbar unaufhaltsamen Vormarsch der Araber und nötigte sie, sich wieder über die Pyrenäen nach Spanien zurückzuziehen. Auch die Festungsstadt Carcassonne mußten sie aufgeben.

Nachdem die Franken die Stadt zurückerobert hatten, wurde sie ab 759 Sitz eines fränkischen Grafengeschlechts westgotischer Abkunft. Diese erste Dynastie von Erbgrafen herrschte gut 300 Jahre lang über die Stadt. Ende des 11. Jh. ging die Grafschaft an ein anderes Haus über, an das Geschlecht der Trencavel. Die Trencavel waren

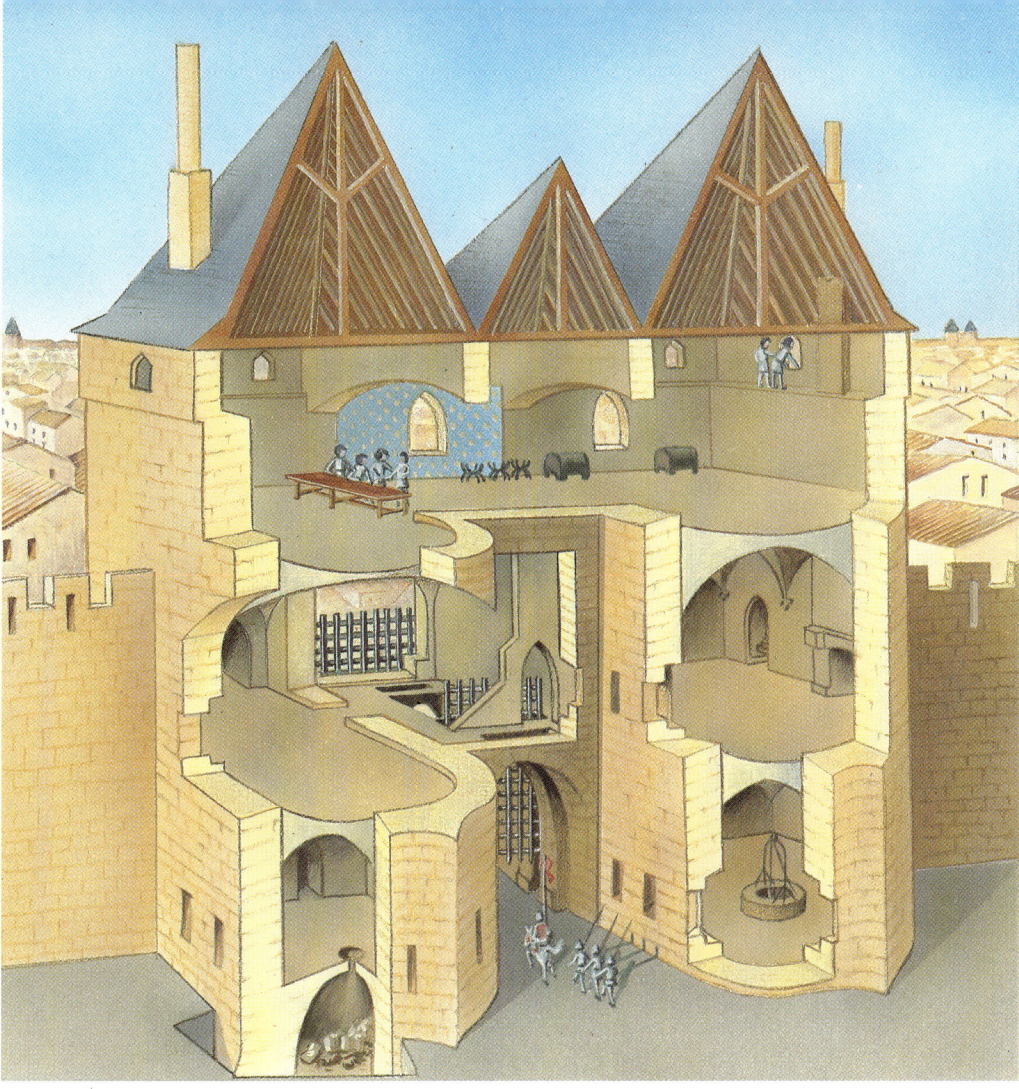

Das Narbonnetor bildet den Hauptzugang zur Stadt. Hier im Aufriß sind nur die Türme des im inneren Mauerring eingelassenen Tors zu sehen. Davor lag eine schützende Barbakane mit einem Vortor, die in der äußeren Ringmauer eingegliedert war. Der Zugang zur Stadt wurde durch zwei mächtige, voneinander unabhängige Fallgitter verwehrt, die man zwischen den Torflügeln herablassen konnte. Wenn die Fallgitter hochgezogen und die Tore geöffnet waren, blieben sie durch eine schwere, zwischen den beiden Türmen gespannte Kette gesichert. Diese beiden Tore bildeten eine eigenständige kleine Burg mit einem Verlies, Vorratskellern und heizbaren Räumen, die als Küchen oder Schlafräume dienten. Den Wachsoldaten stand ein großer Saal unter dem Dach zur Verfügung, der Fenster hatte, so daß man von dort das Umland überwachen konnte.

Die Westseite von Carcassonne nach einem Entwurf von Viollet-le-Duc, der hier die Stadt darstellt, wie er sich ihr Aussehen nach einer umfassenden Restaurierung vorstellte und wünschte.

bereits Vizegrafen von Béziers und fügten diesem Titel nun noch den des Vicomte (französisch: Graf) von Carcassonne hinzu. Unter ihrer Herrschaft erlebte die Stadt eine ungeahnte Blüte.

Innerhalb der Stadtmauern entstanden zahlreiche Neubauten wie die romanische Kathedrale Saint-Nazaire und daneben ein prächtiger bischöflicher Palast. Um 1130 begannen die Grafen auch, sich eine neue Residenz zu bauen, die die alte Burg ersetzen sollte, die an die Porte Narbonnaise, das Narbonnetor, angelehnt war. Da die Burg, die erst im 13. Jh. vollendet wurde, bei einem Angriff auf die Stadt als letzte Zuflucht dienen sollte, errichtete man sie so weit wie möglich vom Haupttor entfernt, das den Zugang zum Stadtinnern freigab. Geschützt wurde die Burg durch mehrere Türme, von denen die beiden größten das Burgtor einrahmten. Das Erdgeschoß war für die Krieger bestimmt, die vornehmere Etage darüber war den Grafen vorbehalten. Eine Wendeltreppe verband die beiden Ebenen miteinander und führte weiter in eine zweite Etage, von der aus man direkt den Wehrgang der Ringmauer betreten konnte. Ein weiteres Zeugnis für den wirtschaftlichen Aufschwung war das deutliche Wachstum der Stadt: Da innerhalb des Befestigungsgürtels der Raum begrenzt war, weiteten sich die Vorstädte Bourg und Castellar außerhalb der Mauern aus.

Die Albigenserkriege setzten dieser Blütezeit ein jähes Ende. Die Ketzerbewegung der Albigenser hatte sich im 12. Jh. von der Stadt Albi aus über den Süden Frankreichs ausgebreitet und dabei auch in Carcassonne Fuß gefaßt. Als die Bekehrungsversuche der römisch-katholischen Kirche ohne Erfolg blieben, rief Papst Innozenz III. zum Kreuzzug gegen die Albigenser auf. Mit dem kirchlich-religiösen Problem verbanden sich zusätzlich auch noch machtpolitische Gesichtspunkte: Der Süden unterstand den Grafen von Toulouse, die ihre Unabhängigkeit von der französischen Krone behaupteten. Da Raimond VI. sich an die Spitze der Albigenserbewegung gestellt hatte, war dies für die nordfranzösischen Herren der willkommene Anlaß, sich gegen ihn zu verbünden und im Sommer 1209 unter der Führung Simons von Montfort und mit päpstlichem Segen gegen den Süden zu ziehen.

Carcassonne war nur ungenügend auf einen derartigen Angriff vorbereitet. Zwar hatte Raimond-Roger von Trencavel noch rasch die Befestigungen instandsetzen und auch die Vorstädte mit Bollwerken versehen lassen, doch innerhalb weniger Tage gelang es Simon von Montfort, Bourg und Castellar zu erobern. Nun standen seine Truppen vor der befestigten Altstadt, fuhren schwere Be-

lagerungsmaschinen heran und versuchten, die Mauern zu untergraben. Die Lage war aussichtslos: Die Stadt war übervölkert, nachdem die Bewohner von Bourg und Castellar in den Schutz ihrer Mauern geflohen waren, es herrschten Hungersnot und bald auch noch Mangel an Wasser. Raimond-Roger begriff, daß jeder Widerstand zwecklos geworden war, und übergab Montfort die Stadt. Den Bewohnern gewährte dieser freien Abzug unter der Bedingung, daß sie barfuß und nur mit Hemd und Hose bekleidet die Stadt verließen. Den Grafen jedoch warf man in ein unterirdisches Verlies, wo er kurze Zeit später starb. Am 15. August 1209 zogen Montfort und die Kreuzritter in Carcassonne ein.

Stadt näherte, brach Raimond die wochenlange erfolglose Belagerung ab.

Dieses Zwischenspiel hatte erneut gezeigt, daß die Befestigungen der Stadt keinen ausreichenden Schutz boten. Also ging man nach 1240 daran, diesem Mangel abzuhelfen. Da der Feind jedesmal die schlecht zu verteidigenden Vorstädte als Aufmarschgebiet benutzt hatte, ließ der Seneschall sie zerstören und abräumen; ihre Bewohner zwang man, sich am Ufer der Aude anzusiedeln, wo im Lauf der Zeit die heutige Unterstadt entstand. Der schon nach den Albigenserkriegen begonnene zweite Schutzwall wurde nun zu einer regelrechten zweiten Ringmauer ausgebaut. Der zweifache Mauerring war ein Grundprinzip der Befesti-

Die Albigenserkriege dauerten noch bis 1229. Ergebnis dieses Kreuzzugs war, daß das Gebiet an die französische Krone fiel, und auch Carcassonne sollte von nun an immer in königlichem Besitz bleiben. Die Festungsstadt wurde Sitz eines königlichen Seneschalls, der die Aufgabe hatte, die Grafschaft zu verwalten. Seine erste Unternehmung bestand darin, um die alte westgotische Stadtmauer einen zweiten Schutzwall zu ziehen und die Tore durch halbrunde Vorwerke zusätzlich zu sichern.

Doch noch einmal brach um Carcassonne der Krieg aus. 1240 versuchte Raimond II. von Trencavel das verlorene Gebiet zurückzuerobern. Er fand zahlreiche Anhänger unter der ansässigen Bevölkerung, so daß er ohne Gewalt die Vorstädte besetzen und seine Truppen rund um die Stadt aufstellen konnte. Versuche, Carcassonne im Sturm zu erobern, schlugen jedoch immer wieder fehl, und als sich eine königliche Hilfsarmee der

gungsbauten damaliger Zeit: Wichtig dabei war, daß der äußere Mauerring vom inneren aus an jeder Stelle beschossen werden konnte. Gelang es dem Feind, die erste Mauer zu überwinden, so konnten die Belagerten von der zweiten Mauer aus den Gegner abwehren, der sich nun in einer strategisch sehr ungünstigen Position befand.

Mit der neuen Stadtbefestigung entstand auch der herrliche Vadeturm, der ursprünglich frei stehend gebaut, dann in den äußeren Mauerring mit einbezogen wurde; man erneuerte und verschönerte das Narbonnetor, verstärkte den inneren Mauerring durch den mächtigen Tréseauturm und glich zu guter Letzt das stark abfallende Gelände zwischen beiden Mauerringen ab, so daß hier Turnierplätze entstanden. Ende des 13./Anfang des 14. Jh. waren die Arbeiten an den Befestigungswerken der Stadt abgeschlossen.

Doch die Glanzzeit Carcassonnes war

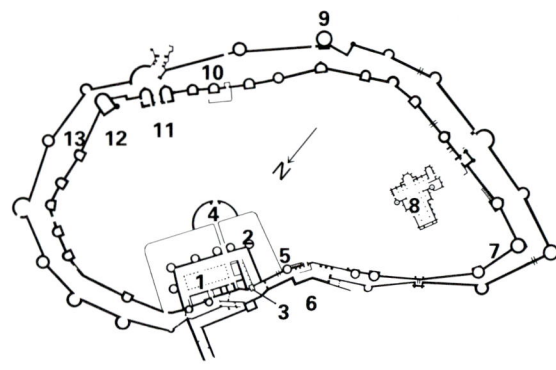

Plan der Altstadt von Carcassonne. 1. Die Burg mit dem großen Burghof. 2. Der Saint-Paul-Turm. 3. Der Pinteturm. 4. Die Ostbarbakane, die die Burg zur Stadtseite hin deckte. 5. Der Justizturm. 6. Das Audetor. 7. Der Mipadreturm. 8. Die Kirche Saint-Nazaire. 9. Der Vadeturm. 10. Die oberen Turnierplätze. 11. Das Narbonnetor. 12. Der Tréseauturm. 13. Die unteren Turnierplätze.

vorüber. Ihre militärische Bedeutung als Grenzstadt verringerte sich zusehends, und die Geschichte der folgenden Jahrhunderte spielte sich andernorts ab. Als im 17./18. Jh. die weltlichen und geistlichen Behörden nach und nach ihren Sitz in die Unterstadt verlegten, entvölkerte sich die mittelalterliche Stadt, die nochmals während der Französischen Revolution und zu Beginn des

Von Südwesten aus gesehen, verlaufen die Ringmauern der Stadt von der Grafenburg (links) bis zum dicken Vadeturm (ganz rechts). Hinter dem Mipadreturm mit seinem roten Ziegeldach (Mitte) erhebt sich die Kirche Saint-Nazaire.

19. Jh. als Kaserne und Arsenal diente. Doch die Befestigungsanlagen erfüllten nun keinen Zweck mehr, sie verfielen, und man benutzte sie als Steinbrüche.

Schon 1835 wies Prosper Mérimée, der zum Generalbevollmächtigten der historischen Bauwerke Frankreichs ernannt worden war, die Öffentlichkeit auf die historische Bedeutung der Altstadt von Carcassonne hin. Doch erst 1852 erhielt Viollet-le-Duc, der schon 1844 mit der Restaurierung der Kirche Saint-Nazaire begonnen hatte, den Auftrag, die Festung Carcassonne in ihrem ursprünglichen Zustand wiederherzustellen – eine Aufgabe, der sich Viollet-le-Duc den Rest seines Lebens widmete. Als er im Jahr 1879 starb, waren die Arbeiten noch längst nicht abgeschlossen, sondern dauerten bis Ende des 19. Jh. fort. Dennoch ist es vor allem ihm zu verdanken, daß man heute noch diese bewundernswerte mittelalterliche Festungsstadt besichtigen kann.

Mittelalterliche Belagerungsmaschinen

Ringmauern und Bollwerke, die die mittelalterlichen Städte und Burgen umgaben, erfüllten vor allem den Zweck, die Bewohner vor einem etwaigen Feind zu schützen. Damit die Befestigungen einer Belagerung standhalten konnten, wurden sie in Friedenszeiten ständig verbessert und den sich wandelnden Erfordernissen angepaßt.

Selbstverständlich haben auch die Angreifer ihre Techniken stets weiterentwickelt und neue Belagerungsgeräte wie Wurfmaschinen, Schwingbäume und bewegliche Türme erfunden, um auch die stärksten Mauern überwinden zu können.

Die mittelalterliche Wurfmaschine, mit der man Steine schleudern konnte, entsprach dem Katapult, das schon Griechen und Römer kannten. Ihr Prinzip war einfach: Auf einer Holzplattform mit vier Rädern war ein Gestell mit einer langen Stange montiert; diese war am einen Ende mit einem Gewicht beschwert, das bis zu mehrere Tonnen wiegen konnte. Am entgegengesetzten Ende dieser Stange war das Geschoß angebracht. Ein geflochtenes Band oder in späterer Zeit eine Feder hielt das Ende mit dem Geschoß unten. Löste man das Band oder die Feder und gab damit die Stange frei, so verursachte das Gegengewicht eine heftige Drehbewegung des Gelenkarms und ließ die Stange mitsamt dem Geschoß hochschnellen.

Der Schwingbaum stellte eine weiterentwickelte Wurfmaschine dar und konnte vor allem sehr schwere Steine schleudern. Er wurde hauptsächlich eingesetzt, um Breschen in die Befestigungsmauern des Gegners zu schlagen.

Doch diese Belagerungsmaschinen reichten oft nicht aus, um den Feind zu besiegen. Also ersannen die Angreifer

neue Methoden. Eine bestand darin, Mauern und Türme zu untergraben und dadurch zum Einsturz zu bringen. Zu diesem Zweck hoben die Soldaten tiefe Gräben aus, die unter den Festungsgräben hindurchführten. Waren sie bis zum Fuß der Mauern vorgedrungen, rammten sie mit Eisenstangen dagegen und brachten nach und nach die Fundamente zum Einstürzen – ein langwieriges und mühsames Geschäft.

Oft war es aber auch die Zeit, die für die Belagerer arbeitete. Im Kriegsfall flüchteten sich die Bewohner aller benachbarten Ortschaften ins Innere der Stadt – und sie alle mußten ernährt werden. Es herrschte bald Hungersnot, und der Widerstand der Belagerten wurde schwächer. Damit war für die Angreifer der Zeitpunkt gekommen, die Stadt zu stürmen. Jetzt kamen die Belagerungstürme ins Spiel. Es handelt sich um fahrbare Holzgestelle, die in Mauerhöhe eine Kampfplattform trugen und mit einer kleinen Zugbrücke versehen waren, die man auf die Mauerkrone niederließ, um so ins Innere der Stadt zu gelangen. Der Angriff fand meist bei Nacht statt. Wenn die Wächter Alarm schlugen, begann der Kampf, bei dem viele von den Plattformen in die Gräben zu Tode gestürzt wurden. Ein Nachteil der Angriffstürme war auch, daß sie leicht Feuer fingen. Um sie am Brennen zu hindern, bedeckte man sie, so gut es ging, mit nassen Tierhäuten.

Die Wende im mittelalterlichen Festungsbau und in der Belagerungstechnik kam mit den Feuerwaffen. Erstmals am 26. August 1346, in der Schlacht von Crécy, setzten die Engländer Kanonen ein. Damit begann eine neue Epoche des Festungsbaus, die sich vom 15. Jh. an in ganz Europa durchsetzte.

Der Belagerungsturm wird über den zugeschütteten Graben auf einem Holzsteg gegen die Mauer geführt. Nasse Tierhäute sollen ihn vor Feuer schützen.

Mittelalterliche Wurfmaschine. In einer festen Verankerung ist ein beweglicher Arm mit einem Gegengewicht montiert; am anderen Ende des Arms befindet sich das Geschoß.

Sacsayhuaman
Die rätselhafte Inkafestung
in den Anden

Etwa 3 Kilometer von Cuzco, der einstigen Hauptstadt des Inkareichs, entfernt erheben sich an einem Berghang die Ruinen der Festung Sacsayhuaman. Sie besteht aus drei zyklopischen, im Zickzack verlaufenden Mauern, die terrassenartig übereinandergesetzt sind und so eine dreifache Absperrung bilden. Indianische Chronisten berichten, der Grundriß der Stadt Cuzco habe die Gestalt eines Pumas, dessen Kopf die Feste Sacsayhuaman sei; ihre gezackte Befestigungsmauer stelle das Gebiß des Raubtiers dar. Der Puma galt bei den Inka als Symbol der Macht und Stärke.

Voller Bewunderung sprach der spanische Chronist Garcilaso de la Vega von Sacsayhuaman als dem „größten und prächtigsten

Werk, das die Inka errichten ließen, um ihre Macht und Größe zu zeigen". Die spanischen Eroberer hingegen glaubten, die Festung sei eher das Werk von Dämonen als von Menschen, denn ihrer Meinung nach konnte sie nur durch das Wirken geheimnisvoller Zauberkräfte entstanden sein.

Der Überlieferung nach sollen zwischen 20 000 und 30 000 Indianer mehr als 50 Jahre lang mit dem Bau der Anlage beschäftigt gewesen sein. Sie hatten weder Eisen- noch Stahlwerkzeuge, um die gewaltigen Felsblöcke zu bearbeiten, und doch sind die Steine ohne Mörtel so exakt über- und aneinandergesetzt, daß man nicht einmal eine Messerspitze dazwischenschieben kann. Wie beim Behauen und Schleifen der Steine

zeigten die Inka auch beim Spalten der Gesteinsmassen im Steinbruch eine große Meisterschaft. Wahrscheinlich spalteten sie den Fels mit einem Werkzeug aus hartem Gestein an einer brüchigen Stelle auf und trieben dann einen Keil in die Spalte, bis der Block brach.

Zum Transport der teilweise mehr als hundert Tonnen schweren Steinblöcke standen ihnen weder Wagen noch Zugtiere zur Verfügung. So grenzt es fast an ein Wunder, daß viele der Steine aus Gegenden, die 10–15 Wegstunden von dem Befestigungswerk entfernt liegen, herbeigeschafft und über die 6000 Meter hohe Sierra transportiert wurden. Wie die Inka diese gewaltige Leistung vollbrachten, ist wie so manches

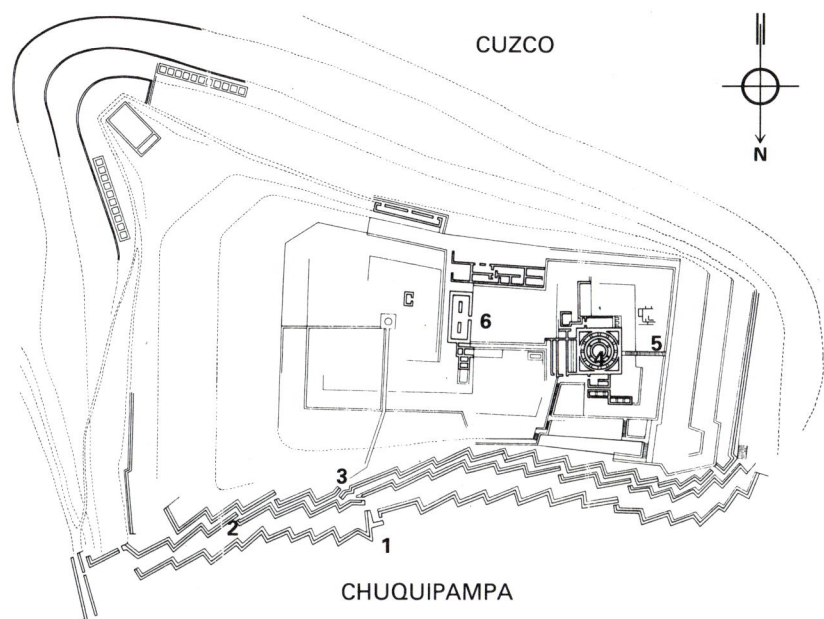

Plan der Festung Sacsayhuaman. Im Norden die Bollwerke mit ihren Toren Tiu Puncu (1), Acahuana Puncu (2) und Viracocha Puncu (3). Im Westen der Rundturm Muyuc Marca (4) und zu beiden Seiten die Türme Sayac Marca (5) und Paucar Marca (6).

Drei terrassenförmig übereinandergebaute, im Zickzack verlaufende Außenwälle schützten die Festung Sacsayhuaman nach Norden hin. Ihre Felsblöcke sind so gewaltig und so perfekt ineinandergefügt, daß die spanischen Eroberer sie für ein Werk von Dämonen hielten.

andere bis heute noch nicht eindeutig geklärt. Man vermutet, daß sie runde Stämme als Rollen für die Blöcke benutzten und möglicherweise schon über eine Art Flaschenzug mit Seilen aus Agavenfasern oder Riemen aus Lamaleder verfügten. Mit Hilfe von Rampen wurden die Steine dann wohl übereinandergeschichtet.

Garcilaso berichtet von einem gewaltigen Block, der sein Ziel niemals erreicht hat. Der Koloß war von Tausenden von Indios einen Hang hinauftransportiert worden, als er plötzlich ins Rutschen geriet und viele der Arbeiter unter sich begrub. Die Legende erzählt, daß der Stein ob der schweren Arbeit und des langen Transports müde geworden sei und Blut geweint habe. Die Indianer nannten ihn Saycusca, den müden Stein.

Sacsayhuaman – was soviel bedeutet wie bunter oder kaiserlicher Falke – wird von vielen als das Meisterwerk der Inka bezeichnet. Doch wer die Feste nun tatsächlich errichten ließ, ist noch immer ungewiß. Wahrscheinlich wurde sie von dem neunten Inkaherrscher Pachacutec Yupanqui (1438 bis

Die Armee des Inkas

Um ein riesiges Weltreich erobern und verteidigen zu können, schufen die Inkaherrscher eine mächtige Armee, die wie das gesamte Staatsgefüge streng hierarchisch gegliedert war. Alle Männer zwischen 20 und 50 Jahren waren wehrpflichtig; schon von Jugend an wurden sie im Gebrauch der Waffen unterwiesen. Wer im Heer diente, war von der Landarbeit freigestellt und mußte keine Abgaben zahlen.

Die gesamte Armee unterstand dem Inkakönig als dem obersten Kriegsherrn, und die einzelnen Truppen kämpften unter dem Kommando der Kriegsführer, die ausnahmslos der Familie des Herrschers angehörten. Auf das Geheiß des Inkas waren die Kriegsleute jederzeit zum Kampf bereit, sei es, um neue Gebiete zu unterwerfen, Aufstände niederzuschlagen oder Angriffe abzuwehren. Die Truppen wurden aus allen vier Regionen des Inkareichs, das sie Tahuantisuyo nannten, rekrutiert und in dessen Zentrum Cuzco versammelt. Von hier aus zogen sie ins Feld.

Wollten die Inka einen fremden Volksstamm unterwerfen, so schickten sie zunächst Boten zu dessen Herrscher und versuchten, ihn zum Verzicht auf den Kampf zu bewegen. Ging er darauf ein, so erhielt er reiche Geschenke und wurde weiterhin an den Regierungsgeschäften beteiligt, und das Volk durfte seinen eigenen Göttern treu bleiben, solange es auch den Sohn der Sonne anbetete. Lehnte der Feind jedoch diesen friedlichen Vergleich ab, so ging der Inka mit seiner Armee zum Angriff über.

Ihre Waffen, die in erster Linie dem Angriff dienten, stellten die Kriegsleute selber her. Sie setzten Wurfpfeile ein, Wurfspieße, Steinschleudern, Pfeil und Bogen, Keulen, Lanzen und Beile. Zu ihrem Schutz trugen sie einen Waffenrock aus Lamawolle, einen Brustharnisch, einen Mantel aus dicker Baumwolle, einen Helm und einen Rundschild aus Leder.

Apo Camac Inka greift die chilenischen Indianer an. Stich aus der Chronik von Huamán Poma de Ayala (1616).

Das Tor in der untersten Verteidigungsmauer. In Zeiten kriegerischer Auseinandersetzungen soll durch diese Festungstore der Inka herausgetreten sein, um im Namen der Sonne den Krieg zu verkünden.

1471) geplant. Das Werk sollte selbst den Coricancha, den berühmten Goldhof von Cuzco, noch übertreffen. Mit dem Bau hat dann vermutlich Pachacutecs Sohn Tupac Yupanqui begonnen, und 50 Jahre später, um das Jahr 1500, wurde die Festung von Huayna Capac im wesentlichen beendet. Es könnte aber auch sein, daß die Bauarbeiten beim Eintreffen der spanischen Konquistadoren noch in vollem Gang waren. Von einer Felsenplattform auf dem gegenüberliegenden Hügel soll der regierende Inka den Fortschritt der Arbeiten beobachtet haben. In diesen Felsen ist eine Reihe von Stufen oder Sitzen eingemeißelt, weshalb er auch Thron des Inkas genannt wird.

Die Chronisten erwähnen vier Baumeister: Huallpa Rimachi, Maricanchi, Acahuana und Calla Cunchuy. Manche Wissenschaftler allerdings vertreten die These, daß Sacsayhuaman ein megalithisches Bauwerk und schon lange vor den Inka errichtet worden sei. Wann dieses Bollwerk nun tatsächlich entstanden ist, wird man wohl nie mit absoluter Sicherheit sagen können.

Auch über den Sinn der Anlage ist man geteilter Meinung. Die Behauptung, daß die Festung nur hochgezogen wurde, um das Volk zu beschäftigen und so für Ruhe im Land zu sorgen, vermag nicht zu überzeugen. Denn vermutlich hatte Sacsayhuaman durchaus eine militärische Aufgabe zu erfüllen, nämlich die Hauptstadt Cuzco gegen Angriffe aus dem Osten zu schützen. Darüber hinaus war Sacsayhuaman wie fast alle Verteidigungsanlagen der Inka wohl auch eine Kultstätte und barg in ihrem Zentrum ein Heiligtum. In den 30er Jahren ließ der peruanische Ethnologe Louis Valcárcel eine 4 Meter hohe Erdschicht abtragen und legte den alten sakralen Bereich frei: Hier unter der Erde befanden sich die Unterkünfte der Priester des Sonnenrituals, die durch trapezförmige Türen – das hervorstechendste Merkmal der Inka-Architektur – miteinander verbunden waren.

Der Hügel von Sacsayhuaman fällt nach der Stadt hin so steil ab, daß von dieser Seite keine Angriffe zu befürchten waren. Deshalb schien den Inka hier eine einzige Schutzmauer auszureichen. Die mögliche Bedrohung kam von der anderen Seite des Hügels, denn hier liegt eine weite Ebene, und der Hang steigt so flach an, daß es den Feinden ein leichtes gewesen wäre, die Festung auf dieser Seite anzugreifen. Zum Schutz dieser Nordflanke errichteten die Inka also die berühmten Sägezahnmauern.

Die drei zyklopischen grauen Granitmauern, von denen jede rund 350 Meter in der Länge mißt, liegen in Terrassen übereinander. Die Zacken entstehen durch 22 eingezogene Ecken und hervorspringende Winkel, für die man die gewaltigsten Felsblöcke verwendete – der größte ist mehr als 8 Meter hoch und wiegt an die 400 Tonnen. Auf diese Weise konnten die Angreifer in der Flanke getroffen werden. Die Verwendung von asymmetrischen Steinen und ihre unregelmäßige Anordnung könnten eine Methode gewesen sein, den Riesenbau besonders erdbebensicher zu machen.

In jedem Mauerring öffnet sich ein monumentales, trapezförmiges Tor. Heute stehen diese Tore offen, früher jedoch konnte man sie mit einem gewaltigen Stein verschließen. Tiu Puncu, das Sandtor, gehört zur äußersten Mauer, dann folgen Acahuana Puncu (so genannt nach seinem Erbauer) und zuoberst Viracocha Puncu, das dem Gott Viracocha geweiht war. Innerhalb der Steinwälle verlief eine Art Schützengraben, und auf jeder Mauer gab es eine Brustwehr.

An der höchsten Stelle der Festung befand sich ein von drei hohen Türmen begrenzter Platz. Der bedeutendste war der Rundturm Muyuc Marca, der gleichsam das magische Auge des Pumas war. Dieser Turm war die Residenz des Inkakönigs und seiner Familie, wenn er in Zeiten der Gefahr nach Sacsayhuaman hinaufkam. Der Turm bestand aus drei konzentrischen Ringen; im innersten war eine Zisterne mit Wasser, das durch unterirdische Kanäle herbeigeführt und von hier aus in der ganzen Anlage verteilt wurde. Der Turm war in acht strahlenförmig angelegte Sektoren unterteilt. Wie Garcilaso de la Vega berichtet, waren die Wände mit Vögeln, Tieren und Pflanzen aus Gold und Silber verziert, und hier befand sich auch herrliches Geschirr und weiteres kostbares Gerät.

An den beiden anderen Ecken des Platzes standen die quadratischen Wachtürme Sayac Marca und Paucar Marca, wo die Wachmannschaft untergebracht war. Garcilasos Bericht zufolge gehörten diese Soldaten zu den privilegierten Inka, denn anderen Völkerschaften war das Betreten des „Hauses der Sonne, der Waffen und des Krieges" nicht gestattet. Sie standen unter dem Kommando eines Generalkapitäns von königlichem Blut, der wiederum Vertreter und Bevollmächtigte hatte, die für die Unterweisung der Rekruten und für die Versorgung mit Lebensmitteln, Waffen, Bekleidung und Schuhen verantwortlich waren. Von allen drei Türmen sind nur noch die Grundmauern erhalten.

Die Türme waren durch unterirdische Gänge miteinander verbunden. In der Tat war der unterirdische, unsichtbare Teil der Anlage so komplex wie der oberirdische,

„Habt ihr sonst keine Arbeit für das Volk, dann heißt es einen Berg von einer Stelle zu einer anderen rücken. So werdet ihr Ruhe haben im Reiche" (Huayna Capac). Auf dem Transport blieb einer der Steinblöcke liegen; man nennt ihn den müden Stein.

Von Cuzco bis Machu Picchu – eine lange Reihe von Festungen

Um ihre Hauptstadt und das heilige Tal Vilcanota oder Urubamba gegen Angriffe wilder Urwaldstämme zu schützen, errichteten die Inka an den Bergen und Hängen der Anden eine große Zahl ummauerter Verteidigungsanlagen. Gleich hinter Sacsayhuaman findet man den ersten Kontrollpunkt, Puca Pucara, die rote Festung. Sie wachte über die geheimen Wasserquellen, die das sogenannte Bad der Inka speisten, wo die Inka rituelle Waschungen vollzogen, und über das Felsenheiligtum von Kenko mit seinem elliptischen Amphitheater mit 19 monolithischen Sitzlogen.

Rund 30 Kilometer von Cuzco entfernt erheben sich in 3000 Meter Höhe über dem Urubambatal die eindrucksvollen Ruinen der auf einem Bergsporn gelegenen kaiserlichen Burgstadt Pisac. Umgeben von gewaltigen Steinmauern, finden sich im Innern der Anlage Verteidigungstürme, Wohngebäude, Lagerhäuser und das Sonnenheiligtum Intihuatana.

40 Kilometer weiter hängt an einem steilen Kordillerenberghang die terrassenförmig angelegte Stadt und Festung Tampu Ollantay. Auf der obersten Stufe finden sich Tempelbauten und eine Mauer aus sechs etwa 4 Meter hohen, geradwandigen Monolithen aus rötlichem Granit. Von Tampu Ollantay flüchtete der Inka Manco Capac vor den Spaniern zur Bergfestung Vilcabamba, der letzten Zufluchtsstätte der Inka, die man heute in einer Ruinenstadt namens Espiritu Pampa vermutet.

Auf der alten Inkastraße, der Straße der Könige, kann man heute von Q'ente am Urubamba, vorbei an den Ruinen vieler, teilweise erst in jüngster Zeit wiederentdeckter Siedlungen, bis nach Machu Pic-

Zyklopisches Tor zum unvollendeten Mondtempel der Festung Tampu Ollantay. Die Zapfen dienten möglicherweise zum Heben der schwersten Monolithe.

chu wandern. Nach Llactapata führt der Pfad das Tal des Cusichaca hinauf nach Huayllambamba, wo er sich schließlich nach Nordwesten wendet.

112 Kilometer von Cuzco entfernt liegt am Ende der Inkastraße inmitten einer überwältigenden Bergwelt die faszinierendste aller Inkastädte: Machu Picchu. Auf einem Sattel zwischen zwei senkrecht abstürzenden Felswänden hoch über dem Urubamba gelegen, war sie vom Tal aus nicht zu sehen und hinter ihren trapezförmigen Toren praktisch uneinnehmbar. Machu Picchu war nicht nur eine Grenzfestung, sondern mehr noch ein heiliger Ort. Die völlig vom Dschungel überwucherte Stadt wurde 1911 von dem Amerikaner Hiram Bingham wiederentdeckt.

gewaltigen Aufstand gegen die Eroberer, nahm Sacsayhuaman ein und belagerte von dort aus die Stadt. Die Spanier überlebten seinen Großangriff auf Cuzco und gingen, unterstützt von Truppen aus Lima, zum Gegenangriff auf die mehreren tausend in der Festung verschanzten Indios über. Tagelang wurde ein erbitterter Kampf um die Befestigungsanlage geführt, in dessen Verlauf Juan Pizarro von einem Wurfgeschoß getötet wurde. Schließlich gelang es den Spaniern, die Indios zu überwältigen. Um den Konquistadoren nicht in die Hände zu fallen, stürzte sich der Anführer der Inka von einem der Türme.

Nachdem die Rebellion niedergeschlagen war, begannen die Spanier mit der Zerstörung von Sacsayhuaman, und nur die gewaltigen Außenmauern widerstanden dieser totalen Verwüstung. Gebäude und Türme wurden dem Erdboden gleichgemacht und mit den Steinen christliche Kirchen und Paläste für die Eroberer gebaut.

Nachdem Pizarro 1535 die neue Hauptstadt Lima gegründet und sich damit das Zentrum der Macht verlagert hatte, versank Cuzco, der einstige „Nabel der Erde", zunehmend in Vergessenheit. Erst mit der Wiedereinführung des Inti Raymi, des großen Sonnenfests der Inka, begann man, sich der Stadt und ihrer Bedeutung zu erinnern. Seither strömen jedes Jahr am 24. Juni, dem Tag der Wintersonnenwende in der südlichen Hemisphäre, Tausende von Indianern und Touristen aus aller Herren Länder in die Ruinen der Festung Sacsayhuaman. Zum bezaubernden Klang kleiner Bambusflöten spielt sich hier ein farbenprächtiges Schauspiel mit Prozessionen, Gesängen und rituellen Tänzen ab. Mehrere hundert Akteure stellen die Armee des Inkas dar, die Priesterschaft, die Sonnenjungfrauen und den in Gold und schillernde Federn gekleideten göttlichen Inkakönig. Wie einst wird ein Lama geopfert, um in seinem noch zuckenden Herzen die Zukunft zu lesen.

Die Inka hatten Sacsayhuaman für die Ewigkeit gebaut. Kein Erdbeben und kein Angriff vermochten das gigantische Befestigungswerk zu erschüttern. Dennoch sind heute nur die drei Außenwälle und ein paar Grundmauern übrig, die die einstige Größe und Monumentalität der Anlage nur noch ahnen lassen.

Mit einer Radikalität sondergleichen vernichteten die spanischen Konquistadoren eines der bedeutendsten Zeugnisse der indianischen Kultur. Die Feste mag stellvertretend stehen für die Zerstörung der gesamten Kultur der Inka, von der Oswald Spengler schreibt: „Sie verkümmerte nicht, sie wurde nicht unterdrückt oder gehemmt, sondern in der vollen Pracht ihrer Entfaltung gemordet, zerstört wie eine Sonnenblume, der ein Vorübergehender den Kopf abschlägt."

sichtbare. Zahllose Sträßchen, die sich in allen Richtungen kreuzten, Kellerräume und Türen machten diese Unterwelt zu einem regelrechten Labyrinth, aus dem man nur wieder herausfand, wenn man ein Knäuel Garn an der Eingangstür befestigte und den Faden beim Vordringen abwickelte, um sich dann auf dem Rückweg von ihm leiten zu lassen. In Cuzco erzählt man von dem Abenteuer zweier Jungen, die sich in diesem Labyrinth verirrten. Einer davon soll an Entkräftung gestorben, der andere nach mehreren Tagen – mit einer goldenen Maisähre in der Hand und schon dem Wahnsinn nahe – wiederaufgetaucht sein. Er beteuerte, er sei bis zum alten Goldtempel in Cuzco vorgedrungen und habe über sich die Messe in der Kirche Santo Domingo gehört, die auf den Resten des Coricancha errichtet ist. Seither ist der Zugang zu dem Labyrinth verschlossen.

Vor kurzem hat man in dem Labyrinth einige Ziergegenstände aus Gold gefunden. Ob die Legende, nach der die Inka vor dem Eintreffen der Spanier im unterirdischen Komplex von Sacsayhuaman einen ungeheuren Schatz versteckt haben sollen, vielleicht doch ein Körnchen Wahrheit in sich birgt?

Nachdem die Konquistadoren die kleine Gebirgsstadt Cajamarca eingenommen, den Inkaführer Atahualpa gefangengenommen und getötet und unter seiner Gefolgschaft ein gräßliches Massaker angerichtet hatten, konnten sie ihren Eroberungszug fortsetzen, ohne auf nennenswerten Widerstand zu stoßen. Als sie 1533 in die Hauptstadt Cuzco einzogen, waren die nur knapp 200 Männer vom Anblick der Titanenfestung Sacsayhuaman vollkommen überwältigt.

1536 organisierte der Inka Manco einen

Himeji
Eine Festung des feudalen Japans

Fährt man im Zug von Kobe aus die Küste der Inlandsee entlang in Richtung Shimonoseki, so erreicht man nach etwa 50 Kilometern Himeji, wo sich aus einem Häusermeer mit bunten Dächern die weiße und elegante Silhouette einer Burg erhebt. Ihre Mauern blenden förmlich im hellen Sonnenschein, und ihre übereinanderliegenden Dächer lassen sie wie eine himmelstürmende Pyramide erscheinen: Es ist das Schloß des weißen Reihers, das auch Schloß des Silberreihers genannt wird. Und in der Tat ähnelt diese Burg von weitem eher einem fürstlichen Schloß als einer Wehranlage.

Doch je näher man dem Schloß des weißen Reihers kommt, desto deutlicher erkennt man seinen militärischen Charakter. Jener alles überragende Bergfried, der *tenshu,* steht auf dem Gipfel des Hügels Himeyama, der sich über die Ebene erhebt. Um den Fuß dieses Hauptturms zu erreichen, muß man auf Umwegen zunächst Gräben, großartige Bollwerke, unzählige Mauern und Höfe überwinden.

Bereits um die Mitte des 14. Jh. entstand an der Stelle von Himeji eine erste Festungsanlage, die Schauplatz der ständigen Kämpfe zwischen den rivalisierenden adligen Sippen wurde. Japan war damals unterteilt in eine Vielzahl von Provinzen, Grundherrschaften und Lehen, die in den Händen der Daimios, mächtiger Militäraristokraten, lagen. Anstelle des machtlosen Kaisers regierten seit 1192 die Schogune, die obersten Feldherrn der Krone. Diese erste Militärregierung Japans hatte ihren Sitz von der Kaiserstadt Kioto nach Kamakura verlegt. Mit der Zerstörung der Stadt 1333 und dem Sturz der Militärregierung endete diese sogenannte Kamakurazeit. Zwar riß die Familie Ashikaga das Schogunat an sich, doch gelang es ihr nicht, ihre Macht zu behaupten und die in der Folgezeit um die Vorherr-

Strahlend erhebt sich die Burg (hier von Südwesten aus gesehen) vor dem blauen Himmel. Zum Schutz vor Feuer wurde der Holzbau mit dicken Schichten blendendweißen Verputzes versehen; dies trug der Burg den volkstümlichen Namen Schloß des weißen Reihers ein.

Der Bergfried, der tenshu *(hier die Südfront), steht auf einem über 15 m hohen Steinsockel, der ihn nahezu uneinnehmbar machte. Der Eingang zu diesem Bergfried liegt im Westen und ist geschützt durch einen dreistöckigen Turm, der mit dem* tenshu *durch eine Galerie verbunden ist.*

schaft und um Einfluß kämpfenden Daimios im Zaum zu halten. Das Land stürzte in einen Bürgerkrieg.

In diesen unsicheren Zeiten begannen die Grundherren, Straßen, Pässe, Städte und Häfen ihres Landes zu sichern, indem sie – bevorzugt auf höher gelegenen Stellen, aber auch im flachen Land – Festungsanlagen bauten und dort für den Notfall Vorräte, Waffen und andere Reserven einlagerten. Angepaßt an die jeweiligen Gegebenheiten des Geländes, wurden zur Verteidigung Erdwälle aufgeschüttet und Palisaden errichtet, die man manchmal noch mit aufgeschichteten Steinen verstärkte. Dazwischen erhoben sich Wachtürme, die einen besseren Überblick über die Umgebung gestatteten. Im allgemeinen hielt eine derartige Anlage einem Angriff stand, denn damals kämpften die Krieger noch zu Fuß oder zu Pferd und waren nur mit Schwertern sowie Pfeil und Bogen bewaffnet.

Das 16. Jh. brachte dann zwei grundlegende Veränderungen mit sich. 1543 waren die ersten Portugiesen in Japan gelandet und hatten die bis dahin dort unbekannten Feuerwaffen mitgebracht, die schon bald im

Land nachgebaut und in großer Stückzahl hergestellt wurden. Diese waffentechnische Neuerung bedingte eine andere Art der Kriegführung als bisher und blieb auch nicht ohne Einfluß auf den Festungsbau.

Die zweite Veränderung war politischer Natur. Die ewigen Auseinandersetzungen hatten die Militäraristokratie nachhaltig geschwächt, so daß es dem Feldherrn Oda Nobunaga (1534–1582) und seinem Nachfolger Toyotomi Hideyoshi (1536–1598) Schritt für Schritt gelang, Japan unter ihrer Herrschaft zu einigen. Doch erst unter dem Schogunat des Tokugawa Ieyasu (1542–1616) sollte das Land den lang entbehrten Frieden finden.

Die gewaltsame Einigung Japans ging allerdings nicht ohne zahlreiche Schlachten und die Eroberung der Festungen vonstatten. Viele Anführer der Sippen nahmen sich in dieser Zeit ein Beispiel an Oda Nobunaga, der in Azuchi am Biwasee, nicht weit von Kioto entfernt, 1575 eine architektonisch einzigartige Burg mit einem siebenstöckigen *tenshu,* einem wehrhaften Wohnturm, erbaute, dessen Räume er prachtvoll ausschmücken ließ. Entsprechend errichteten nun auch andere Herren Festungen mit solchen Türmen.

Die meisten großen Burgen dieser Epoche gehen auf den Kriegsbaumeister Kato Kiyomasa (1562–1611) zurück, dessen Dienste auch und vor allem Hideyoshi und Ieyasu in Anspruch nahmen. Nachdem Hideyoshi 1577 die Festung von Himeji erobert und damit seine Herrschaft über dieses Gebiet gesichert hatte, ließ er dieses Verteidigungsbauwerk vergrößern und so ausbauen, daß es künftig auch einem Angriff mit Feuerwaffen standhalten konnte. Nach der Schlacht von Sekigahara im Jahr 1600, die die innerjapanischen Auseinandersetzungen beendete und eine lange Friedenszeit einleitete, vertraute Tokugawa Ieyasu die Festung von Himeji Ikeda Terumasa an, der den Hauptbergfried bauen ließ und den ursprünglichen Namen Himeyama in Himeji umänderte.

Da die Festung Himeji in ihrer heutigen Form in Friedenszeiten entstand und keine größere Belagerung mehr durchzustehen hatte, ist sie als eines der glänzendsten Zeugnisse der japanischen Militärbaukunst des 16. Jh. bis heute erhalten geblieben. Lediglich die äußeren Befestigungsmauern sind verschwunden und unter der heutigen Stadt begraben. Der Hauptbergfried, der *tenshu*, krönt den nördlichen Vorsprung des Hügels; er steht auf einem Steinsockel, der an der Basis 30 × 25 Meter mißt, und erhebt sich mit seinen fünf übereinanderliegenden Dächern und sieben Innengeschossen etwa 27 Meter über diesen Sockel. Im Westen flankiert den Hauptbergfried ein kleinerer Turm mit nur drei Dachetagen; eine überdachte, zweistöckige Galerie führt vom einen zum andern. Ähnliche Galerien, die geschlossene Höfe abgrenzen, verbinden zwei weitere Türme untereinander und mit dem Westturm. All diese Türme mit ihren mehrfach übereinanderliegenden Dächern sind aus Holz und Gips gebaut und stehen auf hohen Unterbauten aus Stein, deren Wände schräg abfallen und deren Ecken verstärkt sind. Trockenmauern unterteilen die gesamte Festungsanlage in weitere Höfe, die terrassenartig auf unterschiedlichen Ebenen liegen.

Zu Füßen des Bergfrieds, umschlossen von innerstem und zweitem Mauerring, liegen die Gebäude, die der jeweilige Burgherr und seine Familie bewohnten. In anderen, ebenfalls durch Mauern geschützten Höfen befanden sich die Unterkünfte der hochrangigen Gefolgsleute sowie der gemeinen Krieger und Diener. Zwei große Areale im Westen und Osten der Festungsanlage dienten dazu, die Krieger vor Ausfällen aufmarschieren zu lassen. Ein weiterer riesiger Hof im Südwesten schließlich bot den Bewohnern der Stadt und den Bauern der Umgebung vor Angreifern Zuflucht; er beherbergte auch die Handwerker, die an der Festung arbeiteten. Die gesamte Anlage umschlossen sehr breite Wassergräben und steile Bollwerke aus Stein, die mit Wachtürmen gekrönt waren. Diese wie auch die Türme auf den inneren Ringmauern dienten nicht nur der Verteidigung, sondern wurden auch anderweitig genutzt: als Lagerräume, als Gefängnisse für Geiseln, als Zeremoniensäle, als Andachtsräume und manchmal sogar als Wohnstätten für Adlige, wie der Hauptturm im Norden des Westforts, der sogenannte Boudoirturm. Ein anderer Turm südwestlich des *tenshu* war jenen Samurais vorbehalten, die Seppuku, den rituellen Selbstmord der Adligen, begehen wollten.

Für einen Angriff von außen war die Festung bestens gerüstet. Alle Terrassen waren von Pinien gesäumt, die gleichsam einen Vorhang bildeten, der die Verteidiger zum

Die Burg von Himeji zu Beginn des 17. Jahrhunderts

Dieses Gemälde zeigt die Festung von Himeji, wie sie um 1617 aussah, etwa in der Zeit also, in der sie fertiggestellt wurde.

In Nord-Süd-Richtung erstreckt sie sich über eine Länge von ungefähr 600 Metern und von Ost nach West über etwa 500 Meter. Die verschiedenen Ringmauern, die die Höfe umschließen, steigen von Süden nach Norden an, wo sich auf einem Felsvorsprung der Bergfried erhebt. Auf der Nordseite (hier unsichtbar) fällt zu seinen Füßen die Felswand steil ab, und zusätzlich schützt ihn dort noch eine doppelte Linie von Gräben.

Zahlreiche Ringmauern durchziehen die Anlage und umschließen verschiedene Höfe, in denen sich Unterkünfte für den jeweiligen Burgherrn und seine Familie, für hochrangige Gefolgsleute, Krieger und Diener, die Werkstätten der Handwerker und sogar ein Tempel befanden. Auch einige der größeren Ecktürme dienten als Unterkünfte für adlige Gäste, z. B. der sogenannte Boudoirturm im Norden des Westforts. Ein anderer, der *hara-kiri maru*, war den Samurais für die Zeremonie des Seppuku reserviert.

Die gesamte Anlage ist so konstruiert, daß die Mauern, Bauten und Türme gleichsam ein Labyrinth bilden. Ihre Ausgänge waren leicht zu verteidigen, denn die Samurais konnten jederzeit die An-

1. Innerster Mauerring. 2. Hauptbergfried (tenshu). 3. Westfort. 4. Östliche Ringmauer. 5. Unterkünfte der Offiziere. 6. Unterkünfte der Diener und einfachen Krieger. 7. Wasserspeicher. 8. Boudoirturm. 9. Hara-kiri maru. 10. Tempel. 11. Ecktürme. 12. Äußere Gräben. 13. Vorstadt.

greifer umzingeln, so daß sie in der Falle saßen, und von den Mauern beschießen. Und ein Angreifer mußte damit rechnen, daß ihm 10000–15000 Krieger entgegentraten. Daß eine solche Anlage dennoch nicht uneinnehmbar war, beweist das Beispiel der großen Festung von Osaka, die 1615 erobert und zerstört wurde.

einen vor den Augen der Angreifer verbarg und sie zum anderen vor den feindlichen Pfeilen schützte. Versuchten die Angreifer die Mauern zu erklimmen, so konnte man von oben Steine auf sie herabregnen lassen, und durch dreieckige, quadratische oder rechteckige Schießscharten konnte man den Feind unter Beschuß nehmen. Gelang es den Angreifern dennoch, eine Mauer zu überwinden und ins Innere der Anlage einzudringen, so fanden sie ein ausgeklügeltes System von Zickzackdurchlässen, blinden Höfen und Kreuzungen vor, die ein wahres Labyrinth bildeten, in dem sie rasch überlistet werden konnten.

Die meisten japanischen Festungen wurden während der kriegerischen Auseinandersetzungen zerstört oder in Brand gesteckt, oder Tokugawa Ieyasu ließ sie nach seinem Aufstieg zum Schogun schleifen, um den Widerstand der Daimios zu brechen. Dennoch gab es Anfang des 17. Jh. in Japan noch über 1000 Burgen, von denen heute kaum mehr als 200 erhalten sind. Und die wenigsten dieser Festungsanlagen sind noch vollständig oder in ihrer ursprünglichen Form zu besichtigen. Alle diese Burgen stammen aus der Zeit zwischen 1550 und 1650 und weisen mehr oder weniger dasselbe Grundprinzip auf. Je nachdem, ob die Festung auf einem Berg oder im Flachland lag oder beide Geländeformen miteinander verband wie in Himeji, wandelte man dieses Grundprinzip ab und paßte es den jeweiligen Gegebenheiten an. Die mehrstöckigen *tenshus* waren aus Holz gebaut, und ihre von enormen Pfeilern gestützten Geschosse waren nur über enge Treppen zugänglich, die leicht verteidigt werden konnten. Die Dachkonstruktion entsprach der damals üblichen Bauweise der Paläste und buddhistischen Tempel. Die Giebel waren oft reich geschmückt mit vergoldeten Fischmotiven, die als magische Zeichen vor den Bränden schützen sollten, die vielen dieser *tenshus* zum Verhängnis wurden.

Zu den imposantesten Festungen jener Zeit gehörte einst die große Burg von Osaka, die 1583–1586 Toyotomi Hideyoshi erbaut hatte, die aber schon 1615 zerstört wurde. Erst in unserer Zeit rekonstruierte man aus Stahl und Beton den Festungsturm. Von der Großartigkeit der einstigen Anlage jedoch zeugen bis heute die Reste der gewaltigen Sockel- und Wallmauern. Übertroffen wurde die Festung von Osaka später durch jene Anlage, die Tokugawa Ieyasu 1593–1636 in Edo, dem heutigen Tokio, als Residenz bauen ließ. Auch hier fiel der *tenshu* bereits 1657 dem Feuer zum Opfer.

Doch so beeindruckend diese Überreste oder auch andere, noch besser erhaltene Festungen jener Zeit sein mögen – die schönste und anmutigste von allen war und ist Himeji, das Schloß des weißen Reihers.

Waffen und Rüstung der Samurais

Bis in die zweite Hälfte des 16. Jh. hinein verwendeten die Samurais, die von einem Schogun oder einem Daimio direkt abhängigen Krieger, zum Kämpfen nur Schwerter sowie Pfeil und Bogen. Und auch nachdem die Europäer 1543 die Feuerwaffen nach Japan mitgebracht hatten, trennten sie sich nicht von ihren Schwertern, die das Kennzeichen ihrer gesellschaftlichen Stellung waren und die oft von Generation zu Generation weitergegeben wurden. Das Schwert galt als die Seele des Samurais, und mit ihm übernahm er auch die Verhaltensregeln, die der Bushido, „der Weg des Kriegers", ein Ehrenkodex der japanischen Ritter, vorschrieb. Dazu gehörte nicht zuletzt die unbedingte Treue dem jeweiligen Lehnsherrn gegenüber wie auch der rituelle Selbstmord (Seppuku) des Samurais in dem Fall, daß er gegen diesen Kodex verstieß.

Es gab unterschiedliche Arten von Schwertern, die je nach Verwendungszweck länger oder kürzer und mehr oder weniger verziert waren. Während den Hofadligen und Daimios ein sehr langes und gebogenes Schwert, *tachi* genannt, nur als Zierwaffe diente, waren die beiden Schwerter, die ein Samurai im Gürtel trug, durchaus Kampfwaffen: Es waren das eigentliche Kampfschwert (*katana*), das mit beiden Händen geführt wurde, und das sogenannte Begleitschwert, das kürzere und gedrungene *wakizashi*. Die Kunst, solche Schwerter herzustellen, war das Geheimnis der Schmiede, denen man an Zauberei grenzende Fähigkeiten zuschrieb. Da auch Mönche und Frauen Samurais sein konnten, trugen sie manchmal ebenfalls Schwerter, doch waren dies kleinere Waffen, *aikuchi* oder *tanto* genannt. Die Frauen verbargen außerdem in ihrem Kimono einen langen Dolch ohne Heft (*kaiken*), mit dem sie sich im Notfall verteidigen konnten und der ihnen zum Selbstmord diente (auch für Frauen hatte der Bushido Gültigkeit).

Der Bogen aus lackiertem Bambus war sehr lang und asymmetrisch geformt; mit ihm schoß man schwere Pfeile mit lanzett- oder gabelförmigen Spitzen ab, die etwa 100 Meter weit reichten. Mit Pfeil und Bogen eröffnete man den Kampf, der jedoch bald Mann gegen Mann mit dem Schwert geführt wurde.

Alle Krieger waren bestrebt, eine Rüstung zu tragen, die ihrem Rang entsprechend mehr oder weniger verziert war. Sie bestand aus einem starren Brustpanzer aus lackiertem Eisen, an dem Ärmel aus Stoff befestigt wurden; diese waren mit kleinen Eisen- oder Lederplättchen verstärkt und gingen in eine Art Handschuh über. An dem Brustpanzer hing ein wie ein Rock geformter, beweglicher

Diese Paraderüstung eines Samurais stammt aus dem 18. Jh. und besteht aus lackierten Eisenplättchen, die untereinander mit Schnüren aus geflochtener schwarzer Seide verbunden sind. Sie wiegt kaum mehr als 10 kg.

Schutz, und Beinschienen bedeckten Schienbeine und Knie. Auf dem Kopf trug der Samurai einen ausladenden Helm mit einem beweglichen Nackenschutz. Die Stirnpartie des Helms, dessen Schale aus miteinander verbundenen Eisenlamellen bestand, schmückten oft magische Motive wie Drachen. Oft trug er noch eine Maske aus lackiertem Eisen, die ihn noch furchterregender erscheinen ließ.

Erstaunlicherweise änderte die Einführung von Feuerwaffen an dieser Rüstung der Samurais nichts, obwohl sie doch lediglich bei Zweikämpfen mit dem Schwert Schutz bot. Allerdings wandelte sich auch im Lauf der Zeit ihre Funktion: Vom Schutzkleid im Kampf wurde sie schließlich zur Paraderüstung.

Neuf-Brisach
Eine beispielhafte Festungsstadt aus der Zeit des Absolutismus

Nach 1639 war die Stadt Breisach am rechten Rheinufer eine französische Festung und ein sehr günstiger Brückenkopf für jede militärische Operation im Deutschen Reich. Doch im Vertrag von Rijswijk (1697) mußte Ludwig XIV. Breisach dem Kaiser wieder überlassen und die Festungsanlagen auf den Rheininseln schleifen. Der Kaiser besaß nun seinerseits einen leichten Zugang zum Elsaß.

Deshalb schickte der König sogleich seinen Generalkommissar für das Festungswesen, Sébastien de Vauban, vor Ort, um das Problem zu untersuchen. Dieser zögerte, Colmar zur befestigten Stadt zu machen. Um den Schutz des Forts Mortier auf dem französischen Rheinufer zu nutzen, wählte er eine Stelle aus, die rund 2,4 Kilometer davon entfernt lag, gleichzeitig außer Reichweite der Geschütze von Breisach und dennoch nahe genug am Rhein. Am 20. Juni 1698 unterbreitete Vauban dem König drei Projekte mit Plänen und den nötigen Kostenvoranschlägen. Ludwig XIV. wählte das umfassendste und kostspieligste Projekt, weil das Unternehmen ihm besonders wich-

Luftaufnahme von Neuf-Brisach. Trotz der eindringenden Vegetation erkennt man noch sehr gut den inneren Festungsgürtel mit seinen acht Bastionen und den in der Mitte zurückspringenden Kurtinen dazwischen; davor liegt der vielzackige Stern der Verteidigungswerke.

Reliefplan eines Wachttürmchens (unten). Diese vorkragenden Bauten an den Ecken der Kurtinen dienten auch als Kampfposten.

tig schien. Die von Vauban für die künftige Festungsstadt vorgeschlagenen Namen Brisack-le-Roi oder Louis-Brisack lehnte der Herrscher jedoch ab und nannte den neuen Ort Neuf-Brisack (erst seit dem 19. Jh. schreibt man ihn Neuf-Brisach).

Auf der riesigen Baustelle leiteten der Direktor der Befestigungen im Elsaß, Tarade, und seine Militäringenieure die Arbeiten, die von zahlreichen Unternehmern ausgeführt wurden. Bei Ruffach und Pfaffenheim eröff-

erst wurde es in den Baracken und Zelten lebendig, dann hörte man die Geräusche der Werkzeuge und Karren. Der Rauch aus den Kohleöfen ließ schon von weitem die Baustelle erkennen. Der Arbeitstag, von drei etwa einstündigen Pausen unterbrochen, dauerte bis Sonnenuntergang, war also je nach Jahreszeit unterschiedlich lang.

Während sich der Festungsgürtel um die Stadt schloß, begannen sich im Inneren Häuser nach einheitlichen Plänen zu erhe-

Vauban

Sébastien Le Prestre de Vauban wurde im Mai 1633 in Saint-Léger (im Bezirk Vézelay, Burgund) als Sohn eines einfachen Landadligen geboren. Zunächst unterrichtete ihn sein Pfarrer, dann lernte er in Semur-en-Auxois Zeichnen und Mathematik. Danach schloß er sich durch Zufall der Armee des Prinzen Condé an, die gegen den König rebellierte. Er geriet in Gefangenschaft, wurde aber bald von dem Menschenkenner Mazarin, dem Minister Ludwigs XIV., für den König gewonnen.

Von nun an verbrachte Vauban den Hauptteil seiner Zeit damit, Städte zu belagern oder zu verteidigen – er wurde schließlich Marschall von Frankreich. Durch diese Tätigkeit und auf vielen Reisen, die ihn kreuz und quer durch das Königreich führten, gewann er eine unvergleichliche Erfahrung, die es ihm ermöglichte, die Methoden von Angriff und Verteidigung zu vervollkommnen.

Sein erstes, sehr bewundertes Werk war die Zitadelle von Lille, die er 1667 plante. Weitere Pläne zur Verbesserung bestehender und zur Schaffung neuer Festungen folgten. Viele davon wurden ausgeführt. Die Überlegenheit Vaubans in der Festungsbaukunst hängt vor allem mit seinem Gefühl für das Gelände zusammen, mit der Analyse der Vorteile, die man dem Feind nehmen muß und die man selbst maximal nutzen sollte. Theorie war nie seine Stärke, sondern er legte Wert auf gute Arbeit und trug Sorge auch um das Detail. Er forderte von seinen Leuten eine Leistung, „die nach einem guten Handwerker riecht".

Für seine Zeitgenossen war Vauban vor allem ein Eroberer von Städten. Er organisierte die Belagerungsmethoden auf

Sébastien Le Prestre de Vauban, Marschall von Frankreich (Rötelzeichnung von Hyacinthe Rigaud).

ganz neue Art, wobei er die verfügbaren Mittel mit größter Wirksamkeit einsetzte und gleichzeitig Menschenleben schonte. Ständig unterwegs, war er der Mann, der das Königreich am besten kannte.

Seine sehr zahlreichen Denkschriften über die verschiedensten Themen treffen oft den Kern der Sache. Er wünschte sich die Gründung eines Leistungsadels. Seine Reformvorschläge wurden jedoch kaum zur Kenntnis genommen. Wegen seiner Schrift über den königlichen Zehnten, in der er eine gerechte Besteuerung aller, auch des Adels und der Geistlichkeit, forderte, fiel er in Ungnade. Er starb bald danach am 30. März 1707 in Paris.

nete man Steinbrüche, und ein neuerbauter Kanal, der heute Canal Vauban genannt wird, ermöglichte den bequemen Transport der Steine. Die Zahl der Arbeiter stieg durch abkommandierte Soldaten und fronleistende Bauern. Man kann sich vorstellen, welche Geschäftigkeit einige Jahre lang dort herrschte. Der Arbeitstag begann bei Sonnenaufgang mit einem Trommelwirbel. Zu-

ben. Bewohner zogen schnell ein, entweder unter Zwang oder durch die gewährten Privilegien angezogen. Man zählte 1703 ohne die Truppen der Garnison 1500 Seelen. Unglücklicherweise ging von dem stehenden Wasser der Baugruben eine schwere Epidemie aus. Man schob die Krankheit auf „die schlechte Luft, die die Erdbewegungen verursachen". Der Aufschwung der neuen

Stadt wurde dadurch verlangsamt. Schließlich mußten wegen Geldmangels die Arbeiten eingestellt werden.

Vauban hat die Festungen seiner Zeit mit ihren Bastionen und Erdwerken nicht erfunden. Doch aufgrund seiner Erfahrung und Überlegungen ist es ihm wie keinem anderen gelungen, seine Werke dem Gelände optimal anzupassen. Für Besançon, wo der Feind von den umgebenden Hügeln die Stadt beherrschen konnte, hatte er 1684 turmartige Bastionen entworfen, deren Gewölbe der Besatzung eine sichere Zuflucht boten und von denen man wirksam schießen konnte. Solche Bastionen verwendete er auch bei der Befestigung von Belfort und Landau. Vor die Bastionen und Kurtinen setzte er Schanzwerke, Kontergarde und Ravelin genannt. Die Zahl der Gräben und Schanzen, die nacheinander genommen werden mußten, vervielfachte sich auf diese Weise.

Beim Bau von Neuf-Brisach griff Vauban auf diese Art der Anlage zurück, unterteilte jedoch die Halbmondschanzen vor den Kurtinen durch ein Reduit. Dieses sogenannte dritte System Vaubans hat große militärische Vorteile, ist aber sehr aufwendig und wurde nur in Neuf-Brisach verwendet. Hinzu kommt, daß dort jede Kurtine in der Mitte zurückspringt, wodurch zusätzliche, mit Geschützen bestückte Flanken entstanden.

Der Plan von Neuf-Brisach, das in der Ebene liegt, ist vollkommen symmetrisch. Die innere Festung bildet ein Achteck, in dessen Winkeln fünfeckige Bastionen stehen, wobei vier der fünf Seiten vorspringen.

Die Gräben und Schanzen davor formen einen riesigen, vielzackigen Stern. Innerhalb des Achtecks liegt das für Vauban typische Schachbrettmuster der aus quadratischen Häuserblöcken gebildeten Stadt. Der große Waffenplatz in der Mitte nimmt den Raum von vier Blöcken ein.

Von außen sieht der Belagernde nur die rasenbewachsenen Böschungen der Wälle, in die die Kanonenkugeln fallen, ohne etwas zu zerstören. Die Verteidiger, gut geschützt hinter ihren Brustwehren, können mit Leichtigkeit das Gelände beherrschen. Jede Befestigungslinie wird durch die Werke der Linie vor ihr gedeckt. Wenn der Feind beginnt, in den Befestigungswerken der äußeren Linie Fuß zu fassen, findet er sich schutzlos in Schußweite der Verteidiger der nächsten Linie.

Wie immer bei den von Vauban geplanten Festungen sind die Tore besonders raffiniert geschützt. Die Zugangsstraßen führen im Zickzack um halbmondförmige Schanzwerke, so daß das Tor erst im letzten Augenblick in Sicht kommt. Drei hintereinanderliegende Gräben mit Zugbrücken verhindern jede Annäherung. Das Tor selbst verbirgt sich hinter der letzten hochgezogenen Brücke. Den langen Torgang schützen außer den eisenbeschlagenen Torflügeln auf der Feld- und der Stadtseite eine Reihe von Fallgattern.

Der heutige Zustand von Stadt und Festung ist nicht mehr der ursprüngliche. Die Befestigungen wurden 1948 aufgelassen und sind seither überwachsen. Der Pflanzenwuchs verdeckt die Ausdehnung der Anlage und trägt zum Zerfall der Mauern bei. Im übrigen wurde Neuf-Brisach 1814, 1815, 1870 und 1945 belagert. Der Artilleriebeschuß 1870 und 1945 – zuletzt mit Luftangriffen – hatte jedesmal sehr schwere Zerstörungen in der Stadt zur Folge. Alte Häuser sind rar geworden. Die Befestigungen hatten weniger zu leiden, doch wurden im Zweiten Weltkrieg zwei von vier Toren niedergelegt, um den Zugang zur Stadt zu erleichtern. Glücklicherweise gibt es einen genauen Reliefplan der Anlagen, der kurz nach der Stadtgründung angefertigt wurde.

Am Hauptzugang der Stadt steht majestätisch das Colmarer Tor, dessen Fassade Jules Hardouin-Mansart, der Architekt des Schlosses von Versailles, entworfen hat. Über dem Torbogen ahnt man noch die Umrisse königlicher Wappen, die in der Französ-

FIGURE 1.

Dieser Ausschnitt aus dem Atlas von Vaubans Mitarbeiter Masse stellt eine Festung im Bau dar. Die Halbmondschanze (in der Mitte) samt dem Reduit und der Bastion (unten) sind klar erkennbar. Die Arbeiten am Glacis werden begonnen (rechts). Links steckt man weitere Werke ab.

Von der Burg zur Festung mit Bastionen

Die Burgen und Stadtmauern des 14. Jh. unterschieden sich im Prinzip kaum von antiken Festungsbauwerken. Hohe Mauern von mittlerer Stärke bildeten die ideale Verteidigungsbasis. Runde oder quadratische vorspringende Türme sorgten für Flankenschutz. Da führte die Erfindung des Pulvers und damit der Feuerwaffen zu einem radikalen Wandel, vor allem als man die steinernen Kanonenkugeln durch eiserne ersetzte und sie mit besser dosiertem Pulver abschoß.

Zunächst brachte man die Kanonen auf den Türmen an, doch von dort fielen ihre Geschosse wenig wirksam hinunter. Man mußte Kasematten, also Plätze für die Geschütze, in den unteren Stockwerken schaffen und dabei das Mauerwerk der Türme, die nicht mehr so hoch sein mußten, verstärken. Doch der Einsatz der in Kasematten eingeschlossenen Geschütze blieb schwierig, weil es nicht gelang, dem Rauch einen Abzug zu schaffen. Sehr bald erdachte man eine Möglichkeit, die Kanonen unter freiem Himmel hinter mächtigen Brustwehren aufzustellen, und zwar auf tiefen Plattformen zwischen den Mauern und den Gräben. Von dort konnten die Geschütze sehr wirksam feuern. Die französische Festung Salses vom Ende des 15. Jh. mit ihrer geringen Höhe und ihren enormen Mauern (10 Meter an der Basis) ist ein gutes Beispiel dieser Anpassung.

Die Belagerungskriege, die die italienischen Stadtstaaten sich lieferten, waren der Anlaß rascher Fortschritte in der Kunst der Befestigung. Die 1527 von dem Architekten Michele Sanmicheli in Verona erbaute Bastion gilt als die älteste Befestigung dieser Art. In der Folgezeit entstanden zahlreiche Bastionen, die die

Die Festung Salses aus dem späten 15. Jh. Die Anlage gleicht noch einer Burg mit Rundtürmen, Donjon und Schießscharten. Neu sind die Plattformen für die Geschütze.

Schwachpunkte der mittelalterlichen Stadtmauern schützen sollten.

Was ist eine Bastion oder ein Bollwerk? Es handelt sich um eine große Befestigung mit meist fünfeckigem Grundriß, mit oder ohne vorspringendem Mauerwerk. Geböschte Mauern, Eskarpe genannt, fallen am Fuß der Bastion bis zu 20 Meter tief zum Graben ab.

In der zweiten Hälfte des 16. Jh. bauten die Niederländer, die um ihre Unabhängigkeit gegen die Spanier kämpften, ihre Festungen vor allem als Erdwerke, die sie durch sehr breite, mit Wasser gefüllte Gräben schützten. Daraus ragten wie Inseln vorgelagerte, sehr wirksame Bollwerke auf, die Vorfahren der Halbmondschanzen und anderer Vorwerke.

Man begreift, daß die neuen Befestigungen wegen des Umfangs der notwendigen Arbeiten, ihres großen Flächenverbrauchs und der teuren Geschütze, die darauf stehen sollten, Vermögen kosteten. Bald waren nur Landesherren in der Lage, diese Kosten zu tragen. Die Festungen verteilten sich nun nicht mehr über das ganze Staatsgebiet, sondern konzentrierten sich entlang der Grenzen. In Frankreich schuf König Heinrich IV. mit Hilfe des Herzogs von Sully ein Korps königlicher Ingenieure, auf das viele Verbesserungen im Detail zurückgingen. Das große Verdienst Vaubans war es dann nicht, die moderne Befestigung zu erfinden, sondern sie auf die bestmögliche Weise dem Gelände anzupassen.

sischen Revolution abgeschlagen wurden. Die Reliefs mit Darstellungen von Trophäen, die das Kranzgesims schmückten, sind verschwunden. Die Architektur des robusten Bauwerks wirkt ausgeglichen. Der rosafarbene, ins Violett spielende Sandstein stammt aus den Vogesen. Das Belforter Tor ist heute zugemauert, doch seine kraftvolle Säulenarchitektur, die ebenfalls von Hardouin-Mansart stammt, ist erhalten geblieben. Im Torbau findet man ein kleines Vaubanmuseum.

Trotz der üppigen Vegetation sind in den Gräben und den vorgelagerten Befestigungswerken noch immer die von Vauban berechneten Linien sichtbar. Freilich handelt es sich nicht mehr wie bei den Toren um sorgfältig bearbeitete Quader, sondern nur um regelmäßige Bruchsteine mit dickeren Mör-

telverbindungen, die jeden Block weiß umrahmen. Dennoch fügen sich auch diese Oberflächen in die strenge Ordnung der Gesamtanlage ein. Die meisten Ecken waren von Wachttürmchen gekrönt, von denen nur noch die mit gemeißelten Flaggen geschmückten Konsolen erhalten sind. Ihre malerischen Silhouetten mit jeweils einer vergoldeten Lilie auf den Spitzen beleben nicht mehr die schier endlosen waagrechten Linien der Brustwehren.

In der Stadt hat der Waffenplatz seine beiden Brunnen und den Hauptteil der Bauten, die ihn umgaben, behalten. Der älteste Bau ist das nach dem letzten Krieg restaurierte Arsenal, das schwer beschädigt worden war. Auf der gegenüberliegenden Seite erheben sich zwei Gebäude aus dem 18. Jh.: die dem heiligen Ludwig geweihte Kirche, deren et-

was schwere Fassade ein kurzer Turm überragt, und vor allem das Rathaus, ein Meisterwerk an Schlichtheit und glücklichen Proportionen unter seinem riesigen Ziegeldach. Nur ein kleiner Vorbau mit Frontgiebel und schmiedeeisernem Balkon gibt diesem sonst recht einfachen Gebäude eine vornehme Note.

Neuf-Brisach, dies erstaunliche Meisterwerk fortifikatorischer Baukunst, verdient den Titel einer Königin unter den Festungen. Vauban bewies mit dieser großzügigen Anlage, die in den Einzelheiten sorgfältig geplant und ausgeführt worden ist, sein Genie. Der Festungsgürtel erregte durch seine Neuartigkeit die Bewunderung seiner Zeitgenossen. In ihrer Anschaulichkeit und Schönheit ist die Festung gleichzeitig eine Lektion in Geschichte und ein Kunstwerk.

Verkehrswege

Verkehrswege der Römer

Das erste geplante Straßennetz

Schon ehe die Römer kamen, gab es eine Reihe von Verkehrswegen durch Gebiete, die später in ihrem Imperium aufgingen. Die Menschen hatten diese Wege im Lauf der Jahrtausende gebahnt, um Handel zu treiben oder auf die Jagd zu gehen. Sie waren deshalb weder systematisch noch zweckmäßig angelegt. Ausnahmen bildeten einige große Straßen, wie etwa der Königsweg, der im Perserreich seit dem 6. Jh. v. Chr. Sardes in Westkleinasien mit Susa am südwestlichen Rand des iranischen Hochlandes verband. Rom hat dann dieses Wegenetz planmäßig ausgebaut.

Bereits im 5. Jh. v. Chr., als Rom noch eine kleine Stadt in der italischen Landschaft Latium war und von allen Seiten von kriegerischen Völkern bedrängt wurde, hatten die Römer im Zwölftafelgesetz Bestimmungen über befestigte Straßen erlassen. Schon im darauffolgenden Jahrhundert dehnten sie ihre Herrschaft auf ganz Latium aus und begannen, von Rom aus Straßen zu bauen. Im Jahr 312 v. Chr. wurden die Arbeiten an der Via Appia aufgenommen. Diese Straße führ-

te nach Puteoli, dem heutigen Pozzuoli, am Golf von Neapel und durchquerte dann den Süden des Stiefels bis Brindisi, dem Tor zu Griechenland und der Adria. Bald entwickelte sich ein Netz von Straßen, die ganz Italien durchzogen: Via Aurelia, Via Claudia, Via Cornelia, Via Cassia, Via Flaminia, Via Salaria, Via Tiburtina, Via Labicana, Via Latina.

Im Lauf seiner Eroberungen dehnte Rom dieses Straßennetz auf Gebiete außerhalb Italiens aus. Gallien, die Pyrenäenhalbinsel, Nordafrika, Griechenland, Kleinasien, Syrien und Palästina erhielten römische Straßen. Sie führten schließlich von Ägypten bis Marokko, an den Euphrat, über die Alpen, quer durch Gallien über den Rhein bis hin zum Limes, der sich seinerseits von der Nordsee bis zum Schwarzen Meer erstreckte.

Im Vorderen Orient, wo moderne Straßen erst im Zeitalter des Automobils angelegt wurden, sind die Römerstraßen im allgemeinen viel besser erhalten als in Europa. So bestehen noch große Teile der Straße, die von Antiochia, der Hauptstadt der römischen Provinz Syrien, nach Aleppo führte. An dem hier abgebildeten Abschnitt hat der Wind links und rechts den Boden abgetragen und die Straße freigelegt.

Dieses enge Wegenetz verband die Städte des Imperiums und war in erster Linie von strategischer Bedeutung. Auf diesen Straßen konnten die Legionen schnell an eine bedrohte Reichsgrenze gelangen oder dorthin, wo ein Aufstand niederzuschlagen war.

Im Rahmen der *Pax Romana* kam diesem Straßennetz auch eine wichtige Rolle bei der kulturellen Durchdringung der Provinzen zu. Ideen und Bräuche verbreiteten sich, und der Handel zwischen den Provinzen und mit Ländern außerhalb des Reiches konnte ausgebaut werden. So gelangten gallische Tonwaren nach Mauretanien, Dakien und Syrien, Glaswaren aus Alexandria bis nach Indien, chinesische Seide kam über Palmyra nach Alexandria, Korinth und Rom.

Die Römerstraßen waren eine Herausforderung an Raum und Zeit. Heute, rund 2000 Jahre später, finden wir noch bedeutende Überreste dieser rund 80 000 Straßenkilometer. Dank der antiken Reisehandbücher, Itinerare genannt, die uns durch das Mittelalter überliefert wurden, sowie durch die Berichte des römischen Architekten Vitruv und die Ausgrabungen im einstigen Römischen Reich sind uns der Verlauf sowie die verschiedenen Bauarten dieser Straßen ziemlich gut bekannt.

Man baute gepflasterte Straßen mit festem Unterbau. Dazu wurde zunächst ein bis zu 80 Zentimeter tiefer und unterschiedlich breiter Graben ausgehoben. Nach dem Zwölftafelgesetz sollte die Breite an geraden Strecken mindestens 8 Fuß (2,4 Meter) betragen, in Kurven das Doppelte. Diese Maße wurden aufgrund der Geländebeschaffenheit und der Verkehrsdichte oft weit überschritten. Die Via Appia ist an geraden Teilstücken etwa 4,5 Meter breit und in den Kurven 6,1 Meter, die Straße von Tebessa nach Karthago ungefähr 7 Meter.

Am Grund dieses Grabens wurde ein Fundament aus Schotter oder grobem Kies gelegt, das *statumen*. Es konnte aus zwei Lagen bestehen oder aus einer Lage hochkant gestellter Steine oder sogar nur aus Erde. Darüber kam der sogenannte *rudus*, die Unterlage für den *nucleus*, der in der Regel aus mit Kalk vermengtem Backsteinsplitt oder aus einem Sand-Lehm-Gemisch bestand. Es konnte sich aber auch um andere Materialien ohne Zement handeln, manchmal sogar um gewöhnlichen Schotter, der mit Ton und Ziegelsplitt abgedeckt wurde. Darauf lag das Pflaster, viereckige oder polygonale Platten aus verschiedenem Hartgestein: Sandstein, hartem Kalkstein, Basalt, Lava oder Granit, je nach Gegend.

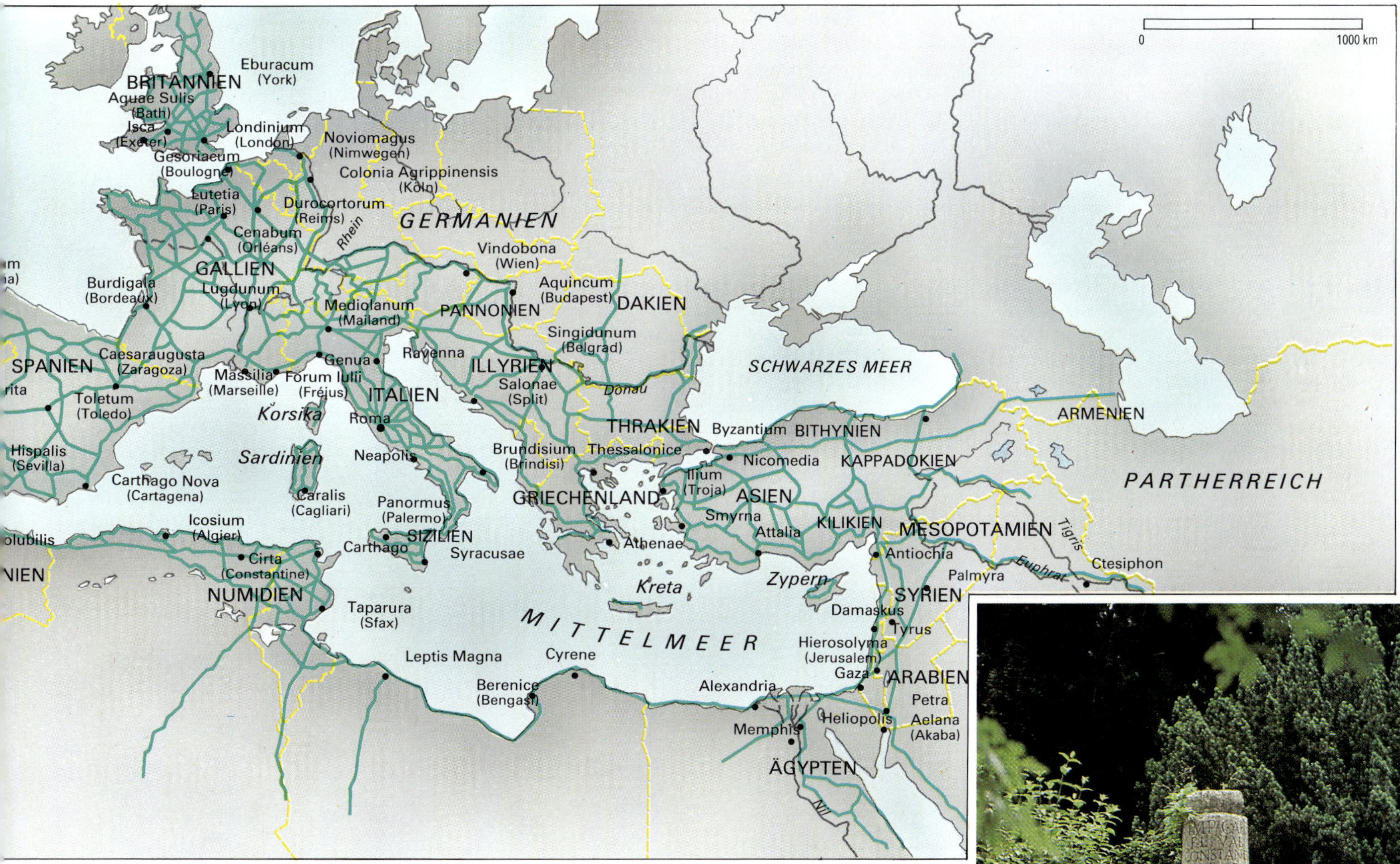

Meilensteine wie dieser standen nach jeder römischen Meile entlang den Straßen des Römischen Reiches.

In den Städten und deren Umgebung waren die Fahrbahnen im allgemeinen von hohen Gehsteigen begrenzt, in freiem Gelände oftmals von senkrecht stehenden Platten oder großen Steinen. Die Straßendecke fiel nach beiden Seiten leicht ab, damit das Regenwasser in die Rinnsteine abfließen konnte.

Diese Straßen wurden oft mit zwei parallelen, etwa 15 Zentimeter tiefen Spurrillen versehen, damit die Wagenräder auf dem Stein nicht rutschten. Die Spurbreite ist je nach Gegend verschieden. Sie beträgt etwa 1,2 Meter in den Ardennen, den Vogesen und im Jura, etwa 1,4 Meter in Savoyen und Pompeji. Außer diesen Fahrrinnen, die besonders in bergigen Gegenden von Nutzen

waren, schlug man oft noch Querrillen im Abstand von 25 Zentimetern in die Platten, um Pferden, Ochsen und Maultieren einen besseren Halt zu geben.

Es ist überliefert, daß die Straßen durch die Städte seit etwa 170 v. Chr. gepflastert werden mußten, während auf dem Land damals noch ein einfacher Sandbelag genügte. Selbst die Via Appia erhielt erst nach und nach ihr Pflaster.

Am häufigsten sind die leicht gebauten Straßen, die weniger Material und Arbeitsaufwand erforderten. Ihre Konstruktion ist ganz unterschiedlich. Die Dicke ihres Belags schwankt zwischen 15 und 30 Zentimetern. Er besteht entweder aus einer dicken Kiesschüttung oder einer Lage von Steinen zwi-

schen zwei Sandschichten oder auch aus einem Bett von hochkant gestellten Steinen, das mit Kies, Schotter, Sand oder gestampfter Erde bedeckt wurde.

Im Lauf der Jahrhunderte wurden die Straßen durch die vielen Ausbesserungs- und Umbauarbeiten immer höher. In der Nähe der französischen Stadt Viselay konnte man an manchen Stellen bis zu neun Schichten mit einer Gesamthöhe von 2,72 Metern zählen.

Die römischen Ingenieure bevorzugten in der Ebene gerade Trassen. Wo immer möglich, legten sie die Straßen allerdings auf die Hänge von Hügeln, um Überschwemmungen in den Tälern aus dem Weg zu gehen. Dabei mußten oft viele Kurven in Kauf ge-

Das römische Postwesen

Lange vor den Römern übermittelte man bereits Nachrichten, indem man Schriftstücke durch Reisende oder eigene Boten zum Teil über Tausende von Kilometern befördern ließ. Im alten Orient, in Griechenland oder in Ägypten zur Zeit der Pharaonen schrieben sich Herrscher und auch Privatleute Briefe. Man hat auf Tontafeln und Papyrus zahlreiche offizielle Korrespondenzen gefunden. Aber es waren die Römer, die ein gut organisiertes Postwesen aufbauten.

Der *cursus publicus*, die kaiserliche Post, hatte allerdings nur wenig mit unserer modernen Post gemeinsam. Überall an den Straßen gab es Raststätten und Herbergen für die reitenden Kuriere, die Beamten und andere Personen, die eine Genehmigung vorweisen konnten. Dem Kaiser Augustus ist die Einrichtung dieser Rastplätze zu verdanken. Auf diese Weise konnten Nachrichten und Befehle schnell von einem Ende des Reiches zum anderen gelangen. 150 Jahre später ergänzte Kaiser Hadrian (117–138) diesen Reiterdienst durch eine Wagenpost.

Zu dem Personenkreis, der die kaiserliche Post in Anspruch nehmen durfte, gehörten unter anderen die Statthalter, die in ihre Provinzen reisten, die Steuereinnehmer, die Offiziere, die ihre Quartiere aufsuchten, sowie seit Kaiser Konstantin II. (337–361) die Bischöfe und Priester, die in ihre Diözese oder zu Konzilen fuhren. Die Genehmigung für die Benutzung des *cursus publicus* erhielt man beim Gardepräfekten der Prätorianer.

Neben den Herbergen entstanden oft Wirtschaftsgebäude, Pferdeställe, Lagerhäuser, Thermen und schließlich richtige Siedlungen. Laut Verordnung sollten den Reisenden ständig 40 Pferde zur Verfügung stehen. Dazu brauchte man große Pferdeställe und auch Pferdeknechte, die mit den Wagnern, Zimmerleuten und den Hausangestellten dort ihre Wohnungen und Werkstätten hatten. In den Magazinen

lagerten die Lebensmittel und Waren für die Versorgung des gesamten Personals sowie die Steuern, die die Bauern in Naturalien bezahlten.

Diese Ortschaften entwickelten sich manchmal zu Märkten, wo man dann Lagerhäuser, Geschäfte und Herbergen für Privatreisende baute, die die kaiserliche Post nicht in Anspruch nehmen durften. Viele Raststätten erhielten kleine Wacheinheiten, die für die Sicherheit auf den Straßen sorgten und den Verkehr kontrollierten.

Da der Postverkehr immer stärker wurde, legte Ende des 4. Jh. Kaiser Theodo-

sius die Höchstlasten der einzelnen Fahrzeugtypen fest, um die Straßen zu schonen, denn ihre Instandhaltung war kostspielig. So betrug die Höchstlast der leichten zweirädrigen Fahrzeuge *(birota)* 200 römische Pfund (etwa 66 Kilogramm), die der von zwei Pferden gezogenen zweirädrigen Botenfahrzeuge *(vesada)* 300 Pfund (etwa 99 Kilogramm); geschlossene Reise- oder Lastfahrzeuge *(raeda* und *carpentum)* durften nur Lasten von 1000 Pfund (330 Kilogramm) befördern, vierrädrige Wagen *(angaria* und *clabula)* 1500 Pfund (495 Kilogramm). So lag die zulässige Nutzlast immer unter einer halben Tonne.

Dieses Relief aus dem 1. Jh. n. Chr. stellt einen vierrädrigen Reisewagen dar, der für die kaiserliche Post fuhr. Dieses Fahrzeug, der Vorfahr der Postkutsche, war geschlossen und hatte ein Fenster. Der Kutscher saß vorn auf dem Bock.

Bei der Anlage ihres Straßennetzes errichteten die Römer auch Tunnel, Stützmauern, Brücken und Straßendämme, von denen vor allem die Brücken der Zeit getrotzt haben. Hier eine Brücke bei Apt in der Provence. Bei Hochwasser können die Wassermassen auch durch die Entlastungsbogen in den Pfeilern fließen.

stellten Meilensteine sind die Vorfahren unserer Kilometersteine. Eine mit Goldbronze verkleidete Säule auf dem Forum Romanum bezeichnete den idealen Ausgangspunkt aller Straßen im Römischen Reich. Der erste Meilenstein der Provinzstraßen stand jeweils im Zentrum der Stadt, in der die Straße begann. Auf jedem Meilenstein eingemei-

Römerstraße im Schnitt

Am Grund des Unterbaus bildet eine Schicht hochkant gestellter Steine ein Fundament, das *statumen.* Darüber dienen flache Steine als Grundlage für den *rudus,* der in diesem Beispiel aus zwei Schichten Schotter, aus grobem und feinem, besteht. Auf dem *rudus* liegt der *nucleus,* eine Schüttung aus Kies und Lehm oder aus Ziegelsplitt und Kalk. Dieser Unterbau wurde festgestampft, bevor man darauf das Pflaster aus Steinplatten legte. Randsteine gaben dem Pflaster Halt. Die Straßendecke fiel seitlich etwas ab, damit das Regenwasser gut ablaufen konnte.

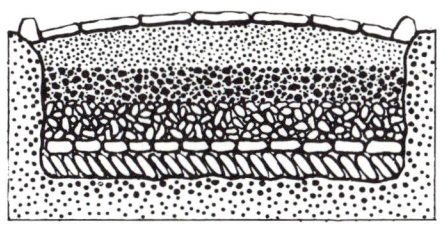

nommen werden. Wenn das Gelände dies erforderte, errichteten sie zusätzlich Kunstbauten. So wurde in England die Straße durch das Medwaytal bei Rochester auf einem sehr soliden Unterbau angelegt, um ihr in dem zu weichen Boden Halt zu geben. In den Boden gerammte Pfähle trugen zunächst ein dickes Bett aus Steinen, eine Schicht zerkleinerten Mergels, eine weitere aus Schotter und schließlich eine Lage Kieselsteine und schwarze Erde; darauf lag das Pflaster.

Auch Stützmauern wurden gebaut, so an der Via Appia im Tal von Ariccia. Dort ist die Mauer 197 Meter lang und 11 Meter hoch. Damit das Wasser aus dem Gebirge, das die Straße überragt, abfließen konnte, legte man am Fuß der Mauer drei gewölbte Tunnel an. Im Gebirge wurden beim Stra-

ßenbau Felswände tief eingeschnitten und oftmals die Fahrbahn durch Holzgestelle verbreitert.

Von großer technischer Perfektion ist der römische Brückenbau. Vorher überquerte man Wasserläufe mit Kähnen oder machte lange Umwege bis zu einer Furt. Da die römischen Brücken fast ausschließlich aus Stein gebaut wurden, stehen viele heute noch. Die Anzahl der Bogen ist verschieden. Die Brücke von San Martino im Aostatal hat einen einzigen, 60 dagegen die von Mérida in Spanien. Auf sechs Bogen schwingt sich die 106 n. Chr. erbaute Brücke von Alcántara in 54 Meter Höhe über den Tajo. Ihre beiden größten Bogen haben eine Weite von 36 und 34 Metern.

Die nach jeder römischen Meile aufge-

Die Via Appia ist die älteste Römerstraße. Mit ihrem Bau begann man bereits 312 v. Chr. Sie führte zunächst von Rom nach Capua und später weiter bis Brindisi. Oben ein Teilstück südlich von Rom, das noch immer hervorragend erhalten ist.

ßelt waren die Anzahl der Meilen, oft auch der Name des jeweiligen Kaisers und des Beamten, der die Straße hatte anlegen oder ausbessern lassen, ferner der Name der Legion, die die Arbeiten ausgeführt hatte.

Entlang der Straßen gab es Rasthäuser, Herbergen und Gaststätten sowie Amtsgebäude des *cursus publicus,* der kaiserlichen Post, einer der wichtigsten Einrichtungen des Römischen Reiches.

Nach der Eroberung des Königreichs Colla im 15. Jh. bauten und verbesserten die Inka die Steinstraßen, die heute noch von den Indios benutzt werden.

Ancasmayo bis zum Río Maule, gut 5000 Kilometer lang waren und die Gebiete der heutigen Staaten Kolumbien, Chile und Argentinien, Ecuador, Peru und Bolivien miteinander verbanden. Ebensowenig wußten die Chronisten über das riesige Netz von Neben- und Querstraßen, das sich von den schneebedeckten Gipfeln und den üppigen Dschungeln im Amazonasgebiet im Osten bis zu den unendlichen Wüstengebieten an der Küste im Westen ausdehnte. Dieses insgesamt etwa 40000 Kilometer lange Straßennetz durchzog ein Gebiet von 2,6 Millionen Quadratkilometern. Alexander von Humboldt schrieb im 19. Jh. zu Recht über die Inkastraßen: „Sie übertreffen die berühmten Römerstraßen an Länge, Kühnheit

CAPAC ÑAN
Die Sonnenstraße der Inka

Francisco Pizarros Herz schlug zum Zerspringen, als er am 13. Mai 1532 von seiner Karavelle aus hinter den bleichen Stränden des Pazifiks die schwindelerregende Felswand der Anden erblickte, die, wie sein Sekretär Pedro Sancho schrieb, „selbst einem Vogel unerreichbar scheint". Sie galt es zu überqueren, um die Inka zu finden und mit ihnen das glänzende Reich Tahuantisuyo, „wo es in den Häusern der Sonne so viel Gold gibt, daß man in vier Jahren nicht alles einsammeln kann". Doch als Pizarro endlich das Land betreten hatte, war es nicht das erhoffte Gold, das ihn zum

Staunen brachte: Gewohnt, in Europa über unebene Straßen zu stolpern, reiste er hier bequem „auf einem in sorgfältiger Handarbeit angelegten, oft gepflasterten Weg von 15 Fuß Breite zwischen übermannshohen, festen und ordentlichen Wänden, den Bäume voller Früchte und Papageien beschatten".

Fortan gerieten alle Chronisten ins Schwärmen, wenn sie von der Capac Ñan, der schönen Straße der Inka, berichteten. Damals wußten sie noch nicht, daß die kühnen Königsstraßen vom 2. Grad nördlicher bis zum 35. Grad südlicher Breite, vom Río

und Qualität bei weitem." Und einer der Chronisten stellte fest, daß keines der Sieben Weltwunder mit so vielen Schwierigkeiten und so viel Arbeit verbunden gewesen sei wie diese Wege. Sie seien so gut geebnet und mit Steinen befestigt, daß Wagen leicht hätten darauf fahren können, doch die Inka kannten weder das Rad noch Zugtiere.

Das straßenbauliche Meisterwerk Capac Ñan verband die Ketschua-Indianer der Kordilleren, die Colla im Hochland und die Yunca an der Küste miteinander. Doch nur wer im Besitz eines leuchtendroten Wollfadens aus der Kopfbedeckung des Herrschers, des Inkas, war, durfte diesen Weg begehen, der eine wirtschaftlich und strategisch herausragende Rolle bei der Besiedlung, Verwaltung und Beherrschung des riesigen Inkareiches spielte. Die Königsstraße ermöglichte es, entfernte Gebiete zu erobern und zu regieren, Truppen schnell einzusetzen, Beamte zur Verteilung der Ernten von Ort zu Ort zu befördern. Sie erlaubte den Händlern, ihre Waren zu den regionalen Märkten zu bringen, sie war der Weg, den die Kolonisten entlangzogen, um die Inkakultur in neu eroberte Gebiete zu tragen, und nicht zuletzt reisten auf der Sonnenstraße Capac Ñan die Hohenpriester und die Jungfrauen des Sonnenkults, um Opfergaben zu den goldenen Tempeln des obersten Gottes zu bringen.

Im 16. Jh. wunderte sich Cieza de León, der über die Straße der Inka geritten war: „Wie, mit welchen Mitteln konnten die Indianer so große und lange Wege bahnen? Mit welchen Anstrengungen und Werkzeugen konnten sie die Berge ebnen und die Felsen durchbohren?" Und in der Tat: Um dieses Straßennetz anzulegen, mußten die Inka einen schier unerschöpflichen Erfindungsgeist entwickeln; sie mußten mit der Eiseskälte auf den Berggipfeln ebenso fertig werden wie mit der Treibhausschwüle der grünen Hölle in den Dschungeln. Nichts schien die Erbauer abzuschrecken, weder Wanderdünen noch die schwindelerregenden Abgründe, weder die vereisten Pässe noch die Sümpfe der Pampas, noch die gähnend tiefen Schluchten der Flußläufe.

Cuzco, die Hauptstadt des Inkareichs, war der Mittelpunkt des Straßensystems. Von hier aus führten die größten Wege in alle vier Himmelsrichtungen. Zwei Straßen zogen sich nebeneinander durch den ganzen Kontinent, die eine entlang der Sierras, die andere durch den trockenen Sand und die Oasen an der Küste. Beide Straßen verliefen so geradlinig wie möglich. Die Verbindungswege zwischen ihnen zweigten fast immer im rechten Winkel ab.

Je nach Bodenbeschaffenheit war die Straße durch die Anden in der Regel 4–6 Meter breit, an manchen Stellen konnte sie aber auch kaum einen Meter breit sein oder nur

Die Inkastraße von Machu Picchu in Richtung Cuzco wurde 1968 auf einer Strecke von etwa 50 km erforscht. Dieses Teilstück führt in 3630 m Höhe durch die Anden.

aus freitragenden, schräg über den Abgrund vorstehenden Steinplatten bestehen. In den Schluchten stiegen die steilen Stufen wie Himmelsleitern bis zu den Wolken hinauf. Die Stufen wurden entweder aus dem Felsen gehauen oder aber in das Gestein eingelassen; am Huayna Picchu hat man über 600

Der mullo chasqui, *ein Bote, kündigte seine Ankunft an, indem er in ein Muschelhorn blies. Er beförderte mündliche Nachrichten im Laufschritt durch die Anden; Kraft und Ausdauer verlieh ihm der Genuß von Kokablättern.*

solche Stufen gezählt, mit Rastplätzen und Sitzgelegenheiten aus Stein oder Aussichtsterrassen mit einem herrlichen Rundblick. Berge wurden nicht immer umgangen, sondern oft von Tunneln durchbohrt, die mit Bänken, Nischen mit Götterbildern für Opfergaben sowie mit Luft- und Lichtschächten versehen waren. An anderen Stellen führte der Weg auf Pontons aus Balsaholz über blaugrüne Lagunen.

Entlang des Weges führte eine Rinne klares Wasser, mit dem man den Durst stillen konnte. Molles, falsche Pfeffersträucher mit Trauben von rosaroten Beeren, boten Schatten, und Kakteen säumten den Weg. Nach jeder Meile stieß man auf einen Markie-rungsstein, der die Entfernung angab, und auf riesigen trapezförmigen *portadas* über der Fahrbahn standen die Wachen.

Die zweite Inkastraße zog sich über fast 3000 Kilometer an der Küste entlang von Tumbes nach Süden. Durchschnittlich 10 Meter, manchmal sogar dreimal so breit war diese Prachtstraße. In den Tälern lief sie unter Johannisbrotbäumen hindurch; hohe Pfähle aus rotem Holz markierten ihren Verlauf, damit niemand vom Weg abkam, wenn die Straße mit Sand zugeweht war und die Dorfbewohner der Umgebung diesen noch

Gesäumt von verwitterten Steinen, führt die Küstenstraße in Chile Hunderte von Kilometern durch die Wüste. In den Zeiten der Inka wurde der angehäufte Flugsand regelmäßig weggefegt.

nicht entfernt hatten. In Steinrinnen entlang des Wegs wurde das Wasser aus den Gebirgsbächen der Anden gesammelt und diente den durstigen Passanten als Trinkwasser.

Mehrere Chronisten erwähnen „verschiedene Straßen", die von verschiedenen Königen gebaut wurden. Anello Oliva z.B. berichtet, der vierte Herrscher der Inka, Mayta Capac, habe die Straße von Cuntisuyu, die erste in Peru, pflastern lassen. Ferner habe Huayna Capac (1493–1527), unsterblich in die Tochter des Königs der Canari verliebt, den Bau der beiden berühmten Wege durch die Sierra und die Llanos befohlen, damit er nach Quito reisen konnte, wann immer er wollte. Und Garcilaso de la Vega ergänzt, daß dieser Inkaherrscher auch die Verlängerung der Koka-, der Chinin- und der Goldstraße bis zu den Ufern des Maranon veranlaßt habe. Goldklumpen, so groß wie Kürbisse, sollen damals auf der Goldstraße transportiert worden sein. Darüber hinaus habe er die Straße der Meeresfrüchte, des Salzes, des weißen Goldes (Platin), der

Smaragde und der echten Perlen nach Norden verlängern lassen sowie nach Süden jene Straße gebaut, die die rätselhaften Linien in der Wüste von Nazca kreuzte und nach Chile führte.

Huayna Capacs Vater Tupac Yupanqui (1471–1493) gab dem 14 Meter breiten königlichen Weg von Vilcashuamán seinen Namen; sein Großvater, der berühmte Pachacutec (1438–1471), fertigte von Hand Modelle von Städten, Straßen und Brücken, und angeblich war er es, der die Straße durch das heilige Tal von Vilcanota nach Machu Picchu hatte bauen lassen, den heiligen Weg, den nur die Edelsten und die Priester begehen durften und der die Stadt Cuzco mit den geheimen Städten der Götter verband.

Für die Instandhaltung der königlichen Straßen waren die *guamani* verantwortlich. Sie wohnten und übten ihr Amt in den Gerichtsgebäuden jeder Provinz aus. Ein *capacñan guamanin* führte die Oberaufsicht über die sechs großen Straßen und gab den *guamani* die notwendigen Anweisungen.

Ein gut ausgebautes Straßennetz war in einem so ausgedehnten Reich unerläßlich, damit Nachrichten schnell von einem Ende zum anderen gelangten. Die *chasqui*, junge und kräftige Athleten, die für das Laufen in jedem Gelände und jeder Höhe besonders

Die Brücke von Guambo gelangte zu trauriger Berühmtheit, da bei ihrem Bau zahlreiche Indios den Tod fanden. Der chaca suyuyoc überwachte und kontrollierte den Verkehr.

Die kühnen Hängebrücken der Inka

Die Herrscher von Cuzco schufen schon 300 Jahre vor den Europäern tollkühne Hängebrücken. Die spanischen Eroberer waren von diesen Brückenkonstruktionen fasziniert, gleichzeitig aber fürchteten sie sich, sie zu betreten, wenn starke Windstöße diese Gebilde gefährlich zum Schaukeln brachten. Obwohl die tragenden Seile so stark wie die Wade oder der Oberschenkel eines Mannes, manchmal sogar noch dicker waren, hing eine solche Brücke in der Mitte auf furchterregende Weise durch. Ein Geflecht aus dünneren Seilen bildete das Geländer und trug die mit Knüppeln belegte Lauffläche, auf der Zweige als oberste Schicht lagen. Francis-

co Lopez de Gomara schrieb, vielen Spaniern sei es schlecht geworden. Manche hätten die Brücken auf allen vieren überquert, während die Tollkühnen Wetten abgeschlossen hätten, wer im Galopp hinüberreite.

Die berühmteste dieser aus Agavenfasern gedrehten Hängebrücken war die etwa 1350 vom Inka Roca erbaute Chaca Apurimac über den donnernden Fluß des Orakels. Eugène de Sartiges wagte sich 1835 über diese Brücke und schrieb: „Das Gewicht eines Menschen bringt die Brücke wie eine Schaukel zum Schwingen. Es vergeht keine Woche ohne einen Unfall."

Die etwa 85 Meter lange Brücke wurde mehrmals entfernt, verbrannt und wieder erneuert, verschwand aber erst 1890 endgültig.

Wie die Sonnenstraße stand auch jede Hängebrücke unter der Aufsicht eines *chaca suyuyoc*, der wiederum einem Generalverwalter der königlichen Brücken unterstellt war. Wächter, die *quipucamayoc*, kontrollierten den Verkehr, führten genau Buch über jeden, der die Brücke passierte, und überprüften Ehrlichkeit und Schnelligkeit der Träger. Mautgebühren

in Form von Seilen, getrockneten Binsen, Ichustroh und Magueyblättern dienten der Instandhaltung dieser Überwege.

Aber es gab auch schon Steinbrücken bei den Inka. Berühmt ist z. B. die Brücke bei Chavín über den Río Mariash, die aus vier breiten, 6 Meter langen Steinplatten besteht, die nebeneinander auf gemauerten Fundamenten liegen. Oder die Brücke von Pachacutec, die noch heute über den Urubamba im heiligen Tal führt. Sie liegt fest auf riesigen, in der Flußmitte aufgeschichteten Steinblöcken.

An wirklich unüberbrückbaren Stellen bediente man sich des abenteuerlichen Systems der *oroya*, eines stabilen Weidenkorbs, der über ein Endlosseil glitt. Dieses Seil war um Pfeiler geschlungen, die auf beiden Seiten einer Schlucht aufgestellt waren.

Diese Weidenkörbe und die Hängebrücken aus vergangenen Zeiten sind in Ecuador, Bolivien und Peru noch heute in Gebrauch, in einer Zeit also, in der der Mensch zwar auf dem Mond spazierengeht, aber dort, wo die Inka für immer verschwunden sind, noch mit keiner modernen Straße den Weg bahnen konnte.

Die berühmte, 85 m lange Hängebrücke des Großen Orakels vom Apurimac stürzte 1890 ein. 1971 jedoch entdeckte man, daß die Indios eine neue Brücke gespannt hatten, und zwar nach einer 500 Jahre alten Methode: Zuerst spannten sie sechs dicke, aus langen Seilen geflochtene Taue über den Fluß (links oben). Die Taue wurden links

und rechts der Schlucht festgemacht. Während die Frauen weiter mit der Herstellung der benötigten Seile beschäftigt waren (links unten), arbeiteten die Männer, nachdem sie den Boden der Brücke fertiggestellt hatten, an den Geländern (oben). Auf dem nebenstehenden Bild ist die Brücke fertig. Die Indios brauchten für diese Arbeit nur 14 Stunden.

ausgebildet waren, bewegten sich „mit der Schnelligkeit eines Falken im Flug" in Rekordzeit von Ort zu Ort. Während ein spanischer Reiter 12–13 Tage für den etwa tausend Kilometer langen Weg von Lima nach Cuzco brauchte, legten die flinken Boten der Inka diese Strecke im Staffellauf in nur drei oder vier Tagen zurück. Ein gewisser Juan de Matienzos berichtete dem König von Spanien, der Inka in Cuzco wisse dank dieser indianischen *chasqui* innerhalb einer Woche, was 300 Meilen entfernt geschehe.

Die *chasqui* wurden unter den kräftigsten Söhnen jener Edelleute ausgewählt, die dem Monarchen treu ergeben waren. Sie hielten sich ständig an den Straßen in kleinen, binsengedeckten Steinhütten bereit, die je nach Gelände und Wegstrecke unterschiedlich weit voneinander entfernt waren. Der Staat ernährte sie, und sie unterstanden einem Prinzen aus der königlichen Familie. Jeder dieser Boten kündigte dem nächsten sein Nahen an, indem er in ein Muschelhorn blies. Seine Botschaft, festgehalten auf den Wollfäden eines Quipu, einer Knotenschnur, trug er in einer Ledertasche bei sich. Mündliche Anordnungen wiederholte der

Der Große Tampu Colorado, 270 km von Lima entfernt, diente Tupac Yupanqui während der Eroberung des unabhängigen Staats der Chincha als Hauptquartier. Die Inkastraße verläuft mitten durch diese prachtvolle Anlage.

In der Sänfte über die Anden

Ganz gleich, zu welchem Zweck der Inka reiste, ob zum Vergnügen, in Staatsgeschäften, auf dem Kriegspfad oder zu heiligen Stätten, stets wurde er in einer

Der Inka Tupac Yupanqui und seine Hauptfrau in der „glänzenden Sänfte" mit ihrem Baldachin aus Papageienfedern. Es galt als höchste Ehre, die königliche Sänfte tragen zu dürfen.

prächtigen Sänfte aus kostbarem Holz getragen, in das eine goldene Sonne geschnitzt und verschlungene Schlangen sowie ein silberner Mond eingelegt waren.

Der Inka saß in der Sänfte auf einem mit Vikunjafellen gepolsterten goldenen Sessel; manchmal nahm er auch seine Hauptfrau mit, die ihm gegenüber Platz nahm. Großmaschig gewebte Vorhänge und ein Baldachin aus bunten Papageienfedern, an dem Gehänge aus schillernden Gemmen leise klingelten, entzogen ihn den Blicken der Menge.

Auf Kriegszügen begleiteten ihn an die 5000 Krieger. Er selbst trug einen mit Federn geschmückten Helm und wurde in der *pillcorampa,* der farbenprächtigen Sänfte, getragen, während er Erholungsreisen in der *quispirampa,* der glänzenden Sänfte, unternahm, feierlich mit den königlichen Insignien geschmückt und ein Banner in der Hand. Träger mit dem Ehrentitel *incap chaquin,* Füße des Inkas, beförderten ihn langsam auf ihren starken Schultern. Bambusflötenspieler, zu deren Musik die Tänzer sangen und sich bewegten, zwergwüchsige Narren, Prinzen und die hübschesten Prinzessinnen, die Mitglieder des Rats sowie zahllose hohe Würdenträger und Häuptlinge begleiteten den Inka in seiner ganzen Pracht und Herrlichkeit.

Der Inka nahm bei solchen Gelegenheiten auch eine große Zahl seiner Lieblingsfrauen mit, die in leichten, an zwei langen Stangen aufgehängten Matten ruhten.

Außerdem begleiteten ihn die adligen *orejones,* die schwere Goldrollen an den Ohrläppchen trugen.

Gelegentlich stiegen die Träger, ohne die Sänfte zu neigen, die Steinstufen zu einem Aussichtsplatz hinauf, damit der Inka sich an der verschneiten Landschaft der Sierras ergötzen konnte. Vor dem Herrscher säuberten Straßenkehrer den Weg, denn „wenn der Inka vorbeikam, durften nicht einmal die trockenen Blätter, die von den Bäumen fielen, zu sehen sein", erzählte ein Chronist. Ein Träger, der rutschte oder über einen Stein stolperte, fiel in Ungnade. Stürzte er, so kostete ihn das sein Leben.

Mit einer Geschwindigkeit von gut 6 Kilometern pro Tag brauchte der Inka Viracocha drei Jahre, um sein Reich zu bereisen. Atahualpa erschien, zusammen mit 80 Heerführern, in einer blauen Sänfte in Cajamarca vor den spanischen Eroberern. Außer dem Gold, das 15000 Lamas herbeitrugen, brachte man in Sänften noch weitere Schätze jenes märchenhaften Lösegelds herbei, das Pizarro versprochen worden war. Sie hatten einen Wert von etwa 20 Millionen heutigen Golddollars!

Nicht nur zu Lebzeiten reiste der Inka so komfortabel, auch seine letzte Reise unternahm er in der Sänfte. Die Mumie des Inkas Huayna Capac, der in Quito gestorben war, wurde unter dem betäubenden Klang der Trommeln und dem Wehklagen seines Volks kurze Zeit vor der Entdeckung Perus nach Cuzco zurückgebracht.

Läufer seinem Nachfolger und lief so lange neben ihm her, bis dieser sie auswendig wußte; oft übergab er diesem auch „Eilsendungen“. Auf diese Weise war es möglich, daß der Inka Atahualpa in Cajamarca frischen Fisch aus Huanchaco am Pazifik essen konnte, der in weniger als 24 Stunden zu ihm gebracht wurde.

Die *chasqui* waren in zwei Klassen eingeteilt: Die *hatun chasqui* oder großen Boten mit dem Kalebassenhorn hatten schwere Güter über eine Tagesstrecke zu transportieren. Die *churro mullo chasqui* mit der Muscheltrompete dagegen waren je eine halbe Meile auseinander stationiert, so daß sie mit gleichbleibender Geschwindigkeit leicht und mühelos Nachrichten durch das gesamte Staatsgebiet befördern konnten. Diese Marathonläufer der Inka waren in der Lage, die 1600 Kilometer zwischen Cuzco und Quito oder den Provinzen im Süden Chiles in weniger als zehn Tagen (manche berichten sogar von nur fünf Tagen) zurückzulegen.

Entlang der Capac Ñan erhoben sich alle 3–4 Meilen die sogenannten *tampu*, große geschlossene und befestigte Gebäudekomplexe, die um einen quadratischen Innenhof und einen Weideplatz für Lamas und Alpakas angeordnet waren. Noch heute kann man an der Küste Südperus die 270 unterirdischen Speicherkammern des *tampu* von Chala zählen und das Tampu Colorado mit seinen rot, grün und weiß angestrichenen, durchbrochenen Mauern aus ungebrannten Ziegeln bewundern. Hier fand der Inka Pachacutec zu seiner Entspannung ein Bad, Dienerschaft sowie „ausgewählte Frauen zur Ablenkung“.

Die *tampu* waren stets reichlich mit allem Notwendigen ausgestattet. Ortsansässige Indianerstämme sorgten dafür, daß sie bis unters Dach mit frischen und getrockneten Lebensmitteln, mit Getränken, mit Umhängen, Tuniken und Sandalen, Wolle und Baumwollgarn zum Weben, mit Waffen und Werkzeugen, Seilen und Brennholz, Kriegsbemalung und allem möglichen Schmuck angefüllt waren. Deshalb auch konnte 1547 Pedro de Gascaro mit seinem Heer sieben Wochen im *tampu* von Jauja ausharren. Sie ernährten sich von 15000 Ladungen Mais, die die Inka hier eingelagert hatten. Die spanischen Behörden stellten eine komplette Liste der königlichen *tampu* auf, deren Nutzen sie erkannt hatten, und gaben die Anordnung, diese nicht zu zerstören.

Aber gebührt der Ruhm für diese unvergänglichen Straßen, die nützlichen *tampu* und die flinken *chasqui*, deren Nachkommen noch heute über die entlegensten Gipfel der Anden laufen, wirklich allein den Inka? Archäologen haben eindeutige Hinweise aus präkolumbischer Zeit dafür gefunden, daß die Mochica und die Chimú an den Meeresküsten lange vor den Inka eine Straße durch die Wüstengebiete gebahnt hatten. Auf Keramiken aus jener Zeit sind *chasqui* abgebildet, die eine Kolibrikopfmaske und auf dem Rücken Flügel tragen und in Windeseile über den Sand laufen. Die Bewohner von Chavín und Tiahuanaco bauten Steinstraßen durch die Cordillera Blanca und die hohen und öden Gebiete des Titicacasees. Offensichtlich haben die Inka ein bereits bestehendes Straßenwesen nur wiederentdeckt, ergänzt und vervollkommnet. Diese unvergleichlichen Straßen gelten als das verblüffendste und nützlichste Werk, das jemals von Menschenhand geschaffen wurde. Konquistadoren, Mönche und Inquisitoren, Lamakarawanen, Abenteurer auf der Suche nach dem Eldorado, Orellana bei der Entdeckung des Amazonas, der Befreiungskämpfer Simón Bolívar und die reisenden Gelehrten und Forscher – sie alle benutzten diese Straßen, bevor der moderne Panamerican Highway ihnen in zahlreichen Teilstükken folgte. Diese Straßen machten es den Eroberern wie Pizarro einfach, in das Land einzufallen, und trugen auf tragische Weise zum Untergang des legendären Inkareichs bei.

Schienenweg durch einen Kontinent

Das Epos vom Feuerroß

Leland Stanford, der Gouverneur von Kalifornien und Präsident der Central Pacific Railroad Company, schließt am 10. Mai 1869 in Promontory Point in Utah seine Ansprache mit folgenden Worten: „Meine Herren, mit Ihrer Hilfe werden wir nun die letzte Schwelle und die letzte Schiene legen und dann den letzten Nagel einschlagen." In einer Antwortrede gibt Glenville M. Dodge, der Chefingenieur der Union Pacific Railroad Company, seiner Begeisterung über den soeben errungenen Sieg über den riesigen amerikanischen Kontinent Ausdruck. Darauf folgen Hochrufe, und eine Regimentsfanfare spielt einen Militärmarsch. Dann tritt allgemeine Stille ein. Stanford nimmt den silbernen Fäustel, mit dem der goldene Nagel, ein Geschenk Kaliforniens, eingeschlagen werden soll, in beide Hände. Aber wuchtig verfehlt er zunächst den Nagel, und auch Thomas Durant, dem Vizepräsidenten der Union Pacific, gelingt es nicht auf Anhieb, die silberne Schwellenschraube aus Nevada anzubringen. Dieser doppelte Fehlschlag ruft allgemein gewaltige Heiterkeit hervor. Sie beendet das großartigste Eisenbahnepos des Jahrhunderts, den Bau der transkontinentalen Linie, die den Osten und den Westen der USA miteinander verbindet.

Auf dem nun vereinigten Gleis gleiten die beiden Lokomotiven, die *Jupiter* der Central Pacific und die *Nr. 119* der Union Pacific, langsam aufeinander zu, bis sich ihre Schienenräumer berühren. Dieser Augenblick wird auf einem Foto verewigt.

Sacramento in Kalifornien, 8. Januar 1863 – ein historisches Datum, aber dem Himmel war das gleich. Es regnete den ganzen Vormittag, bis gegen Mittag schließlich blaß die Sonne hervorkam. Der American River war durch die Wassermassen, die aus der Sierra Nevada herabstürzten, angeschwollen und über die Ufer getreten. Man versuchte, den Fluß einzudämmen. Am Ende des Deiches hatte sich eine Menschenmenge vor einer mit den Farben der Union dekorierten Tribüne versammelt – im Osten tobte der Se-

zessionskrieg – und hörte sich die Rede von Charlie Crocker an. Er war Direktor der neuen Eisenbahngesellschaft, der Central Pacific Railroad Company, die er zusammen mit den neben ihm stehenden Herren Huntington, Hopkins und Stanford leitete. Mr. Crocker wies auf die Bedeutung der Zeremonie dieses Tages hin: Man setzte den ersten Spatenstich für die künftige Eisenbahn, welche die Sierra in östlicher Richtung überqueren sollte. Doch man wußte noch nicht, wo und wann sie dann auf die Gleise der Union Pacific Railroad Company treffen sollte, die westwärts führten.

Die Central Pacific sah sich enormen Schwierigkeiten gegenüber, denn sie mußte es mit der gigantischen Barriere der Sierra Nevada aufnehmen. Das bedeutete, sie mußte ihre Gleise auf einer Trasse verlegen, die in Sacramento in einer Höhe von 100 Metern ü. d. M. begann und bis zur Wasserscheide auf über 2000 Meter anstieg. Dabei war ein Labyrinth aus Schluchten und Bergketten durch Brücken und etwa 15 Tunnel zu überwinden. Das Ganze war eine Frage der Organisation, der Arbeitskräfte und des Geldes.

Was die Organisation anbelangt, so bekam man Holz, Erde und Steine aus den Bergen. Die Schienen, die Eisenbahnfahrzeuge und Werkzeuge hingegen wurden aus dem Osten per Schiff um das Kap Hoorn herum nach San Francisco gebracht, und das dauerte Wochen. Als Arbeitskräfte stellte man Männer ein, die dem Goldrausch verfallen und dann enttäuscht worden waren. Und das Geld? Das Eisenbahngesetz, das Präsident Lincoln im Juli 1862 unterzeichnet hatte, teilte der Central Pacific und der Union Pacific Summen je nach der Art des Geländes zu, also entsprechend dem Arbeitsaufwand: 16000 Dollar pro Meile (1,6 Kilometer) in der Ebene, 32000 Dollar bei hügeligem Gelände und 48000 Dollar im Gebirge. Diese Regelung galt ab der 40. Meile (dem 64. Kilometer). Finanziert wurde das alles aus dem Verkauf von Aktien, die der Öffentlichkeit angeboten wurden.

Die nebenstehende Karte aus der Zeit um 1860 zeigt den projektierten Verlauf der transkontinentalen Eisenbahn in Nordamerika (rot), ferner ursprünglich geplante Hauptstrecken und Querverbindungen (grün). Die Grenzen der verschiedenen Territorien sind gelb eingetragen. Sie entsprechen jedoch noch nicht denen der späteren Bundesstaaten.

Ein Arbeitstrupp der Union Pacific Railroad Company beim Schienenlegen in Nebraska. Laut Aussage eines Augenzeugen brauchte jeder Trupp dabei weniger als 30 Sekunden pro Schiene. So verlegte man pro Minute vier Schienen.

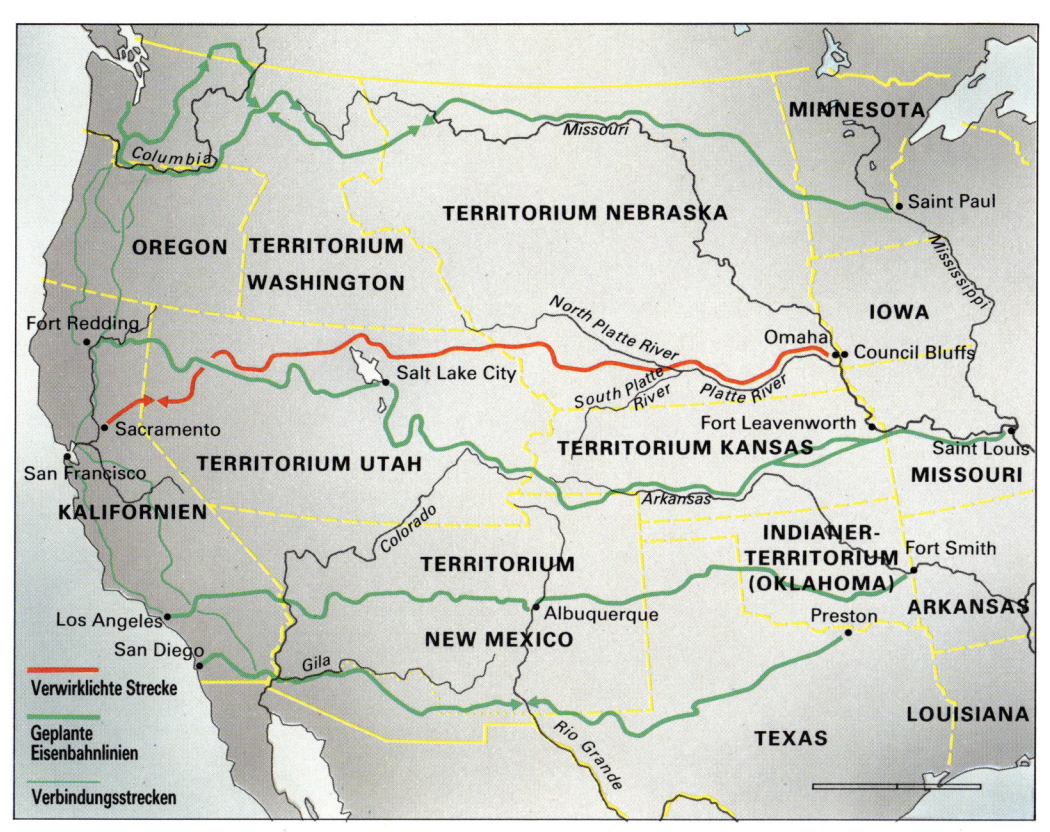

Mühsam steuerte die Eisenbahnlinie auf die Sierra zu. Die Fortschritte, die man Tag für Tag machte, verdankte man vor allem den Chinesen, die Crocker eingestellt hatte, um den Schwund unter den weißen Arbeitskräften auszugleichen, der rapide einsetzte, als man sich den Silberminen von Virginia City oben in den Bergen näherte. Die Chinesen lebten für sich, abseits von den Weißen, in einem Camp, das man an seiner Sauberkeit erkannte. Und sie arbeiteten – hartnäckig, systematisch, genau, gewissenhaft. Deshalb waren neun Zehntel der Männer, die im Sommer 1865 für den Angriff auf die Sierra eingestellt wurden, Chinesen. Sie mußten die härtesten und gefährlichsten Arbeiten ausführen.

Im Mai 1866 führte die projektierte Linie die Eisenbahn an den Fuß einer steilen Felswand, die die Schlucht des American Rivers um 400 Meter überragte. Dies war ein so gewaltiges Hindernis, daß es unmöglich umfahren werden konnte. Man mußte den Gipfel anschneiden, um die Schienen dort verlegen zu können. Diese Titanenarbeit erschreckte sogar Crocker. Nicht jedoch die Chinesen. Hatten sie nicht in ihrer Heimat die Große Mauer gebaut? Der Granit mußte vom Abgrund aus angegangen werden. Am höchsten Punkt eines Vorsprungs brachte man eine Winde an. Ein Chinese nahm in einem kleinen Boot Platz, das dann mit Hilfe der Winde hinabgelassen wurde. Mit dem Pickel haute der Mann in den Fels zahlreiche Löcher für das Nitroglyzerin, das seine Landsleute oben zubereiteten. Kein Weißer hätte das gewagt. Manchmal schallte das Echo einer gewaltigen Explosion durch die Schlucht. Und schließlich war die Bresche geschlagen.

Man schaffte im Winter 1866/1867 auch den Gipfeltunnel in einer Höhe von über 2000 Metern. 147 Kilometer von Sacramento entfernt mußte Granitgestein auf einer Länge von 500 Metern mit dem Pickel und mit Schwarzpulver durchstoßen werden. 8000 Männer arbeiteten in drei Achtstundenschichten rund um die Uhr, in erster Linie die Chinesen – jedenfalls diejenigen, die die Kälte vertrugen; die andern wurden nach San Francisco zurückgebracht. Währenddessen schüttete man am Osthang schon den Bahndamm auf und verlegte die Gleise. Zwischen den Blizzards – allein in diesem Winter 44 – zog man Lokomotiven

Foto aus dem Jahr 1868 in Green River, Wyoming (oben). Die Union Pacific baute hier zunächst nur eine provisorische Holzbrücke.

Die Central Pacific errichtete diese Holzbrücke (links) am Westhang der Sierra Nevada. Das Foto aus dem Jahr 1877 zeigt Chinesen bei der Arbeit.

Da kein Treffpunkt vereinbart worden war, bauten die Union Pacific und die Central Pacific ihre Strecken nebeneinanderher. Wenn beide Arbeitstrupps sich auf gleicher Höhe befanden, kam es zu Unfällen, da keiner den andern über seine Sprengungen unterrichtete. Bild (unten) von A. R. Waud.

und Waggons auf Bohlenschlitten oder Baumstämmen über die verschneiten Pässe nach oben.

Im Frühjahr 1867 verursachte die Schneeschmelze zahlreiche Erdrutsche, so daß ganze Abschnitte der bereits verlegten Gleise wieder fortgerissen wurden. Erneut gingen die Männer an die Arbeit, aber diesmal errichtete man Galerien aus Holz, um die Bahnlinie zu schützen. Am Ende des Jahres

führte der Schienenstrang schon bis nach Nevada.

Ende 1868 näherte sich die Bahnlinie der Grenze von Utah, wo sie mit der Linie der Union Pacific zusammentreffen sollte. Doch wo und wann genau, konnte zu diesem Zeitpunkt noch niemand sagen.

Die Union Pacific Railroad Company begann mit den Bauarbeiten am 10. Juli 1865 in Omaha in Nebraska. Im April war der

Sezessionskrieg zu Ende gegangen, und erst jetzt, mit 30monatiger Verspätung, stürzte sich die Union Pacific in das transkontinentale Eisenbahnabenteuer. Überdies gingen die ersten Arbeiten nicht sehr schnell voran. Vor allem die Aktionäre regten sich über diese „Bummelei" auf. Die Direktoren begründeten sie mit sachlichen und finanziellen Schwierigkeiten.

ten zunächst die Mannschaften der schweren Wagenkonvois, die sämtliche Waren zur Spitze der Bahnlinie beförderten. Als diese im Oktober 1866 den 100. Längengrad erreichte, einen Punkt 395 Kilometer westlich von Omaha, schätzte man, daß man zum Verlegen einer Gleislänge von einer Meile 40 Wagen brauchte.

Entlang der Linie wurden kurzlebige, wil-

tierten Pferde- oder Maultiergespanne die Schwellen von den riesigen Depots heran, die man entlang der Bahnlinie angelegt hatte. Nun waren die Schienenleger an der Reihe. Ein Journalist der *Fortnightly Review* schrieb: „Die Gleise der U. P. zu verlegen ist eine Wissenschaft für sich. Ein leichter, mit Schienen beladener Waggon wird von einem einzigen Pferd zum Ende des Bahndamms

Im Mai 1866 wurden die Brüder Casement zu technischen Direktoren, der frühere Generalmajor Glenville M. Dodge zum Chefingenieur ernannt. Endlich kam das Unternehmen allmählich in Gang. Die wandernde Baustelle war nun 240 Kilometer von Omaha entfernt, und es wurde Zeit, ihre Versorgung mit Material neu zu organisieren. Omaha, dieser bescheidene Ort am Westufer des Missouris, stellte nun für Schwellen, Schienen, rollendes Material, Werkzeug und auch für die Menschen das Tor zu den Ebenen Nebraskas dar. Iren, die vor kurzem eingewandert waren, sowie schwarze und weiße Amerikaner, die man aus dem Wehrdienst entlassen hatte, bilde-

de, verrufene Ortschaften aus dem Boden gestampft – Anhäufungen von vorgefertigten Holzbauten und Zelten, Unterschlupf für eine buntgemischte, rauhe Einwohnerschaft, die dann mit der Baustelle weiterzog. Die Bahnlinie setzte in der riesigen, menschenleeren Ebene von Nebraska und Wyoming ihren Weg fort. Mit hartnäckiger und mühsamer Arbeit eroberten die Eisenbahnbauer Meile um Meile.

Die Vermessungstechniker bildeten die Vorhut; manchmal befanden sie sich mehrere Tagesmärsche vor der Bahnlinie. Ihnen folgten Planiermannschaften, die die Bahndämme aufschütteten, von Fall zu Fall auch Brückenbaupioniere. Hinter ihnen transpor-

Die transkontinentale Eisenbahnlinie auf den Great Plains im Bau, festgehalten von A. R. Waud. Im Vordergrund einer der Wagenkonvois, die Ausrüstungsgegenstände und Lebensmittel heranschafften, im Hintergrund der Arbeitszug.

gezogen. Zwei Männer fassen eine Schiene an den Enden und gehen los. Die übrigen Männer packen in Zweiergruppen ebenfalls mit an. Im Laufschritt tragen sie die Schiene nach vorn. Auf ein Kommando fällt sie auf einer Seite an ihren Platz, während eine zweite Mannschaft auf die gleiche Art die zweite Schiene auf der andern Seite niederlegt. Zum Abladen einer Schiene benötigt man weniger als 30 Sekunden, so daß in einer Minute vier Schienen daliegen … Sobald der Waggon abgeladen ist, wird er auf die Seite gekippt, damit der nächste auf den Schienen vorbeifahren kann. Danach kommt der vorherige wieder auf die Gleise. Es ist ein Schauspiel für sich, wie er nach hinten flitzt, wo er wieder beladen wird … Dieser ersten Gruppe folgen auf dem Fuß die Vermesser der Spurweite und die Männer, welche die Nägel und Schrauben setzen. Diese erledigen ihre Arbeit genauso schnell. Mit drei Schlägen haben sie einen Schwellennagel eingeschlagen. Zehn Nägel pro Schiene, 400 Schienen pro Meile und 1800 Meilen bis nach San Francisco."

Auf der so fertiggestellten Bahnlinie fuhr dann der Arbeitszug heran. Er bestand aus einer Lokomotive und einigen Waggons. In einem Waggon war das Werkzeug untergebracht, in einem andern eine Schmiede. Die übrigen sahen aus wie riesige Kisten auf Rädern und beherbergten eine Küche, einen Speiseraum mit langen Holzbänken und -tischen, auf denen insgesamt 125 Metallschalen als Teller befestigt waren, sowie einen Schlafraum. Am Schluß des Zuges fuhren Plattformwagen, die mit Schienen, Befestigungsplatten aus Stahl und verschiedenem Werkzeug beladen waren. Als von Ende des Jahres 1867 an die Arbeiten schneller vorangingen, bekam der *work train* neue Sonderwagen dazu: eine Bäckerei, eine Metzgerei – das Fleisch lieferten die Rinderherden, die der Baustelle nachzogen –, ein Lebensmittellager, eine Sattlerei, eine Kasse und eine Waffenschmiede zur Pflege der 1000 Gewehre, die Ingenieur Dodge dem imposanten Konvoi zugeteilt hatte. Diese Vorsichtsmaßnahme war nötig, seit die Bahnlinie ins Herz des Landes der Sioux, der Cheyenne und Arapaho eingedrungen war.

Die Indianer der großen Ebenen haßten das Feuerroß, denn es drang in ihr Land ein, in dem sie Büffel jagten. In Kansas wurden sie vom Frühjahr 1867 an von General Hancock und Generalmajor G. A. Custer angegriffen. Nun richteten sie ihren Zorn gegen die Union Pacific in Nebraska. Am Morgen des 6. August 1867 lösten sie einen Kilometer von der Station Plum Creek, die 211 Kilometer von Omaha entfernt war, die Schwellennägel und entfernten eine Schiene. So entgleiste der Güterzug Nr. 21. Dieses Unglück kostete vier Eisenbahner das Leben. Die Cheyenne, die aus einem Versteck zugeschaut hatten, wie der Zug entgleiste, stürzten nun hervor und plünderten die Ladung. Noch bevor eine Hilfsmannschaft unter der Führung von

Bekanntmachung der Union Pacific Railroad Company anläßlich der Eröffnung der transkontinentalen Eisenbahnlinie (rechts). „Direkt nach San Francisco in weniger als vier Tagen", verspricht das Plakat.

Lithographie von Currier and Ives (gegenüberliegende Seite): eine idyllische Darstellung des Lebens im Westen der USA mit der transkontinentalen Eisenbahn.

Die transsibirischen Eisenbahnlinien

Im Jahr 1891 eröffnete Zar Alexander III. die Arbeiten an der Transsibirischen Eisenbahn. Als Arbeiter wurden im wesentlichen Verbannte und Sträflinge eingesetzt. Der Bau einer leichten eingleisigen Bahnlinie erforderte nur wenig Erdbewegungen, so daß man verhältnismäßig zügig vorankam. In weniger als zehn Jahren wurde mit einer 9600 Kilometer langen Bahnlinie eine Verbindung zwischen der Ostsee und dem Pazifischen Ozean hergestellt. Der größte Kunstbau war eine Brücke, die 1897 bei Nowosibirsk über den Ob geschlagen wurde. Den Baikalsee konnte man nicht sogleich umfahren, da das Gelände dort steil war. Deshalb setzte man die Reisenden zunächst im Sommer mit einer Fähre über, und im Winter fuhr der Zug auf Schienen, die man vorübergehend auf dem Eis verlegte.

Eine Abzweigung bei Ulan-Ude eröffnete eine zusätzliche Linie durch die Mandschurei. Damit war eine direkte Verbindung zwischen Westeuropa und Peking hergestellt. Die Wagen auf dieser Linie boten einen hervorragenden Service, der einen gewissen altmodischen Charme hatte. Außer den Schlafwagen gab es Badewagen mit Badewannen aus Porzellan, einen Gymnastikraum, eine Bibliothek sowie einen Salon mit Klavier.

Im Jahr 1914 wurde weiter nördlich eine zusätzliche Linie eröffnet. Sie führte ab Tschita um China herum; somit mußte die Bahn das russische Staatsgebiet bis Wladiwostok nicht mehr verlassen. Nun brauchte man keine Kosaken zum Schutz vor den räuberischen Banden in der Mandschurei mehr mitzuschicken.

Ab 1939 verlief die Transsibirische Eisenbahn auf der ganzen Strecke von Moskau bis zum Pazifik zweigleisig. Im Zweiten Weltkrieg war sie deshalb ein wertvoller Trumpf der UdSSR. Zu dieser Zeit fuhren die Züge dienstags, donnerstags, freitags und sonntags um 17 Uhr in Moskau ab und kamen gewöhnlich neun Tage später um 13.45 Uhr in Wladiwostok an.

Die Streckenführung der Transsibirischen Eisenbahn ist seit Beginn des 20. Jh. fast unverändert. Die bevorstehende Eröffnung der Baikal-Amur-Strecke ist nun die bedeutendste Neuerung. Diese neue Bahnlinie verläuft während der ersten 3150 Kilometer neben der alten Strecke, von Ust-Kut an der Lena über die Pionierstädte Tynda und Urgal im äußersten Osten der Sowjetunion bis Komsomolsk am Amur. Sie ist das Werk von 150 000 Arbeitern und Ingenieuren. Um dieses Gebiet, in dem beträchtliche Bodenschätze lagern, zu erschließen, mußte man neun Tunnel – einer davon 15 Kilometer lang –, 126 große Brücken und Viadukte über Flüsse oder Schluchten und dazu noch 3300 andere Kunstbauten errichten. Schwierigkeiten bereiteten auch der ständig gefrorene Boden, die Wälder und Sümpfe der Taiga sowie die Erdbeben.

Die Vereinigung in Promontory Point, Utah, am 10. Mai 1869 (oben). In der Bildmitte geben sich die Ingenieure Samuel Montague von der Central Pacific und Glenville Dodge von der Union Pacific die Hand.

Der Schnee stellte für die ersten Züge ein gefürchtetes Hindernis dar. Waren die Gleise blockiert, wurde die Lokomotive oft abgekoppelt und brauste mit Volldampf auf die Schneeverwehungen los.

Chefingenieur Dodge am Unglücksort eintraf, hatten sie sich schon wieder zurückgezogen und waren von der Bildfläche verschwunden.

Nach diesem Vorfall sprach Dodge bei General Sherman vor. Dieser stellte daraufhin 500 Infanteristen und Kavalleristen zum Schutz der Baustelle und der Vermessungstechniker in dem gefährlichen Gebiet ab. Dodge schrieb: „Wir gingen bewaffnet im Takt der Trommeln zur Arbeit. Die Waffen standen in einer Pyramide, damit sie beim geringsten Alarm griffbereit waren. Der von John Casement kommandierte Arbeitszug konnte in kürzester Zeit 1000 Mann bewaffnen."

Die großen Luxuszüge

Komfortable Wagen für alle Benutzer der Eisenbahn gab es zum erstenmal, als George Mortimer Pullman 1858 seine luxuriös ausgestatteten Reisezugwagen auf der Linie Chicago Alton & Saint Louis einsetzte. Einige Jahre später ließ Pullman auf derselben Strecke den ersten Speisewagen verkehren. Der Service in diesen Pullmanwagen war besser als in manchen erstklassigen Hotels.

Nach dem Vorbild der Pullman Company entstanden weitere Gesellschaften. Die berühmteste wurde von Webster Wagner geleitet, den Kommodore Vanderbilt, der „König der Eisenbahn", unterstützte. Ende des 19. Jh. hatte diese Gesellschaft in den Oststaaten der USA eine beherrschende Stellung erlangt. Nach und nach kauften jedoch Pullman und seine Nachfolger die Konkurrenz auf, und von 1927 an hatte das Unternehmen praktisch das Monopol auf die rollende Hotellerie in Amerika.

In Europa wurden solche Züge erst später eingeführt. Der Belgier Georges Nagelmackers machte den Anfang, als er 1876 in Brüssel die erste internationale Schlafwagengesellschaft gründete. Diese richtete europäische Eisenbahnlinien ein, die bald legendär werden sollten: so den P & O Express, der den britischen Reisenden die Landverbindung zwischen Calais und Brindisi anbot. Ferner den – neben

Einer der frühen Schlafwagen, die Pullman um 1859 baute. Tagsüber zog man die oberen Betten an die Decke, und das unterste Bett verwandelte sich in bequeme Sessel.

dem Transsibirischen Expreß – berühmtesten europäischen Zug vor dem Ersten Weltkrieg: den Sankt-Petersburg-Wien-Nizza-Cannes-Expreß, in dem die Aristokratie und die feine Gesellschaft Rußlands und Mitteleuropas reisten. Und natürlich den Orientexpreß, dessen erste Reise von Paris nach Konstantinopel, dem späteren Istanbul, am 4. Oktober 1883 stattfand.

Dieser Zug war ein wahres Meisterwerk: luxuriöse, erlesene Ausstattung, Ledersessel mit Goldprägung, Innenwände aus Teak und Mahagoni mit Intarsien, Glasarbeiten von Lalique und Seidenbettwäsche. Der Orientexpreß wurde bei den großen Persönlichkeiten der damaligen Zeit bald sehr beliebt und lieferte sogar für zahlreiche Romane den Hintergrund.

Moderner Wagen der transkontinentalen Eisenbahn. Die Reisenden sitzen heute in verstellbaren Drehsesseln und genießen einen Panoramablick.

Am Ende des Jahres 1868 überquerte die Union Pacific Railroad Company die Grenze zwischen Wyoming und Utah – eine Kraftanstrengung, zu der man die Männer mit Hilfe von Prämien ständig angespornt hatte. Als im März 1869 Präsident Grant ins Weiße Haus einzog, forderte er die Leiter der beiden Eisenbahngesellschaften auf, sich auf einen Treffpunkt zu einigen. Dazu wurde nun Promontory Point, 34 Kilometer nördlich von Ogden in Utah, bestimmt. Als die beiden Schienenstränge aufeinandertreffen, rechnet man zusammen: Die Central Pacific hat von Sacramento aus 1100 Kilometer Gleise verlegt, und der Schienenstrang der Union Pacific zieht sich von Omaha aus 1740 Kilometer durch den Kontinent. Nun verbindet also die 2840 Kilometer lange erste transkontinentale Eisenbahnlinie den Osten mit dem Westen. Am 15. Mai 1869 eröffnet der erste Zug die regelmäßige Bahnverbindung zwischen Chicago und Sacramento.

Der Sueskanal
Eine Verbindung
zwischen zwei Meeren

Am 17. November 1869 übernahm die kaiserliche Yacht *Aigle* mit der französischen Kaiserin Eugénie an Bord die Führung von 46 Schiffen aller Nationalitäten und gab damit den Sueskanal für die Schiffahrt frei. Dieser denkwürdige Tag zog einen Schlußstrich unter 15 Jahre zäher, verbissener Arbeit und bedeutete einen Triumph für die unglaubliche Beharrlichkeit eines Mannes: Ferdinand de Lesseps.

Die Landenge von Sues, Luftlinie nur 112 Kilometer breit und ziemlich eben, stellt auf dem direkten Weg vom Mittelmeerraum zu den Handelszentren des Fernen Ostens ein auf den ersten Blick lächerliches Hindernis dar. Man dachte deshalb schon Anfang des 2. Jt. v. Chr. daran, sie mit Hilfe eines Kanals zu überwinden. Allerdings wählte man damals eine baulich einfachere Variante, indem man das Wasser des Roten Meers über einen kleinen Kanal von der Gegend um Sues zum Ostarm des Nils leitete und so eine Verbindung zum Mittelmeer herstellte. Die Perser, Ptolemäer, Römer und später die Araber unterhielten diesen Kanal, bis an-

dere Handelswege wichtiger wurden und er schließlich im Jahr 767 n. Chr. zugeschüttet wurde.

Die Frage der direkten Verbindung zwischen Mittelmeer und Rotem Meer wurde erst rund tausend Jahre später wieder aktuell. Der Seeweg nach Indien und dem Fernen Osten war entdeckt, und für den Mittelmeeranrainer Frankreich hätte die Verkürzung dieses langen Wegs um die Südspitze Afrikas herum erhebliche Zeit- und Geldersparnis bedeutet – und damit die Machtposition gegenüber dem Handelsrivalen Großbritannien gestärkt. Konkrete Pläne scheiterten aber vorerst daran, daß man aufgrund von fehlerhaften Messungen glaubte, man müsse einen Höhenunterschied von fast 10 Metern zwischen den beiden Meeren überwinden. Darum riet der Ingenieur Charles Lepère, der Napoleon I. auf dem Ägyptenfeldzug 1798–1801 begleitete, von einem Kanalbau ab und schlug statt dessen vor, die alte Wasserstraße von Sues zum Nil wieder zu eröffnen. Erst 1853 konnte der französische Ingenieur Adolphe Linant de Bellefonds den Irrtum ausräumen. Da-

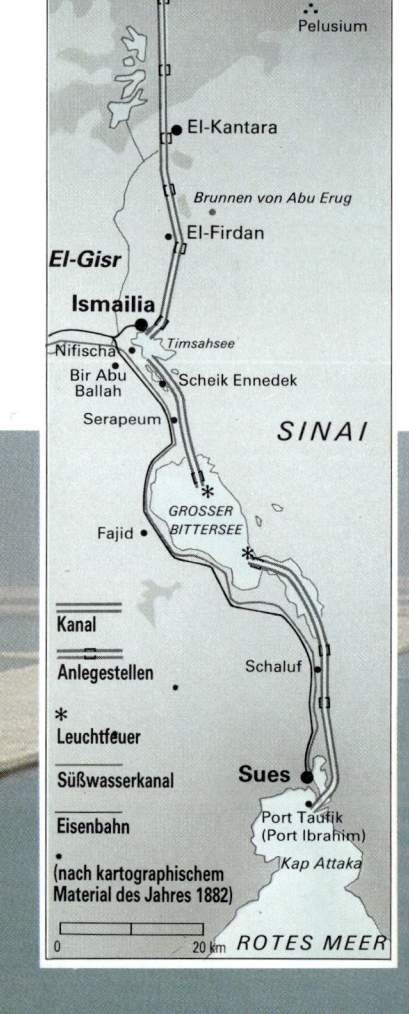

MITTELMEER

Port Said

MENSALEH-SEE

Fort Tina

Pelusium

El-Kantara

Brunnen von Abu Erug

El-Firdan

El-Gisr

Ismailia

Nifischa

Timsahsee

Bir Abu Ballah

Scheik Ennedek

Serapeum

SINAI

GROSSER BITTERSEE

Fajid

Schaluf

Kanal

Anlegestellen

* Leuchtfeuer

Süßwasserkanal

Eisenbahn

(nach kartographischem Material des Jahres 1882)

Sues

Port Taufik (Port Ibrahim)

Kap Attaka

0   20 km   ROTES MEER

mit war der Bau des Sueskanals grundsätzlich möglich geworden.

Dennoch blieben zunächst viele Fragen offen. Niemand konnte genau abschätzen, welche Schwierigkeiten bei einem solchen Großprojekt auftauchen könnten und ob man sie beim damaligen Stand der Technik würde lösen können. Auch die Finanzierung war nicht unproblematisch: Würden der erwartete Verkehr und die damit zurückfließenden Gebühren hoch genug sein, damit sich die geschätzten Kosten von etwa 200 Millionen Goldfranc und die geplanten sechs Jahre Arbeit lohnten? Die großen Bankiers sowie die traditionell konservativen Reeder hatten ihre Zweifel. Probleme gab es auch mit der Genehmigung durch den ägyptischen Vizekönig und dessen Souverän, den türkischen Sultan. Die Vizekönige Mehmed Ali, Ibrahim Pascha und Abbas Pascha, die nacheinander von 1804 bis 1854 herrschten, waren dagegen, daß auf ihrem Grund und Boden ein internationaler Schiffahrtskanal entstehen sollte. Sowohl in Kairo als auch in Konstantinopel fürchtete man, damit in einen Interessenkonflikt der europäischen Großmächte verwickelt zu werden. Vor allem die britische Regierung unter Lord Palmerston arbeitete gegen das Projekt. In London sah man es nicht gern, daß ein von Frankreich geförderter Kanal in Konkurrenz mit den traditionellen Routen der britischen Seemacht trat. Aus diesem Grund versuchte die britische Regierung lange Zeit und immer wieder, den türkischen Sultan zu beeinflussen, die Genehmigung für den Bau des Sueskanals zu verweigern.

Um all diese Schwierigkeiten aus dem Weg zu räumen, waren drei Faktoren nötig: der enorme industrielle Fortschritt der Jahre zwischen 1840 und 1850, ein aufgeschlossener ägyptischer Vizekönig wie der neue Herrscher Said Pascha und vor allem ein Genie wie Ferdinand de Lesseps als Triebfeder.

1805 geboren, schlug Lesseps – wie seit jeher die Söhne der Familie – die diplomatische Laufbahn ein. Schon mit 27 Jahren war er Vizekonsul in Kairo; drei Jahre später wurde er sogar Generalkonsul. Hier erwachte jenes glühende Interesse für den Kanal, das später sein Leben bestimmen sollte. Er bekam Anregungen und Informationen von seinem Freund Linant de Bellefonds. Eine andere Freundschaft war es jedoch, die dem Unternehmen entscheidend weiterhalf. Seinen guten Beziehungen zu Said Pascha verdankte Lesseps schließlich die Konzession, die er gleich nach Saids Thronbesteigung, am 7. November 1854, erhielt. Ein zweiter Vertrag vom Januar 1856 präzisierte dann die Vereinbarungen.

Diese Konzession legte von vornherein den universellen Charakter des neuen Seewegs fest. In Friedens- wie in Kriegszeiten sollte der Kanal neutrales Gebiet sein, und jedem Land mußte zu denselben Gebühren die Durchfahrt gestattet werden. Die zum Bau nötigen Kapitalanteile sollten in der ganzen Welt verteilt werden, damit keine Macht die Mehrheit besitzen konnte. Als Gegenleistung dafür, daß es seine Souveränität teilweise abtrat, erhielt Ägypten zunächst 15 Prozent der Einnahmen. Die Dauer der Konzession wurde auf 99 Jahre festgesetzt.

Obwohl die endgültige Genehmigung vom Sultan in Konstantinopel noch auf sich warten ließ, gründete Lesseps am 20. Dezember 1858 die Compagnie universelle du Canal Maritime de Suez. Doch schon bei der Zeichnung der 400000 Aktien mußte Lesseps den Anspruch auf Internationalität aufgeben. Trotz Werbereisen in ganz Europa verkauften sich seine Aktien nur in Frankreich (44 Prozent) und Ägypten (52 Prozent); lediglich 4 Prozent entfielen auf andere Länder. Der Kanal wurde ein französisch-ägyptisches Unternehmen.

Nach all diesen Vorbereitungen konnte offiziell am 25. April 1859 an der Stelle, an der der spätere Mittelmeerhafen Port Said entstehen sollte, der erste Spatenstich gesetzt werden. Von diesem Punkt aus galt es nun, den 171 Kilometer langen, 54 Meter breiten und 8 Meter tiefen Kanal zu bauen. Man mußte 100 Millionen Kubikmeter Boden ausheben, über die Hälfte davon unter Wasser. Ein neuer Hafen am Mittelmeer war nötig, um Werkzeuge, Maschinen, Lebensmittel und Medikamente heranzuschaffen, ein Versorgungskanal, um deren reibungslosen Weitertransport sicherzustellen. Diesen Versorgungskanal mußte man dann Stück für Stück zur geplanten Größe des tatsächlichen Kanals erweitern. Kanalstädte wie Ismailia am Timsahsee waren

Ein Öltanker durchquert auf dem Sueskanal die Wüste. Seit 1869 wurde der Kanal laufend erweitert, um auch modernen Großtankern die Durchfahrt zu ermöglichen.

zu gründen, vorhandene Städte und Häfen wie Sues auszubauen. Für die Arbeiten in der Wüste brauchte man einen unbegrenzten Vorrat an Frischwasser; also richtete man einen Kanal vom Nil zu den Baustellen ein.

Grabungsarbeiten um 1863. Insgesamt 50 Millionen Kubikmeter Erde wurden in Handarbeit ausgeschachtet. Später setzte man dann Bagger und Grabungsmaschinen für die Erdbewegungen ein.

Eine zukunftweisende Technologie

Ab 1864 gab es an der Baustelle des Sueskanals den größten und modernsten Grabungsmaschinenpark der damaligen Zeit. Der Abzug der Arbeitskräfte durch die ägyptische Regierung half dem Unternehmen letztlich den entscheidenden Schritt voran, denn zweifellos hätte das Projekt ohne den Einsatz der damals ganz neuen Maschinen scheitern müssen. Die Fellachen hatten zwar Schwerstarbeit geleistet, aber die Aufgaben wurden so schwierig, daß Handarbeit allein sie nicht mehr bewältigen konnte.

Lesseps gab eine ganze Flotte von Baggern und Grabungsmaschinen bei französischen Vertragsfirmen in Auftrag. Die

Leistungen zwischen 16 und 34 PS, was einem täglichen Kohleverbrauch von 800 bis 1600 Kilogramm entsprach. Ihr Herzstück war eine Endloskette mit Baggereimern, die den Grund abkratzten und den Abraum auf langen Förderbändern ans Ufer oder zum Weitertransport auf Boote schickten. Zuerst benutzte man kleinere Bagger mit einer Arbeitstiefe von 2,5 Metern, deren Eimer nur 100 Liter Fassungsvermögen hatten. Nachdem diese aber nur knapp 20 Prozent der erwarteten Leistung brachten, baute man widerstands- und leistungsfähigere Maschinen: Bagger mit 220–230 Liter Fassungsvermögen und doppelter PS-Zahl. Das ausschließlich

europäische Führungspersonal wurde durch Prämien angespornt und erzielte erstaunliche Ergebnisse: bis zu 70000 Kubikmeter im Monat. Das entspricht einer Leistung von 2500 Fellachen.

Das Unternehmen Couvreux setzte seinerseits im eigenen Haus entwickelte Bagger ein, die nicht auf dem Wasser schwammen. Sie arbeiteten nach dem gleichen Prinzip, kamen jedoch, auf einer Eisenbahnschiene gelagert, direkt an der Kanalböschung zum Einsatz. Diese für die damalige Zeit hochmodernen Geräte waren sehr erfolgreich und wurden später auf anderen Baustellen in Frankreich und Mitteleuropa verwendet.

Die Firma Dussaud aus Marseille baute den Hafendamm von Port Said und verlegte dazu künstliche Blöcke aus Kalk und Sand, jeder mindestens 20 Tonnen schwer. Rund 30000 dieser Blöcke formten die damals viertgrößte Hafenmole der Welt.

In den Jahren 1868 und 1869, als der Maschineneinsatz seinen Höhepunkt erreichte, erbrachte der Maschinenpark eine Gesamtleistung von 10000 PS. Zum Vergleich: Der größte Schaufelradbagger unserer Zeit, eingesetzt im Tagebau Hambach der Rheinischen Braunkohlewerke, hat eine Motorleistung von über 17000 PS und fördert täglich 240000 Kubikmeter.

meisten Maschinen waren Neuentwicklungen, eigens bei den Firmen konstruiert und gebaut, um sie so gut wie möglich den örtlichen Gegebenheiten anpassen zu können. Auf Vorbilder konnte man nicht zurückgreifen, da es ein Bauvorhaben dieser Größe noch nie gegeben hatte.

Die Hauptaufgabe der Maschinen war es vor allem, Grund auszubaggern und dann den geförderten Schlick und Lehm, den sogenannten Abraum, wegzutransportieren. Die Firma Borel und Lavalley, die für den gesamten südlichen Teil des Kanals sowie für den Mensalehsee (d. h. für 57 Prozent der Bauarbeiten) zuständig war, benutzte dazu vor allem Schwimmbagger. Es waren Dampfmaschinen mit

Schwimmbagger bei El-Kantara. Der Abraum wurde durch Förderbänder auf bis zu 70 m langen Metallgerüsten abtransportiert.

Ein auf Schienen gelagerter Bagger. Er ließ sich parallel zur Kanalböschung verschieben.

Glücklicherweise bereiteten die geologischen Gegebenheiten nur an wenigen Stellen Probleme. Zwei Drittel des Kanals verliefen durch sandiges oder lehmiges Gelände. Aber im sumpfigen Schlamm des seichten Mensalehsees griffen die Maschinen nicht; die Arbeiter mußten auf einer Strecke von 50 Kilometern so lange mit den Armen den Schlick vom Seegrund schöpfen, ausdrücken und an den Seiten des so entstandenen Grabens stapeln, bis der festere Lehm unter dem Schlamm erreicht war. Der aufgestapelte Schlick trocknete in der Sonne

der den Zeitplan noch den Kostenvoranschlag würde einhalten können. Statt der erwarteten knapp 2 Kubikmeter pro Tag und Mann schaffte man mit Mühe die Hälfte. Dazu kam als weiterer Unsicherheitsfaktor, daß der Sultan seine Genehmigung noch immer zurückhielt.

Anfang 1863 war das Kanalbauprojekt erneut in Gefahr. Said starb kaum 40jährig, und sein Nachfolger Ismail Pascha zog unter dem Druck des Sultans und der scharfen britischen Pressekampagnen gegen die Zwangsarbeit 1864 seine Fellachen zurück.

schalverträge mit französischen Baufirmen ab, die die neuesten Maschinen bereitstellten, zum Teil sogar extra konstruieren ließen. Der Maschinenpark wurde erheblich vergrößert, die Einsatzmethoden ständig verbessert, und die Arbeit ging um ein Vielfaches rascher voran.

Lesseps selbst war unaufhörlich im Einsatz, sowohl auf den Baustellen als auch um weitere Gelder zu beschaffen. Mit Hilfe von Lotterieanleihen gelang es ihm, auch noch den Rest der auf über das Doppelte angewachsenen Kosten zu decken.

und hielt dann als feste Mauer weiteren Schlick davon ab, in die neugeschaffene Wasserstraße einzudringen. Im Gegensatz dazu war es bei den Felsriegeln von El-Gisr, Serapeum und Schaluf die Härte des Gesteins, die Schwierigkeiten bereitete. Mit Spitzhacken und mit Dynamit mußten sich Lesseps und seine Arbeiter jeden Meter erkämpfen.

In den ersten Jahren waren es vor allem Fellachen, die man bei den Erdarbeiten einsetzte. Die ägyptische Regierung hatte sich vertraglich verpflichtet, 25 000 Fellachen zur Verfügung zu stellen. Diese Männer wurden zwangsverpflichtet, hatten kein richtiges Werkzeug und mußten im Verhältnis zu ihrer Bezahlung sehr schwer arbeiten. Schon 1862 wurde deutlich, daß man so we-

Die Arbeiten, die nur noch schleppend vorangingen, wurden eingestellt. Lesseps gelang es jedoch mit Geschick und unter Vermittlung Napoleons III., die türkische und die ägyptische Regierung zu einem Kompromiß zu bewegen. Die Gesellschaft verzichtete auf die zwangsverpflichteten Arbeitskräfte, und die Ägypter zahlten dafür einen Ausgleich von 84 Millionen Franc. Wenig später unterschrieb endlich auch der Sultan die Konzessionsakte, und die Arbeiten konnten noch 1864 wiederaufgenommen werden.

Der Kompromiß, den Lesseps erreicht hatte, erwies sich als segensreich für das Projekt. Da die billigen und reichlich vorhandenen Arbeitskräfte jetzt fehlten, mußte man neue Arbeitsmethoden finden. Mit den erhaltenen Millionen schloß Lesseps Pau-

Die Eröffnung des Kanals (Gemälde von Riou). Auf einer Ehrentribüne erlebten die Gäste die Eröffnungszeremonie mit. Im Hintergrund die Masten der Schiffe, die als erste den Kanal durchquerten.

Noch am 16. November 1869, einen Tag vor der Eröffnung, war der Kanal bei El-Kantara für die Durchfahrt der Schiffe noch nicht tief genug. Aber die gewaltige Kraftanstrengung von Menschen und Maschinen über so viele Jahre hinweg machte es schließlich möglich, ein Projekt zu verwirklichen, das lange als persönlicher Traum eines Mannes angefeindet worden war und doch bis heute seinen Nutzen ständig beweist.

Durchbruch durch die Alpen
Tunnel öffnen den Weg nach Süden

Zu Weihnachten des Jahres 1870 trafen sich französische und italienische Bergarbeiter 1600 Meter unter Tage zwischen Modane und Bardonéc-chia: Nach 13 Jahren langer, schwerer und gefährlicher Arbeit war damit der erste große Alpentunnel durchstochen.

Wie eine durchgehende Wand trotzten die Alpen den Eisenbahnbauern auf ihrem Weg von Norden nach Süden. Es gab nur wenige Übergänge, und diese lagen alle in einer Höhe von über 1800 Metern. Die befahrenen Straßen waren zu Beginn des 19. Jh. für Kutschen, Fuhrwerke und Schlitten angelegt worden; sie reichten, da der Handel ständig zugenommen hatte, für den Verkehr nicht mehr aus. Deshalb hatte man zuerst daran gedacht, die Alpen mit einer Zahnradbahn zu überwinden; doch dieser Plan wurde bald verworfen. Statt dessen entschied man sich, lange Tunnel in geringer Höhe durch die Alpen hindurchzubauen.

Um 1850 bestanden zwischen Frankreich und Piemont sehr enge Beziehungen. Und so sprach man auch darüber, eine direkte Verbindung Paris–Mailand zu schaffen. Man einigte sich auf die Gegend des Col de Fréjus in der Nähe des Mont-Cenis-Passes.

Germain Sommeiller, der Leiter des Unternehmens, muß schon außergewöhnlich kühn gewesen sein, als er plante, einen 12,2 Kilometer langen Tunnel für zwei Gleise in einer Höhe von 1294 Metern durch den Berg zu bohren; denn damals gab es noch kein vergleichbares Bauwerk. Die längsten Tunnel hatten höchstens einige hundert Meter aufzuweisen.

Zur Gotthardautobahn (hier bei Gurtnellen) gehören ein langer Haupttunnel sowie zahlreiche Nebentunnel. Die Autobahn folgt dem Gelände leichter als die Eisenbahn (im Hintergrund), deren Linienführung wesentlichen Beschränkungen unterworfen ist.

Die Arbeiten begannen 1857. Zunächst gingen sie unglaublich langsam voran. Die Bohrlöcher wurden von Hand in den Berg getrieben, so daß man drei Jahre lang pro Tag durchschnittlich nur 25 Zentimeter vorankam. Bei diesem Tempo wäre der Tunnel nicht vor dem Ende des Jahrhunderts fertiggestellt worden. Als Sommeiller jedoch den ersten preßluftgetriebenen Bohrhammer erfand, steigerte sich die Tagesleistung auf 2,5 Meter – das Zehnfache. Doch dauerte es immer noch zehn Jahre, bis sich die beiden Mannschaften einander bis auf einen Meter genähert hatten. 1871 schließlich konnte man den Mont-Cenis-Tunnel eröffnen.

Nach dem Erfolg dieser Linie brach ein Wettkampf unter den interessierten europäischen Mächten aus. Deutschland schlug den alemannischen Kantonen der Schweiz sowie Italien vor, eine direkte Linie über den Sankt Gotthard zu bauen. Der Bau der Gotthardlinie stellt eine der größten technischen Leistungen des 19. Jh. dar, denn bei diesem Unternehmen hatte man mit beträchtlichen Schwierigkeiten zu kämpfen. Auf einer Strecke von 120 Kilometern, zwischen Arth Goldau und Biasca, mußten für den Nordzugang durch die Schluchten der Reuß zu

Beim Bau des Tunnels am Mont Cenis explodierte das Pulvermagazin von Bardonécchia (oben). Das Unglück forderte zahlreiche Todesopfer.

Der Durchbruch des Eisenbahntunnels am Sankt Gotthard (rechts). Der Niveauunterschied der beiden Stollen betrug weniger als 50 cm – eine technische Meisterleistung. Doch die sehr ungünstigen geologischen Bedingungen hatten beim Bau des Tunnels zu einer Vielzahl von Unglücksfällen geführt.

dem 15 Kilometer langen Haupttunnel, der in einer Höhe von 1154 Metern zwischen Göschenen und Airolo verlief, und für den Abstieg durch das Tal des Tessins 80 Tunnel sowie 324 Brücken gebaut werden.

Mit dem Bau des Haupttunnels betraute man den Genfer Unternehmer Louis Favre. Er machte sich die Erfahrungen zunutze, die man am Mont Cenis mühsam erworben hatte. In der Zwischenzeit waren die Maschinen weiter verbessert worden. Die Kompressoren wurden von hydraulischen Turbinen angetrieben und entwickelten eine Kraft von 2000 PS. Die Leistung der Bohrhämmer war größer geworden, und das Schwarzpulver hatte man durch Dynamit ersetzt. Die Förderwagen für Abraummaterial wurden nicht mehr allein von Menschen und Pferden gezogen, sondern von kleinen Preßluftlokomotiven. Allerdings erwiesen sich die geologischen Gegebenheiten als äußerst schwierig. Es gab große unterirdische Wasseradern; die Temperatur im Berg stieg bis auf 40°C, und ungünstige Gesteinsverhältnisse erschwerten die Arbeit der Leute unter Tage ungemein. Vorn im Stollen herrschten höllische Arbeitsbedingungen: Lärm, Hitze, Nässe und drangvolle Enge. Hinzu kamen zahlreiche Unfälle. Jedes Jahr waren etwa 25 Tote sowie Hunderte von Verletzten und Kranken zu beklagen. Von allen Bauwerken in den Alpen forderte der Gotthardtunnel die meisten Menschenleben.

Nach zehn Jahren zäher Arbeit konnte die Linie schließlich 1882 eröffnet werden. Louis Favre war bereits 1879 gestorben; ihn und seine Familie sowie seine Kommanditisten hatte das Werk ruiniert. Der Tunnel aber stellt bis heute den bedeutendsten Durchbruch durch die Alpen dar.

Österreich hatte von 1848 bis 1854 zwischen Wien und Triest die erste Eisenbahnlinie über die Alpen gebaut. Am Semmeringpaß führte sie durch den ersten – 1400 Meter langen – Alpentunnel. Um Vorarlberg besser an Österreich anzubinden und eine direkte Verbindung zur Schweiz und nach Frankreich herzustellen, beschloß die Regierung, einen weiteren Tunnel unter dem Arlbergpaß zu bauen. Der 10,3 Kilometer lange Stollen wurde in einer Höhe von rund 1300 Metern projektiert. 1880 begann man mit dem Bau, und schon 1884, ein Jahr früher als geplant, war der Tunnel fertig. 8 Meter arbeiteten sich die Männer täglich in das Felsgestein hinein, gegenüber 5 Metern am Gotthard und 2,5 Metern am Mont Cenis. Außerdem konnten die Kosten je laufenden Meter halbiert werden, und man hatte beim Bau dieses Tunnels fast keine schweren Unfälle zu beklagen.

Der leitende Ingenieur, Alfred Brandt, hatte eine besonders widerstandsfähige und zuverlässige hydraulische Bohrmaschine entwickelt. Während der Bohrarbeiten spritzte man Wasser zu, und nach jeder Sprengung wurde die Abbaufront besprüht. Ferner wurde der Stollen ausgiebig belüftet. Alle diese Maßnahmen machten die Arbeits-

Moderne Tunnelbautechniken

Sprengen ist auch heute noch das einzige Verfahren, das im Tunnelbau zum Entfernen von hartem Gestein wie Granit angewandt wird. Mechanische Stetigfördermaschinen oder Streckenvortriebsmaschinen sind nur für weiches Gestein wie Kreide oder Schiefer geeignet. Alle Versuche, diese Geräte für hartes Material umzubauen, blieben erfolglos.

Die Grundprinzipien sind seit über hundert Jahren gleichgeblieben, Materialien und Verfahren wurden allerdings ständig leistungsfähiger und wirkungsvoller. Bemerkenswerterweise stieg die Geschwindigkeit, mit der man im Berg vorankam, nicht im gleichen Verhältnis; sie steigerte sich von 4–6 Metern täglich auf nur 10–12 Meter, bei besten Geländebedingungen im Höchstfall auf 15–18 Meter pro Tag.

Der 1860 von Germain Sommeiller erfundene preßluftgetriebene Drehschlagbohrhammer, den der Amerikaner Simon Ingersoll dann weiterentwickelte, bleibt für das Bohren von Löchern das Grundwerkzeug. Weitere Fortschritte betrafen die systematische Wasserzufuhr, mit der man während der Arbeit den schädlichen Staub in Grenzen hielt, ferner die allgemeine Verwendung von scheibenförmigen Meißeln aus Wolframkarbid, die wirkungsvoller und dauerhafter sind.

Nach 1875 verdrängte das Dynamit das Schwarzpulver, das nicht so wirkungsvoll und außerdem wegen seiner leichten Entzündbarkeit gefährlicher war. Heute benutzt man Sprengstoffe auf der Basis von Chloraten und Nitraten, in den USA sogar eine Mischung aus Nitraten und Heizöl.

Die Sprengladungen zündet man heute stets nach einem präzisen Schießplan mit Hilfe von elektrischen Kurzzeitzündern, die eine genaue Überwachung der Zündfolge ermöglichen. Auf diese Weise erhält man einen sauberen Schnitt, das Gestein wird gut zerkleinert, und man verbraucht sowenig Sprengstoff wie möglich – in der Regel 2–3 Kilogramm pro Kubikmeter Gestein.

In großen Stollen kann man nach der Sprengung den Abraum mit normalen Tiefbaumaschinen, Wagenladern und Muldenkippern abtransportieren. Dank einer guten Belüftung und geeigneter Auspufffilter ist auch der Einsatz von Dieselmotoren im Stollen heute nicht mehr problematisch.

Ab einer Mächtigkeit des Gesteins von einigen hundert Metern ist der Fels einem sehr hohen Druck ausgesetzt. Sobald man innen einen Hohlraum schafft, dehnt sich das Gestein aus; die Wandungen verformen sich, und Felsblöcke lösen sich manchmal explosionsartig. Um dies zu verhindern, baute man früher mehrere kurze Stollen, die sofort Abschnitt für Abschnitt mit Betonmauern verkleidet und dadurch stabilisiert wurden.

Nach 1950 entstanden zwei völlig neue Verfahren. Das erste nennt sich *rock bolting,* Verbolzen des Felsens; es wurde zuerst in den USA angewandt. Dabei bohrt man Löcher in die Wandungen und führt 25–35 Millimeter starke Stahlstäbe in sie ein. Die Stäbe werden im Boden verankert, gespannt und befestigt. Auf diese Weise verbindet man die oberen Gesteinsschichten mit den unteren. Diese Technik wurde beim Bau des Montblanctunnels in großem Umfang angewandt. Nicht weniger als 171 240 Bolzen brachte man hier an; das sind durchschnittlich 15 Bolzen pro Meter.

Das zweite Verfahren ist jünger und wurde in Österreich und Schweden entwickelt. Hierbei bringt man mit einer Druckluftkanone eine nur 10 Zentimeter starke Betonschicht auf die Wandung auf. Obwohl diese Schicht sehr dünn ist, festigt sie den Felsen und hält dem Druck so lange stand, bis die endgültige, in der Regel 30–70 Zentimeter starke Betonverkleidung angebracht ist.

Der Bohrhammer von Germain Sommeiller wurde 1860 an der Baustelle am Mont Cenis erstmals eingesetzt (oben). Die Druckluftbehälter benötigte man, da der Kompressor nicht im Stollen aufgestellt werden konnte.

Ein Gerät zur Anbringung von Ankerbolzen (links). Gleichzeitig wird ein Drahtgeflecht zum Schutz gegen Steinschlag und als Unterlage für die Verkleidung angebracht.

bedingungen wesentlich erträglicher. Zudem hatte man den Ablauf der verschiedensten Arbeitsgänge hervorragend organisiert. Dadurch konnten an jeder Abbaufront täglich 900 Tonnen Abraummaterial abtransportiert und 450 Tonnen Baumaterial herbeigeschafft werden.

Inzwischen ging der Wettkampf im Tunnelbau weiter. Die Gotthardlinie benachteiligte die Kantone der französischen Schweiz und Frankreich. So planten diese Gebiete eine neue, kürzere Verbindung Paris–Mailand über Pontarlier, Lausanne und das Rhonetal. Die Alpen sollten in einer Höhe von nur 687 Metern durch einen etwa 20 Kilometer langen Tunnel unter dem Simplon zwischen Brig und Iselle durchquert werden. Die französische Regierung zögerte lange und entschloß sich dann, das Projekt nicht mit zu finanzieren. Somit nahmen die Schweiz und Italien allein die Risiken dieses Unternehmens auf sich.

Mit dem Projekt wurde ein deutschschweizerischer Konzern betraut. Die Einrichtung der Baustelle, das Verfahren, alles wurde genauestens durchdacht. Man beschloß, statt eines Stollens mit zwei Gleisen zwei einzelne Tunnel zu bohren, die 17 Meter voneinander entfernt waren. Zunächst sollte nur einer fertiggestellt und genutzt werden; der andere, kleinere sollte zur Versorgung dienen und erst dann richtig ausgebaut werden, wenn die Verkehrsdichte es erforderte.

Im August 1898 ging man an die Arbeit. Schwierigkeiten gab es genug. Da war zunächst die Hitze; mancherorts stieg die Temperatur auf 54 °C an. Dann drohten warme und kalte Wasseradern, die bis zu 1200 Liter Wasser pro Sekunde führten, den Tunnel zu überschwemmen. An manchen Stellen schließlich verformte der starke Gesteinsdruck den Stollen so sehr, daß bis zu 5 Meter dicke Mauern gezogen werden mußten. Der Vortrieb von der Nordseite her wurde schließlich aufgegeben. Am 24. Februar 1905 wurde die Verbindung von Süden aus hergestellt. Der Niveauunterschied zwischen den beiden Stollen betrug nicht mehr als 20 Zentimeter. Mit Geschick und Mut hatten Ingenieure, Stollenarbeiter und Bauarbeiter alle Hindernisse aus dem Weg geräumt. Am 1. Juni 1906 konnte der Tunnel für den Eisenbahnverkehr freigegeben werden. Den zweiten Stollen baute man dann in den Jahren von 1917 bis 1922 aus.

Kaum war der Simplontunnel fertig, beschlossen die Schweizer, eine direkte Verbindung zwischen Bern und Brig zu schaffen, die im Lötschbergmassiv in einer Höhe von 1244 Metern durch einen 14,6 Kilometer langen Tunnel verlaufen sollte. Die 1906 begonnenen Bohrungen wurden von dramatischen Zwischenfällen überschattet. Unter dem Fluß Kander öffneten die Bergarbeiter

Einer der beiden Drill-Jumbos, die beim Bau des Straßentunnels am Montblanc verwendet wurden. Die Geräte sind mit drei auf Schienen laufenden Plattformen ausgestattet. Die Bohrhämmer ruhen auf Gleitschienen und lassen sich in jede beliebige Stellung schwenken. So ist es möglich, an jeder Stelle des Tunnels Bohrlöcher anzubringen. Nach der Sprengung beseitigt man mit Wannen, die unter der untersten Plattform kreisen, den Abraum.

unvermutet eine Verwerfung, die mit Wasser und unter Druck stehendem Sand gefüllt war. Innerhalb weniger Augenblicke war der Stollen auf einer Länge von 1300 Metern zugeschüttet. Dabei kamen 25 Männer ums Leben, und das ganze Material war verloren. Notgedrungen mußte man einen Teil des fertiggestellten Stollens aufgeben und die Linie neu trassieren. 1913 schließlich konnte man den Tunnel in Betrieb nehmen.

Bis 1965 lief der Verkehr zwischen den nord- und den südeuropäischen Ländern zum größten Teil über diese Tunnel. Danach verdrängte die Straße immer mehr die Schiene als Transportweg. Neue Bohrungen wurden somit erforderlich. Als ersten baute man in französisch-italienischer Gemeinschaftsarbeit den Montblanctunnel.

Die Länge von 11,6 Kilometern war nicht ausgesprochen groß, aber wegen der Höhe der Felsdecke (2480 Meter) machte man sich auf unangenehme Überraschungen gefaßt. Doch dank einer weitgehenden Mecha-

nisierung der Arbeit und moderner Stützverfahren für die Wandungen kam man planmäßig und ohne schwere Unfälle voran. Am 17. Juli 1966 wurde der Montblanctunnel eröffnet. 450 Fahrzeuge können ihn pro Stunde durchfahren.

Zur gleichen Zeit baute die Schweiz unter dem Großen Sankt Bernhard einen 5,9 Kilometer langen Tunnel, der 1964 fertiggestellt wurde. Von 1969 bis 1980 ergänzte man die Gotthardlinie durch eine Autobahn, die durch zwei große Tunnel führt. Der erste zieht sich 9,3 Kilometer durch den Vorsprung des Seelisbergs am Vierwaldstätter See. Der zweite verläuft fast parallel zum Eisenbahntunnel im Sankt Gotthard. Mit seinen 16,9 Kilometern ist er der längste Straßentunnel der Welt.

Der rund 14 Kilometer lange, 1978 eröffnete Arlbergstraßentunnel sowie der 12,8 Kilometer lange, 1980 eröffnete Fréjustunnel ergänzen heute die früher entstandenen Eisenbahntunnel.

Die Brücke von Brooklyn

Eine technische Pionierleistung und ein Symbol Amerikas

Wenn man vom 110. Stockwerk des World Trade Center auf Manhattan hinabblickt, kann man sehen, wie der Hudson River und der East River dieses Herzstück New Yorks fest umschlingen. Es scheint, als wolle das Wasser die Menschen wie Schafe in einem Pferch zusammenhalten. Nur durch eine Anzahl von Brücken und unsichtbaren Tunnels ist Manhattan mit dem umgebenden Festland verbunden. Die dem World Trade Center nächstgelegene Brücke und eigentlich eine der kleinsten ist die berühmte Brooklyn Bridge, die zwischen Manhattan und Brooklyn über den East River führt.

Warum wurde dieses Bauwerk, das heute von riesigen Wolkenkratzern und anderen, noch eindrucksvolleren Brücken überragt wird, eines der technischen Weltwunder genannt? Warum sind die Amerikaner so stolz darauf? Welche besondere Bedeutung mißt man der Brücke bei, wo sie – nüchtern betrachtet – doch nichts weiter ist als eine Verbindung zwischen zwei Stadtteilen?

Man kann die Brücke von Brooklyn vom Ufer aus betrachten. Man kann unter den Bögen der Auffahrten durchgehen oder kann sie von einem der Touristenboote, die Manhattan ständig umkreisen, von unten bestaunen. Aber die beste Art und Weise, sie kennenzulernen, ist heute wie vor hundert Jahren ein Fußmarsch über die Brücke, denn eine ihrer originellsten Besonderheiten ist die Fußgängerpassage in der Mitte zwischen den Fahrbahnen.

Von einem Ende zum anderen legt man – die insgesamt 800 Meter langen Auffahrtrampen zu beiden Seiten nicht mitgerechnet – genau 1052 Meter zurück: zweimal 283 Meter zwischen den jeweiligen Ufern

Wie ein von einem Grafiker ersonnenes Muster sieht der Fußgänger die Brücke von Brooklyn – ein eindrucksvoller Kontrast zwischen den massiven Pylonen und der Leichtigkeit des Kabelnetzes.

und den beiden aus Granitquadern gemauerten Pylonen und 486 Meter auf dem großen mittleren Brückenfeld. Aufgrund dieser Abmessungen war sie zum Zeitpunkt ihrer Fertigstellung und über eine Generation lang die größte Hängebrücke der Welt.

Erst wenn man zu Fuß über diese Brücke geht, merkt man richtig, wie gigantisch sie ist. Die Fahrbahnplatte schwebt 45 Meter über dem East River, auf halber Höhe zwischen Fluß und Oberkante der beiden riesigen Pylonen. Der neugotische Stil der Brückenpfeiler mit ihren wie Kirchenfenster wirkenden Spitzbogenöffnungen steht in lebhaftem Kontrast zu den modernen Metallteilen: den vier 40 Zentimeter dicken Hauptkabeln, von denen jedes aus 6600 Einzeldrähten besteht, mit ihren vertikalen Hängern und der Fahrbahnplatte, die ihrerseits mit den Pylonspitzen durch Verankerungsdrähte verbunden ist. Diese Drähte verlaufen diagonal zu den Kabeln und Hängern und lassen die Konstruktion wie den Teil eines Spinnennetzes erscheinen.

Von der Fußgängerfurt zwischen den Fahrbahnen kann man die sechs Fahrspuren und den darüberbrausenden Verkehr überblicken. Man genießt eine unvergleichliche Aussicht über die Bucht von New York, und machten die Autos nicht einen solch ohrenbetäubenden Lärm, so bliebe man gern stundenlang auf einer der aufgestellten Bänke sitzen.

Die Brücke feierte 1983 ihren 100. Geburtstag und wurde aus diesem Anlaß festlich herausgeputzt. Und die New Yorker Bevölkerung hatte Gelegenheit, sich die Geschichte und das Schicksal ihrer ältesten Brücke in Erinnerung zu rufen.

Zu Beginn des 19. Jh. war New York bereits die größte Stadt der USA und übertraf seine Rivalen Boston und Philadelphia an Bevölkerung, Flächenausdehnung und Finanzaufkommen. Diese große Hafenstadt war mit ihrem Hinterland durch ein für die damalige Zeit bemerkenswertes Kanal- und Eisenbahnnetz und mit der restlichen Welt

durch Dampfschifflinien für die Personen- und Frachtbeförderung verbunden. Dennoch erstickte New York beinahe in der Insel Manhattan, die damals das gesamte Stadtgebiet darstellte. Bald dehnten sich der Hafen und die Stadt über den südlichen Teil von Long Island aus, und die ehemalige holländische Siedlung Brooklyn wurde in wenigen Jahrzehnten zur drittgrößten Stadt der USA, stolz auf ihren Reichtum und die Unabhängigkeit von ihrer ehrgeizigen Nachbarin. Bereits 1850 wohnten viele Menschen auf den Hügeln Brooklyns und arbeiteten in New York, dem Geschäftszentrum. Sie überquerten täglich den East River in einer der unzähligen Fähren, die für einen regelmäßigen Zubringerdienst sorgten. Doch oftmals geriet der Fahrplan wegen schlechten Wetters, Hochwassers oder aus anderen Gründen durcheinander.

Kein Wunder, daß man da über den Bau einer Brücke nachzudenken begann. Unter den vorgeschlagenen Projekten war für jeden Geschmack etwas dabei: Schiffsbrücken, Drehbrücken, Klappbrücken, Hängebrücken … Doch war es noch nie zuvor gelungen, über einen so breiten Fluß – eigentlich einen Meeresarm – eine Brücke zu schlagen. Und nicht nur die Weite, sondern auch die Höhe war ein Problem: Es mußte gewährleistet sein, daß Schiffe mit sehr hohen Masten passieren konnten. Und dazu gab es wirtschaftliche Probleme, denn wer sollte ein solches Unternehmen finanzieren? Der Bundesstaat New York, die Stadt New York oder die Stadt Brooklyn (die erst viel später, 1898, als Stadtteil in New York eingemeindet wurde)? Oder würden private Geldgeber sich auf das Wagnis einlassen? Es waren beträchtliche Interessen im Spiel.

1867 entschloß sich der Staat New York, einer privaten Gesellschaft das Recht zum Bau einer Brücke nach den Plänen des angesehenen Ingenieurs John A. Roebling zu übertragen. Nach einem hervorragenden Studienabschluß und einer Dissertation über Hängebrücken war Roebling 1831 von

Dieses zeitgenössische Foto stammt aus dem Jahr 1878 und wurde von Brooklyn aus aufgenommen. Der Pylon ist vollendet, der Verankerungsklotz fast fertiggestellt. Die vier Hauptkabel, die die schwere Fahrbahnplatte tragen sollen, sind an Ketten befestigt.

Deutschland nach Amerika gekommen, um dort sein Glück zu machen. Die von ihm entwickelte Methode, am jeweiligen Brükkenbauplatz an Ort und Stelle tragfähige Kabel aus vielen parallelen Einzeldrähten zu „spinnen", verhalf ihm bald zum Durchbruch. Seine bis dahin größte Leistung war die erste Eisenbahn-Hängebrücke der Welt, die er 1855 über die Schlucht unterhalb der Niagarafälle gebaut hatte.

Was lag also näher, als sich wegen der Brücke von Brooklyn an diesen erfahrenen Mann zu wenden? Diesmal waren seine Pläne großartiger als alles, was er bis dahin entworfen hatte. Roebling verstand es nicht nur, der technischen Herausforderung zu begegnen, sondern er maß dieser Brücke auch eine symbolische Bedeutung bei, wie wir aus seinen Aufzeichnungen wissen. Die großen gotischen Türme sollten an die Pro-

pyläen, die monumentalen Torbauten der Antike, erinnern, und die Brücke selbst sollte ein Band zwischen den Menschen sein, ein Verbindungsglied nach Westen, dem amerikanischen Traum von Hoffnung und Fortschritt.

Es war Roebling nicht vergönnt, sein Werk vollendet zu sehen. 1869, kurz nach Baubeginn, starb er nach einem Unfall auf der Baustelle an Wundstarrkrampf. Sein Sohn Washington, der bisher schon mit seinem Vater zusammengearbeitet hatte, übernahm die Nachfolge. Doch auch er mußte der Brücke von Brooklyn bald Tribut zollen: Die Taucherkrankheit machte ihn zum Krüppel und ließ es nicht zu, daß er weiter auf der Baustelle erschien. Vom Fenster seines Hauses in Brooklyn Heights aus überwachte er die Arbeiten, unterstützt von seiner tatkräftigen Frau und einem Team von Ingenieuren und Technikern.

Die Männer in ihrer luftigen Arbeitsgondel stellen eines der Hauptkabel fertig: Sie spannen die 20 Litzen nach, aus denen es besteht, und ummanteln das Kabel mit Hilfe eines von Roebling entwickelten Apparats.

Am Abend des 24. Mai 1883 wurde zur Einweihung der Brücke von der Brücke selbst, von den Ufern, mehreren Schiffen und sogar von Ballons ein farbenprächtiges Feuerwerk entzündet – 10 000 Raketen insgesamt. Beim 100. Geburtstag wurde die pyrotechnische Glanzleistung von damals wiederholt.

Wie Akrobaten mußten sich die Arbeiter vorkommen, wenn sie die Hängegurte an den Hauptkabeln befestigten. Dieser Stich aus Harper's Weekly läßt ahnen, mit welch großem Interesse die Öffentlichkeit diese Pioniertat verfolgte.

Zwei Aufgaben erwiesen sich als besonders schwierig: der Bau der Fundamente für die Pylonen unter Wasser und später die Verlegung der Kabel. Man kannte zu dieser Zeit schon die Verwendung von Senkkästen – das sind vorgefertigte Hohlkörper – für das Bauen unter Wasser, und Washington Roebling war zu Beginn der Arbeiten eigens nach Europa gereist, hatte sich dort beim

ten, hatten unter großer Hitze, hoher Luftfeuchtigkeit und dem erhöhten Wasserdruck am Flußgrund zu leiden. Und wenn beim Aufsteigen an die Wasseroberfläche der Druckausgleich zu rasch geschah, bestand die Gefahr, daß sie sich die sogenannte Dekompressions- oder Caissonkrankheit zuzogen, die Lähmungen, Gelenkschmerzen und Störungen des Nervensystems hervorruft.

gar Betrugsversuche, die den Abschluß der Arbeiten verzögerten. Einmal bemerkte Roebling, daß die gelieferten Kabel von viel schlechterer Qualität waren, als er bestellt hatte – der skrupellose Lieferant wollte die Preisdifferenz in die eigene Tasche stecken.

Am 24. Mai 1883, nach 14jähriger Bauzeit, wurde die Brücke in Anwesenheit von Chester Arthur, dem 21. Präsidenten der Vereinigten Staaten von Amerika, ihrer Bestimmung übergeben. Mit Paraden und einem Brillantfeuerwerk feierte man dieses Jahrhundertereignis. Um zu demonstrieren, wie tragfest die Brücke war, ließ man 21 vom Zirkus Barnum ausgeliehene Elefanten darübermarschieren – und nichts passierte. Dafür aber an einem der folgenden Tage, als eine große Schar von Neugierigen sich auf der Brücke drängte: Nicht weniger als zwölf Personen wurden buchstäblich zu Tode gedrückt und getrampelt.

Die Brücke erfüllte nicht nur von Anfang an ihre Aufgabe als Verbindungsglied zwischen Manhattan und Brooklyn auf Long Island, sondern wurde darüber hinaus zu einem Wahrzeichen New Yorks, einem weithin sichtbaren Symbol. Man bildete sie auf Schildern und in Werbeanzeigen ab und schmückte alle möglichen Souvenirs von New York mit ihrem Bild.

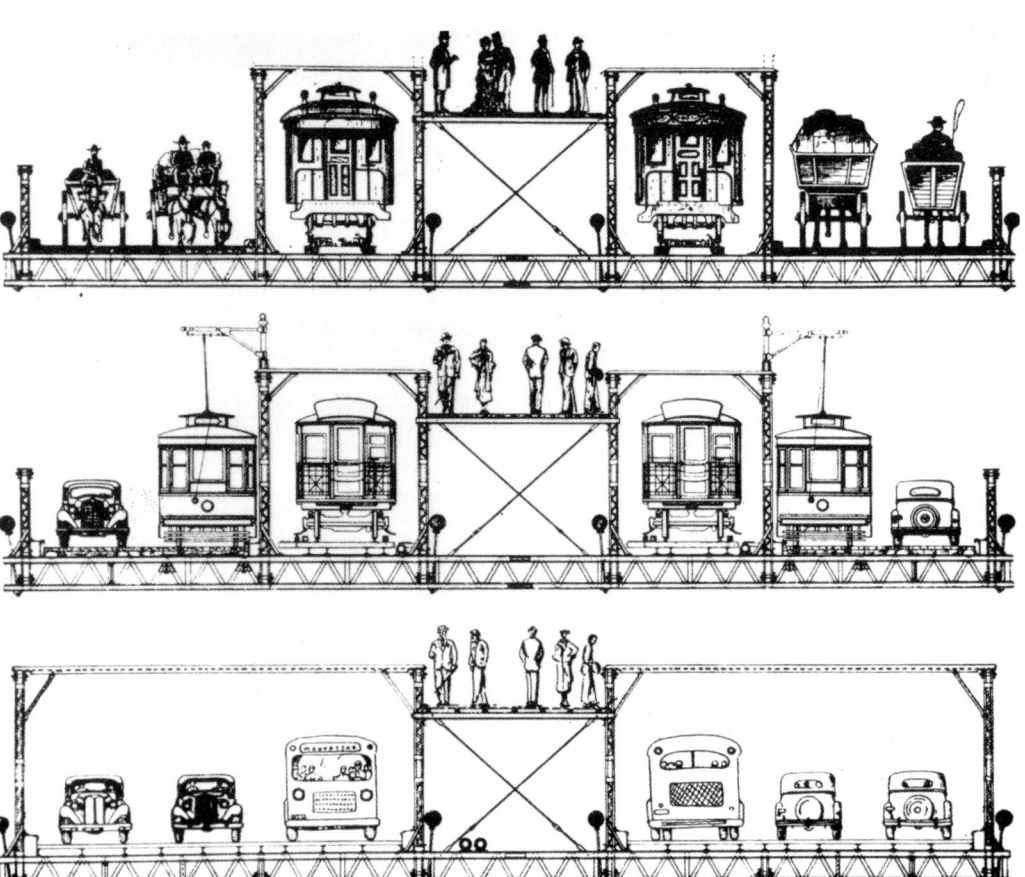

Diese Zeichnungen aus einem technischen Bericht von 1945 zeigen, wie sich der Verkehr auf der Brücke gewandelt hat. Oben der ursprüngliche Zustand von 1883: zwei Kabinenbahnen, durch ein Metallgitter von den übrigen Spuren getrennt, und auf beiden Seiten je zwei Spuren für Wagen und Karren. Die höher gelegene Mittelspur für Fußgänger blieb bis heute unverändert. In der Mitte der Zustand von 1898: Oberleitungsbusse und Kraftfahrzeuge haben die Gespanne verdrängt. Unten der Plan aus dem Jahr 1945, der sieben Jahre später in die Tat umgesetzt wurde: Moderne Verkehrsmittel haben die Oberhand gewonnen.

Brückenbau umgesehen und anschließend das Verfahren entscheidend verbessert.

Von den Ufern aus wurden Holzsenkkästen ohne Boden, sogenannte Caissons, auf den Grund des Flusses gesetzt und mit Druckluft gefüllt. Das machte es den Arbeitern möglich, im Trockenen die Fundamente für die Pylonen bis zum Muttergestein auszuheben. Als sie auf Brooklyner Seite in 14 Meter und auf New Yorker Seite in über 25 Meter Tiefe auf Felsgrund stießen, wurden die Senkkästen mit Beton aufgefüllt. Das Fundament für die Pylonen war geschaffen.

Die Männer, die in den von Karbidlampen nur schwach erhellten Senkkästen arbei-

1876 waren die Brückentürme fertig und die Verankerungsklötze bereit, die Kabel aufzunehmen. Zuerst wurde ein einzelner Draht von einem Ufer zum andern gespannt, dann wurden jeweils 330 Drähte zu einer Litze und 20 Litzen zu einem Kabel zusammengefaßt und mit einem Drahtmantel umzogen. Eine raffinierte Vorrichtung ermöglichte diese gefährliche Arbeit in schwindelnder Höhe, bei der so mancher Arbeiter ums Leben kam. Insgesamt starben während des Brückenbaus über zwei Dutzend Menschen.

Und immer wieder gab es finanzielle Schwierigkeiten, politische Intrigen und so-

Auch in der Literatur und Malerei fand sie Eingang. Anfang der 30er Jahre widmete ihr der junge Lyriker Hart Crane ein ganzes Gedicht und beschreibt sie darin als „Harfe, Altar, Arche auf dem Meer", und für eines der berühmtesten Bühnenstücke Arthur Millers, *Blick von der Brücke,* lieferte sie den Titel.

Nachts im Schimmer der elektrischen Lichter wird die Brücke zu einer phantastischen Vision, einem alten Symbol des modernen Lebens und der von Leben erfüllten Großstadt. Joseph Stella, ein Maler italienischer Abstammung, hat sie in diesem schimmernden Licht gemalt.

Nach der Brücke von Brooklyn sind noch viele weitere Brücken zwischen Manhattan und den anderen Stadtteilen der Metropole gebaut worden, aber selbst wenn sie größer und moderner sind, so genießt doch keine einen solchen beinahe legendären Ruf wie diese hundertjährige alte Dame. Und bestimmt nicht nur deswegen, weil sie die erste Brücke New Yorks war.

Vater und Sohn Roebling ist es auf spektakuläre Weise gelungen, technische Perfektion mit Schönheit zu verbinden, ungebrochene Stabilität mit architektonischer Eleganz und Ausdruckskraft. Ihr Werk war und ist ein Symbol der Moderne, des Glaubens an den Fortschritt und ein Abbild der Versöhnung zwischen Kunst und Technik. Die Brücke von Brooklyn legt Zeugnis davon ab, daß auch ein Ingenieur zu den großen Künstlern unserer Zeit zählen kann.

Hängebrücken erobern die Welt

Die Brücke in ihrer einfachsten Form ist fast so alt wie die Menschheit: Ein über einen Bach oder schmalen Flußlauf gestürzter Baum machte es möglich, von einem Ufer zum anderen zu gelangen. Auch das Prinzip der Hängebrücke als eine von vielen Möglichkeiten, eine Brücke zu bauen, ist alt. Primitive Laufstege aus Holz, an Lianen aufgehängt, sind oft die einzigen Verbindungswege über steile Schluchten und reißende Wasser.

Hängebrücken aus modernen Materialien sind wesentlich jünger. Zu Beginn des 19. Jh. wetteiferten Franzosen und Briten miteinander beim Bau der ersten Hängebrücken aus Metall. 1825 bauten die Brüder Seguin die erste Brücke dieser Art über die Rhône, und ein Jahr später vollendete Thomas Telford die herrliche Menaibrücke in Wales. Diese Brücken hatten eine Fahrbahnplatte aus Holz, die an flachgliedrigen Eisenketten aufgehängt war.

Die Bosporusbrücke in Istanbul (rechts) wurde 1973 zwischen Ortaköy und Beylerbey gebaut. Jährlich fahren 6 Millionen Fahrzeuge auf ihr von einem Kontinent zum andern.

Bei ihrer Fertigstellung im Jahr 1937 war die Golden-Gate-Brücke in San Francisco (unten) die längste Hängebrücke der Welt. Wegen ihrer Größe, ihrer eleganten Linienführung und ihrer ausgewogenen Proportionen wurde sie als Weltwunder der Moderne bestaunt.

Die New Yorker George-Washington-Brücke über den Hudson River wurde von dem Schweizer Othmar Ammann entworfen und war die erste Brücke mit einer Spannweite von mehr als 1000 m. Wie bei den meisten modernen amerikanischen Brücken sind die Pylonen aus Metall.

Wegen ihrer leichten Bauweise waren solche Brücken sehr empfindlich gegen Wind und Schwingungen.

Die viel widerstandsfähigeren Kabel aus gezogenen Stahldrähten tauchten zum erstenmal bei den Brücken auf, die John A. Roebling um die Mitte des 19. Jh. in den USA entwarf. Diese Kabel werden an den Brückenenden in schweren Verankerungsklötzen befestigt und laufen von dort zu den Spitzen der Pylonen. Die Fahrbahnplatte ist mit metallenen Hängern an diesen Kabeln festgemacht, und Längsträger aus Stahl sorgen für die nötige Versteifung und ermöglichen große Spannweiten.

Mit einer Spannweite von 1410 m ist die Brücke über den Humber in der englischen Grafschaft Yorkshire die derzeit längste Hängebrücke. Aber dieser Rekord wird bald überboten sein, denn in Japan entsteht zwischen den Inseln Honshu und Shikoku eine Brücke, die annähernd 1800 m überspannen soll.

Hundert Jahre Hängebrücken

Name und Standort	Eröffnung	Spannweite
Brooklynbrücke, New York	1883	486 m
George-Washington-Brücke, New York	1932	1067 m
Golden-Gate-Brücke, San Francisco	1937	1280 m
Brücke bei Tancarville, Frankreich	1959	608 m
Verrazano-Narrows-Brücke, New York	1964	1298 m
Rheinbrücke, Emmerich	1965	500 m
Tejobrücke, Lissabon	1966	1013 m
Severnbrücke, Großbritannien	1966	988 m
Bosporusbrücke, Istanbul	1973	1074 m
Humberbrücke, Großbritannien	1979	1410 m

W er kennt ihn nicht, den amerikanischen Highway, der in Fil-
men aus den und über die USA
immer wieder als Symbol der
Weite und Unendlichkeit auftaucht? Kreuz
und quer durch das Land zieht sich ein schier
endloses Band von Fernstraßen und verbindet Ost- und Westküste, Norden und Süden
miteinander. Meilenweit kann man fahren,
ohne daß sich die Landschaft verändert; sie
zieht nicht vorbei, sondern scheint unbeweglich und auch nach Stunden von noch
immer gleicher Gestalt, ob man nun den
Großen Salzsee in Utah, die lang hingezoge-
ne Gebirgslandschaft der Rocky Mountains
oder die wie ein unendliches Meer wogen-
den Maisfelder des Mittleren Westens vor
Augen hat. Die einzige Unterbrechung des
ewig gleichen Anblicks ist vielleicht ein Mo-
tel, eine Tankstelle, ein riesiges Plakat, ein
verlassenes Autowrack am Straßenrand.

Der Highway als Symbol für das Land der
unbegrenzten Möglichkeiten, das ist sicher
nur ein Klischee, eine häufig verwendete
Filmkulisse, die der Europäer aber um so
lieber aufgreift, als er von derartigen Fernstraßen und Autobahnen nur träumen kann.
Denn er denkt bei seinen heimischen Autobahnen und Schnellstraßen meist nur an ki-
lometerlange Staus, an zähflüssigen Verkehr
und sieht vor seinem geistigen Auge eine
dichtbesiedelte und häufig wechselnde
Landschaft, die das Gefühl von Weite gar
nicht erst aufkommen läßt.

Die höchst unterschiedlichen Vorstellungen, die sich mit amerikanischen und europäischen Autobahnen verbinden, erklären
sich nicht zuletzt, wenn man ein paar Zahlen zum Vergleich nebeneinanderstellt: Die
flächenmäßige Ausdehnung der USA (über
9 Millionen Quadratkilometer) ist 36mal
größer als die der Bundesrepublik Deutschland (kaum 250000 Quadratkilometer),

*Vierstöckiges Autobahnkreuz in Los Ange-
les. Eine besondere Regelung ist das* car-sha-
ring: *Für Autos mit mehr als zwei Insassen
stehen besondere Fahrspuren zur Verfügung.*

mehr als 100mal so groß wie Österreich
(knapp 84000 Quadratkilometer), und die
Schweiz (mit rund 41000 Quadratkilometern) entspricht etwa dem 220. Teil der USA.

Die ersten, zunächst meist nur zweispurigen Highways in den USA baute man bereits
in der Zeit des Ersten Weltkriegs. Sie trugen
einer Entwicklung Rechnung, die mit der
Erfindung und allgemeinen Verbreitung des
Automobils eingesetzt hatte und die ab 1916
dazu führte, daß der Waren- und Personen-
verkehr immer weniger über die Schienen
der Eisenbahnen lief. Die Folge war einerseits, daß man zahlreiche Eisenbahnstrecken
stillegen mußte, weil sie völlig unrentabel

Kreuz und quer durch die USA

Die amerikanischen Highways

geworden waren; andererseits ergab sich aus dieser Entwicklung die Notwendigkeit, das bis dahin kaum mehr als rudimentär vorhandene Straßennetz auszubauen.

Da zum einen die Einzelstaaten mit dieser Aufgabe finanziell überfordert waren, zum andern ein solches Projekt bundesweit koordiniert werden mußte, leistete bereits ab 1916 die amerikanische Bundesregierung finanzielle Hilfe.

Bis Anfang der 50er Jahre durchzog die USA ein riesiges Netz von Highways, das eine Gesamtlänge von etwa 5,3 Millionen Kilometern hatte, das inzwischen jedoch längst nicht mehr ausreichte, den ständig wachsenden Verkehr zu bewältigen. Allein im Jahr 1955 wurden 4 Millionen Kraftfahrzeuge in den USA verkauft.

Vor allem im Bereich der Städte und der großen Ballungsräume nahm der Straßenverkehr chaotische Ausmaße an. Dem wachsenden Mangel an Verkehrsflächen versuchte man zu begegnen, indem man Stadtautobahnen *(freeways)* und kreuzungsfreie Verkehrsknoten schuf, indem man auf eine zweite Ebene auswich und auf einigen Straßen nur ganz bestimmte Gruppen von Verkehrsteilnehmern (z. B. den Lastwagenoder den Schnellverkehr) zuließ.

Los Angeles ist ein Paradies für Autofahrer: 1800 km Autobahn bieten eine einzigartige Verbindung zu den Naherholungsgebieten. Von jedem Punkt der Stadt aus erreicht man Berge oder Meer in nur einer Stunde.

Ein zweites Problem stellten die Überlandverbindungen dar. Privat- und Geschäftsleute waren zwar kaum davon betroffen, denn sie reisten meist mit dem Flugzeug von Stadt zu Stadt und nahmen am Ankunftsflughafen einen Mietwagen, um die letzte Etappe bis zum eigentlichen Zielort zu bewältigen. Doch die Lastwagenfahrer der Transportunternehmen, die einen großen Teil des Warenverkehrs innerhalb der USA abwickelten, litten unter den meist nur unzulänglich ausgebauten Überlandstraßen, die eine Fahrt von San Francisco nach New York oder von Chicago nach New Orleans

Tankstelle und Restaurant in einer Wüstenlandschaft in Wyoming. Entlang dem Interstate Highway System entstanden überall solche Raststätten, wo man oft sogar Wasch- und Spielsalons findet.

In den Randgebieten der Städte teilt sich das Netz der mehrspurigen Highways meist in unzählige Schnellstraßen. Hier in Chicago an den Ufern des Michigansees verläuft eine dieser Straßen entlang der ganzen Stadt.

zu einer endlosen Tortur machten. Die mächtige Gewerkschaft der Lastkraftwagenfahrer ging schließlich auf die Barrikaden und forderte nachdrücklich, die meist nur zweispurigen Highways zu richtigen Autobahnen und Schnellstraßen auszubauen.

1956 gab Präsident Eisenhower grünes Licht für dieses Unternehmen. Ein riesiges Heer von Straßenbauarbeitern setzte sich in Bewegung, und bis 1975 durchzog das In-

terstate Highway System das Land mit überwiegend vier-, sechs- oder sogar achtspurigen Verkehrsachsen: vier Achsen von Osten nach Westen, zwei Achsen von Norden nach Süden und zwei Achsen diagonal durch die USA von Südwesten nach Nordosten und von Nordwesten nach Südosten. Tausende von Zubringern und Verkehrsknotenpunkten in Form von Kleeblättern ergänzen das System. Insgesamt 66 000 Kilometer lang ist

dieses Netz des Interstate Highway Systems, das 90 Prozent aller Städte über 50 000 Einwohner und damit mehr als 50 Prozent der Gesamtbevölkerung miteinander verbindet. Rund 25 Prozent des Straßenverkehrs der USA laufen über diese Verkehrsadern. Zu etwa 90 Prozent hat die amerikanische Bundesregierung dieses gewaltige Straßenbauprojekt finanziert. Aber auch der amerikanische Autofahrer wurde zur Kasse gebeten: Man hatte die Kraftfahrzeug- wie auch die Mineralölsteuer erhöht, so daß auf jeden Kraftfahrer im Durchschnitt eine jährliche Mehrbelastung von etwa 10 Dollar fiel.

Ein Straßennetz wie das Interstate Highway System zu bauen setzt sowohl eine sehr sorgfältige Planung als auch eine umfassende Organisation und Zusammenarbeit aller daran beteiligten Experten sowie der notwendigen Unternehmenszweige und Arbeitskräfte voraus.

Auf diesem Gebiet waren die USA die ersten, die streng wissenschaftliche Methoden anwandten. Bereits 1935 gaben mehrere Staaten – unterstützt von der Bundesregierung – derartige Planungsstudien in Auftrag. Um hieb- und stichfeste Prognosen aufstellen zu können, welche Straßen in den kommenden Jahren und Jahrzehnten benötigt werden, und um entsprechende Bauprogramme entwickeln zu können, war es zunächst einmal unabdingbar, das vorhandene Netz der Highways genau zu erfassen und zu ermitteln, wie groß die Auslastung der jeweiligen Streckenbereiche war. Ferner erhob man Daten über die Art der Nutzung, z. B. ob und wieweit ein Highway dem Schwerverkehr, also dem Transport von Waren und Gütern, diente, ob er die Pendler aus dem Umland in die Stadt und damit zu den Arbeitsplätzen führte oder ob er Ballungsräume mit Naherholungsgebieten verband. Wichtig für die Planung eines Highwaynetzes oder auch nur eines Teilbereichs waren außerdem Zahlen über Einwohner, Beschäftigte, Kraftfahrzeugbestand, Flächennutzung und ähnliches, wobei man sowohl die bisherige Entwicklung als auch künftige Veränderungen – soweit sie vorhersehbar waren – in die Untersuchung mit einbezog.

Aufgrund all dieser Erhebungen konnte man nun Bedarfsprognosen für die einzelnen Bereiche stellen; da jedoch von Staat zu Staat erhebliche Unterschiede auftreten konnten, ein Netz wie das Interstate Highway System aber die ganzen USA erfassen sollte, galt es nun, ein alle Einzelbereiche integrierendes Programm für den künftigen Bau bzw. Ausbau der Straßen zu erstellen. Und noch eine weitere Bedingung mußte dieses Programm erfüllen: Es mußte sozial und ökonomisch vertretbar sein. Hier stand vor allem die unvermeidliche Kostenfrage im Vordergrund, wobei man nicht nur die

Die ersten Autobahnen in Europa

Die erste Autobahn Europas entstand in Deutschland, und zwar in Berlin: Es war die AVUS, die 9,8 Kilometer lange **A**utomobil-**V**erkehrs- und **Ü**bungs-**S**traße, mit deren Bau man 1913 begann und die 1921 anläßlich der ersten Automobilausstellung nach dem Ersten Weltkrieg eingeweiht wurde.

Pläne, die großen Industriezentren durch Autobahnen miteinander zu verbinden, bestanden schon sehr lange, und bereits 1928–1932 entstand als erstes Teilstück die Autobahn von Köln nach Bonn. Nach 1933 ließ Hitler diese Pläne in Rekordzeit in die Tat umsetzen, indem er ein Heer von Arbeitslosen beim „Unternehmen Reichsautobahn" einsetzte.

Zu Beginn des Zweiten Weltkriegs waren immerhin schon 3200 Kilometer des auf insgesamt 10000 Kilometer Länge geplanten Autobahnnetzes fertiggestellt. Davon lagen nach 1945 rund 2100 Kilometer im Gebiet der Bundesrepublik Deutschland. In den 50er Jahren begann man erneut mit dem Autobahnbau. Heute durchzieht die Bundesrepublik Deutschland ein Netz von (1984) insgesamt 8000 Kilometer Länge, das längste in Europa.

Italien gehört ebenfalls zu den Pionieren des Autobahnbaus in Europa. Bereits unter Mussolini nahm man die ersten Autostradas in Angriff, und verstärkt setzte man den Ausbau und die Erweiterung des Netzes nach dem Zweiten Weltkrieg fort. Inzwischen ist das italienische Autobahnnetz auf (1980) insgesamt 5900 Kilometer Länge angewachsen.

Frankreich dagegen hatte noch lange Zeit nach dem Zweiten Weltkrieg weder das Bedürfnis noch die Absicht, Autobahnen zu bauen. Als jedoch die Zahl der Personenkraftwagen von 1,5 Millio-

Autobahn Florenz–Bologna. Mit kühnen Konstruktionen haben die Straßenbauingenieure das bergige Gelände überwunden.

nen im Jahr 1950 auf 12 Millionen im Jahr 1970 anstieg, reichte das bisherige Straßennetz nicht mehr aus, den Verkehr zu bewältigen. Man beschloß, den Rückstand im Autobahnbau gegenüber anderen europäischen Ländern schleunigst aufzuholen. Und knapp zehn Jahre später durchzog auch Frankreich ein Autobahnnetz von (1979) rund 4250 Kilometer Länge.

reinen Baukosten in Rechnung stellen durfte, sondern auch die finanziellen Belastungen bedenken mußte, die auf die einzelnen Staaten sowie auf den Bund zukamen, um dieses Netz instand zu halten.

Der nächste Schritt war nun, dieses Programm in die Tat umzusetzen. Man war sich zwar inzwischen darüber im klaren, welche Städte z. B. das Interstate Highway System miteinander verbinden sollte, doch mußte man nun im Detail festlegen, wo und wie die Straßen verlaufen sollten. Die rechtlichen Fragen, die mit dem Ankauf des notwendigen Geländes verbunden waren, mußten geklärt werden, man mußte die jeweiligen geologischen Gegebenheiten erfassen, und man mußte feststellen, wo man z. B. gebirgiges Gelände nur mit Hilfe von Tunneln oder Brücken überwinden konnte. Ferner galt es, für jeden Abschnitt festzulegen, wie viele Fahrstreifen man benötigte, wie man sie am geschicktesten führen könnte und wie breit sie sein sollten; man mußte die Breite der jeweiligen Mittel- und Seitenstreifen bestimmen, ebenso die Neigung der Straße, um zu gewährleisten, daß auch bei starken Regenfällen das Wasser abläuft, den maximalen und minimalen Kurvenradius sowie die prozentuale Höchstgrenze für Steigungen. In den USA haben sich nach dem Zweiten Weltkrieg bestimmte Richtwerte für den Bau der Highways herauskristallisiert: Jede Fahrspur muß eine Mindestbreite von 3,65 Metern haben, der Seitenstreifen (die Standspur) mindestens 2,4 Meter; bei mehr als

zwei Spuren trennt die entgegengesetzten Richtungsfahrbahnen ein 5–11 Meter breiter, manchmal noch breiterer Mittelstreifen; und Steigungen sollten maximal 6 Prozent betragen. Allerdings sind mit Ausnahme der Fahrspurbreite bei Strecken durch bergiges Gelände Abweichungen von den Mindest- bzw. Höchstwerten möglich.

Ein anderes Problem war die Straßenbefestigung. Sie mußte den jeweiligen Bodenverhältnissen und der Belastung, der die Straße künftig ausgesetzt sein würde, angepaßt sein. Lange Zeit erprobte man die Eignung der unterschiedlichen Straßenbefestigungsarten lediglich in der Praxis, d. h., man setzte sie dem Verkehr aus. Daß dieses Verfahren erhebliche Nachteile hat und unter Umständen teuer zu stehen kommen kann, liegt auf der Hand. Daher ging man in den USA schon in den 50er Jahren dazu über, Versuchsstrecken für reine Testzwecke anzulegen und hier unter besonderen Belastungsbedingungen das Verhalten der verschiedenen Baustoffe und Bauweisen zu untersuchen und miteinander zu vergleichen. Das größte aller Versuchsstraßenprojekte leiteten die Vereinigten Staatlichen Straßenbauverwaltungen der USA 1956 ein. Bis 1961 dauerten die Versuche, und die Ergebnisse dieses immerhin umgerechnet 108 Millionen Mark teuren Projekts fanden schließlich auch beim Ausbau des Highwaynetzes Anwendung.

Nachdem schließlich alle diese Fragen und Probleme geklärt und gelöst waren,

konnte der eigentliche Bau beginnen. Tausende von Straßen- und Brückenbauingenieuren, Landvermessern, Konstrukteuren, technischen Zeichnern und Straßenbauarbeitern gingen daran, das ehrgeizige Programm des Interstate Highway Systems zu verwirklichen. Um durchschnittlich etwa 10 Kilometer pro Tag wuchs dieses Autobahnnetz. Und immer, wenn wieder ein Teilstück fertig war und für den Verkehr freigegeben werden konnte, rückten sich Ost und West, Norden und Süden der USA ein Stückchen näher.

Denn nicht zuletzt trug das Interstate Highway System dazu bei, die Kluft zu verringern, die zwischen den kulturell doch recht gegensätzlichen Polen bestand, die das Amerika der 50er und 60er Jahre kennzeichnen: zwischen dem bürgerlich-intellektuellen Osten der USA einerseits, repräsentiert durch Städte wie Boston und New York am Atlantik, und jenem anderen Amerika, das sich mit dem Namen San Francisco verbindet, dem Ursprungsort und Mittelpunkt der Hippie-Bewegung, jener Blumenkinder, die alle bürgerlichen Vorstellungen über Bord warfen.

Doch das Interstate Highway System läßt nicht nur die USA näher zusammenrücken. Weite Strecken sind Teil eines noch größeren, transkontinentalen Straßensystems: des Panamerican oder Inter-American Highways, der von Fairbanks in Kanada bis nach Puerto Montt in Chile und Ushuaia auf Feuerland führt.

Tempel, Kirchen, Heiligtümer

Stonehenge
Ein geheimnisvolles Steinmonument aus vorgeschichtlicher Zeit

Mitten in der weiten Ebene von Salisbury in Südengland steht der Steinring von Stonehenge. Das Geheimnis dieses gewaltigen Bauwerks fasziniert schon Generationen von Menschen, und über seine Herkunft und Entstehung hat man die verschiedensten Theorien entwickelt. Die erste schriftliche Überlieferung stammt aus dem 12. Jh. In seiner *Geschichte der Könige Britanniens* schrieb der Chronist Geoffrey von Monmouth, die Steine stammten aus Irland und seien durch das zauberische Wirken Merlins, der Wahrsager und Ratgeber des sagenhaften Königs Artus war, an ihren jetzigen Standort gekommen. Der Baumeister Jakobs I., Inigo Jones, dem viele berühmte Bauten Londons zu verdanken sind, kam rund 500 Jahre später zu dem Schluß, es handle sich um einen römischen Tempel.

Anfang des 18. Jh. wiederum ließen bestimmte Untersuchungsergebnisse den Schriftsteller und Altertumsforscher John Aubrey vermuten, daß die Anlage aus der Zeit vor den Römern stamme, und sie wurde nun den Kelten zugeschrieben. Im Jahr 1865 datierte man sie dann auf den Anfang des Bronzezeitalters, und etwa 30 Jahre später, als man am Ort Ausgrabungen vornahm, stellte man fest, daß sie noch viel älter sein

Die gigantischen, hufeisenförmig angeordneten Trilithen sind bis zu 7 m hoch. Die querliegenden Decksteine wie auch die Decksteine des äußeren Steinrings wurden mit Hilfe von Zapfen und Löchern mit den Pfeilern verbunden.

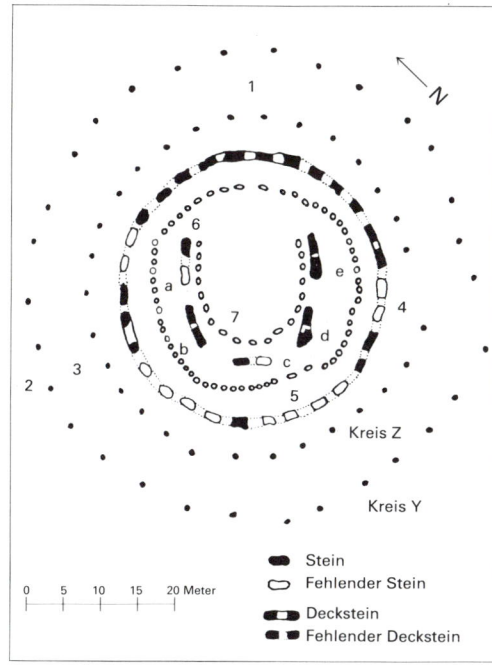

*Plan von Stonehenge nach dem amerikanischen Astronomen Gerald S. Hawkins.
1. Sonnenaufgang bei der Sommersonnenwende. 2. und 3. Löcher. 4. Sarsensteine.
5. Blausteine. 6. Hufeisen aus fünf Trilithen:
a) Sonnenuntergang; b) Monduntergang;
c) Sonnenuntergang; d) Mondaufgang;
e) Sonnenaufgang. 7. Hufeisen aus Blausteinen.*

müsse und wohl schon am Ende der Steinzeit entstanden sei. Erst durch Ausgrabungen in neuerer Zeit und mit Hilfe der genauen Datierungsmethoden der modernen Wissenschaft, vor allem mit Hilfe der Radiokarbonmethode, hat man mit einiger Sicherheit die Entstehungszeit genauer bestimmen können: Sie liegt in den fast tausend Jahren zwischen 2750 und 1900 v. Chr.

Wie man jetzt weiß, umfaßt die Baugeschichte von Stonehenge fünf Phasen. Zuerst wurde ein kreisförmiger Bereich mit einem Durchmesser von 98 Metern abgegrenzt, indem man einen Graben aushob und die Erde zu einem 2 Meter hohen Wall aufschüttete. Der Eingang zu der Anlage lag auf der Nordwestseite und war von zwei Steinpfeilern flankiert. Etwa 30 Meter innerhalb des Rings stellte man den sogenannten Heelstein auf.

Aus dieser Phase stammen auch die 56 kleinen Gruben rund um den Innenrand des Walls, die John Aubrey entdeckte und die nach ihm Aubreylöcher genannt werden. Sie waren, wie man feststellte, kurz nach ihrer Anlage wieder aufgefüllt worden, und einige enthielten eingeäscherte Knochen, die nach dem Zuschütten dort vergraben worden waren. Was diese rätselhaften Gruben bedeuten, ist noch immer nicht bekannt. In dieser Bauphase wurden vielleicht auch schon die vier sogenannten Stationssteine am Innenrand des Walls gesetzt, die die Ecken eines Rechtecks bilden.

Um 2000 v. Chr. begann die zweite Bauphase. Als erstes wurde vermutlich eine 2,5 Kilometer lange, von zwei Wällen und zwei Gräben begrenzte Allee angelegt. In der Mitte des schon bestehenden Runds stellte man dann die Blausteine, jeder über 2 Tonnen schwer, in einem Doppelkreis auf. Man geht davon aus, daß die Steine aus den mehrere hundert Kilometer entfernten Prescelly

Mountains in Südwales stammen, wo Gestein von ähnlicher Beschaffenheit vorkommt. Auf der letzten Etappe des langen, mühevollen Wegs wurden sie über die große Allee herangeschafft.

Noch ehe der Doppelkreis vollendet war, gab man die Arbeit auf. Doch vorher hatte man vier Steinpaare am Eingang des Doppelkreises aufgestellt, die die Visierlinie zu dem Punkt am Horizont kennzeichnen, an dem die Sonne zur Sommersonnenwende aufgeht. Auch auf der Mittellinie der Allee wurden zwei weitere Steine – wohl als zusätzliche Markierung – gesetzt.

Die dritte Bauphase unterteilen die Wissenschaftler in drei Abschnitte, wobei der Beginn auf etwa 1900 v. Chr. datiert wird. Von den rund 30 Kilometer entfernten Marlborough Downs wurden etwa 75 Blöcke eines braunen, sehr harten Sandsteins herangeholt. 30 dieser sogenannten Sarsensteine stellte man in der Mitte der Anlage in einem Kreis von 30 Meter Durchmesser auf. Um

sie errichten zu können, entfernte man die Blausteine der früheren Phase. Auf die senkrechten Pfeiler des Sarsensteinrings brachte man vermutlich mit Hilfe hölzerner Plattformen querliegende Decksteine auf. Langsteine und Decksteine wurden durch Zapfen und Löcher miteinander verbunden.

Innerhalb des Sarsenrings wurden einige Trilithen – Steine in Dreiergruppen, die jeweils aus zwei Langsteinen und einem Deckstein bestehen – in Form eines Hufeisens angeordnet. Die größten Steine dieses Hufeisens erreichen eine Höhe von 7 Metern und wiegen rund 50 Tonnen. Im Innern des Hufeisens wurden dann Blausteine gesetzt. Etwas später grub man außerhalb des Sarsensteinrings Löcher, die zwei konzentrische, als Y und Z bezeichnete Kreise bildeten. Sie waren wohl für die restlichen Blausteine gedacht, wurden aber nie benutzt.

Somit waren die Hauptarbeiten an der Anlage beendet, und in den darauffolgenden

Die älteste bekannte Darstellung von Stonehenge ist in einer Handschrift aus dem 14. Jh. enthalten. Die Anlage hat hier die Form eines Rechtecks; die Trilithen sind vollständig. Der Bau des Monuments wurde damals noch dem Zauberer Merlin zugeschrieben.

500 Jahren wurde nur noch zwischen dem Bogen aus Trilithen und dem äußeren Steinring ein Kreis aus Blausteinen gesetzt. Die nachlassende Bautätigkeit wird mit einem Rückgang der Bevölkerung auf den Britischen Inseln in Zusammenhang gebracht.

Wenn auch heute viele Steine verschwunden sind und andere zerbrochen am Boden liegen, ist das großartige Monument in seiner damaligen Form noch deutlich zu erkennen. Was zunächst an Stonehenge am meisten beeindruckt, sind die ungeheuren Ausmaße dieser megalithischen Anlage. Nicht minder faszinierend ist jedoch der technische Aspekt der Konstruktion. Man mußte die Blöcke, die zum Teil in Form von Findlingen vorkommen, mit Steinbeilen bearbeiten, und heute noch sind an einigen Steinen die Spuren dieser primitiven Werkzeuge zu erkennen. Die Steine mußten über weite Strecken transportiert, aufgerichtet und zum Schluß mit den mächtigen Deckplatten versehen werden. Durch einen Versuch hat man ermittelt, daß rund 200 Menschen nötig waren, um einen 32 Tonnen schweren Stein, eine genaue Nachbildung der Deckplatte eines französischen Dolmens, auf Rollen und mit Seilen zu bewegen.

Es gibt jedoch andere vergleichbare Anlagen in Europa. Berühmt sind beispielsweise die Menhirenalleen der Bretagne, und nördlich von Stonehenge, in der Nähe von Avebury, gibt es einen weiteren großen Steinring. Einmalig ist Stonehenge jedoch deswegen, weil es die einzige derartige Anlage ist, bei der die Steine von Menschenhand geformt und nach einem offenbar hochkomplizierten Plan gesetzt wurden. In der Mitte sind die Pfeiler – wie auch die Säulen der antiken Tempel – ausgebaucht, damit sie, von unten betrachtet, gerade erscheinen. Die Decksteine sind so behauen, daß sie sich der Außenlinie des Kreises anpassen. Die Genauigkeit der Berechnungen, die beim Bau der Anlage notwendig waren, kann man auch daran ermessen, daß alle Steine des Kreises, die Deckplatten trugen, genau die gleiche Höhe haben mußten. Bemerkenswert ist ferner, daß die Trilithen zum Inneren des Hufeisens hin höher werden.

Ein Teil der Faszination, die das riesige Bauwerk ausübt, rührt nicht zuletzt daher, daß man so gut wie nichts über seine Erbauer und auch recht wenig über seine Funktion weiß. Lange Zeit wollte man nicht glauben, daß die Menschen der Jungsteinzeit und der Bronzezeit, die hauptsächlich von Viehzucht und dem Anbau von Getreide lebten, fähig gewesen sein sollten, eine solche Anlage zu errichten. Man ging davon aus, daß Eindringlinge, Angehörige eines kulturell höher entwickelten Volkes, sich auf den Britischen Inseln niedergelassen und den Bau des Steinkreises veranlaßt hätten. Neuere Forschungsergebnisse sprechen gegen diese Annahme, obwohl es denkbar ist, daß Bewohner der Bretagne, wo es ähnliche Denkmäler gibt, sich um 1900 v. Chr. in Südengland aufhielten. Doch heute ist man der Ansicht, daß das Monument keinem fremden Einfluß, sondern allein einem geistigen und gesellschaftlichen Prozeß, der hier in der Gegend stattfand, zu verdanken ist.

Über den Zweck des megalithischen Steinkreises von Stonehenge sind die verschiedensten Theorien aufgestellt und in zahlreichen Büchern und Artikeln veröffentlicht worden. Sie basieren zum Teil auf seriösen Forschungsergebnissen, einige sind

Kultische Handlung in Stonehenge. Diese „Rekonstruktion" von 1750 malte der Gelehrte William Stukeley, der die Anlage für einen Druidentempel hielt; sie ist aber auch von Zeichnungen des Architekten Inigo Jones beeinflußt, der das Bauwerk als römisch ansah.

84

Der große Sarsensteinkreis. Die Annahme, daß Stonehenge eine Kultstätte war und daß der dort praktizierte Kult einen Bezug zur Sonne und zum Mond hatte, scheint gesichert. Einiges spricht dafür, daß es auch astronomischen Beobachtungen diente.

jedoch reine Spekulation und zeugen von der lebhaften Phantasie der Urheber.

Schon im 18. Jh. war bekannt, daß die Hauptachse des Steinrings auf den Punkt des Sonnenaufgangs am längsten Tag des Jahres ausgerichtet ist, und man schloß daraus, daß das Monument eine Art Observatorium gewesen sei und der Beobachtung des Monds und der Sterne gedient habe. Anfang des 20. Jh. wurde dieser Gedanke erneut aufgegriffen, und 1963 behauptete der amerikanische Astronom Gerald S. Hawkins, er habe die astronomische Bedeutung der Anlage endgültig entschlüsselt. Sowohl er als auch der englische Wissenschaftler Fred Hoyle bestätigen, daß bestimmte Steine die Sommersonnenwende anzeigen und, wenn sich der Beobachter um 90 Grad dreht, auch den Punkt, an dem die Sonne am kürzesten Tag des Jahres untergeht. Anhand dieser Daten sollen die Menschen eine Art Kalender erstellt haben, der die Zeiten für Feldarbeiten, Feste und anderes angab.

Mit Hilfe weiterer Peilsteine wurde der Mond beobachtet. Die rechteckige Anlage der Stationssteine soll in Beziehung zum Mondaufgang bei der Sommersonnenwende stehen; die 59 Löcher der Kreise Y und Z sollen einen Kalender für zwei Mondmonate (zweimal 29,5 Tage) und die 19 Blausteine des Hufeisens den Mondzyklus von 18,6 Jahren darstellen. Alle diese Daten wären bei der Vorausberechnung von Mond- und Sonnenfinsternissen von Bedeutung gewesen. Doch wozu eine solche Vorausberechnung hätte dienen sollen, ist noch nicht geklärt, und auch die anderen Deutungen der einzelnen Teile der Anlage lassen sehr viele Fragen offen. Unter anderem hat man noch keine Erklärung dafür gefunden, daß während der tausend Jahre, in denen die Anlage immer wieder erweitert und umgestaltet wurde, die Funktion als Observatorium offensichtlich an Bedeutung verlor.

Daß Stonehenge neben dieser Funktion als vorgeschichtliche Sternwarte auch eine Kultstätte war, ist unbestritten, doch Einzelheiten sind wohl kaum mehr festzustellen. Mathematische Formeln, die auf dem sogenannten pythagoreischen Dreieck in Verbindung mit dem megalithischen Yard (nach Professor Alexander Thom 0,829 Meter) basieren und die angeblich von den Erbauern von Stonehenge verwendet worden sind, bringen uns der Lösung vorläufig nicht näher. Der rätselhafte Steinring auf der kahlen Ebene gibt sein Geheimnis noch nicht preis.

Aufstellung der Megalithen

Den Steinblock brachte man auf Rollen bis an den Rand der Grube. Diese war an der einen Seite etwas abgeschrägt, an der anderen mit in den Boden gerammten Holzpfosten abgestützt. Man ließ den Stein in die Grube gleiten und richtete ihn dann mit Hilfe eines Balkengerüsts auf, das als Widerlager für einen mit Seilen betätigten Hebel diente. Zum Schluß wurde er mit Seilen in eine senkrechte Stellung gezogen. Um den Deckstein aufzusetzen, legte man ihn auf eine Plattform aus starken Bohlen, die man immer mehr erhöhte. Hatte die Plattform die erforderliche Höhe erreicht, schob man ihn auf die Pfeiler, deren Zapfen genau in die entsprechenden Vertiefungen des Decksteins paßten.

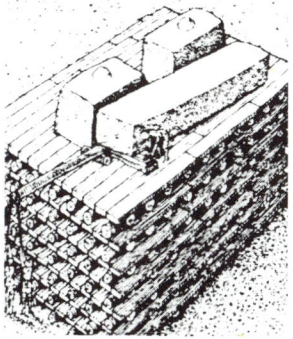

Deir el-Bahari
Der große Tempel des weiblichen Pharaos

Auch wer noch nicht in Ägypten war, sondern nur ein gut illustriertes Buch über das Niltal durchgeblättert hat, wird von der Einheit und Zeitlosigkeit der sakralen Baukunst der alten Ägypter beeindruckt sein. Die Tempel, die aus der Zeit zwischen 1500 v. Chr. und den ersten nachchristlichen Jahrhunderten stammen und noch erhalten sind, zeigen alle die gleiche Anlage: Auf monumentale Toranlagen, Pylonen genannt, folgen Höfe mit Kolonnaden, dann Säulenhallen, die man Hypostylen nennt, schließlich das Allerheiligste in Form eines Rechtecks, meist von Kapellen umgeben. Von Karnak, dem ältesten noch erhaltenen Tempel, bis zu den jüngsten aus der Epoche der Ptolemäer (3.–1. Jh. v. Chr.) und selbst der Römer (nach 30 v. Chr.), wie Kom Ombo, Dendera, Edfu oder Philae, sind sie alle nach dem gleichen Plan gebaut. Nur in Größe und Zahl der Pylonen, Höfe und Säle, auch in der Zahl der Kapellen oder kleinen Nebentempel weichen sie voneinander ab.

Diese Tempel waren einigen der großen Gottheiten Ägyptens geweiht: Amun, Horus, Isis, Hathor, dem Krokodilgott Sobek und den Pharaonen als lebenden Göttern. Diesen Gottkönigen errichtete man in der Nähe ihres Grabes, später auch in größerer Entfernung Totentempel, die den Kult des Herrschers als Inkarnation des Horus verewigen sollten. Die zwei in mächtigen Ruinen erhaltenen Totentempel dieses Typs liegen in der thebanischen Nekropole, der ausgedehnten Totenstadt am Westufer des Nils, gegenüber von Luxor und Karnak. Beide – das Ramesseum, erbaut von Ramses II., und der Tempel Ramses' III. in Medinet Habu – unterscheiden sich nicht sehr von den anderen Göttertempeln des Neuen Reiches, das um 1580 v. Chr. begann und fünf Jahrhunderte dauerte. Wahrscheinlich sahen Tempel der vorangehenden Periode, des Mittleren Reiches, auch nicht grundlegend anders aus. Um so origineller und überragender erscheint der Grabtempel, den sich die Königin Hatschepsut in Deir el-Bahari bauen ließ. Das entspricht ganz dieser Frau, die ihre Zeit so stark geprägt hat. Denn Hatschepsut beeindruckt als eine der außergewöhnlichsten Frauengestalten der alten Geschichte. Außergewöhnlich war sie, aber auch rätselhaft, denn wir wissen nur recht wenig mit Sicherheit über sie.

Um 1550 v. Chr. gründete Pharao Ahmose die 18. Dynastie, mit der die Zeit des Neuen Reichs einsetzt. Er war der Bruder und Nachfolger von Kamose, der damit begonnen hatte, das Niltal wieder zu einen, indem er die Hyksos – asiatische Eindringlinge, die seit über einem Jahrhundert Unterägypten besetzt hatten – bekämpfte. Ahmose hat dann die Hyksos endgültig vertrieben und die Nubier zurückgedrängt, die das Gebiet um Assuan beherrschten. Seine Nachfolger waren sein Sohn Amenophis I., dann Thutmosis I., den er mit einer Nebenfrau namens Senseneb gezeugt hatte. Dieser heiratete seine Halbschwester Ahmes, eine Tochter der legitimen Königin Ahhotep. Aus dieser Ehe ging Hatschepsut hervor. Das genaue Datum ihrer Geburt ist nicht bekannt.

Sie wiederum heiratete ihren Halbbruder, den Sohn Thutmosis' I. und seiner Nebenfrau Mutnofret. Dieser Halbbruder und Gatte, der um 1515 v. Chr. den Thron bestieg, trug auch den Namen Thutmosis. Von Hatschepsut hatte er zwei Töchter und von

Grabtempel der Hatschepsut in der thebanischen Totenstadt. Er wurde am Fuß des Westgebirges in Terrassen angelegt und ist harmonisch in die gewaltige Felslandschaft eingebettet.

Das Antlitz der Hatschepsut (links oben) mit der Königshaube, die traditionell nur dem Pharao zukam. Sie war die einzige Frau, die als Pharao über Ägypten herrschte (1490–1468 v. Chr.).

einer Nebenfrau einen Sohn, den künftigen Thutmosis III. Dieser war wohl noch sehr jung, als sein Vater um 1505 v. Chr. starb. So übernahm Hatschepsut die Regentschaft. Sie behielt die Macht 22 Jahre lang bis zu ihrem Tod in der Hand. Wenn man weiß,

daß ihr Stiefsohn und Neffe Thutmosis III. einer der größten Pharaonen der ägyptischen Geschichte ist, der in vielen Feldzügen die Grenzen des Reichs bis zum Euphrat ausdehnte, dann kann man die Persönlichkeit der Hatschepsut nur um so mehr bewundern, denn sie hat ihre Macht nicht auf Kosten eines schwachen und wenig ehrgeizigen Prinzen behauptet, sondern sich gegen einen Mann von außergewöhnlichem Format durchgesetzt.

Thutmosis II. hatte Hatschepsut geheiratet, um seine Thronbesteigung zu legitimieren. Thutmosis III. nahm eine der Töchter von Thutmosis II. und Hatschepsut aus den gleichen Gründen zur Frau. Doch die Regentin fand sichtlich Geschmack an der Macht. In der ersten Zeit erschien noch der Name ihres Stiefsohns zusammen mit dem

ihren auf königlichen Dokumenten. Doch bald verschwand er, und man hörte nichts mehr von ihm – bis zu dem Augenblick, als der Tod der Königin ihm den Weg zum Thron frei machte.

Hatschepsut war es nicht genug, Große Königliche Gemahlin zu sein – dies war der Titel der rechtmäßigen Frauen des Pharaos –, sie wollte selbst Pharao sein. Alle Titel eines Königs schrieb sie sich zu außer dem Beinamen Mächtiger Stier, der wohl allzu direkt auf die Zeugungskraft des Mannes anspielte. Ihre Autorität leitete sie aus ihrer göttlichen Herkunft ab, indem sie sich zur Tochter des Gottes Amun erklärte. Und auf einer Wand ihres Totentempels ließ sie Amun darstellen, der sich in Gestalt Thutmosis' I. ihrer Mutter nähert, um sie, Hatschepsut, zu zeugen.

Als Pharao beschloß sie von den ersten Jahren ihrer Herrschaft an, das gewaltigste, harmonischste und originellste Monument bauen zu lassen, das je im Niltal errichtet wurde. Dieses kühne Unterfangen vertraute sie ihrem Vermögensverwalter Senmut an. Er und Hapuseneb, ihr Wesir und erster Priester des Amun, waren die tragenden Säulen ihrer Macht.

Mit sicherem Auge wählte Senmut den Bauplatz im thebanischen Westgebirge: eine hohe, senkrechte Wand über einem steilen Abhang, in den die Terrassen für das Bauwerk eingeschnitten werden konnten. Dieses sollte sich vollkommen in die grandiose Steinlandschaft einfügen.

Noch vor einem Jahrhundert sah man dort nur eine Schutthalde, aus der einige Architekturteile und die Ruinen eines koptischen Klosters ragten, für das seine Erbauer die Reste des Terrassentempels geplündert hatten. Dieses Kloster des Nordens (arabisch: *Deir el-Bahari*) hat dem Platz seinen heutigen Namen gegeben. Die Ausgrabungen, die Edouard Naville ab 1892 unternahm, und die noch heute andauernden Restaurationsarbeiten haben dem Tempel teilweise das Aussehen wiedergegeben, das er einst hatte.

Das Bauwerk erhebt sich – die Felswand im Rücken – auf drei Terrassen. Hier sind alle Linien gerade und vollkommen ausgewogen. In den Vorhallen, die die Terrassen begrenzen, ersetzen wohlproportionierte Pfeiler die üblichen Säulen. Von dem Taltempel, der unten am Nil stand, sind nur noch Spuren geblieben. Das gleiche gilt für die Straße, die von ihm zur untersten Terrasse führte. Ebenfalls verschwunden sind die Sphinxe, die diese Straße säumten und das Antlitz der Königin trugen. Auch von dem monumentalen Tor ist nichts geblieben, das zu dem riesigen quadratischen und leicht erhöhten Hof führte, der die unterste Terrasse bildete. Diese war von einer niedrigen Mauer umschlossen, von der uns noch erhaltene Kalksteinblöcke eine recht genaue Vorstellung vermitteln.

Es war eine der klugen Erfindungen von Senmut, sie zu den anderen Terrassen hin durch zwei Säulenhallen zu begrenzen. Diese haben außen quadratische und innen achteckige Pfeiler, dahinter eine zweite Reihe von Säulen, die an den dorischen Stil der Griechen erinnern, obwohl sie fast ein Jahrtausend älter sind.

Diese Vorhallen flankieren die Rampe, die zur zweiten Terrasse führt, einem Rechteck von 90 × 75 Metern. Diese Terrasse ist im Westen ebenfalls abgeschlossen durch zwei Vorhallen mit Pfeilern, zwischen denen eine breite Rampe zur dritten Terrasse aufsteigt. Im Norden schließt sich eine weitere Vorhalle mit 15 Säulen an, die vielleicht unvollständig geblieben ist, denn sie füllt nur die Hälfte der Nordwand aus. An der Südseite fehlt die Vorhalle, wahrscheinlich um den Blick auf den Tempel nicht zu verstellen, der sechs Jahrhunderte zuvor für den Pharao Mentuhotep I., den Begründer des Mittleren Reichs, errichtet worden war.

Am äußersten Nordende der Vorhalle, die zweite Terrasse nach Westen abschloß, liegt eine Kapelle, die dem Anubis, dem hundeköpfigen Herrn der Nekropole, geweiht war. Am Südende baute Senmut ein Heiligtum für Hathor mit sogenannten Hathorsäulen: Ihre Kapitelle zeigen auf jeder der vier Seiten das dreieckige Antlitz der Göttin mit Kuhohren.

Die Rampe zur dritten Terrasse war einst von Sphinxen aus rosa Granit mit den Zügen Hatschepsuts bewacht. Sie führte zu einem von Säulenhallen umgebenen Hof, der vor dem Allerheiligsten liegt. Dieses besteht aus drei Räumen, die in den Berg gehauen sind; die beiden ersten sind überwölbt. Im Norden gewährt eine Vorhalle Zugang zu einem Hof. Der Altar in seiner Mitte war für den Sonnenkult bestimmt, der hier als Kult des Sonnengottes Re-Harachte ausgeprägt war. Daneben gibt es eine Kapelle des Anubis und eine des Amun. Auf der Südseite diente ein Komplex von Räumen dem Kult der Königin selbst und ihres Vaters Thutmosis I. Damit bezeugte sie ihre Legitimität – als einzige Erbin von Thutmosis I., mit dessen Kult sie den ihren verband.

Die Wirkung dieses monumentalen Terrassentempels wurde noch durch eine Vielzahl von Götterstatuen und Statuen der Königin, die heute verschwunden sind, gesteigert. Auch die vielen bemalten Reliefs, die Hatschepsut verherrlichen sollten, dienten diesem Zweck. Sie beginnen auf der Südseite der ersten Terrasse mit der Darstellung der Aufrichtung von Obelisken, die die Königin zu ihrem Jubiläum vor den Amuntempel in Karnak stellen ließ.

Die interessantesten Reliefs aber schmücken die Wände der Säulenhallen auf der zweiten Terrasse. Die Reliefs der Nordhalle schildern die Geburt und Thronbesteigung der Hatschepsut. Die Szene spielt sich zunächst im Himmel ab. Amun ruft die Neunheit zusammen – das sind die neun großen Götter des ägyptischen Pantheons –, um ihnen seinen Entschluß zu verkünden, einen neuen Pharao zu zeugen – eine Prinzessin, in der das Wesen aller Götter beschlossen sein wird. Da preist Thot, der Gott des Wissens, die Königin Ahmes, in deren Kammer er

Plan und Längsschnitt des Hatschepsut-Tempels: 1. Erste Terrasse mit zwei Säulenhallen. 2. Zweite Terrasse. 3. Kolonnade, dahinter Felskammern ohne Schmuck. 4. Anubiskapelle. 5. Geburtshalle, so nach den Reliefs genannt, die die Geburt Hatschepsuts verherrlichen. 6. Punthalle, geschmückt mit den berühmten Reliefs, die die Expedition ins Land Punt darstellen. 7. Sonnentempel mit offenem Hof und Altar für den Kult des Sonnengottes Re-Harachte. 8. Innenhof der dritten Terrasse, umgeben von Säulenhallen. 9. Felsenschrein der Königin. 10. Opferhalle für den Totendienst Thutmosis' I. und Hatschepsuts. 11. Hathorkapelle.

Geniale Baumeister Ägyptens

Drei Namen beherrschen die Geschichte der Baukunst im alten Ägypten. Imhotep, der erste bekannte Baumeister, baute für den bedeutendsten Pharao der 3. Dynastie, Djoser (um 2700 v. Chr.), die Stufenpyramide von Saqqarah, die erste Pyramide überhaupt. Er scheint dabei von der Mastaba, einem flachen rechteckigen Grabmal, ausgegangen zu sein. Seine Stufenpyramide besteht aus übereinandergesetzten, kleiner werdenden Mastabas, wobei er als erster die Ziegel durch Stein ersetzte. Die Pyramide umgab er mit Säulenhallen. Im Grunde war er der erste Architekt in unserem Sinn überhaupt. Dieses Genie verfaßte auch Weisheitssprüche und war möglicherweise Arzt. Die Schreiber versprengten ihm zu Ehren etliche Tropfen Wasser aus ihrem Näpfchen, bevor sie mit ihrer Arbeit begannen. In der Spätzeit wurde er als Heilgott angebetet.

Der zweite ist Senmut, der Architekt von Deir el-Bahari. Er ließ sich ein geheimes Grab unter dem Terrassentempel anlegen, das nie vollendet wurde, wohl weil er in Ungnade gefallen war. Bestattet wurde er in einem der Gräber bei dem heutigen Dorf Scheich Abd el-Gurna, wo ein Wandbild mit tributbringenden Kretern seine hohe Stellung bezeugt.

Der dritte der großen Baumeister Ägyptens, Amenhotep, Sohn des Hapu, war Minister und Architekt Amenophis' III. um die Wende des 15. zum 14. Jh. v. Chr. Er errichtete seinem König einen luxuriösen Palast am linken Nilufer gegenüber von Theben, von dem nur noch die Grundmauern stehen, und den Grabtempel Amenophis' III., der heute verschwunden ist. Erhalten blieben jedoch die beiden Memnonskolosse, riesige Sitzstatuen des Pharaos.

Amenhoteps Meisterwerk ist der Amuntempel in Luxor, der allerdings erst unter Ramses III. vollendet wurde. Die immense Wertschätzung, die er beim Pharao ge-

Senmut, Vertrauter und Baumeister der Königin Hatschepsut, betet auf diesem Relief – kniend und mit erhobenen Händen – die Namen der Herrscherin an.

noß, bestätigt die einzigartige Gunst, die ihm zu Lebzeiten gewährt wurde: Er durfte sich einen eigenen Totentempel hinter dem des Königs bauen. Die Stelle hat man wiedergefunden.

Wie Imhotep wurde er in der Spätzeit vergöttlicht, und unter den Ptolemäern (3.–1. Jh. v. Chr.) schuf man ihm in Deir el-Bahari eine Kapelle, wo er zusammen mit Imhotep als Heilgott verehrt wurde.

Amun führt. Dieser nimmt die Gestalt Thutmosis' I. an und teilt ihr Lager; nachdem er die Königin geschwängert hat, offenbart er ihr seine göttliche Natur und sagt ihr die Geburt einer Tochter voraus. Dann sieht man die Geburt der künftigen Königin, ihre Erziehung, ihre Verbindung zum Thron durch ihren Vater Thutmosis I. Nachdem sie von den Göttern gereinigt worden ist, stellt der König sie seinem Hof vor, um zu verkünden, daß er sie mit auf den Thron nimmt; diese Entscheidung wird von den Anwesenden mit Beifall und Freudentänzen aufgenommen.

Die Reliefs der Südhalle erinnern an die Expedition, die die Königin in das ferne und geheimnisumwitterte Land Punt schickte – mit diesem Namen bezeichneten die Ägypter

vermutlich die Küsten von Somalia und Südarabien. Die Teilnehmer bringen vor allem Weihrauch zurück, verschiedene aromatische Harze, die man noch heute im Jemen findet, Gold, Pantherfelle, Affen, Giraffen und Ebenholz.

Seit dem Alten Reich, um die Mitte des 3. Jt. v. Chr., hatten die Ägypter mit Schiffen die Länder am Roten Meer erforscht. Doch zur Zeit Hatschepsuts waren die Beziehungen zu Punt wahrscheinlich seit vielen Jahrhunderten unterbrochen. Es handelte sich also um ein ruhmvolles Ereignis, daß unter der Regierung der Königin der vergessene Seeweg nach Süden wiedergefunden wurde. Sie knüpfte dabei an eine alte und glanzvolle Tradition an, die gleichzeitig Ursprung wirtschaftlichen Reichtums war.

Auf den Reliefs sieht man fünf ägyptische Schiffe, die in einem Fluß ankern. An den Ufern stehen Pfahlbauten, die über Leitern zugänglich sind. Die Eingeborenen werfen sich vor den Ägyptern nieder. Ferner wird dargestellt, wie die Produkte auf die Schiffe geladen werden. Andere Bilder zeigen die triumphale Rückkehr nach Theben und eine Prozession zum Tempel des Amun. Außerdem berichtet dieses große Bilderbuch, daß die von der Expedition mitgebrachten Weihrauchbäume auf die Terrassen des Tempels gepflanzt wurden.

Mit diesem prachtvollen und harmonischen Bauwerk hat Hatschepsut ein Zeugnis von der Größe ihrer Herrschaft hinterlassen, das in der Menschheitsgeschichte in seiner Art wohl einmalig ist.

Tschoga Zanbil
Die heilige Stadt der Elamiten

Am Rand einer Ebene, die im Westen von flachen Hügeln und im Osten von den düsteren Hängen eines schroffen Gebirges begrenzt ist, sollte, so hatte Untasch-Napirischa beschlossen, eine heilige Stadt entstehen. Diese Ebene reicht bis an das fruchtbare Schwemmland Mesopotamiens und bis zur mächtigen Bergkette des Zagros, hinter der sich die geheimnisvolle Welt des Irans öffnet. Hier erhebt sich heute die Ruinenstätte von Tschoga Zanbil, denn von der einst so stolzen Stadt der Elamiten sind nur noch Reste vorhanden.

Untasch-Napirischa war seit 1265 v.Chr.

König von Elam. Sein Königreich auf den westlichen Ausläufern der iranischen Hochebene ist bergiges Land, das sich rund um die Hauptstadt Susa in schöne Täler öffnet. Susa war um die Mitte des 13.Jh. v.Chr. bereits eine alte Stadt. Der älteste Bau auf dem Burgberg blickte damals auf eine 3000jährige Geschichte zurück, und die ersten Elamiten sollen sich schon lange vor der Gründung Susas in der Region niedergelassen haben. Wie dieses Volk sich selber bezeichnete und woher es gekommen war, weiß man nicht. Vielleicht stammte es aus Zentralasien oder Indien. Man weiß nur, daß es sein Land Haltamti nannte, Land der Götter;

daraus wurde die heutige Bezeichnung Elam. Sehr früh schon hatte Susa Verbindung zu den Städten Mesopotamiens aufgenommen; es knüpfte Beziehungen zu den Sumerern, später zu den Akkadern und Babyloniern. Mesopotamische Kulturen hatten starken Einfluß auf die Elamiten, die von den Sumerern die Keilschrift und Elemente ihrer Architektur übernahmen.

Niemand weiß, was Untasch-Napirischa, der diesen Entschluß wohl schon in den ersten Jahren seiner Herrschaft faßte, bewogen haben mag, etwa 35 Kilometer südöstlich der Hauptstadt Susa, genau zwischen ihr und der zweiten Stadt seines Reiches, die

Treppenaufgang in der Zikkurat. Das zwischen Mauermassen eingelassene Tor war einst mit einem Bogen aus gebrannten Ziegeln geschmückt.

Die Reste der Zikkurat von Tschoga Zanbil. Mitte des 13. Jh. v. Chr., in der Blütezeit des Königreichs Elam, war der Stufentempel erbaut und Inschuschinak, dem Hauptgott der Elamiten, geweiht worden; 1935 entdeckte man ihn durch Luftbildaufnahmen wieder. Zwei der insgesamt vier Stufen sind bisher von französischen Archäologen restauriert worden. Das erneuerte Mauerwerk vermittelt allerdings nur einen schwachen Eindruck von der einstigen Pracht der Zikkurat, die hoch über die heilige Stadt Dur-Untasch emporragte.

an der Stelle des heutigen Schuschters lag, eine neue Stadt zu gründen. Im Lauf seiner 24jährigen Regierungszeit ließ er die Stadt erbauen und weihte sie, wie Tempel und Inschriften bezeugen, verschiedenen Gottheiten, vor allem aber Inschuschinak, einem der Hauptgötter der Elamiten. Untasch-Napirischa nannte die neue Stadt Dur-Untasch, Festung des Untasch. Bei den Königen des alten Orients war es üblich, Städten entweder den Namen eines Gottes oder den eigenen Namen zu geben.

Etwa 2 Kilometer westlich von Tschoga Zanbil fließt ein träger, windungsreicher Fluß dahin, an dessen Ufern man auf reiche Lehmvorkommen stieß; hier richtete man Ziegeleien ein. Einen Teil der Ziegel brannte man in Öfen, denn die Baumeister verwendeten neben den luftgetrockneten auch gebrannte Ziegel. Ein wahres Heer von Arbeitern durchmischte mit Händen und Füßen den Lehm mit Wasser aus dem nahen Fluß, preßte ihn in Holzformen und stellte die Rohziegel in langen Reihen zum Trocknen in die Sonne. Diese Lehmziegel waren etwa 40 Zentimeter lang und 10 Zentimeter breit, die gebrannten Ziegel dagegen waren etwa 4−5 Zentimeter kleiner. Nach dem Trocknen oder Brennen transportierte ein endloser Zug von Eseln sie in schweren Körben zu der Baustelle. Schreiber ritzten mit dreieckig angespitzten Griffeln in manche der rohen Ziegel Keilschriftzeichen ein, aus denen hervorging, welchen Gottheiten die jeweiligen Gebäude geweiht waren.

Eine erste Ringmauer um eine Fläche von etwa 1200 × 800 Metern schützte die neue Stadt, die vor allem aus Tempeln und Priesterwohnungen bestand. Eine zweite Mauer mit monumentalen Toren und abgerundeten Ecken begrenzte das Temenos, den heiligen Bezirk mit den Wohnungen der Götter. In dessen Mitte errichtete man den Haupttempel der heiligen Stadt, einen mächtigen Stufenturm oder, wie ein solches Bauwerk bei den Babyloniern hieß, eine Zikkurat. Für den Grundriß des Stufenturms steckten seine Erbauer ein Quadrat von 200 elamitischen Ellen Seitenlänge ab, das sind rund 105 Meter. Da die Baumeister besondere

Fundamente offenbar nicht für zweckmäßig hielten, ließen sie in der Mitte des Areals nur etwa 2 Meter Boden abtragen, vermutlich um so den sandigen Untergrund einzuebnen.

Die vier Hauptbaukörper des Stufenturms, quadratisch im Grundriß und konzentrisch ineinandergestellt, ruhten alle mit ihrer Basis auf diesem Untergrund. Als erstes stellten die Erbauer eine etwa 8 Meter hohe Stufe leicht zurückgesetzt auf einen nach innen abgeschrägten, gemauerten Sokkel. Den Innenhof, den dieser quadratische Bau umschloß, pflasterte man mit Ziegeln. Alle vier Seiten des Baus waren jeweils durch ein Tor unterbrochen, das zu einer überwölbten Treppe führte, über die man später das Baumaterial für die zweite Stufe nach oben transportierte. Um das Bauwerk vor Verwitterung zu schützen, verkleidete man es mit einer 2 Meter dicken Schicht aus gebrannten Ziegeln. Auf der Nordostseite der ersten Stufe befand sich eine Reihe von Kammern, die als Lagerräume dienten und über Treppen erreichbar waren; auf der Südostseite, zu beiden Seiten der Eingangstreppe, richtete man je einen dem Gott Inschuschinak geweihten Tempel ein.

Jeder dieser Tempel bestand aus mehreren hintereinanderliegenden Räumen, drei im Tempel links der Treppe, fünf im gegenüberliegenden Tempel. Der Tempel auf der linken Seite hatte nur einen einzigen Eingang, ein monumentales überwölbtes Tor; man nimmt an, daß er nicht lange benutzt und schließlich zugemauert wurde, als sich die zweite Turmstufe im Bau befand. Nach den Vorstellungen der Elamiten blieb dieser Tempel, auch wenn Menschen ihn nicht mehr betreten konnten, eine Götterwohnung, in die der Gott nach Belieben herabsteigen konnte.

Aus der ersten Stufe erhob sich, 12 Meter über die untere hinausragend, die zweite Stufe. Bei der Ausgrabung der Ruinen bedurfte es des ganzen Scharfsinns der Archäologen, um die oberen Teile zu rekonstruieren. Aufgrund von drei Ummantelungsschichten aus gebrannten Ziegeln, die als einzige Zeugnisse des ursprünglichen Zustands erhalten geblieben sind, konnte man mit einiger Sicherheit die Höhe der zweiten Stufe ermitteln. Roman Ghirshman, der 1946−1961 die Ausgrabungen leitete, studierte die verschiedenen Textquellen und verglich die Abmessungen der Gebäudereste mit denen ähnlicher Bauwerke; und auf dieser Grundlage schätzte er, daß die dritte Stufe einst 32 und die vierte 44 Meter von der Basis emporragten. Die vierte und letzte Stufe trug nach Ghirshmans Rekonstruktion einen 3,6 Meter hohen Sockel, Plattform für einen etwa 5 Meter hohen Tempel, der das ganze Bauwerk krönte.

Die Außenmauern dieses Hochtempels

Rekonstruktionszeichnung der Zikkurat von Tschoga Zanbil. Die vier aus Ziegeln erbauten Stufen, von denen die erste 8 m, die zweite und dritte je 12 m und die vierte, vom Hochtempel Inschuschinaks gekrönte Stufe 8 m hoch war, ruhten auf dem Erdboden und waren ineinander verschachtelt. Die Zeichnung verdeutlicht die Bauweise: Weiße Linien kennzeichnen die Trennungen zwischen den Baukörpern. Man hatte zunächst die erste Stufe gebaut, deren Grundriß ebenso auf den Boden gezeichnet ist wie die Grundrisse der nächsten Stufen, die in die erste hineingestellt wurden.

waren – wie Funde rund um die Türme schließen lassen – mit blau und grün lasierten, golden und silbrig schimmernden Ziegeln verkleidet, die geometrische Muster, Kreise, Rauten und Inschriften trugen. Die genaue Form und die Größe dieses Tempels sind unbekannt, doch war er, wie die ganze Zikkurat, Inschuschinak geweiht, der nach elamitischem Glauben vom Himmel herabkam, um sich in diesem Tempel auszuruhen, bevor er von dort in die beiden tiefer gelegenen Tempel hinabstieg.

Das Minarett von Samarra

Die Tradition der Stufentempel endete im 6. Jh. v.Chr. unter der Herrschaft der Perser, lebte aber in nachchristlicher Zeit noch einmal auf.

Ein Beispiel für dieses Wiederaufleben ist das Minarett der Großen Moschee von Samarra. Kalif Al-Mutasim aus der Dynastie der Abbassiden hatte 836 Bagdad verlassen und Samarra als neue Hauptstadt seines Reichs gegründet. Doch erst unter seinem Nachfolger Al-Mutawakkil entstand 847–861 diese ungewöhnliche Moschee. Auf einem quadratischen, 3 Meter hohen Unterbau mit einer Seitenlänge von 33 Metern erhob sich ein fünfstöckiger Turm, an dessen Spitze man über eine spiralförmig aufsteigende Rampe von 2,3 Meter Breite gelangte. Das Gebäude ist insgesamt fast 60 Meter hoch.

Die Architektur dieser Minaretts muß von den Ruinen der Zikkurats beeinflußt worden sein, vielleicht sogar von der Babylons, deren Überreste der reisende Jude Benjamin Tudèle noch im 17. Jh. hatte sehen können.

Ein weiteres Minarett mit zylindrischem Turm und einer Spiralrampe wurde in Abu Dolaf bei Samarra gebaut. Und das Minarett der 879 von Ibn Tulun in Kairo erbauten Moschee ist ebenfalls von Samarra beeinflußt.

Die Zikkurats – Herkunft und Zweck

Die Zikkurat ist eine für die frühen Hochkulturen des Zweistromlandes typische Form des Tempelbaus und wurde von den Elamiten erst unter dem Einfluß der mesopotamischen Völker verwendet. Obwohl die semitische Bezeichnung Zikkurat erst in der Zeit Hammurabis (18. Jh. v. Chr.) auftaucht, ist die Bauform selbst wahrscheinlich sumerischen Ursprungs.

Funktion und Entwicklung dieser Bauform sind umstritten. Einige Orientalisten sehen in der Zikkurat ein Symbol der Berge; auf ihnen sollen die Sumerer in ihrem Herkunftsland einst ihre Heiligtümer errichtet haben. Allerdings ist unbekannt, ob die Sumerer aus bergigen Gegenden stammten. Anderen Ansichten zufolge entwickelten sich die Zikkurats aus Tempeln, die auf Terrassen gebaut wurden, wie sie im 4. Jt. v. Chr. vor allem im unteren Mesopotamien entstanden. Dieser Tempelsockel soll dazu gedient haben, das Heiligtum vor den plötzlichen Überschwemmungen von Euphrat und Tigris zu schützen. Auch diese Erklärung ist wenig plausibel, denn in den Überschwemmungsgebieten entstanden ebenso Tempel zu ebener Erde.

Was den Zweck der Zikkurats betrifft, so meinte man, in ihnen Begräbnisstätten von Königen oder Göttern sehen zu können. Auch Ghirshman hat in seinen Veröffentlichungen über die Ausgrabungen von Tschoga Zanbil diese These aufgegriffen und die Ansicht vertreten, bestimmte Kammern in den Bautrakten der ersten Stufe seien als symbolische Gräber für Gottheiten bestimmt gewesen. Doch gibt es auch dafür keinen Beweis.

Daß die Zikkurats zwischen Himmel und Erde vermittelten und als Leitern dienten,

auf denen die Gottheiten zur Erde herabsteigen konnten, scheinen die Namen einiger dieser Bauwerke zu bestätigen: Die Zikkurat von Larsa heißt Haus des Bandes zwischen Himmel und Erde, die von Babylon Haus der Begründung von Himmel und Erde, die von Assur Haus des Berges und des Universums. Auch bildliche Darstellungen wie die auf einer Vase von Susa weisen darauf hin: Auf einer Seite der Vase sitzen zwei Götter auf einer Zikkurat und sprechen miteinander, auf der anderen Seite begibt sich eine Gottheit von der Höhe des Gebäudes herab, um einen Wagen zu besteigen.

In Assyrien und Babylonien sind etwa 30 Zikkurats entdeckt worden. Die älteste ist die von Ur (Mitte des 3. Jt. v. Chr.), die jüngste ist die des Gottes Marduk in Babylon (Ende des 7. Jh. v. Chr.).

Drei Typen von Zikkurats lassen sich unterscheiden: der sumerische Typ mit rechteckiger Basis und geradlinig aufsteigenden Zugangstreppen; der assyrische Typ auf quadratischer Basis mit parallel zu den Mauern verlaufenden Treppen; und schließlich ein Mischtyp auf quadratischer Basis mit Treppen in den oberen Teilen, aber Rampen für die höchsten Stufen.

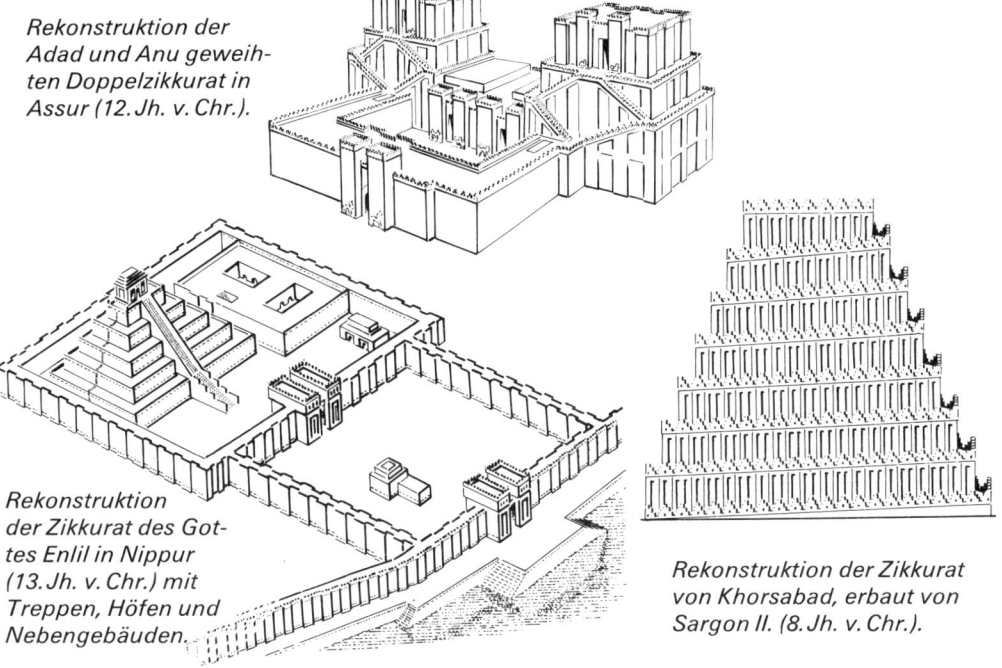

Rekonstruktion der Adad und Anu geweihten Doppelzikkurat in Assur (12. Jh. v. Chr.).

Rekonstruktion der Zikkurat des Gottes Enlil in Nippur (13. Jh. v. Chr.) mit Treppen, Höfen und Nebengebäuden.

Rekonstruktion der Zikkurat von Khorsabad, erbaut von Sargon II. (8. Jh. v. Chr.).

Ein Tunnel, den die Archäologen bis in den Kern des Monuments gegraben hatten, erlaubte ihnen, genau festzustellen, wie der Stufenturm errichtet worden war, und sich eine Vorstellung vom technischen Wissen und Können der elamitischen Baumeister zu machen.

Man stieß z. B. auf das Ziegelpflaster des großen quadratischen Hofs, der innerhalb der ersten Stufe lag. Als man den Bau der Zikkurat fortsetzte, blieb dieses Pflaster erhalten und diente als Fundament für die massigen Blöcke der anderen drei Stufen. Um das Pflaster tragfähiger zu machen, hatte man die luftgetrockneten Ziegel mit gebrannten vermischt. Um den Stufenbau in sich zu festigen und ihm gleichzeitig eine gewisse Elastizität zu geben, verwendeten die Erbauer Holzverankerungen, ohne jedoch, wie sonst üblich, zwischen den einzelnen Schichten Bitumen oder Flechtmatten anzu-

bringen. Die einzelnen Ziegellagen waren lediglich in eine Art Lehmmörtel gebettet.

Die Treppen der vier mächtigen Tore in den Seitentrakten der Zikkurat waren mit Steinplatten belegt, um sie gegen Abnutzung und Verwitterung zu schützen. Aufgefundene Bruchstücke von Standbildern lassen den Schluß zu, daß Tierfiguren – Stiere, Drachen usw. – diese Tore bewachten. Von den sieben Toren in der Ringmauer, welche die Zikkurat umgab, war das Südwesttor, das von zwei 5,4 × 3,5 Meter großen Türmen flankiert war, das mächtigste und wurde deshalb von den Archäologen das Königstor genannt. Hinter der Ringmauer lagen, den vier Seitenfronten der Zikkurat entsprechend, vier Vorhöfe.

Um den Stufenturm selbst zog sich, direkt dem Sockel folgend, eine 4–5 Meter breite, mit gebrannten Ziegeln gepflasterte Straße. Wahrscheinlich handelte es sich dabei um

eine Prozessionsstraße, deren Ziegelpflaster sich an der Nordwestseite bis zu einer Gruppe von Tempeln kleinerer Götter erstreckte.

König Untasch-Napirischa hielt sich in seiner Stadt Dur-Untasch nur auf, um an Gottesdiensten teilzunehmen. Seine Nachfolger jedoch interessierten sich anscheinend weniger für den heiligen Ort, und ein knappes Jahrhundert später ging sein vierter Nachfolger, König Schutruk-Nakhunte, sogar so weit, Stelen aus dem Vorhof des Tempels nach Susa abtransportieren zu lassen. Die Stadt mit ihrem Heiligtum überdauerte dennoch einige Jahrhunderte, ehe der Assyrerkönig Assurbanipal sie 640 v. Chr. zerstören ließ.

Die gewaltige Zikkurat war danach nur noch eine imposante Ruine, in deren Vorhöfen in unserer Zeit Hirten Pferche für ihre Herden einrichteten.

Die Akropolis
Der heilige Felsen
des antiken Athens

Die Akropolis steht in Flammen! Der heilige Felsen, der für die Athener Zufluchtsort und Festung, Herrschersitz und Tempelbezirk zugleich ist, scheint wie eine Fackel zu brennen. Die Ältesten der Stadt und die Priester des Athenetempels hatten veranlaßt, um den ganzen Hügel herum Holzbollwerke zu errichten, die Land und Leute gegen die persischen Eindringlinge von jenseits des Meeres schützen sollten. Jetzt verzehren sich diese Bollwerke in Rauch und Flammen, geben den Brand weiter bis hinauf zu den Tempeln und altehrwürdigen Bauten, die den Hügel bedecken. Der Angreifer ist Xerxes I., der König der Perser. An der Spitze einer riesigen Armee, den Rücken gedeckt von einer Flotte, deren unzählige Schiffe mit erfahrenen Seeleuten aus Phönikien oder Ägypten bemannt sind, marschiert er gegen die Griechen, gegen die Athener. Ein Orakelspruch der Pythia, der Apollopriesterin von Delphi, hat verkündet, das Heil Athens liege in einem Holzbollwerk, und allzu wörtlich hat man diesen Spruch befolgt.

Bald darauf ziehen sich die Eindringlinge auf ihre Schiffe zurück, die Stadt aber ist zerstört und verwüstet. Doch das Volk von Athen hat seine Lektion gelernt. Es flüchtet sich auf die Insel Salamis und stellt dort ein neues, bewegliches Bollwerk zum Schutz vor den Feinden auf: eine Flotte mit 200 Kriegsschiffen. Unter dem Befehl des Themistokles warten die Athener nun wohlgerüstet auf den Angriff der Perser. Dieses Jahr, 480 v. Chr., wird den Triumph der griechischen Seemacht bringen. In den Gewässern bei Salamis fällt die Entscheidung: Die Schiffe der Athener und Ägäer besiegen die Schiffe König Xerxes'. Im Lauf der folgenden vier Jahrzehnte wird Athen von Sieg zu Sieg eilen, wird die Küstenstädte der Ägäis unter seine Führung bringen und den schmeichelhaften Titel „Königin der Meere" erwerben.

Mehr als 30 Jahre nach dem Sieg von Salamis lag die Akropolis immer noch in Trümmern. Vor der Zerstörung durch die Perser war dieser etwa 270 × 150 Meter große Kalkhügel, dessen flache Kuppe die Stadt um 80 Meter überragt, Herz und Mittelpunkt Athens gewesen. Schon um die Mitte des 6. Jh. v. Chr. hatte Peisistratos, der Tyrann von Athen, seine Residenz auf dem Burgfelsen aufgeschlagen. Dazu hatte er eine Straße bauen lassen, die bis zum heutigen Eingang der Akropolis hinaufführte, und die gesamte Anlage durch ein erstes monumentales Tor und durch einen Tempel für Artemis, die Göttin der Jagd, ergänzt. Damals gab es bereits ältere Heiligtümer auf der Akropolis, namentlich einen Tempel, der dem Erechtheus geweiht war, einem mythischen König von Athen, dessen Mutter – der Sage nach – die Göttin Athene war. Von Anfang an galt sie als Schutzgöttin der Stadt, beschützte die Ernten und die Menschen. Kein Wunder, daß man auch ihr schon früh ein Heiligtum errichtet hatte.

Von all diesen Heiligtümern waren nur noch die Ruinen übrig. 447 v. Chr. zog ein Heer von Arbeitern auf die verlassene Akropolis, um dort einen neuen Tempel für Athene zu bauen. Um genau zu sein, muß gesagt werden, daß der Hügel in dieser ganzen Zeit nicht vollkommen vernachlässigt worden war. Kurz nach dem Sieg von Salamis hatte ihn Themistokles mit Mauern aus Kalksteinquadern umgeben lassen, und anschließend hatte sein Nachfolger Kimon den Boden ebnen und auf der Südseite eine große Terrasse aufschütten lassen. Über 40 Jahre lang baute man nun ununterbrochen auf der Akropolis. Urheber und Organisatoren des

Detail der südlichen Säulenvorhalle des Erechtheions. Für die Athener des 5. Jh. v. Chr. war dieser Tempel mit den alten Heiligtümern das Herz der Akropolis. Die 2,31 m hohen Mädchenstandbilder aus Marmor, die Koren, sind heute durch die Luftverschmutzung stark angegriffen. Sie wurden 1979 entfernt, im Akropolismuseum untergestellt und werden nach und nach durch Kopien ersetzt.

Wiederaufbaus waren zwei geniale Männer: Perikles, ein großer Politiker, und Phidias, ein großer Künstler.

Perikles (um 500–429 v. Chr.) war ein Adliger, der sich politisch auf die Partei des Volkes gestützt hatte, um an die Macht zu kommen, und der dann 15 Jahre lang uneingeschränkt Herr der Stadt blieb. Er war ein Mann von Bildung und Geschmack, außergewöhnlich intelligent, ein aristokratischer und kultivierter Geist, ein berühmter Redner. Ihm gelang es, die finanziellen Mittel für den Wiederaufbau aufzutreiben und die Künstler zu berufen, die zur Vollendung eines Werkes notwendig waren, das seinen und Athens Namen unsterblich machen sollte. Der Künstler Phidias (tätig etwa

einrichten lassen und leiteten von dort aus die Handwerker und Fachleute, die zu ihrer Verfügung standen: die Steinmetzen und Steinbrecher, die Bildhauer, Plattenleger, Gießer und Zimmerleute, die Maler, Vergolder, Elfenbeinschnitzer und Goldschmiede.

Und ganz allmählich wuchs aus den Trümmern des alten Athenetempels, den die Perser am Vorabend der Schlacht von Salamis niedergebrannt hatten, der neue Tempel für die göttliche Beschützerin, für die Athena Parthenos, die jungfräuliche Athene. Dieser berühmteste aller griechischen Tempel steht auf einem hohen Unterbau von etwa 32 × 70 Metern. Acht Säulen an den Schmal- und 17 an den Langseiten begrenzen den Umgang um die Cella, den

Eingang der Akropolis zur Zeit des Perikles in einer Rekonstruktion von 1936: Der Besucher, der sich den Propyläen, der Vorhalle des heiligen Bezirks, näherte, überblickte auf der Höhe des Zickzackpfades, der ihn dort hinaufführte, durch sechs dorische Säulen das Felsenplateau. Die Westfassade des Parthenons, des Tempels der Athene, war verdeckt von den Bauten, die den heiligen Weg auf der rechten Seite säumten. Nur der Westgiebel des Parthenons ragte heraus. Den Propyläen gegenüber erhob sich die gigantische Bronzestatue der Athena Promachos, ein Werk des Phidias. Links davon thronte das Erechtheion.

460–430 v. Chr.) war ein Universalgenie mit vielfältigen Begabungen, wie sie nur das klassische Griechenland und viel später das Italien der Renaissance hervorgebracht haben. Er war Bildhauer und Bronzegießer, aber auch als Architekt wirkte er am Wiederaufbau der Akropolis mit, denn von ihm stammen die Pläne für den neuen Athenetempel. Ein anderer talentierter Architekt, Iktinos, arbeitete mit ihm zusammen, während Kallikrates so etwas wie der Bauunternehmer war. Phidias und seine Kollegen hatten sich auf der Akropolis ein Atelier

Hauptraum, der das Kultbild aufnahm. Die einzelnen Säulen sind 10,5 Meter hoch und haben an der Basis einen Durchmesser von etwa 2 Metern. Trotz seiner Monumentalität wirkt der Umgang in sich geschlossen. Diese Wirkung beruht auf einem Trick, den der Baumeister angewendet hat: Eine leichte Schwellung der einfachen dorischen Säulenschäfte nach außen bewahrt den Blick des Betrachters davor, allzu schnell, den Kanneluren folgend, nach oben zu gleiten. Damit wird er vor einer optischen Täuschung bewahrt, denn eine vollkommen gerade

Luftbild der Akropolis: Im Vordergrund das Theater des Herodes Attikus, eines römischen Konsuls, der es 161 n. Chr. erbauen ließ. Im Hintergrund der Lykabettos-Hügel, dazwischen der heilige Felsen. Er überragt die schmale Küstenebene um mehr als 80 m und ist seit dem frühen 3. Jt. v. Chr. besiedelt. In mykenischer Zeit (etwa von 1600 v. Chr. an) wurde er befestigt; damals erhob sich dort ein Königspalast mit einem Heiligtum, das der Athene geweiht war. Doch erst unter Perikles erstand die Akropolis in all ihrer marmornen Pracht.

Säule erscheint, gegen strahlend helles Licht gesehen, in der Mitte stets dünner.

Je mehr solche Einzelbeobachtungen den Betrachter fesseln, je tiefer sie zu den Details führen, um so mehr muß man die Kunst der Baumeister bewundern. Ost- und Westfassade des Parthenons waren noch zusätzlich mit einem Portikus aus sechs dorischen Säulen ausgestattet. Die Ostfassade öffnete sich zur Cella, dem „Schrein" für die Statue der Göttin. Dieser Schrein war riesig; er maß 19 × 30 Meter und war durch einen Säulen-

umgang in drei Schiffe unterteilt. Heute steht die Cella zum Himmel offen. Zu Phidias' Zeiten befand sich hier die berühmte Statue der Athena Parthenos, ein Meisterwerk aus seinem Atelier. Die Figur war auf ein Holzgerüst montiert, und alle sichtbaren Teile des Körpers, also Gesicht, Hals und Arme, waren mit Elfenbeinplättchen verkleidet; der mit geflügelten Pferden gekrönte Helm und das weite griechische Gewand mit den weichen Faltenpartien hingegen waren mit ziseliertem Blattgold belegt. Die Statue maß in der Höhe etwa 12 Meter. Die Göttin stützte sich mit einer Hand auf ihren Schild und lehnte mit dem anderen Arm an einer Säule, die eine geflügelte Götterstatue trug.

Ganz hinten in der Cella, noch hinter dem Hauptraum, gab es einen Saal von etwa 13 Meter Tiefe und 19 Meter Breite, dessen Decke vier dorische Säulen stützten und der zur Aufbewahrung der kostbarsten Opfergaben und des heiligen Schatzes bestimmt war. Er wurde auch Parthenon genannt, die Kammer der Jungfrauen, vielleicht weil dort die jungen Priesterinnen sich versammelten. Dieser Name wurde im 4. Jh. v. Chr. auf das gesamte Monument ausgedehnt, das man

bis dahin nur als Großen Tempel bezeichnet hatte.

Den Skulpturenschmuck am Tempel führten Phidias und seine Schüler aus. Er bestand aus einem 175 Meter langen Fries, der an den Außenmauern der Cella entlanglief, einem weiteren Fries an den Tempelaußenseiten und aus den herrlichen Plastiken in den beiden großen Giebelfeldern der Fassaden. Die Figuren an der Ostfassade stellten die Geburt der Athene dar; im Westen konnte man den Streit der Göttin mit dem Meeresgott Poseidon um die Schutzherrschaft in Attika betrachten und den Sieg der Athene, die den ersten Ölbaum aus dem Boden sprießen ließ.

Der Parthenon war aber nur der erste Teil des religiösen Programms, das Perikles und seine Berater entworfen hatten. Als das Heiligtum der Athene 437 v. Chr. vollendet war, nahm man den Bau der Propyläen in Angriff, einer monumentalen Torhalle, die zum Bezirk der Götter führen sollte – feierliche Schranke und Einlaß zugleich. Die Propyläen erstreckten sich über die ganze Westseite des Felsplateaus; links und rechts waren Gebäudeflügel vorgezogen. Der Nordflügel

Bildhauer, Baumeister und Universalgenie: Phidias

Als Bildhauer zählt er zu den größten Künstlern aller Zeiten, und aus seinen wahrhaft klassischen Figuren und Skulpturen spricht noch heute der Geist der griechischen Antike. Dabei weiß man nur recht wenig über sein Leben, und bei manchen seiner Werke, die oftmals nur als Kopien erhalten sind, ist nicht mit Sicherheit zu sagen, ob sie aus seiner eigenen Hand oder von seinen Schülern stammen.

Die Daten seiner Geburt und seines Todes sind nicht bekannt. Phidias war Athener und erlernte die Bildhauerei im Atelier des Ageladas aus Argos, der auch der Lehrmeister von Polyklet und Myron war, zwei der berühmten griechischen Bildhauer des 5. Jh. v. Chr.

Man weiß auch nichts Genaues über Phidias' frühes Werk; fest steht lediglich, daß ihm Perikles 447 die Gesamtplanung des plastischen Schmucks am und im Parthenon übertrug. Da sein Lehrer Ageladas schon 460 gestorben war und da Perikles einem Mann, der sein Können nicht bewiesen hatte, niemals eine so große Verantwortung aufgebürdet hätte, kann man annehmen, daß Phidias etwa 40 Jahre alt war, als er die Arbeiten begann, die ihn unsterblich machen sollten.

Zu den Statuen, die mit einiger Sicherheit von ihm stammen, zählen vor allem die verwundete Amazone, die er wohl für Ephesus geschaffen hat und

die man heute als Kopie im Kapitolinischen Museum in Rom bewundern kann, sowie eine Apollofigur, die uns vielleicht im sogenannten Kasseler Apoll als Kopie überliefert ist.

Im Rahmen seiner Arbeit auf der Akropolis goß Phidias als erste Statue die Athena Lemnia in Bronze, eine Gabe der Bewohner der Insel Lemnos. Danach machte er sich an eine wahre Kolossalstatue der Athene: Die bronzene Göttin war 7,5 Meter hoch und wurde auf einem Sockel zwischen den Propyläen und dem Erechtheion aufgestellt. Nichts davon ist übrig außer dem quadratischen, 1,5 Meter hohen Fundament. Zum Schluß schuf er die Athena Parthenos, die 12 Meter hohe Goldelfenbeinstatue der Athene für die Cella des Parthenons. Gleichzeitig arbeitete er an den herrlichen Plastiken in den beiden Giebelfeldern des Tempels.

Als Phidias 437 aus Athen verbannt wurde, ließ er sich in Olympia nieder. Dort schuf er eines der Sieben Weltwunder: die 12 Meter hohe Sitzstatue des Zeus, die in einem großen Tempel in Olympia aufgestellt wurde.

Die Athena Parthenos, wie sie ein Kunsthistoriker nach der Beschreibung des griechischen Schriftstellers Pausanias sowie nach verkleinerten Marmorkopien und Darstellungen auf Münzen rekonstruiert hat.

1. *Der heilige Weg zur Akropolis.* 2. *Sockel des Agrippadenkmals.* 3. *Propyläen des Baumeisters Mnesikles.* 4. *Pinakothek.* 5. *Wahrscheinliche Lage des Tempels der Chariten (bei den Römern die drei Grazien).* 6. *Tempel der Athena Nike.* 7. *Tempelbezirk der Artemis.* 8. *Vermutliche Lage der Chalkothek.* 9. *Monumentales Eingangstor zum Tempelbezirk des Parthenons.* 10. *Parthenon.* 11. *Goldelfenbeinstatue der Athene.* 12. *Heiligtum des Pandion, eines mythischen* Heldenkönigs von Athen. 13. *Heiligtum des Zeus Polieus.* 14. *Monumentaler Altar der Athene.* 15. *Anlage des Erechtheions.* 16. *Stelle, an der einst der alte Erechtheustempel stand.* 17. *Pandroseion (kultisches Grabmal für eine mythische attische Königstochter).* 18. *Wohngebäude der Arrhephoren.* 19. *Statue der Athena Promachos.* 20. *Großes Gebäude mit Portikus, das möglicherweise die Verwaltungsräume beherbergte.*

Diese Rekonstruktion gibt die Akropolis wieder, wie sie etwa im 1. Jh. n. Chr. ausgesehen hat. Besucher und Prozessionen folgten dem heiligen Weg, der zunächst am Fuß des Hügels durch einen Teil der Stadt führte, dort die Agora – den Marktplatz – überquerte und oben auf der Akropolis endete. Das Denkmal des Agrippa links an der Rampe bestand aus einem hohen Sockel aus Marmor, auf dem eine Bronzestatue des Vipsanius Agrippa – General und Schwiegersohn des römischen Kaisers Augustus – samt Wagen thronte.

Von den Propyläen aus konnte man entweder direkt den Tempelbezirk der Artemis betreten und von dort zum Hof der Chalkothek gelangen, oder man konnte den freien Platz überqueren, auf dem sich die Bronzestatue der Athena Promachos erhob. Der Tempel der Artemis bestand aus mehreren Säulenvorhallen, und das eigentliche Heiligtum, das recht winzig war, war in eine von ihnen integriert; dennoch barg es eine Kostbarkeit: das Kultbild der Artemis, das der berühmte Praxiteles im 4. Jh. v. Chr. geschaffen hatte. In der Chalkothek nebenan wurden Waffen und Rammsporne von Schiffen aufbewahrt, alles Bronzegegenstände, die ansässige Handwerker gestiftet hatten, um sich die Gunst ihrer Patronin Athene zu sichern.

Betrachtet man den Parthenontempel, so sieht man durch das aufgeschnittene Dach die Riesenstatue der Göttin Athene. Entsprechend einigen antiken Beschreibungen befindet sich in dieser Rekonstruktion an ihrer rechten Seite eine Schlange, ein Tier, das ihr zugeordnet wird, ähnlich wie die Eule. Gleichzeitig erkennt man, daß die Wände des Tempels einst bemalt waren, und zwar in einer Farbigkeit, die man sich heute kaum noch vorstellen kann. Die Rekonstruktion des Heiligtums des Zeus Polieus ist nach wie vor sehr problematisch, ebenso die des monumentalen Athene-Altars, von dem man lediglich weiß, daß dort Ochsen und weibliche Kälber in großer Zahl geopfert wurden. Und noch von einer seltsamen Zeremonie gilt es zu berichten: Im Arrhephorion wohnten Jungfrauen, die an einem bestimmten Festtag die Akropolis durch einen geheimen Ausgang verließen. Auf dem Kopf trugen sie Körbe mit „Schlangen", aus Teig nachgebildeten Phallen. Man vermutet, daß es sich dabei um uralte Fruchtbarkeitszeremonien handelte.

wurde als Pinakothek eingerichtet: Dort waren die Gemälde der Meister ausgestellt, die der griechische Schriftsteller Pausanias noch 160 n. Chr. beschrieben hat.

Phidias war 437 von den Athenern verbannt worden – vielleicht wurde er wegen einer politischen Kampagne gegen Perikles geächtet, vielleicht hatte er sich tatsächlich Unterschlagungen zuschulden kommen lassen –, und so wurden die Arbeiten an den Propyläen dem relativ unbekannten Baumeister Mnesikles anvertraut. Mehr als fünf Jahre brauchte dieser, um sein Werk zu vollenden.

Auf dem Westvorsprung der Akropolis, an der Südecke der Propyläen, wurde fast gleichzeitig mit dem Bau eines kleinen Tempels begonnen, der der siegreichen Athene (Athena Nike) geweiht war. Er wird auch Nike Apteros (ungeflügelte Nike) genannt, denn im Gegensatz zu dem Kultbild in die-sem Athene-Nike-Tempel trugen alle anderen Nike-Statuen Flügel. Das fein proportionierte, zierliche Bauwerk mit seinen vier ionischen Säulen an jeder Schmalseite ist ein Meisterwerk an Eleganz.

Es ist klar, daß alle diese Arbeiten einen riesigen finanziellen Aufwand erforderten. Die Reichtümer Attikas allein hätten ein so umfangreiches Vorhaben nie ermöglichen können. Doch dank der Vorherrschaft im Mittelmeerraum, die Athen mit seiner Flotte nach Salamis erzwungen hatte, waren die Athener reich geworden. Sie verdienten am Handel mit den Städten an der Nordägäis und am Schwarzen Meer, und sie bekamen üppige Tribute von den Städten Thrakiens und Kleinasiens, die zahlten, weil sie von den Persern bedroht wurden und nur Athen sie verteidigen konnte.

Der Peloponnesische Krieg, der ab 431 zwischen Athen und Sparta ausgetragen wurde, führte zum politischen und wirtschaftlichen Niedergang der Stadt. Dennoch gelang es den Athenern in dieser schwierigen Zeit, ein letztes großes Monument auf der Akropolis zu errichten: das Erechtheion.

Wie der Tempel der Athena Nike ist auch

Das Relief zeigt die Gruppe der Wasserträger in der Prozession der Großen Panathenäen und stammt aus dem Nordfries des Parthenons. Der reiche Skulpturenschmuck des Tempels ist von Phidias entworfen und von seinen Schülern ausgeführt worden. Der umlaufende, rund 170 m lange und etwa 1 m hohe Marmorfries zeigte nicht weniger als 360 Personen, davon 143 zu Pferd. Diese außergewöhnlichen Reliefs stellten erstmalig neben den Göttern und Heroen auch das Volk von Athen selbst dar.

Die großen Panathenäen

Die Geschichte dieses Festes geht weit zurück. Der mythische König Erechtheus soll es gegründet haben; Theseus, der Nationalheld von Athen, ließ es wiederaufleben und gab ihm den Namen Panathenäen, um dadurch die Vereinigung aller attischen Gemeinden zu einem einzigen Stadtstaat zu dokumentieren. Der Tyrann Peisistratos öffnete 566 v. Chr. das Fest für alle griechischen Stämme und unterschied zwischen kleinen und großen Panathenäen. Man weiß nicht genau, worin sich die beiden unterschieden, man weiß lediglich, daß die ersteren jährlich, die anderen nur alle vier Jahre stattfanden.

Neun Monate vor Beginn der Zeremonien der großen Panathenäen wurden zwei junge, adlige Mädchen im Alter zwischen sieben und zwölf Jahren ausgewählt, die sich auf die Akropolis begaben, um dort den Peplos, ein Gewand für die Göttin Athene, zu weben, der mit Safran gefärbt und bestickt wurde.

Das Fest fand Ende des Monats Hekatombaion statt, also in den ersten beiden Augustwochen. Zunächst maßen sich die Rhapsoden, die Verse von Homer rezitierten und sich dazu auf der Leier begleiteten; dann gesellten sich die Musikanten zu den Poeten und wetteiferten miteinander. Die besten Künstler erhielten silberne Lorbeerkronen als Preise.

Die folgenden Tage gehörten den sportlichen Wettkämpfen: Ringen, Springen, Rennen, und an einem Abend fanden noch Fackelläufe statt. Die Sieger erhielten als Preise große Krüge, gefüllt mit dem Öl von den Bäumen der Göttin; diese sogenannten panathenäischen Amphoren waren schwarz grundiert und mit roten Athletenfiguren bemalt.

Als nächstes kamen die Wettkämpfe zu Pferde, die zwei Tage dauerten. Sie bestanden aus Wettreiten und Wagenrennen, aus Kunstreiten und Speerwerfen. Als seefahrendes Volk hatten sich die Athener auch Rennen zu Wasser einfallen lassen, die auf dem Meer vor Kap Sunion, vor der südlichsten Landspitze Attikas, ausgetragen wurden.

Und dann kam der Morgen des letzten Festtags, der 28. des Monats Hekatombaion, der als Athenes Geburtstag galt. An diesem Tag fand die große Prozession auf dem heiligen Weg zur Akropolis statt, an der alle Einwohner der Stadt teilnahmen. Bei Sonnenaufgang setzte sich der Zug in Bewegung. Der Peplos war wie ein Segel auf einen Wagen gespannt, der die Form eines Schiffes hatte. An der Spitze des Zugs gingen die jungen Mädchen aus den vornehmen Familien. Dahinter folgten die Opfertiere, dann die Skaphephoren, die mit Opfergaben gefüllte Schalen trugen, sowie Wasserträger und Zweigträger –

würdige ältere Männer mit Ölbaumzweigen. Dann kamen die hohen Staatsbeamten und schließlich das Volk.

Bei der Agora (Marktplatz) verhielt der Zug. Man nahm den Peplos vom Wagen und ging das letzte Stück bis zur Akropolis zu Fuß. Wie das Standbild der Göttin bekleidet wurde, ist nicht bekannt. Man weiß nur, daß das Kultbild, dem der Peplos verehrt wurde, eine uralte Holzfigur der Athene im Erechtheion war und nicht das goldelfenbeinerne Standbild des Phidias im Parthenon. Den Schlußpunkt der Feier bildeten die Tieropfer, deren Fleisch an die versammelte Volksmenge verteilt wurde.

Dieses Relief vom Nordfries des Parthenons zeigt eine Reitergruppe aus der Panathenäen-Prozession; es wird seit 1816 im Britischen Museum aufbewahrt. Die jungen Leute, die sich der Akropolis nähern, reiten ohne Sattel und Zaumzeug; auch bei dieser Darstellung erweist sich Phidias als Meister seines Fachs.

das Erechtheion im ionischen Stil gehalten, ein Bauwerk, dessen Grazie mit der gelassenen Heiterkeit und Kraft des dorischen Stils wetteifert, wie er sich im Parthenon und in den Propyläen präsentiert. Von der Architektur her ist das Erechtheion ein Baudenkmal, das nicht den üblichen Regeln der griechischen Sakralkunst entspricht. Es hat keinen Säulenumgang, doch im Süden, Osten und Norden sind vor seine Außenmauern Vorhallen gesetzt, jede sehr unterschiedlich in Ausführung und Größe. Vor der langen

geschlossenen Südwand steht die berühmte Korenhalle. Auf hohem Sockel erheben sich statt der Säulen sechs Mädchengestalten: vier in der Front und eine zu jeder Seite. Die Mädchen tragen das Dach, abgefangen von einem mit ionischen Schmuckelementen verzierten Kapitell, auf ihrem Haupt. Das Ganze ist ebenso ungewöhnlich wie einmalig schön.

Es wird wohl einige Jahrzehnte gedauert haben, bis das Erechtheion vollendet war. In folgenden Zeiten wurden noch weitere Bau-

ten erstellt, doch mit dem Triumph des Christentums im 4. Jh. n. Chr. wurde das Heiligtum vernachlässigt, und die Zerstörungen begannen. Ihren Höhepunkt erreichten sie unter der türkischen Besatzung, als die Akropolis in eine Festung umgebaut wurde. Die moderne Archäologie hat das attische Heiligtum teilweise wieder ans Licht gebracht, und obwohl man heute nur Ruinen sieht, sprechen sie doch noch immer vom Ruhm Athens, der Mutter der abendländischen Kultur.

Hagia Sophia
Die Kirche der Heiligen Weisheit,
ein unvergleichliches Bauwerk

Das Innere der Hagia Sophia. Niemand hat besser beschrieben, was man beim Eintritt in die Kirche empfindet, als Prokop, der Geschichtsschreiber Justinians: „Man begreift alsbald, daß dies Werk nicht allein durch das menschliche Vermögen der Kunst geformt worden ist, sondern durch den Willen Gottes."

man einen Portikus ausgegraben. Seine Mitte bildet eine monumentale Portalvorhalle mit einem Rundbogengiebel. Alt ist auch das sogenannte Skeuophylakion, ein Rundbau für den Kirchenschatz der Hagia Sophia.

Diese erste Kirche wurde 532 während

dafür eine völlig neue Konstruktionsweise. In die Mitte des Baus setzten sie eine Kuppel auf Hängezwickel, die auf vier Pfeilern ruhen. Diese bilden ein Quadrat von 100 Fuß (etwa 30 Meter) Seitenlänge. Den Schub der Kuppel fangen im Osten und Westen zwei Halbkuppeln, im Norden und Süden zwei Schildwände auf. Nie zuvor hatte man Halbkuppeln in einer derartigen Kombination verwendet. Ihre Schildbogen ruhen auf jeweils zwei Pfeilern, durch die das Mittelschiff nach Osten und Westen hin verengt wird. Zwischen diesen und den Hauptpfeilern öffnen sich vier ebenfalls mit Halbkuppeln überwölbte Exedren, wodurch man die Einschnürung des Raumes wieder aufhob.

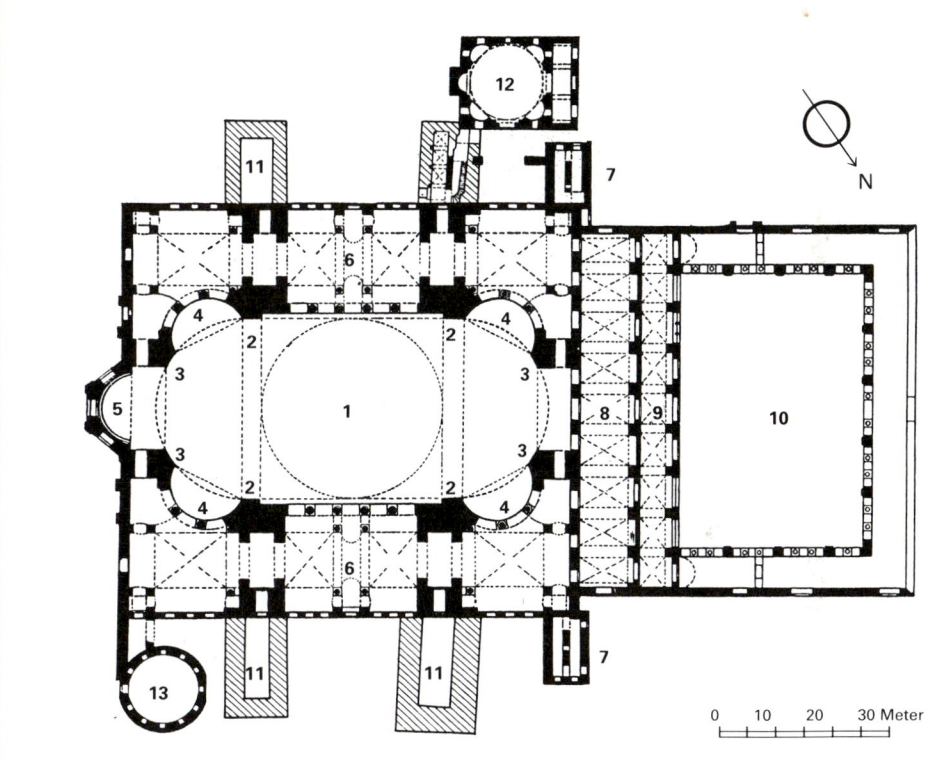

Plan der Hagia Sophia im ursprünglichen Zustand. Das Schiff (1) mit Hauptpfeilern (2), Nebenpfeilern (3) und Exedren (4) wird durch eine Apsis (5) verlängert und von zwei Seitenschiffen (6) flankiert, deren Emporen über Rampen (7) zugänglich sind. Neun Türen öffnen sich vom Narthex (8) ins Innere, fünf Türen zum Exonarthex (9). Vor diesem lag einst ein Atrium (10). Außerhalb lagen die Strebepfeiler (11), das Baptisterium (12) und das Skeuophylakion (13).

Der Bau, der sich heute auf dem Höhenrücken über dem Bosporus zwischen der Blauen Moschee und dem Topkapi-Serail erhebt, ist die zweite Kirche an dieser Stelle. Die erste war eine frühchristliche Basilika, wohl mit fünf Schiffen ohne Gewölbe wie die konstantinischen Kirchen in Rom und im Heiligen Land. Mit ihrem Bau hatte man unter Konstantin dem Großen (306–337) begonnen, und 360 wurde sie von seinem Sohn Constantius geweiht. Spuren dieser ersten Kirche findet man noch 3 Meter unter dem heutigen Heiligtum, und auf der Westseite hat

des Nika-Aufstandes zerstört, der Kaiser Justinian fast den Thron kostete und den er blutig niederschlug. Von jener alten Kirche übertrug man auf den Neubau den rechteckigen Grundriß, der den Architekten schwierige Probleme bei der Überwölbung bereitete. Mit dem Neubau hatte Kaiser Justinian Anthemios von Tralles, einen experimentierenden Physiker, und Isidor von Milet, einen Mathematiker, beauftragt.

Die Architekten hatten einen Raum von 71 × 77 Metern zu überwölben und mußten dabei aus liturgischen Gründen die Ost-West-Achse berücksichtigen. Sie ersannen

Mit dem Bau der Kirche begann man im Februar 532. Knapp sechs Jahre später, am 27. Dezember 537, wurde sie geweiht. Dieses Tempo setzte voraus, daß sofort große Geldmittel und eine gewaltige Zahl von Arbeitskräften zur Verfügung standen. Mit einer Summe von 4000 Pfund in Gold – das entspricht heute etwa 300 Millionen Mark – konnte 532 angefangen werden. Ein Text aus dem 10. Jh. erwähnt, daß hundert Baumeister tätig waren, von denen jeder hundert Arbeiter unter sich hatte.

Besondere Sorgfalt galt der Konstruktion der Pfeiler, die die Kuppel tragen sollten. Sie

men schien, sondern von der Kirche selbst". Da die vorgezogenen Nord- und Südwände die Pfeiler nicht hervortreten lassen, scheint die Kuppel „am Himmel zu hängen". Ihr Scheitelpunkt liegt 56 Meter über dem Boden (die erste Kuppel war 5 Meter niedriger). Sie hat zwar mit 33 Metern einen geringeren Durchmesser als das Pantheon in Rom, doch erst die Kuppeln des Domes von Florenz und der Peterskirche in Rom aus dem 15. und 16. Jh. sollten sie übertreffen.

Im Gegensatz zur Einfachheit des Äußeren hat das Innere allen den Atem geraubt, die den Bau beschrieben haben. Die Säulen der Exedren sind aus Porphyr; vielleicht stammten sie aus älteren Vorräten oder zerstörten Gebäuden, denn die Porphyrsteinbrüche in Oberägypten wurden von der Mitte des 5. Jh. an nicht mehr ausgebeutet. Die Säulen der Langseiten und die meisten Säulen der Emporen bestehen aus einem Verde antico genannten grünlichen Stein aus Thessalien. Die Basen, die Kapitelle, manche Säulen, die Verkleidung der Bogen und ihrer Laibungen und die geäderten Fußbodenplatten sind aus Marmor. Die Steinintarsien zeigen eine raffinierte Vielfarbigkeit: Serpentin aus Sparta, grüner Marmor aus Karystos, Pavonazzetto aus Phrygien, roter Marmor aus Karien, Onyx aus Hierapolis, Giallo antico aus Numidien, schwarzer und weißer Marmor aus den Pyrenäen. In den Zwickeln der Emporenbogen und über manchen Türen bieten feine Perlmuttintarsien auf einem Untergrund von schwarzem ägyptischem Marmor prächtige Helldunkeleffekte.

Die Kuppel, die Halbkuppeln und die Apsiden waren mit Mosaiken geschmückt, in denen Gold vorherrschte. Sie zeigten ein breites Spektrum dekorativer Elemente, doch heute sind sie zum Teil zerstört oder durch eine blasse Kopie der Brüder Fossati ersetzt, die die Hagia Sophia 1847–1849 restaurierten. Einige der ursprünglichen bronzenen Kirchentüren sowie eine weitere, die in den Jahren 838–840 entstanden ist, findet man noch im Narthex, der Vorhalle der Kirche. Auf der Südempore ist eine Zwischenwand aus Marmor so gestaltet, daß sie wie eine Tür wirkt: Nichts fehlt, nicht einmal der Schlüssel. Schließlich hatte man das Tageslicht durch eine sehr reichliche Beleuchtung ergänzt oder ersetzt: an Ketten aufgehängte Scheiben mit Dutzenden von Öllampen, Reihen von Lampen auf dem Boden oder hängend, einzelne Lampen an den Säulen. Diese Lichtquellen wurden vielfältig reflektiert und schufen in dem riesigen Raum eine unwirkliche Atmosphäre.

Dank der Beschreibung des zeitgenössischen Dichters Paulos Silentiarios hat man auch heute noch eine recht genaue Vorstellung von der inzwischen verschwundenen liturgischen Einrichtung: Ein Ambo mit silberbeschlagenem Geländer war über zwei

wurden aus Werkstein gebaut, die Lagen mit Mörtel verbunden – nicht mit Blei, wie der zeitgenössische Historiker Prokop schreibt; dieses wurde nur beim Bau von Nebengewölben verwendet. Ebenfalls aus Werkstein sind die Pfeiler im Osten und Westen sowie die Strebepfeiler an der Nord- und Südwand. Die Wände wurden wie die Gewölbe aus Ziegeln errichtet, die 38 Zentimeter lang, 35 Zentimeter breit und zwischen 4,5 und 6 Zentimeter dick sind. Für die vier großen Schildbogen verwendete man größere Ziegel von etwa 70 Zentimeter Seitenlänge, die bis dahin zwar in Rom, aber nicht im Byzantinischen Reich benutzt wurden. Die Kuppel besteht aus Ziegeln von normaler Größe, für die man nicht, wie die Chronisten schreiben, leichte vulkanische Erde gebrauchte. Tatsächlich setzten die Erbauer die Materialien meisterhaft entsprechend den jeweiligen Eigenschaften ein. Dennoch unterschätzten sie die Zeit zum Trocknen des Mörtels, und das führte zu Verformungen.

Die erste Kuppel war flacher als die heutige. Sie stürzte bei einem Erdbeben 557 ein. Die zweite, ein Werk von Isidor dem Jüngeren, einem Neffen seines gleichnamigen Vorgängers, war höher und wurde 563 vollendet. Ihre Fenster lassen wie die der Schildwände sehr viel Licht herein, das, wie Prokop bemerkt, „nicht von der Sonne zu kom-

Das Äußere der Hagia Sophia wirkt schwer und unübersichtlich. Die Minarette wurden 1453 angefügt, als die Türken die Kirche in eine Moschee umwandelten.

Christus, Detail eines Mosaiks auf der Südempore (13. Jh.). Die Türken hatten die Mosaiken übertüncht. Doch dank der Restaurierungsarbeiten seit 1932 sind einige von ihnen heute wieder zu sehen.

Byzantinische Mosaiken in Ravenna

Ravenna gehört mit Rom, Mailand und Thessaloniki zu den wenigen Städten, in denen noch heute frühchristliche Mosaiken erhalten sind.

Die ältesten finden sich im sogenannten Mausoleum der Galla Placidia (erbaut um 450). Am Scheitelpunkt des bestirnten Gewölbes erscheint ein goldenes Kreuz, umrahmt von den Symbolen der Evangelisten. Auf den Tambourwänden heben sich acht weißgekleidete Apostel scharf von einem Hintergrund in dunklem Dämmerblau ab. Die Tonnengewölbe sind verziert mit bestirnten Scheiben oder mit wucherndem Blattwerk, das vier weitere Apostel umrankt. An den Lünetten der Kreuzarme erscheinen über dem Eingang der Gute Hirte, ihm gegenüber der heilige Laurentius, im Osten und Westen Hirsche, die sich einer Quelle nähern.

Im Baptisterium der Orthodoxen (um 458) steigt die Mosaikdekoration

Während der Herrschaft des Gotenkönigs Theoderich (493–526) werden die Mosaiken abstrakter; Goldhintergründe tauchen auf; die durch kräftige Umrisse betonten Figuren verlieren ihr Relief. Das gelungenste Werk dieser Epoche ist der Mosaikschmuck der Kirche Sant'Apollinare Nuovo. Unter dem Lichtgaden der Basilika schreitet an der Nordwand eine Prozession von 22 Märtyrerinnen, von den Heiligen Drei Königen geführt, auf die thronende Jungfrau zu; im Süden sind es 26 Märtyrer, deren Ziel der thronende Heiland ist. Zwischen den Fenstern stehen Apostel und Propheten. Die Mosaiken darüber veranschaulichen die Wunder und die Passion Christi.

Die Kirchen San Vitale und Sant'Apollinare-in-Classe stammen aus byzantinischer Zeit (nach 540) und bilden den Höhepunkt jener Entwicklung. Im Chorgewölbe von San Vitale halten von Rankenwerk umgebene Engel ein

Theodora, die tatkräftige Frau des Kaisers Justinian; Details aus einem Mosaik (6. Jh.) im Chor der Kirche San Vitale in Ravenna.

Kreuz mit dem Lamm Gottes. An den Wänden erscheinen Szenen aus dem Alten Testament von liturgischer Bedeutung sowie die berühmten Darstellungen des Kaiserpaars Justinian und Theodora mit ihrem Gefolge. In der Apsis thront Christus, umrahmt von Engeln, von dem heiligen Vitalis und dem Stifterbischof Ecclesius.

In der Apsis von Sant'Apollinare-in-Classe ersetzt das Kreuz in einer Sternenscheibe die Gestalt Christi. Darunter nähern sich zwei Reihen von sechs Lämmern dem heiligen Apollinaris.

Die Technik, die Bildsprache und die Botschaft der Mosaiken in Ravenna verraten deutlich den Einfluß der Kunst Konstantinopels, der in den bemerkenswerten Porträts von Justinian und Theodora gipfelt.

Die Apostel Petrus und Paulus; Mosaik im Mausoleum der Galla Placidia. Zu ihren Füßen trinken Tauben (die Seelen der Auserwählten) Wasser (Symbol des ewigen Lebens) aus einer Schale.

dreistufig zur Kuppel auf, in der sich die zwölf Apostel, untereinander von vergoldeten Kandelabern getrennt, wie im Reigen bewegen. Im Scheitelmedaillon sieht man die Taufe Christi im Jordan. Diese Mosaiken wirken fast impressionistisch; die Personen heben sich mit ihren leuchtenden Farben reliefartig vom vorwiegend blauen Hintergrund ab.

Mäander im Mausoleum der Galla Placidia. Dieser Fries säumt das Gewölbe der Südnische. Antike Elemente finden sich Seite an Seite mit christlicher Spiritualität.

Von den Mosaiken des Kuppelraums sind fast nur noch die abstrakten Motive erhalten, die die Rippen der Kuppel schmücken (6. Jh.), sowie die Figuren der Kirchenlehrer und Patriarchen unten an der nördlichen Schildwand (rechts) und die weißgeflügelten Seraphim in den Hängezwickeln (9. Jh.).

Treppen zugänglich (eine im Westen, die andere im Osten); die Lesebühne selbst war vom Rest des Schiffs durch eine hohe Balustrade getrennt. Ein ebenfalls durch Schranken geschützter Gang führte zum großen Eingang des Presbyteriums, das auf drei Seiten von einer hohen, silberbeschlagenen Balustrade begrenzt war. Sein Architrav trug Medaillons mit Christus, der Jungfrau, Engeln und Aposteln. Der Altartisch aus Gold stand unter einem Ziborium, dessen Bogen und achteckiges Dach mit Silber verkleidet waren. Prokop schätzte das Gewicht der silbernen Teile im Presbyterium auf 40000 Pfund. Die kostbaren Stoffe, namentlich die goldbestickte Purpurseide, die den Altar bedeckte, steigerten noch die Pracht der Ausstattung, deren Reichtum einige Gegenstände aus dem Schatz der Markuskirche in Venedig, Beutestücke des Vierten Kreuzzugs, noch ahnen lassen.

Zur wertvollen Ausstattung gehörten auch die Reliquien. Die ältesten waren die des heiligen Pamphylius und seiner Gefährten, die 360 erworben wurden, sowie die von Samuel (406), Joseph und Zacharias (415). Hinzu kamen 537 der Rand des Brunnens der Samariterin und die Trompeten von Jericho, 614 Lanze und Schwamm von Golgota, und 635 wurde das wahre Kreuz aus Jerusalem gebracht. Die Zahl der Reliquien wuchs unaufhörlich, und im Jahr 1200 stellte ein russischer Pilger, Antonius von Nowgorod, davon eine beeindruckende Liste zusammen. So war die Hagia Sophia ein Hort von Gnadenmitteln und Wundern jeder Art. All diese Schätze wurden 1204 geplündert, als die Kreuzfahrer Konstantinopel eroberten und ausraubten.

Die Hagia Sophia war Zentrum des religiösen Lebens von Konstantinopel und des Kaiserhofs. Es wurden dort Kirchenfeste in großer Zahl gefeiert. Der Kaiser, dessen Palast nur durch den Augusteonplatz von der Kirche getrennt war, ging häufig dorthin. Das *Buch der Zeremonien* aus dem 10. Jh. bezeugt im übrigen, daß er sich dort anläßlich der großen Feste zeigte: zu Weihnachten, Epiphanias (dem Fest der Orthodoxie), am Karsamstag, Ostermontag, zu Pfingsten. Die Kirche war auch der Ort, an dem der neue Patriarch die Riten seiner Amtsübernahme vollzog und wo die Kaiserkrönung stattfand.

Der Klerus drängte sich in der Kirche. Die Kaiser versuchten mehrmals, seine Überzahl zu beschneiden. So beschränkte Justinian die Zahl der Kleriker auf 425, nämlich 60 Priester, 100 männliche und 40 weibliche Diakone, 90 Subdiakone, 110 Lektoren und 25 Kantoren.

Während der gesamten Dauer des Byzantinischen Reiches wurde an der Kirche nur wenig geändert. Der zweifache Einsturz der Kuppel (Westteil im 10., Ostteil im 14. Jh.) führte zum Bau großer Widerlager im Westen, Norden und Süden. Doch die wichtigste Änderung war die Umwandlung des goldenen symbolischen Firmaments in einen belebten Himmel, wo Christus Pantokrator durch seine Gegenwart an seine Fürsorge für das Reich erinnerte. Nach der Niederlage der Bilderstürmer, die jede Darstellung Gottes, der Jungfrau und der Heiligen als Götzendienst verurteilten (843), erschienen in der Kuppel der Pantokrator, umgeben von Seraphim auf den Hängezwickeln, die Jungfrau zwischen Erzengeln in der Apsis sowie Szenen, die an die Erlösung der Welt erinnerten, etwa Taufe und Pfingsten. Die Macht der Fürsprache der Jungfrau und der Apostel wurde dort bestätigt. Die 14 Bischöfe in den Nischen der Bogenfelder im Norden und Süden unterstrichen die Bedeutung der kirchlichen Hierarchie für das Heil der Christenheit. Auch erinnerten sie die Kaiser an die Macht der Geistlichkeit im Reich. Schließlich zeigen zahlreiche Bilder die Kaiser, wie sie Christus und die Jungfrau um Schutz anflehen: am Südeingang des Narthex Konstantin und Justinian; vor dem Haupttor des Schiffs Leo VI. (886–912), vor Christus auf der Erde liegend; am Ost-

Die Kuppel von unten. Die Stufung der Bogen, Nischen und Halbkuppeln erweckt den Eindruck schwindelerregender Höhe und äußerster Leichtigkeit, den die 40 Fenster an der Basis der Kuppel noch verstärken.

Die Kuppel – Techniken und Probleme der Konstruktion

Die Kuppel ist keine byzantinische Erfindung. Es gab sie in Persien und im Römischen Reich. Doch vom 6. Jh. an galt sie im christlichen Kult als Sinnbild des Himmelsgewölbes, und vom 9. Jh. an wurde sie immer häufiger verwendet.

Im 6. Jh. versuchten die Architekten, sie an den Grundriß der Basilika anzupassen. Die Kuppel mußte dabei auf einer quadratischen Basis sitzen und auf deren vier Seiten abgestützt werden. In der Hagia Sophia, wo man wegen der außergewöhnlichen Größe der Kuppel dieses Prinzip besonders streng einhalten mußte, ist die Abstützung nicht gleichförmig. Im Osten und Westen fingen die Bogen der

Halbkuppeln den Schub auf und leiteten ihn weiter, während im Norden und Süden kein gleichwertiges Stützsystem vorhanden war. Die Bogen der Schildwände waren von zu geringer Stärke, um dem Druck der Kuppel standzuhalten. Dieser war besonders stark bei der ersten Kuppel, die viel flacher war. Sie drückte die Bogen im Norden und Süden nach außen, und es kam zu einer Verformung des Basisquadrats der Kuppel, denn im Osten und Westen, wo die Halbkuppeln den Druck aufnahmen, neigten sich deren Bogen nach innen. Diese mit bloßem Auge erkennbare Verformung ging dem Einsturz von 557 voraus. Ohne Zweifel war

daran auch die Eile schuld, mit der der Bau ausgeführt wurde: Der noch feuchte Mörtel hatte nachgegeben und mit zu Verformungen geführt; diese wiederum verstärkten den Druck auf die Pfeiler.

Schon vor dem Sturz der Kuppel wurde eine Reihe von Maßnahmen getroffen, um den Zusammenhalt der Pfeiler und der Widerlager zu stärken. Doch sie kamen zu spät, um den Einsturz der Kuppel zu verhindern. Ihre Basis mußte beim Wiederaufbau zu einem Quadrat zurückgeformt werden. Die Wölbung der Kuppel selbst wurde gegenüber der alten um 6 Meter erhöht, wodurch der waagrechte Schub um etwa 30 Prozent verringert werden konnte.

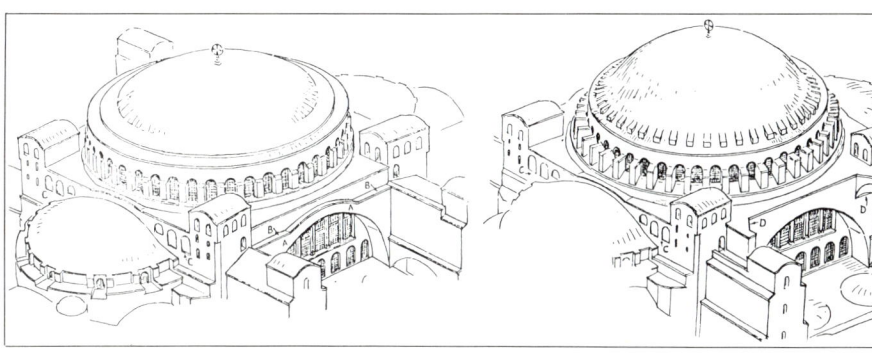 

Die erste Kuppel (ganz links) stürzte 557 ein.

Die zweite Kuppel (links) von Isidor dem Jüngeren (563).

Blick auf eines der vier Pendentifs (rechts).

ende der Südempore Konstantin IX. (1042–1055) und Zoë zu beiden Seiten Christi; Johannes II. (1118–1143) und Irene mit der Jungfrau; Einzelbilder der Kaiser Alexander (912–913) und Johannes V. Palaiologos (1341–1391); letztes ist heute verschwunden.

Die Hagia Sophia ist das überragende Ergebnis der Entwicklung einer Architekturform, die ihren ersten Ausdruck im Pan-

theon von Rom fand und mit den Rundkirchen des 4. und 5. Jh. fortgesetzt wurde. Keine andere byzantinische Kirche steht in ihrer Nachfolge. Erst in osmanischer Zeit ließen sich die Eroberer unmittelbar von der Bauweise der Hagia Sophia inspirieren, als sie die Moscheen der Sultane Bajesid II. (1501) und Süleiman (1557) bauten. Die Prinzenmoschee (um 1548) und die Moschee Sultan Ahmeds (1616) markieren al-

lerdings eine gewisse Weiterentwicklung der Konstruktionstechnik: Bei beiden wird die Zentralkuppel auch im Norden und Süden von Halbkuppeln abgestützt. Als Prototyp und daher als Quelle der Kontinuität in der Sakralarchitektur des osmanischen Konstantinopels wurde die Hagia Sophia selbst in diese Gruppe einbezogen: Man baute um sie vier Minarette und einen Kranz von Mausoleen der Sultansfamilie. Was die Prinzipien der Architektur betrifft, so hatte keine Kirche des Mittelmeerraums die Unterscheidung zwischen tragenden Elementen und Zwischenwänden so weit entwickelt. Dieses Prinzip ist erst in der modernen Architektur mit viel geeigneteren Baustoffen aufgegriffen und erweitert worden.

Mit ihren römischen Ursprüngen hat die Hagia Sophia im Lauf der Jahrhunderte den geistigen Weg eines tausendjährigen Reiches verkörpert. Sie wurde durch diese Tradition zu dem Ort, an dem das Wesen von Byzanz selbst durch Riten wie durch die Geschichte verwurzelt war: Sitz der Einheit von Priestertum und Kaisertum. Für viele Griechen war sie nach der osmanischen Eroberung ein symbolischer und sehr bald legendärer Bau – in ihren Augen wurde sie eine Art Tempel von Jerusalem. Nicht als Symbol des Triumphes des Neuen Testaments über das Alte, sondern wie die Klagemauer als unwiderrufliches Zeichen der verlorenen Heimat und des Untergangs von Byzanz.

Der Felsendom

Herzstück islamischer Architektur

Jenes Fleckchen Erde, auf dem der Felsendom heute steht, ist für die drei wichtigsten Weltreligionen – das Judentum, das Christentum und den Islam – eine heilige Stätte. Sie alle beanspruchen den Haram e Sharif, wie der Tempelplatz in Jerusalem von den Mohammedanern genannt wird, für sich.

Es waren die Kinder Israels, die als erste jene Stätte weihten, auf der später der Dom errichtet wurde. Die jüdische Überlieferung berichtet, daß Abraham bereit war, auf einem Felsaltar, der sich in der Mitte des späteren Tempelplatzes erhob, seinen Sohn Isaak zu opfern. Und an dieser Stelle errichtete König Salomon später den ersten Tempel, der 587 v. Chr. von König Nebukadnezar II. bei der Zerstörung Jerusalems niedergerissen und erst 500 Jahre später von Herodes wieder aufgebaut wurde. Der Rachefeldzug Roms gegen die jüdischen Rebellen im Jahr 70 n. Chr. gipfelte in der abermaligen Zerstörung des jüdischen Tempels.

Später ergriff eine fanatische Streitmacht im Namen Allahs Besitz vom Haram. Der Berg wurde für alle Moslems zur heiligen Stätte. Gab es doch eine berühmte Legende, die berichtete, daß der Prophet Mohammed von der Spitze des zerklüfteten Felsens aus seine Himmelfahrt angetreten habe. An dieser Stelle also ließ der Kalif Abd al-Malik zwischen 688 und 691 das goldene Heiligtum des Felsendoms errichten – als Zeichen des Triumphes über die Feinde des Islams. Diese Moschee gilt bis heute als das bedeutendste Bauwerk der frühen islamischen Architektur.

Lange Zeit hatten die siegreichen Araber gar nicht den Wunsch verspürt, eigene Kultbauten zu errichten; viel zu sehr waren sie damit beschäftigt, die territoriale Herrschaft des Islams auf das Gebiet der Ungläubigen auszudehnen. Sie wohnten in den Palästen ihrer Vorgänger, die sie unterworfen hatten, sie beteten in den Kirchen, den Tempeln, den Synagogen. Außerdem lag die Geburtsstunde ihrer Religion noch gar nicht so lange zurück. Sie erfolgte an dem Tag, als Mohammed aus seiner Heimatstadt Mekka in Arabien in die Nachbarstadt Medina auswan-

Eine der heiligsten Stätten des Islams: der Felsendom in der Altstadt Jerusalems. Dieser Bau wurde Ende des 7. Jh. an der Stelle des Tempels errichtet, den einst Salomon gebaut hatte. Mit seinem achteckigen Grundriß und seiner Kuppel ist der Felsendom einzig in seiner Art.

Der heilige Felsen in der Mitte des Doms. Der Felsendom ist ein Heiligtum des Gedenkens (und keine Moschee), das den Anspruch des Islams auf Jerusalem dokumentieren sollte.

Die große Moschee von Kairuan

Die Sidi-Moschee (9. Jh.), Wallfahrtsstätte der nordafrikanischen Moslems.

Um 671 gründete der berühmte General der omaijadischen Armeen, Sidi Okba, in Tunesien die Stadt Kairuan und ließ hier die erste Moschee in Nordafrika bauen. Er legte damit den Grundstein zur islamischen Herrschaft im arabischen Westen. Von dieser ersten Moschee ist nur der Name geblieben.

Die heutige große Moschee, die Sidi-Moschee, von Kairuan ist eine Schöpfung der Aghlabidendynastie, die ab 800 in Nordafrika herrschte. Sie wurde 836 erbaut. Ihr Grundriß bildet ein in sich verschobenes Rechteck von etwa 175 × 70 Metern. Die Gebetshalle liegt im Süden; an sie schließt sich nach Norden ein langgestreckter Hof an, den auf drei Seiten ein Säulengang umschließt.

Die Gebetshalle hat einen Grundriß, der fortan für die Architektur im islamischen Westen klassisch werden sollte und den man recht unpassend als basilikal bezeichnet hat. Er besteht aus 17 parallelen Längsschiffen, die im rechten Winkel zur hinteren Wand verlaufen. Diese Wand zeigt die Richtung nach Mekka an, der man sich beim Beten zuwenden muß. In der Architektur ist sie durch die leere Gebetsnische, den Mihrab, markiert. Das Mittelschiff des Gebetshauses ist mit seinen 5,75 Metern ein wenig breiter als die übrigen Schiffe (etwa 3,4 Meter), doch im Vergleich zu den Mittelschiffen christlicher Basiliken, die im übrigen selten mehr als zwei Seitenschiffe haben, ist es immer

noch sehr schmal. Sieben Kuppeln erheben sich über dem Heiligtum: die südliche Kuppel über der nach Mekka gerichteten Gebetsnische; die nördliche Kuppel über dem Minarett; die Kuppel über dem großen Haupttor, durch das die Gebetshalle betreten wird; zuletzt die vier kleineren Kuppelgewölbe über den zwei westlichen und zwei östlichen Eingangstoren.

Wie schon erwähnt, steht im Norden der Anlage ein mächtiges Minarett mit drei stark abgestuften Etagen. Mit diesen Türmen hat es eine besondere Bewandtnis: Die ältesten Moscheen haben noch keine Gebetstürme; erst nachdem die Moslems neidvoll beobachtet haben, daß die Juden ein Horn und die Christen eine Klapper verwendeten, um die Gläubigen zum Gebet zu rufen, bestellten sie einen Gebetsrufer, den Muezzin, und bauten die ersten Minarette.

Die prachtvolle innere Gebetshalle der Sidi-Moschee besteht aus einem Wald von 414 Säulen, alle aus rotem, gelbgesprenkeltem Porphyr. Einzeln oder gepaart tragen sie die Bogen, auf denen die Decke ruht, deren altes, mit gemaltem Rankenwerk verziertes Gebälk nicht verkleidet wurde.

Die Moschee von Kairuan beherbergt zwei islamische Meisterwerke, die die ältesten Zeugnisse ihrer Art sind: den Mihrab (Gebetsnische) und den Minbar (Predigtstuhl bzw. Kanzel), die beide noch aus dem 9. Jh. stammen.

derte. Er war über 50 Jahre alt, als er diese sogenannte Hedschra im Jahr 622 antrat. Erst dort fand er genügend Anhänger, die bereit waren, in ihm den letzten der mit Adam beginnenden Reihe der Propheten anzuerkennen und mit ihm den wahren Glauben in kriegerischen Auseinandersetzungen zu verteidigen. Der wahre Glaube, das war der Glaube an den einzigen Gott Allah. Als Glaubensbekenntnis diente der einfache

Satz: „Es gibt keinen Gott außer Allah, und Mohammed ist sein Prophet." Als Mohammed zehn Jahre später starb, war er das Oberhaupt eines Staatswesens, das sich rasch über Arabien ausdehnte. Seinen Nachfolgern, vor allen den Kalifen aus der Dynastie der Omaijaden in Damaskus, gelang es in den folgenden hundert Jahren, die beiden alten Großreiche, das persische Reich der Sassaniden im Iran und das Oströmische

Reich, zu erobern oder zumindest weit zurückzudrängen. Die Truppen der Kalifen hatten im Westen Poitiers erreicht (732) und im Osten die Ufer des Indus, und im Norden standen sie am Talas in Zentralasien am Eingang zur chinesischen Welt.

Schon zu Beginn ihrer Eroberungsfeldzüge faßten die Moslems den Entschluß, in Jerusalem eine Gedenkstätte für alle Anhänger des Islams zu errichten.

Keine Stelle konnte passender für dieses erste große Werk der islamischen Architektur sein als die Stadt Jerusalem, die der Kalif Omar I. 638 eingenommen hatte, und in Jerusalem der Haram e Sharif (das Geweihte). Das großflächige Plateau (ein unregelmäßiges Viereck, das im Norden 310 Meter, im Süden 281 Meter und an den Seiten 462 bzw. 491 Meter mißt) beherrschte ungefähr ein Sechstel der Fläche Alt-Jerusalems. Für den Islam war die Stadt zunächst der Ort, dem sich der Gläubige fünfmal am Tag beim Beten zuwenden mußte; Mohammed wollte damit den Anspruch der dritten großen Religion auf die Heilige Stadt untermauern. Zwar war die Richtung auf Jerusalem dann zugunsten Mekkas aufgegeben worden, doch dieser Wechsel der Gebetsrichtung tat der Bedeutung der Stadt keinen Abbruch. Zudem war Jerusalem seit der Gründung des arabischen Reichs auch das politische Zentrum, denn es lag rein geographisch in etwa gleichem Abstand zu dessen äußersten Grenzen.

Deshalb also beschloß Abd al-Malik, das Felsplateau zu bebauen, auf dem schon der Kalif Omar ein einfaches Bethaus hatte errichten lassen. Geplant war eine größere Anlage, die im Norden den Dom über dem heiligen Felsen, im Süden die Al-Akza-Moschee einschließen sollte; der Raum, der beide Moscheen trennte, sollte als eine Art offener Gebetshof dienen und zu diesem Zweck auch Nebenbauten und Brunnen für die Waschungen aufnehmen. Der Grundstein für den Felsendom wurde 687 gelegt, und schon vier Jahre später war der Bau vollendet. Die Architekten hatten nicht nur zügig, sondern auch höchst sparsam gearbeitet. Sie konnten dem Kalifen berichten, daß von der vorgesehenen Bausumme 100 000 Golddinar übriggeblieben waren. Das Geld wurde eingeschmolzen und damit die gesamte Kuppel des Felsendoms vergoldet.

Die Grundkonzeption des Felsendoms läßt erkennen, daß die Baumeister und Handwerker aus Persien und Konstantinopel stammten. Die Araber selbst hatten noch keine eigene künstlerische Tradition entwickeln können und waren daher auf die Mitarbeit römischer oder byzantinischer Baumeister angewiesen. Der Felsendom ist der Tradition des Rund- oder Zentralbaus verhaftet, bei dem alle Teile – im Gegensatz zum einseitig ausgerichteten Langhausbau –

auf einen Mittelpunkt bezogen sind, der meist von einer Kuppel überwölbt wird. Man kennt solche Formen noch aus der Antike, aber erst die frühchristliche Baukunst hat sie zur Vollendung entwickelt. San Vitale in Ravenna und San Lorenzo in Mailand, auch die byzantinische Architektur mit der Hagia Sophia in Konstantinopel und in Jerusalem die Grabeskirche, sie alle gehören zu dieser großen Familie, in die man auch den Felsendom einreihen muß. Sein Grundriß ergibt sich aus zwei versetzt übereinandergelegten Quadraten; verbindet man die acht Ecken miteinander, so erhält man das äußere Oktogon (Achteck), während die Innenfläche der beiden Quadrate Durchmesser und Umfang des Kuppelraums bestimmt.

So, wie sich der Felsendom heute darstellt, hat das Bauwerk relativ bescheidene Ausmaße und eine geringe Höhe. Man erreicht das Plateau, auf dem es steht, über lange Treppen. Vier der acht gleich langen Seiten des Oktogons sind nach den vier Himmelsrichtungen ausgerichtet und werden von säulengeschmückten Eingängen durchbrochen. Das Achteck selbst, das in einen Kreis von knapp 27 Meter Radius eingeschrieben ist, hat jeweils eine Seitenlänge zwischen 20 und 21 Metern, was wiederum in etwa dem inneren Kuppeldurchmesser und der Kuppelhöhe entspricht. Die Außenwände tragen oben ein Kranzgesims und verdecken damit das Bleidach über den Umgängen, das schräg zur Basis der Trommel (Kuppelunterbau) hinaufführt. Die Trommel ist 5,7 Meter hoch; sie bekommt Stand durch vier Pfeiler, die durch jeweils vier (heute mit Keramikgittern verschlossene) Rundbogenarkaden voneinander getrennt sind. Die Kuppel ist am Scheitelpunkt 35,3 Meter hoch und hat eine doppelte Schale: Die innere Schale ist halbkugelförmig und soll an das Himmelsgewölbe erinnern; die äußere Schale ist zum Scheitelpunkt hin konisch, zur Basis hin zwiebelförmig verformt.

An den Außenwänden des Oktogons nimmt eine Marmorverkleidung mit geometrischen Mustern ein Drittel der Höhe ein. Darüber schimmern Millionen vielfarbiger Plättchen und glasierter Ziegel, die hauptsächlich aus ottomanischer Zeit (16. Jh.) stammen. Der Inschriftenfries des Gesimses ist mit seinen kraftvollen Gegensätzen von Schwarz und Weiß von untadeliger Eleganz. Darüber leuchten wieder auf der Außenhaut der Trommel die zu herrlichen Mustern geordneten Mosaiken auf. Jede der acht Seiten ist durch sieben Fenster mit leicht gegiebelten Bogen untergliedert. Diese Harmonie wird nur von den vier Toren durchbrochen, die sich nach den vier Himmelsrichtungen öffnen. Vor dem Osttor steht ein kleiner, relativ bescheidener Kuppelbau, der den Namen Kettendom trägt – nach König Davids

legendärer Urteilskette, die nur von Unschuldigen ergriffen werden konnte, sich dem Zugriff des Schuldigen aber entzog. Der elfeckige, mit ottomanischen Mosaiken verkleidete Bau steht ganz im Schatten des ihn überragenden Felsendoms. Das Haupttor im Süden besteht aus einem Portikus von acht Säulen mit Kompositkapitellen. Es ist nach Mekka gerichtet und öffnet sich auf den Platz vor der Al-Akza-Moschee.

Doch all die architektonische Perfektion, all diese äußere Pracht geben nur einen Vorgeschmack von dem, was den Besucher im Innern erwartet. Dort spürt man die Harmonie am intensivsten, den Zauber der Schönheit am unmittelbarsten. Die zwei Umgänge scheinen nur dafür geschaffen, daß der Pilger in der Prozession um den großen Felsen in der Mitte ziehen kann, der ein wenig tiefer liegt. Der äußere erste Umgang bildet ein Achteck mit acht Eckpfeilern und 16 Säulen. Dadurch entsteht ein wunderbarer Rhythmus, während die sichtbar gleichen Abmessungen der Rundarkaden dazwischen dem Ganzen Halt und Ruhe verleihen. Der innere Umgang (vier Pfeiler und zwölf Säulen) ist mit einer Kassettendecke überzogen, die im etwas überladenen türkischen Stil des 18. Jh. bemalt ist; die Decke des ersten Umgangs dagegen trägt einen prachtvollen Schmuck aus bemalten und vergoldeten Reliefs aus dem 14. Jh. Ein Ring aus Säulen und Pfeilern bildet also den Unterbau der Rotunde – und darüber ragt die Kuppel in die Höhe. Licht fällt durch die Vielzahl der Rundbogenfenster in der Basisrundung und bringt das schimmernde Rot-Gold-Mosaik auf blauem Grund zum Leuchten, zeichnet die eleganten Goldbuchstaben der Schriftbänder nach, die sich messerscharf vom schwarzen Grund abheben. Hier ist der Zauber perfekt. Der Reichtum der Kuppel wird noch betont durch die fast klassische Schlichtheit und Strenge der Dekoration im Unterbau: Edler Marmor, der die Säulen, Bogen und Pfeiler bekleidet; vergoldete Kapitelle; die Bronze auf den Torflügeln, die wie die hölzernen Untergurte mit Weinranken verziert sind; die Mosaiken in der Trommel mit ihrem gleichzeitig naturalistischen und doch schon stilisierten Pflanzendekor – das alles ist strahlend schön und kostbar wie die Juwelen der byzantinischen Krone.

Der Felsendom ist bis heute den Herzen der Moslems teuer geblieben. Ein islamischer Chronist schrieb im 12. Jh.: „Im ganzen Islam habe ich nicht seinesgleichen gesehen." Und er ließ sein inniges Gefühl sprechen, als er hinzufügte: „In der ersten Morgendämmerung, wenn die Sonne den Dom erhellt, wird das Schauspiel zum Wunder." Er legte damit den Finger auf den wesentlichen Punkt: Der Dom ist die Verkörperung der Kunst des Morgenlands, der Kunst des Islams.

Die Moscheen

Das Auge des Europäers ist an die fremden Formen nicht gewöhnt und hat Mühe, die unterschiedliche Architektur der einzelnen Moscheen zu erkennen. Trotz der Gemeinsamkeiten, die sich aus ihrer Funktion und der Eigenheit der islamischen Kultur ergeben, sind diese Bauten

den Wand liegt die Gebetsnische (Mihrab), daneben steht der Minbar (Predigtstuhl). Ferner gehört zur Moschee das Minarett. In der Mitte des Innenhofs befindet sich der Brunnen für die rituelle Waschung.

Im 11. Jh. hat Persien den Moscheen einen kreuzförmigen Grundriß gegeben. Er

Die Freitagsmoschee von Isfahan (um 1150): Der Eingangsliwan, flankiert von zwei Minaretten, ist ein vollendetes Beispiel der islamischen Architektur im Iran.

Gebetshalle der Omaijaden-Moschee in Damaskus (frühes 8. Jh.): Sie ist die erste bekannte große Moschee und spielte eine wesentliche Rolle in der Entwicklung der islamischen Kunst.

Die Moschee des Sultans Achmed in Istanbul, die sogenannte Blaue Moschee (1609–1616): Angeregt durch die Hagia Sophia, versuchte man in der Türkei, Kuppeln und Halbkuppeln auf neue Weise zu kombinieren.

entsteht durch einen quadratischen Hof, der auf allen vier Seiten von Liwanen flankiert ist (so bezeichnet man eine überwölbte Halle, die sich zum Hof hin wie ein Tor öffnet). Schlanke, zylindrische Minarette flankieren die Schauseite der Liwane und dienen dem Gewölbe als Widerlager. Auf diese Weise erreichte man eine Höhe, die bei der alten arabischen Moschee unbekannt ist.

Den Liwan und die mittlerweile zwiebelförmig gewordene Kuppel findet man im 16. Jh. auch in Indien bei Bauten der Großmoguln wieder. Der Liwan dient oft als Eingangstor zur Moschee, und die Kuppel bedeckt in dreifacher Form den länglichen Betsaal, der an eine Seite eines riesigen Hofes zurückgedrängt ist. Die Moschee selbst steht auf einer Terrasse, die rundum von einer offenen Säulenhalle umgeben ist. Das Tor zur Gebetshalle ist in die Säulenhalle eingebettet und bildet einen monumentalen Eingangsliwan. Rechts und links an den Seiten der Hauptfassaden ragen die konischen Minarette auf.

Nach der Eroberung Konstantinopels (1453) entstanden die türkischen Kuppelmoscheen. Angeregt durch die Hagia Sophia, versuchte man nun, Kuppeln und Halbkuppeln auf bislang unbekannte Weise miteinander zu verbinden. Die neuartige Raumvorstellung – ein zentraler Kuppelsaal mit vielen um ihn herum gruppierten überkuppelten Neben- und Seitenräumen – ist das Merkmal dieser Architektur. Glatte, ornamentlose Außenwände und schlanke Minarette mit kegelartigen Dächern kommen hinzu.

Die Freitagsmoschee Dschami Masdschid in Delhi (1644–1658): Sie ist das Vermächtnis des Großmoguls Schahdschahan, der auch den Tadsch Mahal bauen ließ, und die größte Moschee in Indien.

unendlich verschieden in Anlage, Ausmaß und Dekor. Doch wenn man genauer hinsieht, kann man an den Moscheen des sogenannten klassischen Islams leicht verschiedene Grundtypen unterscheiden.

Die arabischen Bezeichnungen Dschami (eine Moschee, die dem Freitagsgebet dient) und Mesdschid (Alltagsmoschee) sind von allen Landessprachen des islamischen Kulturkreises übernommen worden. Die frühen Moscheen sind fast immer Freitagsmoscheen, die aus einem weiträumigen Arkadenhof und dem oft vielsäuligen Betsaal bestehen. Das gegen Mekka gerichtete Schiff ist breiter und häufig durch eine oder mehrere Kuppeln hervorgehoben. In der nach Mekka weisen-

Der Todaiji
Ein Heiligtum mit
dem größten Holztempel der Welt

In Nara, der ersten Hauptstadt Japans, steht im Bezirk des Todaijis, des buddhistischen „großen Tempels des Ostens", der größte Holzbau der Welt. Durchschreitet man das große Südtor (Nandaimon) der Anlage, so erhebt sich vor den Augen des Besuchers der Daibutsuden, die Halle des großen Buddhas, ein riesiges Bauwerk mit zwei übereinanderliegenden Dächern, das alles, was es umgibt, durch seine Masse zu erdrücken scheint. Das nur schwach erleuchtete Innere birgt eine Bronzestatue Buddhas, die ebenfalls in ihrer Größe einmalig ist.

Um den Sinn dieses Bauwerks und seiner Statue zu begreifen und um die Anlage des gesamten Todaijis zu verstehen, muß man weit in der Geschichte Japans zurückgehen.

Der ursprünglich von Indien ausgehende Buddhismus hatte sich im Lauf der Jahrhunderte über China bis nach Korea ausgebreitet und war im 6. Jh. von dort auch nach Japan gekommen, wo er sich mit Unterstützung des Kaiserhofs und des Adels trotz anfänglicher Widerstände im ganzen Land durchsetzte. Bald jedoch war nicht mehr Korea das Vorbild, sondern Japan orientierte sich an der buddhistischen Bewegung in China. Zwischen beiden Ländern bestanden enge Kontakte; wie stark damals der chinesische Einfluß war, zeigt sich auch daran, daß die Japaner, die bis dahin keinen zentralen Regierungssitz kannten, nach dem Beispiel von Ch'ang-an (heute: Xian), der Metropole der T'ang-Dynastie, 710 in Nara die

erste Hauptstadt (bis 784) des japanischen Reiches gründeten.

In dieser sogenannten Narazeit wurde der Buddhismus zur Staatsreligion, und die Priesterschaft gewann zunehmend politischen Einfluß und Gewicht. Die buddhistische Bewegung untergliederte sich in sechs große Sekten, alle chinesischen Ursprungs, die in Nara Tempel und Klöster errichteten. Die bedeutendste sollte die Kegonsekte werden, die erst 736 nach Japan gekommen war und der auch Kaiser Shomu (704–756) anhing. Die Kegonsekte stellte in den Mittelpunkt der Verehrung den Buddha Vairocana, den allgegenwärtigen, universalen Gott. Nach ihrer Lehre sind alle anderen Buddhas, einschließlich des historischen Siddharta, des

Die Halle des großen Buddhas ist das Haupttheiligtum des Todaijis in Nara. Sie ist trotz zahlreicher Veränderungen im Lauf der Jahrhunderte noch immer das größte Holzbauwerk der Welt. Ursprünglich war der Tempel im japanischen Stil (Wa-Stil) errichtet, der weitgehend der Bauweise in China unter der T'ang-Dynastie entsprach; der heutige Tempel stammt aus dem 18. Jh.

Religionsstifters, nur einzelne Erscheinungsformen dieses höchsten, allumfassenden Gottes.

Eine Pockenepidemie, die Japan schon seit längerem heimsuchte, soll Kaiser Shomu veranlaßt haben, den Todaiji zu gründen und hier eine Statue des höchsten Buddhas aufzustellen. Am 15. Oktober 743 gab er folgende Erklärung ab: „Wir verkünden unser feierliches Gelübde, ein Standbild des Buddhas Vairocana aus Gold und Kupfer zu errichten. Wir wünschen, daß alle Metallschätze des Landes genutzt werden, um diese Statue zu gießen, und daß ferner ein großer Hügel geebnet werde, auf dem ein unermeßliches Bauwerk errichtet werden soll, damit das ganze Land sich uns anschließen kann, den Lehren des Buddhismus zu folgen, und ebenfalls die Vorteile genießt, die dieses Unternehmen uns in unserem Streben nach dem Staat Buddhas bringen wird … Alle, die den Wunsch haben, uns bei dieser Aufgabe zu helfen, werden willkommen sein, selbst wenn sie uns nicht mehr zu geben haben als den Ast eines Baumes oder eine Handvoll Erde …"

Bereits im folgenden Jahr begann man damit, die Gußformen für die geplante große Statue herzustellen und die notwendigen Metalle zu sammeln. Zwei Jahre später konnte man schließlich mit dem eigentlichen Gießen der Figur anfangen. Die enormen Ausmaße erlaubten jedoch nicht, sie in einem Stück zu arbeiten; daher beschloß man, sie in acht waagrecht übereinanderliegenden Abschnitten zu gießen.

Am 24. Oktober 749 war die Bronzestatue des Daibutsus, des großen Buddhas, vollendet. Auf einem Sockel aus Stein und Bronze, der das Aussehen einer Lotosblüte hat, sitzt er mit gekreuzten Beinen und hält die rechte Hand erhoben, ein Zeichen, das Befriedigung der Sinne bedeutet. In jedes der insgesamt 56 Blütenblätter des Sockels sind Bilder buddhistischer Gottheiten und heilige Texte eingraviert.

Die ganze Skulptur ist etwa 16 Meter hoch. Fast 500 Tonnen Metall verwendete man für die Bronze, und als man 749 in einer entlegenen Provinz des Reiches zufällig eine reiche Goldmine entdeckte, ließ der Kaiser den Koloß auch noch vergolden.

Als Standort für den Todaiji, den Tempelbezirk der Kegonsekte, hatte man ein Gelän-

de im Osten des Kaiserpalastes ausgewählt. Hier machten sich zunächst Erdarbeiter ans Werk, den Boden zu ebnen und eine riesige Plattform aus Erde und Stein zu errichten, die die schwere Statue und den sie umgebenden Tempel tragen sollte. Erst danach konnte man beginnen, die Halle des großen Buddhas (Daibutsuden) zu bauen.

Der rechteckige Tempel maß damals etwa 86 Meter in der Länge, 66 Meter in der Breite und war insgesamt 59 Meter hoch. Die riesige zweistöckige Dachkonstruktion trug etwa 150 000 große Ziegel mit einem Gesamtgewicht von fast 3000 Tonnen. Die Dächer ruhten auf 84 gewaltigen, zinnoberrot gefärbten Pfeilern aus Baumstämmen; manche von ihnen hatten einen Durchmesser von 1,5 Metern. Nur diese Pfeiler hatten tragende Funktion, nicht jedoch die Wände, die aus Holz und Gips und auf den Innenseiten mit Fresken bedeckt waren, die Themen der buddhistischen Glaubenswelt darstellten. Die flache Kassettendecke der Halle war über 32 Meter hoch und ebenfalls in lebhaften Farben bemalt.

Am 8. April – dem Geburtstag Buddhas – des Jahres 752 konnte der Kaiser den Tempel endlich einweihen, und die feierliche Zeremonie des „Augenöffnens" fand statt, die Weihe der Statue des Buddhas Vairocana.

Zwar war und ist die Halle des großen Buddhas der Mittelpunkt des Todaijis, doch erschöpft sich darin die Anlage noch lange nicht. Der gesamte Tempelbezirk umfaßt etwa 15 Quadratkilometer, und auf diesem Gelände umgeben das zentrale Heiligtum

überdachte Galerien, Versammlungs- und Schlafräume der Mönche, Andachtshallen, kleinere Heiligtümer, Gebäude, in denen man die heiligen Texte, die Sutren, aufbewahrte. Zeitgenössische Chroniken berichten, daß am Bau des Todaijis etwa 50 000 Holzfäller und Zimmerleute, 370 000 Bergleute und Bronzegießer sowie über 2 Millionen Arbeiter, Künstler und Handwerker beteiligt waren.

855 erschütterte ein Erdbeben die Halle des großen Buddhas, und der Kopf der Statue fiel herab. Sechs Jahre dauerte es, bis man den Schaden wieder behoben und den Kopf des Daibutsus, den man zum Teil neu gießen mußte, wieder aufgesetzt hatte.

In den bürgerkriegsähnlichen Wirren gegen Ende des 12. Jh. fiel der Daibutsuden einem Brand zum Opfer. Erst nach 1192 wurde der Tempel wieder aufgebaut.

Ursprünglich war die Halle des großen Buddhas im klassischen japanischen Stil (Wa-Stil) errichtet worden; diesmal jedoch entstand sie im sogenannten indischen Stil (Tenjiko-Stil), der sich an der Bauweise der südchinesischen Küstenprovinzen in der Zeit der Sung-Dynastie (960–1278) orientierte. Die Unterschiede betrafen hauptsächlich die Art und Weise, das Stützsystem des Daches zu konstruieren. Außerdem kannte der Tenjiko-Stil bereits standardisierte Bauelemente, so daß man nun im Gegensatz zu früher weniger Arbeitskräfte beim Bau benötigte.

Auch das große Südtor (Nandaimon), das ebenfalls zerstört worden war, baute man

Die Zimmerleute

Bis ins frühe 19. Jh. hinein waren fast 90 Prozent der Fläche Japans mit Wald bedeckt. Diese Holzvorräte beutete man in beträchtlichem Umfang aus, und zwar vor allem zum Bauen. Nur sehr selten errichtete man Bauten aus Stein. Kein Wunder also, daß es zu allen Zeiten in Japan zahlreiche Holzfäller und Zimmerleute gab.

Zunächst standen sie im Dienst des Kaisers, doch organisierten sie sich zunehmend in zunftähnlichen Verbänden und hatten im 15. Jh. bereits weitgehende Unabhängigkeit erreicht. Die Geheimnisse und Techniken ihrer Kunst hüteten sie streng.

Im Werkzeugkasten eines jeden Zimmermanns befanden sich Meißel, kleine Sägen, Hämmer, Äxte, Dechsel, Zangen, Bohrer und vor allem ein Winkel mit Maßeinteilung und eine Maßschnur. Die große Säge war bis ins 15. Jh. hinein unbekannt, ebenso der Hobel, der erstmals um 1600 allgemein verwendet wurde.

Die Zimmerleute, aus deren Reihen auch die berühmtesten und angesehen-

sten Baumeister von Kioto und Nara hervorgingen, waren an jedem Bauwerk beteiligt, ganz gleich, ob es sich um ein gewöhnliches Haus, einen Tempel, ein Kloster oder einen Palast handelte. Bei geläufigen Arbeiten zogen sie oft Ungelernte zur Hilfe heran; bei größeren Projekten unterstand einem Baumeister eine Reihe spezialisierter Handwerker.

Eröffnung einer Baustelle, Zeichnung von Katsushika Hokusa (1760–1849).

Holzbaukunst vor mehr als 1000 Jahren

Die buddhistischen Sakralbauten unterscheiden sich deutlich von denen des Schintoismus, der ursprünglichen Religion Japans. Die schintoistischen Schreinbauten orientierten sich an den urtümlichen Hausbauten, Pfahlbauten mit steilem Satteldach, das weit über die Giebelwand vorkragte und daher durch einen vor der Wand stehenden Pfeiler gestützt werden mußte. Der Schrein von Ise ist das wohl repräsentativste Beispiel für den schintoistischen Tempelbau.

Im Gegensatz dazu lehnt sich der buddhistische Tempelbau in Japan an die Vorbilder an, die Korea und vor allem China boten. Grundmerkmal sind tragende Holzpfeiler, die nicht im Boden verankert sind, sondern auf Stein- oder Holzsockeln

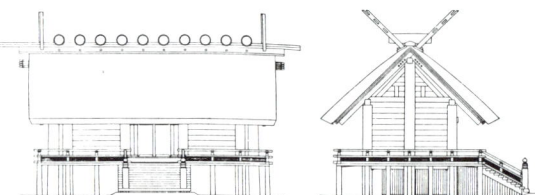

Vorder- und Seitenansicht des Schreins von Ise, eines typischen schintoistischen Tempels.

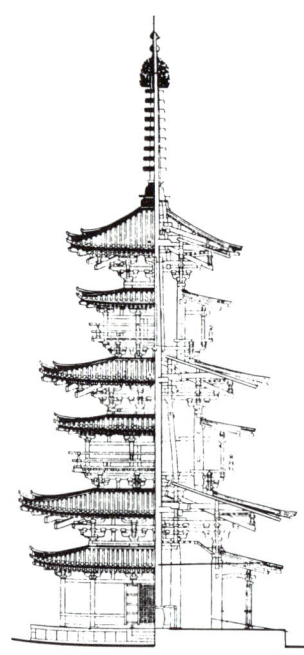

Schnitt der Ostpagode des Yakushijis in Nara (um 730).

ruhen. Die Wände werden nachträglich eingezogen und haben niemals tragende Funktion. Grundsätzlich kann man drei Dachformen unterscheiden: das Satteldach, das Walmdach und das Zeltdach. Gedeckt sind die Dächer meist mit Ziegeln, und die Traufen sind an den Ecken mehr oder weniger stark angehoben, wenn auch nicht in dem Maß wie die chinesischen Vorbilder. Zudem kennt man einfache wie auch mehrstöckige Dachaufbauten.

Da die schintoistischen Heiligtümer nur von den Priestern betreten werden durften, genügten verhältnismäßig kleine Bauten. Die buddhistischen Tempel dagegen standen allen Gläubigen offen, die vor dem Standbild Buddhas beten wollten. Um eine Vielzahl von Menschen aufnehmen zu können, mußten die Hallen also recht groß sein.

Den Haupttempel bezeichnet man japanisch als Kondo (goldene Halle) oder – wie im Todaiji – als

Blick in das Stützsystem des Nandaimons des Todaijis (aus dem 12./13. Jh.).

Daibutsuden (Halle des großen Buddhas); er wird ergänzt durch zahlreiche Nebengebäude, die oft untereinander und mit dem Haupttempel durch überdachte Galerien verbunden sind, sowie durch mehrstöckige Pagoden, turmartige Bauten, in denen man Reliquien aufbewahrte.

Die allgemeinen Merkmale buddhistischer Tempelanlagen blieben im großen und ganzen durch die Jahrhunderte hindurch gleich, auch wenn sich der Baustil, den man eher als Bauweise bezeichnen müßte, änderte. Die Stilunterschiede beruhen hauptsächlich auf einer veränderten Konstruktion des Stützsystems für die Dächer.

Der älteste Baustil ist der Wa-Stil, der japanische Stil, der Narazeit (710–784). Er charakterisiert den Horyuji sowie den ursprünglichen Daibutsuden des Todaijis und ist der Bauweise nachempfunden, die in China zu Zeiten der T'ang-Dynastie üblich war.

Ein besonders schönes Beispiel für die Baukunst dieser Epoche ist die Ostpagode des Yakushijis bei Nara. Dieses insgesamt 44 Meter hohe Bauwerk entstand um 730 und sieht zunächst wie eine sechsstöckige Pagode aus, besteht jedoch aus nur drei Stockwerken mit Scheinzwischengeschossen, die Nebendächer tragen.

Im 12./13. Jh. treten zwei neue, abermals aus China übernommene Baustile auf: der aus der Gegend von Hangtschou stammende Kara- oder chinesische Stil, der hauptsächlich beim Tempelbau der Zen-Buddhisten Verwendung findet, sowie der in den südchinesischen Provinzen beheimatete Tenjiko- oder indische Stil.

Der Tenjiko-Stil benutzt erstmals standardisierte Bauelemente. Das große Südtor (Nandaimon) des Todaijis liefert heute noch ein Beispiel für diesen Stil.

Was sich im Lauf der Zeit veränderte, war der Grundriß der Tempel. Die ursprünglich rechteckige Form des Kondos paßte sich den veränderten Kultformen an und wurde schließlich quadratisch. Die Statue der Gottheit, die ursprünglich ganz hinten in der Halle stand, rückte nun in die Mitte, so daß die rituelle Umschreitung möglich wurde.

---

erneut auf. Es verkörpert den Stil der damaligen Zeit bis heute in unveränderter Form, denn es überstand die folgenden Jahrhunderte ohne weitere Zerstörungen. Dieses zweistöckige Gebäude mit 18 je 19 Meter hohen Pfeilern und mächtigen Querbalken ist das größte Tempeltor Japans.

In den neuerlichen Wirren des 16. Jh. brannte der Tempel des großen Buddhas zum zweitenmal ab, und die Statue des Daibutsus blieb nun mehr als ein Jahrhundert lang den Unbilden des Wetters ausgesetzt, da man nicht über die notwendigen Mittel verfügte, um einen Wiederaufbau in Angriff nehmen zu können.

Erst 1708/1709 rekonstruierte man den Daibutsuden, nun allerdings um etwa ein

Drittel kleiner: Seine Länge beträgt jetzt nur noch etwa 57 Meter, seine Breite 51 Meter und seine Höhe 49 Meter. Die Fassade hat statt ursprünglich elf jetzt lediglich sieben Türöffnungen, und durch die mehr quadratische Form verlor der Bau ein wenig von seiner früheren Eleganz. Aber noch immer stützen insgesamt 60 Innenpfeiler die doppelstöckige Dachkonstruktion. Man senkte die Decke auf eine Höhe von 29,5 Metern ab, und um dem Innenraum etwas mehr Licht zu geben, sparte man in der Fassade in der Mitte des unteren Daches eine große Fensteröffnung aus. Doch obwohl man die gigantischen Ausmaße des Baus verringert hatte: Er war und ist der größte Holzbau der Welt.

1903 ordnete Kaiser Meiji erste Reparaturen an; die Dächer waren nicht mehr dicht, und durch den eindringenden Regen drohten die Holzteile im Innern zu faulen. Doch auf Dauer half nur, die Dächer vollständig zu erneuern, ein Vorhaben, das aber erst in den 70er Jahren in die Tat umgesetzt werden konnte. Fünf Jahre lang arbeiteten 5000 Techniker und Arbeiter mit modernsten Mitteln an dem Unternehmen, das insgesamt 6 Milliarden Yen kostete, eine Summe, die dem durchschnittlichen Jahreshaushalt einer japanischen Kleinstadt entspricht. Man baute Stahlgerüste auf rollenden Brücken, die jeweils 720 Tonnen wogen, und legte rund um den Daibutsuden Fundamente, die diesen Überbau tragen konnten. 125 000

Die riesige Bronzestatue im Daibutsuden verkörpert den allgegenwärtigen, universalen Buddha Vairocana. Um eine Pockenepidemie, die schon längere Zeit das Land heimsuchte, zum Stillstand zu bringen, hatte Kaiser Shomu 743 gelobt, diese Statue und einen entsprechenden Tempel zu errichten. 752 konnte der Kaiser die 16 m hohe Statue weihen.

Der Guß des großen Buddhas

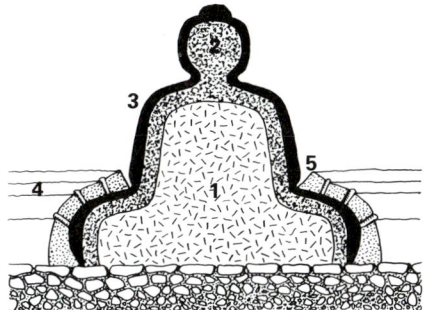

Der Bronzekoloß des Daibutsus im Haupttempel des Todaijis wurde nach der Methode der verlorenen Form gegossen. Man hat wohl zunächst einen Kern aus Erde, Stein und Holz gebaut (1) und ihn mit feuerfestem Material, Erde oder Ziegeln, bedeckt (2). Darüber modellierte man dann aus Wachs die Figur der Statue (3). Diese Wachsschicht bedeckte man erneut mit feuerfestem Material, das durch Terrassen (4), die man für die Bronzegießer gebaut hatte, festgehalten wurde. Abschnittweise goß man dann durch Löcher die flüssige heiße Bronze (5), die das Wachs zum Schmelzen brachte, so daß es auslief. War die Bronze abgekühlt und fest geworden, entfernte man die äußere Schicht feuerfesten Materials und konnte die Statue nun nacharbeiten.

Ziegel benötigte man, deren Gesamtgewicht 2300 Tonnen betrug; hätte man sie übereinandergestapelt, hätten sie die Höhe des Fudschijamas (3776 Meter) übertroffen.

Trotz aller Änderungen, die man im Lauf der Jahrhunderte an der Halle des großen Buddhas im Todaiji vorgenommen hat, hat der Daibutsuden nichts von seiner Faszination eingebüßt. In Nara wetteifert er allerdings mit einem anderen berühmten Tempel, der 607 erbauten Haupthalle des Horyujis. Dieser buddhistische Tempel hat zwar bescheidenere Ausmaße, kann dafür aber einen anderen Superlativ für sich in Anspruch nehmen: Er ist das älteste erhaltene Holzbauwerk der Welt.

Fontenay
Die ersten Klöster
der Zisterzienser in Burgund

Es begann in der Wüste. In jener geheimnisvollen Welt, wo das Schweigen und die Einsamkeit herrschen, entstand das christliche Mönchtum. Berauscht vom wahren Glauben und durchdrungen von asketischen Idealen, zogen zu Beginn des 4. Jh. fromme Männer in die Wüsten Ägyptens, Syriens und Palästinas, um dort unter großen Entsagungen als Eremiten oder Anachoreten (Zurückgezogene) zu leben. Und aus den heißen Wüsten des Orients gelangten diese Ideen des Mönchtums und der klösterlichen Gemeinschaft in der Folgezeit ins Abendland.

Zu Beginn des 12. Jh., das die Blütezeit des romanischen Christentums erlebte, war das Mönchtum noch sehr jung, dafür aber voller Tatendrang. Nach Askese dürstend, brachen die Mönche mit der Gesellschaft ihrer Zeit, zogen aus, um Gott zu suchen, gingen ins Exil. Ihre Wüsten waren die Wälder. Sie wollten die Ärmsten der Armen sein, sie besaßen nichts – nichts als ihre Hände. Und diese strengen und einfachen Mönche, diese Inbrünstigen erwiesen sich als unermüdliche Arbeiter. Sie rodeten Wälder und machten Land urbar, wo es nur möglich war, sie legten Sümpfe trocken und verjagten das Fieber, sie bebauten Felder und legten Weiden an. Sie erlernten zahlreiche Handwerke und versuchten sich als Bauern, um die Bedürfnisse ihrer kleinen Gemeinschaften befriedigen zu können. Sie arbeiteten als Schnitter, Winzer, Hirten, Müller, Fuhrleute, Töpfer, Weber, Gerber, Schmiede und Zimmerleute, aber auch im Steinbruch als Steinmetzen, Maurer und Architekten. Denn in den undurchdringlichen Wäldern bauten sie überall ihre Klöster und überzogen mit ihren fremdartigen Bauwerken – nackt, schmucklos und farblos – das christliche Abendland. In diesem nach außen hin abgeschotteten Lebensraum schlossen sie sich ein, psalmodierten von der Frühmesse bis zum Nachtgebet, achtmal am Tag, im großen Schweigen der Bäume und kehrten dann zu ihrem eigenen, noch unermeßlicheren Schweigen zurück. Allem Weltlichen entzogen, strebten sie in der Einsamkeit nach Vollkommenheit.

Es waren die ersten Zisterzienser, Mönche und Laienbrüder, die in die Einöden zogen. Strenger als viele andere legten sie die Klosterregeln aus und lebten danach. Ihr Aufbegehren im Namen der Demut und Askese gegen die etablierte Welt von Cluny sollte die alte benediktinische Welt erschüttern. Vor allem als Baumeister entwickelten sie einen einzigartigen Baustil, nur auf einem Prinzip gegründet: auf dem Prinzip der absoluten Strenge und Einfachheit. Diese sich jede Bauzier versagende Architektur entsprach der zisterziensischen Lebensauf-

Zwei Laienbrüder roden das Land: Sie bearbeiten einen gefällten Baumstamm (Initial Q aus einer Handschrift des Klosters Cîteaux; 12. Jh.).

fassung. So entstand eine bis dahin unbekannte Sakralkunst, die romanische und später gotische Stilelemente zu unverwechselbar zisterziensischen Bauten vereinte. In Fontenay zeugt jeder Stein vom Geist des heiligen Bernhard, des großen Abtes von Clairvaux. Mit seinem unbeugsamen Willen und seiner überwältigenden Überzeugungskraft hat er Ordensgeschichte geschrieben. Das 12. Jh. ist sein Jahrhundert und das des Zisterzienserordens.

Fontenay ist ein Ort der Askese inmitten einer grünen Landschaft. Dieser burgundische Wald, dicht und buschig, üppig und von verborgenen Pfaden durchzogen, säumt das schmale, zum Sonnenuntergang offene Tal und schließt die Abtei von allen Seiten heute noch genauso ein wie in den ersten Tagen. Der Blick wird begrenzt von einer Wand von Bäumen – ein undurchsichtiges Wogen im Sommer, gold und purpurn, wenn die Nebel sie verwischen, phantastisch geschmückt an Rauhreifmorgen. Eine Enklave in der Abgeschiedenheit, in der das Schweigen nur unterbrochen wird vom friedlichen Murmeln des fließenden Wassers. Singende Quellen, große Bäche mit Forellen, Wasserfälle, Kanäle: überall klares, kaltes Wasser in Hülle und Fülle. Der Name der Abtei (*Fontenatum* = das aus den Quellen Entstandene) erinnert bildhaft daran, daß sie am Zusammenfluß zweier Bäche erbaut worden ist, am Schnittpunkt zweier feuchter Täler, mitten im Moor.

Die Zeit scheint stillzustehen in der von der Vorsehung geschützten Lichtung. Im Wechsel der Jahreszeiten demonstriert dieser einsame Ort Harmonie zwischen Natur und Mensch – das Ideal des mittelalterlichen Mönchtums. Die Klosteranlage ist verlassen, seit der Französischen Revolution ohne Mönche. Doch diese außergewöhnliche Abtei, dieses Muster eines Zisterzienserklosters, ist eine der ältesten und am vollständigsten erhaltenen Abteien des Ordens. Unter der Schirmherrschaft des Bischofs von Autun gründete Bernhard von Clairvaux gemeinsam mit zwölf Mitbrüdern am 26. Oktober 1119 das Kloster Fontenay. Das Land hatten seine beiden Onkel mütterlicherseits, Raynard von Montbard und Gaudry von Touillon, gestiftet. Das Amt des Abts von Fontenay vertraute Bernhard bald seinem Vetter Gottfried von Rochetaillée an.

Die Klostergründungen im Herzogtum Burgund verliefen damals alle ähnlich. Man kann sich das Geräusch der Axt vorstellen, die die Stämme schlägt, das rhythmische, trotzige, geduldige Hauen, das Krachen der fallenden Bäume – und schon wird die Vergangenheit wieder lebendig.

„Es war eine schreckliche Einöde, unbebaut, bewaldet, eine Zuflucht wilder Tiere, in deren Nähe sich Menschen nie gewagt hätten. Gerade weil dieser Ort unzugänglich war und allen Schrecken einflößte, erschien er diesen Männern als sehr geeignet für ihr Vorhaben. Mit Billigung des Bischofs und Erlaubnis des Grundherrn machten sie sich ans Werk, rodeten unverzüglich das Gelände, beseitigten Bäume, Brombeergestrüpp und Buschwerk, das dort wucherte, und begannen mit dem Bau des Klosters …" Das Gründungsdatum der Abtei von Cîteaux, Mutterkloster des Zisterzienserordens, fällt in das Jahr 1098. Zusammen mit 20 Glaubensgefährten ließ sich der Benediktinerabt Robert von Molesme in dem Ort in der Saône-Ebene nieder, um in der unwegsamen Einsamkeit ein Klosterleben nach den strengen Mönchsregeln zu führen. Das Land, ein Geschenk seines Vetters, des Vizegrafen von Beaune, lag versteckt im Wald am Ufer eines Flusses. Der Name Cîteaux (Cistercium) rührt wahrscheinlich von einem alten Meilenstein der Römerstraße zwischen Chalon und Langres her *(cis tercium lapidem miliarum)*. Die klösterliche Gemeinschaft nannte sich jedoch in den ersten Jahren noch *novum monasterium* – Neues Kloster.

Das Neue Kloster war aus Holz gebaut und glich den zahlreichen Waldeinsiedeleien jener Zeit. Hütten aus Binsen und Astwerk, ähnlich denen der Holzfäller und Köhler, scharten sich um ein primitives Oratorium. Doch 1106 wurde eine Kapelle aus Stein geweiht: Ihr einziges Schiff war 15 Meter lang und 5 Meter breit. Die erste Kirche von Cîteaux entstand erst 1140 unter der Leitung des Mönchs Achard.

Unter der strengen Aufsicht der ersten beiden Äbte, Alberich (1099–1109) und Stephan Harding (1109–1133), nahm der Orden Gestalt an. Alberich führte eine neue Kleiderordnung ein: Um sich von der schwarzen Ordenskleidung der Cluniazensermönche zu unterscheiden, trugen die Zisterzienser Weiß; das Gewand wurde aus ungebleichter Schafwolle hergestellt, die Kapuze darüber blieb schwarz. Der Orden verpflichtete seine Mitglieder zu körperlicher Arbeit und gestattete es, in die Gemeinschaft auch Laienbrüder – sogenannte Konversen – aufzunehmen, die den Mönchen bei der Arbeit zur Hand gingen. Stephan Harding, ein angelsächsischer Adliger, erweiterte in den 24 Jahren seiner Führung des Klosters das Regelwerk und legte mit seiner

Schrift *Charta caritatis* (1119) den Grundstein für den Erfolg des Ordens.

In den Wäldern von Burgund und der Champagne entstanden in rascher Folge vier Tochterklöster von Cîteaux. Mai 1113: La Ferté in der Diözese Chalon im Tal der Grosne. Mai 1114: Pontigny in der Diözese Auxerre an den Ufern des Sereins unter der Schirmherrschaft des Grafen von Champagne. Juni 1115: Clairvaux in der Diözese Langres am Ufer der Aube unter der Schirmherrschaft des Grafen von Troyes.

Der 25jährige Bernhard von Clairvaux wurde erster Abt des neuen Klosters von Clairvaux. Als junger Ritter war er im Frühjahr 1112 zusammen mit 30 Adligen aus seinem Verwandten- und Freundeskreis in die Klostergemeinschaft Cîteaux eingetreten. Seine klösterliche Askese betrieb er mit so radikalem Ernst, daß Abt Stephan Harding ihn schon drei Jahre nach seinem Eintritt in den Zisterzienserorden für geeignet hielt

Luftbild der Abtei Fontenay. Dieses Meisterwerk der Baukunst ist die am besten erhaltene Klosteranlage der Zisterzienser in Burgund.

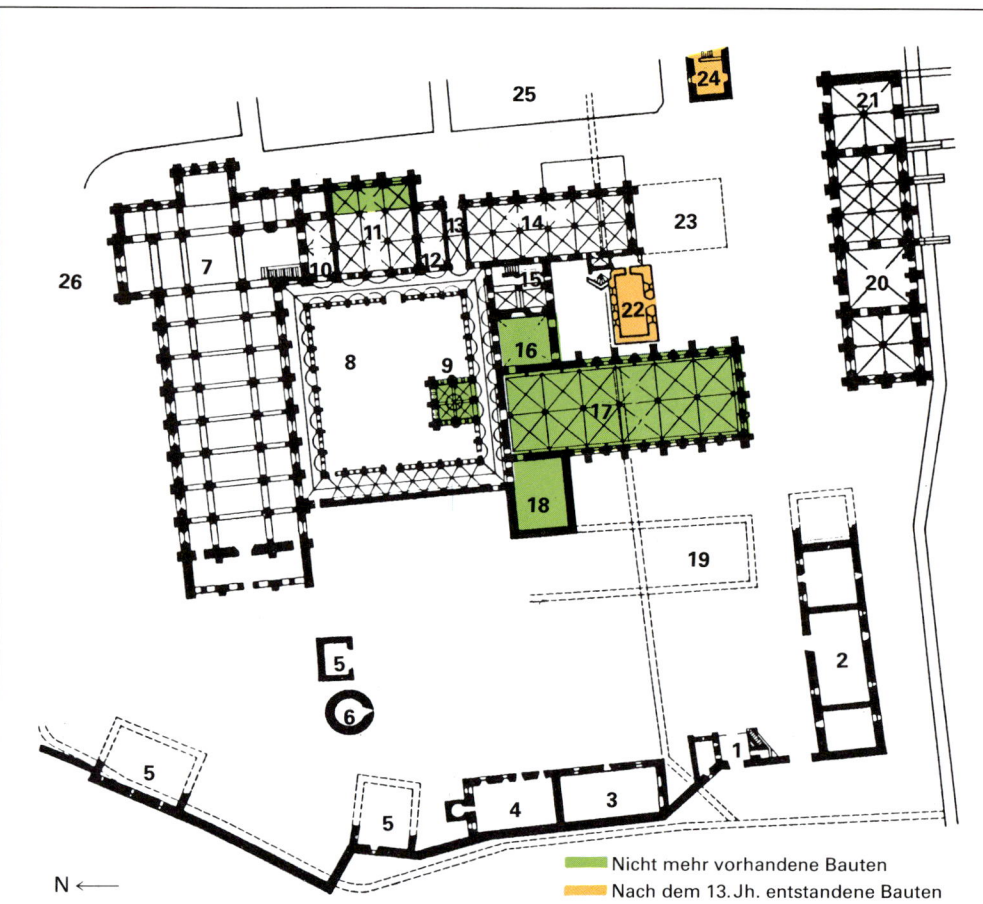

Nicht mehr vorhandene Bauten
Nach dem 13. Jh. entstandene Bauten

N ←

Die Abtei Fontenay ist ein typisches Beispiel zisterziensischer Klosteranlagen. Der Grundriß orientiert sich an dem Idealplan der Abtei Clairvaux, nach dem seit dem frühen 12. Jh. in ganz Europa die Klöster dieses Reformmordens entstanden.

Nach diesen verbindlichen Normen wurden die Gebäude der Abtei um den Kreuzgang angeordnet. Alles, was zum Leben der Klostergemeinschaft nötig war, hatte seinen Platz innerhalb der Mauern der Abtei. Es galt, die Selbstversorgung dieser Gemeinschaft zu sichern. Die Zisterziensermönche achteten im übrigen auch darauf, praktisch, sparsam und dauerhaft zu bauen.

1. Tor- und Pförtnerhaus, im 15. und 17. Jh. umgebaut. 2. Gästehaus, reserviert für durchreisende Fremde und Gäste von Rang. 3. Kapelle für Fremde. 4. Metzgerei. 5. Wirtschaftsgebäude; im 15. Jh. waren darin auch die Hundezwinger der Herzöge von Burgund untergebracht. 6. Taubenschlag. 7. Abteikirche: Gesamtlänge 66 Meter; Breite des Schiffes 8 Meter, mit Seitenschiffen 19 Meter; Länge des Querschiffes 30 Meter; Höhe der Gewölbe 16,7 Meter. 8. Kreuzgang: 38 × 36 Meter. 9. Brunnenhaus. 10. Sakristei. 11. Kapitelsaal; der östliche Teil ist wahrscheinlich beim Brand von 1450 zerstört worden. 12. Auditorium. 13. Verbindungsgang zwischen Kloster und Garten. 14. Großer Mönchssaal. 15. Kleiner Wärmeraum. 16. Großer Wärmeraum. 17. Refektorium (Speisesaal), 1745 zerstört. 18. Küche, 1745 zerstört. 19. Keller. 20. Schmiede; Fontenay ist die einzige unter den Zisterzienserabteien, deren mittelalterliche Schmiede erhalten geblieben ist; sie gilt als die älteste in Europa. 21. Mühle. 22. Gefängnis, im 16. Jh. angebaut. 23. Fischteich. 24. Krankensaal, im 17./18. Jh. umgebaut. 25. Garten, in dem die Mönche Heilkräuter anpflanzten. 26. Friedhof der Abtei.

Fest verwurzelt im Herzogtum Burgund, ihrem Kernland, bauten die Weißen Mönche ihre anspruchslosen und schlichten Klöster – und entsprachen damit dem Armutsideal des abendländischen Mönchtums, sich jeden irdischen Besitz zu versagen. So war Burgund bereits zum zweitenmal in seiner Geschichte Ausgangspunkt für eine Erneuerung der abendländischen Christenheit geworden. Das erstemal war es Cluny gewesen, das nach 910 versucht hatte, das benediktinische Mönchtum zu reformieren. Die cluniazensische Bewegung wandte sich damals gegen die zunehmende Verweltlichung des Klosterlebens, forderte eine strengere Mönchszucht, unbedingten Gehorsam gegenüber dem Abt und weniger Einfluß der Grafen, Herzöge und anderer weltlicher Herrscher.

Doch nach zwei Jahrhunderten hatte sich die cluniazensische Erneuerungsbewegung erschöpft. Und schlimmer noch: Gegen Cluny, das den Gipfel seiner weltlichen Macht und geistlichen Ausstrahlung erreicht hatte, erhoben sich nun Cîteaux, die Zisterzienser und mit ihnen, auf einzigartige Weise, ihr Abt Bernhard von Clairvaux.

Das unmittelbar Neue von Cîteaux lag in seinem Geist und in der Lebensweise dieser Gemeinschaften. Das zisterziensische Prinzip war einfach, aber tiefgreifend: Es galt, den rechten Weg wiederzufinden, um das ewige Heil zu erlangen, den Mönchsstand in seiner ursprünglichen Reinheit wiederherzustellen, also das Regelwerk zu bereinigen, das der heilige Benedikt von Nursia, der Vater des abendländischen Mönchtums, verfaßt hatte. Diese Regeln waren sechs Jahrhunderte alt und von einer klugen Ausgewogenheit. Die Zisterzienser hielten sie nicht für überholt und überflüssig – im Gegenteil, sie waren aber der Meinung, daß die benediktinischen Regeln sich im Lauf der Jahrhunderte von der ursprünglichen Zielsetzung entfernt hätten und von den cluniazensischen Mönchen verfälscht, teilweise sogar in ihr Gegenteil verkehrt worden seien. Anspruch und Wirklichkeit stimmten nicht mehr überein. Die Klostergemeinschaft – so die Forderung der Zisterzienser – müsse wieder mehr auf die strikte Einhaltung der Ordensregeln achten. Die Mönche sollten nach den Geboten des Evangeliums leben: Einfachheit und Armut. Damit hatte das kleine und junge Cîteaux dem großen und bedeutenden Cluny den Fehdehandschuh hingeworfen.

Diese mächtige burgundische Abtei, auch als das zweite Rom apostrophiert, hatte eine erstaunliche Entwicklung erlebt. Cluny stand an der Spitze eines gewaltigen monastischen Imperiums, herrschte über rund 1500 Abteien mit über 10 000 Mönchen, besaß unermeßlichen Grundbesitz und brachte zahlreiche Päpste hervor. Cluny hatte die

und ihn beauftragte, Clairvaux zu gründen und das finstere Tal der Aube in ein *clara vallis* (klares Tal) zu verwandeln. Der heilige Bernhard – eine unvergleichliche Persönlichkeit – gilt als der wahre Vater des Zisterzienserordens. Die Weißen Mönche entfalteten während der bernhardinischen Zeit bis zu seinem Tod 1153 eine rege Tätigkeit in ganz Europa.

Noch im selben Jahr, 1115, gründeten Zisterziensermönche als vierte Tochter Kloster Morimond im Bassigny in der Diözese Langres. Die vier Tochterklöster wiederum wurden selbst aktiv und gründeten in der Folgezeit rasch eigene Abteien. So verließen immer mehr Mönche in Gruppen – in der Regel waren es zwölf – unter Führung eines Abtes die Klöster, um sich in der Einöde niederzulassen. Die Ideen des Reformmordens verbreiteten sich rasch.

Das Kirchenschiff von Fontenay. Gegenüber der Prachtentfaltung der Abteikirche von Cluny ist die zisterziensische Architektur karg und auf das Allernotwendigste beschränkt.

größte Kirche des Abendlandes gebaut, ein Wunderwerk von 187 Meter Länge und unerhörter Üppigkeit. Cluny zelebrierte die aufwendigsten Messen und versank in einer prunkvollen Liturgie. Doch gerade seine Erfolge wurden ihm zum Verhängnis. Sie waren die Ursache des allmählichen Niedergangs und des Abweichens vom rechten Weg. Und diese Üppigkeit, dieser Prunk bereiteten schließlich einigen Klerikern große Sorgen. In ihren Augen hatte Cluny das monastische Ideal auf skandalöse Weise verfälscht. Es waren aufrührerische Cluniazenser, Dissidenten, die Cîteaux gründeten.

Cîteaux entstand in bewußtem Gegensatz zu Cluny. Dem Absoluten verschrieben, bekämpfte und entlarvte Cîteaux die Macht, die Mißbräuche, die nutzlosen Reichtümer, den anmaßenden Luxus, die Verderbtheit, die Abweichungen. Mit eindringlichen Worten verdammte der heilige Bernhard diese unmäßige Prachtentfaltung. Sein radikales Asketentum ist in seiner berühmten *Apologie an Wilhelm von Saint-Thierry* von 1125 vollständig zusammengefaßt. Der empörte Abt von Clairvaux ächtet, geißelt und brandmarkt darin die Sitten von Cluny. Und die bittere Auseinandersetzung mit dem Cluniazenser Petrus Venerabilis spiegelt all die Gedanken wider, die ihn bewegten – am stärksten den Gegensatz zwischen den beiden größten monastischen Institutionen Burgunds.

Die Zisterzienser waren nicht die einzigen, die zur Besinnung aufriefen und die mönchische Tradition gewahrt wissen wollten. Die Wende vom 11. zum 12. Jh. war eine Zeit des Auf- und Umbruchs in Europa. Weitere Reformorden entstanden: Bruno von Köln gründete den Eremitenorden der Kartäuser (1084) in der französischen Alpenlandschaft bei Grenoble. Norbert von Xanten rief die Prämonstratenser ins Leben (1120). Ihr Kloster liegt in Prémontré bei Laon. Bereits 1012 hatte der heilige Romuald den Camaldulenserorden gestiftet. Das Mönchtum erlebte einen ungeahnten Aufschwung. Der Zulauf war groß, von überall her kamen sie, aus allen Schichten der Bevölkerung.

So gesehen, war der Abt von Clairvaux kein Revolutionär. Der kultivierte, beredte, scharfzüngige Mann war vielmehr ein Erzkonservativer, der die bestehende feudale Ordnung verteidigte. Er erschien einfach zum richtigen Zeitpunkt. Und er übte einen bestimmenden Einfluß auf seine Zeitgenossen aus. Das Schicksal des Zisterzienserordens hing von dieser Leitfigur ab, die unermüdlich die Erneuerung vorantrieb, nach der die mittelalterliche Gesellschaft strebte. Dem großen Schauspiel von Cluny aber, dem allzu offenkundigen Materialismus der schwarzen Äbte setzte er letztlich nichts entgegen als einen Traum. Einen flüchtigen Traum, denn vom Ende des 12. Jh. an erlebte Cîteaux auf seine Weise das gleiche Geschick wie Cluny. Die Weißen Mönche entwickelten sich zu Großgrundbesitzern und wurden gewinnsüchtig. Der Verfall hatte im 13. Jh. bereits eingesetzt; die Reformbewegung war zu Ende. Was übrigblieb aus jenen Tagen des Aufbruchs, waren die steinernen Zeugen zisterziensischen Lebens. In der Abtei von Fontenay, erbaut nach den Vorstellungen des heiligen Bernhard, lebt der Geist des 12. Jh. fort.

Schwere Ochsengespanne hatten damals unablässig Karren voll mit Steinen über die alten Transportwege durch den Wald vom etwa 20 Kilometer entfernten Steinbruch von Chassignelles bis zur Baustelle von Fontenay gezogen. Dort in Chassignelles beschafften die Steinbrucharbeiter das Material für das Heiligtum: einen schönen, echten Kalkstein, zart, leicht rosa gesprenkelt und feinkörnig. Die Steinblöcke wurden auf die Karren geladen. Die Steinmetze und Maurer nahmen sie in Empfang. Zusammen mit dem Sägewerk arbeiteten an die hundert Menschen auf der Lichtung. Alle drei Stunden unterbrach man die Arbeit, um zu beten und zu psalmodieren. Während der übrigen Zeit war nur der Lärm der Werkzeuge zu hören.

Die Fundamente waren seit einigen Monaten gelegt. Dies hatte gewaltige Erdarbeiten erfordert, doch es waren nur eine Handvoll Männer gewesen, die sich mit Hacke und Schaufel in Schmutz und Kälte abgemüht hatten. Zuvor hatten die Mönche das Wasser bändigen müssen, das den Grund des Tales überschwemmte und die Lebensgrundlage bildete. Man mußte ein kompliziertes Netz von Kanälen einrichten, die von Bächen und Quellen aus der Nähe gespeist wurden. Sie bildeten unter den Gebäuden der Abtei ein unterirdisches Labyrinth. Zwei große Deiche hatte man gebaut, aus Erde aufgeschüttet und mit Steinen vermauert; sie sperrten die beiden Talmulden ab und schützten die Abtei, die etwas tiefer lag. Den Bach hatte man flußaufwärts auf mehreren Stufen gestaut und kleine Dämme und Mühlen gebaut.

So, wie die Zisterzienser die Regel des heiligen Benedikt wiederaufgegriffen hatten, kamen sie auch auf die traditionelle Anlage des Benediktinerklosters zurück. Nur einige Systematisierungen hatten sie eingeführt, um den Bau zu erleichtern und zu vereinheitlichen. Als erstes errichtete man die Abteikirche, einen Steinbau. Die Klosterkirche in Fontenay entstand mit großer finanzieller Unterstützung eines Engländers, des Bischofs Eberhard von Norwich, der in dieser entstehenden Abtei Zuflucht gesucht hatte und später als auf sein Seelenheil bedachter Mäzen seinen gesamten persönlichen Reichtum in sie investierte.

Die Rodung hatte den recht engen Talgrund freigelegt. Die Hütten aus geflochte-

Die romanischen Arkaden im Spiel von Licht und Schatten verleihen dem Kreuzgang Ruhe und Erhabenheit. Als Mittelpunkt des Klosters diente er den Mönchen als Wandelgang, zum Lesen und zur Meditation.

Das Europa der Zisterzienser

Baustelle des Klosters Maulbronn in Baden-Württemberg, 1147 gegründet.

„Der große Baum von Cîteaux wuchs wunderbar: In weniger als einem Jahrhundert erreichten seine Verzweigungen die Grenzen der Christenheit." In der Tat, der neue Orden verbreitete sich rasch über ganz Europa, und seine Mönche gründeten von Norwegen bis Sizilien, von Irland bis Polen und bis ins fränkische Syrien hinein neue Klöster.

1153, im Todesjahr des Bernhard von Clairvaux und 55 Jahre nach der ersten Gründung, gab es bereits 344 Zisterzienserabteien. Um 1300 waren es etwa 700. Zwischen 1125 und 1151 wurden jedes Jahr im Durchschnitt elf Abteien gegründet – ein Rekordzuwachs.

Dem Mutterhaus Cîteaux und seinen vier Tochterklöstern – La Ferté, Pontigny, Clairvaux und Morimond – stand es frei, überall im Abendland ihre Ordensniederlassungen zu gründen. Von diesen fünf Klöstern ist Clairvaux das bedeutendste: 1153 hatte es 166, Ende des 13. Jh. bereits 346 neue Klöster gegründet. An zweiter Stelle steht Morimond mit 185 Neugründungen, meist in Mittel- und Osteuropa. Cîteaux kommt mit seinen Tochterklöstern erst an dritter Stelle (128), und am Schluß rangieren die Ordensniederlassungen von Pontigny und La Ferté.

Von 1120 an verließ der junge Orden seinen engen burgundischen Wirkungskreis und wendete sich nach Italien: In Ligurien entstand Tiglieto, 1134 folgte Morimondo und 1135 Chiaravalle bei Mailand.

Zur gleichen Zeit zogen die Weißen Mönche durch Deutschland. 1123 entstand als erstes Zisterzienserkloster Kamp am Niederrhein; diese Tochter von Morimond gründete selbst weitere 13 Abteien. Auch in England faßte der Orden Fuß: 1128 wurde Waverley in Surrey, eine Tochter von Cîteaux, gegründet. Clairvaux folgte mit Rievaulx (1132) und Fountains (1132) in Yorkshire.

In den Jahren 1130–1140 gründeten die Zisterzienser ein Kloster nach dem anderen in Belgien, der Schweiz, in Österreich und Jugoslawien. Zwischen 1140 und 1150 kamen sie nach Spanien, Portugal, Irland, Dänemark, Schweden, Norwegen, Polen, Böhmen und Ungarn, dann nach Zypern und ins Heilige Land, wo sie 1157 die Abtei Belmont ins Leben riefen.

Die Weißen Mönche, so benannt nach ihrer weißen Tracht, haben einen großen Einfluß auf die Baukunst ihrer Zeit ausgeübt. Und oft waren es immer wieder dieselben Baumeister, die die zisterziensi-

Längsschiff der Kirche von Alcobaça in Portugal (Mitte des 12. Jh.).

schen Abteien errichteten. Dies gilt besonders für die Baumeister von Clairvaux. Vor allem ihnen ist die erste burgundische Gotik zu verdanken, die noch vom romanischen Stil – archaisch und sehr erdnah – geprägt ist. Im Lauf der Jahre entwickelte sich der zisterziensische Baustil weiter: Immer häufiger verwendete man das Kreuzrippengewölbe – Fontenay ist eines der ersten Beispiele.

Die Missionare der gotischen Kunst, wie man die zisterziensischen Baumeister nannte, haben die Technik der Kreuzrippe über ganz Europa verbreitet. Dennoch muß man betonen, daß ihre willentlich vereinfachte und schmucklose Bauweise nicht mit der Entwicklung der Kathedralgotik Schritt gehalten hat, daß sie auf die Wiederholung weniger Formen beschränkt blieb und durch den Willen eines Bernhard von Clairvaux genormt und damit stereotyp wurde. Darin liegen sicher die Grenzen der Zisterzienserarchitektur, aber auch ihre Besonderheit und große Schönheit.

Brunnenhaus des Klosters Poblet in Katalonien, 1150 gegründet.

Die gewaltigen Ruinen des Klosters Fountains in Yorkshire, das 1132 gegründet wurde. Die Kirche war einst eine der größten des Zisterzienserordens.

nem Reisig und die provisorische Kapelle gruppierten sich am Fuß des Südhangs. Gegenüber, auf der Nordseite, hatte der Baumeister, der wie so viele andere der Beteiligten auch unbekannt ist, den Grundriß des Gotteshauses abgesteckt. Sehr gut konnten die anwesenden Mönche das große Kreuz erkennen, das das Querschiff mit dem Langhaus und der Apsis bildete.

Die Mauern der Kirche wuchsen rasch in die Höhe. Innerhalb von acht Jahren, 1139–1147, konnte man den Bau fertigstellen. Diese recht kurze Bauzeit erklärt die außerordentliche architektonische Geschlossenheit der Kirche. Der Boden war noch aus gestampfter Erde; die Fliesen wurden erst später gelegt. Doch die Einweihung fand mit großem Pomp am 21. September 1147 statt. Bernhard von Clairvaux war anwesend, ebenso der Zisterzienserpapst Eugen III., zahlreiche Kirchenfürsten und eine ungewöhnlich große Menschenmenge. Alles drängte sich in der zum Bersten vollen Kirche.

Sie war wie alle Zisterzienserkirchen der Jungfrau Maria geweiht. Das einfache Ge-

bäude von 66 Meter Länge und fast 17 Meter Höhe wirkt gedrungen, wie im Boden verwurzelt, und mutet ländlich an – darum haben Kunsthistoriker sie als „Scheunenkirche" bezeichnet. Kunstvoll spielt der Bau mit dem Licht. Fünf Fenster im Chor und sieben in der Westfassade lassen die Sonnenstrahlen in das karge Innere fallen. Das Tonnengewölbe über den Gurtbogen ist besonders gelungen.

Doch diese Abteikirche ähnelt nicht den großen Kirchenbauten jener Epoche. Kein großes Portal mit Skulpturen, kein Glokkenturm und keine Vierungskuppel. Ein rechteckiger, flacher Chor statt des harmonischen Halbkreises der romanischen Apsis. Keine Krypta und keine Reliquie. Die Fenster sind nur einfache geometrische Muster in Grau; Farben und Figuren fehlen. Skulpturen gibt es ohnehin nicht. Kapitelle und Sockel sind glatt, nur mit großen, flachen, steifen und strengen Blättern geschmückt, Symbol des Schweigens. In einer Zeit, wo man die kleinsten Skulpturen bemalte, wo man alles – Fensterumrahmungen, Säulen, Gesimse – für Malereien und ornamentale

Der Kapitelsaal mit Kreuzrippengewölbe und Gurtbogen. Jeden Tag versammelten sich hier nach dem ersten Stundengebet die Mönche, um ein Kapitel aus der Ordensregel zu lesen und die täglichen Aufgaben zu verteilen.

Ausschmückungen von großer Leidenschaftlichkeit nutzte, da müssen die großen, kahlen Kirchenschiffe der Zisterzienser wie Kultstätten aus einer anderen Welt gewirkt haben.

Von dieser ganzen Kunst, dieser verschwenderischen Fülle von ornamentaler Ausgestaltung wollte Bernhard von Clairvaux nichts wissen. Auch in diesem Punkt kann man die einzigartige Größe, die moralische Strenge des Mannes ermessen. Angesichts des Formenreichtums romanischer Baukunst gab er allein einer Architektur der Kargheit den Vorzug, die seinem Willen zur geistlichen Erneuerung entsprach – einer „armen" Kunst, deren Reichtum auf den ersten Blick eher unscheinbar wirkt. Es handelte sich dabei keineswegs um eine Revolu-

Le Corbusier und die Klosterarchitektur

Ist es möglich, sich in unserem so rastlosen Jahrhundert ein Kloster, einen Ort der Ruhe und Besinnung, vorzustellen? Wie muß ein solcher Zufluchtsort gestaltet sein, will er über die herkömmlichen Formen hinausweisen? Hier wie in anderen Dingen wirkte Le Corbusier (1887–1965) als Erneuerer. Und der Architekt der „Wohnmaschinen" hat sich mit Begeisterung der Planung und dem Bau des Dominikanerklosters Sainte-Marie de La Tourette in Eveux-sur-l'Arbresle (Rhône) gewidmet, das am 19. Oktober 1960 eingeweiht wurde.

Die Corbusière, wie man diese einzigartige Schöpfung in Frankreich nennt, ist ein gelungenes und eindrucksvolles Werk, bei dem sich Phantasie mit absoluter Strenge verbindet. Drei Jahre lang beschäftigte sich Le Corbusier gedanklich mit dem Projekt. Fasziniert vom Standort – einer Wiese am Hang, umsäumt von Bäumen, inmitten einer hügeligen Landschaft –, versuchte er, die Pläne mit den Anweisungen Pater Couturiers in Einklang zu bringen. Der Ordensbruder hat ihm den tieferen Sinn der Regeln des Dominikanerordens nahegebracht und ihm darüber hinaus geraten, in die Provence zu fahren und die 1136 gegründete Zisterzienserabtei Le Thoronet zu studieren.

Am 7. August 1956 begannen die Bauarbeiten. Drei Jahre später war das Kloster fertiggestellt. Als letztes Gebäude war die Kirche im Norden entstanden: ein hoher, lichtdurchlässiger, festungsartiger Quader von vollkommener Schlichtheit mit Wänden aus Schalbeton.

Le Corbusier hat im Kern auf die traditionelle Klosteranlage zurückgegriffen, das alte benediktinische und zisterziensische Schema, das er jedoch auf seine Weise erneuerte und in einem recht außergewöhnlichen Bau verwirklichte. In vieler Hinsicht erscheint La Tourette als eine Synthese der Gedanken, die Le Corbusier sein ganzes Leben lang beschäftigt haben. Er hat hier mit Meisterschaft und Erfindungsgeist die fünf wesentlichen Merkmale berücksichtigt, die er 1920 für den Bau von „Wohnmaschinen" (Ein- oder Mehrfamilienhäuser) definiert hatte: freier Grundriß, freie Fassade, breite Fenster, Säulen und Dachgarten. Und er hat das Gebäude nach dem überaus genauen und festgelegten Maßsystem ausgeführt, das er entwickelt hat: dem Moduler, einem auf dem Goldenen Schnitt beruhenden Proportionsschema.

Das Kloster von La Tourette kann etwa hundert Mönche beherbergen; es ist ein Viereck aus Beton auf einer Anhöhe über dem Tal der Arbresle. Es ist an drei Seiten dem offenen Gelände zugewandt und hat fünf Stockwerke, die auf jeder Seite des Gebäudes verschieden sind. Über den Säulen und den Küchen liegen in der zweiten Etage die traditionellen Klosterräume: Kreuzgang, Kapitelsaal, Refektorium (Speisesaal). Im dritten Stock liegen Unterrichtsräume, Studierzimmer und die Bibliothek. Die letzten beiden Etagen bestehen aus Zellen von einheitlicher Größe: 2,26 Meter hoch; 1,86 Meter breit und 6 Meter lang. Diese Zellen sind alle nach außen hin geöffnet durch vorgebaute Loggien mit Sonnenschutz. Der einzige direkte Bezug zu Le Thoronet ist die auffällige Pyramide auf der Kapelle, inspiriert vom Glockenturm der Abtei.

Allein geschickt verteiltes Licht und Farben beleben diese kartesianische Architektur des totalen Verzichts. Die breiten, geschwungenen Glasflächen, die die Gemeinschaftsräume und den Kreuzgang schließen, kontrastieren mit den engen horizontalen Schlitzen in Augenhöhe auf den Gängen der oberen Etagen und mit den Lichtschächten, die auf raffinierte Weise das Halbdunkel der Kirche indirekt erhellen. Sie sind von Iannis Xenakis, einem Mitarbeiter Le Corbusiers, geplant und ausgeführt worden und stellen eine wirkliche Neuerung dar. Die Farbe als weitere Konstante im Werk Le Corbusiers tritt nur als lichtvoller Akzent auf, der in eigenartigem Gegensatz zu der stilisierten Erscheinungsform tiefer Spiritualität steht.

Ein Laienbruder beim Kornmähen. Ackerbau und Viehzucht sicherten dem Kloster sein Ein- und Auskommen (Initial Q einer Handschrift des Klosters Cîteaux; 12. Jh.).

tionierung der Architektur, sondern um die sichtbare Darstellung einer Geisteshaltung. Und die hieß Verzicht.

Diesen oft zitierten bernhardinischen Geist spürt man heute noch, wenn man den Kreuzgang von Fontenay betritt. Fernab aller zivilisatorischen Hektik kann man die Ruhe spüren, die dieses Kernstück zisterziensischen Klosterlebens ausstrahlt. Es gibt nichts, was die Augen ablenken könnte; keine Ornamente, keine Skulpturen zieren die Bogen und Säulen. Nur das Spiel von Licht und Schatten bringt Abwechslung.

Die Flucht aus der Welt verhinderte nicht den Aufstieg in der Welt – ein Widerspruch, den die Zisterzienser ebensowenig wie die Cluniazenser lösen konnten. Armut, harte Arbeit und strenge Disziplin wurden die Grundlage der wirtschaftlichen Macht des Reformordens. Die Mönche begannen, Ackerbau und Viehzucht zu treiben, Vorratskeller, Fischteiche und Werkstätten anzulegen. Aus dem Selbstversorgungsbetrieb wurde ein expandierendes Wirtschaftsunternehmen, das für andere und mit Gewinn produzierte. Die den Zisterzienserklöstern angeschlossenen Mühlen, Schmieden und Brauereien galten als die ersten florierenden Unternehmen des Mittelalters. Am Ende der Entwicklung stand nicht Armut, sondern Reichtum, nicht Demut vor Gott, sondern Hinwendung zur Welt. Je strenger die Askese, um so mehr Energie konnte man freisetzen und um so größer war der Erfolg. Dem Reichtum folgte der Luxus.

Bereits Bernhard von Clairvaux ahnte diese Entwicklung voraus. In einem Brief an seine Ordensbrüder klagte er: „Ich bin die Chimäre meines Jahrhunderts geworden – nicht Priester, nicht Laie. Ich trage zwar noch das Kleid eines Mönches, ohne dessen Leben zu führen."

Das Dominikanerkloster Sainte-Marie de La Tourette, erbaut von Le Corbusier.

Chartres
Ein Meisterwerk gotischer Baukunst

W ie so viele berühmte Bauwerke des Mittelalters hat die Kathedrale Notre-Dame von Chartres eine wechselvolle Baugeschichte aufzuweisen. Doch gemessen an der Dauer der Bauzeit anderer gotischer Kathedralen – am Kölner Dom baute man 632 Jahre –, ist Notre-Dame in verhältnismäßig kurzer Zeit entstanden. Die Bischöfe von Chartres waren es leid, die Kirche ihrer Diözese ständig wieder aufbauen zu müssen. Die Kathedrale, die man heute noch bewundern kann, stammt aus dem 12. und 13. Jh. Vier Kirchen gingen diesem Bau voraus: Sie alle wurden ein Opfer der Flammen oder menschlicher Zerstörungswut.

Am Rand der Hochebene über der Eure befand sich auf einer kleinen Anhöhe in vor-christlicher Zeit ein druidisches Heiligtum. Im 4. Jh. n. Chr., als das Christentum sich im Römischen Reich ausbreitete, wurde Chartres Bistum. Bischof Adventus errichtete um 350 an der Stelle des keltischen Kultplatzes eine erste Kirche. Sie war von bescheidenen Ausmaßen und lehnte sich an das gallo-römische Bollwerk an, das die Stadt vor Überfällen schützte. Von dieser Kirche, die durch einen Brand zerstört wurde, ist heute nichts mehr erhalten.

743 errichtete man eine neue, schon größere Kathedrale. Sie hatte kaum mehr als ein Jahrhundert Bestand. Die räuberischen Einfälle der Normannen in Gallien häuften sich, und trotz aller inständigen Gebete (*de furore Normannorum, libera nos, Domine* – vom Wüten der Normannen befreie uns, o

Die Kathedrale Notre-Dame in Chartres zählt zu den wohl gelungensten Bauwerken der Gotik. Die heutige Kirche entstand 1194–1220. Auffallend das mächtige Kreuz, das Querschiff und Langhaus bilden, sowie das imposante Strebewerk, das den Bau stützt.

„Eine strenge Würde, eine unbeugsame Geradlinigkeit haben sich der Formen bemächtigt." So hat man die Wirkung des Königsportals beschrieben. Die Säulenstatuen stammen aus dem rechten der drei Portalvorbauten. Sie stellen alttestamentarische Könige und Königinnen dar; darüber der Einzug Christi in Jerusalem (rechts), der Verrat des Judas (Mitte) und das Abendmahl (links).

Herr) eroberten die Heiden 858 die Stadt und zerstörten die Kathedrale. Sofort begann man mit dem Wiederaufbau. Bischof Gislebertus setzte alles daran, eine noch größere Kirche zu errichten. Die von den Normannen zerstörte Stadtbefestigung wurde durchstoßen, da sie den Bau der Apsis behinderte. Auch diese dritte Kathedrale fiel 1020 einem Brand zum Opfer. Und erneut baute man die Kirche wieder auf.

Die zahlreichen Unglücksfälle mögen Erstaunen hervorrufen, doch sie sind leicht zu erklären. Damals brachte man gewöhnlich zwischen den Seitenschiffen und dem Mittelschiff hohe Wandbehänge an, um die kahlen Mauern zu schmücken und die Kälte abzuhalten. Doch Kerzen und Fackeln setzten den Stoff immer wieder in Brand, das Feuer griff auf den Dachstuhl über, und alles stürzte ein. 1134 und nochmals 1194 beschädigten Feuersbrünste die Kathedrale. Nur die frühgotische Westfassade und die beiden Türme blieben von den Flammen weitgehend verschont. Noch in der Brandnacht 1194 entschloß sich der damalige Bischof von Chartres, Regnault de Mouçon, das Gotteshaus neu errichten zu lassen. Die heutige Kathedrale geht im wesentlichen auf diesen Neubau zurück.

Den Bau der Kathedrale übernahm eine eigens zu diesem Zweck errichtete Bauhütte. Dabei handelte es sich um eine Arbeitsgemeinschaft, in der alle am Bau Beteiligten organisiert waren. Die Werkstätten der Bauhütte lagen meist unmittelbar neben der Kirche. Dort arbeiteten und wohnten die Handwerker und Künstler während der jahrelangen Bauarbeiten. Das größte Problem war die Finanzierung. Der Bischof konnte nur auf die Großzügigkeit der Gläubigen, vor allem der Adligen und der Zünfte, rechnen – eine Großzügigkeit, die manchmal auf sich warten ließ. Also wandte sich Regnault de Mouçon an seinen Lehnsherrn, den König von Frankreich: Philipp II. August interessierte sich aus politischen Gründen sehr für das Gebiet um Chartres, denn es grenzte unmittelbar an die Normandie, die seinen Gegnern, den Plantagenets, gehörte. Also gewährte der König großzügig Spenden, und zahlreiche Barone folgten seinem Beispiel. Das Domkapitel in Chartres soll sogar mehrere Jahre auf seine Bezüge verzichtet haben.

Der Bischof oder sein Beauftragter bestimmte den Baumeister. Als Leiter der Bauhütte erstellte dieser die Konstruktionspläne und übte die Bauaufsicht aus.

Über die Baumeister solcher großen Vorhaben ist nur wenig bekannt. So weiß man nichts von den drei Architekten, die an der Kathedrale von Chartres arbeiteten, nicht einmal ihren Namen. Die Baumeister entstammten meist dem Stand der Maurer. Oft kamen sie aus dem Ausland – aus Deutschland oder Italien –, manchmal aber auch aus einigen Regionen Frankreichs wie der Marche und dem Limousin, Gegenden mit alter Bautradition. War ein Bau abgeschlossen, so mußten die Baumeister weiterziehen und sich in einer anderen Stadt oder gar im Ausland eine neue Arbeit suchen.

Der Baumeister war ständig auf der Baustelle. Er überwachte die Arbeiter, doch er arbeitete nie selbst. „Es ist üblich", so berichtet eine zeitgenössische Quelle, „daß es einen einzigen Meister gibt, der durch sein Wort allein [die Arbeit] ordnet und niemals Hand anlegt. Er erhält aber einen höheren Lohn als die anderen. Die Baumeister haben einen Stab in der Hand, sie ordnen an und arbeiten nicht."

Baumeister wurden gut bezahlt. Man kennt allerdings nur wenige genaue Zahlen. Man weiß aber z. B., daß Bernard von Soissons, der 39 Jahre lang (1251–1290) an der Kathedrale von Reims arbeitete, zu den am höchsten besteuerten Männern der Stadt gehörte.

Möglicherweise sind diese unbekannten Baumeister oft Mönche gewesen. Seit dem 13. Jh. findet man jedoch immer mehr Laien unter ihnen, die nun auch ihr Werk an irgendeiner Stelle des Gebäudes signieren. Bei der Kathedrale Notre-Dame in Paris hat der Baumeister des rechten Querschiffs seinen Namen im Sockel eingemeißelt – auf einer Länge von 8 Metern! „Meister Jean von Chelles hat diese Arbeit am 2. der Iden des Februars [11. Februar] 1258 begonnen."

Die Baumeister waren sich ihres Wertes und ihrer Bedeutung durchaus bewußt. Sie verstanden es ausgezeichnet, ihre Interessen durchzusetzen, und waren darauf bedacht, ihre Geheimnisse und Kenntnisse zu wahren. Das *Buch der Handwerke,* das Etienne Boileau, Vogt von Paris, im 13. Jh. verfaßte, ist in diesem Punkt eindeutig. Es stellt fest: „Die Baumeister können so viele Gehilfen und Gesellen beschäftigen, wie es ihnen be-

Die gotische Baukunst eröffnete eine neue Dimension: Die Säulenbündel der Vierung streben bis zu den Gewölbeansätzen empor. Die Gewölbejoche des Mittelschiffes sind 37 m hoch – zu jener Zeit eine Rekordhöhe. Dank der äußeren Strebebogen konnten die hochgezogenen Wände durchbrochen und mit Glasfenstern versehen werden: Die Lanzett- und Gruppenfenster mit ihren Rosen rufen herrliche Lichteffekte hervor. Fast 5000 m² Fensterfläche aus farbigem Glas verwandeln die Hochschiffwand in eine selbstleuchtende Mauer.

liebt, allerdings nur unter der Bedingung, daß sie keinem von ihnen irgend etwas von ihren Handwerkskenntnissen verraten."

Die Hilfskräfte waren oft ehemalige Leibeigene, die ihren Herren davongelaufen waren. Man fand aber unter ihnen auch Bauernsöhne, die beschlossen hatten, sich ein Handwerk zu suchen, um das magere väterliche Erbe nicht zu schmälern. Die fleißigsten und intelligentesten wurden vielleicht Lehrlinge, doch ansonsten hatten die Hilfskräfte undankbare Aufgaben zu erfüllen. Sie mußten die Fundamente ausheben, trans-

Die Kunst der Glasmalerei

Die Blütezeit der Glasmalerei setzt mit der allgemeinen Verbreitung der gotischen Baukunst im späten 12. und im 13. Jh. ein. Damals entwickelten die Glasmaler eine unvergleichliche Technik, deren Geheimnis in der Folgezeit verlorenging. Es dauerte Jahrhunderte, bis sie wiederentdeckt wurde.

Diese Technik besteht im wesentlichen darin, in der flüssigen Glasmasse die verschiedenen Farben zu schmelzen, die der Meister benutzen will. Ist das Glas erkaltet, schneidet er es in so viele Stücke, wie er für das Fenster braucht; dabei folgt er seiner vorher gezeichneten Vorlage. Dann muß er nur noch diese Glasstücke in Blei fassen, das dem Fenster Stabilität verleiht und die Konturen unterstreicht. So wird das Kirchenfenster ein Puzzle aus schillernden Farben, das die Sonnenstrahlen durchdringen.

Die verwendeten Farben sind nicht zahlreich, aber von seltener Qualität; Rot- und vor allem Blautöne herrschen vor.

Oben: Mann mit Stab, im Gespräch mit einem jungen Mädchen. Szene aus der Lebensgeschichte des Noah (1235–1240).

Links: Der Kampf Rolands mit dem sarazenischen Riesen Ferragut; Fenster Karls des Großen (um 1220).

Links außen: König Salomon mit blauem, hermelingefüttertem Mantel und Lilienzepter (um 1230). Dieses gewaltige, 7,5 m hohe Lanzettfenster im nördlichen Querschiff entfaltet seine farbige Pracht am eindrucksvollsten, wenn man es aus der Ferne betrachtet.

Unten: Die Erschaffung Evas. Detail aus der Schöpfungsgeschichte (um 1210).

Die Fenster der Kathedrale von Chartres wetteifern an Schönheit und Leuchtkraft mit jenen der Kathedralen von Bourges und Paris. In Chartres stammen die Glasfenster aus dem 12. und 13. Jh. Die drei Fenster über dem Königsportal entstanden Mitte des 12. Jh. Ihre Glasmalereien greifen die Themen und Motive der Portalskulpturen wieder auf; sie sind dem Leben und Leiden Jesu Christi gewidmet. Die große Fensterrose der Westfassade schildert das Jüngste Gericht.

Die Glasmalerei ist eine sehr teure Kunst. Daher ist so manches kostbare Fenster der Kathedrale in Chartres einer Spende finanzkräftiger Adliger zu verdanken. Die Fenster im nördlichen Querschiff hat z. B. Königin Blanche, Mutter des französischen Herrschers Ludwig IX., des Heiligen, gestiftet. Manchmal ließen sich die Stifter auch am unteren Rand „ihres" Fensters darstellen. So kniet Pierre de Dreux, Herzog der Bretagne, in dem von ihm gestifteten Fenster neben seiner Frau und seinen Kindern.

Eines der berühmtesten Fenster von Chartres liegt am Ende des Chorumgangs im rechten Querschiff. Es zeigt die Jungfrau Maria, umgeben von Engeln. Dieses Bild verherrlicht die Gottesmutter, der auch die Kathedrale geweiht ist.

Meisterwerke der Bildhauer

Jesus Christus im Tympanon über dem mittleren Eingang des Königsportals, dargestellt als Gott der Apokalypse und höchster Richter.

Die Skulpturen, die die Fassade und die Seitenportale gotischer Kathedralen schmücken, sind Bibeln in Bildern. In einer Zeit, wo die meisten Gläubigen nicht lesen konnten, war es unverzichtbar, ihnen Szenen aus dem Alten und Neuen Testament vorzustellen, die die Priester auf der Kanzel kommentierten.

In dieser Hinsicht gibt es nichts Beeindruckenderes als das bewegende Königsportal der Kathedrale von Chartres. Es entstand um die Mitte des 12. Jh., und es scheint, als ob die Bildhauer in den drei Portalvorbauten einem übergreifenden Thema gefolgt sind: Leben und Verherrlichung Christi. Der Sohn Gottes ist auch im Bogenfeld, dem sogenannten Tympanon, des Mittelportals dargestellt.

Am rechten Seitenportal haben es die Künstler verstanden, Gestalten des Neuen Testaments mit antikem Gedankengut geschickt zu verbinden. Hier findet man unter anderem auch Szenen aus dem Leben der Jungfrau sowie solche, die Jesus Christus und seine Verherrlichung behandeln. Sie sind von großer stilistischer Reinheit und rührender Naivität. Die Bildhauer haben an ihrer Phantasie freien Lauf gelassen. Am linken Seitenportal hingegen stellen unter anderem zwölf Szenen die Arbeit der Monate dar, eines der Lieblingsthemen romanischer und gotischer Figurenprogramme.

Das Südportal ist später als das Königsportal der Westfassade entstanden, wahrscheinlich in der zweiten Bauphase der Kathedrale nach 1220. Im Mittelpunkt der Szenen steht hier wiederum Jesus Christus. Die beherrschenden Figuren sind die Apostel, Heilige und Märtyrer; auch das Jüngste Gericht, neben dem Paradies und der Hölle beliebtes Thema der mittelalterlichen Bildhauer, ist hier dargestellt.

Die Skulpturen des Nordportals entstanden etwa um die gleiche Zeit wie die Plastiken an der Südfront. Die in Stein gemeißelten Bilder erzählen von den Anfängen der Heilsgeschichte. Hier sitzt am Mittelpfosten des mittleren Portals die heilige Anna und wiegt ihre Tochter, die Jungfrau Maria, in den Armen; im Türsturz darüber erkennt man den Tod und die Himmelfahrt Marias, im Tympanon ihre Krönung durch Jesus im Himmel.

All diese Szenen zeugen von der Geschicklichkeit jener Bildhauer und Steinmetzen, die als Modelle Leute aus dem Volk und Bäuerinnen nahmen, die aus der Umgegend zum Markt kamen. Diese Bildhauer sind anonym geblieben. Sie waren Meister, deren Talent zu bestaunen man seit über 700 Jahren nicht müde wird.

he zum Schutz vor Kalkverbrennungen zu stellen. Außer ihrem Lohn bekamen sie beim Abschluß der Arbeiten und wenn sie den Schlußstein eines Gewölbes setzten, jeweils eine Prämie – denn der Stein, der das Gewölbe schloß, galt als Symbol für die Dauerhaftigkeit des Bauwerkes.

Die Arbeiten in Chartres kamen gut voran, die Kathedrale gewann zunehmend an Gestalt, und finanziell unterstützten die Bürger der Stadt den Bau auch ausreichend. Doch bevor wir uns der Baugeschichte dieses Meisterwerkes der Kathedralgotik zuwenden, soll noch ein kurzer Blick auf die Entstehung und Entwicklung der gotischen Architektur geworfen werden.

Die romanische Baukunst hat großartige Meisterwerke hervorgebracht: Sainte-Madeleine in Vézelay, Saint-Benoît-sur-Loire, La Trinité in Caen. Ihr Nachteil war, daß das Gewicht des Gewölbes gleichmäßig auf starke massive Mauern verteilt werden mußte und man deshalb weder große Fenster noch allzu hohe Gewölbe bauen konnte.

Die Erfindung des Kreuzrippengewölbes und des Strebewerks revolutionierte die gesamte Bauweise. Aus dem massiven Quaderbau der romanischen Zeit wurde der Gerüst- und Gliederbau der Gotik. In der Abteikirche von Morienval, unweit von Compiègne, bediente man sich zum erstenmal dieser wenn auch noch nicht ausgereiften gotischen Gewölbekonstruktion. Sie entwickelte sich rasch zur beherrschenden Technik: In die Gewölbefelder (Joche) des Mittel-

Die Miniatur aus dem 14. Jh. zeigt Steinmetzen und Maurer bei Arbeiten an einer Kathedrale. Die gotische Architektur trat im 12. Jh. ihren Siegeszug von Frankreich aus durch ganz Europa an.

portierten die ausgegrabene Erde in großen Kiepen auf dem Rücken, brachten die Materialien zur Baustelle und hievten Steine, Ziegel oder Schindeln hinauf. Sobald man sie nicht mehr benötigte, konnten sie gehen.

Dann kamen die Steinmetzen. Sie galten als Facharbeiter und nahmen einen gewissen sozialen Rang ein. Ihnen stand es zu, zwei oder drei Hilfskräfte einzustellen, die ihnen bei der Arbeit zur Hand gingen. Die Steinmetzen suchten oft den Stein aus, der für die Baustelle gebraucht wurde. Sie prüften ihn vor Ort, bevor sie den Transport anordneten. Entsprechend den Bauvorgaben schnitten sie auch die Steine zu, wobei sie eine bemerkenswerte Geschicklichkeit entwick-

kelten. Kein Wunder, daß sie dreimal soviel Lohn bekamen wie die Hilfskräfte. Überdies genossen sie bestimmte Privilegien: Sie konnten von der Nachtwache befreit werden, zu der die Bürger einer Stadt im allgemeinen verpflichtet waren. Steinmetzen waren in einer Zunft mit sehr strengen Regeln organisiert.

Zum Schluß die Maurer: Wie die Steinmetzen erhielten sie sehr hohe Löhne. Ihre Aufgabe bestand darin, nach dem Plan des Baumeisters die Steine zu setzen und einzumauern. Ihre Werkzeuge waren Kelle, Wasserwaage und Lot.

Die Maurer genossen zahlreiche Vorteile. Der Bischof war gehalten, ihnen Handschu-

Realistische Darstellungsformen prägten im 13. Jh. die gotischen Skulpturen. Diese großen Statuen am Nordportal stellen Gestalten des Alten Testaments dar: (von links) Abraham und der gefesselte Isaak, Moses mit den Gesetzestafeln, Samuel mit dem Opferlamm, König David mit der Lanze.

37 Meter, in Reims auf 38 Meter, in Amiens auf 42 Meter, in Beauvais gar auf 48 Meter im Chor. Doch die Kühnheit hatte ihren Preis. Falsche Berechnungen führten in Beauvais zum Einsturz der Gewölbe Mitte des 13. Jh. Mit den Gewölben wuchsen auch die Fassaden in die Höhe. Sie wurden mit zahllosen Skulpturen, Fensterrosen, Blenden und Galerien gegliedert und gehören neben den schmalen, hochgezogenen, buntverglasten Fenstern zu den wunderbarsten Elementen der Kathedralengotik.

Die Kathedrale von Chartres wurde in mehreren Abschnitten gebaut. In der ersten Phase, 1194–1220, stellte man das Langhaus fertig. Chor, Querschiff und Vorhallen konnten erst um die Mitte des 13. Jh. vollendet werden. 1260 weihte man die Kathedrale in einem feierlichen Akt. Nach einer Überlieferung soll König Ludwig IX., der Heilige, daran teilgenommen haben.

Im Lauf der folgenden Jahrhunderte mußte die Kathedrale noch einige bauliche Veränderungen über sich ergehen lassen. 1326 fügte man an den Chor eine dem heiligen Piat geweihte Kapelle an. Im frühen 15. Jh. ließ der Graf von Vendôme, Ludwig von Bourbon, an der Nordseite eine nach ihm benannte Kapelle im üppigen Stil der Spätgotik errichten. Zwischen 1507 und 1513 versah der berühmte Meister Jean von Beauce den vom Blitz zerstörten Nordturm mit einem neuen Turmhelm im Stil der Zeit, der schon die Renaissance ankündigt. Der nunmehr 10 Meter höhere Nordturm (115 m) steht im auffallenden Kontrast zum älteren Südturm.

Man wird nicht müde, die Architektur dieser Kathedrale und ihre bemerkenswerte Geschlossenheit zu bewundern. Der vom Baumeister entworfene und sorgfältig ausgeführte Plan ist in seinen Proportionen klassisch. Dadurch entsteht der Eindruck von erhabener Schönheit, die die gotische Architektur nicht immer besitzt. Man vergißt allzuoft, daß diese Kunst sich in mehr als vier Jahrhunderten (12.–16. Jh.) entwickelt hat. Es ist ein langer Weg von der Strenge der Frühgotik bis zur Üppigkeit der Spätgotik. Mit der Kathedrale von Chartres setzt die Periode der Hochgotik ein. Dies erklärt auch, warum so viele Künstler und Schriftsteller von Rodin bis Huysmans, von Péguy bis Proust sie glühend gepriesen haben. Ihre Türme scheinen Gläubige und Ungläubige zur inneren Einkehr zu rufen.

schiffes wurden diagonal zwei Bogen (Rippen) aus runden Steinen eingezogen, die sich im Scheitelpunkt des Gewölbes schnitten und so vier Felder bildeten. In jedes von ihnen setzte man nun Steine, die so geschnitten waren, daß sich die gesamte Last auf dem Kreuzrippengewölbe verteilte. Die Rippen wiederum ruhten auf den Arkadenpfeilern des Mittelschiffes. Die Seitenschiffe waren auf dieselbe Weise überwölbt. Um den hohen Druck der Bauteile aufzufangen, dem die Rippen ausgesetzt waren, wurden von

außen Strebepfeiler und Strebebogen angebracht, die den Bau wie ein Gerüst abstützten. Von nun an hatten die Wände nichts mehr zu tragen und konnten von Arkaden und Fensterreihen durchbrochen werden. Sehr oft wurde über den Arkaden des Mittelschiffes eine schmale Empore mit Spitzbogenfenstern angelegt – das sogenannte Triforium.

Vor allem konnte man die Gewölbe in ungeahnte Höhen emporziehen: in Notre-Dame in Paris auf 35 Meter, in Chartres auf

Die Peterskirche in Rom

Das Bauwerk der Päpste

Im ursprünglichen Sinn des Worts ist ein Denkmal, auch ein Baudenkmal, ein Kunstwerk, das künftige Generationen an ein bestimmtes Ereignis oder eine bestimmte Person erinnern soll. Die Basilika Sankt Peter in Rom, erbaut über dem Grab des ersten Apostels, ist der Inbegriff eines solchen Monuments. Und mehr noch: Sie ist die Kirche der Päpste, die Hauptkirche der katholischen Christenheit und das größte christliche Gotteshaus überhaupt.

Dieser Monumentalbau aus Ziegeln, Steinen und Marmor ist Symbol und Abbild der siegreichen römisch-katholischen Kirche. Die beiden Flügel der Kolonnaden, die den ovalen Platz vor dem Dom begrenzen, scheinen die Pilgerscharen zu umarmen und sich doch gleichzeitig zur Stadt und zur Welt zu öffnen. Und tief im Innern des Doms erhebt sich der Hauptaltar mit seinem Baldachin direkt über dem Grab des ersten Bischofs von Rom, dahinter in der Chorapsis steht dann der Stuhl Petri und reihum, entlang der schier endlosen Längswände, ziehen sich die großartigen Grabdenkmäler Dutzender von Päpsten, die dem Apostel nachfolgen.

Heute mischen sich unter die frommen Pilger die Touristen, die Wallfahrer zu den Kunststätten der Welt. Doch erst in zweiter Linie ist der Petersdom ein kunsthistorisches Monument. Zunächst und vor allem ist er lebendiges Zeugnis des Glaubens, Sinnbild der apostolischen Kontinuität und der prophetischen Wahrheit der Worte Christi: „Du bist Petrus, und auf diesem Felsen will ich meine Kirche bauen."

Um die Geschichte der Peterskirche nachzuzeichnen, muß man wissen, daß es sich eigentlich um zwei Kirchenbauten handelt, die nacheinander über dem bescheidenen Grabmal des Apostels Petrus errichtet wurden: zum einen die großartige romanische Basilika, die Kaiser Konstantin ,der Große (306–337) errichten ließ, und zum anderen der neue Petersdom, den Papst Julius II. im frühen 16. Jh. begann und der erst rund 150 Jahre später unter Papst Alexander VII. mit dem Bau des majestätischen Petersplatzes vollendet wurde.

In einer von dem griechischen Schriftsteller Eusebios, dem Vater der Kirchengeschichte, überlieferten Passage schreibt Caius, ein römischer Priester des frühen 3. Jh.: „Auf dem Weg zwischen der Gegend um das Petersgrabmal und der Straße nach Ostia kann man die Gedenkstätten derer finden, die unsere [christliche] Gemeinschaft begründet haben." Während der Apostel Paulus im Süden Roms begraben war, nämlich an der Via Ostiense, in deren Nähe er enthauptet worden war, lag das Grab Petri im Norden der Stadt jenseits des Tibers auf dem im antiken Rom Vaticanum genannten Gebiet. Im nahe gelegenen Zirkus war der Apostel im Jahr 64, 65 oder 67 als Märtyrer gestorben, wenige Jahre nachdem unter Kaiser Nero in Rom die Christenverfolgungen eingesetzt hatten. Einen Teil des Vaticanums nahm im 1. Jh. einer der größten Friedhöfe der Stadt ein.

Nach dem Sieg Konstantins des Großen über seinen Rivalen Maxentius vor den Toren Roms und nach der Bekehrung des Kaisers zum Christentum erließ dieser das für die katholische Kirche so wichtige Toleranzedikt von Mailand (313) und stellte damit das Christentum gleichberechtigt neben die übrigen Religionen. Damit wurde Rom als Sitz des Papstes zur Hauptstadt des Christentums – und gleichzeitig konnten die ersten christlichen Gotteshäuser in aller Öffentlichkeit gebaut werden. In Rom entstanden in der Folge die ersten monumentalen Kirchen: San Giovanni in Laterano, Sant' Agnese fuori le Mura und Sankt Peter.

In der Nekropole des Vaticanums drängten sich heidnische und christliche Gräber um die Memoria Petri, jene bescheidene Ge-

Der Petersdom, die wichtigste Kirche der Christenheit. Sie wurde beim ersten Aufflammen der Renaissance begonnen und als Barockpalast fertiggestellt.

denkstätte für den Apostel, von der schon Caius spricht und deren Spuren vor etwa 30 Jahren die Archäologen unter einem Beichtstuhl des neuen Petersdoms entdeckt haben. Dort also legte Konstantin 324 die Fundamente für eine große Basilika, die 349 vollendet wurde. Die erste Peterskirche war ein fünfschiffiger romanischer Bau mit einem weit ausladenden Querhaus, an das sich die Apsis anschloß. Dem Langhaus vorgelagert war ein großes, säulenumstandenes Atrium. Im Lauf der Jahrhunderte wurde die Kirche vielfach restauriert und mit Fresken, Mosaiken und Denkmälern aller Art ausgeschmückt. Dennoch war sie in einem beklagenswerten Zustand, als die Päpste Mitte des 15. Jh. aus ihrem Exil von Avignon zurückkamen und aus Rom, das mittlerweile nur noch einige zehntausend Einwohner zählte, wieder die Hauptstadt der Welt machen wollten. „Ich zweifle nicht", beschrieb damals der Architekt Leone Battista Alberti die alte Basilika, „daß in kurzer Zeit eine leichte Erschütterung oder Bewegung sie zerstören wird." Papst Nikolaus V. machte noch einen Versuch, sie zu restaurieren, doch die 1452 begonnenen Arbeiten wurden bei seinem Tod 1455 wieder eingestellt.

Um das Projekt eines neuen Petersdoms in die Tat umzusetzen, bedurfte es eines ehrgeizigen Mannes wie des Papstes Julius II. (1503–1513); und es bedurfte eines fähigen Baumeisters. Diesen fand Julius II. in Bramante (1444–1514), den er am 18. April 1506 mit dem Neubau von Sankt Peter beauftragte. Bramante machte sich mit Feuer-

eifer an das gigantische Vorhaben, denn auch er hatte ehrgeizige Träume: Er wollte „das Pantheon von Rom [mit seiner Riesenkuppel] auf die Konstantinsbasilika des Forums [in Rom] türmen".

Rasch begannen die Arbeiten. Im Frühjahr 1506 riß man die alte Basilika zur Hälfte ab und begann, die vier monumentalen Pfeiler der Vierung aufzurichten. Zwischen ihnen zog Bramante große Bogen ein, die die kolossale Kuppel stützen sollten. Die Entwürfe, die Bramante vorlegte, lassen erkennen, wie die neue Kirche aussehen sollte: ein dreischiffiger Bau über dem Grundriß eines griechischen Kreuzes mit der Kuppel in der Mitte.

Als Bramante 1514 starb, hatten die Arbeiten zwar schnelle Fortschritte gemacht – kein Wunder bei 2500 Mann auf der Baustelle –, doch es standen eben erst die vier Pfeiler der Kuppel und die Bogen, die sie verbanden. Doch Bramantes Entscheidung, mit den vier Pfeilern der Vierung zu beginnen und den Bau konzentrisch vom realen und symbolischen Kern – dem Grab des Apostels Petrus – aus weiterzuentwickeln, war ein Glücksfall für seine Nachfolger, denn sie ließ ihnen freie Hand. Und die Zahl der Nachfolger war groß. Sie reichten von Fra Giocondo über Giuliano da Sangallo bis Raffael, dann von Peruzzi bis Antonio da Sangallo. Sie alle brachten ihre Vorschläge ein, die zwischen einem Zentralbau mit dem Grundriß des griechischen Kreuzes und einem basilikalen Langbau schwankten.

Dieses Hin und Her ist bezeichnend für

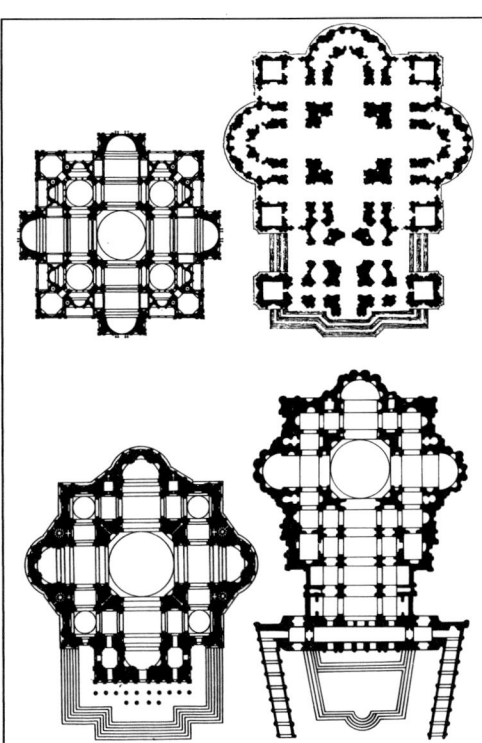

Oben links der Entwurf von Bramante (um 1506): Mit seinem zentrierten, einem griechischen Kreuz ähnelnden Grundriß ist er typisch für das Ideal der Hochrenaissance. Oben rechts der Plan von Antonio da Sangallo (1539), der Umgänge und ein kurzes Langhaus vorsieht. Unten links das Projekt von Michelangelo (1546): Er kehrt zum zentrierten Grundriß Bramantes zurück mit deutlich betontem Vierungsraum und vorgelagerter Säulenhalle. Unten rechts der heutige Grundriß nach dem Anbau des Langhauses von Maderno (1607) und des Vorhofs von Bernini (1656).

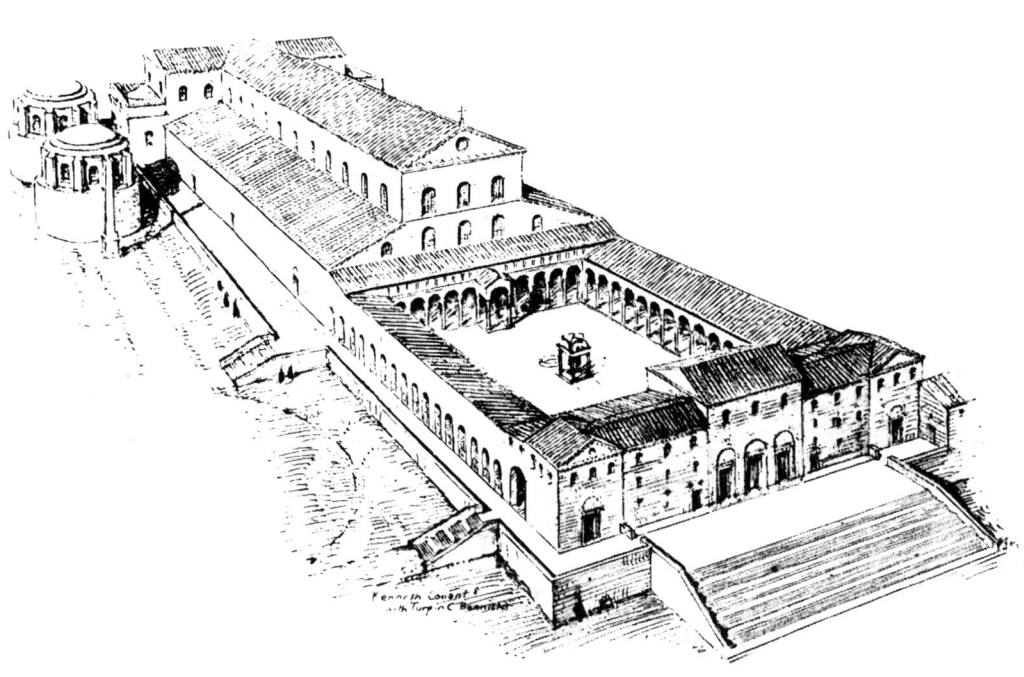

Rekonstruktion der Peterskirche, wie sie bis Anfang des 16. Jh. aussah: Die Basilika wurde im frühen 4. Jh. von Kaiser Konstantin erbaut. Im Querhaus befand sich das Grab Petri. Mit ihren fünf Schiffen war die Kirche in Aussehen und Gesamtumfang ähnlich angelegt wie San Paolo fuori le Mura. Vor der Fassade erstreckte sich der mit Säulenhallen umgebene Atriumhof, in dessen Mitte ein Brunnen stand.

die ganze Geschichte des Baus der neuen Peterskirche. Es hängt wohl mit dem Doppelsinn ihres Programms zusammen: Die Kirche steht über dem Grab des ersten Apostels und ist deshalb eine alte Märtyrerkirche – dies erforderte schon aus symbolischen Gründen einen zentrierten Grundriß; für die andere Lösung dagegen sprachen das Vorbild des ersten Baus und der Wunsch der Päpste nach einem Langhaus, das die Massen der Gläubigen und Pilger aufnehmen konnte.

Die Plünderung Roms durch die meuternden Soldaten Kaiser Karls V. im Jahr 1527 unterbrach die Arbeiten, die erst 1539 unter Papst Paul III. Farnese wiederaufgenommen wurden. Der neue Entwurf stammte diesmal von Antonio da Sangallo. Er wollte den Zentralraum stärker betonen, gleichzeitig vergrößerte er den alten Umriß durch seitliche Umgänge und ein Langhaus, das sich im Westen an den Zentralbau anschloß. Etwa zehn Jahre lang wurde nach diesem Entwurf gearbeitet; man folgte dabei einem großen Holzmodell, das heute noch erhalten ist. Sangallo begann damit, den südlichen und den östlichen Kreuzarm einzuwölben, die Hängezwickel der Vierung aufzubauen und die Außenmauern der Umgänge hochzuziehen.

Doch 1546 starb er, und Michelangelo, der als neuer Leiter an die Baustelle berufen worden war, entschied sich grundsätzlich für den ursprünglichen Entwurf Bramantes, der ihm zwar „von geringerem Umfang, aber an Größe überlegen" schien. Michelangelo ließ die Umgänge wieder abreißen und ent-

warf die äußeren Apsiden neu. Sein besonderes Interesse aber galt der Kuppel; er fertigte ein Modell davon an, und bis zu seinem Todesjahr 1564 wurde der Kuppelunterbau nach diesen Plänen auch ausgeführt. Als nächstes leiteten Pirro Ligorio, Vignola und schließlich Giacomo della Porta den Bau.

Michelangelo und der Bau des Petersdoms

Ascanio Condivi, der die erste Biographie des florentinischen Meisters verfaßte, behauptete schon 1553, Michelangelo „wollte niemals Architekt werden". Und alle Päpste, in deren Dienst Michelangelo im Lauf seines langen Lebens (1475–1564) stand, beschäftigten ihn hauptsächlich als Maler und Bildhauer. Dabei hatte er durch seine Arbeiten in Florenz (1515–1524: Fassade von San Lorenzo, Medicikapelle, Bibliotheca Laurenziana) seine Fähigkeiten als Architekt schon ausreichend unter Beweis gestellt. Doch in Rom bauen durfte Michelangelo erst nach dem Tod Antonio da Sangallos, der bis dahin alle größeren Projekte an sich gezogen hatte.

Erst jetzt schenkte Papst Paul III. der Kritik Michelangelos an dem Entwurf Sangallos für den Petersdom Gehör und erklärte sich bereit, den Bau neu zu überdenken. Im Dezember 1546 wurde in den vatikanischen Werkstätten mit einem neuen Modell nach Zeichnungen von Michelangelo begonnen. Im März 1547 begannen die Arbeiter, die Mauern des äußeren Umgangs abzureißen, die zu diesem Zeitpunkt schon bis zur Höhe der Kapitelle reichten. Der Entwurf Michelangelos, der sich an den Plan Bramantes anlehnte, nahm langsam Gestalt an.

„Ich bin unfreiwillig an die Spitze der Baustelle von Sankt Peter gestellt worden", schrieb Michelangelo an Vasari, „und die Arbeit, die ich dort fast acht Jahre geleistet habe, hat mir nichts als Ärger und Unannehmlichkeiten eingebracht."

Dieses Fresko von Giorgio Vasari zeigt die Baustelle des Petersdoms 1546. In der Mitte sieht man die Tonne eines Kreuzarms über den großen Holzgerüsten und davor die von Sangallo begonnene Apsis, die Michelangelo dann abreißen ließ.

Studie von Michelangelo für die Kuppel: Sie ähnelt der Kuppel Brunelleschis für den Dom in Florenz.

Trotz der Verbitterung, die sich in diesen Worten ausdrückt, hat sich Michelangelo anscheinend mit Leidenschaft in das Abenteuer dieser Großbaustelle gestürzt – und das mit 71 Jahren! Er leitete die Arbeiten bis zu seinem Tod im Jahr 1564.

Doch das Werk schritt nur langsam voran. Im Juni 1557 unterlief den Arbeitern ein grober Fehler bei der Einwölbung des südlichen Kreuzarms: Der Vorsteher der Baustelle hatte ein falsches Modell als Vorlage verwendet, und man mußte das Holzgerüst des Gewölbes wieder abmontieren. „Mein Modell war korrekt wie alles, was ich mache", schrieb Michelangelo an Vasari. „Der Fehler kam daher, daß ich wegen meines hohen Alters nicht oft genug auf die Baustelle gehen kann. Und ich glaubte, dies Gewölbe wäre inzwischen fertig. Nun wird es erst Ende des Winters fertig werden. Wenn man vor

Scham und Schmerz sterben könnte, wäre ich nicht mehr am Leben."

Besonders an der Kuppel hing Michelangelos Herz. Anscheinend hat er lange geschwankt zwischen einer Halbkugelform, die an das antike römische Pantheon erinnert hätte, und einer mehr eiförmigen Spitzkuppel, angelehnt an die Kuppel des Doms Santa Maria del Fiore in Florenz. Erst 1557 beschloß er auf Drängen seiner Freunde, ein kleines Tonmodell der Kuppel anzufertigen. Bald darauf folgten die genauen Zeichnungen, die zur Erstellung eines großen, maßstabgerechten Holzmodells notwendig waren.

Im Jahr 1564 waren die neuen Apsiden an den Kreuzarmen fast fertig, und der Tambour der Kuppel stand bis zum Gesims. Doch erst der nachfolgende Baumeister Giacomo della Porta konnte die Kuppel Michelangelos fertigstellen.

Letzterer legte 1586 einen neuen Plan für die Kuppel vor, die ein stärker eiförmiges Profil haben sollte, als Michelangelo es sich gedacht hatte. 1593 wurde endlich der Scheitel der Kuppel mit der sie bekrönenden Laterne fertig.

Während des ganzen 16. Jh. wurden im Schiff der alten Peterskirche, von der Teile ja noch standen, weiterhin Gottesdienste gefeiert. Das alte Schiff war zu diesem Zweck

Auf den halbkreisförmigen Kolonnaden und Flügelbauten, die den Petersplatz von Bernini umschließen, stehen 140 Heiligenstatuen und segnen die Pilger, die sich dort versammeln.

durch eine provisorische Mauer vom neuen Chor abgetrennt worden. Als Papst Paul V. beschloß, zum Grundriß des lateinischen Kreuzes zurückzukehren und den Petersdom mit einem echten Langhaus auszustatten, war das Schicksal der alten Basilika endgültig besiegelt: Am 15. November 1609 wurde dort die letzte Messe gelesen. Carlo Maderno entwarf das neue Schiff und auch die Fassade, die 1612 vollendet wurde. Nach mehr als einem Jahrhundert Mühe und Arbeit konnte Papst Urban VIII. den neuen Petersdom am 18. November 1626 endlich feierlich einweihen.

Doch auch nach diesem feierlichen Akt blieb die neue Peterskirche eine einzige Werkstatt. Bis zum Ende des 17. Jh. wurde

die Kirche mit Grabdenkmälern für die Nachfolger Petri bestückt. Besonders prägend für den Innenausbau waren die Arbeiten von Gian Lorenzo Bernini (1598–1680), dem wohl hervorragendsten Baumeister und Bildhauer des italienischen Hochbarocks. Mit seinem Assistenten Borromini errichtete er über dem Papstaltar das Ziborium, einen großen Baldachin mit gedrehten Säulen. Dann brachte er die Rundnischen in den zum Papstaltar gewandten Seiten der Vierungspfeiler an. Sie rahmen monumentale, 5 Meter hohe Statuen von Heiligen ein, die mit der Passion Christi in enger Verbindung stehen: den heiligen Longinus, der mit der Lanze die Seite Christi am Kreuz durchbohrte, die heilige Helena, Mutter des Konstantin, die in Jerusalem die Nägel und das Kreuz Christi fand, die heilige Veronika und den heiligen Andreas. Schließlich schuf Bernini den Petersstuhl in der Chorapsis als Gegenstück zum Papstaltar. Der monumentale Thron wird von zwei Engeln flankiert; zwei Putti halten über der Rückenlehne die päpstlichen Embleme, Schlüssel und Tiara. Vier Kirchenväter sind dem Stuhl stützend zugewandt. Eine grandiose Strahlenglorie aus vergoldetem Stuck bildet Hintergrund und Krönung zugleich –

Blick von einer Empore in die Vierung: Über dem Papstaltar erhebt sich der barocke Baldachin des Ziboriums von Bernini und unterstreicht die grandiosen Ausmaße des neuen Petersdoms.

Die monumentale Kuppel, deren kreisrunder Tambour (Unterbau) einen Durchmesser von 42 m hat und sich in 16 Fenstern öffnet. Ebenso viele Rippen gliedern die Kuppel, deren Laterne durch ebenfalls 16 Fenster Licht erhält.

Sinnbild und Verherrlichung des apostolischen Amts. Doch Berninis spektakulärste Arbeit war der Petersplatz.

Bramante hatte sich um den neuen Petersdom eine Mauer vorgestellt, ähnlich wie bei den antiken Thermen, und hatte geplant, die Ausrichtung der Peterskirche zu ändern, um den Neubau in eine Achse mit dem Obelisken des Julius Cäsar zu stellen. (Die 25,5 Meter hohe Steinnadel war 37 n. Chr. nach Rom gebracht und im Zirkus aufgestellt worden, in dem Petrus später gekreuzigt wurde; im Mittelalter glaubte man, daß in dem Obelisken die Asche Cäsars beigesetzt sei.) Nach Bramantes Idee sollte die Gegenüberstellung des Obelisken und der neuen Kirche den Triumph des Christentums, aber auch die Wiedergeburt (Renaissance) des antiken Ideals sichtbar werden lassen. Bramantes Plan hätte jedoch eine Verlegung des

Grabes Petri erfordert, was aus naheliegenden religiösen Gründen nicht möglich war. Im Jahr 1586 verwirklichte Domenico Fontana diese Idee dennoch, indem er umgekehrt vorging: Mit einem technischen Aufwand, der in ganz Europa Bewunderung erregte, versetzte er den Obelisken von der Seite der konstantinischen Basilika vor die Fassade.

Dieser Obelisk wurde nun das Zentrum des Vorplatzes, den Bernini für Papst Alexander VII. entwarf. Für diesen Ort, wo der Papst zu Ostern dem Volk von Rom und symbolisch der ganzen Welt – *urbi et orbi* – seinen Segen erteilt, entwickelte Bernini einen grandiosen Plan: Ein trapezförmiger, kleinerer Platz, der sich unmittelbar vor der Fassade der Peterskirche erstreckt und von den Flügelbauten der Kirche begrenzt wird, öffnet sich auf einen großen, ellipsenförmigen Platz, umrahmt von den beiden Kolonnaden, deren Flügel Bernini mit den mütterlichen Armen der Kirche vergleicht, „die die Gläubigen umarmt, um sie in ihrem Glauben zu stärken, die Ketzer, um sie wieder mit der Kirche zu vereinen, und die Ungläubigen, um sie mit dem Licht des wahren Glaubens zu erleuchten".

Wallfahrtskirche in der Wies

Ein bayrisches Rokokojuwel

Wer war dieser Dominikus Zimmermann, der einer der größten süddeutschen Architekten des Rokokos werden sollte? Als sein Meisterwerk, die Wieskirche, 1754 eingeweiht wurde, war er gerade 69 Jahre alt. Er war im selben Jahr geboren wie der Leipziger Kantor Bach, der jedoch schon 1750 gestorben war, und wie Händel, der fünf Jahre später, am 14. April 1759, im fernen London starb. Zimmermann hatte seine Heimat Oberbayern nie verlassen, außer zu einigen Reisen ins benachbarte Schwaben,

die beruflich erforderlich gewesen waren. 1754 wohnte er immer noch am Hauptplatz Nr. 13 in Landsberg, einer hübschen mittelalterlichen Stadt etwa 50 Kilometer südlich von Augsburg. Gebürtig war er aus Wessobrunn, einem Dorf, das unweit des Ammersees liegt und seinen Ruhm einer mächtigen Benediktinerabtei verdankt. Dort arbeiteten damals die geschicktesten Gipsarbeiter und Dekorateure ganz Europas und lehrten ihre Schüler den Umgang mit Pinsel, Kelle und Meißel. Dort also hatte Zimmermann sein Handwerk gelernt und sein ganzes Wissen

Das Äußere der Wieskirche wirkt wie ein elegantes Gehäuse, in das eigenwillige Fenster von ornamentaler Kraft gesetzt sind. Rechts im Bild das kleine Landhaus des Dominikus Zimmermann.

erworben. Denn er war vor allem Stukkateur, und die Stuckarbeiten in den Kirchen, die er gebaut hat, weisen ihn als Meister der Schule von Wessobrunn aus. Doch vom Stuckdekor ging er alsbald zur Gesamtarchitektur über. Vorbilder hatte er genug vor

Augen, denn er war ja mitten in die Spätzeit des Barocks hineingeboren. Diese große Epoche hatte ein neues Lebensgefühl gebracht: Die Fürsten und Kirchenherren Deutschlands schauten nach Versailles und Paris, auch nach Wien und Prag und natürlich nach Rom, wollten nicht zurückstehen, wetteiferten miteinander beim Bau ihrer Paläste und Kirchen. Es war eine üppige, prunkvolle Blütezeit, die, als sie sich ihrem Ende zuneigte, das Wunder eines deutschen Rokokos mit seiner strahlenden Schönheit hervorbrachte.

und Ansehen erworben. Jetzt, im Alter von 69 Jahren, war er einer der Honoratioren der Stadt; vor kurzem war er sogar Bürgermeister seiner Wahlheimat geworden.

Zimmermann gehörte nunmehr zu den angesehenen Meistern des deutschen Rokokos. Diese großartigen Kirchenbauer waren eigentlich die zweite Generation barocker Architekten in Deutschland, die Nachfolger der italienischen Baumeister, die mit prunkvollen italienischen Barockbauten in Deutschland glänzten. Auch Zimmermann war in seiner Grundhaltung noch ganz ba-

voller Klarheit. Er begann, sich mit seinen Forderungen nach helleren Farben, harmonischen Räumen und viel Licht durchzusetzen. Vor allem aber war er Sproß einer langen Ahnenreihe von Handwerkern, ähnlich wie sein ewiger Rivale Johann Michael Fischer (1692–1766), der gerade die mächtigste aller süddeutschen Barockkirchen in Ottobeuren fertigstellte. Und als Handwerker, scheint es, brauchte Zimmermann stets seine Mannschaft aus Wessobrunn um sich. Doch derjenige, der wohl am engsten mit ihm zusammenarbeitete, war sein älterer Bruder Johann Baptist, der ebenfalls Stukkateur und Hofmaler in München war.

Zeit seines Lebens stand Zimmermann weniger im Rampenlicht als der berühmte, ein Jahr vor der Einweihung der Wies verstorbene Johann Balthasar Neumann, dieser Vertraute der Barockfürsten – schon der Klang seines Namens beschwört die Vorstellung von Prunk und Luxus! Zimmermann war dagegen auch bayrischer, näher an der Erde, der Natur und fähiger, die Volksfrömmigkeit zu verstehen – und sie in Stein umzusetzen. In den Hügeln des Alpenvorlands, vor dem Hintergrund der düsteren Kämme der Trauchgauberge und des Ammergebirges, schuf er sein Meisterwerk, sein Vermächtnis als Künstler: eine Wallfahrtskirche, schmuck und schlicht, lichtvoll und fröhlich. Wie eine göttliche Verheißung erhebt sie sich inmitten von Tannenwäldern und Torfgruben, in 871 Meter Höhe, auf halbem Weg zwischen Füssen und Oberammergau – im Herzen des alten, streng katholischen Bayerns.

Der Grundstein war am 10. Juli 1746 gelegt worden. Acht Jahre später war der gesamte Bau fertig: Im September 1754 wurde die Kirche geweiht. Eine schöne Arbeit, ganz gewiß: aus einem Guß, ohne Umbauten, ganz frisch in Gold und Weiß unter einem Dach aus flachen roten Ziegeln. So stand sie da, diese Kirche, in vollkommener Harmonie, wie ein kostbares kleines Juwel inmitten der grünen Wiesen – „in der Wies". Daß sie gebaut wurde, war der Wunsch des Prämonstratenserabts von Kloster Steingaden gewesen, das 5 Kilometer entfernt liegt. Er hieß Hyazinth Gassner. Nach seinem Tod hatte sein Nachfolger Marian II. Mayr die Bauherrnpflichten übernommen.

Die Wallfahrtskirche stand, und die Pilger kamen in Scharen. Doch diesmal zog Zimmermann nicht zu einer anderen Baustelle zwischen Alpen und Donau weiter. Am Abend seines Lebens konnte er sich nicht entschließen, diese Kirche zu verlassen, an die er all seine Kunst gewendet hatte. 1752 war seine Frau Maria Theresia gestorben, und von ihren elf Kindern hatten nur zwei überlebt: eine Tochter, Maria Franziska, die als Nonne im Zisterzienserinnenkloster Gutenzell lebte, und ein Sohn, Franz Xaver Do-

Mit 23 Jahren hatte Zimmermann die Wessobrunner Schule verlassen und eine Lehre als Baumeister absolviert. Er war nach Füssen gegangen und hatte dort 1708–1716 vor allem in der berühmten Werkstatt des Barockbaumeisters Johann Jakob Herkommer (1648–1717) gearbeitet. Eine bessere Ausbildung hätte er sich nicht wünschen können. Dann war er 1716 nach Landsberg weitergezogen, wo er – fast ausschließlich im Dienst der Äbte – alsbald Karriere gemacht hatte. Er war ein gesuchter Architekt geworden, hatte Vermögen

Die Kanzel wird von einem Jüngling getragen, der eine Schale emporhebt; sie fängt das von einem Delphin gespendete Wasser auf und vergießt es wieder – Symbol des ewig weitergegebenen Gottesworts.

rock – doch ohne Übertreibung, schlichter schon und sparsamer, mit einer gewissen Verhaltenheit. Seine Werke verraten einen verfeinerten Geschmack. Er war der Schöpfer einer melodischen Architektursprache, die Mozart vorauszuahnen schien, ein Genie

minikus, der seit seinem 16. Lebensjahr zusammen mit dem Vater als Stukkateur arbeitete. Auch der Sohn hatte sich in der Wiesgegend niedergelassen. Er hatte 1750 Maria Lori geheiratet, die „Bäuerin auf der Wies", in deren Elternhaus sich 1738 das Wunder ereignet hatte, das am Anfang der ganzen Wallfahrtsgeschichte stand: Eine Figur des Heilands an der Geißelsäule, die im Besitz der Familie war, begann plötzlich Tränen zu vergießen. Dieses Gnadenbild stand nun in der neuen Kirche. Zimmermann beschloß, bei seinen Kindern seßhaft zu werden. Er zog in das kleine Haus, das er neben der Kirche gebaut und das ihm während der Arbeiten als Büro gedient hatte.

Bald hatte der Erbauer der Wies es sich zur Gewohnheit gemacht, seine Kirche jeden Tag zu besuchen. Und immer wieder, wenn er wie ein Pilger die Wies betrat, staunte er von neuem: Sobald er die Portalvorhalle hinter sich gelassen hatte, stand er vor dieser Symphonie in Weiß und Gold, die sich zart blau oder rot tönte, wenn er sich dem Chor näherte und sein Blick zum Altarbild wanderte. Seine Augen wurden nie des seltsamen Märchens müde, das er geschaffen hatte. Er, der Zauberer, ließ sich verzaubern. Er, der Augenmensch, labte sich an dem reinen Spiel der Formen, unaufhörlich verführt durch das Licht, den Rhythmus der Säulen und Pfeiler. Gebannt setzte er sich auf eine der Tannenholzbänke. Sein Blick durchmaß das vollkommene Oval des Mittelschiffs, ruhte auf der Kanzel, die er selbst entworfen hatte. Dann erhob sich der Blick zum Gewölbe, wo die Architektur in die Stukkatur überging und dann zur Malerei wurde, verlor sich in den Pastelltönen des riesigen Deckenfreskos, das sein Bruder Johann Baptist gemalt hatte. Von dort kam die Verheißung: Christus verkündet inmitten eines verzückten himmlischen Aufgebots den Menschen die göttliche Gnade.

So verbrachte Dominikus Zimmermann die letzten zwölf Jahre seines Lebens bei der Wies. Dort starb er mit 81 Jahren am 16. November 1766. War es nur ein seltsamer Zufall, daß im gleichen Jahr auch der Rivale Johann Michael Fischer dahinging? Mit diesen beiden erlosch gleichzeitig die Kunst des deutschen Rokokos.

Als Rokoko bezeichnet man die letzte Phase des Barocks bis etwa 1770. Doch die Begriffe aus der Kunstgeschichte, so einleuchtend sie auch beschrieben sein mögen, erklären nicht alles. Sie bleiben ein rohes Gerüst, wenn es gilt, den Zauber eines Kunstwerks – wie etwa der Wies – verständlich zu machen. Gewiß stellt die „Zimmermannkirche" vollkommene Rokokoeleganz dar, einen Gipfel jener „Ästhetik der Grazie", die gebrochen hatte mit dem Barock, das nunmehr als zu prachtvoll, zu bewegt und kraftvoll, ja als zu theatralisch empfun-

Stuckarbeiten, wie sie nur ein Meister des Rokokos entworfen haben kann: Die sparsam geschmückte Kapitellzone trägt die Säulen der Empore im Chor. Darüber beginnt es in flackerndem Muschelwerk zu jubilieren.

den wurde. Doch dies ist nicht alles. Man muß die Entwicklung dieses Rokokogefühls in Deutschland näher betrachten.

Der neue Stil ist nicht nur Ergebnis einer neuen geistigen Strömung, die zuerst um 1680 in Italien auftrat und um 1730 über Frankreich auch nach Deutschland kam. Neben diesen fremden Elementen muß man auch das eigenständige Temperament berücksichtigen – die Regungen eines deutschen Geistes, der einen eigenen Ausdruck

suchte und plötzlich fand. Denn nur in Deutschland, und das ist eine bemerkenswerte Tatsache, verwandelte sich das Rokoko zur Sakralkunst. In Deutschland wurden im neuen Stil Kirchen gebaut. Aus eleganten Schlössern voller Boudoirs und intimen Salons für die höfische Gesellschaft wurden sinnlich-schöne Andachtsräume.

Über die Wies ist viel geschrieben worden, und so mancher Kritiker hat sie mit einer Theaterbühne verglichen, die eher für ein galantes Singspiel geeignet sei als für eine stille Stunde der Andacht. Mit einem Boudoir ist der intime Innenraum verglichen worden, dem nur der Alkoven fehlt, um dort den zweiten Akt der Mozartoper *Figaros Hochzeit* zu inszenieren: die Erregung des Pagen Cherubin, die Machenschaften der Gräfin, die zweideutigen Verkleidungsspiele.

Dennoch: Man muß hier nur eine Bauernmesse mitfeiern, um zu sehen, daß dieses Urteil nicht zutrifft. Dieses außergewöhnliche Gebäude mit seiner paradiesischen Heiterkeit wird – allen stilgeschichtlichen und kulturhistorischen Deutungen zum Trotz – der bäuerlichen Frömmigkeit zutiefst gerecht. Dieser Ort der Wonne, der das Auge fasziniert und die Seele bestrickt, bedeutet eine himmlische Offenbarung. Auch diese fromme Sinnlichkeit ist eine Dimension des deutschen Rokokos seit seinen Anfängen: Das himmlische Paradies, in dem die Engel musizieren, ist greifbar nah.

Eines ist offensichtlich: Im Unterschied zum italienischen, österreichischen und tschechischen Barock mit seinem städtischen Hintergrund ist dieses deutsche Rokoko von Natur und Geist her ländlich. Dies macht seinen Glanz und seine Eleganz noch ungewöhnlicher. Das Rokoko, in anderen Gegenden eine rein höfische Kunst, ist hier eine volksnahe Kunst vom Lande, die in den Jahren um 1750 aus einer noch stark nach Ständen gegliederten Gesellschaft hervorgegangen ist. Da gibt es noch die Masse der untertänigen Bauern auf der einen Seite und die Aristokraten, die Landedelleute, die kirchlichen und weltlichen Fürsten auf der anderen. Und die deutsche Rokokokunst hat die Geringen nie mißachtet. Das bezeugen auf eindrucksvolle Weise alle Wallfahrtskirchen und all die großen Abteien, die im 18. Jh. in Bayern und Oberschwaben entstanden. Die Wies, eine Kirche, zu der die Wallfahrer ziehen, um vor dem Gnadenbild zu beten, vielleicht sogar um ein Wunder, beweist dies besonders eindringlich.

Die Wies ist in der Tat am weitesten von der Üppigkeit der barocken Kathedralen wie Ottobeuren, Zwiefalten, Vierzehnheiligen entfernt. Das gesamte Äußere der Wieskirche ist von größter Schlichtheit. Das Ornament der Fenstergruppen hat Sinn und Zweck: Es erweist sich im Innern als wohldurchdachte Verteilung der Lichtquellen.

Das Innere selbst besitzt eine bemerkenswerte Reinheit, und was im oberen Bereich an Stuckdekorationen aufgeboten ist, wird im unteren Teil durch klassische Strenge ausgeglichen. Das Ideal der Ausgewogenheit ist erreicht; man sieht nichts Großsprecherisches, nichts ist überladen, es gibt keine unnötigen Verzierungen; Vergoldung und Stuck ordnen sich dem Gesamtwerk unter.

Und auch darin unterscheidet sich die Wies von anderen Barockbauten: Sie ist ein

Flachkuppel. Die Längsachse des Ovals führt nach vorne zum Chor. Er bildet ein tiefes, relativ enges Rechteck, das wie eine Straße zum Thron des Gnadenbilds am Altar führt. Hinter dem Altar, der in einer dunklen Nische direkt über dem Tabernakel das wundertätige Gnadenbild des gegeißelten Heilands birgt, rundet sich ein zweischaliger Chorabschluß von ähnlicher Ausdehnung wie die Vorhalle.

Diese Anlage – eine Ellipse mit zwei klei-

erreichte es am Ende seiner Laufbahn eine ungeahnte Perfektion. Der Schöpfer der Wies hatte das Oval schon in seiner ersten Wallfahrtskirche gekonnt verwendet; sie steht im oberschwäbischen Steinhausen und wurde 1727–1733 erbaut. Sie ist übrigens die erste reine Rokokokirche auf süddeutschem Boden. Danach hat Zimmermann diese Form immer wieder auf dem Papier überarbeitet. Und als er 1745 seinen Bauvorschlag für die Wies einreichte, hatte er in

Bau von bescheidenen Ausmaßen, kaum 60 Meter lang, 28 Meter breit und 20 Meter hoch unter dem Gewölbe des Kirchenschiffs, 16 Meter unter dem Gewölbe des Chores und der Orgelempore. Doch in ihrer Art ist sie ein kleines Juwel. Form, Farbe, Licht – alles wird bewußt eingesetzt, um das gesteckte Ziel zu erreichen: ein Gesamtkunstwerk, ein harmonisches Gebilde, ein unteilbares Ganzes.

Zunächst fällt die Klarheit des Grundrisses auf, der einem denkbar einfachen geometrischen Schema folgt. Die Vorhalle bildet einen kleinen Halbkreis, schwingt halbrund nach außen, in die Natur. Dahinter weitet sich das Schiff zu einem reinen Längsoval. Pfeilerpaare tragen die bemalte

nen Halbkreisen – zieht das Interesse des Betrachters zunächst auf das Oval. Und das soll auch so sein. Denn das Oval war die bevorzugte Bauform des reifen Rokokos. Allerdings hat es eine Vorgeschichte: Das Oval wanderte von Roms barocken Bauten (Borromini und sogar Bernini verwendeten es) über Turin (bei Guarino Guarini) und Venedig (bei Longhena) nach Österreich (bei Fischer von Erlach und Lukas von Hildebrandt) und gelangte von dort schließlich nach Bayern und Schwaben, wo es vielfach verwendet wurde (bei Balthasar Neumann, bei den Brüdern Asam und anderen). Das Oval als Bauform hat also eine lange Geschichte und ist in vielen glänzenden Abwandlungen aufgetreten. Bei Zimmermann

Das Kircheninnere: Die unteren Raumteile sind nur spärlich mit Stuck versehen, dafür entfaltet er sich in den höheren Regionen um so glanzvoller. Darüber liegt die zarte Farbigkeit des Deckenfreskos.

gewisser Weise die barocke Ellipse für sich neu gestaltet.

Zimmermann legte in den Bau der Wies die Summe seiner ganzen Erfahrung. Jetzt bestand die Lösung nicht mehr wie in Steinhausen aus zwei Ovalen, wobei eines längs und das vom Chor quer und kleiner war, sondern er baute ein Oval und daran anschließend ein langgezogenes Rechteck für den Chor. Dieses Prinzip hatte er schon an der Frauenkirche in Günzburg erprobt (1736–1741). Doch damit nicht genug: Nach dem Beispiel von Baumeistern wie Bernini oder Fischer von Erlach ordnete Zimmermann das ovale Hauptschiff der Wies völlig dem Chorraum unter. Denn dort steht der Hochaltar mit dem Gnadenbild, das Ziel der Wallfahrt und das Herz der ganzen Kirche.

Das ovale Kirchenschiff öffnet sich zum Chor hin wie der Zuschauerraum eines Theaters zur reichdekorierten Bühne. Der strenge Rhythmus der Architektur wird jetzt gesteigert durch eine regelrechte Farbdramaturgie. Schon das strahlend weiße Schiff schmückt sich in seinen hohen Partien mit Dekorationselementen, die zur Decke streben, mit üppigen Kartuschen, mit graziös geschwungenen Balkons und Ballustraden, mit Blumengirlanden, mit Lorbeer- und Palmzweigen, mit Muscheln, mit Wellenkämmen – kurz, mit einem Fest für das Auge aus feinstem Stuck. Doch im Chor, entsprechend seiner liturgischen Funktion, steigert und konzentriert sich der Schmuck, vor allem durch die plötzlich auftretende, prachtvoll abgestufte, äußerst raffinierte Farbgebung. Mit ihrer symbolischen Fülle ist sie wunderbar dem Programm angepaßt, das den Pilgern zur Einkehr und Erbauung dargeboten wird: die Erlösung des Menschen durch den Gegeißelten. Da weichen das Weiß und Gold des Schiffes den schillernden Rot- und Blautönen. Zunächst herrscht im unteren Altarraum das Rot vor wie ein warmer Grundton. In diesem dem leidenden Christus geweihten Heiligtum symbolisiert es das Blut und Opfer Christi. Dann geht der Blick von unten nach oben, geführt von den rötlichen und blauen Stuckmarmorsäulen um den Hochaltar, vom Tabernakel hinauf zur berühmten Figur des gegeißelten Christus. Und ganz oben, noch über dem Altargemälde, steht in einer runden Lichtaura das Lamm auf dem Buch mit den sieben Siegeln. Darüber schwebt in der Kuppel das Fresko des Chorgewölbes. Und wo im Bild die Engel dem thronenden Gottvater das Kreuz und die Leidenswerkzeuge Christi vorweisen, tritt das Blau als Symbol göttlichen Erbarmens endgültig an die Stelle des Rots. Das Blau wiederholt sich im Deckenfresko des Kirchenschiffs, nämlich vorn im Bild in den gemalten Draperien des noch leeren Throns, der für die Herabkunft des Weltenrichters vorbereitet ist.

Vom Karfreitag – dem Tag, an dem ursprünglich das Gnadenbild in der Prozession getragen wurde – bis zum Ostersonntag spannt sich der Bogen. Von Tod und Reue bis zur Freude der Auferstehung. Eindringlicher und beredter kann man nicht erklären, daß allein das Leiden Christi dem Pilger die Pforte zur Ewigkeit öffnet. Und eine größere Einheit wird man wohl kaum in dem ikono-

graphischen Programm einer anderen Kirche finden. Der Chor ist der Bereich des Gottessohns, der für das Heil der Menschen geopfert wurde. Das Schiff gehört dem auferstandenen Christus in seiner Herrlichkeit, der in Ewigkeit herrschen wird.

Die außergewöhnliche Raffinesse des Innenraums beruht nicht zuletzt auf den Stuckarbeiten. Die Wies wirkt wie eine einzige Monstranz aus Stuck. Sie ist total mit Stuck verkleidet: Bemaltes, gegossenes, geschnitztes Gipswerk blüht überall auf in üppiger Formenvielfalt. Weißer Stuck, glänzend glatt wie Porzellan für Putten und gro-

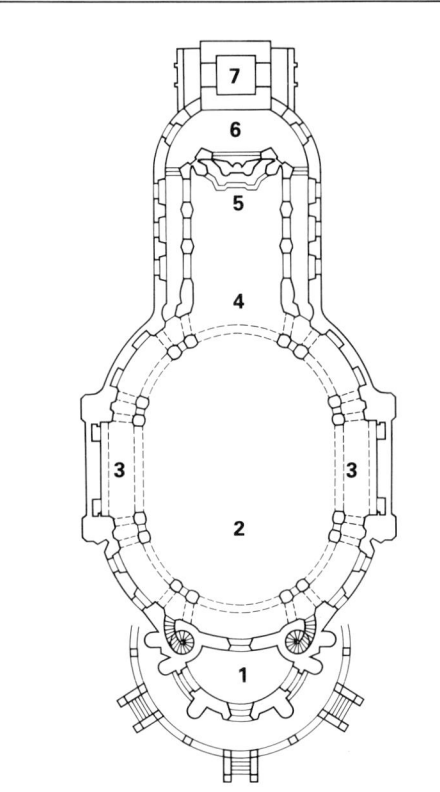

Die Wies (1746–1754) hat einen überschaubaren Grundriß: 1. Vorhalle. 2. Kirchenschiff. 3. Seitengalerie (falscher Umgang). 4. Chor. 5. Hochaltar. 6. Sakristei. 7. Der Grundriß des Hauptraums bildet ein Oval mit zwei Halbkreisbogen und geradem Mittelstück, dem innen Doppelpfeiler vorgesetzt sind, vier an jeder Seite. Die Vorhalle schmiegt sich in weichen Apsiden an den Hauptraum an. Der Chor schließt mit einem Korbbogen.

ße Engel; matter Stuck in den Gewölben, wo Gold und Pastellfarben ineinander übergehen; Stuckmarmor, schimmernd und buntschillernd, verkleidet den Altaraufsatz und die Säulen des Chors. Zimmermann ist ein Virtuose des Stucks, darauf kommt man immer wieder zurück. Der Meister der Wies hat als Stukkateur sogar seine Kollegen aus Wessobrunn übertroffen: die Feuchtmayers

und die Schmuzer mit ihren oft schwülstigen Kompositionen und ihrem Zuckerbäckerstil. Bei Zimmermann verfeinert und beruhigt sich auch die Kunst des Stucks, sie wird zum duftigen Phantasiegebilde. Als Ästhet, der er war, hat er dieses zarte und fügsame Material in Form- und Farbgebung meisterhaft zu variieren verstanden. Die Dekoration ist bei ihm ein tragender Teil seiner Architektur geworden.

Bleibt noch das Wunder des Lichts zu beschreiben, das dieses Heiligtum durchstrahlt. Auch hier hat der Architekt Zimmermann Genie bewiesen – diesmal vielleicht etwas profaner, indem er seine perfekte Bautechnik zu Hilfe nahm. Zimmermann hat kein schweres Baumaterial verwendet und so mit einer Tradition gebrochen, die aus Italien kam und im zutiefst barocken Ottobeuren und Vierzehnheiligen noch eingehalten wurde. Statt dessen hat er an das reiche heimatliche Erbe angeknüpft und seinen Bau so leicht wie nur möglich gemacht. In dieser Kirche gibt es tatsächlich keinen Stein und keinen Marmor; es gibt nur Ziegelmauern mit Gips- und Stuckverblendungen. Darin offenbart sich die Wies als eine einzige optische Täuschung! Im Donauraum war man mit der Kunst vertraut, das Mauerwerk zu maskieren mit dem Putzbau, wo selbst der Stein, sofern er vorhanden ist, niemals zum Vorschein kommt, sondern immer mit Farbe oder Stuck überzogen ist. Und Zimmermann war auch mit Holz vertraut, dem traditionellen Baustoff im waldreichen Bayern: Unter dem hölzernen Dachstuhl besteht das Gewölbe des Kirchenschiffs, des Chors und der Orgelempore nur aus Holz, aus 4 Zentimeter starkem Lattenwerk, das mit Gips bedeckt und am First verankert ist. Überdies ist das, was dem Betrachter als Gewölbe erscheint, nichts als eine flache Muldendecke, genauso wie die flache Kuppel des Chors: Erst die Scheinarchitektur, die auf die Deckengemälde gesetzt ist, macht den Trug perfekt. Man läßt sich täuschen und sieht eine Wölbung. Das leichte Material, mit dem der Architekt Zimmermann baute, reduziert den Schub auf die Seitenwände auf ein Minimum. Daher konnte der Meister die Wände oben noch zusätzlich mit seinen graziösen, fast maurisch anmutenden Fenstern öffnen und die Kirche mit einem Höchstmaß an Licht füllen. Außerdem konnte er leicht durch das Gipsdekor über den Emporen im Innenraum weitere Öffnungen stechen: Ihr Schnitt wiederholt den der Fenster in den Außenwänden – die Innenwände sind im wahrsten Sinne des Wortes durchbrochen. So hat sich Zimmermann jeder Schwere entledigt. Er ist dabei seiner religiösen Vorstellung vom Widerschein der absoluten göttlichen Klarheit, vom Abbild der strahlenden himmlischen Heimat gefolgt. Seine architektonische Meisterschaft

Wie eine barocke Oper

Ein Altar, der aussieht wie die Kulisse zu einem barocken Opernspektakel: Kein Zweifel, die Handlung spielt im Herzen eines tiefen, dunklen Waldes, durch den die Donau fließt; sie spielt in Niederbayern, genau gesagt: in der Benediktinerabtei von Weltenburg, nicht weit von Regensburg entfernt. In dieser Klosterkirche steht der Hochaltar, von dem hier die Rede ist. Durch die Ehrenpforte des Altaraufsatzes reitet ein strahlender Sankt Georg auf uns zu – wie der Held aus einem mittelalterlichen Epos. Oder befinden wir uns in einem Märchen, in dem ein tapferer Ritter eine Prinzessin vor dem dräuenden Drachen rettet? Das schlimme Ungeheuer aus Stuck ist über und über bedeckt mit grünlich schimmernden Schuppen. Schon ist es durchbohrt von der Lanze des Retters, aber noch einmal bäumt es sich wütend auf. Jetzt müßten die Bühnenarbeiter die Falltür öffnen, um das getötete Untier in der Versenkung verschwinden zu lassen. Und was macht die Prinzessin zur Rechten? Sie hat sich als Schäferin verkleidet und den Arm wie abwehrend gehoben; das Kleid bauscht sich elegant. Vielleicht singt sie gerade eine Arie. Und in der Mitte sitzt immer noch der edle Ritter auf dem tänzelnden Pferd, unter einem Triumphbogen und in römischer Rüstung. Er läßt sich als Sieger feiern. Zum Goldharnisch trägt er den Lorbeerkranz und einen Helm mit goldenem Federbusch wie Cäsar. Dahinter aber, beleuchtet von einem himmlischen Licht, erscheint das Bild der Unbefleckten Empfängnis. Jetzt verwirren sich die Handlungsstränge, die Bezüge werden unklar. Ist das wirklich das Finale einer unbekannten Barockoper?

Die extravagante Inszenierung ist ein Altar, der aus der Zeit um 1720 stammt. Signiert ist das Werk von den Gebrüdern Asam, die über 20 Jahre eng zusammenarbeiteten und deren Hang zum Theatralischen berühmt ist. Die Kirche von Weltenburg ist ihr erstes wichtiges Werk. Sie entstand zehn Jahre vor der Johann-Nepomuk-Kirche in München, die später so berühmt geworden ist, daß man sie nach ihren Erbauern heute meist nur noch als Asamkirche bezeichnet. Unter den großen Architekten des 18. Jh. in Süddeutschland verkörpern die Brüder Asam am augenscheinlichsten das Hochbarock.

Altar der Klosterkirche in Weltenburg: Als strahlender Held reitet Sankt Georg aus dem Altar. Drohend bäumt sich der Drache, vor dem die Prinzessin flieht.

Sie schufen prunkvolle und sinnenberauschende Kirchenräume, die stets als Höhepunkte Altäre aufweisen, die mit ihren plastischen Figurengruppen, mit all den Pfeilern und Säulen, den Logen und Brüstungen eher einem barocken Theater ähneln als dem Allerheiligsten eines Gotteshauses.

Von einem zweijährigen Aufenthalt in der Ewigen Stadt haben Cosmas Damian (1686–1739), der Maler, und Egid Quirin (1692–1750), der Bildhauer und Stukkateur, dieses „römische" Barock nach Bayern mitgebracht. Der Georgsaltar von Weltenburg, ausgeführt von Egid vor einem Hintergrund von Cosmas, legt ein beredtes Zeugnis davon ab. Die Bezüge zu römischen Vorbildern sind mehr als deutlich. Die vier gedrehten Säulen erinnern offensichtlich an den Baldachin des Petersdoms und zeigen, daß die beiden eine Menge von Gianlorenzo Bernini

(1589–1680) gelernt haben. Bernini war zeit seines Lebens die dominierende Gestalt des römischen Barocks. Von ihm haben die Gebrüder Asam auch die Lichteffekte abgeschaut: Das Licht kommt aus den Kulissen, von oben und von hinten. Die drei Gestalten des Altars heben sich im Gegenlicht als Silhouetten ab. Volles Licht von oben trifft dagegen auf den Hauptdarsteller, den Ritter in Gold und Silber, der die Menschheit vom Bösen befreit.

Die Gebrüder Asam sind aber auch Deutsche. Ihre frommen Bilder enthalten immer wieder Phantasiegestalten, die aus den Märchen, aus Legenden und Traum geboren sind. Immer wieder steht neben dem Theatralischen das Wunderbare. Ein Kunstkritiker hat einmal den Altar von Weltenburg so beschrieben: „Wir erleben eine große religiöse Oper, die in ihrer Hauptszene erstarrt ist."

ist nirgendwo im Raum so offensichtlich wie in der außerordentlichen Behandlung des Lichts. Es strömt in die Kirche, strahlt, weitet den Raum, unterstützt von all den vielen Farben und Formen. Alles stimmt überein, wie in einer gekonnten Orchestrierung. Und aus dieser Harmonie entspringt eine Art mystischer Heiterkeit. Begnadet im religiösen wie im weltlichen Sinn, wird die Wies zu

einer Komposition, in der sich mit dem Wechsel der Stunden und Jahreszeiten das Geheimnis des Glaubens in der Fülle des Lichts offenbart.

Der Hang zum Wunderbaren, Zauberischen, der der deutschen Seele eigen ist, hat hier für immer Ausdruck gefunden in diesem lichtvollen Gotteshaus, das am Abend des barocken Abenteuers geboren wurde.

Die musizierende Engelschar hoch oben verkündet die Botschaft dieses beglückenden Raums: Freude! Das schicksalsträchtige *Dies Irae* hallt niemals wider in dieser strahlenden, friedvollen Kirche, die – um wenige Jahre nur – die Themen des jungen Mozart vorwegnimmt: *Exsultate, Jubilate!* Diese Motette von 1773 scheint den Raum für immer zu erfüllen.

Grabbauten und Gedenkstätten

Weltwunder am Nil

Die große Pyramide des Cheops

Wenn man mit H. G. Wells' Zeitmaschine 46 Jahrhunderte in die Vergangenheit reisen könnte, träfe man in Mitteleuropa Menschen, die noch in primitiven Hütten aus Ästen und Zweigen lebten. In Mesopotamien dagegen könnte man bereits stattliche Tempel und Paläste aus Lehmziegeln bewundern. Aber nirgends auf der Welt bekäme man ein Bauwerk ganz aus Stein zu sehen, nirgends – außer im Niltal. Die dort ansässigen Ägypter waren nicht nur die ersten, die Steine bearbeiteten und als Baumaterial benutzten, sondern sie errichteten damit sogar gigantische Denkmäler, wahre künstliche Berge: die Pyramiden. Eine Titanenarbeit, gewiß, bei der es mit der Muskel-

Links im Bild die große Cheopspyramide, rechts die Pyramide des Chephren, an deren Spitze man noch die Reste der Ummantelung erkennt. Zwischen den beiden liegen Mastabas, Grabstätten hoher Würdenträger und der Königskinder.

beim Behauen abfielen, dann mußten in den Steinbrüchen insgesamt 7 Millionen Tonnen Material gebrochen werden. Nach Schätzungen würde man heute allein für den Transport der Steine 7000 Züge mit je 1000 Tonnen Nutzlast oder 700 000 Lastwagenladungen von je 10 Tonnen benötigen.

Inzwischen besteht kein Zweifel mehr, zu welchem Zweck dieses Bauwerk aufgeführt wurde: Wie alle anderen der zahlreichen Pyramiden im Niltal, angefangen bei den benachbarten Pyramiden des Chephren und des Mykerinos, diente sie einem Pharao als Grabmal. Der Größe der Pyramide nach zu urteilen, muß er sehr mächtig und reich gewesen sein. Doch wer war dieser Herrscher? Herodot, der um 440 v. Chr. Ägypten besuchte, hat die von den ägyptischen Priestern weitergegebenen alten Überlieferungen aufgezeichnet. Danach hieß der Bauherr der großen Pyramide Cheops. Der Name ist die griechische Form von Chufu, und dieser war einer der größten Pharaonen der 4. Dynastie; er soll von 2551 bis 2528 v. Chr. regiert haben. Die moderne Ägyptologie hat die Richtigkeit dieser Überlieferung bestätigt. Im vorigen Jahrhundert fand man in einer der Entlastungskammern der Pyramide einen Stein mit dem Namen des Pharaos, umrahmt von der königlichen Kartusche.

Wie konnte eine technische Leistung, wie sie der Bau eines solchen Monuments darstellt, verwirklicht werden? Auf welche Weise die schweren Steinquader, von denen einige aus den Granitsteinbrüchen des 1000 Kilometer entfernten Assuans stammen, befördert wurden, ist auf Wandmalereien in Grabkammern und auf Flachreliefs dargestellt. Auf diesen Bildwerken sieht man, wie schwere Steine auf Schlitten fortbewegt und Obeliske auf Lastkähne gehievt und von einer Vielzahl kleiner Boote auf dem Nil gezogen werden. Nach Herodots Angaben wurden die Steine mit Hebevorrichtungen aufeinandergeschichtet. Zur Baustelle wurden die Steine wahrscheinlich auf Rampen aus Ziegeln und Lehm gezogen, die der Pyramide anlagen und spiralig nach oben führten. Diese Rampen baute man dann ab, als man die Pyramide verkleidete.

Man kann Herodot glauben, wenn er sagt, daß „das geknechtete Volk allein zehn Jahre brauchte, um die Straße zu bauen, auf der die Steine zur Pyramide geschleift wurden, ein Werk, das mir fast ebenso gewaltig schien wie der Bau der Pyramide selbst. Denn die Straße ist 5 Stadien (960 Meter)

kraft eines Arbeiterheeres allein nicht getan war. Sie erforderte auch einen großartigen Erfindergeist, gepaart mit ebensoviel Geschick wie Erfahrung.

Das interessanteste, größte und wohl genialste Monument dieser Art ist die Cheopspyramide. Sie wurde in Gise, in der Nähe des heutigen Kairos, um 2530 v. Chr. von König Cheops auf einem Kalkplateau erbaut.

Seit der Antike staunen alle Besucher über ihre Ausmaße: Die Grundfläche, ein Quadrat mit ungefähr 230 Meter Kantenlänge, bedeckt über 5 Hektar Land; die Höhe betrug einst 146,6 Meter, rund 10 Meter mehr als heute, da einige Steinschichten der Spitze fehlen. Erst die Kathedralen des Mittelal-

ters erreichten eine größere Höhe (zum Vergleich: Der Turm des Kölner Doms ist 160 Meter hoch).

Die Steinschichten sind stufenförmig angeordnet. Es existieren noch 201 Schichten, aber man hat errechnet, daß es ursprünglich zwischen 210 und 220 gewesen sein müssen. Die größten Steinblöcke befinden sich an der Basis und sind 1,5 Meter hoch. Mit zunehmender Höhe werden sie immer kleiner; ganz oben messen sie nur noch durchschnittlich 55 Zentimeter.

Man hat die Anzahl dieser Steinblöcke auf 2,3 Millionen geschätzt. Das Durchschnittsgewicht eines Blocks beträgt 2,8 Tonnen, das Gesamtgewicht 6,5 Millionen Tonnen, und rechnet man die Bruchstücke dazu, die

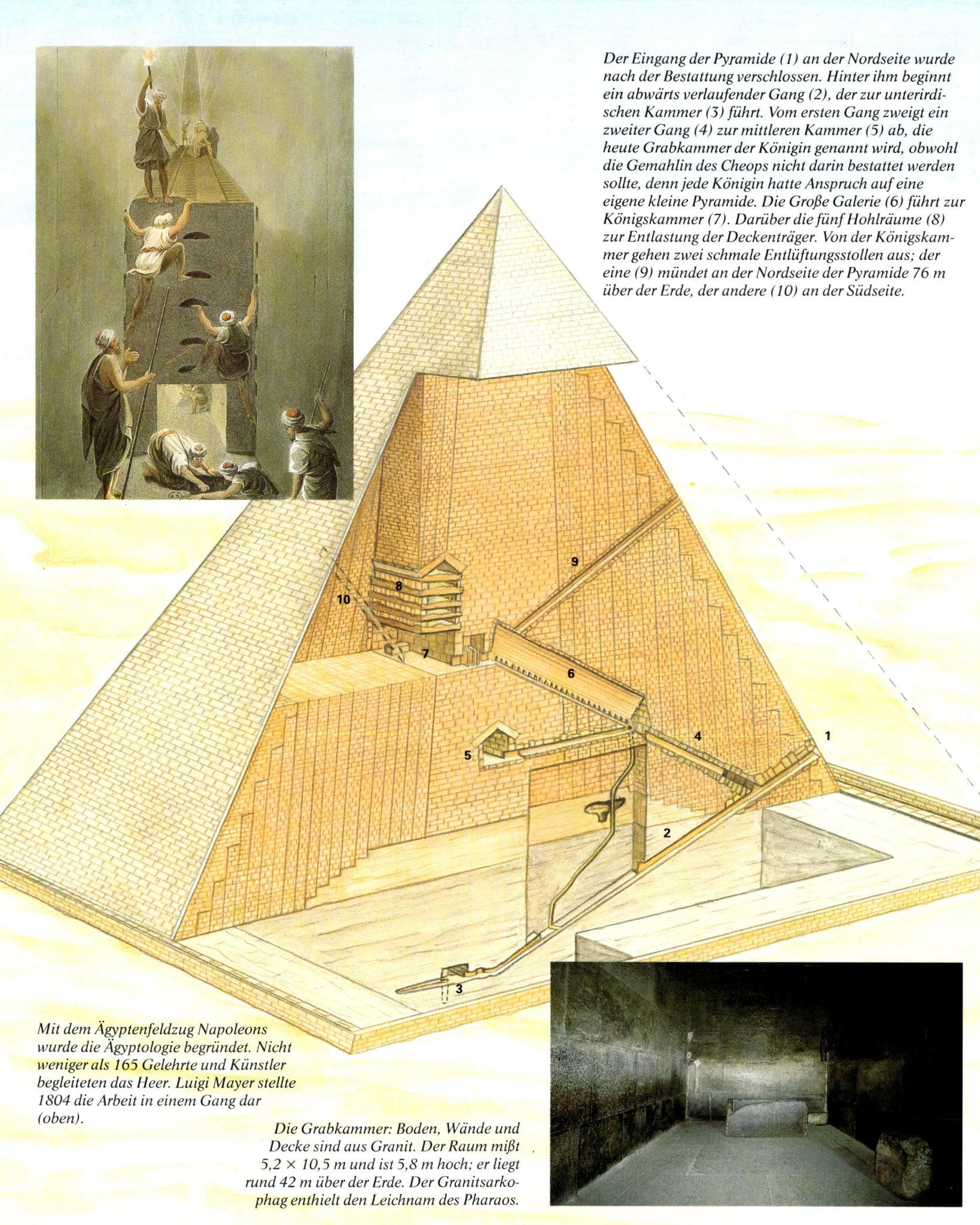

Der Eingang der Pyramide (1) an der Nordseite wurde nach der Bestattung verschlossen. Hinter ihm beginnt ein abwärts verlaufender Gang (2), der zur unterirdischen Kammer (3) führt. Vom ersten Gang zweigt ein zweiter Gang (4) zur mittleren Kammer (5) ab, die heute Grabkammer der Königin genannt wird, obwohl die Gemahlin des Cheops nicht darin bestattet werden sollte, denn jede Königin hatte Anspruch auf eine eigene kleine Pyramide. Die Große Galerie (6) führt zur Königskammer (7). Darüber die fünf Hohlräume (8) zur Entlastung der Deckenträger. Von der Königskammer gehen zwei schmale Entlüftungsstollen aus; der eine (9) mündet an der Nordseite der Pyramide 76 m über der Erde, der andere (10) an der Südseite.

Mit dem Ägyptenfeldzug Napoleons wurde die Ägyptologie begründet. Nicht weniger als 165 Gelehrte und Künstler begleiteten das Heer. Luigi Mayer stellte 1804 die Arbeit in einem Gang dar (oben).

Die Grabkammer: Boden, Wände und Decke sind aus Granit. Der Raum mißt 5,2 × 10,5 m und ist 5,8 m hoch; er liegt rund 42 m über der Erde. Der Granitsarkophag enthielt den Leichnam des Pharaos.

lang, 10 Orgyia (Klafter, etwa 19 Meter) breit und an der höchsten Stelle 8 Orgyia (über 15 Meter) hoch." Es handelt sich hier um die Straße, die zur Zeit der Überschwemmung das Nilufer mit der Pyramide verband. Am Ausgangspunkt dieser Straße wurden Landestege und ein Taltempel errichtet. Am Endpunkt baute man, als die Pyramide fertiggestellt war, den Totentempel des Pharaos, ein Bauwerk, von dem nur spärliche Reste erhalten sind.

schließlich in eine rechteckige Kammer mündet; von diesem Raum geht ein weiterer Gang aus, der nach 18 Metern blind endet. Den gleichen Zweck hatte eine zweite Grabkammer, die weiter oben in der Pyramide angelegt wurde und die man heute Grabkammer der Königin nennt.

Laut Herodot dauerte es 20 Jahre, bis die Pyramide selbst errichtet war. Jeweils 100 000 Menschen, die alle drei Monate abgelöst wurden, sollen ununterbrochen daran

stand, was den Transport der Steinblöcke erleichterte.

Der gelbe Kalkstein stammt aus der Nähe von Tura, etwa 12 Kilometer südlich von Kairo. Ein Heer von Spezialisten brach die Steinblöcke. Sie bohrten mit Flintbohrern und Quarzsand in einer Linie Löcher in den Fels und trieben Holzkeile hinein. Dann begossen sie die Keile mit Wasser, so daß sie aufquollen und entlang der Linie Gesteinsbrocken aus dem Fels heraussprengten. Die so gewonnenen Blöcke wurden mit kupfernen Sägen zerkleinert, die man immer wieder mit angefeuchtetem Quarzsand schärfte. Weitere Steinmetzwerkzeuge waren Meißel und Querbeile aus Kupfer.

Anschließend wurden die Steinblöcke auf Holzschlitten gesetzt, die man auf Bahnen aus Rundhölzern zum Fluß zog. Sobald sich die Blöcke auf den Lastkähnen befanden, konnten sie mühelos flußabwärts zu dem Bauplatz der Pyramide nahe gelegenen Landestegen befördert werden. Hier wurden sie abermals auf Schlitten geladen, über die Steinstraße gezogen und dann über eine Rampe auf die Höhe der Stufen gebracht. Und je weiter die Arbeiten fortschritten, um so höher und länger wurde die Rampe.

Im Herzen der Pyramide wurden dann zwei Grabkammern angelegt, die untere als Provisorium und die obere als endgültige Sargkammer, in die ein Sarkophag kam. Dann erst schloß man die Decke mit einem riesigen Granitblock; den einzigen Zugang zu diesem Raum bildet ein niedriger, enger Gang, durch den man die massige Steinwanne niemals hätte hineinschaffen können. Über diesem Raum, der den königlichen Leichnam aufnehmen sollte, wurden übereinander fünf Hohlräume ausgespart, um die Deckenträger von dem ungeheuren Gewicht, das auf ihnen lag, zu entlasten.

Die Pyramide, die mit ihren Steinschichten einer gigantischen Treppe glich, wurde danach mit einer glatten Verkleidung aus feinem Tura-Kalkstein ummantelt. Mit 1,5 Meter hohen Blöcken verdeckte man die unterste Schicht, mit 75 Zentimeter hohen die darauffolgenden Schichten; das waren insgesamt mehr als 115 000 Blöcke. Heute fehlt dem Bauwerk diese Ummantelung, denn arabische Geschäftsleute trugen sie ab und erbauten damit einen Teil Kairos. Aber an der Chephrenpyramide hat sich am oberen Teil diese Verkleidung erhalten. Sie vermittelt eine Vorstellung davon, wie die Cheopspyramide einst ausgesehen hat.

Weder der Steinsarkophag noch die Fallsteine, die die Eingänge zu den Stollen und Kammern versperrten, konnten die Schätze des Cheops vor der Habgier der Grabräuber schützen. Dennoch bleibt das Bauwerk selbst, das für die Ewigkeit errichtet wurde, erhabenes Symbol der Genialität der alten Ägypter und der Macht ihrer Pharaonen.

Das Grabmal der Christin

Die Numider, Vorfahren der im heutigen Algerien und Marokko lebenden Berber und Zeitgenossen der Karthager und Römer, errichteten Mausoleen, deren Bauweise entweder von Karthago oder von Griechenland beeinflußt war. Das bedeutendste wird Grabmal der Christin genannt. Von dem Hügel, auf dem es steht, erblickt man im Norden Cherchell (das antike Caesarea Mauretaniae) und das Meer, im Süden die Mitidja-Ebene.

Es ist ein Rundbau mit 62 Meter Durchmesser. Rundum läuft eine Kolonnade mit Scheintüren in den vier Himmelsrichtungen. Diese Türen weisen in der Mitte erhabene Formen auf, die an ein großes Kreuz erinnern – daher wohl der Name des Bauwerks, das nicht das geringste mit einer Christin zu tun hat. Die Säulen haben ionische Kapitelle und sind teilweise in die Außenmauer eingelassen. Über den auf den Säulen ruhenden Tragbalken (Architrave) erhebt sich der Bau konisch

in übereinandergelegten Steinreihen, so daß er wie ein Kegel aussieht.

Im Innern befinden sich mehrere Gänge, die zusammen mehr als 150 Meter lang sind. In der Antike wurden sie von Lampen erhellt, die in Wandnischen standen. Durch diese Gänge gelangte man in zwei kleine Kammern, die Bestattungsräume oder vielleicht auch Kapellen waren, wie man vermutete. In diesem Fall müßte man noch die Gruft finden, die unversehrt sein könnte. Möglicherweise gelangte man durch einen Schacht zu ihr, dessen Mündung verschüttet wurde. Im übrigen scheint festzustehen, daß in der Antike in dem Grabmal ein Totenkult zelebriert wurde.

Man nimmt an, daß dieses Mausoleum dem mauretanischen König Juba II., der 23 n.Chr. starb, und seiner Gemahlin Kleopatra Selene, Tochter der großen Kleopatra und des Markus Antonius, als letzte Ruhestätte diente.

Das Grabmal der Christin. In der Antike war das Bauwerk vollständig mit Marmor verkleidet und mit Bronzeschmuck verziert. Es ist möglich, daß eine Kolossalstatue oder sogar eine Figurengruppe das Bauwerk krönte.

Während Arbeitertrupps die Steine bearbeiteten, die für den Bau der Pyramide erforderlich waren, schlugen andere, wie Herodot berichtet, in den felsigen Untergrund eine Kammer, in der Cheops bestattet werden sollte, falls er vor Vollendung der Pyramide sterben würde. Offenbar ist damit der in das Felsplateau gehauene Stollen gemeint, der mit einem Neigungswinkel von etwa 26 Grad über 77 Meter abwärts führt, dann 8,8 Meter weit horizontal verläuft und

gearbeitet haben. Es waren Bauern und Kriegsgefangene, die man für den Transport der Steine einsetzte. Man beförderte die Blöcke vor allem zur Zeit der Nilschwelle, der Überschwemmung, die Mitte Juni begann und mehrere Monate dauerte. In dieser Zeit konnten die Bauern ihre überfluteten Felder nicht bearbeiten und standen daher zur Verfügung. Auch verringerte das Hochwasser die Entfernung zwischen dem Ufer und dem Plateau, auf dem die Pyramide ent-

Newgrange
Ein riesiges Grabmonument aus grauer Vorzeit

Der geheimnisvolle Brugh na Bóinne, der Palast der Boyne, von dem die alten keltischen Sagen erzählen, hat nie aufgehört, die Phantasie der Menschen zu beschäftigen. Die Iren nannten diese bedeutende Nekropole aus der Jungsteinzeit, die etwa 50 Kilometer nördlich von Dublin in der Grafschaft Meath nicht weit von der Irischen See entfernt liegt, kühn auch das Tal der Könige. Sie umfaßt mehrere megalithische Anlagen, die sich auf grünen Hügeln über einer Schleife des morastig-schwarzen Flusses Boyne erheben, und ist vor allem wegen ihrer drei großartigen Hügelgräber Newgrange, Knowth und Dowth weltberühmt.

Der Tumulus Newgrange sieht – aus der Vogelperspektive betrachtet – einem Herzen ähnlich; er hat einen Durchmesser von etwa 80 Metern und ist rund 13 Meter hoch. Man hat den Tumulus abwechselnd mit Kieseln und Torf aufgeschichtet; 97 Steinrandplatten, die teilweise sehr schön graviert sind, bilden seine Basis. Auf diesen Platten erhebt sich eine eindrucksvolle Stützmauer aus weißen Quarzsteinen. Ursprünglich umgab den Tumulus auch noch ein Kreis mächtiger, frei stehender Steine, von denen aber nur noch etwa ein Dutzend erhalten sind.

Eine Einbuchtung auf der Südostseite des Tumulus bildet eine Art halbrunden Vorhof, der von mehreren mit der Schmalseite nach unten gesetzten Steinblöcken umschlossen ist. Ein riesiges Exemplar liegt in der Mitte und ist mit eingravierten Spiralornamenten bedeckt.

Von diesem Vorhof führt ein etwa 20 Meter langer, enger Gang in den Tumulus hinein. Diesen Gang begrenzen 43 aufrecht stehende Steinblöcke. Auf diesen Blöcken ruhen nebeneinandergelegte Steinplatten, die den Gang nach oben hin abdecken. Der Gang mündet in eine Kammer mit kreuzförmigem Grundriß, d.h., an den zentralen Raum schließen sich drei weitere Seiten-

Kraggewölbe der Grabkammer von Newgrange. Diese Bauweise, die man auf den Britischen Inseln häufig antrifft, soll ihren Ursprung in Westfrankreich haben.

kammern an. Die Überdachung dieser Räume setzt ein beachtliches technisches Können voraus: Sie besteht aus einem Kraggewölbe, das durch Aufeinanderschichten kleiner, flacher Steine entstand, wobei jede Schicht ein wenig über die darunterliegende nach innen vorsteht, so daß sie eine Art Kuppel bilden. Diese Kuppel, deren höchster Punkt mehr als 6 Meter über dem Boden liegt, ist mit einem großen Stein verschlossen. Als die Anlage Newgrange entstand, kannte man die Technik, ein Kraggewölbe zu errichten, im Westen Frankreichs schon seit fast 1500 Jahren, doch hier erreichte

Ornament auf der hinteren Wand der Kammer. Es wurde von den Strahlen der aufgehenden Sonne am Tag der Sommersonnenwende getroffen. Die Bedeutung dieser spiralförmigen Ornamente ist unbekannt.

diese Technik eine bis dahin seltene Vollkommenheit.

Über dem Eingang zum Tumulus fällt eine Einrichtung auf, die eine Besonderheit von Newgrange ist: eine zweite, über dem Gang gelegene Öffnung im Hügel, *roof box* genannt, die etwa 80 Zentimeter hoch ist und deren Seiten mit aufgeschichteten Feldsteinen befestigt sind. Ein Sturz, der die Öffnung nach oben abschließt, ist mit Ornamenten verziert. Diese Öffnung führt wie ein zweiter Gang in den Hügel hinein und leitet durch eine weitere Öffnung im Deckengestein am Morgen der Sommersonnen-

wende, also am längsten Tag des Jahres, die Strahlen der aufgehenden Sonne bis in den Hintergrund der Kammer. Leider kann man dieses Phänomen heute nicht mehr beobachten, denn als man die Anlage restaurierte, stürzte der Gang ein, und bereits eine geringe Abweichung vom ursprünglichen Verlauf verhindert dieses „Lichtwunder".

In den rechts und links vom zentralen Raum gelegenen kleinen Seitenkammern entdeckte man drei in einen Steinblock geschnittene Becken; solche oft reichverzierten Becken dienten der Brandbestattung.

Zahlreiche Pfeiler des Gangs und der Kammer tragen eingravierte Ornamente, die sich manchmal jedoch auf der Rückseite der Blöcke befinden, so daß man sie nicht gleich auf den ersten Blick entdeckt. Man kann bei diesen Ornamenten zwei Stile unterscheiden, den Fourknocks- und den Loughcrew-Stil, so genannt nach den Orten, wo man sie zum erstenmal antraf. Diese Muster kommen in den Ganggräbern oder *passage-graves* Ostirlands und in Anglesey häufig vor, dagegen fehlen sie an den Megalithbauten Westirlands.

Der Fourknocks-Stil ist der ausgereiftere; es ist ein streng formaler Stil, bei dem die Motive eine harmonische Komposition bilden. Oft nimmt die Verzierung die gesamte Oberfläche des Steins oder eine genau abgegrenzte Fläche ein. Auffallend ist die Vorliebe für Rauten, Zickzacklinien und Spiralen. Der Loughcrew-Stil dagegen wirkt unkontrollierter und besteht im wesentlichen aus konzentrischen und gepunkteten Kreisen, U-förmigen Zeichen und Schlangenlinien. Bildzeichen dieses Stils findet man auf den Rückseiten der Pfeiler und anderer Blöcke von Newgrange, während die Ornamente des Fourknocks-Stils die Vorderseiten zieren. Die Frage ist nun, ob man bestimmte Motive absichtlich versteckt angebracht hat oder ob es sich um Steine älterer Bauwerke handelt, die man hier wiederverwendet hat.

In Gavr'inis in der Bretagne hat man ein Megalithgrab entdeckt, das wegen seiner reichen Dekoration oft mit Newgrange verglichen wird. Hier ist die Deckplatte auf der dem Besucher abgekehrten Seite mit Bildzeichen von Horntieren geschmückt. Genau

die gleichen Zeichen fand man auf der Innenseite der Deckplatte des Dolmens „Table des Marchands" (Tisch der Kaufleute) in Locmariaquer einige Kilometer von Gavr'inis entfernt. Beide Steine bildeten zusammen mit einem Bruchstück, das etwas weiter weg gefunden wurde, einst eine 14 Meter hohe Stele, die man niedergerissen und für die Ganggräber in der Umgebung verwendet hat. Geht man davon aus, daß man auch in Newgrange das Material älterer Anlagen wiederverwendet hat, so entsprächen die beiden Stile, die man auf Vorder- und Rückseite der Steine festgestellt hat, zwei aufeinanderfolgenden Epochen.

Dieser Steinblock mit eingravierten Rauten und Spiralen liegt heute quer vor dem Eingang; er gehörte einst zu jenen, die den Grabhügel begrenzten.

Die Megalithgräber Westeuropas

Megalithgräber (von griechisch *megas* = groß und *lithos* = Stein) findet man in Europa von Skandinavien bis Gibraltar, von Schottland bis nach Polen. Diese Großsteingräber oder Dolmen (von keltisch „Steintisch") können unterschiedlich gebaut sein: Sie können wie ein riesiger Tisch anmuten, der aus mindestens zwei, oft auch mehreren senkrechten Tragsteinen besteht, auf denen ein oder maximal zwei ebenfalls unbehauene Decksteine ruhen. Doch dies ist nur das übriggebliebene Skelett der Anlage, denn ursprünglich hatte man die Zwischenräume zwischen den Tragsteinen noch durch Trockenmauern aus Feldsteinen geschlossen. Das beeindruckendste Beispiel dieser Bauweise in Deutschland sind die Visbeker Braut und Bräutigam bei Wildeshausen, etwa 40 Kilometer südlich von Oldenburg.

Eine zweite Bauweise zeichnet sich dadurch aus, daß sich über der Kammer ein Krag- oder „unechtes" Gewölbe erhebt. Die horizontal geschichteten Steine stehen (kragen), Reihe um Reihe etwas nach innen versetzt, über die darunterliegende Schicht vor, bis sie schließlich zusammentreffen.

Über diesen Grabkammern wölbten sich einst immer aus Erde oder Steinen aufgeschüttete Hügel, die rund oder oval waren. Diese Hügel wurden von sorgfältig errichteten Feldsteinmauern oder durch aufrecht stehende Steinplatten begrenzt. Oft bedeckte ein solcher Hügel auch mehrere Grabkammern, in denen man – je nach den regionalen Gepflogenheiten – Überreste von Körper- oder Brandbestattungen fand.

Doch die megalithischen Grabanlagen dienten vermutlich nicht nur der Bestattung der Toten. Aufgrund ihrer riesigen Ausmaße ragten sie deutlich sichtbar über das umliegende Land empor und bildeten so den Mittelpunkt eines Siedlungsgebiets. Man nimmt an, daß sie zugleich auch Stätten eines Kults waren, bei dem Sonne und Mond eine herausragende Rolle spielten.

Alle Megalithgräber Europas sind das Werk von Ackerbauern und Viehzüchtern der Jungsteinzeit und entstanden zwischen 4500 und 2500 v. Chr. Die Ursprünge der Megalithkultur liegen im dunkeln. Manche Forscher vertreten den Standpunkt, daß die einzelnen Megalithkulturen zunächst unabhängig voneinander entstanden und erst später miteinander in Kontakt traten. Andere wiederum vermu-

ten, daß in der Bretagne oder in Portugal, wo man die ältesten steinernen Zeugnisse gefunden hat, die gemeinsame Wiege aller europäischen Megalithkulturen stand und daß sie sich von hier aus bis nach Skandinavien und zu den Britischen Inseln ausgebreitet haben.

Zu den bekanntesten Megalithgräbern gehören die gewaltigen Anlagen in Antequera in Andalusien, die Hügelgräber von Gavr'inis und Barnenez in der Bretagne sowie das Megalithgrab von West Kennet in Wiltshire in England. In Deutschland findet man die beeindruckendsten Dolmen in der Lüneburger Heide, z. B. die Sieben Steinhäuser bei Fallingbostel oder die Megalithbauten in der Umgebung von Uelzen.

Der geöffnete Tumulus C von Champ-Châlons in Benon (Frankreich). Im Osten der 25 m langen Anlage befand sich eine von aufrecht stehenden Steinblöcken und durch Feldsteinmauern begrenzte Kammer, die ursprünglich ein Kraggewölbe trug. An diese Grabkammer schlossen sich eine Vielzahl von Hohlräumen an, in denen man jedoch keine Spuren einer Bestattung gefunden hat.

Newgrange ist ein verhältnismäßig junges Ganggrab Irlands – es entstand um die Mitte des 3. Jt. v. Chr.; andere Grabanlagen dieser Art, wie z.B. das Ganggrab von Carrowmore in der Grafschaft Sligo, ist rund ein Jahrtausend älter. Die gesamte Nekropole im Boyne-Tal besteht aus mehr als 30 Hügelgräbern. Neben dem großen Tumulus Newgrange und seinen drei kleinen „Satellitengräbern" gehören dazu auch noch die gigantischen Bauten Dowth und Knowth sowie mehrere Umfriedungen, darunter zwei *henges* (Kultstätten, die man wegen ihrer Ähnlichkeit mit Stonehenge so bezeichnet), und zwei aufrecht stehende Steine (Menhire).

Die Anlage Knowth liegt etwa 1,5 Kilometer von Newgrange entfernt und besteht aus einem großen sowie 17 kleinen Tumuli. Den großen Tumulus begann man 1960 genauer zu untersuchen. Der längliche Grabhügel, der einen Ost-West-Durchmesser von

Luftaufnahme von Newgrange. Durch eine umfassende Restaurierung gewann die Anlage ihr großartiges Aussehen zurück. In der Fassade aus weißem Quarzstein öffnet sich der Gang, der zur Grabkammer führt.

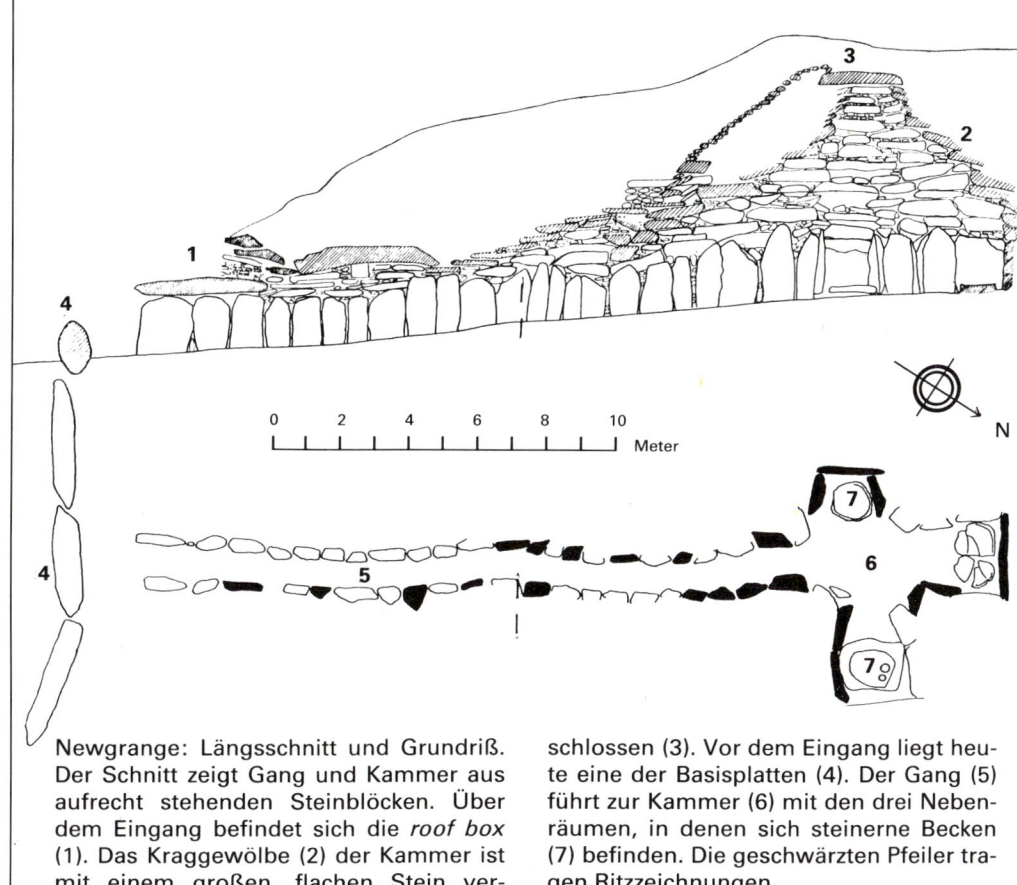

Newgrange: Längsschnitt und Grundriß. Der Schnitt zeigt Gang und Kammer aus aufrecht stehenden Steinblöcken. Über dem Eingang befindet sich die *roof box* (1). Das Kraggewölbe (2) der Kammer ist mit einem großen, flachen Stein ver- schlossen (3). Vor dem Eingang liegt heu- te eine der Basisplatten (4). Der Gang (5) führt zur Kammer (6) mit den drei Neben- räumen, in denen sich steinerne Becken (7) befinden. Die geschwärzten Pfeiler tra- gen Ritzzeichnungen.

ßer waren, als es die Megalithgräber in ihrem Innern erforderten, waren wohl nicht nur als Begräbnisstätten gedacht. Die Hügel ragten in der Landschaft empor, so daß man sie von weit her sehen konnte. Man vermutet, daß sie als heilige Stätten galten.

Irland besitzt sehr viele Megalithgräber (ungefähr 1200). Man unterscheidet hier vier Haupttypen: Neben den Ganggräbern gibt es noch Gräber mit einem Vorhof (*court-tombs*), Portalgräber (*portal-tombs*) und die keilförmigen Gräber (*wedge-tombs*). Die Ganggräber sind jedoch die bedeutendsten Anlagen. Etwa 150 solcher Ganggräber sind über die Nordhälfte der Insel verstreut. Neben der ausgedehnten Nekropole des Boyne-Tals sind noch erwähnenswert Loughcrew, ebenfalls in der Grafschaft Meath gelegen, sowie Carrowkeel und Carrowmore in der Grafschaft Sligo.

Doch das eindrucksvollste von allen diesen Bauwerken ist und bleibt Newgrange. Seine imposante Größe, seine reichen Ritzornamente, deren Sinn uns allerdings verschlossen bleibt, und vor allem seine exakte Ausrichtung auf den Sonnenaufgang zur Sommersonnenwende zwingen zur Hochachtung vor seinen Erbauern, vor einem Volk von Ackerbauern und Viehzüchtern, das nur die Steinaxt kannte und über das man heute so gut wie nichts mehr weiß. Sehr wahrscheinlich kam es aus dem westlichen Frankreich. Doch was diese Menschen bewogen hat, solche monumentalen Grabbauten zu errichten, bleibt ein ungelöstes Rätsel.

80 Metern und einen Nord-Süd-Durchmesser von 90 Metern hat, enthält zwei einander gegenüberliegende Ganggräber: Das eine öffnet sich zur Westseite – hier hat das gewinkelte Megalithgrab eine Gesamtlänge von 34 Metern –, das andere liegt im Osten, reicht etwa 40 Meter in den Hügel hinein und erinnert mit seinem kreuzförmigen Grundriß an Newgrange.

Etwa 2 Kilometer östlich von Knowth liegt Dowth. Auch hier ruhen unter dem Hügel, der etwa 84 Meter im Durchmesser mißt, zwei Ganggräber, die aber parallel angelegt sind und sich nach Westen öffnen. Das eine ist ebenfalls kreuzförmig gebaut, das andere, kleinere hat nur eine einzige runde Kammer.

Diese drei gewaltigen Tumuli, die viel grö-

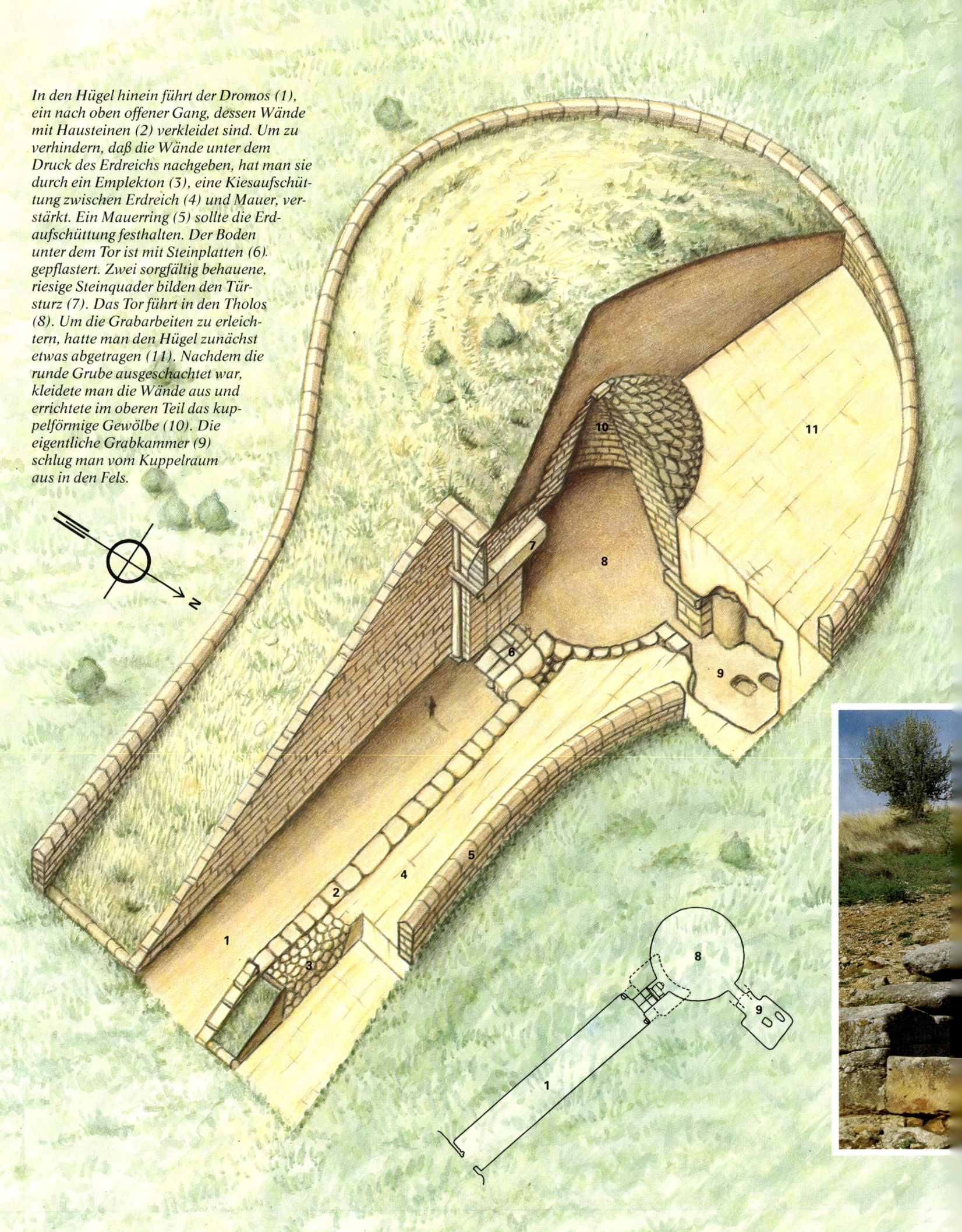

In den Hügel hinein führt der Dromos (1),
ein nach oben offener Gang, dessen Wände
mit Hausteinen (2) verkleidet sind. Um zu
verhindern, daß die Wände unter dem
Druck des Erdreichs nachgeben, hat man sie
durch ein Emplekton (3), eine Kiesaufschüt-
tung zwischen Erdreich (4) und Mauer, verstärkt. Ein Mauerring (5) sollte die Erdaufschüttung festhalten. Der Boden
unter dem Tor ist mit Steinplatten (6).
gepflastert. Zwei sorgfältig behauene,
riesige Steinquader bilden den Türsturz (7). Das Tor führt in den Tholos
(8). Um die Grabarbeiten zu erleichtern, hatte man den Hügel zunächst
etwas abgetragen (11). Nachdem die
runde Grube ausgeschachtet war,
kleidete man die Wände aus und
errichtete im oberen Teil das kup-
pelförmige Gewölbe (10). Die
eigentliche Grabkammer (9)
schlug man vom Kuppelraum
aus in den Fels.

Das Atridengrab
Das geheimnisvolle Schatzhaus des Atreus in Mykene

Um das Jahr 170 besuchte ein gebildeter, geschichtsbegeisterter Grieche Mykene. Dieser Mann, der Pausanias hieß und aus Kleinasien stammte, bereiste ganz Griechenland und die Peloponnes und hat uns einen einmaligen Augenzeugenbericht überliefert, in dem er die Orte, ihre Bau- und Kunstwerke beschrieb, wie er sie damals antraf. Und er zeichnete auch die Sagen und Mythen auf, die sich um einzelne Orte rankten.

Als Pausanias nach Mykene kam, lagen Stadt und Burg schon lange in Trümmern. Nur die Zyklopenmauern der Akropolis standen noch, und hier, innerhalb dieser mächtigen Befestigungsanlagen, stieß der wißbegierige Reisende auf ein paar von Bauern bewohnte Behausungen. Diese Bauern waren es wohl auch, die ihm die alte Überlieferung erzählten, wonach sich „in den Trümmern von Mykene … die unterirdischen Gebäude des Atreus und seiner Söhne befinden, in denen sie ihre Schätze horteten". Von einem Thesaurus sprachen die Bauern, ein Begriff, mit dem die Griechen sowohl eine Sammlung wertvoller Gegenstände als auch das Bauwerk bezeichneten, in dem man diese Sammlung aufbewahrte. Der Thesaurus des Atreus war also das Schatzhaus, in dem die Reichtümer der Atriden, der Könige von Mykene, ruhten.

Wer heute zu dem kleinen Ort Mikinai kommt, der etwa 12 Kilometer von Argos entfernt im Nordwesten der Argolis, einer Landschaft im Osten der Peloponnes, liegt, und von dort weiter zu dem antiken Mykene fährt, sieht vor sich die Reste der Akropolis, die sich über das Tal erhebt. Die Straße durchschneidet Mykenes alte Unterstadt in ihrer ganzen Länge, und schon bald erblickt man zur Linken ein Hypogäum, eine unterirdische Grabanlage, die man heute als das Schatzhaus des Atreus bezeichnet.

Anfang des vorigen Jahrhunderts galt dieses weiträumigste und am besten erhaltene Hypogäum Mykenes noch als das Grab des Agamemnon. Doch schon der britische Reisende Edward Dodwell, der sich von 1801 bis 1806 in Griechenland aufhielt, vertrat den Standpunkt, daß es sich hier um das Schatzhaus des Atreus handle. Dieser Meinung war auch Heinrich Schliemann, der 1874 in Mykene mit den ersten Ausgrabungen begann. Er hat das Schatzhaus, das erst 1877–1878 von dem griechischen Konservator für Altertümer, Ephore Stamatakis, vollständig freigelegt wurde, bereits sehr genau beschrieben. Man fand jedoch keine Schätze mehr; das Bauwerk war offensichtlich schon vor langer Zeit geplündert worden. Die alten Leute der Umgebung erzählten aber damals noch von „Schätzen", die man entdeckt habe. So berichtet z. B. Schliemann, er habe gehört, daß man bei einer Grabung im Jahr 1810 Halbsäulen, Friese, einen Marmortisch und eine vom Kuppeldach des Hauptraums herabhängende Kette gefunden habe, an der ein Bronzeleuchter befestigt gewesen sei. Ein Zeitgenosse Schliemanns, ein Professor für Medizin in Athen, veröffentlichte eine andere Überlieferung: Anfang des 19. Jh. habe man versucht, das Schatzhaus auszugraben, doch hätten mächtige Stein- und Erdmassen den Zugang versperrt. Fast 6 Meter tief habe man graben müssen, bevor man den Eingang gefunden habe. Als die Ausgräber schließlich über eine Leiter in das Innere des Gebäudes hinabsteigen konnten, sollen sie eine große Anzahl unversehrter Sarkophage entdeckt haben. Und weiter berichteten die Zeugen, daß die Ausgräber goldbedeckte Gebeine mitgenommen hätten. Ferner habe man Gold- und Silberschmuck sowie Edelsteine gefunden und 25 Kolossalstatuen und einen Tisch aus weißem Marmor geborgen.

Schliemann schenkte diesem Bericht keinen Glauben, denn zum einen war er überzeugt davon, daß dieses Bauwerk ein Schatzhaus und keine Gruft gewesen sei, zum andern sprach gegen die Glaubwürdig-

Der Eingang der Grabstätte mit dem Entlastungsdreieck über dem Türsturz. Die sorgfältige Ausführung des Tors und des Zugangswegs deutet darauf hin, daß dieser Teil des Bauwerks nicht mit Erde zugeschüttet wurde, wie es oft bei anderen Gräbern dieser Art geschah.

keit dieser Überlieferung, daß man aus mykenischer Zeit keine Großstatuen kennt. Heute freilich ist unumstritten, daß das Schatzhaus des Atreus in der Tat eine Grabstätte war. Ein anderes vermeintliches Schatzhaus aus mykenischer Zeit, das Schatzhaus des Minyas in Orchomenos in Böotien, liefert vielleicht auch eine Erklärung für die Großstatuen: Dieses Grab diente später in der klassischen Zeit als Kultstätte, wie ein Altar aus dieser Epoche beweist, der in der Mitte des Grabes stand. Warum also sollte nicht auch das Schatzhaus des Atreus in klassischer Zeit in ein Heiligtum für einen Heroenkult umgewandelt und des-

halb mit großfigurigen Statuen ausgeschmückt worden sein? Schließlich verehrte man damals in der Argolis den Atridenkönig Agamemnon als Heros.

Das Schatzhaus des Atreus ist ein sogenanntes Kuppel- oder Tholosgrab. Als *tholos* bezeichneten die Griechen die bienenkorbartig gewölbten Überdachungen bestimmter Rundbauten bzw. den Rundbau selbst, der in einer Welt, in der man eine Architektur der geraden Linien und geometrischen Formen bevorzugte, nur sehr selten anzutreffen war.

Ein Bauwerk wie das Schatzhaus des Atreus zu errichten erforderte großes tech-

nisches Geschick. In den leicht geneigten Hang des Hügels führt ein 36 Meter langer und 6 Meter breiter offener Gang, ein sogenannter Dromos. Die Wände dieses Gangs steigen langsam zum Grabeingang an und sind mit regelmäßig behauenen Steinquadern verkleidet. Das Eingangstor ist 5,4 Meter hoch, und seine Pfosten verjüngen sich nach oben: Sie messen an der Basis 2,7 Meter, oben am Türsturz nur noch 2,46 Meter.

Das Mauerwerk der Kuppel ist am Tor so stark, daß es fast einen Gang bildet. Der Türsturz besteht aus zwei gewaltigen Steinquadern, von denen der innere etwa 1,2 Meter stark, 8,5 Meter lang und 5,1 Meter breit

Die Atridensage

Um Atreus und seine Familie ranken sich einige der blutrünstigsten Sagen der griechischen Mythologie.

Pelops, der Sohn des Tantalos, kam von Kleinasien nach Pisa bei Olympia, um sich mit dem dortigen König Oinomaos beim Wagenrennen zu messen. Der Siegespreis war die Hand der Königstochter Hippodameia. Pelops bestach den königlichen Wagenlenker Myrtilos, die eisernen Pflöcke der Naben am Wagen des Oinomaos durch wächserne zu ersetzen. Daraufhin verunglückte dieser bei dem Rennen tödlich, und Pelops heiratete Hippodameia. Sie gebar ihm zwei Söhne, Atreus und Thyestes, die ihren Halbbruder Chrysippos töteten und vor dem Zorn des Pelops

nach Mykene flüchteten, wo ihr Schwager Sthenelos herrschte.

Nachdem Sthenelos und sein Sohn ohne Erben gestorben waren, riet ein Orakel den Mykenern, einen der Pelopssöhne zu ihrem König zu erheben. Thyestes schlug vor, daß derjenige König werden solle, der ein Lamm mit goldenem Fell vorweisen könne. Atreus nahm diese Bedingung an, denn er wußte, daß sich in seiner Truhe ein ausgestopftes goldwolliges Lamm befand. Dieses Lamm jedoch hatte seine Gemahlin Aërope bereits ihrem Geliebten Thyestes ausgehändigt. Zeus griff in die Auseinandersetzung ein: Er ließ die Sonne im Osten untergehen und bestimmte damit Atreus zum Herrscher.

Aus Haß auf seinen Bruder erschlug Atreus drei Söhne des Thyestes, ließ sie kochen und setzte das Gericht seinem Bruder vor; anschließend jagte er ihn aus dem Land. Thyestes vergewaltigte unerkannt auf Geheiß eines Orakels seine eigene Tochter Pelopia und zeugte mit ihr einen Sohn, Aigisthos. Pelopia heiratete Atreus, der Aigisthos aufzog und anstachelte, Thyestes zu ermorden. Als Aigisthos mit jenem Schwert, das Thyestes bei Pelopia zurückgelassen hatte, auf seinen Vater losging, erkannte dieser ihn an der Waffe. Pelopia erfuhr, wer ihr Schänder war, und entleibte sich mit derselben Waffe, mit der Aigisthos dann auch Atreus tötete.

Agamemnon, der Sohn des Atreus, bestieg den Thron von Mykene. Er tötete Tantalos, einen weiteren Sohn des Thyestes, und nahm Klytaimnestra, die Witwe des Tantalos und Tochter des Spartanerkönigs Tyndaros, zur Frau. Gleichzeitig heiratete Agamemnons Bruder Menelaos Helena, die Schwester Klytaimnestras, und folgte Tyndaros auf den Thron von Sparta. Die Entführung Helenas durch den trojanischen Prinzen Paris führte zu dem berühmten Trojanischen Krieg. Als eine lange Windstille die griechische Flotte in Aulis festhielt, wollte Agamemnon als Oberbefehlshaber der Griechen seine Tochter Iphigenia opfern, doch die Göttin Artemis rettete sie. Inzwischen war Klytaimnestra die Geliebte des Aigisthos geworden, und als Agamemnon aus Troja heimkehrte, ermordete ihn Klytaimnestra mit Hilfe ihres Liebhabers. Auch Orestes, ihren und Agamemnons Sohn, wollte sie töten, doch seine Schwester Elektra rettete ihn. Als Mann kehrte Orestes nach Mykene zurück und tötete seine Mutter und Aigisthos. Nachdem der Areopag, das höchste Gericht in Athen, ihn vom Muttermord entlastet hatte, regierte Orestes friedlich in Mykene bis ins hohe Alter.

Ausschnitt aus einem griechischen Vasenbild (um 470 v. Chr.). Die Szene zeigt die Ermordung des Agamemnon.

Schatzhaus des Atreus nicht einst als Familiengruft diente. Doch wie erklären sich dann die acht anderen, weniger schönen und kleineren Tholosgräber, die man in der Umgebung gefunden hat? Könnte es sein, daß in Mykene mehrere Herrschergeschlechter rasch aufeinanderfolgten oder daß sich einige Familien die Macht teilten? Letzteres ist unwahrscheinlich, denn den Mykenern war diese Form der Mehrfachherrschaft fremd. Auch die Tatsache, daß man nur ein Megaron, eine Königshalle, in der Akropolis von Mykene gefunden hat, weist auf ein Einzelkönigtum hin. Viele Fragen wirft das Schatzhaus des Atreus auf.

Auch die Entstehungszeit des Bauwerks

Blick von unten in die Kuppel. Die gleichmäßige Wölbung ist ein Meisterwerk der Steinmetzkunst. Eine runde Platte bildet den Schlußstein des Gewölbes.

ist; sein Gewicht wird auf über 120 Tonnen geschätzt. Ein dreieckiger Leerraum entlastet den Sturz von dem Gewicht der darüberliegenden Steinmassen. Um so schwere Blöcke wie den Türsturz setzen zu können, mußte man damals zunächst einen Erddamm aufschütten und darüber eine Rampe bauen, über die man dann den Stein transportieren konnte. War der Block schließlich an Ort und Stelle und das Bauwerk vollendet, trug man den Erddamm wieder ab.

Der bienenkorbförmige Tholos selbst hat an der Basis einen Durchmesser von 14,5 Metern. Zunächst schlug man in den felsigen Untergrund des Hügels eine nach oben offene, runde Grube, deren Wände man im unteren Teil mit Haussteinen verkleidete. Nach oben hin sind die Quader so übereinandergelagert, daß sie ein Kraggewölbe bilden. 33 ringförmige Schichten, jede über die vorhergehende nach innen bis zu dem runden Schlußstein versetzt, bilden die 13,2 Meter hohe Kuppel. Die glatte, gleichmäßig gewölbte Fläche der Kuppel ist ein Meisterwerk der Steinmetzkunst. Man vermutet, daß zunächst die schon sehr gleichmäßig behauenen Steine vorkragend gesetzt und dann in einem zweiten Arbeitsgang innen die treppenförmigen Absätze weggemeißelt wurden, wobei die Erbauer die Krümmung genau berechnet haben müssen. War das Bauwerk vollendet, bedeckte man es mit einer dicken Erdschicht und umgab den Hügel mit einem Mauerring, um zu verhindern, daß das Erdreich unter seinem Eigengewicht oder durch Erosion wieder hinabglitt.

Wenn man den Tholos betritt, öffnet sich zur Rechten ein in den Fels gehauener Raum von 6 Meter Breite, 8,5 Meter Länge und 6 Meter Höhe. Im Boden befinden sich zwei Vertiefungen, die wohl dazu bestimmt wa-

Dieser alte Stich gibt das Innere des Rundbaus zur Zeit Edward Dodwells wieder, der das Monument um 1805 besuchte. Die Kuppel ist stark beschädigt und der Eingang zur Grabkammer (links) fast vollständig von Erdanhäufungen versperrt.

ren, die sterblichen Überreste eines Königs aufzunehmen. Denn es steht außer Zweifel, daß diese monumentale Grabstätte für einen mächtigen, sehr reichen Herrscher bestimmt war. Ob dieser Herrscher Atreus oder Agamemnon war, die beide in der Erinnerung der Griechen noch heute fortleben, weiß man nicht. Man hat auch überlegt, ob das

läßt sich nur ungefähr bestimmen. Man weiß, daß die ersten Tholosgräber in Griechenland Ende des 16. Jh. v. Chr. auftauchten und daß solche Gräber bis Mitte des 13. Jh. v. Chr. gebaut wurden. Diese Zeitspanne entspricht der Blütezeit der mykenischen Kultur, die sich im Westen bis nach Sizilien und im Osten bis nach Syrien ausbreitete. Mykenische Seefahrer sorgten dafür, daß sich die Reichtümer, die damals die Länder des Mittelmeers zu bieten hatten, in ihrer Heimat sammelten. Dies erklärt die wirtschaftliche Macht der mykenischen Herrscher, denn nur sie erlaubte es ihnen, solche aufwendigen Grabstätten errichten zu lassen.

Die Katakomben Roms
Unterirdische Grabanlagen
vor den Toren der antiken Stadt

ls ich noch ein junger Mann war und in Rom literarischen Studien nachging, pflegte ich mit einigen gleichgesinnten Altersgenossen an den Sonntagen die Gräber der Apostel und Märtyrer zu besuchen und häufig in die Grüfte hinabzusteigen, die, in der Tiefe der Erde ausgegraben, zu beiden Seiten des Eintretenden an den Wänden die Leiber der Verstorbenen bergen ... Nur selten fällt von oben ein Licht herab, das den Schrecken der Finsternis mildert, und nicht so sehr ein Fenster scheint es zu sein, durch welches das Licht fällt, sondern eher ein Loch. Und wenn man nun wieder Schritt für Schritt vorsichtig zurückgeht und dunkelste Nacht einen rings umgibt, kommt einem der Vergilvers in den Sinn: Überall schaudert die Seele, und selbst das Schweigen erschreckt mich."

Diese Worte stammen von dem Kirchenvater Hieronymus (um 347–419/420), der in den Jahren 382–385 in Rom weilte und hier die zeitgenössischen Katakomben der Stadt besuchte. Die von ihm beschriebene Beklommenheit ergreift auch heute noch jeden, der in diese unterirdischen Grabanlagen hinabsteigt.

Jahrhunderte hindurch hatten die Römer ihre Toten verbrannt und in Urnen bestattet.

Erst im 2. Jh. n. Chr. gingen sie zur Erdbestattung über und begannen, weitläufige unterirdische Grabstätten, die Katakomben, anzulegen. Da es seit dem Zwölftafelgesetz (451 v. Chr.) verboten war, Tote innerhalb der Stadtmauern zu begraben, befinden sich die Katakomben vor den Toren der antiken Stadt. Der in der Umgebung Roms anstehende Tuffstein bot – wie schon die etruskischen Vorfahren der Römer bewiesen hatten – geradezu ideale Voraussetzungen für derartige unterirdische Grabanlagen: Hielt man den Tuff feucht, so konnte man ihn ohne große Mühe abtragen und aushöhlen; darüber hinaus bedurfte es keiner besonderen Maßnahmen, die Hohlräume abzustützen.

Angelegt wurden die Katakomben von den sogenannten Fossores (von lateinisch *fossa* = Graben); auf den Malereien der Grabanlagen findet man sie und ihre Arbeitsgeräte öfter dargestellt. Mit einer Spitzhacke höhlten sie den Tuffstein aus; der anfallende Aushub war leicht genug, um mit einer Schaufel in Tragekörbe geladen zu werden, die die Arbeiter dann geschultert ans Tageslicht beförderten. Öllämpchen spendeten ihnen unter Tage ein fahles Licht.

Zunächst trieben die Fossores schmale, aber mindestens mannshohe Gänge in den Tuffstein; dann schlugen sie aus den Seitenwänden flache, rechteckige Hohlräume von etwa 1,8 × 0,4 Meter Größe als Grablegen heraus. In einem Gang von etwa 2 Meter Höhe fanden auf jeder Seite vier bis fünf solche Gräber übereinander Platz.

Die Länge der Gänge war keineswegs einheitlich, denn die Größe des oberirdischen Grundstücks bestimmte die Ausdehnung des Grabareals unter der Erde. Innerhalb dieser Grenzen legte man die Katakomben im Rost- oder im Zweigsystem an. Beim Rostsystem verbanden Quergänge zwei parallel verlaufende Hauptachsen miteinander, so daß der Grundriß einer Leiter ähnelte. Beim Zweigsystem dagegen führten von einem einzigen größeren Gang rechts und links zahlreiche kleinere Gänge weg, so daß der Grundriß das Aussehen einer Fischgräte hatte. Waren die Grenzen des zur Verfügung stehenden Areals erreicht, konnte man

Karte des antiken Roms mit den wichtigsten Katakomben in seiner Umgebung:
1. San Valentino
2. Panfilo
3. Priscilla
4. Coemeterium Iordanorum
5. Sant'Agnese
6. Coemeterium Maius
7. San Lorenzo
8. Hypogäum der Aurelier
9. Pietro e Marcellino
10. Giordano ed Epimaco
11. Via Latina
12. Hypogäum der Vibia
13. Pretestato
14. Marco e Marcellino
15. San Calisto
16. San Sebastiano
17. Domitilla
18. Comodilla
Jüdische Katakomben:
A. Villa Torlonia
B. Vigna Randanini

Katakombe der Via Latina (links): Arkosolgrab in einer Grabkammer, einem Cubiculum. Die Malereien greifen Themen aus dem griechischen Sagenkreis um Herakles auf. Man vermutet daher, daß der hier Bestattete ein Heide war.

Rechts und links der unterirdischen Gänge hat man aus den Tuffsteinwänden Nischen herausgeschlagen, in denen die weniger begüterten Familien ihre Toten beisetzten (rechts). Nach der Grablegung wurden diese Loculi mit Platten verschlossen.

die Katakombe nur noch erweitern, indem man bestehende Gänge um weitere 2 Meter tiefer legte und dieses Verfahren bei Bedarf nochmals wiederholte. Waren die Tuffsteinschichtungen besonders günstig, konnten die Katakomben oft mehrere Stockwerke tief reichen.

Obwohl beim derzeitigen Stand der Forschungen keine exakten Zahlen genannt werden können, rechnet man, daß die Gänge der 70 bis heute bekannten Katakomben Roms eine Gesamtlänge von rund tausend Kilometern haben. Auch die Anzahl der Gräber, die die Katakomben bargen, läßt sich nur grob schätzen: Für die an der Via Appia gelegene Kallistuskatakombe (San Calisto), deren Gänge insgesamt 10 Kilometer lang sind, geht man von rund 50000 Bestattungen aus; bei der nur wenig kleineren Priscillakatakombe im Norden der Stadt rechnet man mit nur etwa 40000 Bestattungen, da sie besonders viele größere Grabkammern enthielt. Ähnlich umfangreiche Anlagen sind noch die Domitillakatakomben sowie die der Heiligen Petrus und Marcellinus (Pietro e Marcellino) und das Coemeterium Maius; doch der Großteil der Grabanlagen war wesentlich kleiner und enthielt entsprechend weniger Gräber. Alles in allem schätzt man, daß die Katakomben Roms zwischen 500000 und 750000 Grabstätten bargen.

Wie bereits gesagt, waren in Rom bis ins 2. Jh. n. Chr. hinein die Leichenverbrennung und Urnenbestattung üblich. Auf Grundstücken außerhalb der Stadtmauern besaßen größere und reichere Familien sogenannte Kolumbarien, oft mehrstöckige Gebäude, in deren Wände zahlreiche kleine Nischen eingelassen waren, in denen man die Urnen der Verstorbenen aufstellte. Schon bald nach der Zeitenwende jedoch genügten den mächtigen Familien die einfachen Kolumbarien nicht mehr, und man bevorzugte das repräsentative, alleinstehende Familiengrab. Große, mehrstöckige Mausoleen entstanden, und obwohl bis ins 4. Jh. hinein auch Feuerbestattungen üblich blieben, setzte sich nun nach und nach die Sitte der Körperbestattung durch. Doch schon bald herrschte in den Mausoleen Platzmangel, dem man zunächst dadurch zu begegnen suchte, daß man die Kellergeschosse nutzte. Bald wurden oberirdisch nur noch die Räume für den Totenkult angelegt, während die Bestattungen ausschließlich in Grabkammern unter der Erde stattfanden. Schließlich verschwanden die oberirdischen Grabbauten ganz; übrig blieben nur die sogenannten Hypogäen, die unterirdischen Begräbnisstätten. Besitzer waren zunächst die jeweiligen Familienverbände, später entstanden dann regelrechte Funeralgemeinschaften, in die man sich einkaufen und damit einen Platz im Hypogäum erwerben konnte.

Die Christen, die in Rom lebten und deren Zahl ständig zunahm, haben sich den jeweiligen Bestattungssitten ohne Zweifel angepaßt, wobei die zunehmende Beliebtheit der Körperbestattung ihrem Glauben entgegenkam. Anfangs ließen sie sich in den gleichen Hypogäen bestatten wie ihre heidnischen Zeitgenossen. Später stellten dann vermögende Christen ihre eigenen Grabareale der Gemeinde unentgeltlich für Bestattungszwecke zur Verfügung bzw. stifteten entsprechende Grundstücke, wo nun christliche, Zömeterien genannte Begräbnisanlagen entstanden. Der lateinische Begriff *coemeterium* bedeutet soviel wie Schlafstelle oder Ruhestätte, denn nach christlichen Vorstellungen ist der Tod nur ein Zustand vorläufiger Ruhe bis zur Auferstehung am Jüngsten Tag. Die heute für die christlichen Zömeterien gängige Bezeichnung Katakombe war damals als solche noch gar nicht bekannt. *Ad catacumbas*, in der Talsenke – das war zunächst nur der Flurname jener Gegend zwischen dem zweiten und dritten Meilenstein der Via Appia. Dort lag das Zömeterium San Sebastiano, die einzige im Mittelalter noch zugängliche Grabanlage. Und so ging der in alten Karten verzeichnete Flurname auf die Anlage selbst über, und mit der Zeit bürgerte sich die Bezeichnung Katakombe für alle unterirdischen und besonders für die christlichen Grabanlagen ein.

Die Gräber der Etrusker

Etwa seit dem 8. Jh. v. Chr. siedelte das Volk der Etrusker in dem nach ihnen benannten Gebiet Etrurien, das in etwa der heutigen Toskana entspricht. Das Landschaftsbild Etruriens ist geprägt von großen Tuffsteinplateaus, die sich bis weit in den Süden Italiens ziehen. Und wie Jahrhunderte später die Römer haben auch schon die Etrusker in diesem verhältnismäßig leicht auszuhöhlenden Gestein ihre Grabanlagen eingerichtet.

Die Nekropolen der Etrusker bestechen vor allem auch durch die Vielzahl der Grabformen: Man trifft in Etrurien auf Hügelgräber mit einem Durchmesser bis zu 30 Metern, die auf runden Tuffsteinsockeln ruhen; man findet Würfelgräber, die aus den steilen Wänden eines Tuffplateaus herausgehauen wurden; und man stößt schließlich auch auf Hypogäen, unterirdische, in den Tuffstein hineingetriebene Grabstätten, die – wie die römischen Katakomben – über eine Treppe von oben her zugänglich waren.

Die Grabkammern in diesen Hypogäen waren oft sehr aufwendig gestaltet. Aus den Wänden hat man Totenbetten oder -bänke herausgearbeitet, Sockel, auf denen man Sarkophage aufstellen konnte, und sogar Treppen und Verbindungstüren waren aus dem Gestein herausgeschlagen worden. Wie den römischen Fossores standen auch den etruskischen Baumeistern nur verhältnismäßig einfache Werkzeuge zur Verfügung. Sie arbeiteten hauptsächlich mit einem kurzen Meißel, der an einem Ende flach, am anderen spitz zulief. Geglättet wurde der Tuff mit einem härteren Granularstein. Zum Vermessen benutzte man Bleigewichte, Schnüre und rechte Winkel aus Holz. Die bearbeiteten Flächen der Grabkammer wurden mit einer dünnen Stuckschicht überzogen, und Bildhauer und Maler sorgten für die Ausschmückung.

Charakteristisch für die etruskische Grabmalerei sind die 150 ausgemalten Gräber von Tarquinia, die zum Kostbarsten gehören, was von der antiken Malerei aus archaisch-hellenistischer Zeit überliefert ist.

Und es sind vor allem die Gräber, die bis heute von der hohen Kultur der Etrusker zeugen. Grabbeigaben in Form von Hausrat, Waffen, Schmuck und anderen Gegenständen des täglichen Gebrauchs erlauben einen guten Einblick in das Leben dieses Volks. Da literarische Zeugnisse als Kulturübermittler fast völlig fehlen, sind die Aussagen der Grabmalereien von besonderer Bedeutung, um die Vorstellungswelt und den Glauben der Etrusker zu erschließen, denn diese Malereien lassen auch heute noch den gesamten Reigen des Lebens, der Sitten und der Religion der Etrusker lebendig werden. Das Hauptmotiv ist der Mensch nach dem Tod, seine Reise in die Unterwelt und sein Leben dort, wo das Grab sein Haus ist, in dem er weiterlebt. Darum wird dieses Haus mit Bildern des Toten geschmückt, und die auf die Wände gemalten Tänze, Gelage und Wettkämpfe sollen ihn wie einst im Leben auch im Jenseits erfreuen und ihm sein Los im Reich der Toten erleichtern.

Die Tomba dei Leopardi, eines der herrlich ausgemalten Gräber in Tarquinia. Die beim Bankett liegenden Gäste werden von Tänzern und Musikanten unterhalten.

Blick in die Flaviergalerie der Domitillakatakombe. In den Nischen standen einst Sarkophage. Flavia Domitilla, die Enkelin Kaiser Vespasians, ließ dieses ursprünglich heidnische Hypogäum anlegen, das zu einer der größten christlichen Katakomben wurde.

Die Raumknappheit, die in den unterirdischen Grabanlagen herrschte, ließ überwiegend nur sehr schlicht gestaltete Bestattungsplätze zu. In den Katakomben Roms findet man daher in der Mehrzahl einfache Grabnischen in den Wänden, sogenannte Loculi (lateinisch *loculus* = Platz), die nach der Belegung mit einer Platte verschlossen wurden. Auf diese Verschlußplatten sind häufig Inschriften mit roter Farbe aufgemalt, die in knapper Form den Namen des Toten und sein Alter angeben; oft wurde noch eine fromme Segensformel hinzugefügt. Manchmal hat man in den Mörtel der Loculiverschlüsse auch Gegenstände wie Münzen, Ringe, Schmuck, kleine Gliederpüppchen, Spielsteine und anderes eingedrückt, und man darf wohl mit Recht annehmen, daß sie aus dem persönlichen Besitz des Toten stammten. Sicherlich dienten diese Gegenstände dazu, das jeweilige Grab unter den vielen tausend anderen kenntlich zu machen; vielleicht aber sollten sie auch als Schmuck dienen, denn immerhin ist nach dem christlichen Glauben das Grab der Ort, an dem der Mensch die Gnade der Auferstehung empfangen wird. Entsprechende bildliche Darstellungen finden sich auf manchen Loculiplatten, ebenso Symbole der christlichen Frühzeit wie Anker, Taube, Fisch und Palmzweig.

Doch sind es nicht die vergleichsweise kleinformatigen Bilder, die den Reiz der Katakomben ausmachen und den Besucher in ihren Bann ziehen. Über die Hälfte der römischen Katakomben enthalten Freskomalereien, die vor allem dann üppig ausfallen konnten, wenn sie in großräumigen Grabkammern angebracht wurden. Besonders geeignet war die aus den heidnischen Mausoleen übernommene Form des Arkosolgrabs (von lateinisch *arcus* = Bogen und *solium* = Boden), bei der ein Bogen das Grab überspannte, das an der Wand in den Boden eingelassen war. Das Halbrund des Bogens sowie die Rück- und Seitenwände einer solchen Anlage boten sich für Malereien an. Noch mehr künstlerische Entfaltungsmöglichkeiten ließen die sogenannten Cubiculagräber (lateinisch *cubiculum* = Schlafgemach) zu: In diesen etwa 2 × 3 Meter großen Kammern konnte man mehrere Arkosol- und Loculigräber unterbringen und zusätzlich noch Sarkophage aufstellen. Decke, Wände und Türlaibungen schmückten oft ganze Bilderzyklen in prachtvoller Freskomalerei.

Im Gegensatz zu den heidnisch-römischen Grabstätten sind in den christlichen Gräbern jedoch selten Szenen aus dem Leben der Verstorbenen dargestellt. Vielmehr schildern die christlichen Katakombenmalereien hauptsächlich Begebenheiten aus der Bibel, greifen Themen auf, die mit Tod, Erlösung und Auferstehung in Zusammenhang stehen und die in ganzen Zyklen oder auch in Einzelbildern behandelt werden. Darunter sind z. B. Adam und Eva im Paradies, ihr Sündenfall und ihre Vertreibung; Moses, der Wasser aus dem Felsen schlägt; Noah in

Priscillakatakombe, die zweitgrößte Anlage Roms, die schätzungsweise 40 000 Bestattungen barg. Auch dieses Zömeterium befand sich zunächst im Privatbesitz eines römischen Konsuls. Später wurde es der Christengemeinde zur Verfügung gestellt.

der Arche; Daniel in der Löwengrube und Jonas, wie er vom Seeungeheuer verschlungen und wieder ausgespien wird, um nur einige der häufigsten Motive aus dem Alten Testament zu nennen. Und selbstverständlich ist eine Vielzahl der Malereien dem Leben Jesu Christi und seinem Wirken gewidmet. Neben diesen eindeutig christlichen Motiven stößt man aber auch immer wieder auf Szenen aus der griechischen und römischen Mythologie. Man neigt in diesen Fällen zu der Annahme, daß es sich um heidnische Begräbnisstätten handelt, obwohl eine exakte Zuweisung meist nicht möglich ist. Dekorative Elemente wie Blumengirlanden und Details der Flora und Fauna ergänzen entsprechend den architektonischen Möglichkeiten die figürlichen Bilder. Das 3. und 4. Jh. hindurch beerdigten die Römer ihre Toten in den Katakomben. Nachdem jedoch im Jahr 410 die Westgoten unter Alarich in die Ewige Stadt eingefallen waren und sie völlig verwüstet hatten, schrumpfte die Bevölkerung in der Folgezeit drastisch, der Stadtkern wurde erheblich verkleinert, und die großen Grabanlagen, die jetzt weit außerhalb lagen, wurden nicht mehr gebraucht und aufgelassen. Die Toten bestattete man nun auf den Friedhöfen rund um die großen Kirchen. Die Katakomben verfielen oder dienten bestenfalls noch als Schafställe.

Palenque
Das Geheimnis einer Pyramide
in einer alten Mayastadt

Mittelamerika sah im Lauf der letzten Jahrtausende den Aufstieg und den Niedergang einer ganzen Reihe großer Kulturen. Um etwa 10000 v. Chr. begannen die Menschen in diesem Teil der Welt, feste Dörfer anzulegen, Feldbau zu betreiben, Keramik und Textilien herzustellen, vor allem aber entwickelten sie auch religiöse Glaubensvorstellungen und damit ein reiches Zeremonialleben. Im Tiefland von Tabasco entstand um etwa 1000 v. Chr. das erste große religiöse Zentrum Mesoamerikas: La Venta. Träger dieser Kultur war ein Volk, das man Olmeken nennt; wie sie sich selbst und ihr Land nannten, weiß man nicht, doch nimmt man an, daß sie eine Sprache gesprochen haben, die der der späteren Maya verwandt war. Ferner ist man der Meinung, daß die Kultur der Olmeken die Mutterkultur aller späteren Kulturen dieses Raumes war. Fast alle Elemente des mittelamerikanischen Kulturbereiches in Handwerk, Kunst und Architektur haben hier ihre Vorläufer, vor allem aber wurden hier die Grundsteine für das Kalenderwesen und die Glyphenschrift gelegt.

Östlich von La Venta begann zu einer Zeit, als diese Kultur in ihrer höchsten Blüte stand, sich langsam eine andere zu entwickeln: die Mayakultur. Die sogenannte vorklassische Periode der Mayakultur dauerte bis etwa 300 n. Chr. In dieser Zeit bildete sich der Feldbau aus; Bauern, die in festen Dörfern lebten, bauten Mais und Bohnen an, daneben Baumwolle und Tabak. Es wurden aber auch die ersten pyramidenartigen Bauwerke erstellt – häufig sind es natürliche Bodenerhebungen, die aufgeschüttet und mit Schotter umkleidet wurden –, auf denen man dann Altäre oder kleine Heiligtümer in Hausform errichtete.

Einer der beiden Tonköpfe, die 1952 im Grab der Pyramide der Inschriften gefunden wurden. Er zeigt einen Mann mit den charakteristischen Zügen eines Adligen. Man weiß nicht, wen er darstellt, aber es könnte sich um den hier beigesetzten Verstorbenen handeln.

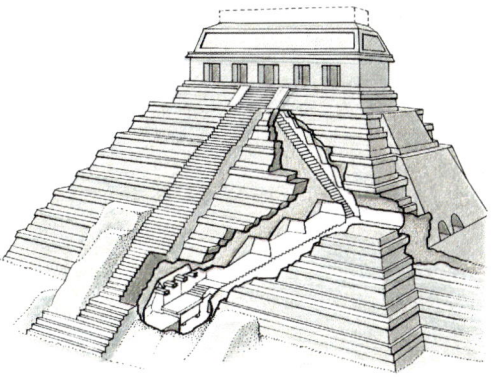

Der Tempel auf der Pyramide der Inschriften gab dem Bauwerk den Namen, denn auf der Rückwand des Heiligtums sind 620 Mayaglyphen eingemeißelt. Der Bau besitzt fünf Türen und besteht aus einem einzigen Raum; in dessen Mitte fand sich eine bewegliche Bodenplatte, die den Eingang zu einer Grabkammer verschloß.

Schemazeichnung der Pyramide mit der Treppe zur Grabkammer. Die Kammer ist 9 m lang, 4 m breit und 7 m hoch. Der Raum wurde vor dem Bau der Pyramide angelegt.

In die Zeit zwischen 300 und 900 fiel die sogenannte klassische Periode der Mayakultur, die große Blütezeit, in der in einem großen Dreieck, das sich über das östliche Tiefland von Mexiko, über das heutige Guatemala und über Honduras erstreckte, die Städte der Maya entstanden. Es waren politische und religiöse Zentren, von denen aus die Priesterfürsten die bäuerliche Bevölkerung regierten, die im Umkreis verstreut lebte. Die Städte selbst waren nur Wohnsitz der Privilegierten, der Priester, der Verwaltungsbeamten, der Krieger und der Kunsthandwerker.

Die östliche Spitze des Dreiecks, über welches sich das Mayagebiet in der klassischen Periode erstreckte, markierte Uaxactun, eine der ältesten Mayastädte, die wahrscheinlich um 300 gegründet wurde. Rund 150 Jahre später wurde Copan ausgebaut, das, an der Grenze zwischen dem heutigen Honduras und Guatemala gelegen, die Südspitze des Dreiecks bildete. Palenque, die Stadt, die hier näher betrachtet werden soll, bezeichnete die westliche Spitze und lag fast auf gleicher Höhe mit Uaxactun. Palenque war in die Ausläufer der Chiapasberge eingebettet, die die bis zum Golf von Mexiko reichende Ebene von Tabasco überragen.

Während der ersten Jahrhunderte der klassischen Periode scheint Palenque nur ein Ort von untergeordneter Bedeutung gewesen zu sein, ja man weiß nicht einmal genau, wann es eigentlich gegründet wurde. Erst Mitte des 6. Jh. begann die Stadt sich zu entwickeln und wurde für knapp zwei Jahrhunderte zu einer glanzvollen Metropole.

Zur Zeit seiner höchsten Blüte nahm Palenque eine Fläche von ungefähr 15 Quadratkilometern ein. Seine Ruinen erheben sich an den Flanken von Hügeln, die der tropische Regenwald mit seinen zahllosen Lianen und Blumen überwuchert hat. Das Zentrum der Stadt war der Große Palast. Er besteht aus mehreren Bauwerken, die zwischen dem Ende des 6. und dem 9. Jh. auf einer 10 Meter hohen Terrasse errichtet wurden. Innenhöfe und Gänge verbanden langgestreckte Räume, über denen ein dreistöckiger, 15 Meter hoher Turm aufragte, der höchstwahrscheinlich als astronomisches Observatorium gedient hatte. Aus der Inschrift einer Platte geht hervor, daß der Turm 782, also in der Spätzeit, fertiggestellt wurde.

Auf drei künstlichen Erhebungen am Fuß der Hügel standen der Kreuz-, der Sonnen- und der Laubkreuztempel. Diese Heiligtü-

Über diese Treppe, die erst 1949 entdeckt wurde, gelangt man zur Grabkammer. Sie war mit Geröll zugeschüttet, und es dauerte drei Jahre, bis man sie vollständig freigelegt hatte.

Die Entdeckung von Palenque

Die Stadt Palenque, von den Maya im 9. Jh. aufgegeben, lag bis Mitte des 18. Jh. im Urwald verborgen und war vergessen. Erstmals um 1750 berichteten spanische Reisende von Ruinen, die sie zufällig entdeckt hätten. Artilleriekapitän Antonio del Río wurde 1787 von Karl III. von Spanien beauftragt, die Steinhäuser *(casas de piedra),* wie man sie damals nannte, näher zu untersuchen. Del Río legte einige Bauwerke frei und verfaßte einen oberflächlichen Bericht, der jedoch erst 1822 veröffentlicht wurde.

Aber das Interesse war geweckt. Als der Forschungsreisende Alexander von Humboldt 1803 nach Mittelamerika kam, suchte er auch nach den Zeugen alter Kulturen. In seinem Buch *Pittoreske Ansichten der Cordilleren und Monumente americanischer Völker* (1810) beschrieb er anschaulich seine Eindrücke.

1805–1807 durchstreiften zwei weitere Reisende, ein gewisser Dupaix und sein Freund, Mexiko. Auf ihren insgesamt drei Expeditionen durch den Urwald stießen sie auch auf Palenque. Der Zeichner Luciano Lastaneda, der sie begleitete, hielt ihre Eindrücke im Bild fest.

Erstmals zuverlässig erforscht wurde Palenque dann von dem Amerikaner John Lloyd Stephens, der 1840, begleitet von dem englischen Zeichner Frederick Catherwood, die Mayastätte besuchte. Catherwood verdanken wir die erste Aufzeichnung der Glyphen aus dem Tempel der Pyramide der Inschriften. Diese Aufzeichnung ist auch heute noch ein wichtiges Dokument, denn einige der Glyphen

sind inzwischen zerstört. Die Ergebnisse der Forschungsarbeit des Amerikaners und des Engländers konnten 1842 veröffentlicht werden. C.W. Ceram berichtet darüber: „Als im Jahr 1842 in New York Stephens' Buch *Incidents of Travel in Central America, Chiapas and Yucatán* (Reiseerlebnisse in Mittelamerika, Chiapas

und Yucatán) und wenig später dazu die Zeichnungen Catherwoods erschienen, da gab es einen Sturm in den Zeitungen; eine öffentliche Diskussion jagte die andere, Historiker sahen eine bis dahin festgefügte Welt zusammenbrechen, und Laien ergingen sich in den kühnsten Schlußfolgerungen."

Diese Zeichnung aus dem Buch von John L. Stephens zeigt, wie die Vegetation den Tempel überwuchert hatte. Vergleicht man dieses Bild mit neuen Fotos, kann man ermessen, welche gigantische Arbeit die Archäologen geleistet haben.

Die Grabkammer mit der Steinplatte, die auf dem Sarkophag liegt. Der Stein ist mit Flachreliefs geschmückt, die zu den schönsten der Mayakunst zählen.

mer stammen aus dem 7. Jh. und enthielten einige der schönsten Flachreliefs der Mayakunst. Die Außenseite der Pfeiler an den Tempeleingängen wie übrigens auch die der Pfeiler des Großen Palastes waren mit herrlichen Stuckreliefs bedeckt, die leider durch häufige Regenfälle und die ständig hohe Luftfeuchtigkeit im Lauf der Zeit sehr gelitten haben.

Im Umkreis dieses religiösen und administrativen Zentrums befinden sich andere Gebäude, denen man mehr oder weniger willkürliche Namen gegeben hat: Nordgruppe, Tempel des Toten Monds, Heiligtum des Schönen Reliefs. Im Lauf der Jahrhunderte hatte der Dschungel alles überwuchert, und es kostete die Archäologen große Mühe, ihm die alten Schätze wieder zu entreißen. Unter anderem entdeckte man dabei, daß die

Mayabaumeister einen Fluß, der durch Palenque floß, kanalisiert und mit einem Gewölbe abgedeckt hatten, das außer an einer Stelle noch heute intakt ist.

Neben dem Großen Palast erhebt sich die Pyramide der Inschriften. Sie ist 22 Meter hoch und trägt einen Tempel, dessen fünf Eingänge sich auf eine Treppe mit 69 Stufen öffnen. Im Gegensatz zu den sehr schmalen, hohen Pyramiden von Tikal ist dieses Bauwerk sehr breit angelegt. Das Heiligtum besteht aus nur einem Raum, dessen Rückwand eine Tafel mit 620 Glyphen trägt.

Schon 1925 entdeckte der Archäologe Frans Blom im Tempel der Pyramide der Inschriften eine Steinplatte, die sich mitten im Raum in der Achse des mittleren Eingangs befand. Doch erst 1949 fiel dem mexikanischen Archäologen Alberto Ruz Lhuillier auf, daß diese Steinplatte an ihren vier Ekken kreisrunde Öffnungen besaß, die mit Steinzapfen verschlossen waren. Nachdem er diese Pfropfen entfernt, Seile durch die Löcher geführt und die Platte aufgehoben hatte, kamen die ersten Stufen einer Treppe zum Vorschein, die in das Innere der Pyramide führte.

Die Pyramide war also hohl! Was würde man in ihren Tiefen entdecken? Der Treppenschacht war mit Steinen und Bauschutt gefüllt worden, und es dauerte lange, bis im stickigen Dunkel und in der feuchten Hitze 21 Stufen freigelegt waren. Im Jahr 1951 fand man weitere 13 Stufen und eine Galerie, die Luft und ein wenig Licht einließ und an der Westseite des Bauwerks mündete. 1952 betrat Ruz zwei Meter unter der Erdoberfläche, also 25 Meter unter der Tempelplattform, den waagrechten Gang, der zunächst in eine Art Vorraum führte, wo die Gebeine von fünf Menschen beiderlei Geschlechts lagen. Eine dreieckige Türplatte versperrte ihm erneut den Weg. Er ließ sie

öffnen und drang in die dahinterliegende Grabkammer ein. In die Finsternis des seit 13 Jahrhunderten verschlossenen Raums fiel zum erstenmal wieder Licht.

Die 9 Meter lange und 4 Meter breite Grabkammer war von einem durch mächtige Querverstrebungen aus Stein verstärkten, 7 Meter hohen Gewölbe überfangen. Sie wurde fast vollständig von einem Sarkophag ausgefüllt, auf dem eine schwere, ganz mit Reliefdarstellungen bedeckte Steinplatte lag. An den Wänden der Grabkammer, wo das Sickerwasser eine durchscheinende Kalkschicht hinterlassen hatte, hielten neun aus Stuck modellierte Gestalten in prächtig bestickten Roben und mit Federbüschen auf dem Kopf Wache: Neun ist die Zahl der Unterwelt, die Zahl der Nacht- und Todesgott-

heiten. Als man die Platte aufhob, sah man, daß der Sarkophag mit einem ovalen Steindeckel verschlossen war. Schließlich entdeckte man das Skelett jenes Mannes, dem die Stadt diese imposante Huldigung in Stein erwiesen hatte. Eine Mosaikmaske aus ungefähr 200 Jade-, Perlmutt- und Obsidianstücken verbarg sein Gesicht. Jadeschmuck und eine Statuette des Sonnengottes begleiteten ihn auf seiner letzten Reise.

Das Flachrelief, das den Sarkophag bedeckte, ist eines der hervorragendsten Meisterwerke der präkolumbischen Kunst. Im Mittelpunkt der Platte ist ein kostbar gewandeter, mit Federn und Pretiosen geschmückter Mann dargestellt. Eine Maske mit skelettartigen Zügen über ihm symbolisiert die Sonne der Unterwelt, Wohnstatt der neun

Die Pyramiden Mittelamerikas

Die Pyramide ist ein charakteristisches Element der mexikanischen Landschaft. Der Vergleich mit Ägypten liegt natürlich nahe, doch wird heute im allgemeinen ausgeschlossen, daß zwischen den beiden Kulturen eine Verbindung bestand. Zu unterschiedlich sind Funktion und Bauart der Pyramiden, zu groß ist der zeitliche Abstand zwischen den Kulturen. Dennoch gab es Autoren und Wissenschaftler, die vermuteten, daß wagemutige ägyptische Seefahrer an den Küsten des Golfes von Mexiko gelandet seien und dort die entscheidenden Impulse für die Entfaltung der olmekischen Kultur gegeben hätten.

Die Pyramiden der großen ägyptischen Pharaonen der 4. Dynastie, Cheops, Chephren und Mykerinos, wurden bereits 2500 Jahre vor Beginn unserer Zeitrechnung errichtet, und zwar als Grabanlagen. Die erste echte Pyramide Mexikos, die sogenannte Sonnenpyramide in Teotihuacán, wurde erst im 1. Jh. v. Chr. erbaut – zu einer Zeit, als man den Pyramidenbau in Ägypten schon längst aufgegeben hatte. Freilich hatten die mittelamerikanischen Pyramiden ihre eigenen, recht primitiven Vorläufer.

Das Bauwerk, das den olmekischen Ort La Venta überragt und das um 1000 v. Chr. entstanden ist, gilt als Vorläufer der mittelamerikanischen Pyramiden. 1941 begann der amerikanische Archäologe Matthew Stirling, La Venta auszugraben. Dieses pyramidenähnlich anmutende Bauwerk, das dabei zutage kam, hatte eine Grundfläche von 130 × 65 Metern und eine Höhe von 35 Metern. Es lief nicht spitz zu, sondern endete in einer 12 × 12 Meter großen Fläche, auf der vermutlich ein Heiligtum aus Holz gestanden hat. Die Pyramide bestand aus einer Aufschüttung aus gestampfter Erde, und ihre Seitenflächen hatten einen nur geringen Neigungswinkel von etwa 30 Grad, weshalb man zum Besteigen der Pyramide keine Trep-

pen benötigte. Vor allem aber verhinderte der geringe Neigungswinkel das Abrutschen der gewaltigen Erdmassen, denn das Volumen des Bauwerks beträgt 85 000 Kubikmeter; das sind rund 200 000 Tonnen Material.

Die späteren mexikanischen Pyramiden weisen folgende Merkmale auf: mehrere übereinandergesetzte Baukörper, jeder im Verhältnis zum unteren ein Stück zurückspringend, eine quadratische oder rechteckige Plattform an der Spitze, darauf ein Heiligtum. Die Pyramide ist also nur der Unterbau eines Tempels. Darin unterscheidet sie sich von der ägyptischen Pyramide, die als Grabmonument errichtet wurde. Trotzdem kommt es vor, daß auch die mexikanischen Pyramiden ein Grab enthalten, wie es beispielsweise bei der großartigen Pyramide der Inschriften in Palenque der Fall ist.

Meist sind die Pyramiden massiv und bestehen aus Steinlagen und Füllmaterial (Erde und Adobe), wie etwa in Teotihua-

cán und in Tikal, aber man findet auch Überlagerungen: ältere Denkmäler, die man einfach mit einer Pyramide überbaute. Die Wahrsagerpyramide in Uxmal beispielsweise wurde im Lauf der Zeit fünfmal neu überbaut, zuletzt im 8. Jh.

Unter die allgemeine Bezeichnung Pyramide fallen in Form und Ausmaßen sehr unterschiedliche Bauwerke. Die Tempel, die ursprünglich auf den Plattformen standen, haben sich nur dort erhalten, wo sie aus Stein gemauert waren wie in Tikal, Palenque, Uxmal oder in Chichén Itzá. Die Pyramide in El Tajín, im Bundesstaat Vera Cruz, weist als einzigartiges Schmuckelement 364 Nischen auf, die wie Fenster wirken. Auf der Plattform der Pyramide von Tula standen riesige Kriegerstatuen. Die Wahrsagerpyramide in Uxmal hat einen oval angelegten Grundriß. Die Pyramide von Cholula ist mit einer Höhe von 63 Metern und einer Basis von 160 000 Quadratmetern das mächtigste Bauwerk Amerikas.

Die Sonnenpyramide in Teotihuacán hat einen Rauminhalt von 1 100 000 m³.

Einer der neun Götter des Totenreichs, die an den Wänden der Grabkammer abgebildet sind. In der rechten Hand hält er einen Sonnenschild, eine Anspielung auf den Namen des Verstorbenen, in der linken ein Zepter.

Götter. Aus dem Leib des Verstorbenen wächst der heilige Baum, der Lebensbaum, himmelwärts. Auf seiner Spitze sitzt ein Vogel, dessen Gefieder ihn als den wunderbaren Quetzal des tropischen Regenwalds ausweist – ein heiliger Vogel der Maya.

Auch die anderen Teile der Platte, die Einrahmung des Flachreliefs und die Kante, sowie der Sarkophag selbst sind mit Flachreliefs – Menschenbildnissen – und zahlreichen Glyphen geschmückt. Wenn man von den Zeichen absieht, die Himmelskörper – Mond, Sonne, Polarstern – symbolisieren, ist hier im wesentlichen die Geschichte einer Dynastie festgehalten, denn die Porträts und Inschriften beziehen sich auf die Ahnen des Verstorbenen.

Doch was weiß man überhaupt von dem Toten? Sein Name war wahrscheinlich Pacal, Schild, und da diesem Namen das Präfix *kin,* Sonne, vorangestellt ist, wird daraus Schild der Sonne. Sicher prägte er seine Zeit nachhaltig, und zwar nicht nur, weil er so lange herrschte, sondern vermutlich auch, weil er Macht und Ansehen seines Stadtstaates beträchtlich vergrößerte. Er wurde 603 geboren und war erst zwölf Jahre alt, als er König wurde. Man kennt den Namen seines Vaters, Jaguar-Ara, und man weiß, daß dieser 642 starb, doch ist sein Geburtsjahr nirgends erwähnt, vielleicht weil er ein Fremder war. Das würde auch erklären, warum ihm die höchste Macht im Staat vorenthalten blieb. Wie auch immer, wahrscheinlich regierte der junge Pacal an der Seite seiner Mutter bis zu deren Tod im Jahr 640. Zu diesem Zeitpunkt war er 37 Jahre alt; er starb 683 im Alter von 80 Jahren.

Die genannten Daten sind relativ, d.h., der erwähnte Zeitraum umfaßt 80 Jahre, doch ob diese in die Zeit zwischen 603 und 683 fallen, ist unter den Forschern umstritten, denn es ist bisher nicht gelungen, eindeutig festzulegen, auf welches Datum unserer Zeitrechnung das mythische Datum *4 ahau 8 cumhu* der Maya fällt, das man der Funktion der Geburt Christi bei unserer Zeitrechnung gleichsetzen kann. Einige Mayaforscher legen dieses Datum auf das Jahr 3113 v.Chr., andere verlegen es in das Jahr 3373 v.Chr. – entsprechend verschieben sich die Zeitangaben.

Pacal war vermutlich zugleich Fürst und Priester, und es ist sicher kein Zufall, daß sein Sarkophag eine schöne Jadestatuette des Sonnengottes enthielt. *Ah Kin,* in der

Diese 1952 in dem Sarkophag entdeckte Jademaske bedeckte das mit Stuckmasse verkleidete Antlitz des Verstorbenen. Sie war im Anthropologischen Museum von Mexiko ausgestellt, wurde aber im Dezember 1985 zusammen mit anderen Exponaten gestohlen.

Mayasprache „derjenige der Sonne", das ist der Priester. Und dieses gleiche Wort ist mit der Namensglyphe Pacals verbunden. Während die herrlichen Flachreliefs der Stadt Yaxchilán am Usumacinta bewaffnete, streitbare Herrscher in kriegerischen Posen zeigen, wurde in Palenque der große Pacal als friedliebende Majestät dargestellt: Auf der Tafel an der Rückwand des Kreuztempels überreicht er im Priestergewand seinem Sohn eines der Attribute der Macht.

Die mittlere Relieftafel im Laubkreuztempel zeigt ebenfalls Pacal, hier mit dem Lebensbaum, dessen zwei Äste in Maiskolben mit Menschenantlitz enden, während der Stamm eine Sonnendarstellung aufweist. Pacal und sein Sohn figurieren auch im Sonnentempel zu beiden Seiten einer Sonnenscheibe in Schildform. Religiöse und dynastische Motive stehen also nebeneinander. Das gleiche gilt für den Großen Palast, wo eine Reliefplatte hinter einem thronartigen Prunksitz Pacals Mutter zeigt, wie sie ihrem Sohn feierlich einen mit Jadeplättchen und einem Federbusch geschmückten Kopfputz überreicht.

Bei der Bestattung Pacals wurden zwei sehr schöne lebensgroße Tonköpfe neben den Sarkophag gelegt. Wahrscheinlich sind es zwei Porträtplastiken. Der eine ist der Kopf eines jungen Mannes mit feinen Gesichtszügen, dessen Haar in kurze, deutlich voneinander getrennte Strähnen frisiert ist. Der andere hat das Gesicht eines reifen Mannes mit einem sehr aufwendigen Kopfschmuck aus Blumen, Muscheln und einem Federbusch. Die schmalen Lippen, die stark vorspringende, gratartige Nase, die bis zur Stirnmitte reicht, und der Ausdruck überlegener Gelassenheit weisen auf die aristokratische Abstammung hin.

Die Ähnlichkeit zwischen den beiden Porträts ist nicht zu übersehen. Kann man jedoch daraus schließen, daß die zwei Köpfe Pacal selbst und einen seiner Söhne darstellen? Da die Plastiken keine Inschrift tragen, ist eine Deutung schwierig. Man hat den Kopf mit dem Federbusch mit Pacals Antlitz auf der Grabplatte verglichen – denn das Flachrelief gibt wohl mit Sicherheit den verstorbenen Herrscher wieder – und fand die Ähnlichkeit frappierend. Aber handelt es sich überhaupt um individuelle Züge? Wollte man nicht vielmehr die idealisierten Wesensmerkmale der herrschenden Priesterkaste abbilden? Warum hätte man dann aber ein Porträt Pacals und das eines anderen, jüngeren Mannes oder, wie manche Archäologen vermuten, das des jungen Pacal und des Pacal in seinen besten Jahren neben dem Sarkophag zurückgelassen? Eine andere Hypothese geht davon aus, daß die beiden dargestellten Männer tote Krieger sind – in der Tat scheinen die Augen geschlossen zu sein – und daß sie ein zweifaches Menschenopfer versinnbildlichen, das dem Herrscher in seiner Gruft dargebracht wurde. Die Bedeutung der beiden Köpfe wird sich wohl nicht mehr eindeutig klären lassen. Das hindert allerdings den Betrachter keineswegs daran, sie als Kunstwerke zu bewundern.

Das Grab in der Pyramide der Inschriften zeugt vom Höhepunkt einer Kultur, die es wie kaum eine andere verstand, in ihrer Kunst Würde und Anmut, Kraft und Eleganz miteinander zu verbinden.

Der Tadsch Mahal
Ein Denkmal ewiger Liebe

Eines der bekanntesten Grabdenkmäler ist der Tadsch Mahal von Agra in Indien, und viele Besucher halten ihn darüber hinaus auch für das edelste, reinste, schönste Bauwerk der Welt. Ihre Bewunderung geht so weit, daß sie sich darüber streiten, zu welcher Tageszeit man das Mausoleum betrachten sollte. Die einen sagen, der weiße Marmorbau gleiße am schönsten am hellen Mittag, die anderen meinen, die auf- oder untergehende Sonne erwecke ihn zu überirdischer Schönheit, wenn er in den ersten oder letzten Strahlen rosa oder golden schimmere und gleichsam losgelöst von irdischer Schwere in der Luft zu schweben scheine.

Der Tadsch Mahal ist, persönlich-menschlich gesehen, Ausdruck der großen Liebe eines Herrschers zu seiner Frau; kunsthistorisch betrachtet, gilt er als Höhepunkt der Mogularchitektur, die entstanden war, nachdem sich der Islam in Indien verbreitet hatte.

Die Araber brachten den von Mohammed verkündeten Glauben zum erstenmal nach Indien, als sie um die Jahrtausendwende bis zum Indus vordrangen. Nachdem später immer wieder Eroberer aus Zentralasien eingefallen waren, gründete Babur 1526 das islamische Mogulreich in Delhi.

Babur, ein Nachfahre Tamerlans, also ein Timuride, konnte sich Anfang des 16. Jh. in seinem Gebiet Buchara (Transoxanien) nicht halten und vermochte auch nicht Samarkand, die stolze Hauptstadt seines Ahnen, einzunehmen. Deshalb gründete er in Kabul in Afghanistan ein Königreich und begann von dort aus Indien zu erobern. Er verjagte die Lodi, das letzte Herrschergeschlecht von Delhi, und errichtete dort sein Reich, das bald fast ganz Indien umfaßte. Im Andenken an Dschingis-Khan und den Frieden, den Babur nach blutigen Massakern mit den Mongolen geschlossen hatte, und nicht

Blick vom rechten Dschamna-Ufer auf den Tadsch Mahal. Der Großmogul Schahdschahan baute das Mausoleum zum Andenken an seine Gemahlin Mumtas Mahal. Rechts vom Mausoleum sieht man die Moschee.

zuletzt, weil Babur selbst mütterlicherseits von den Mongolen abstammte, wurde dieses Reich schließlich als das Reich der Großmoguln bekannt, obwohl es eigentlich von Timuriden beherrscht wurde. Seinen Ruhm begründeten vor allem der große Akbar und Dschahangir, auf den sein Sohn Khurram folgte.

Prinz Khurram wurde 1592 geboren, zeichnete sich schon in Jugendjahren als General aus und wurde 1628 nach dem Tod seines Vaters zum Großmogul gekrönt. Danach gab er sich den Titel Schahdschahan, Herrscher der Welt. Er hatte dieses Ziel erreicht, indem er die anderen Anwärter auf den Thron, seine vier Brüder und alle männlichen Verwandten, umbringen ließ. Er war ein erfolgreicher Heerführer, doch seine Feldzüge waren begleitet von Greueltaten, Verfolgungen und willkürlichen Grausamkeiten. Dieser skrupellose Verräter und Despot wäre wohl als Schreckensgestalt in die Geschichte eingegangen, hätten seinem üblen Charakter nicht auch positive Eigenschaften gegenübergestanden: sein leidenschaftliches Interesse an den schönen Künsten und seine tiefe Liebe zu seiner Frau – die beiden einzigen Tugenden seiner Vorväter, die er geerbt hatte. Sie alle waren Künstler oder Kunstförderer gewesen, und die Liebe hatte in ihrem Leben oft eine große Rolle gespielt. So hegte beispielsweise Babur eine immerwährende Zuneigung zu

einer Frau, die nur unter dem Kosenamen bekannt ist, den er ihr gegeben hatte: Mahum (mein Mond). Und später ließ sich der verliebte Dschahangir zum Spielball der für ihre Schönheit und Intelligenz berühmten Nur Dschahan machen.

Schahdschahans große Liebe galt einem vornehmen Mädchen, der schönen Ardschumand Banu Begum, einer Kusine Nur Dschahans, der Lieblingsgattin seines Vaters. Er heiratete sie im Mai 1612, als sie 19 Jahre alt war, und sein Vater verlieh ihr den Titel Mumtas Mahal, Erwählte des Hofes. Im Juni 1631, drei Jahre nach der Thronbesteigung ihres Gemahls und nachdem sie ihm in 19 Ehejahren 14 Kinder geschenkt hatte, starb sie bei der Geburt einer Tochter. Schahdschahan kam über den Verlust nie hinweg. Zunächst ließ er sie da beerdigen, wo sie gestorben war, in Burhampur, beschloß dann aber, seiner Liebe ein Denkmal zu setzen, das ihrer würdig war. So gab er den Befehl, bei Agra am Ufer der Dschamna ein Mausoleum, den Tadsch Mahal, zu errichten.

Schahdschahan, dargestellt in Wasserfarbe und Gold auf Papier von einem Meister der mogulischen Schule des 18. Jh. Der Herrscher ist stehend im Halbprofil, sein Kopf aber im Profil gemalt und von einem Glorienschein umgeben. Diese Darstellungsweise findet man häufig in der indischen Malerei.

Als er selbst während einer schweren Krankheit 1658 von seinem Sohn Aurangseb entthront wurde, soll er sich als einzige Gunst erbeten haben, seine lebenslange Haft in einem Raum verbringen zu dürfen, von dem aus er das Grabmal der Frau sehen könnte, die er über den Tod hinaus noch immer liebte. 1666 starb er, ohne seinen angeblichen Plan verwirklicht zu haben, am anderen Ufer der Dschamna als Gegenstück zum Tadsch Mahal sein eigenes Grabmonument aus schwarzem Marmor zu errichten.

Mit dem Bau des Tadsch Mahal begann man einige Monate nach Mumtas Mahals Hinscheiden im Jahr 1631. Überallhin waren Ausschreibungen ergangen. Und es kamen Architekten z.B. aus Südindien, Ceylon, Birma, Ägypten und Persien und unterbreiteten ihre Pläne. Schließlich fiel die Wahl auf den Plan des Ustad Isa, eines Osmanen oder Persers. Große Künstler aus verschiedenen Ländern, darunter angeblich auch Italiener, wirkten daran mit und trugen ihr Kunstverständnis und ihre Ideen bei. Der eigentliche Baumeister aber war Schahdschahan selbst: Er studierte die Pläne, ließ sie abändern und überwachte, soweit ihm dafür Zeit blieb, auch die Bauarbeiten.

Man findet an diesem Bau zwar die unterschiedlichsten architektonischen und dekorativen Elemente, weil so viele Menschen verschiedenster Herkunft daran beteiligt waren, aber sie sind aufs schönste so miteinander zu einer Einheit verschmolzen, daß man meint, das Bauwerk sei allmählich gewachsen und nicht relativ rasch aufgeführt worden. Vorbilder für den Tadsch Mahal und seine Kunst gab es viele, z.B. das Grab Humayuns in Delhi, der Babur auf dem Thron nachgefolgt war, das Mausoleum Timurs oder Tamerlans, Gur-Emir in Samarkand, aber auch indische Traditionen, ja sogar die osmanische Kunst Konstantinopels sollen beim Tadsch Mahal Pate gestanden haben. Aber in keinem anderen Bauwerk sind eben alle diese Besonderheiten so makellos zu einem völlig neuen, einmaligen

Über der erhöhten Terrasse am Fluß erhebt sich das Mausoleum in seiner ausgewogenen Schönheit. Der quadratische Sockel mit den vier Minaretten wirkt wie ein Präsentierteller.

Die großen Mausoleen der Moguln

Nicht ohne Übertreibung hieß es einst, die Mausoleen seien die schönsten Früchte der großmogulischen Kunst des 16.–18. Jh., doch stehen ihnen Moscheen, Schlösser oder Miniaturen gewiß nicht nach. Eines freilich stimmt: Die dem Hinduismus unbekannte und vom Islam eigentlich verbotene Grabkunst erlebte vor allem unter der Herrschaft der Großmoguln in Indien eine Blütezeit und brachte eine Reihe von Meisterwerken hervor.

Diese prachtvollen Mausoleen bilden den Schlußpunkt einer langen Entwicklung, die im 8. Jh. im Irak und etwas später im Iran begann und zu der türkische Traditionen aus vorislamischer Zeit den Anstoß gaben. Einen Markstein dieser Entwicklung bildet der Gur-Emir (1404) in Samarkand, das Grabmal Tamerlans, der die Timuridendynastie begründete; ihr gehörten auch jene Herrscher an, die man – nicht ganz korrekt – als Großmogul bezeichnet.

Unter Babur, dem Gründer des Mogulreichs, und unter seinen Nachfolgern lehnte man sich beim Bau der Mausoleen an schon bestehende islamische Bauwerke an. Bereits das Grabmal des Sultans Ghauri in Delhi (1231) beweist eine deutliche Neigung zur Monumentalität. Bei dem Mausoleum des Ghiyas Ud-Din (1320) fügte man erstmals weißen Marmor in den roten Sandstein ein, und der achteckige Grundriß des Grabmals findet auch in der Folgezeit immer wieder Anwendung. Zum Mausoleum des Sikander Lodi in Delhi (1517) fügte man als Neuerung eine Moschee bei, stellte es in einen von hohen Mauern umgebenen Garten und schuf einen für sich stehenden Torbau. Das Grabmal Sher Shahs in Sassaram (1549), das bereits mehr einem Palast als einem Grabmonument ähnelt und das von einer Schönheit ist, die es eigentlich hätte berühmt machen müssen, bildet den Übergang von der vormogulischen zur Mogulkunst: Das große, inmitten eines Sees errichtete Bauwerk erhebt sich auf einer Terrasse und besteht aus zwei aufeinandergesetzten achteckigen Baukörpern; das mächtige Grabmal wird durch zahlreiche Chattri (pavillonähnliche Aufbauten) bekrönt.

Alle diese Ansätze der Vergangenheit verbanden sich nun zu einem neuartigen Ganzen. Nach dem sehr reinen, aber schlichten Kenotaph Baburs in Kabul kam mit dem Mausoleum seines Sohnes Humayun in Delhi (1565) eine völlig neue Bauweise auf: Dieses gigantische Bauwerk vereint in sich alle Merkmale der künftigen großen Mausoleen. Es erhebt sich im Zentrum eines riesigen Gartens auf einem 6,1 Meter hohen und 61 Meter langen Sockel; die Sockelfassaden sind durch Öffnungen, die zu unterirdischen Grabkammern führen, rhythmisch untergliedert. Das Mausoleum selbst, dessen Wände aus rotem Sandstein wirkungsvoll mit weißem Marmor ausgelegt sind, umfaßt drei Teile: den Mittelbau mit einer mächtigen weißen Marmorkuppel und zwei flachgedeckte Seitenflügel, denen ebenfalls eine von Säulchen getragene Kuppel aufsitzt. Das genau in der Achse der Kuppel gelegene Eingangstor ist ein großer Liwan, ein spitzbogig überwölbter hoher Raum, der an drei Seiten geschlossen ist und sich in voller Höhe nach außen öffnet; dieses Bauelement stammt aus der islamischen Architektur des Irans, wo es bereits in sassanidischer Zeit Vorläufer hatte.

Das Mausoleum Akbars erweckt mit dem offenen Unterbau und den filigranen Pavillons weniger den Eindruck einer Grabstätte als den eines Totenpalasts.

Während der Tadsch Mahal in Agra unmittelbar nach dem Vorbild des Humayungrabmals gestaltet ist, nahm man bei allen anderen Herrschermausoleen mehr oder weniger nur die Grundzüge des Bauwerks wieder auf. Das 8 Kilometer von Agra entfernte Mausoleum Akbars in Sikandara (1613) mit seinem von vier Minaretten überragten, mächtigen Torbau erhebt sich auf einer Terrasse, deren Sockel von Bogenöffnungen durchbrochen ist und in deren Mitte sich ein hoher Liwan öffnet. Der Grabbau besteht aus drei aufeinandergesetzten, jeweils zurückspringenden Stockwerken mit rechteckigem Grundriß und wird durch viele kleine weiße Kuppeln aufgelockert. Das unvollendet wirkende Grabmal des Dschahangir in Lahore beeindruckt durch seine lange Terrasse und seine vier starken Eckminarette. Gedrungene Türmchen und ein ziemlich großer rechteckiger Pavillon bilden das erste Stockwerk des Mausoleums des Itimad Ud-Daula in Agra (1622–1628), während ein Gartengeschoß, das die Hälfte der Gesamthöhe (16 Meter) ausmacht, die Terrasse ersetzt. Was diesem verhältnismäßig einfachen Grabmal aus weißem Marmor seinen besonderen Reiz verleiht, ist sein Dekor aus herrlich durchbrochenen Steinplatten, Malereien und Steininkrustationen, die Zypressen, Weinreben, Früchte, Schalen und Vasen von harmonischen Formen und in fein aufeinander abgestimmten Farben darstellen.

Das letzte der großen Grabmäler, das des Safdardschang in Delhi (1754), bildet den Schlußpunkt der Mogularchitektur in Indien. Sein Baumeister orientierte sich ganz bewußt am Grab Humayuns und am Tadsch Mahal, aber dort, wo er nicht seine Vorbilder kopierte, blieb er weit hinter ihnen zurück. Der Garten des Grabmals, ein Quadrat mit großer Mittelallee, Wasserbecken und Springbrunnen, ist hinreißend, und dem Bauwerk aus roten und hellgelben Steinen, die mit aufhellenden Tupfern aus weißem Marmor durchsetzt sind, mangelt es nicht an Stil. Doch ist es zu langgestreckt, die Proportionen stimmen nicht, die Terrasse ist im Verhältnis zum Bauwerk zu groß, und die künstlerisch oft nicht bedeutenden Dekorationen sind zu üppig.

Kunstwerk verbunden. Daß der Bau von dem Venezianer Geronimo Veroneo stamme, wie der Pater Sebastien Manrique überlieferte, der 1642 Agra besuchte, dürfte nicht zutreffen, denn Mumtas Mahal hatte das Christentum gehaßt. Ihr Mann hätte also gewiß keinen Christen zum Architekten ihres Grabmals berufen.

Die Bauarbeiten dauerten 22 Jahre, und 20000 Arbeiter waren ständig im Einsatz. Über dem Flußufer planierte man eine rechteckige Fläche von 67 × 305 Metern und umgab sie mit einer hohen Mauer, an deren Ecken vier Türmchen mit sogenannten Chattri, pavillonartigen Bekrönungen, auf der Spitze errichtet wurden. Man betritt diese Fläche von der Nordseite her durch einen monumentalen, großartig gestalteten Torbau mit mehreren Nebengebäuden. Dahinter erstreckt sich eine schmale, von Alleen flankierte, geradlinige Wasserfläche, die den Blick auf das Mausoleum lenkt und die Mittelachse des Gartens darstellt. Eine zweite Wasserfläche schneidet die erste in der Mitte, so daß der Garten in vier symmetrische Abschnitte unterteilt wird.

Hinter dem Garten, direkt an der Dschamna, stehen auf einem rechteckigen, nicht bepflanzten Platz die Hauptgebäude: in der Mitte das Mausoleum und rechts und links davon zwei identische Gebäude aus rotem Sandstein, der zu dem strahlenden weißen Marmor des Mausoleums einen schönen Kontrast bildet. Das linke Gebäude ist eine nach Mekka ausgerichtete Moschee, das rechte, der Zwilling, eine Versammlungshalle. Diese sieht zwar aus wie eine Moschee, ist aber nicht gen Mekka gewandt. Wahrscheinlich wurde sie wegen der Symmetrie gebaut – als architektonische Entsprechung der Moschee.

Das Mausoleum selbst erhebt sich auf einem 5,5 Meter hohen viereckigen Unterbau aus Marmor mit 94,4 Meter Seitenlänge:

Das Verhältnis zwischen den beiden Maßen, rund 1 : 17, entspricht nicht der Norm 1 : 10 wie bei Humayuns Grabmal, wurde aber wohl aus ästhetischen Gründen gewählt. Der Sockel spielt die Rolle eines „Präsentiertellers", ist nicht integrierter Teil des Grabmals. Seine Seitenflächen werden durch flache Nischen, die alle in rechteckige, mit Flachreliefs verzierte Rahmen gesetzt sind, unterteilt. Diese zurückhaltende Ornamentik soll verhindern, daß der Sockel die Aufmerksamkeit des Besuchers vom Mausoleum ablenkt. Bei Humayuns Grab ist das ganz anders: Dort führen tiefe Tornischen im Sockel in die Grabräume, so daß der Sockel ganz ins Grabmal integriert ist.

Eine durchbrochene Balustrade begrenzt den Sockel und rahmt das Mausoleum ein. Sie ist ziemlich niedrig, damit sie von unten den Blick auf das Mausoleum nicht behindert. Der Tadsch Mahal ist nicht so breit wie Humayuns Grab, aber höher als dieses, und er wirkt einheitlicher. Sein Grundriß ist ein Quadrat mit 56,7 Meter Seitenlänge und abgeschrägten Ecken; er hat also acht Ecken. Dies mag vielleicht wie ein Konstruktionsfehler aussehen, trägt aber wesentlich zur Ausgewogenheit des Gesamtbaus bei und ist eine geschickte Methode, zwei geometrische Grundfiguren zu kombinieren. Vielleicht sind damit auch zwei frühere Pläne vereint worden.

Die vier Fassadenseiten des Baus sind gleich und typisch persisch gegliedert. Jede hat in der Mitte eine 32,9 Meter hohe Tornische, die in einem flachen Spitzbogen ausläuft. In der Rückwand sind eine Tür und darüber ein hohes Fenster eingelassen. Die Tornischen werden rechts und links von zierlichen Türmchen überragt. Solche Türmchen stehen auch an jeder Ecke des Bauwerks; sie wirken wie kleine Minarette. Die Wände neben den Tornischen und die der abgeschrägten Ecken sind durch je zwei übereinanderliegende Fensternischen gegliedert.

In der Mitte des Bauwerks ragt eine Kuppel aus weißem Marmor auf. Sie hat einen Durchmesser von 26 Metern und ist 65 Meter hoch, mit der Spitze 75 Meter. Die Kuppel sieht wie eine halbierte Zwiebel aus und ruht auf einem zylindrischen Unterbau, dem Tambour. Der untere Teil der „Zwiebel" scheint in den Tambour zu ragen. Diese Bauweise ist insofern neu, als sie das traditionelle Bild vom Himmelsgewölbe durch

Die Kenotaphe Mumtas Mahals und Schahdschahans im Hauptraum des Mausoleums. Die Leichname wurden in der Krypta beigesetzt. Als klassische „Gräber" ruhen sie auf einem imposanten Unterbau. Die Ornamente bestehen aus eingelegten Edelsteinen.

Die Pracht der Großmoguln

Das glanzvolle Leben der Großmoguln, von dem ihre Bauten und ihre Kunst schönstes Zeugnis ablegen, ist auf den Miniaturen dieser Zeit meisterlich ins Bild gesetzt. Diese gemalten Kleinode zeigen das Leben jener kleinen, aber privilegierten Schicht, die über gewaltige Geldmittel verfügte und sich dementsprechend nahezu jeden Luxus leisten konnte.

Man exportierte damals in Indien mehr, als man importierte, und interessiert war man nur daran, Gold und Silber einzuführen. Im Land selbst gewann man Edelsteine, die den Reichtum Indiens noch vergrößerten. Alles war luxuriös: Selbst die Waffen der Krieger waren die reinsten Schmuckstücke; die verschiedenen Dolche hatten Klingen aus Damaszenerstahl, der mit Gold überzogen war, und Griffe aus Jade, die oft die Form eines Pferde- oder

Widderkopfes hatten und mit Diamanten oder zumindest mit Rubinen, Granaten, Saphiren und Smaragden eingelegt waren. Und selbst die Holzscheiden der einfachsten Messer waren noch mit silberdurchwirkter Seide überzogen.

Man liebte es auch, sich aufwendig zu kleiden. Die Stoffe waren feinste Seiden und schwerste Samte, beides golddurchwirkt. Man aß nicht von Keramiktellern oder trank aus Glasbechern, sondern von goldenem oder silbernem Geschirr und aus grau oder grün marmorierten, edelsteinbesetzten Jadeschalen oder aus ebenso kostbar verzierten Gefäßen aus Bergkristall. Als Schmuck trug man am liebsten goldgefaßte Kameen.

In der Tat herrschte zur Zeit der Großmoguln in Indien eine Prachtentfaltung, wie sie wohl nie mehr ihresgleichen fand. Gleichzeitig jedoch war die soziale Ungleichheit sehr groß. Während ein hoher Beamter 40000 Rupien am Tag bezog, erhielt ein Handwerker nur eine Rupie. Die

Polo (ganz oben) war bei den Miniaturenmalern ein beliebtes Motiv (17. Jh.).

Die Hofmusikanten (oben links) begleiteten Tänzerinnen oder Sängerinnen (Miniatur, 17. oder 18. Jh.).

Eine Fürstin mit ihrem weiblichen Gefolge auf der Falkenjagd (oben rechts). Diese Miniatur ist typisch für die Darstellung von Menschen in der Natur (18. Jh.).

Rechts drei Mogulkaiser (Miniatur aus dem 17. Jh.). In der Mitte Akbar, rechts von ihm sein Sohn Dschahangir, links von ihm sein Enkel Schahdschahan. Die Gesichter sind keine naturgetreuen Porträts.

Mehrheit der hauptsächlich bäuerlichen Bevölkerung hatte keinerlei Rechte und mußte hohe Abgaben entrichten, die vor allem dazu dienten, den Wohlstand der oberen Schichten zu vergrößern. Hierzu kamen die Launen der Natur, die das Leben der Landbevölkerung erschwerten: Zu wenig Regen führte zu Lebensmittelknappheit, ein Übermaß an Niederschlägen zu Hochwasser und Überschwemmungen. In beiden Fällen kam es zu schrecklichen Hungersnöten, von denen die zeitgenössischen Chroniken immer wieder berichten.

Was die höhergestellten Frauen angeht, so ist ihr Status nicht eindeutig zu bestimmen. Harem und Schleier galten als Symbole des Adels und waren weit verbreitet. Andererseits aber fanden Frauen manchmal auch Eingang in die Geschäftswelt und lebten verhältnismäßig frei. Vor allem im 18. Jh. wählten die Künstler Motive aus dem privaten Bereich der Frau und malten sie bei der Toilette, halb nackt oder betrunken; damit kehrten sie den Schamvorstellungen des Islams den Rücken und wandten sich wieder der traditionellen indischen Sinnlichkeit zu.

das des ganzen Weltalls, der Domäne der Astronomen, ersetzt.

Neben der Kuppel stehen vier achteckige, offene, überkuppelte Pavillons, die auch eine Spitze tragen wie die Hauptkuppel. Man baute sie, um den Raum neben der Hauptkuppel zu füllen und einen optischen Übergang zu deren Aufwärtsschwung herzustellen. An den vier Ecken wurden vier identische Minarette aus Marmor errichtet, die fast 42 Meter hoch und durch zwei Galerien in drei Etagen unterteilt sind. Als Abschluß tragen sie je einen kleinen Kiosk mit zwiebelförmiger Kuppel.

Die Kenotaphe Schahdschahans und Mumtas Mahals befinden sich in einem achteckigen Raum unter der Kuppel, während die Sarkophage mit den sterblichen Überresten des Großmoguls und seiner Gattin in

Marmortafel mit Blumenmotiv. Dieses bis ins kleinste Detail aus dem Stein herausgearbeitete Relief zeugt von der großen Kunst der Bildhauer.

einer Krypta unter dem Kuppelraum stehen, und zwar genau unter den Kenotaphen, denn es war damals verboten, über das Grab eines Herrschers zu gehen.

Außer der Kuppel ist die gesamte Fassade mit Zierinschriften in arabischen Lettern und üppigen Ziermustern aus Blumengirlanden, Mäandern und Arabesken geschmückt. Diese Ornamentik aus Flachreliefs und Tausenden von eingelegten Edel- und Halbedelsteinen ist in der Zeichnung ebenso großartig wie in der Farbgebung, und ihre Einzelelemente sind so präzise und sorgfältig

Aus der Nähe betrachtet, scheint sich die Kuppel im Innern des Mausoleums fortzusetzen und eine Kugel zu bilden. Die Zwickel über den flachen Spitzbogen der Nischen sind mit symmetrischen farbigen Ornamenten aus Edelsteinen verziert.

Ausschnitt aus der durchbrochenen Balustrade am Rand des Sockels, auf dem das Mausoleum steht. Die Einlegearbeit aus farbigen Steinen im oberen Teil ist ein schönes Beispiel für die stilisierende Darstellungsweise der islamischen Kunst.

gearbeitet wie Kleinode der Juwelierkunst. Sie sind einerseits unauffällig genug, um in den Hintergrund zu treten, wenn man das Monument als Gesamtwerk betrachtet, andererseits so gut sichtbar, daß sie unweigerlich die Aufmerksamkeit auf sich lenken, wenn man näher an das Bauwerk herangeht.

Durch doppelte Trennwände aus Marmorgitterwerk fällt Licht in die Räume. Im halbdunklen Innern findet man das gleiche Dekor wie außen. Besonders schön ist es auf den Kenotaphen, die von einer achteckigen,

Das Mausoleum, von dem monumentalen Eingangstor aus gesehen. Links die Moschee, rechts ihr „Zwilling“, beide aus rotem Sandstein. Die Symmetrie des Bauwerks setzt sich im Garten fort.

durchbrochen geschnitzten Marmorschranke umgeben sind.

Doch der Tadsch Mahal, der sich völlig unverändert erhalten hat, ist nicht nur das Werk großer Künstler. Auch andere großartige Leistungen waren erforderlich, um ihn zu erbauen. Der Marmor wurde aus dem rund 200 Kilometer entfernten Dschaipur in Radschasthan herbeigeschafft, das Bauholz aus verschiedenen fernen Gegenden. Der Transport mußte organisiert, das erforderliche Heer von Arbeitern rekrutiert werden. Eine kleine Stadt wurde für die 20000 Arbeiter angelegt. Man brauchte Fachleute, die das Problem der Wasserführung lösten, den Boden untersuchten und die Unterbauten mit ihrem komplizierten Stützsystem errichteten, die den Sockel tragen mußten. Und natürlich waren Mathematiker dabei, denn

jedes Element wurde berechnet, bevor es gebaut werden durfte. Von dieser Arbeit merkt der Besucher nur wenig. Vom Eingangstorbau aus sieht man beispielsweise auf dem Weg vom äußeren zum inneren Tor, das sich zum Garten hin öffnet, das von einem Bogen eingerahmte Bauwerk dreimal anders: zuerst die riesige Tornische und die Kuppel allein, dann das gesamte Monument ohne die Minarette und schließlich den ganzen Unterbau einschließlich der Minarette. Desgleichen kann man das ganze Mausoleum sehen, wenn man sich in der Moschee und in ihrem „Zwilling“ in die Gebetsnische setzt. Professor Alexander Papadopoulo, ein bekannter Fachmann für islamische Ästhetik, wies auf weniger unmittelbar erkennbare Berechnungen hin. Wenn man auf einer Seite des Baus je eine Gerade von der Kuppelspitze zu den Sockelecken zieht, berühren diese Linien die Nebenkuppeln und die Kanten des Gebäudes und enden am Fuß der Minarette. Da sie am Scheitel der Kuppel einen rechten Winkel und an den Sockelecken je einen Winkel von 45 Grad bilden, stellen sie ein rechtwinkliges Dreieck dar, laut Platon das schönste aller Dreiecke, das Dreieck des Feuers – was auf die Scheiterhaufen für die Totenverbrennung der Inder hinweist. Viele komplizierte mathematische Zusammenhänge, so haben Wissenschaftler festgestellt, liegen der klassischen Gestalt des Bauwerks zugrunde.

Die islamische Kunst ist eine Kunst der Symbolik. Sie versucht sich besonders dadurch in den Kosmos einzugliedern, daß sie in ihren Bauwerken die Welt und den Weltberg, die Nabe des Universums, darstellt. In vollem Ausmaß ist das nur bei der Moschee Selims II. in Edirne (Adrianopel) und beim Tadsch Mahal gelungen. Und von diesen beiden Bauwerken gilt wiederum der Tadsch Mahal als Paradebeispiel für diese Symbolik. Die Minarette an den vielen Ecken stellen die vier Himmelsrichtungen sowie die vier Säulen der Welt dar, und ihre drei Etagen symbolisieren die drei Stockwerke des Himmels. Und das Mausoleum selbst mit seiner strengen Pyramidenform, seiner quadratischen Basis, die der Erde entspricht, und mit seiner Kuppel, die dem Himmel gleicht, ist tatsächlich eine Art Mikrokosmos. Obwohl das Bauwerk ziemlich hoch ist, dominieren die geschwungenen Linien, wirken die Minarette gar nicht himmelstrebend, läßt nichts an eine ideale Welt denken. Und die im Tadsch Mahal dargestellte Welt ist in der Tat nicht von Sehnsucht nach dem Himmel geprägt, sie ist höchste Wirklichkeit, sie ist das Paradies. Wem dieser „Garten der Auserwählten“ vorbehalten war, geht unzweideutig aus den Namen hervor, die posthum den auf Tamerlan folgenden Timuridenherrschern verliehen wurden: Man nennt sie Bewohner des Paradieses.

Schlösser und Paläste

Persepolis
Die Palaststadt
der persischen Großkönige

Das ist der Palast, den ich erbaute. Von weit her wurde sein Schmuck herangeführt ... Die sonnengetrockneten Ziegel brannte das Volk der Babylonier; das Zedernholz kam aus einem Gebirge namens Libanon ... das Jackholz stammt aus Gandara und Carmania. Das Gold kam aus Sardis und Baktrien, ... die Edelsteine Lapislazuli und Carneol aus Sogdiana und der Türkis aus Chorasmia. Silber und Ebenholz lieferte Ägypten. Die Ornamente, mit denen die Wände verziert sind, stammen aus Ionien. Das Elfenbein, das hier verarbeitet wurde, kam aus Äthiopien und aus Arachosia, und ein Ort namens Abiradus in Elam schickte uns die Säulen aus Stein. Die Steinmetzen waren Ionier und Sarder, die Goldschmiede und die Männer, die die Wände schmückten, waren Meder und Ägypter. Es spricht König Darius: Eine ausgezeichnete Arbeit war angeordnet, eine ausgezeichnete Arbeit wurde ausgeführt. Ahura Mazda möge mich und Hystaspes, meinen Vater, und mein Land schützen."

Deutlich spürt man in diesen Worten des persischen Großkönigs, wie stolz er auf seinen neuen Palast war. Und man wird ihm in seinem Stolz recht geben müssen: Persepolis war in seiner Pracht und Größe schon in der Antike ohne Beispiel und gilt noch heute, nach mehr als 2500 Jahren, als eine der großartigsten Ruinenstätten der Welt.

Persepolis liegt in der Ebene Merwdascht in der heutigen Provinz Fars an der Route einer alten Karawanenstraße, die die Oasen Isfahan und Schiras mit dem Persischen Golf verband. Im dritten Jahr seiner Regierung befahl der persische Großkönig Darius I. (522–486 v. Chr.), dort, am Fuße

des Felsens Kuh-i-Ramat, des Bergs des Erbarmens, mit den Bauarbeiten für eine Palastanlage zu beginnen. Man trug den gewachsenen Fels ab und vergrößerte durch Anschüttung von Erdreich das Plateau auf eine Fläche von 473 × 286 Metern. Um das aufgeschüttete Erdreich festzuhalten, errichtete man Stützmauern aus weißen Kalksteinblöcken, die bis zu 30 Tonnen schwer waren. So entstand auf einem fast 15 Meter hohen Fundament eine künstliche Terrasse von etwa 13,5 Hektar Gesamtfläche.

Die Pläne für die Bebauung der Terrasse stammen von Darius I., und seine Nachfolger Xerxes I. (486–465 v. Chr.) und Artaxerxes I. (465–424 v. Chr.) führten sie ohne wesentliche Änderungen weiter.

Der Zugang zur Terrasse führte auf der Westseite über eine 7 Meter breite, doppelläufige Treppe mit so niedrigen Stufen, daß auch Pferde hier aufsteigen konnten. Über diese Treppe erreichte man die quadratische Torhalle, das Xerxestor oder Tor aller Länder, wie es die Bauinschrift nennt.

Wendet man sich von hier nach Süden, so gelangt man zu dem wohl bekanntesten Gebäude der Palastanlage: dem Apadana mit seinen beiden prachtvollen Treppenanlagen. Der mehr als hundert Quadratmeter große Saal steht auf einer eigenen, 3 Meter hohen Terrasse und bestand aus einem quadratischen Mittelteil, an den sich auf drei Seiten Vorhallen anschlossen. Von den insgesamt 72 etwa 19 Meter hohen Steinsäulen, die einst das Dach stützten, sind heute nur noch 13 zu sehen.

Im Norden und im Osten sind dem Palastsockel je zwei parallel angeordnete, gegenläufige Treppen vorgelagert, eine größere und eine kleinere, deren Seitenwände mit herrlichen Reliefs geschmückt sind. Den zentralen Punkt bildet in der Mitte der vorderen, kleineren Treppen eine große Tafel mit der Bauinschrift, die an beiden Seiten von je zwei persischen und zwei medischen Würdenträgern bewacht und von Kampfszenen zwischen Löwen und Stieren flankiert ist. An den Wänden der hinteren Treppenrampe steht die Persergarde Spalier für eine Prozession von Menschen und Tieren, die so plastisch wiedergegeben sind, daß das in Stein gehauene Bild wie ein Film vor dem Auge des Betrachters abzulaufen scheint. Es sind die 23 unterworfenen Völkerschaften des persischen Großreichs, die nacheinander herankommen, um dem Großkönig Pferde, Gold und kostbare Gewänder als Geschenke zu bringen. Die Vielfalt der dargestellten Personengruppen und die Pracht ihrer Geschenke haben die Steinmetzen detailgenau herausgearbeitet, und noch heute wirken diese bildlichen Darstellungen äußerst beeindruckend.

Im Osten neben dem Apadana liegt der Hundertsäulensaal, der mit Torbau und Vorhalle eine Fläche von fast 4000 Quadratmetern bedeckt. Die namengebenden Säulen waren aus dem Holz der Libanonzeder und sind heute nicht mehr erhalten; man sieht lediglich noch die Säulenbasen und Teile des Mauerwerks. Die Motive des Reliefschmuckes nehmen die Themen des Apadanas wieder auf, hinzu kommen Darstellungen aus dem Bereich der königlichen Repräsentation.

An den Türen der Vorhalle im Norden zeigen vier Reliefs den thronenden König, begleitet und beschützt von seiner Garde, bei einer Audienz. Die beiden Ausgangstore nach Süden sind ebenfalls mit Thronreliefs geschmückt; hier wird der unter einem Baldachin sitzende König von jeweils 14 Vertretern der unterworfenen Völker getragen. Diese Szene dokumentiert zum einen die persische Weltherrschaft, zum andern zeigt sie aber auch den Idealanspruch des Großkönigs: Seine Herrschaft sollte vom Vertrauen zwischen ihm und seinen Untergebenen getragen sein.

Wird der nördliche Teil der Terrasse von den beiden großen Festhallen, Apadana und Hundertsäulensaal, beherrscht, so war der Südteil den Wohnräumen und Schatzhäusern der Herrscher vorbehalten. Zu diesem Komplex gelangt man durch einen dreitorigen Zwischenbau, einen sogenannten Tripylon, der im Zentrum der Terrasse steht. Der Reliefschmuck dieses Tripylons wiederholt bereits bekannte Bildmotive, doch fehlt die Darstellung des Festzugs; man schließt daraus, daß zu diesem höher gelegenen Komplex der Privaträume nur einem ausgewählten Publikum Zugang gewährt wurde. Den eher privaten Charakter der Häuser beweisen ihre vielen kleinen Räume. Und auch die

Blick auf die Terrasse von Persepolis (links): Im Vordergrund der Hundertsäulensaal, dahinter das Apadana; links erkennt man die Ruinen des Tripylons und die Reste des Dariuspalasts.

Dieses Relief (rechts), das die Tür zum Dariuspalast schmückte, zeigt den König, begleitet von seinen Schirm- und Wedelträgern. Der Größenunterschied der Figuren verdeutlicht die soziale Differenz zwischen Herrscher und Dienern.

Reliefs, die den König mit Dienern und Salbölträgern zeigen, lassen keinen Zweifel daran aufkommen, daß zumindest der kleinere Palast des Darius ausschließlich privat genutzt wurde. Dagegen schmückte die Fenster des danebenliegenden Xerxespalasts ein noch teilweise erhaltener Bilderzyklus, der medische Diener darstellt, die auf großen Tabletts Speisen tragen; hier nimmt man an, daß der Raum auch als Bankettsaal diente.

Neben dem unvollendet gebliebenen Palast Artaxerxes' III. (359–338 v. Chr.) trägt die obere Terrasse auch noch den Trakt der Schatzhäuser, in denen die Geschenke, die der Großkönig entgegengenommen hatte, aufbewahrt wurden.

Zu dem Zeitpunkt, als Darius I. den Bau von Persepolis befahl, standen dem Großkönig bereits drei repräsentative Palastanlagen im Reich zur Verfügung: Ekbatana, die ehemalige Königsstadt der Meder hoch im Norden, die Kyros II. (559–529 v. Chr.) als Hauptstadt des Achämenidenreichs gewählt hatte; Pasargadai, die Residenz Kambyses' II. (529–522 v. Chr.), nur 40 Kilometer nördlich von Persepolis gelegen, und Susa im Nordwesten. Da Persepolis in fast unmittelbarer Nachbarschaft von Pasargadai entstand, war es wohl kaum als Regierungssitz gedacht, sondern sollte einem ganz anderen Zweck dienen.

Das Bildprogramm der Reliefs in Persepolis erzählt die Geschichte eines großen Festes. Und über vielen Bildern schwebt der

Ausschnitt aus dem Relief an der Osttreppe des Apadanas. Die obere Reihe zeigt Babylonier, die untere Syrer, die – wie weitere 21 Völkerschaften – nach Persepolis kamen, um dem Großkönig ihre Geschenke darzubringen.

Sonnenvogel Mihr, der als Sonnenscheibe mit zwei ausgebreiteten Flügeln und einem kräftigen, leicht abgerundeten Schwanz dargestellt ist. Er war das Symbol des Gottes Ahura Mazda, dessen Verehrung von Darius I. neu belebt und zur Staatsreligion erhoben worden war. Zu seinen Ehren wurde alljährlich zur Frühlingssonnenwende am 21. März, dem Neujahrstag, das Fest Nouruz gefeiert. Um diesem Fest seines Gottes einen repräsentativen Rahmen zu geben, hatte Darius I. die Palaststadt Persepolis bauen lassen.

Doch neben der kultischen Verehrung des Gottes Ahura Mazda kam dem Nouruzfest noch eine andere, politische Bedeutung zu: Es stärkte das Zusammengehörigkeitsgefühl des achämenidischen Vielvölkerstaates in jedem Jahr aufs neue. Indem Darius I. seinen Untertanen ein prachtvolles Kulturzentrum schenkte, konzentrierte er einmal im Jahr alle Verehrung und Dienstbereitschaft seiner Untertanen an einem Ort. Es genügte dann die bloße Anwesenheit des Großkönigs, um ihn als lebenden Mittelpunkt des Festes der Gottheit gleichzustellen.

Darius herrschte über ein Reich, das sich vom Indus bis zum Mittelmeer und zum Nil, vom Aralsee bis zum Persischen Golf erstreckte. Er gehörte erst zur dritten Generation einer Dynastie, die einst als Störenfried in die damalige zivilisierte Welt eingebrochen war und dort innerhalb weniger Jahre das gesamte Staatengefüge durcheinandergebracht hatte.

Kyros II. (559–529 v. Chr.) hatte 550 v. Chr. den Mederkönig Astyages, des-

Die erste internationale Währung

Zu Beginn der Regierungszeit Darius' I. (522–486 v. Chr.) flossen die Steuern und Abgaben noch in ungemünztem Edelmetall in die Schatzhäuser des Königs. Herodot berichtet, „daß der König das Metall einschmelzen und in Tongefäße gießen läßt. Ist ein Gefäß voll, wird der Ton ringsum entfernt, und man schneidet, sooft

Die Dareike, die erste internationale Leitwährung, die Darius I. schuf.

man Geld braucht, ein entsprechend großes Stück von der Metallmasse ab." Ein recht unpraktisches Verfahren, wenn man bedenkt, daß jährlich Tausende von Kilogramm Gold den Besitzer wechselten.

Diesem Problem begegnete Darius mit einer Neuerung, die für seine Zeit geradezu genial war: Er führte ein internationales Währungssystem ein. Die Leitmünze war ein Goldstück von 8,42 Gramm Gewicht, nach ihrem Schöpfer noch heute Dareike genannt. Die Vorderseite zeigt den bärtigen König mit einem langen Gewand. In der ausgestreckten rechten Hand hält er den gespannten Bogen, links trägt er den Pfeil über der Schulter. Die Rückseite der Münze trägt nur Abdrücke, die vom Prägevorgang herrühren.

Neben der goldenen Dareike gab es auch ein Silberstück von 5,6 Gramm namens Siglos. Beide Münzen, Dareike und Siglos, nahmen innerhalb der damals gebräuchlichen Gewichtssysteme die Rolle von Halbstücken in Gold (Stater: 16,84 Gramm) und Silber (Drachme: 11,2 Gramm) ein und paßten sich auch der griechischen Mine von 561 Gramm und dem babylonischen Talent von 33,66 Gramm als Teilstücke an.

Die Ostseite des Apadanas. Von den ursprünglich 72 Säulen ragen heute nur noch 13 in die Höhe. Im Vordergrund das Mittelstück der vorderen, kleineren Treppe. Über der rechts und links von je zwei persischen und zwei medischen Würdenträgern bewachten Bauinschrift schwebt der Sonnenvogel Mihr.

sen Vasall er gewesen war, gestürzt und die Herrschaft an sich gerissen. 546 v. Chr. besiegte er den sagenhaft reichen Krösus, den König der Lyder, und dessen Verbündete an der kleinasiatischen Küste. Und Kyros war es auch, der 539 v. Chr. Babylon eroberte. Sein Sohn Kambyses II. (529–522 v. Chr.) setzte diese Politik fort: Nach der Unterwerfung der Phöniker konnte er mit Hilfe ihrer Flotte den Ägyptenfeldzug wagen und gewinnen. Noch in seine Regierungszeit fiel der Aufstand des medischen Generals Gaumata, der die Abwesenheit des Königs nutzte, um sich selbst auf den persischen Thron zu setzen. Doch Darius I., der einer Nebenlinie der Achämeniden angehörte, schlug diesen Aufstand nieder und vertrieb den Usurpator. Nach seiner Thronbesteigung teilte Darius das Reich in 20 Verwaltungseinheiten, sogenannte Satrapien, auf, führte ein einheitliches Steuersystem ein und erhob das Aramäische, die Sprache der Perser, zur allgemeinen Amtssprache. Er ließ das Straßennetz ausbauen und schuf ein gut funktionierendes Post- und Verkehrswesen, das die Teile des Großreichs miteinander verband.

Nachdem Darius I. sein Reich im Innern organisiert hatte, versuchte er, seine Macht auch über Griechenland auszudehnen, doch setzten die Griechen in den sogenannten Perserkriegen dem Expansionsdrang der Großkönige Grenzen. 490 v. Chr. verloren die Perser die Schlacht bei Marathon, und auch unter Darius' Nachfolger Xerxes I. scheiterten sie nach anfänglichen Erfolgen (Eroberung Athens 480 v. Chr.) in der Seeschlacht bei Salamis (ebenfalls 480 v. Chr.).

Die endgültige Entscheidung aber fiel erst unter Alexander III., dem Großen (336 bis 323 v. Chr.). Im Jahr 334 v. Chr. überschritt er mit einem riesigen Heer – die Überlieferung spricht von 40000 Mann – den Hellespont und eroberte noch im gleichen Jahr Kleinasien (Schlacht am Granikos). Im darauffolgenden Jahr schlug Alexander der Große bei Issos das persische Heer vernichtend. Im Jahr 330 v. Chr. standen seine Heerscharen in Persepolis: Die Stadt ging in Flammen auf und wurde vollständig zerstört. Ob es tatsächlich eine athenische Konkubine im Gefolge Alexanders war, die diesen bei einem Gelage anstachelte, das Feuer zu legen, um auf diese Weise den Brand der Akropolis ihrer Heimatstadt zu rächen, wird wohl immer ungeklärt bleiben.

Die Villa Hadriana
Der Traum eines Kaisers

Die Villa, die Kaiser Hadrian zu Füßen des Städtchens Tibur, des heutigen Tivolis, erbaut hat, ist nie ganz in Vergessenheit geraten, denn auch im Lauf der Jahrhunderte konnte die Erde ihre Ruinen nicht vollständig bedecken. Mitte des 15. Jh. schrieb Papst Pius II. Piccolomini: „Man sieht dort noch halb verfallene Gebäude mit Höfen darin, die Überreste von Wasserbecken und Thermen … Die Zeit hat alles zerstört …"

Die über eine Fläche von fast 1,5 Quadratkilometern verstreuten Ruinen sind noch immer nicht ganz freigelegt, und manche Teile, wie z. B. die sogenannte Akademie von Athen, hat man bisher nur oberflächlich erforscht. Vor allem seit dem 16. Jh. wurde die Villa immer wieder von vornehmen Herren, Kardinälen und Päpsten geplündert, die mit den Kunstwerken ihre Sammlungen bereicherten und ihre eigenen Villen schmückten. Fast drei Jahrhunderte lang dauerte dieser unkontrollierte Raubbau. Erst nach 1870 begann man in dieser einzigartigen Anlage mit systematischen Ausgrabungen.

Hadrian begann mit dem Bau schon bald nach seinem Regierungsantritt; das geht aus den Stempeln auf den verwendeten Ziegeln hervor: Die ältesten wurden im Jahr 118 hergestellt – ein Jahr zuvor hatte Hadrian den Kaiserthron bestiegen. Und noch bei seinem Tod 138 arbeitete man daran. Auch vorher schon hatten auf dem Gelände der Villa Hadriana eine oder mehrere Villen gestanden. Überreste dieser Bauten fand man unter dem Hof der Bibliotheken.

Es war nicht das erste Mal, daß ein römischer Kaiser sich eine Residenz bauen ließ, die seine Macht deutlich zum Ausdruck brachte. Augustus hatte einst behauptet, daß ihm ein einfaches Wohnhaus auf dem Palatin genüge, aber als die monarchische Staatsordnung sich immer fester etablierte und die Verwaltung des Reichs stärker zentralisiert und den kaiserlichen Beamten unterstellt wurde, vergrößerte sich auch die kaiserliche Residenz. Schon Tiberius, der Nachfolger des Augustus, ließ sich auf dem Palatin einen Palast bauen, der fast die ganze Fläche der späteren Farnesischen Gärten bedeckte. Nero verwirklichte als erster die Idee, den kaiserlichen Palast mit einer Ideallandschaft zu verbinden: Er schuf die Domus Aurea, das Goldene Haus. Diese Palastanlage nahm einen großen Teil der durch den Brand im Jahr 64 zerstörten Viertel Roms ein und bestand aus einer riesigen Villa mit einem großen Park rund um einen See, der an jener Stelle lag, wo sich heute das Kolosseum erhebt. Die Domus Aurea

diente nicht nur als Residenz, sondern sollte zugleich die Welt symbolisieren, die der Kaiser von seinem Sonnenpalast aus regierte. Diesen Gedanken griff Hadrian erneut auf, und da in Rom selbst kein ausreichend großes Gelände mehr zur Verfügung stand, entschied sich der Kaiser für das etwa 30 Kilometer von der Hauptstadt entfernte Tibur.

Der Zeitpunkt, zu dem er den Plan faßte, dort einen Palast zu bauen, spricht gegen die oft geäußerte Behauptung, er habe die Villa geschaffen, um hier die schönsten Eindrücke seiner Reisen wiederaufleben zu lassen. Vielmehr wollte Hadrian mit der Villa ein kleines Universum entstehen lassen, dessen Mittelpunkt er selbst bildete.

Oben eine Büste Hadrians: Sie zeigt den Kaiser in reiferen Jahren mit einem Bart, wie ihn die griechischen Philosophen trugen. Auch darin drückt sich der intellektuelle Anspruch des Kaisers aus.

Die Säulenkolonnade am Ufer des Kanopos (rechts). Der regelmäßige Wechsel von geraden und gebogenen Linien ist typisch für den von Hadrian bevorzugten Baustil.

Mit dem Gedanken, die Villa zu einer Art Kompendium der berühmtesten Sehenswürdigkeiten seines Weltreichs zu machen, knüpfte Hadrian an eine alte Tradition im römischen Denken an, nämlich an die Forderung, die Wirklichkeit mit Hilfe der künstlerischen Einbildungskraft zu gestalten. Ciceros Villa in Tusculum z.B. umfaßte zwei Gebäudegruppen, von denen die eine als Akademie, die andere als Lykeion bezeichnet wurde; damit wollte man die Illusion hervorrufen, daß sich das tägliche Leben an den berühmtesten philosophischen Lehrstätten Athens abspielte. Und einen kleinen Kanal, der den Garten durchzog, nannte man Euripos wie die Meeresstraße zwischen

Attika und der Insel Euböa, die für ihre starke Strömung, die täglich die Richtung wechselte, berühmt war.

Zu dieser Vorliebe für das Imaginäre gesellte sich bei Hadrian noch eine andere, im römischen Denken weit zurückreichende Vorstellung: die *evocatio.* So bezeichneten die Römer den mindestens seit dem 4. Jh. v. Chr. bezeugten Brauch, das Bild einer fremden Gottheit aus einem gegnerischen Land oder einer feindlichen Stadt nach Rom zu bringen, um sich diesen fremden Gott gnädig zu stimmen und auf diese Weise den Gegner seines magischen Schutzes zu berauben. So hat z.B. Oktavian, der spätere Kaiser Augustus, nach der Eroberung Ägyptens

zwei Obelisken nach Rom schaffen lassen; er wollte damit den Sonnengott Amun-Re, den die Obelisken symbolisieren und für dessen Abkömmlinge sich die Pharaonen hielten, an das Römische Reich binden. Die gleiche Vorstellung veranlaßte Hadrian, seine Villa mit Symbolen des Orients zu schmücken.

In der *Historia Augusta,* den Kaiserbiographien, heißt es, Hadrian habe den verschiedenen Teilen seiner Villa „die Namen von Provinzen und berühmten Stätten gegeben wie Lykeion, Akademie, Prytaneion, Kanopos, Poikile, Tempetal. Und um nichts außer acht zu lassen, hatte er sich sogar Unterwelten ausgedacht." Diese Aufzählung, bei

der die Provinznamen – falls es sie je gab – fehlen, wurde von allen ernst genommen, die eine verborgene Bedeutung hinter den einzelnen Bauten vermuteten und die meinten, damit den „Schlüssel" dazu entdeckt zu haben. Daher hat man diese Namen auf einzelne Teile der Palastanlage übertragen. Manche mögen richtig, andere dagegen scheinen willkürlich gewählt worden zu sein. Bis auf wenige Ausnahmen ist die Identifizierung ziemlich problematisch, da die Monumente, auf die angespielt wird, weder der Form noch dem Aussehen nach Ähnlichkeit mit den vermeintlichen Vorbildern haben. So knüpfen z. B. die Namen Akademie, Lykeion und Poikile an die drei großen philosophischen Schulen Athens an: In der Akademie lehrte Platon, im Lykeion Aristoteles und in der Stoa Poikile Zenon, der Begründer des Stoizismus. Das Prytaneion war in Athen der Sitz der Stadtregierung, das Rathaus, und das Tempetal, jenes berühmte Tal des Peneios in Thessalien, galt den Griechen als

Der Dorische Pfeilersaal: Er verdankt seinen Namen diesen kannelierten Pfeilern, die ein dorisches Gebälk trugen, auf das sich ein Tonnengewölbe stützte. In eigenartiger Weise verbinden sich hier griechische und römische Formelemente.

bevorzugter Aufenthaltsort der Musen. Allen diesen Namen kam in der Villa Hadriana wohl nur ein imaginärer Charakter zu.

Viele der inzwischen ausgegrabenen Gebäude der Palastanlage unterscheiden sich nicht von den architektonischen Elementen anderer, wenn auch weniger prächtiger Villen. Da ist z. B. der Turm von Roccabruna, in dem man eine Nachbildung des Timonturms sehen wollte, der sich in Athen in der Nähe der Akademie erhob. Auf einer würfelförmigen Basis, die noch erhalten ist, ruhte ein zweistöckiger runder Oberbau. Der Turm von Roccabruna steht an der Grenze der Palastanlage über dem Ricasolital und ist ein Aussichtsturm, wie man ihn auch in den Gärten des Mäzenas in Rom, in der Villa dei Papyri in Herculaneum oder gleich in zweifacher Ausführung in der Pliniusvilla in Lavinium fand. Derartige Aussichtstürme erscheinen auch auf vielen Bildern, die Landschaften mit Villen darstellen.

Zwei weitere Gebäudegruppen können ebenfalls als typische Bauwerke römischer Villen gelten, die Poikile und jenes andere Bauwerk, das man bisher als Stadion bezeichnete, in dem man aber heute ein Nymphäum zu erkennen glaubt. Die Poikile war ein riesiger Gartenhof, der in der Länge 232 Meter und in der Breite 97 Meter mißt. Er war von Säulenhallen umgeben, und in sei-

Das Teatro Marittimo: Ein ringförmiger Säulengang und ein künstlicher Wassergraben umschließen die kleine Gebäudeinsel. In dem Bauwerk fehlen die Geraden, die in der griechischen Philosophie als Symbole der Unendlichkeit und damit der Unvollkommenheit galten.

ner Mitte befand sich ein 105,5 × 26 Meter großer, inzwischen wiederhergestellter Fischteich, der im Schnitt etwa 1,5 Meter tief ist. An den Schmalseiten des Wasserbeckens standen einst etwas zurückgesetzt kleine Rundtempel. Die Südseite des Poikile wurde von einem saalähnlichen Gebäude mit einem Säulenportikus auf der Innenseite des Hofes durchbrochen. Von dort führte ein überdeckter, langer Gang zum sogenannten Vestibül, einem Gebäudekomplex, der – wie man vermutet – einst den Haupteingang zur Villa Hadriana bildete.

Das sogenannte Nymphäum schließt sich im Osten um die Poikile an. Als Nymphäum bezeichnet man die künstlich angelegten Grotten und Gartenhöfe, die mit Wasserspielen ausgestattet waren. Derartige Anlagen finden sich in zahlreichen vornehmen Villen und Palästen der römischen Kaiserzeit. Daß es sich hier in der Villa Hadriana in der Tat um ein solches Nymphäum und nicht – wie früher vermutet – um ein Sta-

dion, eine Sportstätte, handelt, legen die Überreste der Wasseranlagen nahe, auf die man bei der genaueren Untersuchung der Gebäudereste gestoßen ist. Der von Nord nach Süd ausgerichtete Hof, der 127 Meter lang und 22,5 Meter breit ist, schließt an seinem südlichen Ende mit einem Halbrund ab, wo sich vermutlich Wasserkaskaden ergossen. Die oberhalb dieses langgestreckten Hofs gelegenen Räume jenes Gebäudes, das sich an der Ostseite des Nymphäums erhob, müssen einst einen herrlichen Blick auf die Wasserspiele geboten haben.

Geht man von hier aus in Richtung Süden weiter, so kommt man zunächst zu den kleinen und dann zu den großen Thermen, den luxuriösen Badehäusern der Palastanlage. Selbst ihre Ruinen vermögen den Betrachter noch zu beeindrucken, vor allem einige noch teilweise erhalten gebliebene Kreuzgewölbe, die erstaunliche Spannweiten überbrücken. Abgesehen von diesen beiden Badehäusern, befand sich in der Villa Hadriana nahe der Poikile noch ein kleines Schwitzbad, ein runder, von einer Kuppel überwölbter Raum, der so konstruiert war, daß er zumindest teilweise von der Sonne aufgeheizt wurde. Zu diesem sogenannten Heliocaminus gehörte ein Frigidarium, ein Kaltbadebecken, das unter offenem Himmel lag.

Auffallend an der Villa Hadriana ist die geschlossene Form der Gärten und Innenhö-

Hadrian als Bauherr

Hadrian war der Kaiser, dem die Städte der römischen Antike wohl die größte Anzahl von Bauwerken verdankten. Er war – modern ausgedrückt – ein Schöngeist, der das griechische und römische Erbe pflegte, der sich mit Kunst und Literatur beschäftigte und sich auch selbst auf diesen Gebieten versuchte. In der Baukunst unterrichtete ihn wahrscheinlich Apollodorus von Damaskus, der Baumeister Trajans. Der Überlieferung nach verbannte Hadrian ihn später und ließ ihn 125 n. Chr. hinrichten, weil der einstige Lehrer es gewagt hatte, den Grundriß und die Größenverhältnisse des Venus-Roma-Tempels zu kritisieren, den der Kaiser entworfen und in Rom zwischen dem Forum und dem Kolosseum hatte bauen lassen.

Die Liste der von Hadrian errichteten Bauwerke ist lang, denn – wie es in der *Historia Augusta* heißt – „in fast allen Städten baute er irgend etwas und veranstaltete er Spiele". In Athen stellte er den riesigen Tempel des Olympischen Zeus, das Olympeion, fertig; König Antiochus IV. Epiphanes hatte im 2. Jh. v. Chr. mit dem Bau des Tempels angefangen, doch waren nach seinem Tod die Arbeiten abgebrochen worden. In Rom ist ein Bauwerk Hadrians eines der Wahrzeichen der Stadt

Das Pantheon in Rom im Schnitt (unten) und als Modell (links). An den klassischen rechteckigen Tempel schließt sich eine runde Cella an. Die Cella gilt als das Abbild der Welt: Über die flache Erdscheibe wölbt sich die Himmelskuppel. Durch eine Öffnung im Scheitel der Kuppel fallen die Sonnenstrahlen in den Raum.

geworden: sein Mausoleum mit der dazugehörigen Tiberbrücke. Dieses Mausoleum ist heute allgemein als Engelsburg bekannt. Vor allem aber ist das Pantheon zu erwähnen, ursprünglich ein Werk Agrippas, der Vertrauter und Schwiegersohn des Augustus war. Der Tempel Agrippas hatte einen quadratischen Grundriß; von diesem Bau behielt Hadrian die Fassade bei, ersetzte aber die rechteckige Cella durch eine runde und überwölbte sie mit einer Kuppel. Die Konstruktion verrät eine außerordentliche technische Kühnheit, denn bisher hatte man derartige große Anlagen mit einem Kreuzgewölbe überdeckt. Die Kuppel la-

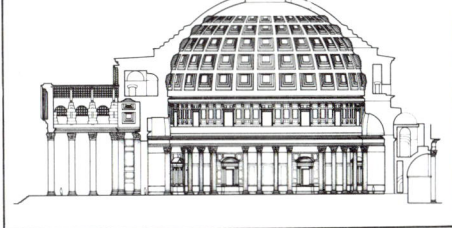

stet auf einem 30 Meter hohen Rundbau mit 6,8 Meter dicken Wänden und besteht aus mehreren vorkragenden Lagern, die mit zunehmender Höhe aus immer leichteren Materialien gefertigt sind. Man nimmt an, daß Hadrian am Entwurf des Pantheons mitgearbeitet hat.

Die Villa Hadriana stellt unbestritten den Höhepunkt in der Architektur römischer Privatbauten dar. Das Modell zeigt die Vielfalt der Gebäude, aus denen sich die gesamte Anlage zusammensetzt. Zwar stehen die Bauwerke nebeneinander, doch bilden sie keinen einheitlichen Gesamtkomplex; es handelt sich vielmehr um einzelne Zellen, von denen jede einem anderen Zweck diente. Man findet sowohl Säulenhallen, die sich nach außen hin öffnen, als auch geschlossene Wandelhallen, die das Innere der Höfe vor den Blicken von außen schützen. Die freien Räume zwischen den einzelnen Bauwerken und die Innenhöfe waren mit Pinien, Zypressen, Pappeln, Lorbeerbäumen und anderem bepflanzt. Ähnliche, wenn auch weniger ausgedehnte Villenanlagen hat man in Stabiae am Golf von Neapel gefunden, und auch die sogenannte Villa der Poppäa zwischen Pompeji und Herculaneum ist ein Beispiel für die monumentalen Villenanlagen der Kaiserzeit. In den Gärten mit ihren Säulenhallen und Wasseranlagen konnte man lustwandeln und philosophische Gespräche führen, und nicht zuletzt waren es im Sommer angenehm kühle Aufenthaltsorte.

Wenn man sich den Alltag in der Villa Hadriana vorzustellen versucht, so muß man zwischen dem Kaiser und seinem Hofstaat – hochgestellten Persönlichkeiten wie Juristen, Offizieren, ehemaligen Konsuln, aber auch Sekretären, Schriftstellern und Dichtern – einerseits und den zahlreichen Bediensteten andererseits unterscheiden. Aufgabe der letzteren war es, für die Sicherheit des Kaisers, für seine täglichen Bedürfnisse und auch für seine Unterhaltung zu sorgen. Die Prätorianer, die Leibwache, waren in einer richtigen Kaserne mit von außen nicht einsehbaren Laufgängen untergebracht.

Der Zustand, in dem sich die Villa heute befindet, läßt vieles von dem Leben, das der Kaiser hier führte, nur noch erahnen, und man ist größtenteils auf Vermutungen angewiesen. Jahrhundertelang verfiel die Anlage und wurde ihrer Schätze beraubt. Nicht alle Gebäude hat man eindeutig bestimmen können, und die Zuordnung mancher Namen ist nach wie vor problematisch. Doch da sich ein Großteil der Bezeichnungen inzwischen eingebürgert hat, sollen auch hier diese gängigen Namen genannt werden.

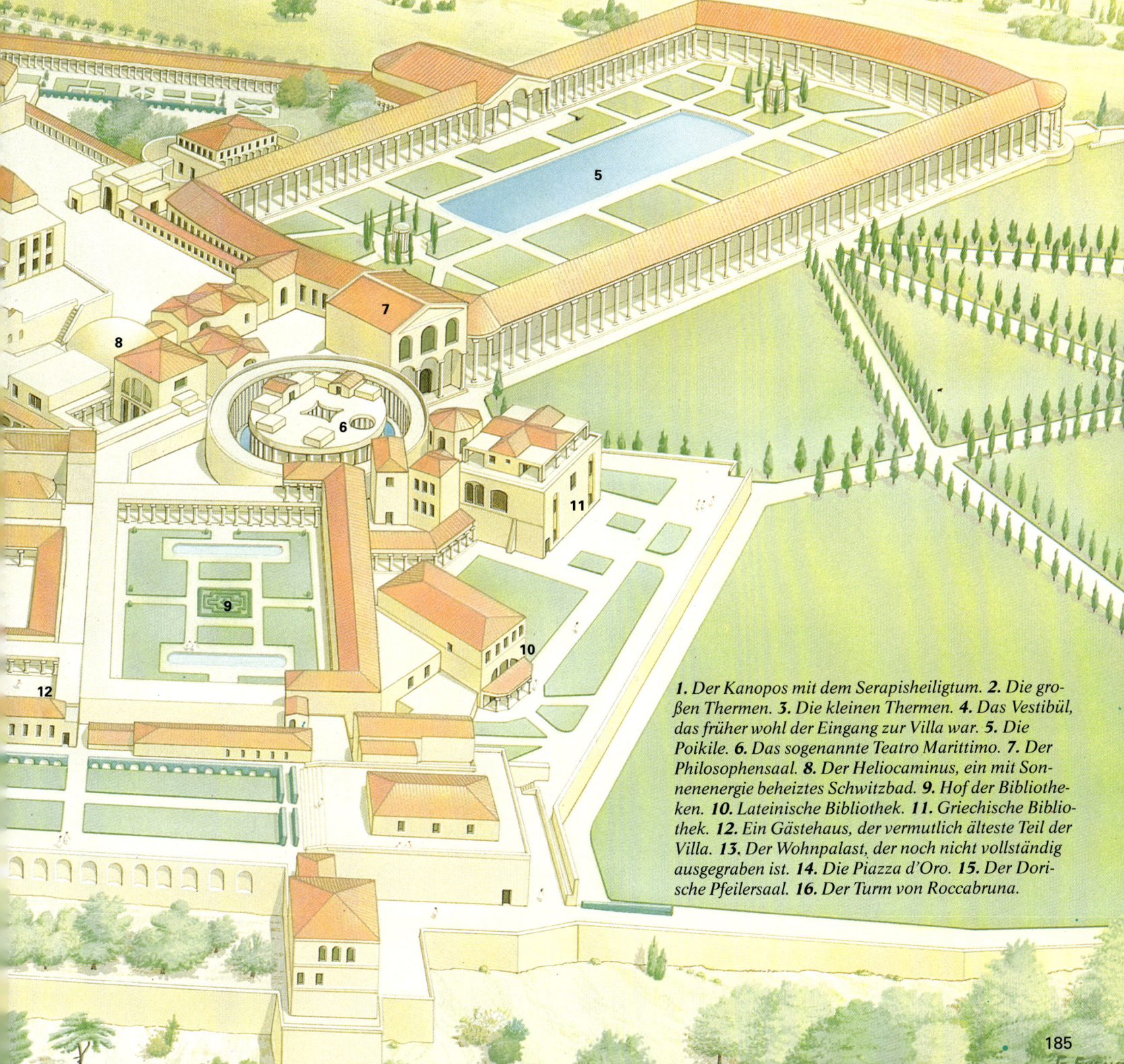

1. Der Kanopos mit dem Serapisheiligtum. 2. Die großen Thermen. 3. Die kleinen Thermen. 4. Das Vestibül, das früher wohl der Eingang zur Villa war. 5. Die Poikile. 6. Das sogenannte Teatro Marittimo. 7. Der Philosophensaal. 8. Der Heliocaminus, ein mit Sonnenenergie beheiztes Schwitzbad. 9. Hof der Bibliotheken. 10. Lateinische Bibliothek. 11. Griechische Bibliothek. 12. Ein Gästehaus, der vermutlich älteste Teil der Villa. 13. Der Wohnpalast, der noch nicht vollständig ausgegraben ist. 14. Die Piazza d'Oro. 15. Der Dorische Pfeilersaal. 16. Der Turm von Roccabruna.

Die Statuen des Kanopos

Einst umstanden den Kanopos eine Vielzahl von Statuen, doch obwohl die Anlage auf ein ägyptisches Vorbild zurückgeht, waren es nicht nur Darstellungen ägyptischer Götter.

Wenn man sich dem Kanal näherte, stieß man zunächst auf klassische Karyatiden und Statuen der römischen Gottheiten Mars und Minerva. Auch zwei Amazonenstandbilder hat man hier gefunden, ferner verschiedene Köpfe von Silenen, eine Krokodilplastik sowie eine Statue des Flußgottes Tiber; er ist halb liegend mit einem Füllhorn dargestellt, und zu seinen Füßen sitzen die Zwillinge Romulus und Remus. Die meisten Statuen, die man hier gefunden hat, stehen heute in den Vatikanischen Museen oder im Museum der Villa Hadriana.

Neben den klassischen Figuren der griechischen und römischen Antike konnte man aber auch ägyptische Kunstwerke bewundern. Die wohl berühmteste Statue stellte den Flottenbefehlshaber des Pharaos Psammetich III. dar. Er überreicht einem König, dem Perser Kambyses II., ein Heiligtum des Osiris. In einer langen Inschrift sind das Datum und die Umstände dieser Darbringung festgehalten: Kambyses hatte Ägypten erobert, und der hohe ägyptische Würdenträger hatte den fremden Herrscher überreden können, die Tempel und den Kult der ägyptischen Gottheiten nicht zu zerstören.

Am Kanopos erhoben sich einst auch eine Statue des Ptah, des Hauptgottes von Memphis, mehrere Abbilder des Apis, des heiligen Stiers, sowie eine ziemlich große Anzahl Isisstatuen. Und da der Kanopos nicht zuletzt dem Andenken des jungen Antinoos geweiht war, fehlte auch seine Statue nicht im Reigen der Götter. Denn nachdem Antinoos im Nil ertrunken war, hatte der Kaiser auch ihn zum Gott erhoben.

Statue des ägyptischen Gottes Ptah, des Hauptgottes von Memphis. Die ägyptischen Priester sahen in Ptah den Schöpfergott, dem die Entstehung der Welt zu verdanken sei.

barten Seitenräumen. Diese sehr eigenartige geschwungene Form wiederholt sich in ähnlicher Art im sogenannten Teatro Marittimo. Da sie in der antiken Architektur einmalig ist, hält man sie für eine Erfindung des Kaisers selbst.

Man hat vielfältige Vermutungen angestellt, wozu dieser Saal wohl gedient haben mag. Früher neigte man dazu, ihn als Thronsaal zu betrachten, heute ist man eher der Meinung, daß er als Bankettsaal diente. Man nimmt an, daß die gesamte Anlage der Piazza d'Oro das war, was die Römer als *diaeta* bezeichneten: ein selbständiger, von den Wohnbauten des Kaisers unabhängiger Komplex.

Ein weiterer prunkvoller Festsaal, der Dorische Pfeilersaal, befand sich in der Nähe des eigentlichen Wohnpalasts, der jedoch noch nicht vollständig ausgegraben ist.

Westlich von diesem Palast stößt man auf das bereits erwähnte Teatro Marittimo, einen Rundbau von 42,5 Meter Durchmesser. Der Säulenumgang war nach außen hin geschlossen; seine 40 ionischen Säulen säumten einen mit weißem Marmor ausgekleideten, ringförmigen Wassergraben, der eine ebenfalls runde Gebäudeinsel umschloß, zu

fe. In den meisten Villen der Kaiserzeit öffnete sich das Peristyl, wie man die säulenumstandenen Wandelhallen um die Gärten und Höfe nennt, auf einer Seite zur Landschaft hin. Nicht so in der Villa Hadriana: Hier herrscht die geschlossene Form vor, die in der Piazza d'Oro, dem Goldenen Platz, ihre schönste Ausgestaltung findet.

Der etwa 38 × 48 Meter große Innenhof wurde rundum von breiten Hallen begrenzt, die mit verschiedenfarbigem Marmor gepflastert waren. Die Hallen waren durch eine Säulenreihe zweigeteilt; diese insgesamt 60 Säulen – je 12 in den Hallen der Schmalseite und je 18 in denen der Längsseite – bestanden abwechselnd aus Zwiebelmarmor und Granit. Die Wände waren durch Halbsäulen untergliedert, und zum Innenhof hin schlossen Arkaden die Hallen ab.

Auf der Südostseite schließt sich an die Halle ein Komplex von Räumen an, die sich um einen im Grundriß achteckigen Saal in der Mitte gruppieren, der vermutlich überkuppelt war. Doch diesen Saal begrenzten nicht massive Wände, sondern Säulen, die so gestellt waren, daß die acht Seiten wechselweise einen Bogen nach außen und nach innen beschrieben. Auf diese Weise öffnete sich der Saal auf allen Seiten zu den benach-

Blick in die Eingangshalle zur Piazza d'Oro. Dieser ebenfalls von einer Kuppel überwölbte, achteckige Raum, dessen Seiten abwechselnd runde und viereckige Nischen bildeten, war ein Gegenstück zu dem Bankettsaal, der sich an die gegenüberliegende Säulenhalle anschloß.

der man über zwei Holzbrücken gelangte. Welche Funktion dieser kleine Bau hatte, in dessen Zentrum sich ein Atrium mit nach innen geschwungenen Seiten befand, ist unklar. Man weiß nur, daß dieser kleine Rundbau der Lieblingsplatz Hadrians gewesen war.

An das Teatro Marittimo schloß sich zur Poikile hin der sogenannte Philosophensaal an, der ebenso wie die griechische und die lateinische Bibliothek auf der anderen Seite zum geistigen Bezirk der Villa Hadriana gehörte. Und wie zu den beiden Bibliotheken ein Säulenhof gehörte, so war auch der Philosophensaal mit den Wandelgängen der Poikile verbunden.

Dieser Spaziergang durch die Villa Hadriana läßt vielleicht auch einiges vom Wesen dieses Kaisers erkennen, der die Anlage entwarf und sich seine ganze Regierungszeit hindurch mit dem Ausbau und der Ausschmückung seiner Residenz beschäftigte. Einst fand man hier alles, was das Auge erfreute und das Leben angenehm machte: Die Lage der Villa gestattete herrliche Ausblicke über die Ebene von Latium; Gärten, Wasserspiele und Wandelhallen boten Entspannung und waren vor allem im Sommer

Rekonstruktion des Kanopos: Mit seinen geraden und gebogenen Linien, die sich im Wasser des Kanals spiegeln, ist er ein sehr schönes Beispiel für die Architektur des Widerscheins in der Villa Hadriana.

angenehm kühle Aufenthaltsorte. Statuen und Mosaiken, die seit der Renaissance Glanzstücke vieler Sammlungen und Museen sind, schmückten in großer Zahl die Gebäude, die nicht nur dazu dienten, den Glanz des römischen Kaisertums zu repräsentieren, sondern die es Hadrian auch erlaubten, sich in abgeschlossene private Bereiche zurückzuziehen und sich in Ruhe seinen Studien hinzugeben.

Eine Besonderheit der Villa bleibt noch zu erwähnen: der Kanopos, die Nachbildung eines Kanals in Ägypten, der Alexandria mit der Stadt Canopos und ihrem Serapisheiligtum verband. In einem natürlichen kleinen Teil des Palastgeländes ließ Hadrian als eines der letzten Bauwerke ein schmales, 120 Meter langes Wasserbecken bauen, das von Säulenkolonnaden umgeben war und an dessen einem Ende sich ein Heiligtum erhob, ein Serapeum, das überwiegend aus unterirdischen Räumen bestand, denn der hellenistische Gott Serapis galt als Herr der Unterwelt. Man vermutet, daß Hadrian mit dem Kanopos nicht nur eine Erinnerung an seine Ägyptenreise verband, sondern daß diese Anlage auch dem Andenken an seinen im Nil ertrunkenen Lieblingsknaben Antinoos galt.

Die Alhambra
Ein Kleinod maurischer Baukunst

Die Alhambra, eine umfangreiche maurische Palaststadt aus dem 13. und 14. Jh., die den arabischen Nasridenkönigen mehr als 250 Jahre lang als Residenz diente, liegt auf einem Bergrücken hoch über der andalusischen Stadt Granada. Den schönsten Anblick bietet die Feste, wenn ihre rötlichen Mauern (daher der Name *al-hamra,* die Rote) vom letzten Licht des Tags angestrahlt werden und die Sonne in ihrem Rücken untergeht. Dieses überwältigende Schauspiel betrachtet man am besten von der Terrasse der Kirche San Nicolás im alten Stadtviertel Albaicín, das mit seinen engen Gäßchen, seinen weißen Villen und schönen Gärten die Erinnerung an die fast acht Jahrhunderte währende Maurenherrschaft in Spanien wachhält.

Daß gerade die Alhambra von der allgemeinen Zerstörung maurischer Bauten in Spanien verschont blieb und die Jahrhunderte überdauert hat, mutet fast schon wie ein Wunder an. Denn die islamische Philosophie besagt, daß auf Erden nichts von Dauer sein darf, und so war auch das Wohnhaus eines Herrschers nur ein Heim für eine Weile, erbaut für das Vergnügen des Augenblicks. Die meisten für den Bau der Alhambra verwendeten Materialien – Holz, Gips und Lehmziegel – sind so vergänglich, und alles an dieser Anlage wirkt so zerbrechlich, daß man fast der Legende Glauben schenken könnte, wonach der Palast von einem Zauber beschützt wird. Und selbst der Versuch napoleonischer Truppen, vor ihrem Abzug die ganze Alhambra in die Luft zu sprengen, vermochte das maurische Kleinod

nicht zu zerstören. Man behob die Schäden und restaurierte schon im 19. Jh. die Anlage umfassend. Und auch der spanische Bürgerkrieg, dem zahlreiche alte Bauten zum Opfer fielen, verschonte Granada und die Alhambra weitgehend.

So schlicht die Alhambra von außen ist, so märchenhaft und phantastisch wirkt sie in ihrem Innern. Man glaubt sich in ein Reich der Träume, in ein Märchen aus Tausendundeiner Nacht versetzt. Kunst und Natur sind aufs engste miteinander verknüpft, und die zarte, luftige Bauweise, das einfallende Licht und das allgegenwärtige Wasser vermitteln einen Eindruck der Schwerelosigkeit, ja fast schon der Auflösung ins Gegenstandslose.

Der Palastanlage liegt keine Gesamtkonzeption zugrunde, kein sichtbares Ord-

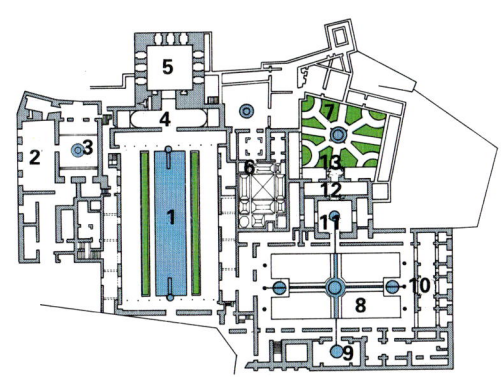

Plan des Palastes: 1. Myrtenhof. 2. Saal des Mexuar. 3. Hof des Mexuar. 4. Saal des Segens. 5. Saal der Gesandten. 6. Bäder. 7. Garten von Daraxa. 8. Löwenhof. 9. Saal der Abencerragen. 10. Saal der Könige. 11. Saal der Zwei Schwestern. 12. Saal der Doppelbogenfenster. 13. Mirador von Daraxa.

Plan der Alhambra: Im Westen die Alcazaba, im Norden der Alkazar, unterhalb davon der Palast Karls V. Die königliche Stadt befand sich östlich des Palastes.

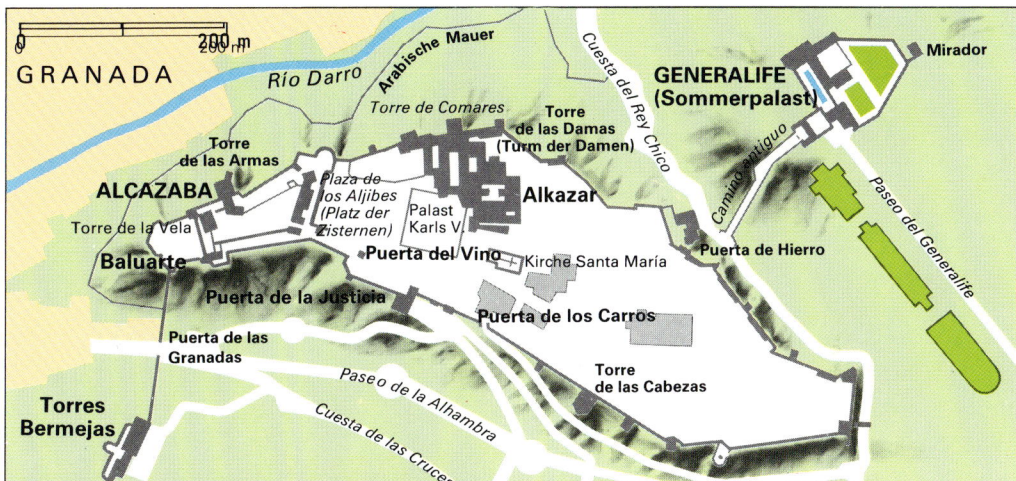

Die Alhambra liegt strategisch äußerst günstig auf einem 14 ha großen Plateau hoch über Granada. Im Vordergrund erkennt man die Paläste und Gärten der Nasriden mit dem quadratischen Comares-Turm, dahinter die Befestigungswerke der Alcazaba und links im Hintergrund den Palast Karls V. und die Kirche, an deren Platz sich einst die Alte Moschee befand.

Kunst und Natur verschmelzen zur Einheit, wenn man durch das Zwillingsfenster im Mirador von Daraxa auf den gleichnamigen Garten blickt. Das Fenster ist unten von Keramikfliesen und oben von Inschriftenbändern eingefaßt; darüber spannen sich kunstvolle Stalaktitenbogen in unterschiedlicher Form und Höhe.

nungsprinzip. Die meist einstöckigen Gebäude mit ihren typisch maurischen, von Arkadengängen umgebenen Innenhöfen scheinen willkürlich durcheinandergewürfelt, ohne Symmetrie. Doch gerade darin liegt der eigentliche Reiz der Alhambra. So eröffnen sich herrliche Perspektiven, entsteht eine einheitliche Verbindung von Innen- und Außenräumen, und nicht zuletzt das gekonnt inszenierte Zusammenspiel von Licht und Wasser gibt dem Palast eine ganz eigene Atmosphäre und Lebendigkeit.

Die einzelnen Säle und Höfe des Palastes jedoch und ihre künstlerische Ausgestaltung sind sorgfältig geplant. So folgt z. B. die Wanddekoration der Hauptsäle einem immer gleichen Prinzip: Der untere Teil der Wände ist mit farbigen Keramikfliesen (Azulejos) verkleidet, den mittleren bedecken große Stuckflächen mit kalligraphischen Inschriftenbändern und geometrischen oder Blumenornamenten (vorwiegend Arabesken), und den Abschluß bildet ein Gewirr von kunstvollen Miniaturstalaktiten, sogenannten Mukarnas, die das einfallende Licht reflektieren und sich bis zum höchsten Punkt der Decke ziehen.

Manche Bauelemente haben keinerlei architektonische Funktion, sondern haben nur dekorativen Charakter oder dienen als Träger des Dekors. So sind z. B. die Kragsteine nichts anderes als hölzerne Verschalungen, die nachträglich an den Pfeilern befestigt wurden.

189

Der Löwenhof. Die Bogen der Galerie werden von 124 schlanken Säulen mit skulptierten Kapitellen getragen. Die prächtig verzierten Decken und Wände der Arkaden machen ihn zum Juwel der maurischen Baukunst.

Rückzug, so daß sie um 800 nur noch zwei Drittel der Halbinsel beherrschten. Unter der Herrschaft der syrischen Omaijaden in Córdoba (756–1030) entwickelten die Araber eine glanzvolle Kultur, die ihre höchste Blüte im 10. Jh. erreichte, als die Hauptstadt mit fast einer halben Million Einwohnern eine der größten und reichsten Metropolen des mittelalterlichen Abendlandes war. Die Stadt barg rund 300 Moscheen, ebenso viele Badehäuser, eine hochangesehene Universität und andere Schuleinrichtungen, zu denen auch eine nach Qualität und Umfang außergewöhnliche Bibliothek gehörte.

Nach dem Zusammenbruch des omaijadischen Kalifats in den Jahren 1030/31 zerfiel das maurische Spanien in viele kleine Fürstentümer und Königreiche, und die Christen nutzten ihre Chance, die Rückeroberung ihres Landes weiter voranzutreiben. 1085 fiel Toledo, 1118 Saragossa. Unter der Herrschaft der Berberdynastien der Almoraviden und später der Almohaden kam es zunächst zu einer Wiedervereinigung des Maurenreiches, doch innere Zwistigkeiten und die Schlacht von Las Navas de Tolosa führten 1212 zum Ende der Almohadenherrschaft und leiteten den endgültigen Zerfall des Maurenreichs ein. Von nun an wurde

Die Alhambra ist das letzte Meisterwerk der arabisch-spanischen Symbiose, der letzte Höhepunkt einer der berühmtesten Kulturen der Welt. Sie entstand zu einer Zeit, als sich die islamische Kunst in Spanien bereits ihrem Ende zuneigte.

Eingeleitet wurde diese fruchtbare Periode im Jahr 711, als ein großes Heer von Arabern und Berbern in Gibraltar landete. Sie rückten so rasch nach Norden vor, daß sie innerhalb kürzester Zeit fast die ganze Iberische Halbinsel eingenommen hatten. 732 kam es bei Poitiers zum Kampf gegen Karl Martell, der mit seinem Sieg dem weiteren Vordringen der Moslems ein Ende setzte. Gegenoffensiven der verbliebenen christlichen Königreiche in Spanien zwangen die arabischen Invasoren schon im 8. Jh. zum

Das aus Tausenden von Stalaktiten (Mukarnas) gearbeitete und doch so einheitlich wirkende Zellenwerk der Kuppel des Saals der Zwei Schwestern; sie gilt als die schönste der Welt. Mit diesem Zellenwerk schuf man die Übergänge vom Quadrat zum Achteck und vom Achteck zum Kreis.

das Herrschaftsgebiet der Araber immer kleiner: Zwischen 1228 und 1268 verloren sie die Balearen, Córdoba, Valencia, Sevilla, Cádiz und Murcia.

In politischer Hinsicht schien für den Islam in Spanien also alles zu Ende, als Mohammed Ibn al-Ahmar, der Gründer der Nasridendynastie, 1238 Granada einnahm. Der kluge Herrscher verbündete sich mit Ferdinand dem Heiligen von Kastilien und wurde sein Vasall, behielt jedoch die uneingeschränkte Herrschaft über sein Reich. Unter den Nasriden erlebte das Königreich Granada noch einmal einen großen kulturellen Aufschwung. Als Erbe der großen isla-

Ausschnitt aus dem Bogengang im Löwenhof. Seine reiche Verzierung ist ein Wunderwerk der Phantasie und Eleganz und zeugt von größter künstlerischer Meisterschaft.

Ausschnitt aus einem Deckengemälde auf Leder (Ende des 14. Jh.) im Saal der Könige. Angeblich stellt es den ersten Nasridenherrscher dar.

mischen Vergangenheit zog es Handwerker, Künstler, Schriftsteller und Gelehrte an. Mit ihnen kamen unzählige Juden, die wesentlich an der Entstehung der spanisch-arabischen Kultur beteiligt waren. Im 14. und 15. Jh. war Granada eine der bedeutendsten Metropolen Europas und das Reich Granada – dank seiner Landwirtschaft, seines Handwerks und seines blühenden Handels – einer der wohlhabendsten Staaten des Abendlands. Granada hielt sich als letztes maurisches Königreich in Spanien bis zum Jahr 1492, als die Stadt von den Katholischen Königen Isabella I. von Kastilien und Ferdinand II. von Aragonien nach längerer Belagerung kampflos eingenommen wurde.

Als al-Ahmar 1238 Granada einnahm, fand er auf der Anhöhe der Sabika eine alte

Die unter Jusuf I. erbauten Bäder umfassen ein Caldarium, ein Frigidarium, ein Tepidarium und einen Ruheraum mit zwei Nischen. Von der Galerie aus soll der König derjenigen seiner Frauen einen Apfel zugeworfen haben, mit der er die Nacht verbringen wollte.

Zwischen Diwan und Harem liegen die königlichen Bäder.

Das Zentrum des Diwans ist der Myrtenhof (Patio de los Arrayanes) mit seinem langgestreckten Wasserbecken, das beiderseits von Myrtenhecken und an den Schmalseiten von Bogengängen mit zierlichen Säulen gesäumt ist. Durch die Säulenhalle am nördlichen Ende gelangt man in den Saal des Segens (Sala de la Barca), der parallel zum Hof verläuft. Er ist ein Vorraum des Thronsaals oder Saals der Gesandten (Sala de los

Zwingburg vor. Dieser militärische Komplex der Alhambra, die Alcazaba, befindet sich an der Nordwestseite des 800 Meter langen Plateaus, wo der Fels steil zum Darro abfällt. Östlich davon errichtete der König seine Residenz – den Alkazar (die Burg), die eigentliche Alhambra –, die nur einen kleinen Teil der Anlage einnimmt, und eine Palaststadt. Dazu ließ er zunächst einen Aquädukt bauen, der das Wasser von den Bergen herunterleitete und die üppige Vegetation in den Patios (Höfen) und Gärten der Alhambra ermöglichte. Um die gesamte Anlage ließ der Nasride einen mächtigen Wall errichten. Er war mit 23 schweren Verteidigungstürmen bewehrt, in denen zum Teil auch Wohnungen untergebracht waren. Durch drei bewachte und innen prächtig dekorierte Tore gelangte man in die Palaststadt.

Von der königlichen Stadt östlich des Palastes ist heute nur noch wenig erhalten. Zur Zeit der Nasriden befanden sich hier eine Schule, ein Münzhaus, Läden, Werkstätten, Wohnungen für die Bediensteten, Badehäuser, Kasernen und eine große Moschee. Die Moschee wurde zu Beginn des 19. Jh. zerstört. An ihrer Stelle wurde später die christliche Kirche Santa Maria erbaut. Auch die königliche Nekropole und die meisten der Gebäude zwischen der Alcazaba und dem arabischen Palast existieren nicht mehr. Unterhalb des Alkazars steht heute der unvollendet gebliebene Renaissancepalast Karls V., dem ein Teil des Harems des Nasridenpalastes weichen mußte. In seiner Wucht und Größe steht er in krassem Gegensatz zu den zierlichen maurischen Bauten.

Die Gebäude und Mauern der Alhambra sind unterschiedlich gut erhalten. Von 1238 bis 1492 war die Alhambra die Residenz von 20 Nasridenherrschern, die die Anlage ständig erweiterten und verschönerten. Der Hauptteil der Bauten wurde jedoch von

Jusuf I. (1333–1354) und Mohammed V. (1354–1391) errichtet. Wie die meisten arabischen Paläste besteht auch die Alhambra aus drei Teilen: dem Mexuar (der öffentliche Teil mit Rechtsprechung und Verwaltung), dem Diwan oder Serail (die offizielle Königsresidenz) und dem Harem (der Privatbereich des Herrschers und seiner Frauen). Der Diwan geht auf Jusuf I. zurück, der Harem auf Mohammed V. Beide Paläste sind nach demselben Schema angelegt: Das Zentrum bildet ein Innenhof, der an allen Seiten von Säulen- oder Bogengängen umgeben ist. Darum gruppieren sich Gebäude, die im Erdgeschoß Empfangsräume und im Obergeschoß kleine Wohnräume beherbergen.

Embajadores), der sich im Comares-Turm befindet und das eigentliche Machtzentrum der Nasriden war. Der quadratische Saal hat eine Seitenlänge von 11,3 Metern und ist von einer prächtig geschnitzten und bemalten, 18 Meter hohen Zedernholzkuppel überwölbt. Der Thronsaal gilt seiner kunstvollen Wandverzierung (Keramikfliesen, Inschriftenbänder, vergoldete Stuckornamente) und seines herrlichen Stalaktitenschmucks wegen als das Juwel der Alhambra.

Der arabische Garten: ein Paradies auf Erden

Im Koran wird das islamische Paradies als ein blühender Garten mit schattenspendenden Bäumen und erfrischenden Wasserläufen geschildert. Keine andere Vorstellung hätte in den Wüstenbewohnern, die an ein entbehrungsreiches Leben unter der Glut einer unbarmherzigen Sonne gewöhnt waren, eine tiefere Sehnsucht wecken können. Wasser ist für den Nomaden der höchste Luxus, eine Kostbarkeit, mit der er entsprechend sorgfältig umgeht. So nimmt es nicht wunder, daß der arabische Garten geradezu vom Wasser beherrscht wird. Das kühle Naß ist allgegenwärtig, es fließt in Kanälen, sammelt sich in Becken und Brunnen, steigt in Fontänen empor. Es ist das eigentliche Lebenselixier des Gartens, es verleiht ihm Lebendigkeit und zugleich Ruhe.

Der arabische oder islamische Garten ist ein *hortus conclusus*, ein ummauerter Ort, der zwar hier und da den Blick auf das umliegende Land freigibt, ihn jedoch immer wieder auf seine eigene friedvolle Schönheit zurücklenkt. Im Gegensatz zum weitläufigen französischen Garten, auf dessen breiten Wegen die Gesellschaft des Hofs lustwandelte und wo der König prunkvolle Feste veranstaltete, kapselt sich der arabische Garten von der Außenwelt ab, können seine Bewohner hinter den hohen Mauern, die sie vor neugierigen Blicken schützen, ein stilles, zurückgezogenes Leben führen.

Der arabische Garten ist streng geometrisch angelegt. Meist hat er die Form eines Rechtecks, das durch zwei sich kreuzende Kanäle in vier Beete unterteilt ist. In diesem Schema symbolisiert das Mittelbecken den Scheitelpunkt des Himmelsgewölbes, und die von ihm ausgehenden vier Arme stehen für die Himmelsrichtungen. Die Grundform des Rechtecks bleibt auch in den kleinen, sich im rechten Winkel kreuzenden Alleen erhalten.

Durch den europäischen Einfluß und den Niedergang des Islams hat sich das Aussehen der klassischen arabischen Gär-

Der Generalife, das Sommerschloß der Maurenkönige, wurde gegen Ende des 13. Jh. erbaut. Aus dieser Zeit ist jedoch – außer dem Erdgeschoß des Pavillons am Nordende des Patio de la Acéquia – kaum noch etwas erhalten.

ten mit der Zeit stark verändert. Ein paar jedoch haben sich ihren ursprünglichen Charakter erhalten können; man findet sie vor allem in Marokko und in Spanien. Auf den ersten Blick mögen sie eintönig anmuten, doch bei genauerem Hinsehen erkennt man, daß die Vielfalt im Detail liegt – in der Wahl der Blumen, der Form der Lauben, den Plattenbelägen, den Balustraden, den Gartenpavillons, den luftigen Loggien und den Brunnen.

Der schönste und besterhaltene arabische Garten aus dem Mittelalter ist der oberhalb der Alhambra gelegene Generalife (Garten des Baumeisters) in Granada. Die Sommerresidenz der Nasridenherrscher wurde 1319 fertiggestellt und besteht aus einer Reihe kleiner, terrassenförmig übereinanderliegender Gärten oder

Patios. In der Mitte des Patio de la Acéquia befindet sich ein Wasserbecken mit Dutzenden von Fontänen, das beiderseits von Blumenbeeten gesäumt ist. Dieser Garten ist ausnahmsweise nicht ganz von Mauern umschlossen: An der einen Längsseite öffnet sich ein Laubengang, durch dessen Bogen man einen schönen Ausblick auf die umliegende Landschaft genießt. In der Mitte dieser Galerie erhebt sich ein reich mit Stuckornamenten verzierter Turm aus dem 14. Jh. Auch heute noch glaubt man in diesem Garten ein wenig von der einstigen Lebensart der Mauren zu spüren: Landschaft, Gebäude, Pflanzen und Wasser bilden in diesem „irdischen Paradies" eine vollkommene, harmonische Einheit, wie man sie wohl kaum ein zweites Mal finden wird.

Der Harem gruppiert sich um den wesentlich kleineren Löwenhof (Patio de los Leones). In seiner Mitte steht der berühmte Brunnen, dessen Marmorbecken von zwölf archaisch wirkenden steinernen Löwen gehalten wird. Der Hof ist gesäumt von Säulengalerien, und an den Schmalseiten liegen zwei anmutige Pavillons. Ursprünglich war der Löwenhof von vier großen Räumen umgeben, von denen heute noch drei erhalten sind: südlich des Hofs der Saal der Abencerragen (Sala de los Abencerrajes) mit seinem schönen Stalaktitengewölbe, im Osten der Saal der Könige (Sala de los Reyes), ebenfalls mit Stalaktitenkuppeln und einem beachtenswerten Deckengemälde, auf dem

zehn bärtige Mauren dargestellt sind. Im Norden schließlich grenzt der Löwenhof an den Saal der Zwei Schwestern (Sala de las dos Hermanas), die ehemalige Wohnung der Sultaninnen. Der Name bezieht sich jedoch nicht etwa auf seine Bewohnerinnen, sondern auf zwei riesige identische Bodenfliesen aus weißem Marmor, die zu beiden Seiten eines kleinen Brunnens liegen. Mit seinem prächtigen Wandschmuck und der gewaltigen Stalaktitenkuppel – wohl die schönste der Welt – ist dieser Raum dem größeren Saal der Gesandten im Diwan durchaus ebenbürtig. Vom Saal der Zwei Schwestern gelangt man weiter in den Saal der Doppelbogenfenster (Sala de los Ajime-

ces) und schließlich in den Mirador von Daraxa (auch Mirador de Linderaja genannt). Die Fenster des Miradors gehen auf den gleichnamigen Garten, der indes von Karl V. angelegt wurde.

Die Alhambra, dieses bedeutendste Denkmal der islamischen Kultur in Europa, hat die Kunst in Spanien wie auch in Nordafrika nachhaltig beeinflußt. Doch nirgends ist man dem Vorbild in seiner Harmonie und Vollkommenheit auch nur nahegekommen. Als der letzte Nasridenherrscher Boabdil 1492 Granada für immer verließ, warf er einen letzten Blick auf die rote Palaststadt und weinte. Er wußte, was er an diesem Kleinod verlor.

Der Palazzo Medici
Ein vornehmer Wohnsitz
im Florenz der Renaissance

Als 1459 Papst Pius II. Piccolomini in Florenz Cosimo de' Medici einen Besuch abstattete, einem Mann, der „weniger ein einfacher Bürger als vielmehr der eigentliche Herr der Stadt war", hatte er auch Gelegenheit, dessen neuen Wohnsitz zu bewundern, „einen Palast, der eines Königs würdig ist". Und Giorgio Vasari, der Schöpfer der Uffizien in Florenz, rühmte in seinen um die Mitte des 16. Jh. entstandenen Künstlerbiographien den Palazzo Medici als „den ersten Palast, der modernen Stil und guten Schnitt verbindet".

Wer waren die Medici, die seit dem 15. Jh. bis ins 18. Jh. hinein die Geschichte der Stadt Florenz bestimmten? Ursprünglich stammten sie wohl aus dem Mugello und hatten sich vermutlich bereits im 12. Jh. in Florenz niedergelassen. Erstmals werden sie 1201 in den Urkunden der Stadt erwähnt. Im Lauf des 14. Jh. gelangten sie durch Tuchhandel und Bankgeschäfte zu Reichtum und Macht und reihten sich ein in die herrschenden Patrizierfamilien der Stadt. Zu Beginn des 15. Jh. konnten die Medici ihren Einfluß auf die Staatsgeschäfte immer weiter ausdehnen und die anderen herrschenden Familien nach und nach in den Hintergrund drängen. 1433 versuchten die Gegner der Medici, allen voran die Albizzi, noch einmal, die Vorherrschaft dieser Familie zu brechen. Cosimo de' Medici, genannt der Alte (1389–1464), mußte auf ihr Betreiben die Stadt verlassen, doch schon ein Jahr später kehrte er im Triumph zurück, bejubelt von der Menge und mit dem Titel *pater patriae* (Vater des Vaterlandes) ausgezeichnet. Von diesem Zeitpunkt an waren die Medici faktisch die Herren von Florenz.

Zunächst hatten die Medici in dem Viertel um den Mercato Vecchio, den alten Markt (heute die Piazza della Repubblica), gewohnt. Doch schon Cosimos Vater Giovanni di Bicci (1360–1464) verließ dieses Viertel und baute sich in der Nähe des Doms an

Der Innenhof mit seinen Arkaden, die die Säulenhallen begrenzen, ist das Zentrum des Palazzo Medici, um das sich die einzelnen Räume des Hauses gruppieren.

der heutigen Via Ricasoli ein bereits recht herrschaftliches Haus mit Innenhof und Garten. Die vornehmen Wohnsitze der wohlhabendsten Florentiner Familien dieser Zeit spiegelten alle den Reichtum und den Stolz ihrer Besitzer wider. Giovanni Rucellai, der sich um die Mitte des 15. Jh. einen prächtigen Palast erbauen ließ, sagte selbst: „Ich glaube, daß mir das Ausgeben von Geld mehr Ehre und Befriedigung verschafft hat als das Verdienen, vor allem wenn ich an das Bauwerk denke, das ich errichtet habe." Und auch Michelangelo war der Meinung, daß „ein nobles Haus in der Stadt große Hochachtung einbringt, denn es spiegelt den Wohlstand am deutlichsten".

Und so kann es auch nicht verwundern,

Der Palazzo Medici, wie er sich dem Betrachter heute darstellt: Die ursprüngliche Eckloggia wurde zu Beginn des 16. Jh. von Michelangelo geschlossen, und im 17. Jh. verlängerte man die Fassade an der damaligen Via Larga beträchtlich.

Ursprünglicher Grundriß des Palasts

Erdgeschoß

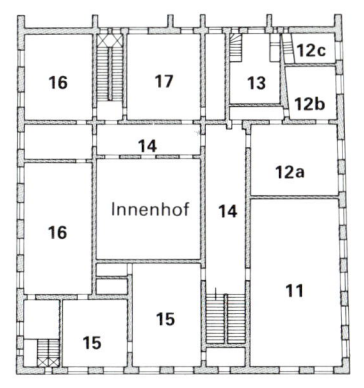

Erster Stock

Erdgeschoß: 1. Die ursprüngliche Loggia; 1518 von Michelangelo zugemauert und in einen Wohnraum umgewandelt. 2. Vestibül. 3. Kontore. 4. Große Treppe. 5. Gästewohnung: a) Saal, b) Zimmer, c) Kabinett unter dem Treppenabsatz. 6. Großes Zimmer Lorenzos. 7. Saal für die Dienerschaft. 8. Loggia zum Garten. 9. Garten.

10. Säulenhallen um den Innenhof. Erster Stock: 11. Großer Saal. 12. Privatgemächer, die Piero il Gottoso, später Lorenzo il Magnifico bewohnte: a) Zimmer, b) Umkleideraum, c) Kabinett *(scrittoio).* 13. Kapelle. 14. Korridore. 15. Wohngemächer Cosimos. 16. Wohngemächer Giulianos. 17. Gesinderaum.

daß Cosimo um 1440 einen neuen Familienwohnsitz plante, der seiner herausragenden Stellung entsprechen und in der Nähe der Kirche San Lorenzo entstehen sollte. Nach der letzten Erweiterung der Stadtmauer 1284–1333 hatten die Medici hier zahlreichen Grundbesitz erworben, und schon Giovanni di Bicci hatte den Wiederaufbau der weitgehend verfallenen Kirche veranlaßt sowie den Architekten Filippo Brunelleschi (1377–1446) mit dem Bau der Alten Sakristei, der Familienkapelle der Medici, beauftragt – zwei Projekte, die Cosimo nach dem Tod seines Vaters fortführte.

Brunelleschi war es auch, der die ersten Pläne für den neuen Palazzo Medici entwarf. Wie Vasari in seiner Biographie *Das Leben Brunelleschis* schreibt, fertigte der Architekt ein „großes und prächtiges Modell" an; er wollte „den Palast gegenüber von San Lorenzo völlig frei stehend auf den Platz bau-

en. Filippo hatte den Entwurf mit so viel Phantasie gestaltet, daß er Cosimo zu groß und zu prunkvoll erschien. Mehr aus Furcht vor Neid als vor den Kosten verzichtete Cosimo auf die Ausführung. „Als Filippo klar wurde, daß Cosimo den Entwurf nicht verwirklichen wollte, zerbrach er das Modell aus Enttäuschung in tausend Stücke."

Cosimo beauftragte schließlich Michelozzo, der ein schlichteres Haus an der Ecke der Via Larga (heutige Via Cavour) und des damals noch unbebauten Vorplatzes von San Lorenzo entworfen hatte. Im Jahr 1444 be-

Luca Giordano (1634–1705) schuf die Wand- und Deckengemälde dieser großen barocken Galerie. Thema der Fresken, die die neuen Besitzer des Palasts, die Riccardi, in Auftrag gegeben hatten, ist die Apotheose der Medici.

Die Villen der Medici

Zwischen 1599 und 1602 malte der flämische Maler Just van Utens für den Großherzog der Toskana in einem Salon seines Landhauses in Artiminio 17 Lünetten aus, in denen er die Villen der Medici darstellte. Noch 14 dieser Gemälde sind erhalten und werden heute im Palazzo Pitti und im Topographischen Museum in Florenz aufbewahrt. Diese Bilder vermitteln einen recht genauen Eindruck von den Besitzungen, die die Medici rund um Florenz Ende des 16. Jh. ihr eigen nannten.

Bereits im 14. Jh. pflegten die wohlhabenden Florentiner Bürger im Sommer vier Monate und mehr auf dem Land zu verbringen, so daß – wie der Chronist Giovanni Villani schreibt – „im Umkreis von

6 Meilen um die Stadt so viele reiche und vornehme Landsitze [lagen], daß sie zusammengenommen eine Stadt, doppelt so groß wie Florenz, gebildet hätten". Alle diese Besitzungen waren Landgut und Sommerfrische zugleich.

Die Villen der Medici, die zwischen 1451 und 1595 erbaut wurden, spiegeln deutlich die architektonische Entwicklung wider, die sich im Lauf dieser rund 150 Jahre vollzog, aber auch die unterschiedlichen Aufgaben dieser Landsitze. Sie waren zum einen Landgüter, die Einkünfte abwarfen, sie waren zum andern aber auch herrschaftliche Sommerresidenzen.

Die ältesten Villen mit ihren zinnenbewehrten Türmen und befestigten Mauern

haben noch burgähnlichen Charakter. Dies gilt z. B. für Careggi sowie für Cafaggiolo und Il Trebbio im Mugello. Es sind wehrhafte Häuser, die Michelozzo im Auftrag Cosimos zu wohnlichen Landsitzen umbaute. Noch im 16. und 17. Jh. verbrachten die Großherzöge hier den Sommer oder gingen im Herbst auf die Jagd.

Die erste „moderne" Villa ist das Landhaus in Poggio a Caiano, das Lorenzo il Magnifico 1485 nach den Entwürfen von Giuliano da Sangallo nordwestlich von Florenz bauen ließ. Erst dieser Landsitz mit seinem von Arkaden durchbrochenen Sockel, der von einem Frontgiebel gekrönten Loggia, der symmetrischen Aufteilung und dem großen, in der Mitte gelegenen Saal mit dem Tonnengewölbe ist eine eigentliche Villa im Sinn der Renaissance. Sie erhebt sich inmitten eines Musterguts und dokumentiert dadurch, daß die Medici schon zu Lorenzos Zeiten begannen, ihr Vermögen verstärkt in Grundbesitz statt in dem wechselvollen Bankgeschäft anzulegen. Die Wirtschaftsgebäude waren hier jedoch nicht in die Gesamtkomposition der Villa einbezogen, wie dies etwa bei den Villen der Fall war, die Palladio später für einzelne reiche venezianische Familien erbaute, als diese ihr Vermögen auf der *terra ferma,* dem Festland, in Grund und Boden anlegten.

Die späteren Villen der Medici, die gegen Ende des 16. Jh. Buontalenti erbaute – z. B. Pratolino und Artiminio –, waren nach dem Beispiel von Poggio a Caiano gestaltet, doch rückte nun zunehmend die Gartenanlage in den Vordergrund. Die Gärten mit ihren Brunnen, Wasserspielen, Grotten, kunstvollen Blumenbeeten und Terrassen wurden zu einem wesentlichen Bestandteil der Landsitze.

1569 erwarb Francesco I. die südlich von Florenz gelegene Villa La Peggia und ließ sie 1581–1585 von Buontalenti umbauen. Veränderungen im 18. Jh. führten jedoch dazu, daß sie heute kaum noch Ähnlichkeit mit dieser Darstellung Just van Utens' aufweist.

gann man mit den Bauarbeiten, die um 1454 im großen und ganzen abgeschlossen waren. Der Innenausbau dauerte noch einige Jahre länger, und als letzter Künstler verließ Benozzo Gozzoli, der die Palastkapelle ausgemalt hatte, 1460 den Palazzo Medici. Cosimo hatte sich dennoch bereits 1457 in seinem neuen Wohnsitz eingerichtet.

Zur damaligen Zeit hatte der Palazzo Medici ein wesentlich anderes Aussehen als heute. Ursprünglich wirkte er wie ein überdimensionaler Würfel und entsprach damit dem Ideal der Renaissance, das ein ausgewogenes Verhältnis von Höhe und Breite eines Bauwerks verlangte. Im Erdgeschoß, an der Ecke der Via Larga und der heutigen Via dei Gori, öffnete sich eine Loggia, die man jedoch schon 1518 in einen Wohnraum umwandelte. Die Familie Riccardi, die den Palast 1659 erwarb, ließ ihn entlang der Via Larga erweitern. Zwar paßten sich die An-

lich. Denn derartige Quaderfassaden findet man z. B. auch am Palazzo Vecchio, dem Sitz der Signoria, des Stadtrats, und am Bargello, dem Sitz des Stadtoberhaupts.

Abgesehen von der Dreiteilung der Fassade durch das unterschiedlich gestaltete Rustikamauerwerk der einzelnen Geschosse, hat Michelozzo den Rhythmus der einzelnen Wandfelder unterstrichen, indem er die strahlenförmig um Fensteröffnungen angeordneten Bogensteine besonders hervorhob.

Betritt man den Palast von der Via Cavour aus, so gelangt man hinter dem Portal zunächst in eine Art Vestibül und von dort zu dem quadratischen, von Säulenhallen umgebenen Innenhof, der mit seinen hohen Rundbogenarkaden auf schlanken korinthischen Säulen als einer der schönsten Höfe der florentinischen Frührenaissance gilt.

Die ursprüngliche Raumeinteilung läßt sich rekonstruieren, und zwar anhand der

sentationsraum ein typischer Bestandteil florentinischer Bauten im 14. und 15. Jh. war, lagen im Erdgeschoß verschiedene Kontore und Verwaltungsräume der Medicibank sowie Wohnräume, in denen man Gäste beherbergen konnte. Eine monumentale Treppe mit geraden Rampen, überdeckt von einem Tonnengewölbe, führte zum *Piano nobile,* dem ersten Stock. Über einen breiten Korridor gelangte man zu den Räumen des *Piano nobile.* Hier befanden sich der Prunksaal, der sich mit zwei Fenstern zur Kirche San Lorenzo hin und mit fünf Fenstern auf die Via Larga öffnete, außerdem die Gemächer – ein Zimmer, ein Umkleideraum und ein kleines Kabinett *(scrittoio) –,* die erst Piero de' Medici (1416–1469) und später Lorenzo il Magnifico (1449–1492) als Privaträume dienten. Hier im ersten Stock liegt auch die Kapelle mit dem Gemälde *Zug der Heiligen Drei Könige.* Benozzo Gozzoli hatte das Thema als Vorwand benutzt, um die Teilnehmer am Konzil von Florenz darzustellen. Dieses Konzil war 1439 auf Betreiben Cosimos von Ferrara in die Stadt am Arno verlegt worden. Entsprechend seinem Charakter als Historienbild zeigt der *Zug der Heiligen Drei Könige* neben dem Papst, dem Patriarchen von Konstantinopel und dem byzantinischen Kaiser auch Cosimo den Alten, seinen Sohn Piero il Gottoso und seinen Enkel, den etwa zwölfjährigen Lorenzo il Magnifico.

Eine zweite, große Wohnung lag an der dem Vorplatz von San Lorenzo zugewandten Seite. Zu diesen Gemächern, die Cosimo bewohnte, gehörten auch Baderäume mit Schwitzbad sowie eine auf einer Terrasse gelegene Loggia, die sich zum Garten hin öffnete. In einem weiteren Wohntrakt zum Garten hin lebte Giuliano de' Medici, der Bruder Lorenzos.

Die Raumaufteilung des Palazzo Medici zeugt von einem gewissen Pragmatismus. Ähnlich wie in den Privathäusern des antiken Roms gruppieren sich die Wohngemächer klar um den Innenhof herum, der gleichsam den Mittelpunkt des Hauses bildet. Auch hier wird die für die Renaissance so typische Rückbesinnung auf die klassische Antike deutlich.

Bis 1540 residierten die Medici in dem Palast an der Via Larga. Sie waren im 16. Jh. zu Herzögen, seit 1570 zu Großherzögen der Toskana aufgestiegen. Es war Cosimo I. (1519–1574), der 1540 den Palazzo Medici aufgab und den Palazzo Vecchio zur Residenz wählte. Eine Zeitlang wohnten hier zwar noch einige Mitglieder der weitverzweigten Familie, doch verlor das Haus Cosimos des Alten mehr und mehr an Bedeutung und wurde schließlich im 17. Jh. verkauft. 1814 ging der Palazzo Medici-Riccardi, wie er nach seinen beiden Besitzern offiziell heißt, in staatliches Eigentum über.

In Benozzo Gozzolis Hauptwerk, dem Fresko Zug der Heiligen Drei Könige *in der Kapelle des Palazzo Medici, kann man in einer Vielzahl der Dargestellten historische Personen erkennen. So ist unbestritten, daß Gozzoli mit diesem Jüngling, einem der Heiligen Drei Könige, ein Porträt des jungen Lorenzo il Magnifico geschaffen hat.*

bauten stilmäßig dem Palast an, doch veränderten sich dadurch die Proportionen.

Von außen wirkt der Palazzo Medici wie ein mächtiger Block, dessen Massivität noch durch das abgestufte Rustikamauerwerk betont wird. Die Verwendung der Rustika, die am Palazzo Medici von Geschoß zu Geschoß kleiner und glatter werden, macht den politischen Anspruch dieser Familie deut-

Bestandsaufnahmen, die man beim Tod Lorenzos erstellte, und der Pläne, die aus der Mitte des 17. Jh. stammen, also aus der Zeit, bevor die Familie Riccardi Anbauten und Verschönerungen vornehmen ließ (eine zweite Treppe vom Hof aus sowie die von Luca Giordano ausgemalte Galerie im ersten Stock). Außer der zur Straße hin gelegenen, halboffenen Loggia, die als Reprä-

Der Kreml
Machtzentrum und Residenz der russischen Zaren

Das frühe Rußland umfaßte eine Vielzahl slawischer Stämme, die vom 9. Jh. an lose im Kiewer Reich zusammengeschlossen waren. Dieses Reich erstreckte sich von Nowgorod über Smolensk bis zum Dnjepr. Doch schon im 11. und 12. Jh. zersplitterte es in Teilfürstentümer, und es entstanden neben Kiew zwei weitere Zentren der Macht, Nowgorod und Wladimir.

Die untereinander zerstrittenen Teilfürstentümer waren dem Mongolensturm, der im 13. Jh. über Rußland fegte, nicht gewachsen. 1236–1240 eroberte der Mongolenkhan Batu alle russischen Fürstentümer, und bis 1480 sollte die Herrschaft der Goldenen Horde bestehenbleiben. Allerdings ließen die Mongolen die politische Ordnung Rußlands unangetastet, d. h., die Fürsten behielten ihre Reiche, mußten jedoch ihre Herrschaftsrechte vom Khan bestätigen lassen und nicht unbeträchtliche Tribute zahlen.

Einem kleinen Fürstentum, das um 1300 noch völlig unbedeutend war, fiel die Aufgabe zu, Rußland unter seiner Herrschaft zu einigen und die Mongolen zu vertreiben: Moskau. Erstmals erwähnt wurde der Ort 1147, als sich hier Jurij Dolgorukij, Fürst von Susdal, mit einem Mitglied der Fürstenfamilie von Nowgorod traf. Jurij Dolgorukij war es auch, der 1156 Moskau als Grenzfestung des Fürstentums Wladimir-Susdal ausbauen und den Kremlhügel, eine 40 Meter hohe steile Anhöhe über der Einmündung der Neglinka in die Moskwa, befestigen ließ.

Herrscher über Moskau war ein Zweig der Fürstenfamilie von Wladimir-Susdal; Anfang des 14. Jh. brachen innerhalb dieser Familie heftige Machtkämpfe aus, die die Moskowiter Fürsten für sich entscheiden konnten. Von diesem Zeitpunkt an schien der Aufstieg Moskaus unaufhaltsam: 1328 ernannte der Großkhan Iwan I., der wegen seines Geizes den Beinamen Kalita, der Geldbeutel, trug, zum Großfürsten und bevollmächtigte ihn, die Tributzahlungen der anderen Teilfürstentümer Rußlands einzutreiben. Noch im gleichen Jahr verlegte Iwan I. seine Residenz von Wladimir nach Moskau, genauer gesagt, in jene Festung, die von da an Kreml genannt wird.

Blick auf den Kreml von der Moskwabrücke aus. Umschlossen von der über 2000 m langen Kremlmauer, erheben sich im Zentrum der Anlage die von Zwiebeltürmen bekrönten Kirchenbauten des 15. und 16. Jh. Außerhalb der Kremlmauern sieht man rechts die berühmte Basiliuskathedrale.

Die Verkündigungskathedrale ist von den drei großen Kirchen des Kremls die kleinste und war die Hofkapelle der Zaren. Iwan III. ließ sie, wie auch die Himmelfahrts- und die Erzengelkathedrale, an der Stelle eines älteren Vorgängerbaus errichten.

Es war schließlich Iwan III. (1462–1505), der einen Teil der russischen Fürstentümer mit Moskau vereinigte und dem es 1480 gelang, die Oberherrschaft der Mongolen endgültig abzuschütteln. Er wurde der erste „Herr von Moskau und Rußland".

Iwan III. hatte Zoe Paläologa geheiratet, die Nichte des letzten Kaisers von Byzanz, das 1453 in die Hände der Türken gefallen war. Als Gattin Iwans hatte sie den Namen Sophia angenommen. Von ihr übernahm Iwan als Emblem den Doppeladler der byzantinischen Herrscher und demonstrierte damit, daß er die Nachfolge der byzantinischen Cäsaren für sich beanspruchte. Folgerichtig legten er und seine Nachfolger sich daher auch den Zarentitel zu.

Da nach dem Anspruch seines Herrschers Moskau als drittes Rom gelten sollte, ließ Iwan III. die Stadt und vor allem den Kreml prachtvoll ausbauen. Aus den kulturell traditionsreichen russischen Städten wie Nowgorod, Wladimir, Susdal und Pleskau strömten Baumeister und Künstler herbei, und als Architekten berief man aus Italien Bartolomeo Fioravanti, Pietro Solario, Marco Ruffo, Alvise Novi und andere, die mit ihren

Dieses Aquarell aus der Mitte des 19. Jh. zeigt die Verkündigungskathedrale und den Facettenpalast, der den Thronsaal barg. Im Hintergrund der 1838–1849 von Nikolaus I. erbaute Große Kremlpalast.

Bauten teilweise an die italienischen Vorbilder der Renaissance anknüpften, teilweise aber auch bewußt die russischen Traditionen fortsetzten.

Zehn Jahre, von 1485 bis 1495, dauerte allein der Bau der Kremlmauer. Sie bildet ein unregelmäßiges Dreieck und ist über 2000 Meter lang. Stellenweise ist sie bis hinauf zu den insgesamt 1045 Zinnen, die sie krönen, 19 Meter hoch und 3,5–6,5 Meter dick. An den Mauerecken erheben sich runde Wehrtürme, und überall dort, wo wichtige Straßen in den Kreml hineinführten, hatte man mächtige Tortürme errichtet.

Im Kreml selbst entstanden um die Wende vom 15. zum 16. Jh. der Facettenpalast, die Kirchen Mariä Himmelfahrt und Mariä Verkündigung, und noch unter Iwan III.

wurde auch der Grundstein zur Erzengelkathedrale gelegt. Iwans Nachfolger, vor allem die Zaren Iwan IV., der Schreckliche (1547–1584), und Boris Godunow (1598–1605), führten die Bauarbeiten auf dem Kreml fort.

Bis zur Zeit Peters I., des Großen, der 1713 den Hof nach Sankt Petersburg, das heutige Leningrad, verlegte, war der Moskauer Kreml Zentrum der weltlichen und der geistlichen Macht Rußlands. Die Zaren und Patriarchen sowie alle hohen Würdenträger des Reiches wohnten hier, und das Nebeneinander der Paläste und Kirchen macht die enge Verknüpfung von weltlicher und kirchlicher Macht im russischen Reich deutlich sichtbar.

Allerdings darf man sich vom heutigen Aussehen des Kremls nicht täuschen lassen, denn von der einstigen Anlage sind nur die Steinbauten erhalten geblieben. Zwischen ihnen erhob sich jedoch bis ins 18. Jh. hinein eine Vielzahl verhältnismäßig einfacher Holzhäuser, in denen die Fürsten und die adligen Bojaren mit ihren Familien wohnten.

Und nur allzuoft fielen diese Holzbauten Feuersbrünsten zum Opfer.

Zentrum der weltlichen Macht auf dem Kreml war der Facettenpalast, der in nur vier Jahren, von 1487 bis 1491, erbaut wurde. Er ersetzte einen älteren Holzbau und war der erste Palast aus Stein, der hier entstand. Er ist heute – ebenso wie der Terempalast und das Goldene Zarinnengemach – in den Komplex des Großen Kremlpalasts einbezogen, den Nikolaus I. im 19. Jh. erbauen ließ.

Das ursprünglich völlig frei stehende Gebäude erhob sich an der herausragendsten Stelle des Kremlgeländes, auf dem Platz der Kathedralen. Der Palast ist aus Ziegelsteinen erbaut, die man – um des herrschaftlichen Aussehens willen – mit den namengebenden Facettensteinen, rautenförmigen Blendsteinen, verkleidete. Diese Verkleidung sowie der fast quadratische Grundriß des Baus verweisen unzweifelhaft auf die Vorbilder der italienischen Baumeister Ruffo und Solari: die florentinischen Renaissancepaläste.

Feste am Moskauer Hof

In der Zeit Iwans IV., des Schrecklichen, setzte sich die russische Oberschicht aus mehreren Gruppen zusammen. An erster Stelle kamen die Knjas, jene Fürsten, die ihre Abstammung auf den gemeinsamen Ahnherrn Rurik zurückführten und die in ihren Fürstentümern auch nach der Eingliederung in das Zarenreich noch weitreichende Vollmachten hatten. Unter Iwan IV. verloren sie jedoch diese weitgehende Selbständigkeit an den verstärkt vom Zaren geförderten Dienstadel. Den zweiten Platz nahmen die Bojaren ein, die adligen Großgrundbesitzer; auch sie waren politisch sehr einflußreich und hatten Sitz und Stimme in der Duma, dem Rat der Krone, sowie Anspruch darauf, bevorzugt im Hof- und Staatsdienst eingesetzt zu werden.

Einen großen Teil der Oberschicht bildeten aber auch die Kirchenfürsten: Sie verdankten ihre Stellung dem großen Gewicht, das der Religion im russischen Reich zukam, und dem außerordentlichen Reichtum, der ihnen aus Stiftungen, aus ihren Pfründen, aus dem Reliquienhandel und dem Zinswucher zufloß.

Die Frau spielte auch in dieser oberen Gesellschaftsschicht nur eine untergeordnete Rolle. Sie mußte ihren Mann in allem um Rat und Erlaubnis bitten; er bestimmte, welche Gäste sie empfangen durfte, wem sie Besuche abzustatten hatte, ja sogar darüber, zu welchen Themen sie sich in Gesprächen äußern durfte. Von den meisten Empfängen, Festen, Zeremonien waren Frauen ausgeschlossen. Selbst die Zarin und ihre Töchter konnten an den Festen im Facettenpalast nur indirekt teilnehmen. Für sie wurde jenes Geheimgemach geschaffen, das sie vom Vestibül aus ungesehen betreten konnten; eine verdeckte Luke zum Thronsaal gestattete ihnen, das Treiben der Männer wenigstens zu beobachten.

Bis 1713, als Peter I., der Große, den Hof nach Sankt Petersburg verlegte, wurden im Facettenpalast die meisten Siege

und die wichtigsten Hochzeiten gefeiert, nahmen die neugekrönten Zaren die Huldigungen entgegen, fanden große Empfänge und wichtige Audienzen statt. Hier feierte Iwan IV. 1552 die Eroberung Kasans, faßten Zar Alexeij Michailowitsch und die Duma 1653 den Entschluß, die Ukraine zu erobern und in das Reich einzugliedern, feierte Peter der Große 1709 den Sieg von Poltawa über Karl XII. von Schweden und 1721 den Frieden von Nystad.

Diese Lithographie von 1672 stellt zwar den Thronsaal des Facettenpalasts nicht ganz naturgetreu dar, doch die Wiedergabe des Banketts entspricht durchaus zeitgenössischen Beschreibungen: In der Mitte die mit kostbarem Geschirr überladene Anrichte, der erhöhte Thronsitz des Zaren, entlang der Wände die Tische der weltlichen und geistlichen Würdenträger. Und wie das Bild zeigt, fehlen Frauen bei derartigen Banketten völlig.

Der Thronsaal des Facettenpalasts nach seiner Restaurierung in den 70er Jahren unseres Jahrhunderts. Nicht nur die kostbaren Stukkaturen des massiven Mittelpfeilers erstrahlen in neuem Glanz, sondern auch das außergewöhnliche Gemäldeprogramm an Wänden und Gewölben.

Zahlreiche Beschreibungen dieser Zeremonien und ihres Ablaufs sind uns überliefert, und viele verdankt man den Diplomaten aus westlichen Ländern, die am Zarenhof akkreditiert waren. Entlang den Wänden des Thronsaals standen mit Teppichen bedeckte Bänke, auf denen die Bojaren und andere Würdenträger saßen und leise miteinander sprachen, bis der Zar eintrat, bekleidet mit einem prachtvollen, juwelenbesetzten Gewand aus Seide, Brokat und Pelzwerk, den Raum durchschritt und auf dem Thron Platz nahm. Man stellte ihm die Männer vor, die um Audienz gebeten hatten und sich nun vor ihm niederwarfen, um ihr Anliegen vorzutragen. War die Audienz beendet, zogen sich der Zar und seine Gefolgsleute zurück, und fast 200 Diener begannen nun, den Thronsaal für ein Gastmahl herzurichten.

Bei derartigen Festessen saß der Zar auf einem um drei Stufen erhöhten Thronsitz. Nachdem auch die weltlichen und geistlichen Würdenträger an den Tischen entlang der Seitenwände Platz genommen hatten, erschienen als letzte die Gesandten, denen man große Ehre erwies. Die Mahlzeiten selbst dauerten oft mehrere Stunden; sie waren reichhaltig und wurden auch nicht zu knapp begossen. Denn jedesmal, wenn der Zar dem einen oder anderen seiner Gäste zutrank, erhoben sich alle von ihren Plätzen, leerten ihr Glas und stellten es umgekehrt auf den Tisch, um zu beweisen, daß sie es auch wirklich ausgetrunken hatten. Nicht selten wurde diese Zeremonie im Lauf einer Mahlzeit etliche Dutzend Male wiederholt; ein dänischer Botschafter will angeblich 65 derartige Trinksprüche hintereinander gezählt haben.

Die Privatgemächer der Zaren stehen in auffallendem Gegensatz zu dem riesigen Thronsaal des Facettenpalasts. Die kleinen, überwölbten Räume wirken trotz der prachtvollen Dekors wohnlich.

Obwohl der Facettenpalast wiederholt umgebaut und renoviert wurde, hat sich seine äußere Erscheinung seit dem Ende des 15. Jh. kaum verändert. Das ursprünglich nach vier Seiten abfallende Zeltdach war aus Kupfer und etwas höher gebaut als heute. Im 17. Jh., also im Barock, änderte man die Fenster: Entsprechend den gedrehten, bis zum Kranzgesims des Dachs aufsteigenden Säulen an den Fassadenecken rahmte man auch die Fensteröffnungen mit eleganten kleinen Säulen ein. Die Fenster selbst gestaltete man als Rundbogenfenster, die man senkrecht und waagerecht untergliederte. Auch die kleinen Türen im Untergeschoß gestaltete man um, doch hielt man sie weiterhin so unauffällig wie möglich, denn sie

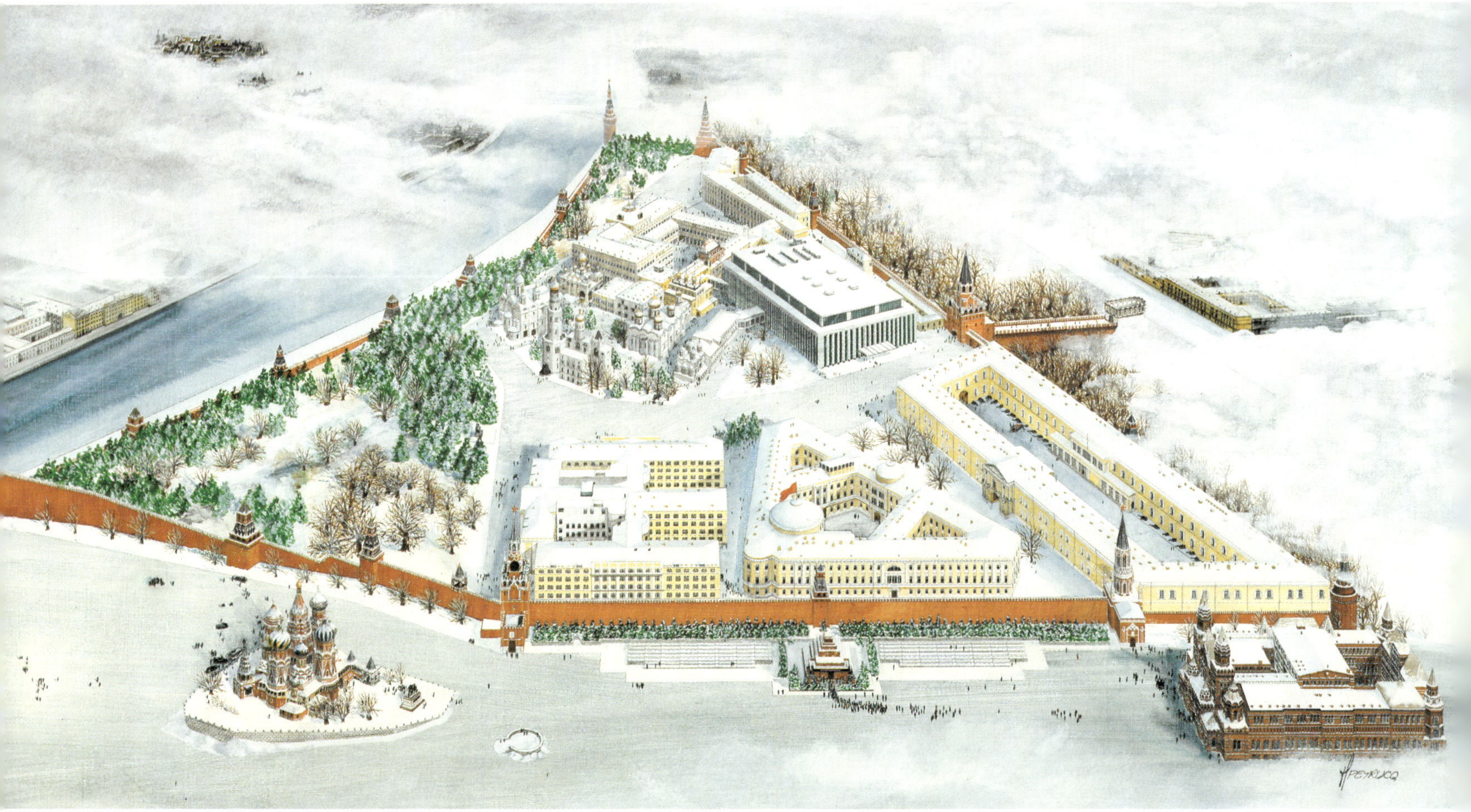

Dieser Blick auf den Kreml zeigt deutlich die dreieckige Form der Anlage. Die modernen Monumentalbauten innerhalb der Mauern erdrücken fast das einstige Herzstück des Kremls, die Kirchen und Paläste des 15./16. Jh. Sie machen aber auch deutlich, daß sich hier immer noch das Zentrum der Macht in Rußland befindet. Auf dem Roten Platz (im Vordergrund) wiederholt sich in gewisser Weise dieser eigenartige Kontrast zwischen den ältesten Zeugnissen des zaristischen Rußlands und der Sowjetunion: Hier erhebt sich in der Mitte unterhalb der Kremlmauer das Leninmausoleum, und am Südende begrenzt den Platz die Basiliuskathedrale aus der Zeit Iwans IV. Er ließ sie errichten zum Dank für seinen Sieg über die Tataren von Kasan. Der Legende nach soll der Zar befohlen haben, die beiden russischen Baumeister zu blenden, damit sie kein zweites so herausragendes Werk mehr schaffen konnten.

Die Mariä-Himmelfahrts-Kathedrale, 1475–1479 von Bartolomeo Fioravanti errichtet. Vorbild war die gleichnamige Kathedrale in Wladimir aus dem 12. Jh.

den heute nicht mehr existierenden Roten Flur über eine imposante Freitreppe, die Rote Treppe, hinab zum Platz der Kathedralen und weiter zur Himmelfahrtskirche, der Krönungskirche der russischen Herrscher. Die Bezeichnung „rot" rührt wahrscheinlich daher, daß Flur und Treppe bei feierlichen Anlässen mit roten Teppichen bedeckt waren.

Ursprünglich war der Facettenpalast von Wohnpalästen aus Holz umgeben. Als diese Wohngebäude des Zaren und seiner Familie bei den Feuersbrünsten 1492 und 1493 abbrannten, beschloß Iwan III., auch feuersichere Wohnhäuser aus Stein errichten zu lassen. Erste Bauarbeiten begannen bereits 1499, doch ist von den steinernen Wohnbauten des frühen 16. Jh. lediglich jener Teil erhalten geblieben, der im 17. Jh. in den Terempalast eingegliedert wurde.

Als Michail Fjodorowitsch, der erste Romanow auf dem Zarenthron, 1635/1636 den vierstöckigen Terempalast errichten ließ, schuf er keinen Neubau im eigentlichen Sinn, sondern erweiterte und gestaltete einen älteren Wohnpalast um, den 1508 Wassilij III. hatte errichten lassen. Von diesem Palast blieben das Erdgeschoß und Teile des ersten Stocks erhalten.

Der Kontrast zwischen dem Facettenpalast, der offiziellen Anlässen diente, und den privaten Wohnräumen der Zaren im Terempalast ist auffällig. Hier trifft man auf keine riesigen, hohen Säle, sondern auf eine Folge kleiner, zwar gewölbter, doch recht niedriger und oft auch dunkler Zimmer, die ausgesprochen intim wirken und die reich mit farbigen und goldenen Ornamenten dekoriert sind. Das wohl berühmteste der privaten Zimmer ist das Goldene Zarinnengemach, das von den alten Palastteilen aus dem 16. Jh. der am besten erhaltene ist. Ein mächtiger Bogen trägt die gewölbte Decke des Raums, der den Zarinnen als Empfangssalon diente. Leider sind die alten Malereien des 16. Jh. unter dem Gold und den Wandbildern des 18. und 19. Jh. verschwunden.

Seit der Einigung des russischen Reichs unter den Moskowiter Großfürsten war der Kreml das Zentrum der Macht, und auch nach dem Untergang der Zarenherrschaft hat sich daran nichts geändert. Die Mauern der alten Festungsanlage beherbergen heute die obersten Regierungsorgane der Sowjetunion, die sich hier teilweise neue „Paläste" errichtet haben, teilweise aber auch in die im 18. und 19. Jh. entstandenen Gebäude eingezogen sind.

dienten nur als Zugang zu den Wirtschafts- und Heizungsräumen.

Im ersten Stock des Facettenpalasts befindet sich die riesige Thron- und Audienzhalle. Ihre Seiten messen 22,1 × 22,4 Meter, und überdeckt ist der 495 Quadratmeter große Saal von vier Kreuzgewölben, die sich auf nur einen einzigen enormen Pfeiler in der Mitte der Halle stützen. Um den Schub der mächtigen Gewölbe auffangen zu können, mußte man die Wände des Thronsaals bis zu 1,5 Meter dick anlegen. Durch je vier große und zwei darüberliegende, kleinere Fenster dringt durch drei Seitenwände Licht in die Halle. In diesem Saal fanden alle größeren Feste und Feierlichkeiten statt.

Da die Etikette es den Frauen damals nicht gestattete, an den Zeremonien und Feierlichkeiten teilzunehmen, hatten die italienischen Baumeister neben dem Thronsaal ein Geheimgemach gebaut, das von außen betreten werden konnte und von

dem aus die Damen des Hofes durch eine kleine verdeckte Luke am Rand des Gewölbes die Vorgänge in der Thronhalle beobachten konnten, ohne selbst gesehen zu werden.

In der zweiten Hälfte des 16. Jh. verschönerte man den ursprünglich recht schmucklosen Thronsaal mit herrlichen Wandmalereien, die biblische Themen sowie Ereignisse der russischen Kirchen- und Reichsgeschichte darstellten. Simeon Uschakow, der diese Wandmalereien gut hundert Jahre später erneuerte, hinterließ eine umfassende und exakte Beschreibung des Palasts und seines Bildprogramms. Anhand dieser Beschreibung konnte man die Malereien nach dem großen Brand von 1682 in ursprünglicher Form wiederherstellen, und auch die Restauratoren des 19. und 20. Jh. griffen auf diese unschätzbare Quelle zurück.

Dem Thronsaal vorgelagert ist ein längliches Vestibül, der sogenannte Heiligensaal. Von hier aus schritten einst die Zaren durch

Versailles
Symbol der Macht und Größe, das Werk des Sonnenkönigs

Zu Beginn des 17. Jh. war Versailles ein von Wäldern umgebener Marktflecken mit einem verfallenen Schloß und einer Windmühle auf einer Anhöhe. Das Gebiet gehörte der Familie Gondi, die es als Jagdrevier nutzte, und auch der künftige König Ludwig XIII. suchte es häufig auf. Als er auf den Thron gelangte, kaufte er dort Land auf und ließ 1624 an der

Stelle der Windmühle ein Jagdschlößchen errichten, das er 1632, nach Erwerb der ganzen Herrschaft, durch den Architekten Philibert Le Roy vergrößern ließ. Es entstand ein dreifarbiges Schloß mit Mauern aus Ziegelsteinen, Horizontalbändern aus weißem Haustein und einem Schieferdach. Es sollte bis zum Tod Ludwigs XIII. seine Lieblingsresidenz bleiben.

Ludwig XIV. scheint sich zu Beginn seiner Regierungszeit kaum für Versailles interessiert zu haben, jedenfalls hat er sich seit 1652 nur etwa zehnmal dort aufgehalten. Im Jahr 1662 jedoch beschloß er, das väterliche Schloß umbauen zu lassen, um dort hofzuhalten. Daß er Versailles und nicht den noch unvollendeten Louvre wählte, hatte drei Gründe: Der König liebte weder Paris noch

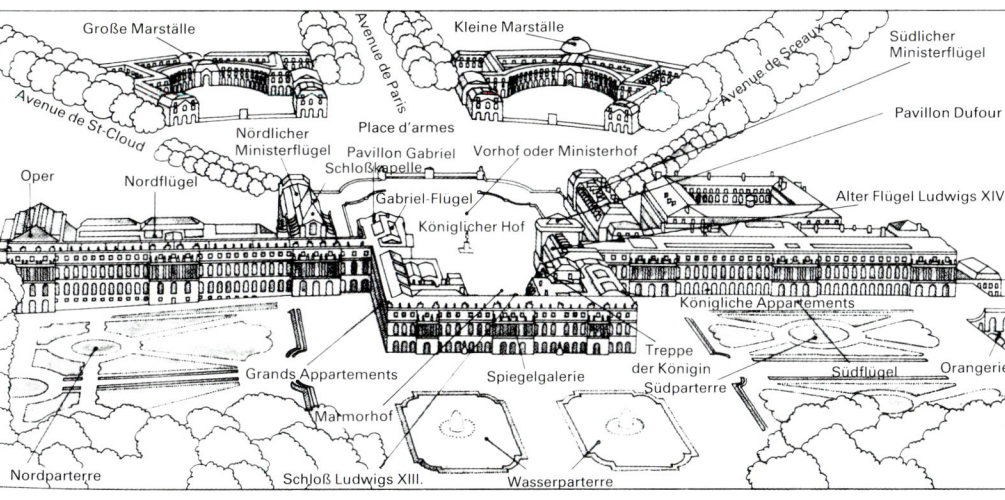

Das Hauptgebäude des Schlosses, links der Nordflügel. Im Vordergrund die Statue der Seine, eine der acht Bronzen an den Becken des Wasserparterres. Sie symbolisieren die großen Flüsse Frankreichs.

den Louvre, denn mit beiden verband sich die Erinnerung an die Fronde, die Erhebung des Hochadels gegen seinen Vater. Er bewunderte den großartigen Palast seines Paten, des Kardinals Mazarin, und er war neidisch auf den Glanz von Vaux-le-Vicomte, das Schloß des Oberintendanten der Finanzen, Nicolas Fouquet, das er anläßlich einer prunkvollen Festlichkeit kennengelernt hatte. Vor allem aber wollte er Frankreich und der Nachwelt ein Denkmal hinterlassen, das seiner würdig war. In Versailles war Baugelände für einen gewaltigen Palast ausreichend vorhanden. Auch talentierte Männer fehlten nicht: Der König berief den Architekten Louis Le Vau (1613–1670), den Gartenarchitekten André Le Nôtre (1613 bis 1700) sowie die Maler Charles Érrard und Noël Coypel, die alle für Fouquet gearbeitet hatten.

An dem Ort, wo sich einst eine Windmühle erhob, sollte ein riesiges Schloß entstehen. Zeitweise waren dort 30 000 Arbeiter gleichzeitig beschäftigt. Auch nach dem endgültigen Einzug des Königs, der Regie-

rung und des Hofs in Versailles (1682) übertönte noch bis 1710 der Lärm der Sägen, Kräne und Hämmer gelegentlich das Stimmengewirr der Höflinge. Die Maurer, die in Versailles arbeiteten, kamen zum größten Teil aus dem Limousin und der Marche, aus Landstrichen also, die schon seit Jahrhunderten für die Kunstfertigkeit ihrer Baumeister und Steinmetzen bekannt waren.

Außerdem ließ der König eine neue Stadt als angemessenen Rahmen für das Schloß aus dem Boden stampfen. Ende des 17. Jh. zählte Versailles bereits annähernd 25 000 Einwohner. 40 Jahre zuvor waren es kaum tausend.

Da Ludwig XIV. das Schloß seines Vaters aus Pietät erhalten wollte, mußten alle Bauten um dieses Schloß herum angeordnet werden, in dem auch das Prunkzimmer des Königs lag.

Le Vau gestaltete zunächst die Fassade zum Eingangshof um. Dann baute er zwei Seitenflügel an. Vor allem aber ersetzte er die Schieferdächer durch balustradengesäumte Terrassen, die von Vasen, Trophäen und Feuerschalen geschmückt waren.

Zur gleichen Zeit widmete sich Le Nôtre der Neuanlage des Parks. Das Wasserparterre umgaben bärtige Göttergestalten, welche die Flüsse Frankreichs verkörperten. An den Alleen standen mythologische Statuen, und die Brüder Francini schufen die Wasserspiele und Fontänen, die man noch heute bewundert. Bereits 1664 gab Ludwig XIV. ein rauschendes Fest in Versailles. Doch die Bautätigkeit dauerte an. Auf der Gartenseite baute Le Vau eine lange Terrasse, von der aus man den Park überblickt. Dann errichtete er die Wirtschaftsgebäude. Nach seinem

Der Marmorhof. Die Gebäude stammen noch aus der Zeit Ludwigs XIII. Ludwig XIV. sind unter anderem die Balkone, Büsten und der Vorbau des Haupttrakts zu verdanken. Die drei Bogenfenster gehören zum Zimmer des Sonnenkönigs.

Der Bau des Schlosses von Versailles, dargestellt von dem Flamen Adam van der Meulen (um 1680). Im Vordergrund die letzten Bauarbeiten am großen Marstall, im Hintergrund der Bau der Ministerflügel. Neben dem rechten Flügel sieht man den Ort, an dem Ludwig XV. 1768 die Königliche Oper errichten ließ.

Tod vollendete sein Schüler François d'Orbay sein Werk, während die Innendekoration den besten Künstlern unter Leitung von Charles Le Brun übertragen wurde. Nicht einmal durch den Krieg gegen Holland (1672–1679) wurden die Bauarbeiten unterbrochen.

Ludwig XIV. hatte den Höhepunkt seiner Macht erreicht und beschloß nun, Versailles weiter zu vergrößern, um sich dort endgültig niederzulassen. Auch wollte er den oft aufsässigen Hochadel Frankreichs um sich versammeln und damit kaltstellen. Dies gelang dem Sonnenkönig vor allem durch die Einführung einer bis ins kleinste geregelten Etikette und durch die Gewährung von an sich nichtigen Hofämtern, deren man sich erst würdig erweisen mußte. Auf diese Weise

hielt er die vornehmsten Aristokraten Frankreichs in Abhängigkeit: Sie erwiesen ihre Dienste bei der Toilette des Königs, bei der Auswahl seiner Perücke oder Taschentücher, sie hielten den Kerzenleuchter, der sein Gebetbuch beleuchtete. Alle Höflinge, die die außerordentliche Ehre genossen, eine Wohnung im Schloß zu haben, mußten untergebracht werden, und sei es auch nur in armseligen Zweizimmerquartieren.

Die Bauarbeiten wurden immer umfangreicher. Jules Hardouin-Mansart (1645 bis 1708) war inzwischen der erste Architekt des Königs geworden. Er gab dem Bauwerk schließlich seine endgültige Form. Auf der Stadtseite entstanden die Ministerflügel beiderseits des Ehrenhofs; die Gebäude um den Marmorhof wurden aufgestockt. An der Gartenseite blendete er der Terrassenfront am Mittelteil des Gebäudes die Spiegelgalerie vor. Dann errichtete er von 1678 bis 1681 den Südflügel und von 1687 bis 1689 den Nordflügel, so daß die neugestaltete Fassade mit ihren 375 Fenstern nun eine Länge von 580 Metern hatte.

Im Jahr 1682 machte Ludwig XIV., der zu ungeduldig war, um die Beendigung der Bauarbeiten abzuwarten, Versailles zur Re-

sidenz und zum Regierungssitz. Nun galt es, sich um die Verwaltung zu kümmern, denn bisher erstreckten sich die Küchengebäude bis zum Schloßeingang, und die bändergeschmückten Edelleute und hochgestellten Damen wurden von Scharen lärmender und streitender Küchenjungen empfangen. Gegenüber vom Ehrenhof, wo die drei breiten Prachtstraßen münden, die zum Schloß führen, errichtete man die großen und die kleinen Marställe. Im Südteil des Parks plazierte man, um das Gefälle des Geländes zu überspielen, die Orangerie, die die Ausmaße einer Kathedrale hat. Außerdem entstand hier die sogenannte hundertstufige Treppe.

Um sich von der Bürde des Zeremoniells zu erholen, das er selbst eingeführt hatte, ließ Ludwig XIV. zwischen 1687 und 1689 das Schloß Grand Trianon von Hardouin-Mansart errichten, das mit seiner Säulenhalle aus grünem und weißem Marmor, welche die beiden Flügel miteinander verbindet, und der nüchternen Fassade dem König die Schlichtheit bot, auf die er bei Hof sonst verzichten mußte.

Schließlich erbaute Hardouin-Mansart noch die Schloßkapelle, sein letztes Werk, das zwei Jahre nach seinem Tod (1708) von seinem Schwager Robert de Cotte (1656–1735) vollendet wurde. Der große und schöne Raum war das „Haus Gottes im Haus des Königs". Hier fanden die prunkvollen kirchlichen Zeremonien der Monarchie statt, Taufen oder Hochzeiten.

Auch der Park wurde während dieser Zeit weiter verschönert und vergrößert. Hinter dem Wasserbecken und dem Südparterre blickt man jenseits des langgestreckten, von Statuen gesäumten Rasenteppichs auf den von Le Nôtre geschaffenen großen Kanal, wo der König Festlichkeiten und originelle Picknicks veranstaltete. Immer neue Wasserspiele und Springbrunnen kamen hinzu: die große Kaskade, über deren Stufen das Wasser rieselt, die mit bezaubernden Kinderstatuen geschmückte Wassertreppe und das Neptunbecken, das prächtigste von allen.

Nach einer Regierungszeit von 72 Jahren starb Ludwig XIV. am 1. September 1715 in seinem Prunkzimmer im Zentrum dieses Palasts, der ihm über 40 Jahre lang ein Herzensanliegen war. Zum Zeitpunkt seines Todes zählte die neue Stadt Versailles 30 000 Einwohner.

Was hat der Bau von Versailles gekostet? Die Baukostenrechnung des Königs, die mit peinlichster Sorgfalt geführt wurde und im Nationalarchiv aufbewahrt ist, gibt die Summen an, die zwischen 1662 und 1710 jährlich für Versailles ausgegeben wurden. Sie schwankten beträchtlich: Von 1664 bis 1668 liegen sie bei 300 000–600 000 Livres

im Jahr, auf dem Höhepunkt der Bautätigkeit übersteigen sie 10 Millionen Livres, und von 1700 bis 1710 verringern sie sich wieder auf jährlich 300 000–400 000 Livres. Der Gesamtbetrag beläuft sich auf rund 80 Millionen Livres. Das sind nach heutiger Währung etwa 600–700 Millionen Mark.

Als Philipp von Orléans Regent wurde, verließ er Versailles und richtete die Residenz des neuen Königs zunächst im Schloß von Vincennes, dann in Paris ein. Doch

Das Schlafzimmer des Königs. Dieser Raum war zunächst ein Salon, der sich mit drei Türen zur Spiegelgalerie öffnete. 1701 wurde er in ein komfortables Schlafgemach umgewandelt. Hier starb Ludwig XIV. am 1. September 1715.

Die Spiegelgalerie ist 73 m lang und hat 17 Fenster, denen 17 bogenförmige Spiegel genau gegenüberliegen. Die Wände sind mit Marmor verkleidet.

kehrte Ludwig XV. mit seinem Hof im Jahr 1722 nach Versailles zurück.

Unter seiner Herrschaft wurden weitere bedeutende Umbauten am Schloß vorgenommen. Von 1729 bis 1738 erfolgte eine grundlegende Umgestaltung der ehemaligen königlichen Gemächer. Hier entstanden die Petits Appartements, deren Dekor die Eleganz des Stils widerspiegelt, die sich mit dem Namen Ludwigs XV. verbindet. Im darüberliegenden Geschoß wurden weitere Gemächer für die königlichen Mätressen eingerichtet, die durch eine schmale Geheimtreppe mit den Zimmern des Königs verbunden wurden: für Louise de Mailly und ihre Schwester Pauline sowie für deren Nachfolgerinnen, die Herzogin von Châteauroux, dann die Marquise von Pompadour und Madame Dubarry.

Da das Schloß von Versailles über kein eigenes Theater verfügte, beauftragte Ludwig XV. den Architekten Jacques-Ange Gabriel mit dem Bau einer Oper. Die Arbeiten begannen 1768. Die Schloßoper hat einen ovalen Grundriß. Die korinthischen Kolossalsäulenreihen im Proszenium sind aus Holz, um eine bessere Akustik zu gewährleisten. Das von Louis Durameau geschaffene Deckengemälde stellt Apoll und die Kunst dar. Der Bau wurde 1770 aus Anlaß der Hochzeit des Dauphins, des späteren Königs Ludwig XVI., mit Marie-Antoinette eingeweiht.

Gleichzeitig erbaute Gabriel von 1763 bis 1768 das Schlößchen Petit Trianon, das

Ludwig XV. für die Marquise von Pompadour vorgesehen hatte, die jedoch noch vor der Beendigung der Bauarbeiten starb.

1771 legte Gabriel dem König seinen „großen Renovierungsplan" vor, einen Plan, der nicht weniger vorsah als den vollständigen Abriß von Le Vaus Schloßbau, dessen Stil er als veraltet empfand. Glücklicherweise waren die Zeiten für ein so groß angelegtes Bauvorhaben nicht günstig. Der Siebenjährige Krieg hatte Frankreich ruiniert, und

Die zwischen 1684 und 1689 erbaute Orangerie bildet den Sockel des Südparterres. Sie hat drei Gewölbegalerien von 13 m Höhe und 13 m Breite; die längste Galerie ist 155 m lang.

Am Ende der Allée royale liegt der Brunnen des Apoll, Gott des Lichts. Der aus dem Wasser aufsteigende Sonnenwagen, ein Werk von Jean-Baptiste Tuby, ist ein Beispiel für den Sonnenmythos des Königs.

Versailles als Vorbild für die Schlösser Europas

Die Pracht des Schlosses von Versailles ist bis ins 19. Jh. hinein in ganz Europa bewundert worden. Die Fürsten ahmten nicht nur den Tagesablauf des Sonnenkönigs Ludwig XIV. nach, sondern ließen sich auch Schlösser nach dem Vorbild von Versailles erbauen.

Die Spiegelgalerie im Schloß Herrenchiemsee (unten) wurde 1878–1885 von Ludwig II. von Bayern erbaut.

Das Schloß von Queluz (oben) bei Lissabon, von dem französischen Architekten J.-B. Robillon und dem Portugiesen Mateus Vicente de Oliveira Ende des 18. Jh. errichtet.

In den Niederlanden war Wilhelm III. von Oranien zwar der erbittertste Gegner Ludwigs XIV., zugleich aber auch ein glühender Bewunderer der Residenz des Sonnenkönigs; er beauftragte den Franzosen Daniel Marot mit der Ausstattung des Schlosses Het Loo, wo die Anlage der Gebäude und Gärten den Bezug zu Versailles nicht verleugnet. Peter der Große, der nach einem Aufenthalt in Frankreich 1717 vom Zauber Versailles gefesselt war, übernahm die Pläne der königlichen Stadt für Sankt Petersburg, seine neue Hauptstadt. Elisabeth I. und Katharina II. von Rußland ließen das gewaltige Schloß Zarskoje Selo erbauen, um Versailles in den Schatten zu stellen.

Für alle, die je dort gelebt hatten, blieb Versailles das Symbol für einen Luxus und eine Kunst, auf die sie nicht verzichten mochten. Die spanischen Bourbonen, Nachkommen Ludwigs XIV., beauftragten Robert de Cotte mit der Planung der Schlösser in Madrid und Buen Retiro. Kur-

fürst Max Emmanuel von Bayern, der in Versailles im Exil gelebt hatte, ließ sich nach seiner Rückkehr Schlösser errichten, die ihm das Gepränge am Hof des Sonnenkönigs in Erinnerung riefen.

Auch wenn von Versailles nur einige architektonische Elemente oder Einzelheiten der Ausstattung entlehnt wurden, blieb es dennoch das unumstrittene Vorbild: Die Gärten des Schlosses von La Granja in Spanien sind mit Statuen geschmückt, die denen ähneln, die man in den Gärten Le Nôtres bewundern kann. Die Innendekoration des Schlosses von Versailles, die Le Brun schuf, beeinflußte die Ausstattung des königlichen Schlosses in Stockholm. Der Ehrenhof in der Würzburger Residenz weist eine enge Beziehung zum Marmorhof in Versailles auf. Der Plan für den Schloßpark von Nymphenburg in München stammt von zwei Schülern Le Nôtres. Potsdam schließlich trägt den Beinamen „preußisches Versailles", und Sanssouci gilt als Trianon Friedrichs des Großen. Die extravaganteste Nachbildung von Versailles stammt jedoch aus dem 19. Jh. – das Schloß Herrenchiemsee Ludwigs II. von Bayern mit Spiegelgalerie und Schlafzimmer des Königs.

Der Spiegelsaal des Schlößchens Amalienburg im Park von Nymphenburg bei München (links).

Stich des Schlosses Het Loo in den Niederlanden (rechts), das 1685–1692 Jacob Roman erbaute; Innenausstattung und Gärten schuf Daniel Marot.

Das Schloß Grand Trianon, im Jahr 1687 erbaut von Jules Hardouin-Mansart. Sein Schwager Robert de Cotte führte auf Ersuchen Ludwigs XIV. diese Säulenvorhalle aus, die den Mittelteil der Gartenfassade bildet und eigentlich eine Loggia ist, wo der König gelegentlich speiste.

des Schlosses drängte. Am nächsten Morgen begaben sich der König, die Königin und die königliche Familie nach Paris. Versailles wurde aufgegeben.

In den folgenden Jahren blieb das Schloß selbst von dem Wechsel des Regimes unberührt; lediglich das Mobiliar wurde auf Befehl des Nationalkonvents versteigert. Das Direktorium richtete später im Schloß die Zentralschule des Departements, eine Bibliothek und das Museum für französische Malerei ein. Der Park hatte kaum gelitten. Von 1810 bis 1820 ließen Napoleon I. und sein Nachfolger Ludwig XVIII. Teile des Schlosses restaurieren. Napoleon residierte

das Defizit des Staatshaushalts wuchs von Jahr zu Jahr. Gabriel konnte lediglich einen Teil der ehemaligen Wirtschaftsgebäude umbauen, den Flügel, der heute seinen Namen trägt.

Ludwig XVI. begnügte sich mit der Erhaltung des Schlosses; gleichzeitig bemühte er sich vergeblich um eine Verringerung der Ausgaben für die aus allen Fugen geratene Hofhaltung. Marie-Antoinette dagegen ließ die Zimmer der Königin dem Zeitgeschmack entsprechend in eine Zimmersuite mit elegantem Dekor, erlesenem Mobiliar und kostbaren Seidenstoffen verwandeln. Als Kontrast zu dem alten, zu grandiosen und feierlichen Park wurde für sie ein idyllisches Dörfchen, der Hameau du Petit Trianon, errichtet. Von 1775 bis 1785 baute der Architekt Richard Mique das Belvedere und den Liebestempel in ihrem Auftrag und schuf die Landschaftsgärten des Petit Trianon. Auch die Parkanlagen wandelten sich; neue Bäume wurden angepflanzt und die gewölbten Laubengänge geschaffen, die zu den besonderen Reizen Versailles gehören. Der geometrischen Pracht der französischen Gärten zog man nun die elegante Schlichtheit eines naturnäheren Parks vor. In diesem Garten, wo die Königin so gern verweilte, ruhte sie sich gerade aus, als sie am 5. Oktober 1789 die Botschaft erhielt, daß sich eine aufrührerische Volksmasse vor den Toren

Schloßkapelle. Wie in anderen Schloßkirchen waren die Emporen dem König, seiner Familie und den Prinzen von Geblüt vorbehalten, während die Höflinge im Schiff Platz nahmen. Die Deckengemälde von Charles de la Fosse stellen die Dreifaltigkeit dar.

nicht in Versailles; er bevorzugte Saint-Cloud oder Malmaison, doch hielt er sich oft bei seiner Mutter im Grand Trianon auf; seine Schwester Pauline bewohnte das Petit Trianon. Und auch der Park wurde damals in alter Pracht wiederhergestellt.

Durch den Architekten Pierre Fontaine erhielten die Grands Appartements und die Spiegelgalerie unter Ludwig XVIII. wieder ihr ursprüngliches Aussehen. Die Dächer wurden neu gedeckt, Außenanstriche erneuert. Schließlich errichtete Alexander Dufour den zweiten Pavillon am Eingangshof zum Schloß als Gegenstück zum Flügel Gabriels. Doch die Kosten für den Unterhalt des Schlosses scheinen ruinös gewesen zu sein, und der Zeitgeschmack lehnte den klassizistischen Stil ohnehin ab. Die Zukunft Versailles blieb ungewiß, bis Louis-Philippe das Schloß auf eigene Kosten restaurieren ließ und beschloß, hier ein historisches Museum einzurichten, das er „allem Ruhme Frankreichs" widmete. Die Einweihung des Museums fand am 10. Juni 1837 statt. Versailles war gerettet, doch die Nord- und Südflügel sowie die meisten Appartements hatte man verunstaltet.

Napoleon III. begnügte sich mit Maßnahmen zur Erhaltung des Schlosses, die Kaiserin Eugenie dagegen bemühte sich um die Wiederherstellung des Schlößchens Petit Trianon. Im Krieg von 1870/71 besetzten die Deutschen Versailles, und am 18. Januar 1871 wurde König Wilhelm I. von Preußen

Beim Bau der Oper hat sich Jacques-Ange Gabriel selbst übertroffen: Die Kühnheit des ovalen Grundrisses, die Harmonie der Proportionen, die vollkommene Akustik, die erlesene Ausstattung und die großartige Bühne machen sie zu einem der schönsten Theater der Welt.

Le Nôtre, der geniale Gartenarchitekt

Als Sohn eines königlichen Gärtners wuchs André Le Nôtre (1613–1700) in einem Haus am Rand des königlichen Gartens der Tuilerien auf. Im Atelier des Malers Simon Vouet lernte er zeichnen. Hier traf er wohl auch den Architekten Le Brun. Er erhielt zweifellos eine Ausbildung als Baumeister, wie sein sachkundiger Umgang mit Grundrissen und Räumen beweist. Vom Obergärtner der Tuilerien stieg Le Nôtre zum Generalaufseher der Gebäude des Königs auf. Und mit dem Entwurf des Parks von Versailles gelang ihm der glänzendste Erfolg der französischen Gartenkunst.

Die erste große Neuerung, die Le Nôtre einführte, war die perspektivische Gestaltung der Gärten, die bislang von Mauern oder Hecken eingeengt waren. Sein Stil läßt sich als kühne Geometrie definieren, wobei er die Bodenformationen großartig zu nutzen verstand. Vor den Gartenfassaden wiederholen die Broderie-Parterres – stickereiähnlich angelegte Teppichbeete aus lebendem Material – die ornamentalen Motive der Innenräume.

Le Nôtre führte nicht nur Fernblicke in die Kunst der Gartengestaltung ein, sondern auch die dazu erforderliche Größe. Auf einer Reise nach Italien entdeckte er schließlich die vielfältigen Möglichkeiten, die das Wasser bietet, und bezog das Motiv des Kanals in das geometrische Schema ein. In Versailles ließ er auf der Mittelachse den Großen Kanal anlegen. Etwas später ersetzte er zahlreiche Blumenbeete durch Wasserflächen. Vor allem aber fügte er unzählige Wasserspiele und Brunnen hinzu, die eine komplizierte Regie und viele Arbeitskräfte erforderten.

Weite, Harmonie, stilistische Klarheit

Dieses Bild von Jean Cotelle (1645–1708) zeigt ein Boskett, in dem Ludwig XIV. antike Statuen zwischen Wasserfontänen und Orangenbäumen aufstellen ließ. Die Anlage wurde 1704 entfernt.

und Majestät sind die typischen Merkmale der französischen Gartengestaltung, die Le Nôtre zu einer auch im Ausland bewunderten Kunst erhob. Er wurde vom König von England und von deutschen Fürsten eingeladen. Doch Le Nôtre lehnte die Einladungen ab, und da er Gärten nur dann anlegen konnte, wenn er an Ort und Stelle arbeitete, schickte er seine Schüler.

in der Spiegelgalerie zum Deutschen Kaiser proklamiert. Am 20. März 1871 tagte die Nationalversammlung im Opernsaal, der entsprechend umgewandelt wurde. Am 28. Juni 1919 erfolgte in der Spiegelgalerie die Unterzeichnung des Vertrags von Versailles, der den Ersten Weltkrieg beendete.

Das Schloß hat im Lauf der Zeit gelitten, es ist gefährdet. Seit 1950 werden zahlreiche Restaurierungsmaßnahmen durchgeführt, und sie dauern bis heute an. Die Konservatoren sind bestrebt, einerseits das ehemalige Dekor wiederherzustellen und die Appartements im Rahmen des Möglichen mit dem ursprünglichen Mobiliar auszustatten, andererseits die Sammlungen des historischen Museums zu erweitern. Der Palast hat seinen alten Glanz zurückerhalten, den so viele europäische Herrscher nachzuahmen suchten.

Alte und neue Städte

Mohendscho-Daro
Eine moderne Stadt um 2500 v. Chr.

Der britische Archäologe Geoffrey Bibby nennt die Induskultur das Aschenbrödel der Alten Welt, denn sie stand lange im Schatten der beiden anderen großen Kulturen: in Ägypten und in Mesopotamien. Während die Kulturen des Niltals und des Zweistromlandes griechischen und römischen Historikern bekannt waren und auch die Bibel von ihnen berichtet, war die Induskultur, die um etwa 1500 v. Chr. aus bisher noch unbekannten Gründen unterging, gründlich vergessen

worden. So gründlich, daß man nicht einmal etwas von ihrer einstigen Existenz ahnte oder vermutete, und das wäre ihr fast zum Verhängnis geworden. Als man nämlich um 1850 begann, in der Nähe des Indus, in einem Gebiet, das heute zu Pakistan gehört, eine Eisenbahnlinie zu bauen, da wiesen einheimische Arbeiter darauf hin, daß es in der Umgebung einen riesigen Erdhügel gebe, unter dem eine große Menge gebrannter Ziegel lägen, die sich doch bestens als Bettung für die Schienen eignen würden. Die

britischen Eisenbahnbauer, die Brüder John und William Brunton, fanden das auch, und so wurden Ziegel in einer Eisenbahnlinie verbaut, die mehr als 4000 Jahre alt waren.

Erst 1921 entdeckte eine Gruppe von Archäologen unter der Führung von Sir John Marshall, daß es sich bei dem schon reichlich ausgeplünderten Ziegelsteinbruch bei Harappa im Pandschab um die Ruinen einer Stadt handelte, die zu einer blühenden, hochentwickelten Kultur gehört haben muß- te. 1922 fand eine Archäologengruppe aus

Ein Stadtviertel von Mohendscho-Daro. Viele der Wände sind aus rohen Ziegeln gebaut und mit einer Schicht aus gebrannten Ziegeln verkleidet. Dadurch wurden die Mauern sehr dick, doch gewährleistete diese Bauweise eine ausgezeichnete Wärmedämmung.

Marshalls Team dann in der Nähe des Orts Mohendscho-Daro, etwa 650 Kilometer südwestlich von Harappa, eine weitere Ruinenstadt, die der ersten verblüffend ähnlich war. Man war also auf eine Kultur gestoßen, die eine nicht geringe geographische Ausdehnung gehabt hatte.

An beiden Stätten begannen nun Ausgrabungen, die sich zunächst sechs Jahre lang hinzogen und wichtiges Material zutage förderten. Die Städte der Induskultur, also auch die Stadtanlage von Mohendscho-Daro, waren teilweise aus rohen, meist aber aus gebrannten Ziegeln gebaut, und ganz offensichtlich lag ihnen eine genaue Planung zugrunde. Von allen bisher entdeckten Fundstätten ist die bei Mohendscho-Daro am besten erhalten.

Im Westen der Stadt erhebt sich ein hoher, rechteckiger Hügel, eine künstlich angelegte, befestigte Zitadelle; im Osten liegt auf einer weniger hohen, aber ausgedehnteren Anhöhe die eigentliche Stadt. Die Ausgrabungen haben über die Beziehungen zwischen Zitadelle und Unterstadt bisher noch keine genauen Erkenntnisse erbracht; bemerkenswert ist jedoch, daß die beiden deutlich voneinander getrennt sind.

Die Zitadelle ist eine Art Akropolis, 15 Meter über der Unterstadt gelegen. Wahrscheinlich bildete sie das Verwaltungs- und Religionszentrum und war wohl auch der Teil, in dem die weltlichen und religiösen Führer der Stadt wohnten. Man hat hier eine Gruppe von Räumen ausgegraben, die möglicherweise zu einer Tempelanlage gehörten. Ebenfalls im Inneren der Zitadelle entdeckte man zwei interessante Gebäude: das Große Bad und den Kornspeicher.

Das Große Bad ist ein Becken aus Ziegeln, 7 × 12 Meter groß und 2,4 Meter tief. Die Ziegel sind so genau in ein Bitumenbett

eingefügt, daß das Becken vollkommen wasserdicht ist. Mit Hilfe von Krügen füllte man das Becken mit Wasser aus einem Brunnen in einem Nebenraum, und da es über ein Abflußsystem verfügte, konnte man das Wasser in das Kanalsystem der Stadt ablassen. Das Bad war anscheinend von einem Bogengang umgeben, der im Norden und Osten zu einer Reihe von Räumen und Gängen führte. Schließlich bezeugt das Bruchstück einer Treppe, daß es ein Obergeschoß gegeben haben muß. Handelte es sich um ein öffentliches Bad oder um ein Kultbecken für rituelle Waschungen? Die meisten Archäologen neigen heute zu der Ansicht, daß es sich um eine religiöse Kultstätte handelte. In der Nähe des Großen Bades wurde ferner ein 70 × 24 Meter großes Gebäude entdeckt, das von einer 1,2 Meter dicken Mauer umge-

Eine durch Ausgrabungen freigelegte Straße. Die gerade aufstrebenden Mauern ohne jede Öffnung betonen die exakte Linienführung. Deutlich zu erkennen sind die gemauerten Rinnen der Kanalisationsanlage.

ben ist – vielleicht ein Tempel oder die Residenz eines Priesters?

Im Westen des Großen Bades ist man auf den Kornspeicher der Zitadelle gestoßen. Von der inneren Anlage des Speichers sind nur noch Spuren erhalten, doch vom Ganzen hat man eine recht genaue Vorstellung: Das Kornhaus bildeten 27 massive Blöcke aus Ziegeln, die auf einem Sockel von etwa 46 × 23 Metern standen. Zwischen den Blöcken zirkulierte die Luft in engen Durchlässen; auf diese Weise verhinderte man,

Die Zeichnung vermittelt einen Eindruck, wie Mohendscho-Daro in seiner Blütezeit um 2000 v. Chr. ausgesehen hat. Straßen und Gassen der Stadt waren schachbrettartig angelegt. Die meist zweistöckigen Häuser hatten Flachdächer, die zugleich als Terrassen dienten, und besaßen Innenhöfe, um die herum sich die Zimmer der Wohnungen gliederten. Das Leben spielte sich auf Straßen und Plätzen ab.

daß das Getreide, das in dem – heute verschwundenen – hölzernen Bau darüber lagerte, feucht wurde.

Im Süden der Zitadelle legte man die Grundmauern eines Saales frei, dessen am besten erhaltene Seite 30 Meter mißt. Er ist durch vier Reihen von je fünf Pfeilern in fünf Schiffe aufgeteilt. Man weiß noch nicht, wozu dieser Saal diente – vielleicht als Audienzsaal?

Die eigentliche Stadt ist ein Trümmerfeld. Einige der insgesamt neun Stadtviertel konnten jedoch ausgegraben werden. Die Stadt lag auf einer Art trapezförmiger Anhö-

he, etwa 200 Meter von der Zitadelle entfernt. Ihr völlig geometrischer Grundriß erinnert an ein Schachbrett. Etwa 10 Meter breite Prachtstraßen, die genau von Norden nach Süden und von Osten nach Westen verlaufen, teilen die Stadt in ihre neun Bezirke, die wiederum durch schnurgerade Gassen unterteilt sind. Es ist das älteste bekannte Beispiel einer konsequent durchgeführten Stadtplanung.

Zur Straße hin waren die Fassaden fensterlos; lediglich die Öffnungen, die die Häuser mit der Kanalisation verbanden, durchbrachen die Mauern. Die Türen waren gelegentlich groß genug, um Lasttiere durchlassen zu können. Die meisten Häuser waren zweistöckig und verfügten über einen

5000 Jahre Ziegelherstellung im Orient

Ein ägyptisches Grabgemälde aus der 18. Dynastie (1552–1306 v. Chr.) zeigt, wie vor Jahrtausenden Handwerker am Nil rohe Ziegel herstellten. Man sieht darauf zwei Männer mit Krügen Wasser aus einem Becken schöpfen und über einen Haufen lehmiger Erde gießen, der gehacktes Stroh beigegeben ist; andere Arbeiter kneten den Ton, bevor sie ihn in Holzrahmen füllen, in denen er die endgültige Form eines flachen Rechtecks bekommt. Diese Lehmbrote blieben in der Sonne liegen, bis sie trocken waren. Dann nahm man die so hergestellten Ziegel aus der Form und stapelte sie unter den aufmerksamen Augen eines Schreibers, der sie zu zählen hatte. In Jochtragen schleppten die Arbeiter sie anschließend zur Baustelle, wo die Maurer sie in regelmäßigen Schichten zu Mauern setzten. Das zerkleinerte Stroh ersetzte man gelegentlich auch durch zerstoßene gebrannte Ziegel.

Da rohe Ziegel den Witterungseinflüssen – Wind, Regen, Salz oder Sand – nur wenig Widerstand entgegensetzen und nicht sehr haltbar sind, haben die Baumeister anderer Kulturen den Ton durch Brennen gehärtet. Nun war es zwar leicht, die Ziegel zum Trocknen in die Sonne zu legen, doch schwieriger und vor allem langwieriger, sie in Öfen von nur geringer Größe zu brennen. Sicher war das ein wichtiger Grund, weshalb man gebrannte Ziegel fast nur für Außenverkleidungen verwendete, unter denen die rohen Ziegel vor der Verwitterung geschützt waren. In Mohendscho-Daro, wo man dieses Verfahren anwendete, sind deshalb viele Mauern auch heute noch vorhanden. In Ägypten wie in Mesopotamien jedoch nahm man ausschließlich rohe Ziegel für den Bau von Häusern; daher sind nur noch wenige Beispiele des normalen Wohnungsbaus dieser Kulturen erhalten geblieben. Noch heute folgen die Arbeiter der kleinen Ziegeleien an Nil, Tigris und Indus den althergebrachten Herstellungsmethoden: Die Lehmblöcke werden in Rahmen geformt, zum Trocknen in die Sonne gelegt und dann in Kohle- oder Holzöfen gebrannt.

Zwar ersetzen manchmal Schläuche und Karren Arm und Rücken des Menschen, um das Wasser zu holen und den Maurern die Ziegel zu liefern – doch die Bautechniken selbst haben sich seit Jahrtausenden kaum geändert.

Die Zeichnung stellt einen Versuch dar, einen Hafenkai in Mohendscho-Daro zu rekonstruieren. Der Indus war eine wichtige Verbindungs- und Handelsstraße. Aus dem Süden kamen über den Indischen Ozean ausländische Waren, aus dem Norden die Güter landeseigener Produktionsstätten.

Ein Abwasserkanal. Ein Teil der Abdeckung ist entfernt worden, so daß die Ziegelverkleidung gut zu sehen ist.

Diese pakistanischen Arbeiter stellen die Ziegel her wie vor 4000 Jahren Handwerker in Mohendscho-Daro. Die Tonerde wird mit Wasser verknetet und aufgehäuft. Ein Arbeiter sticht den Ton ab, ein anderer füllt ihn in eine Form und prägt ihm mit einem Stempel das Zeichen des Herstellers ein.

offenen Innenhof, der, wie die Räume des Hauses auch, mit Ziegeln gepflastert war. Die Häuser selbst hatte man aus gebrannten, gelegentlich auch aus rohen Ziegeln erbaut, die man mit gebrannten Ziegeln verkleidete. Sie standen auf Plattformen, die sie wohl vor den häufigen Überschwemmungen des Indus schützen sollten.

Die große Besonderheit von Mohendscho-Daro ist sein Kanalisationssystem, das erste bekannte Abwässersystem der Welt. Die meisten Häuser hatten einen eigenen Brunnen; wer keinen Brunnen hatte, konnte sich an einem öffentlichen Brunnen in der Gasse versorgen. Außerdem verfügte jedes Haus über ein Badezimmer, das durch eine Abflußröhre in der Wand mit der öffentlichen Kanalisation verbunden war. Einige Häuser hatten sogar eine Toilette aus Ziegeln mit Sitz, die an die Sammelkloake angeschlossen war.

In den weniger gut ausgestatteten Häusern waren zumindest Öffnungen in den Wänden vorgesehen, aus denen die Abwässer in draußen angebrachte Senkgruben geschüttet werden konnten. So war jedes Haus mit dem allgemeinen städtischen Abwassersystem verbunden, das verdeckt unter den Hauptstraßen der Stadt verlief.

Wie alt sind nun eigentlich die Städte der Induskultur? Für die Archäologen war von Anfang an klar, daß die Städte, die man bei Harappa und Mohendscho-Daro ausgrub,

Das Große Bad in der Zitadelle. Das Becken ist über zwei einander gegenüberliegende Treppen zu erreichen. Wahrscheinlich diente es kultischen Zwecken. Die umgebenden Gebäudesockel lassen vermuten, daß sich das Große Bad in einem mehrgeschossigen Gebäude befand.

zur gleichen Kultur und innerhalb dieser in die gleiche Zeit gehören mußten, doch war damit noch nichts über das tatsächliche Alter der Kultur ausgesagt. In beiden Städten war man auf Beispiele einer völlig gleichartigen Kultur gestoßen, auf Werkzeuge aus Feuerstein und Kupfer, auf bemalte Keramik mit völlig eigenständiger Musterung, auf Terrakottafiguren, die vielleicht eine Göttin darstellten, und man leitete daraus ab, daß die Bevölkerung von Ackerbau und Viehzucht lebte, daß in den Städten aber bereits ein reiches Handwerk blühte. Und ganz offensichtlich trieb man Handel mit dem Ausland – denn in Harappa und Mohendscho-Daro hatte man sehr typische viereckige Siegel mit Inschriften gefunden, die den Zusammenhang dieser beiden Städte bestätigten. In Mohendscho-Daro aber hatte man auch drei runde Siegel gefunden, die mit Siegeln aus Ur in Mesopotamien identisch waren. Und dort wiederum hatte man Siegel entdeckt, die Zeichen der Indusschrift aufwiesen. Die Siegel aus Ur wurden auf ei-

Was aussieht wie ein Turm, ist ein aus gebrannten Ziegeln gemauerter Brunnen. Er wurde in ältere Schichten gebohrt, die aus Material bestanden, das sich bei der Zerstörung früherer Häuser angesammelt hatte.

ne Zeit um 2200 v. Chr. datiert. Damit war ein Anhaltspunkt für die zeitliche Einordnung der Induskultur gegeben. Heute nimmt man an, daß die Induskultur in der Zeit zwischen 2400 und 1700 v. Chr. in Blüte stand.

Das plötzliche Ende der Induskultur ist ungeklärt. Möglicherweise haben Flutkatastrophen die Bevölkerung vertrieben, vielleicht war sie aber auch den Anstürmen hellhäutiger Nomaden aus dem Norden – der Sanskrit sprechenden Arja – nicht gewachsen.

Timgad
Eine römische Stadt in Nordafrika

Im algerischen Norden haben sich bemerkenswerte Zeugnisse der römischen Herrschaft bis in die Gegenwart erhalten. Einmalig unter den Baudenkmälern ist Timgad, eine planmäßig angelegte römische Stadt. Kein Geringerer als Kaiser Trajan veranlaßte ihre Gründung im Jahr 100 n. Chr. Mit der Ausführung des für damalige Verhältnisse gewaltigen Bauvorhabens beauftragte er seinen Legaten Munatius Gallus.

Tamugadi, wie die Stadt nach dem Willen des Gründers hieß, sollte eine Colonia werden, eine Veteranenstadt. Sie wurde also ausschließlich für Soldaten erbaut, die ihre Militärzeit verdienstvoll abgeschlossen hatten und dafür mit einem Haus und einem Stück Land belohnt werden sollten. Zugleich sah man in der Stadt eine Art Vorposten seßhafter Siedler inmitten eines Gebiets, in dem damals nur Nomaden lebten. Timgad sollte sicher kein militärischer Stützpunkt sein, doch darf man annehmen, daß die kampferprobten Bewohner im Ernstfall die Grenzen des Römischen Reiches verteidigt hätten. Die Grenzgarnison Lambaesis (heute Lambesis) lag nur etwa 20 Kilometer weiter westlich am Nordrand des Aurès. Aus diesem zerklüfteten Gebirge drohten immer wieder Nomadenstämme in die römischen Provinzen einzufallen.

Der Standort von Timgad wurde nach strategischen Gesichtspunkten bestimmt. Auf einem sanft nach Norden abgedachten Plateau gelegen, überschaute es zwei Trockentäler; eines durchschnitt das Aurès-Massiv im Westen, das andere im Osten. Auch ein natürliches Wasservorkommen gab es – eine lebenswichtige Voraussetzung in dem ausgetrockneten, unwirtlichen Steppenhochland. Timgad lag im übrigen an der römischen Fernstraße, die die Provinz Mauretania Caesariana im Westen und Africa Proconsularis, das heutige Nordtunesien, im Osten miteinander verband.

Durch diesen Triumphbogen kam man von Westen her in die Stadt. Erbaut wurde er rund hundert Jahre nach der Stadtgründung. Das mittlere Tor war dem Fahrzeugverkehr vorbehalten.

Eine vergleichsweise leichte Mauer ohne tiefe Fundamente umgab die Stadt. Einer längeren Belagerung hätte sie nicht standhalten können, aber vor kleineren Überfällen schützte sie doch. Bemerkenswert ist der streng geometrische Grundriß der Stadt. Ein Viereck mit einer Seitenlänge von 355 Metern (1200 Fuß) bildete den äußeren Rahmen. Zwei Hauptstraßen, der in Nord-Süd-Richtung verlaufende Cardo maximus und der in Ost-West-Richtung verlaufende Decumanus maximus, kreuzten sich genau im Mittelpunkt. Sie bildeten die Grundachsen für das Netz der anderen Straßen, die sich ebenfalls im rechten Winkel in regelmäßigen Abständen überschnitten. Sie unterteilten die Stadt in Quadrate von 20 Meter Seitenlänge, die eigentlichen Baublöcke, die man als Inseln (insulae) bezeichnete. Alle Straßen trugen eine gepflasterte Decke, wie es im ganzen Römischen Reich üblich war.

Mit ihrem Schachbrettgrundriß ähnelte die Stadt einem Militärlager. Sie verkörperte letztlich den strengen Ordnungssinn der römischen Gründer. Davon abgesehen, war die Quadrataufteilung sehr zweckmäßig, denn sie stellte sicher, daß jeder Bewohner ein gleich großes Grundstück erhielt. Dennoch gab es auch in Timgad Abweichungen von der Norm.

Wie jede römische Stadt verfügte auch Timgad über ein Forum, einen zentralen Versammlungs- und Marktplatz. Für ihn wurden vier Baublöcke unmittelbar an der Hauptkreuzung freigehalten. Direkt neben dem Forum befanden sich die Gebäude der Stadtverwaltung: die Kurie, wo sich der Stadtrat versammelte, und die Basilika, die als Gerichtslokal diente und verschiedene Behörden beherbergte. Auch das Kapitol, der Tempel, durfte natürlich nicht fehlen. Man errichtete es außerhalb der geschlossenen Stadtanlage, und zwar an einer erhöhten Stelle im Südwesten.

50 Jahre nach der Stadtgründung erhielt Timgad sogar ein Theater. Der Raum dafür – südlich an das Forum anschließend – war von vornherein eingeplant worden. Die ovalen Sitzreihen der Tribüne ließen sich am rückwärtigen Hang problemlos übereinanderstaffeln. Sie boten Platz für über 3500 Zuschauer.

Auf 20000 Menschen schätzt man die Einwohnerschaft der Stadt zu ihrer Blütezeit. Von den staatlichen Zuwendungen allein konnten die Veteranen und ihre oft vielköpfigen Familien nicht leben. Sie betrieben deshalb Landwirtschaft – ein mühseliges Unterfangen in der kargen Steppenlandschaft. Bevor sie die ersten Getreide- und

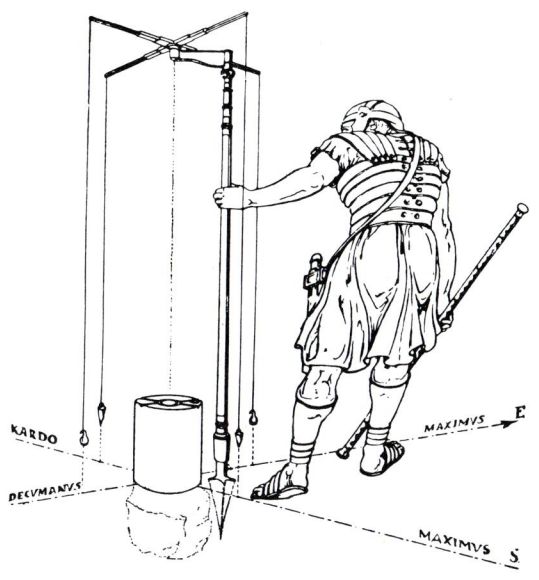

So kann man sich die Einmessung der beiden Hauptstraßen von Timgad vorstellen. Der römische Soldat benutzte dafür ein spezielles Gerät, groma genannt. Durch Anvisieren der aufgehenden Sonne wurde die Richtung der ersten Straße bestimmt, des Decumanus maximus. Die zweite Straße, der Cardo maximus, schneidet die erste rechtwinklig im Stadtmittelpunkt. Man ging beim Einmessen mit größter Genauigkeit vor, denn die Ausrichtung der beiden Grundachsen hatte einen bedeutenden religiösen Stellenwert.

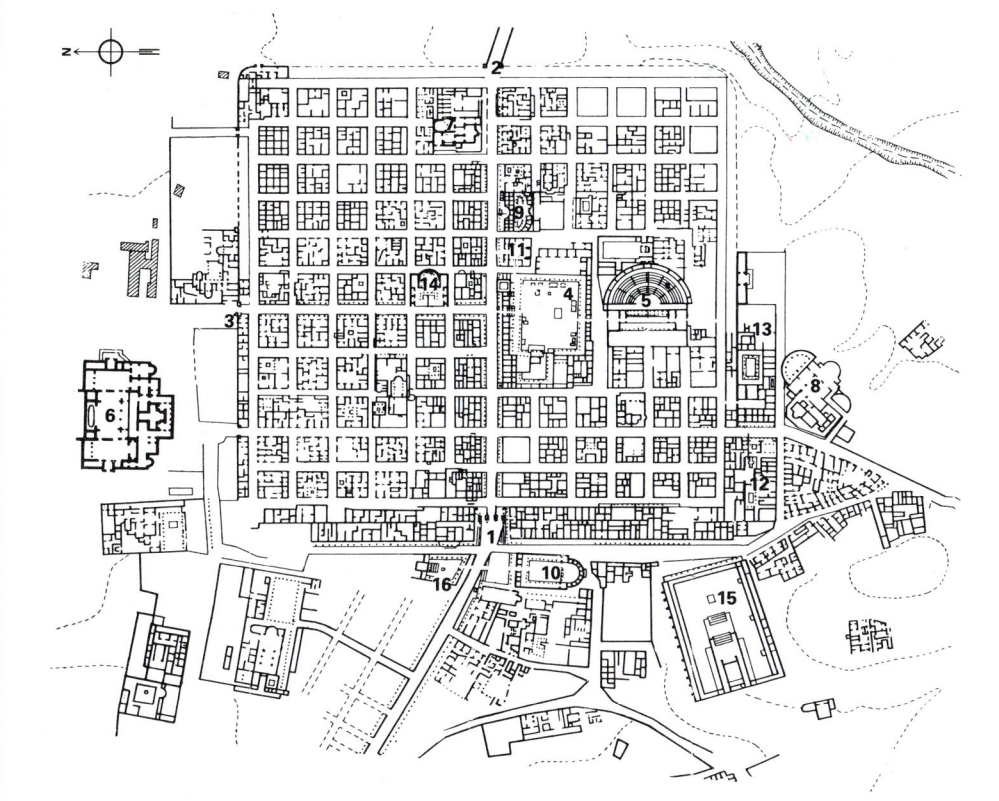

Grundriß von Timgad: 1. Triumphbogen; er schloß den Decumanus maximus im Westen ab. 2. Mascula-Tor. 3. Nordtor. 4. Forum. 5. Theater. 6. Nordthermen. 7. Ostthermen. 8. Südthermen. 9. Ostmarkt. 10. Sertoriusmarkt. 11. Sogenannte Blumentrogvilla. 12. Villa des Sertorius. 13. Haus des Hermaphroditen. 14. Bibliothek. 15. Kapitol. 16. Tempel für den Schutzgeist der Stadt.

Olivenernten einbringen konnten, mußten sie ein leistungsfähiges Bewässerungssystem anlegen. Das Wasser dafür spendete eine Quelle 200 Meter südlich der Stadt. Sie trug den Namen Aqua Septimiana Felix und wurde später sogar mit einem Wassertempel geehrt. Der Name spielt auf den Kaiser Septimius Severus an. Er hat die Quelle, der man vermutlich eine heilkräftige Wirkung zuschrieb, im Jahr 203 besucht. Auf Wasser stieß man aber auch in den benachbarten Trockentälern. Reste von Bewässerungsgräben lassen darauf schließen, daß man dort ebenfalls Land kultivierte.

Es war an alles gedacht worden, was den Veteranen und ihren Familien das eintönige Dasein versüßen konnte. Timgad verfügte allein über 14 Thermen, öffentliche Badeanstalten. Manche Privathäuser hatten zudem eigene Bäder, die aus Zisternen gespeist wurden. Die Thermen suchte man täglich auf – nicht nur, um sich zu waschen, zu baden und zu rasieren, sondern auch, um sich zu unterhalten, Gymnastik zu treiben oder zu lesen.

Ein wahres Kleinod sind die Nordthermen, die wie die anderen, größeren Thermen außerhalb der geschlossenen Stadt lagen. Sie bestechen durch eine prachtvolle Ausstattung mit Säulenhallen und Mosaikverzierungen. Die 80 × 60 Meter große Anlage verfügte über ein zentrales Frigidarium, ein Kalthaus mit zwei Wandelgängen. Rechts und links schlossen sich jeweils ein Caldarium, ein Tepidarium und ein Laconicum, also ein Warmbadehaus, ein Lauwarm-

Im Stadtzentrum lag das Forum. Säulengänge umgaben den 50 × 30 m großen Hauptplatz. Man fand dort Brunnen und Statuen, mit denen Kaiser und Wohltäter der Stadt geehrt wurden.

Badehaus und ein Schwitzbad mit Kaltwasserbecken, an. Eine Inschrift, die man neben den in Stein gravierten Linien für ein Brettspiel entdeckte, bringt den damaligen Zeitgeist treffend zum Ausdruck: Jagen, baden, spielen, lachen – das ist das Leben.

Diese 14 öffentlichen Bäder stellten einen Luxus dar, der nur möglich war, weil man bereits über eine komplizierte Wasserbautechnik verfügte. Ein dichtes Netz von Wasserleitungen, getrennt nach Frischwasser und Abwasser, durchzog die Stadt.

Doch nicht nur die Bäder zeugen davon, daß man großen Wert auf hygienische Verhältnisse legte, sondern auch die Latrinen, die man am Decumanus maximus in Zentrumsnähe eingerichtet hatte. Damals gab es in Privathäusern noch keine Toiletten, also mußte man die öffentlichen Latrinen aufsuchen. Sie bestanden aus Steinsitzen, in die runde Öffnungen eingelassen waren. Darunter floß ein Abwasserkanal, der für die notwendige Spülung sorgte.

Die Säulenhallen am Rand des Forums und der Ostmarkt mit seinen Kneipen und

Vom Theater aus schweift der Blick über Timgad. Die 14 Meter hohen Säulen des Kapitols (links im Bild) überragen auch heute noch die Stadt.

Buden waren weitere Treffpunkte der Stadtbevölkerung. Dort diskutierte man über Politik und Alltägliches oder ließ sich die Zukunft weissagen. Auch die Bildung kam nicht zu kurz. In Zentrumsnähe befand sich eine öffentliche Bibliothek mit Tausenden von Bänden.

Nicht zu vergessen ist das Theater mit seiner 15 Meter hohen Treppenbühne. Besonders beliebt waren Aufführungen von Pantomimen. Die Stücke behandelten häufig mythologische Themen. Tanz und Musik spielten eine wichtige Rolle. Der Nachruf auf einen besonders beliebten Pantomimen namens Vincentius, der als Inschrift erhalten blieb, läßt erahnen, wie populär das Theater damals war: „Während er bekannte Stücke tanzte, hielt er das ganze Publikum bis zum Anfang der Sterne in seinem Bann." Der Pantomime war erst 23 Jahre alt, als er starb. Die Inschrift hebt seine Tugenden ganz besonders hervor. Das hatte seinen Grund: Pantomimen standen im allgemeinen in dem Ruf, daß sie sich wenig um die Moral scherten. Und der Sittenkodex war sehr streng in Timgad!

Das römische Bürgerrecht räumte der Stadt und ihren Bewohnern ein beachtliches Maß an Selbständigkeit ein. An der Spitze der Stadtverwaltung standen zwei vom Volk gewählte Beamte, die Duumviri. Ihnen unterstand der Stadtrat, dem zehn Ratsherren angehörten, die sogenannten Dekurionen. Noch eine Stufe tiefer war die Bürgerversammlung angesiedelt. Die Dekurionen kamen aus den reichsten Familien; kraft ihres Geldes und ihres Einflusses waren sie die eigentlichen Stadtväter. Sie bezahlten sogar die meisten öffentlichen Gebäude aus eigener Tasche und regelten das kulturelle und soziale Leben in der Stadt. So überrascht es nicht, daß einer der Tempel am Forum der Göttin Concordia geweiht war, die Eintracht unter den Stadtvätern stiften sollte.

Das religiöse Leben dürfte in Timgad keine besonders ausgeprägten Formen angenommen haben. Der kapitolinischen Trias Jupiter, Juno und Minerva unterwarf man sich dort ebenso wie überall im Römischen Reich – das Kapitol verkörperte ihre zentrale Bedeutung. Daneben gab es nur noch bescheidene Heiligtümer: einen Tempel für Ceres, die Göttin der Feldfrucht, einen für den Schutzgeist der Stadt und einen für Mercurius, den Gott des Handels. Zu letzterem gab es tatsächlich auch einen Bezug: Südöstlich der Stadt lag ein kleines Gewerbeviertel, wo die verschiedensten Gegenstände für den alltäglichen Bedarf sowie kunstgewerbliche Artikel hergestellt wurden. Sie waren wichtige Handelswaren auf den Märkten der Stadt. Einer dieser Märkte war nach einem einflußreichen Bürger namens Sertorius benannt. Derselbe Sertorius besaß im Südwesten der Stadt eine prunk-

Römische Kultur am Rand der Wüste

Akanthusranken sind ein weitverbreitetes Motiv der römischen Mosaikkunst. Dieses Ornament stammt aus der Vorhalle eines Hauses.

Wer die ausgegrabenen Ruinen von Timgad besichtigt, gewinnt nur einen oberflächlichen Eindruck von den einzelnen Gebäuden, von ihrem Alter, ihrer Ausstattung und um vom Leben, das sie einst erfüllt hat. Die Archäologen haben jedoch darüber einige aufschlußreiche Erkenntnisse gewonnen. Beispielsweise entdeckten sie, daß manche Häuser und Grundstücke von der Norm abwichen, was auf soziale Unterschiede schließen läßt.

Die Häuser Timgads hatten nur ein Erdgeschoß. Die Räume waren grundsätzlich zu den schattigen Innenhöfen hin offen. Dort spielte sich das Privatleben ab. Große Vorhallen hatten die wenigsten Häuser. Eines davon war die sogenannte Blu-

mentrogvilla, die sich in der Nähe des Forums befand: Ein halbkreisförmiger, mit Masken verzierter Blumentrog schmückte ihren Innenhof.

In Timgad fand man besonders aufwendige Verzierungen. Zahlreiche Fußböden waren mit Mosaiken ausgelegt, wie sie auch für die anderen Römerstädte in der afrikanischen Provinz typisch waren. Barfuß lief es sich sehr gut auf der glatten Steinoberfläche. Vermutlich schätzte man die Mosaikböden auch, weil sie den Lichtschein widerspiegelten, der durch die Türöffnungen fiel. Dadurch wurde der Halbschatten in den Innenräumen etwas aufgehellt. Auffallend schön sind manche Blumen- und Rankenornamente, in denen die Farben Rot, Schwarz und Weiß vorherrschen. Daneben findet man viele geometrische Muster. Manche Mosaiken zeigen auch Motive aus der Mythologie. Sie stammen aus den Badeanstalten und können neben anderen Einzelfunden im heutigen Museum neben dem Ruinenfeld besichtigt werden. Besonders ausgereift ist die Darstellung von Diana, der Jagdgöttin, und Aktaion, der sie – in Gestalt eines Hirsches – beim Baden beobachtet. Ein anderes, gleichfalls künstlerisch vollendetes Mosaik zeigt eine junge Frau, die von einem Gott verfolgt wird. Es trägt den Namen Jupiter und Antiope. Wieder andere Mosaiken symbolisieren die vier Jahreszeiten, widmen sich den Flußgottheiten, erinnern an Venus, die römische Nationalgöttin.

Die Bilder- und Symbolwelt der römischen Bewohner Timgads unterschied sich in nichts von den Motiven, die in allen anderen Städten des Kaiserreichs populär waren. Einflüsse aus dem nordafrikanischen Kulturkreis, in dessen Mitte die Stadt lag, gab es nicht. Die römischen Veteranen bewahrten auch inmitten einer völlig anderen Umgebung alle die Dinge, die ihnen von ihrer Heimat her vertraut waren.

volle Villa mit mehreren Innenhöfen, Säulengängen und Bädern. Sie entstand in der Ära des in Nordafrika geborenen römischen Kaisers Septimius Severus, also um die Wende zum 2. Jh. In dieser Zeit erlebten die afrikanischen Provinzen und damit auch Timgad eine wirtschaftliche Hochblüte.

Im 3. Jh. gewann das Christentum in Nordafrika an Bedeutung. Timgad hatte eine ansehnliche Christengemeinde und wurde 256 sogar Bischofssitz. Das darauffolgende Jahrhundert brachte jedoch die Spaltung in Katholiken und Donatisten, Anhänger einer christlichen Sekte, die bis zum 7. Jh. in den Afrikaprovinzen verbreitet war. Zu der katholischen Kirche im Nordwesten der Stadt kam nun noch die Donatistenbasilika. Sie

befand sich außerhalb der geschlossenen Stadt, ebenfalls im Nordwesten.

Um das Jahr 430 fielen die Vandalen unter König Geiserich in die römischen Afrikaprovinzen ein. Hundert Jahre später wurden sie von den Byzantinern zurückerobert. Belisar, ein Feldherr aus dem Heer des Kaisers Justinian, besetzte Timgad. Die neuen Herren errichteten aus den Trümmern der großen Gebäude eine Zitadelle an der Stelle, wo zuvor der Quellentempel gestanden hatte. Diese Zitadelle wurde erst vor wenigen Jahren ausgegraben.

Die byzantinische Epoche währte nur kurz. Timgad wurde den arabischen Eroberern überlassen, die allerdings kein Interesse an der Ruinenstadt hatten: Timgad zerfiel.

Tikal
Eine Mayastadt mitten im Urwald

Das Gebiet des Petén in Guatemala, das heute unbewohnt und von dichtem tropischem Urwald bedeckt ist, war einst die Wiege der Mayakultur, einer der bedeutendsten Kulturen der Neuen Welt. Inmitten des Petén erheben sich die Ruinen von Tikal, der größten und ältesten Mayastadt.

Wenn sich bemerkenswerte Dinge in Tikal zutrugen, wurden Stelen aus Stein aufgestellt. Sie zeigten meist einen Mayawürden-

Die imposante Nordakropolis erhebt sich auf einer riesigen Plattform, die ungefähr 12 m über dem Großen Platz liegt. Bis gegen Ende des 9. Jh. errichteten die Maya hier eine Pyramide nach der andern, wobei sie frühere Anlagen einfach überbauten.

träger in Prunkgewändern, der von Glyphen und Daten umgeben war. Solche Stelen wurden zu manchen Zeiten in regelmäßigen Abständen errichtet. Die früheste Inschrift weist auf das Jahr 292 n. Chr. hin, doch wurden bei Grabungsarbeiten Keramikreste gefunden, die bis auf die vorklassische Epoche zurückgehen (600 v. Chr. – 250 n. Chr.). Die jüngste bisher entdeckte und entzifferte Stele trägt das Datum 869 n. Chr.

Man hat errechnet, daß auf dem rund 60 Quadratkilometer großen Gebiet der Stadt wohl ungefähr 100 000 Menschen gelebt haben. Allein schon das Zeremonial- und Regierungszentrum – es umfaßte 16 Quadratkilometer – hatte 50 000 Menschen beherbergt. In dieser zentralen Zone fand man über 3000 Monumente, Stelen und Altäre, Hunderte von Gräbern, Depots für Opferga-

ben und Räume, in denen Getreide und Früchte gelagert wurden.

In Tikal wie in allen anderen Mayastädten der klassischen Periode (3.–10. Jh.) unterscheidet man im wesentlichen zwei Arten von Bauten: Pyramiden und Tempel, die religiösen Zwecken dienten, und sogenannte Paläste, wo vermutlich Priester und hohe Regierungsbeamte wohnten und wo auch Verwaltungsarbeiten verrichtet wurden. Diese Bauten sind um Plätze herum gruppiert; einst waren sie durch gepflasterte Wege miteinander verbunden. Zwischen den Gebäudekomplexen hatten die Bewohner Gärten mit Blumen, Sträuchern und Bäumen angelegt.

Wenn man sich vom Zentrum der Stadt entfernte, gelangte man in die Wohnviertel. Das traditionelle Mayahaus, so wie es bei-

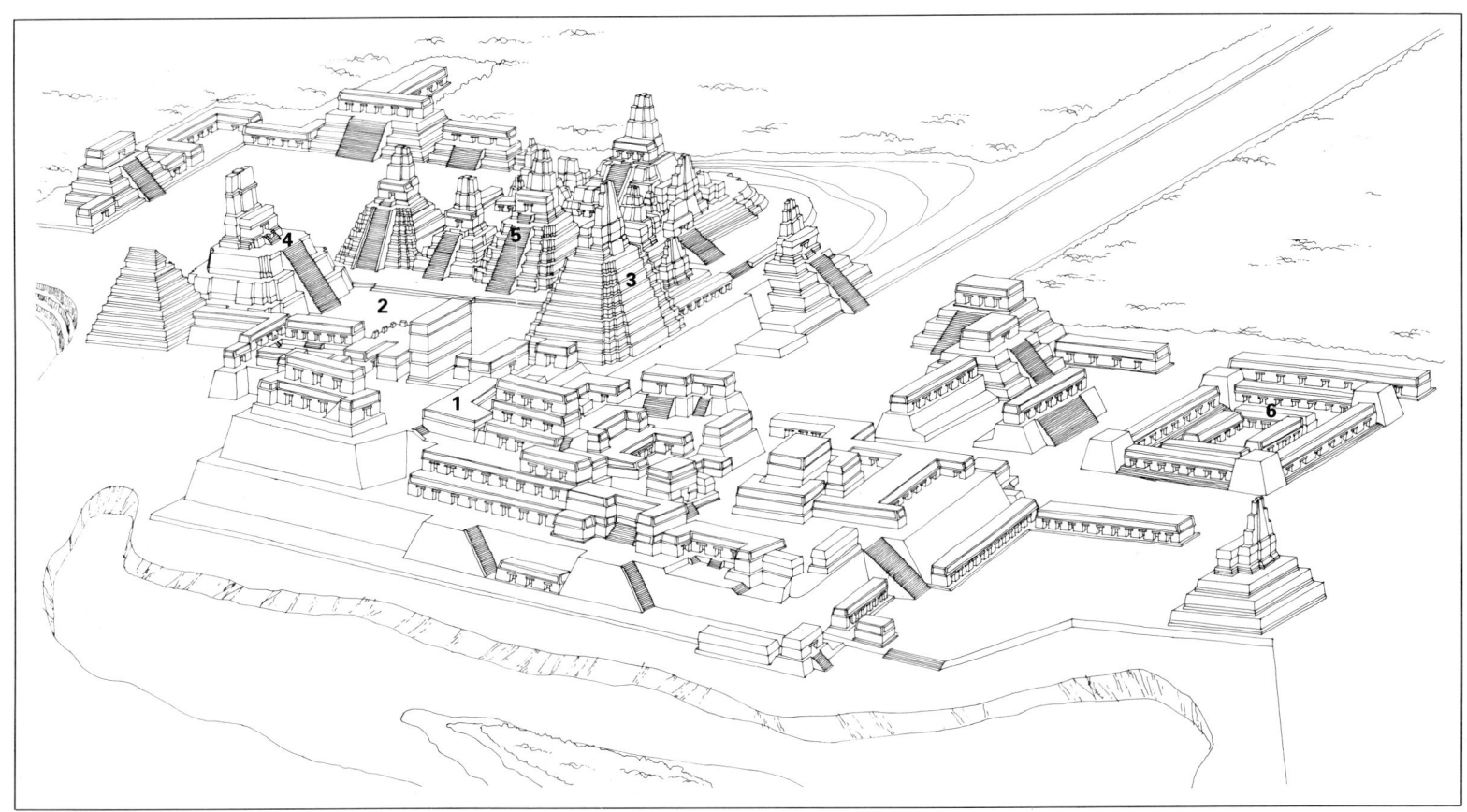

Plan des Zeremonialzentrums von Tikal. Im Vordergrund die Zentralakropolis (1) mit ihren Wohn- und Verwaltungsgebäuden. Sie grenzt an die Südseite des Großen Platzes (2), der rechts vom Tempel des Großen Jaguars oder Tempel I (3) und links vom Tempel II (4) abgeschlossen wird. Neben dem Großen Platz erheben sich die Tempel der Nordakropolis (5). Rechts der Markt (6), ein Platz mit doppelter Umfassung.

spielsweise am Tor von Labná und am Palast des Nonnenvierecks von Uxmal dargestellt ist, gleicht den Hütten der Lacandonen im Usumacintatal: Es besitzt einen viereckigen Grundriß, ist aus gestampftem Lehm erbaut und trägt ein Strohdach.

Das Gebiet des Petén war in der klassischen Periode dicht besiedelt. Kaum hatte man die Außenbezirke von Tikal hinter sich gelassen, näherte man sich schon einer anderen großen Stadt: Uaxactún. Sie war von einem Kranz anderer Städte umgeben, von Nakum, Yaxhá, Xultum … Inschriften auf Stelen, an Palästen und Tempeln geben Hinweise darauf, daß vermutlich jede Stadt eine Art Stadtstaat bildete, der sich selbst regierte. Diese Inschriften – man nennt sie Mayaglyphen – sind erst zum Teil entziffert worden. Außerdem haben die spanischen Eroberer über die Strukturen der Mayagesellschaft und die soziale Organisation dieses Volkes auf der Halbinsel Yucatán berichtet. Allerdings hatte die Kultur der Maya während der klassischen Periode von Tikal einen weniger kriegerischen, aber religiöseren Charakter als die der Maya Yucatáns, und die Priester besaßen in Tikal zu der Zeit vielleicht noch mehr Macht als in Yucatán.

In diesem Zusammenhang sind die engen Beziehungen zu erwähnen, die zwischen Tikal und Teotihuacán, dem bedeutenden religiösen Zentrum auf dem mexikanischen Hochland, bestanden haben. Die Anfänge

Wie bei allen Mayapyramiden von Tikal führt auch beim Tempel II eine schwindelerregende Treppe in die Höhe. Sie endet an einer Plattform, auf der ein Tempel steht, der von einer Cresteria bekrönt wird.

der Teotihuacánkultur reichen bis in die archaische Periode zurück. Spuren dieser Kultur lassen sich in Kaminaljuyú im Hochland von Guatemala und in Escuintla an der Küste dieses Landes nachweisen. Auch in Tikal macht sich der Einfluß von Teotihuacán bemerkbar. Grabgegenstände beweisen, daß die beiden Zentren in Beziehung zueinander

gestanden haben. Auf einer Stele ist ein Mayaherrscher dargestellt, umgeben von zwei Männern, deren Kleidung und Bewaffnung Rückschlüsse auf ihre Herkunft aus dem Hochland zulassen. Einer von ihnen trägt sogar auf einem Prunkschild das Antlitz des Gottes Tlaloc, der lebenspendenden Regengottheit, die in beiden theokratischen Hochkulturen verehrt wurde.

Tikal lag an der Handelsstraße, die das Hochland von Chiapas mit der Halbinsel Yucatán und der karibischen Küste verband. Hier wurden Waren ausgetauscht, z. B. Kakao, der in Chiapas gepflanzt wurde, gegen Früchte, die an der Küste gediehen. Obsidian (Vulkanglas), ein außerordentlich hartes Material, das aus Teotihuacán stammte, stellte bei den Völkern, die das Eisen noch nicht kannten, einen begehrten Handelsartikel dar. Sicher war auch die Bienenzucht weit verbreitet – der Honig war dort einst das einzige Mittel zum Süßen von Speisen. Das Kunsthandwerk blühte. Es entstanden prachtvolle Stein- und Holzreliefs, Wandmalereien, Webarbeiten und Federschmuck. Ein Teil der Bevölkerung war mit Bauarbeiten beschäftigt, doch die meisten Menschen betätigten sich in der Landwirtschaft und lebten außerhalb der Stadt.

Jede Mayastätte unterscheidet sich durch charakteristische Züge von den anderen. In Tikal sind es die gewaltigen Bauwerke der fünf gigantischen Tempelpyramiden, die

La Venta: das erste städtische Zentrum in Mexiko

Die älteste bekannte Siedlung in Mexiko, La Venta, liegt im heutigen Staat Tabasco und wurde wohl um 1100 v. Chr. gegründet. Sie lag auf einer Insel in einem Nebenfluß des Río Tonala, ist ungefähr 4,5 Kilometer lang und mißt an der breitesten Stelle 1,8 Kilometer.

Dort befinden sich heute noch vor allem runde Erdhügel und quadratische Erdpyramiden. Diese sind nach Norden und nach Süden ausgerichtet. Sie standen auf Terrassen, die wahrscheinlich mit Holz oder einer Art Stuck aus Muschelkalk verkleidet waren.

Die unglaublich reichen Funde der Olmekenkultur, die in La Venta entdeckt wurden und heute im nahe gelegenen Freilichtpark von Villahermosa aufgestellt sind, versetzen den Beschauer immer wieder in Erstaunen. Von der frühesten Epoche an hat sich die Kunst der Bildhauerei zu einem hohen Grad der Vollkommenheit entwickelt. Zahlreiche Opfergaben wurden in La Venta am Fuß der Pyramide gefunden: Kolossalköpfe aus Basalt, gewaltige monolithische Altäre, Steinmosaiken, die zum Teil mehr als 20 Quadratmeter bedecken, Stelen mit Jahreszahlen und Inschriften, kunstvoll geschliffene Hohlspiegel aus Hämatit – vermutlich zum

Entzünden des heiligen Feuers mit Hilfe von Sonnenstrahlen –, geschliffene Beile, Jadestatuetten, Basaltsäulen und stilisierte Jaguarmasken – alles Zeugnisse einer großen Aktivität zwischen 1100 v. Chr. und 400 n. Chr. Die Kunst der Olmeken von La Venta mit ihren Priestern oder Göttern ist wohl im wesentlichen von religiösem Kult inspiriert worden. Über diese Religion weiß man lediglich, daß eine Jaguargottheit und ein Ahnherr in Gestalt eines Jaguarjungen eine wichtige Rolle spielten.

Doch La Venta war auch ein intellektuelles Zentrum: Die Olmeken benutzten als erste Glyphen, mit denen sie die Daten des Kalenders festhielten. Auch prägte La Venta jahrhundertelang alle präkolumbischen Kulturen nicht nur in Mexiko, sondern in ganz Mittelamerika. Die typisch olmekischen Skulpturen von Chacaltzingo, von San Miguel Amuco, von Xoc und von der Pazifikküste bis nach Chalchuapa in El Salvador belegen eine Mutterkultur, aus der sich nach und nach die anderen präkolumbischen Kulturen entwickelten.

Olmekischer Kolossalkopf aus Basalt. Der über 2 m hohe und 15 t schwere Block stammt aus den 120 km entfernt liegenden Cintepecbergen und wurde wohl auf Flößen transportiert. Auf dem Kopf des Mannes eine Helmkappe, die vielleicht den Helm eines Ballspielers darstellt.

zum Teil eine Höhe von über 70 Metern erreichen. Sie überragen selbst die riesenhaften Urwaldbäume. Mit 40 Metern bleiben diese weit hinter den Mayabauten zurück. Charakteristisch für die Tempelpyramiden sind die quadratischen oder rechteckigen Sockel. Über eine Reihe stufenförmiger Absätze führt eine außerordentlich steil ansteigende, ununterbrochene Treppenflucht in die Höhe. Sie endet an der Plattform, auf der sich das Heiligtum erhebt.

Die Tempel selbst sind nicht sehr groß. Sie sind meist in zwei oder drei Räume unterteilt und durch enge Türöffnungen miteinander verbunden. Das Heiligtum war nicht für eine große Menge gläubiger Menschen bestimmt, sondern nur für die Prie-

Ausschnitt aus dem prachtvollen Palast des sogenannten Nonnenvierecks in Uxmal im Norden Yucatáns. Hier wurde eine strohgedeckte Mayahütte nachgebildet, wie man sie heute noch häufig findet.

ster. Die Decken der Tempelinnenräume waren einst mit fein skulptierten Edelholztafeln geschmückt, die Wände wohl mit gewobenen, farbenprächtigen Behängen bedeckt.

In den Tempeln hoch über der Erde waren die Priester den Gottheiten nahe. Auch konnten sie von dort aus die Gestirne besonders gut beobachten, und aufgrund ihrer Aufzeichnungen arbeiteten sie den Mayakalender aus, der selbst heute noch durch seine Genauigkeit die modernen Menschen in Erstaunen versetzt.

Der Tempel wird von einer hohen Cresteria – einem Steinkamm – überragt, die mit prachtvollen Schmuckmotiven aus Stuck verziert ist. Häufig ist die Cresteria mehr als dreimal so hoch wie der Tempel selbst.

Pyramiden und Tempel boten einst einen überaus bunten Anblick, denn beide waren mit Stuck verkleidet und in lebhaften Farbtönen bemalt, und ebenso farbenprächtig muß man sich die Prozessionen und Feierlichkeiten vorstellen, die sich rund um die

Tempelpyramiden abgespielt haben. Die hohen Würdenträger, die vom Tempel herab die Zeremonien leiteten, trugen prunkvolle Gewänder in flammenden Farbtönen. Sie waren mit den Federn exotischer Urwaldvögel geschmückt und mit prachtvollem Goldschmuck behangen. Doch fast ebenso farbenfroh angetan waren die Gläubigen, die sich am Fuß der Pyramiden versammelten, um Saat- und Erntefeste zu begehen, um astronomische Ereignisse zu feiern, etwa die Sonnenwende und die Tag- und Nachtgleiche. Große Zeremonien fanden auch bei der Einsetzung oder dem Tod eines Herrschers statt oder auch vor dem Auszug der Krieger in den Kampf.

Außer den Tempelpyramiden verdienen die Akropolen von Tikal Beachtung. Die Zentralakropolis besteht aus einer Menge komplexer Bauten, die auf verschiedenem Niveau errichtet und unterschiedlich ausgerichtet sind. Dazwischen befinden sich Höfe, breite Treppen und lange Gänge. Hier ist wohl viel geändert und ständig neu gebaut worden. Alle Arten von Gebäuden sind hier zu finden: von den Wohnungen von Beamten bis zu den Verwaltungsbauten und den Versammlungssälen des Priesterrats.

Dagegen besteht die Nordakropolis vor allem aus sieben Pyramiden, die alle auf einer

Detail aus der hölzernen Oberschwelle vom Tempel IV. Dargestellt ist wohl der Sonnengott. Die über 2 m hohe Schwelle ist ein seltenes Beispiel einer Holzskulptur der Maya.

Achse liegen. Ihre Heiligtümer sind größtenteils zerstört. Vor den Tempelpyramiden befindet sich eine Reihe von Stelen, die aus der klassischen Mayaepoche stammen. Insgesamt kann man die Nordakropolis als ein harmonisch wirkendes Zeremonialzentrum betrachten.

Für den Untergang Tikals und den der klassischen Mayakultur gibt es zahlreiche Erklärungen. Es ist jedoch anzunehmen, daß ein so entscheidendes Geschehen nicht nur eine Ursache hatte, sondern daß mehrere Faktoren zusammenkamen, etwa die Erschöpfung des landwirtschaftlich genutzten Bodens und der Aufstand der Bauern. Aus ungeklärten Gründen verlor die Oberschicht die Herrschaft über die Gesellschaft, und diese zerfiel mehr oder weniger schnell. Es mag sein, daß fremde Einflüsse oder fremde Eindringlinge dabei eine Rolle spielten, doch Tikal wurde nicht durch Feuer und Schwert zerstört, sondern letzten Endes durch die tropische Vegetation, die alles überwucherte und durchdrang.

Angkor
Die Tempelstadt der Gottkönige

Wie Versailles das Frankreich des Sonnenkönigs verkörpert, so ist der Tempel Angkor Wat unter der Vielzahl der Baudenkmäler, die zwischen dem 9. und dem 13. Jh. als Zentren der Hauptstädte des alten Kambodschas errichtet wurden, zum Symbol der Khmer-Kultur geworden.

Im 2. Jh. und erneut im 5. und 6. Jh. kamen handeltreibende Inder zu den Khmer nach Kambodscha. Sie beeinflußten die Khmer nachhaltig unter anderem mit ihren Religionen und Techniken. Dadurch entstand eine neue Kultur, deren politisch-religiöse Entwicklung im Gottkönigtum gipfelte. Im Jahr 802 erklärte sich Aschajavarman II. zum Gottkönig und ließ sich in der Gegend von Angkor, in der heutigen Provinz Siem Reap, nieder. Auch seine Nachfolger blieben in der fruchtbaren, gut bewässerten Ebene und errichteten dort ihre Residenzen.

Die Khmer bauten Reis im Überfluß an. Das war nur möglich, weil sie mit enormem Arbeitsaufwand riesige Stauseen aushoben und zahlreiche Kanäle anlegten, um ihre Felder zu bewässern. Durch diese Maßnahmen wurden im Lauf der Zeit große Gebiete künstlich gestaltet. Denn jeder König mußte eine neue Residenz bauen – und zu jeder Stadt gehörten nun einmal weitverzweigte Bewässerungssysteme.

Von den Städten sind heute nur noch die Tempel zu sehen, weil sie aus Stein gebaut wurden. Die Wohnhäuser aus Holz sind längst verschwunden. Die Pfahlbauten der einfachen Untertanen müssen die Kanäle und Stauseen gesäumt haben. Im Herzen jeder Stadt, hinter der Stadtmauer aus Stein, lag der Königspalast, der ebenfalls aus Holz errichtet war. Wie ein Königspalast ausgesehen hat, ist auf steinernen Flachreliefs zu sehen: Er hatte weite Galerien auf Säulen und Dächer aus lackierten Schindeln.

Von der kunstvollen Infrastruktur Angkors sind nur einige Wasserbecken und die Spuren eines alten Deichs übriggeblieben. Dafür sind die prachtvollen Tempel erhalten, die zeigen, wo die alten Städte gestan-

Die Westfassade von Angkor Wat. Das Heiligtum gehört zu den etwa hundert weiteren Monumenten von Angkor, die auf ungefähr 800 km² verteilt sind.

den haben, die sich einst über ein Gebiet von 40 Kilometer Länge und 20 Kilometer Breite erstreckten. Den ersten Rang unter diesen Monumenten nimmt Angkor Wat ein, das Suryavarman II. (1113–1150) erbaute.

Nach indischem Vorbild ist ein Khmertempel eine einfache kubische Zelle, die die Statue des Gottes birgt. Diese Zelle ist mit einer stufenförmigen Pyramide überbaut, deren „Stockwerke" nach oben kleiner werden. Dieser Tempelberg ist symmetrisch angelegt und nach Osten hin offen; seine Spitze markiert den Zenit und ein Brunnen in seinem Fundament den Nadir, den gegenüberliegenden Fußpunkt. Der Turm stellt den Berg Meru dar, den Dreh- und Angelpunkt des Universums. Auf der Spitze thront Schiwa, der Herr der Schöpfung,

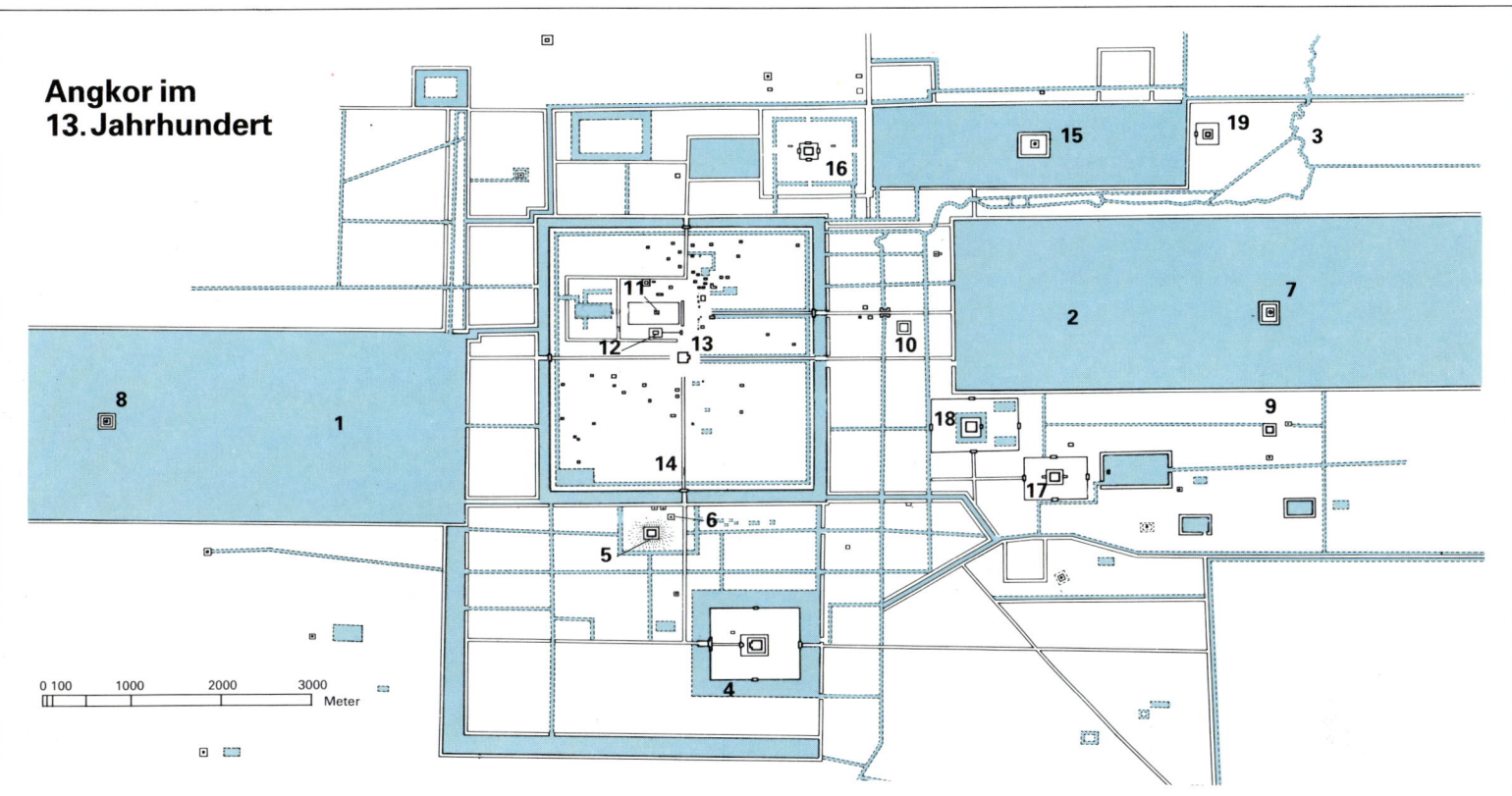

Angkor im 13. Jahrhundert

In Angkor wurde das Land durch ein riesiges Bewässerungsnetz parzelliert: Kanäle, Deiche und Reservoire (oder Barays) sorgten dafür, daß das Wasser gerecht auf die einzelnen Reisfelder verteilt werden konnte. Heute sind von dem einstigen Bewässerungssystem nur noch die Barays (1, 2), die aus den Flüssen wie dem Stung Siem Reap (3) von den nahen Hügeln gespeist werden, und die Gräben von Angkor Wat (4) erhalten. Die Khmer-Architektur ist hauptsächlich durch den Tempelberg ge-

kennzeichnet. Der Bacheng (5) ist der erste Tempel dieses Typs. Er ist ganz aus Sandstein und direkt auf einem Hügel gebaut. Im Gegensatz dazu ruhen der Baksei Schamkrong (6), die Mebons (7, 8) und der Pre Rup (9) mit ihren Ziegeltürmen auf einer künstlichen Pyramide aus Laterit. Später wurden die Tempel mit überdachten Galerien erweitert, die die verschiedenen Heiligtümer untereinander verbanden: z.B. beim Ta Keo (10), Phimeanakas (11) und vor allem Baphuon (12). Das un-

bestrittene Meisterwerk jedoch ist Angkor Wat (4). Beim Bayon (13) wurden zum erstenmal Gesichtertürme gebaut. Der Gesamtplan der Tempelanlage Angkor Thom (14) ist noch „klassisch" und einfach, der von Neak Pean (15) dagegen ist mit komplexerer Symbolik beladen. Diese Periode kurz vor dem Niedergang der Khmer-Kultur brachte immer reicher und sorgfältiger geschmückte Monumente hervor – etwa Preah Khan (16), Banteai Kdei (17), Ta Prohm (18) und Ta Som (19).

Straße der Riesen und Eingangstor mit Gesichtertürmen an der Südmauer von Angkor Thom (spätes 12. Jh.). Die Himmelsgeister tragen den Leib der Schlange Vasuki, der als Balustrade dient.

Wischnu und Brahma zu seinen Seiten, während die kleineren Götter und die Geschöpfe aller Reiche auf den Stockwerken darunter untergebracht sind. Der Tempel ist von einer Mauer und einem Graben umgeben, die die Berge und das Urmeer an den Grenzen der Welt symbolisieren. Das Ganze bildet einen Mikrokosmos, ein wahrhaftes Modell des Universums, wo die Gläubigen mit ihren Opfergaben die Götter um Stabilität der natürlichen Ordnung baten, vor allem aber darum, daß der fruchtbringende Regen wieder kommen möge.

Dem Gott fehlte es in seinem Tempel an nichts; man brachte ihm Salben zur Schönheitspflege und ausgesuchte Nahrung dar und sorgte mit Musik, Gesang und Tanz für seine Zerstreuung. Denn der Tempel war wie ein Königspalast angelegt. Eine Stadt aus Holzhäusern umgab ihn, in der Priester und Diener, Sklaven und Tempeldirnen wohnten. Um die Gläubigen zu unterweisen, erzählten Flachreliefs am Tempel die großen indischen Epen *Mahabharata* und *Ramajana,* die in Kambodscha sehr früh zu nationalen Heldensagen geworden waren. In diesen literarischen Darstellungen erkannte jeder den König, der über das Böse, verkörpert in seinen Feinden, triumphiert und den himmlischen Regen in seinen Wasseranlagen sammelt. Die Riten, die die Reliefs lehrten, galten jenen Menschen, die an die Seelenwanderung glaubten, als Möglichkeit, einer strafenden Wiedergeburt zu entgehen, und zumindest der König konnte mit ihrer Hilfe sogar direkt ins Paradies gelangen. So wurde nach dem Tod des Gründerkönigs der Tem-

Blick auf Angkor Wat. Im Hintergrund sieht man die 350 m lange Straße, die das Heiligtum mit dem Hauptportal im Westen am Rand des Wassergrabens verbindet.

Der Bayon, das letzte Werk der Baumeister von Angkor

Nach dem Bau von Angkor Wat unter der Herrschaft von Suryavarman II. schien die schöpferische Kraft der Khmer zu enden. Außerdem befreiten sich die gerade unterworfenen Tscham, überfielen Angkor und zerstörten es 1177. Eine materielle Katastrophe, gewiß, aber vor allem eine moralische: Ein hinduistischer König, der eine derartige Niederlage erlitten hatte, konnte nicht länger als Liebling der Götter und ihr Vertreter auf Erden erscheinen.

Dennoch versuchte ein letzter großer Herrscher, das Königreich unter einem neuen Glauben zu reformieren. Dschajavarman VII. machte sich den Haß der Bewohner von Angkor gegen die Eindringlinge zunutze; um 1181 ergriff er die Macht, schlug die Tscham vernichtend und bildete das Reich neu, das er bis 1219 regierte. Er war Anhänger des Buddhismus und gab Angkor durch viele neue Bauwerke im wesentlichen sein heutiges Aussehen.

So erhebt sich in der Mitte der Tempelanlage Angkor Thom der merkwürdige und faszinierende Bayon. Seine erste, etwa 180 × 140 Meter große Terrasse ist von einer Galerie mit Flachreliefs umgeben. Die zweite Stufe hatte anfänglich den Grundriß eines griechischen Kreuzes. Anbauten in den Winkeln schlossen es später zu einem Viereck. Galerien, an den Ekken und in der Mitte mit Tempeltürmen besetzt, folgen diesem komplexen Plan. Auf der dritten Plattform erhebt sich ein mächtiger runder Mittelturm, der 42 Meter hoch ist. Seine runde Mittelkapelle ist von acht strahlenförmig angeordneten Nebenkapellen umgeben. Die Mittelkapelle birgt eine Statue des meditierenden Buddha. Den eigentlichen Reiz des Bayons machen seine Gesichtertürme mit den heiteren Riesenantlitzen aus. An 54 Türmen sind auf vier Seiten identische kolossale Gesichter eingemeißelt.

Die religiösen Deutungen des Bayons sind unterschiedlich. Die wahrscheinlichste sieht in dem Tempel eine Darstellung des großen Wunders von Sravasti: Um die Ungläubigen zu überzeugen, füllte Buddha den Himmel mit kreisenden Bildern von sich, die tausendfaches Licht ausstrahlten. Der praktische Sinn des Bauwerks jedoch ist klar: Der König fühlte seinen Tod und den Untergang seines Landes nahen. Also versammelte er alle Götter des Landes, alle seine Vorfahren und Untertanen zu einem verzweifelten Rettungsversuch, indem er den Bayon errichten ließ. Doch vergeblich – Angkor ging unter.

Der Bayon auf einem Stich, den Louis Delaporte 1868 auf einer Expedition Doudart de Lagrées anfertigte. 1872–1873 besuchte er Angkor wieder und brachte Statuen und Abgüsse mit, die erste Studien der Khmer-Kunst ermöglichten.

pelberg sein Grabmal oder zumindest sein Kenotaph, ein strahlendes Symbol seiner vollendeten Bestimmung und damit seiner verdienten Befreiung.

Die allgemeine Anlage dieser Tempelberge veränderte sich im Lauf der Zeit kaum. In Form von Stufenpyramiden wurden mächtige Terrassen aus Stein übereinandergesetzt, die Türme und Heiligtümer trugen und fast maßstabgetreu den Heiligen Berg, die Achse der Welt, darstellten. Angkor Wat ist einer der Höhepunkte dieser Baukunst. Die Anlage ist am Erdsockel 1100 × 900 Meter lang und von einem 200 Meter breiten Wassergraben umgeben, dessen Böschungen einst auf ganzer Länge mit 14 Stufenreihen aus Stein versehen waren, die es den Gläubigen ermöglichten, sich bei jedem Wasserstand zu reinigen. Über den Wassergraben führt eine Deichstraße zu dem im Westen gelegenen Hauptportal, das 235 Meter lang ist und drei durch Galerien miteinander verbundene Türme aufweist – ein verkleinertes Spiegelbild der Hauptfassade des Heiligtums. Die Umfassungsmauer mißt 1025 × 800

Galerie mit Eckpavillons und Eingängen in allen vier Himmelsrichtungen gesäumt sind. Die zweite und dritte Etage sind nach Osten versetzt und tragen an den Ecken Türme. In der Mitte der Plattform der dritten Etage ragt der turmförmige Haupttempel 35 Meter hoch. Seine Spitze erhebt sich immer noch 57 Meter über den Boden, obwohl sie beschädigt ist. Galerien verbinden das Allerheiligste mit den Eingängen der dritten Etage und die Westtore der ersten und zweiten Stufe miteinander.

Doch mehr als diese streng symmetrische, grandiose Architektur fasziniert der reizvolle Skulpturenschmuck den Besucher. Jedes architektonische Element ist mit Blumen-, Tier- oder geometrischen Mustern verziert. Von den Wänden lächeln in unterschiedlichen Haltungen und Kostümen die himmlischen Nymphen herab, die den Auserwählten im Paradies verheißen sind.

Auf den Stürzen und Frontgiebeln erzählen Flachreliefs die Legende von Wischnu, den Suryavarman II. glühend verehrte und dem er Angkor Wat offenbar geweiht hat.

Jüngste Gericht, Episoden aus Heldensagen und schließlich das Leben des königlichen Erbauers selbst. Der Bildhauer arbeitete nach einer Vorzeichnung auf dem Stein, und obwohl er kaum ein paar Zentimeter tief meißelte, vermochte er es dennoch, seine Figuren subtil und mit präzisen Details zu modellieren. Insgesamt ist dies eine der wunderbarsten Reliefanlagen, die die Welt kennt, ganz besonders das Buttern des Milchmeers. Das Spiel der Halbtöne, die das vibrierende Licht moduliert, die Sicherheit der Zeichnung, die Perfektion der Ausführung halten jedem Vergleich stand.

Angkor Wat ist aller Wahrscheinlichkeit nach ein Wischnutempel. Da jedoch sein Gründungsdokument verschwunden ist, ebenso wie das wichtigste Götterbild, weiß man wenig über seine Geschichte und Funktion. Einiges an der Anlage bleibt geheimnisvoll, z. B. der Eingang im Westen. Man hat festgestellt, daß der Tempel auf den Sonnenaufgang zur Frühlings-Tagundnachtgleiche ausgerichtet ist und daß seine Maße und Proportionen den großen astronomischen Zyklen entsprechen; er ist also ein Modell des Universums und der Zeit. Gleichzeitig feiert er das Leben des Königs, der dank dieser kolossalen Opfergabe in das Paradies Wischnus eingehen konnte. Angkor Wat ist auch ein mystischer Pilgerpfad, der zur Erlösung führt. Sobald der Gläubige den Graben der Reinigung überwunden hatte und die Straße entlanggegangen war wie durch das irdische Leben, gelangte er zur Galerie der Flachreliefs. Er durchschritt sie, und dabei blieb der Tempel zu seiner Linken. Er lernte die Geschichte der Götter kennen, die dem König vorausgegangen waren, dann dessen Leben, schließlich das Gericht, das nach dem Tod Verdienste und Sünden vergalt. Wenn er weiter zur zweiten Etage hinaufstieg, stellte er fest, daß auch diese Galerie noch keinen Ausblick bot, denn ihre Fenster öffneten sich zur steinernen Leere der Höfe; dadurch sollte der Gläubige zur Besinnung angeregt werden.

Stieg er schließlich auf den mächtigen Sockel der dritten Etage, so gelangte er zur letzten Galerie, die an beiden Seiten zum Licht geöffnet war. Und am Ende dieser Wallfahrt erblickte der Gläubige auf der einen Seite die Heiterkeit des Gottes, auf der anderen die Welt bis zum Horizont mit dem Spiegel des gezähmten Wassers und der grünenden Üppigkeit der Felder.

Wie der König oder der Oberpriester hatte der Gläubige am Ende die Stadt zu seinen Füßen. So beherrschte er sie von dem Berg aus königlichen Steinen, wie die Götter die Welt hienieden vom ewigen Gipfel aus beherrschten. Keine Stadt der Welt ist gleichzeitig konkreter auf die Arbeit des Menschen begründet und großartiger von der Gegenwart der Götter geprägt.

Relief am Bayontempel in Angkor (12. Jh.). Parade der königlichen Armee; oben reiten Offiziere auf Elefanten aus der Stadt; unten marschieren mit Lanzen bewaffnete Soldaten.

Meter und umschließt den 82 Hektar großen heiligen Bezirk. Eine 350 Meter lange Sandsteinstraße führt im Inneren zum Fuß einer kreuzförmigen, zweistufigen Plattform, die vor der Hauptanlage liegt. Angkor Wat selbst mißt an der Basis 240 × 212 Meter und hat drei Etagen, die jeweils von einer

Noch erstaunlicher sind die Flachreliefs, die die ganze erste Etage schmücken. Auf der Außenseite ruht das Hauptgewölbe der Galerien auf Pfeilern, die von einem Halbgewölbe, das ebenfalls auf Pfeilern ruht, getragen werden. So flutet das Licht bis zur Hinterwand, wo die Reliefs angebracht sind. Zwischen jedem Eckpavillon und jedem Eingang befinden sich durchgängige Reliefs, die 2 Meter hoch und 47, 64 oder 83 Meter lang sind. Diese riesigen Bildergeschichten illustrieren die Götterlegenden, die Schöpfung des Universums – symbolisiert durch das Buttern des Milchmeers, des Urmeers –, das

Venedig
Die Stadt, die dem Wasser entstieg

Venedig ist, wie Le Corbusier sagte, „das unglaublichste städtebauliche Ereignis, das auf Erden existiert". In der Tat ist der Standort für eine menschliche Ansiedlung völlig ungeeignet, denn ständig ist die Stadt von der Natur bedroht. Doch der Mensch in seinem Erfindungsreichtum hat es immer wieder vermocht, allen widrigen Umständen zum Trotz diese Perle des Städtebaus zu erhalten.

Freilich fragt man sich, was Menschen veranlaßt, in einer Lagune voller Sandbänke und schmaler Landzungen auf schlammigem Untergrund Ansiedlungen zu gründen. Dafür muß schon ein triftiger Grund vorliegen. Bis ins 5. Jh. n. Chr. waren denn auch die Inselgruppen der Lagune unbesiedelt, und erst als die Westgoten unter Alarich in Oberitalien einfielen, suchte die Bevölkerung der adriatischen Küstenstädte hier zeitweilig Zuflucht. Dauerhafte Siedlungen sind

dabei noch nicht entstanden, obgleich die Legende den 25. März 421 als Gründungstag Venedigs festhält. Eine regelrechte Besiedlung des Gebietes begann erst, als erneut Invasoren die Bevölkerung zur Flucht zwangen, diesmal die Hunnen unter Attila, der 542 Oberitalien überrannte.

Seevenetien – wie man die Siedlung damals nannte – geriet um die Mitte des 6. Jh. unter die Oberhoheit des Byzantinischen (Oströmischen) Reiches, doch bereits hun-

ger des Geschlechts der Antenoreo und ihrer Anhänger, deren republikanische Wahlpolitik von den Franken unterstützt wurde.

Obelerio Antenoreo (804–810) konnte die Galbaio vertreiben, wurde zum Dogen gewählt und verbündete sich mit Karl dem Großen. Doch er wurde zwischen den Großmächten aufgerieben. 806 schickte Byzanz eine Flotte gegen die aufmüpfigen Lagunen-

ben haben, und zu dieser Zeit entstand auch der erste Dogenpalast, genau an der Stelle des heutigen Bauwerks. Doch war dieser erste, von Wasser umspülte Palast ein Holzbau, wie denn allgemein bis in das 13. Jh. hinein in Venedig fast ausschließlich mit Holz gebaut wurde. Steinbauten waren alleiniges Vorrecht der Kirche. Daß man allerdings auf dem sumpfigen Untergrund über-

Die Piazzetta verbindet den Markusplatz mit der Mole; links der Dogenpalast, rechts die Markusbibliothek. Zwischen den Säulen lag früher die Richtstätte.

siedlungen; um sie zu retten, erkannte Antenoreo formell die Oberhoheit Ostroms an, was die Franken wiederum so in Harnisch brachte, daß sie die Lagunensiedlungen Brandolo, Chioggia und Malamocco überfielen und brandschatzten. Angelo Partecipazio (810–827), in dieser verzwickten Situation zum neuen Dogen gewählt, verschanzte sich mit seinen Anhängern im unwirtlichsten Zipfel des Lagunengebietes, am Rivo alto, dem späteren Rialto; hier versuchte Pippin, der Sohn Karls des Großen, ihn zu belagern, mußte aber 811 unverrichteter Dinge wieder abziehen. Der bis dahin wenig bedeutungsvolle Ort am Rivo alto aber entwickelte sich rasch zu einer blühenden Stadt: Venedig.

Das Stadtgebiet Venedigs erstreckt sich über 118 Inseln, die von 177 Kanälen durchzogen und heute durch rund 400 Brücken miteinander verbunden sind. Schon zur Zeit des Dogen Angelo Participazio soll es rund hundert hölzerne Brücken in Venedig gege-

Der Reisebericht des Venezianers Marco Polo, der im 13. Jh. China besuchte, ist oft kopiert worden. Aus einer solchen Kopie stammt diese Darstellung Venedigs.

haupt bauen konnte, setzte voraus, daß man dem Boden die nötige Festigkeit aufzwang – und das geschah mit vergleichsweise einfachen Mitteln.

Zunächst errichtete man einen Wall aus Holzbohlen, um das Wasser abzudämmen. Dann wurden 2 Meter lange Pfähle aus Eichen- oder Lärchenholz, einer dicht neben den anderen, in den Grund gerammt. Die Zwischenräume strich man mit Lehm oder einer Mischung aus Teer und Sand aus. So entstand eine Art Boden, den man nun mit Holzbohlen abdeckte und dann mit Ziegelsteinen auslegte. Dieses Fundament lag knapp unter dem Meeresspiegel. Erst die darüber aufgelegte Schicht istrischen Marmors ragte über das Wasser hinaus. Der sehr

dert Jahre später versuchte die zunehmend erstarkte Lagunensiedlung, Schritt für Schritt diese Oberhoheit Ostroms abzustreifen. 697 war Paoluccio Anafesto zum ersten Dogen über die Lagunensiedlungen ernannt worden, und seine Nachfolger hielten es mal mit dem oströmischen Kaiser, mal versuchten sie, ihre Unabhängigkeit durchzusetzen. Entsprechend turbulent und kriegerisch ging es zu.

Hinderlich im Kampf gegen Byzanz waren vor allem die Querelen, in die sich die einheimischen rivalisierenden Geschlechter stürzten. Der Doge Mauricio Galbaio (764–787) hatte die freie Wahl des Dogen zugunsten der Erbfolge abgeschafft, zur lebhaften Freude der Byzantiner, aber zum Är-

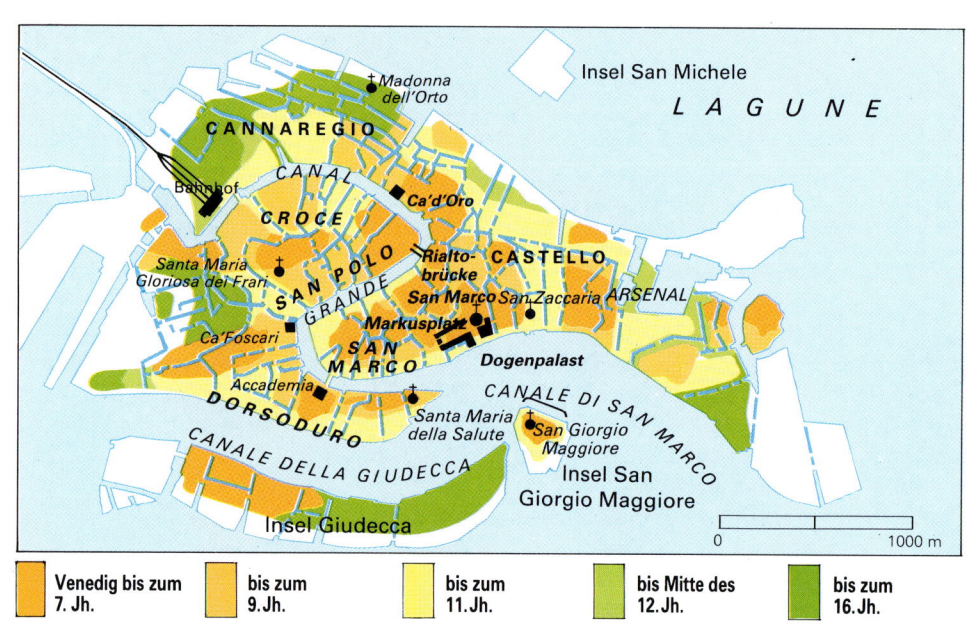

Das Wachstum Venedigs vom 7. bis 16. Jahrhundert

Insel San Michele

L A G U N E

† Madonna dell'Orto

CANNAREGIO

CANAL

Bahnhof

Ca' d'Oro

CROCE

Santa Maria Gloriosa dei Frari

SAN POLO

GRANDE

Rialto-brücke

CASTELLO

San Marco San Zaccaria ARSENAL

Markusplatz

Ca' Foscari

SAN

MARCO

Accademia

Dogenpalast

DORSODURO

CANALE DI SAN MARCO

Santa Maria della Salute

San Giorgio Maggiore

CANALE DELLA GIUDECCA

Insel San Giorgio Maggiore

Insel Giudecca

0   1000 m

| Venedig bis zum 7. Jh. | bis zum 9. Jh. | bis zum 11. Jh. | bis Mitte des 12. Jh. | bis zum 16. Jh. |

In vorgeschichtlicher Zeit lagerten Gletscher an der heutigen Küste Venetiens Moränen ab. Später senkte sich dann die Poebene, die Moränenhügel tauchten unter den Meeresspiegel, lediglich die Kuppen der höchsten Erhebungen überragten den Wasserspiegel. Während die ins Meer mündenden Flüsse ihre Ablagerungen in das flache Küstengewässer abluden, trugen die Meeresströmungen die angelagerten Sandbänke und Landzungen immer wieder ab. Diesem Wechsel zwischen Anschwemmung und Abtragung sind die Lagunen bis heute ausgesetzt.

Im 5. Jh. dienten die das Wasser überragenden Moränenreste und die angeschwemmten Sandbänke der Küstenbevölkerung als Zufluchtsort in den Wirren der Völkerwanderung. Man erkannte, daß man den Grund sichern und festigen konnte, um hier dauerhafte Siedlungen anzulegen. Die Karte zeigt, welche Teile Venedigs in welchem Jahrhundert befestigt und besiedelt wurden.

Die Markuskirche, im 9. Jh. für die Gebeine des Evangelisten Markus, des Schutzheiligen Venedigs, errichtet, erhielt ihre Kuppeln, den reichen Fassadenschmuck und das gotische Maßwerk erst im 13. und 14. Jh.

harte Marmor gab den auf diesem Fundament errichteten Gebäuden Stabilität und schützte vor allem auch gegen aufsteigende Feuchtigkeit.

Nach Holz waren Ziegelsteine das wichtigste Baumaterial Venedigs. Die gotischen Palazzi wurden aus Ziegeln gemauert, wie auch die Häuser der Bürger, der Handwerker und Kleinhändler. Noch heute prägen die gleichmäßig rostroten Fassaden der Häuser das Bild des inneren Stadtkerns. Die Adligen, die ihre Paläste in schlichter Untertreibung nur einfach als *casa* (Haus) bezeichneten, verzierten die Ziegelfronten durch Fensterrahmen, Maßwerk und Balkone in rosa und weiß getöntem istrischem Marmor, die einfachen Wohnhäuser blieben jedoch meist ohne solchen Schmuck. Während der Renaissance war vielen Adligen der schlichte Ziegel nicht mehr fein genug, und nun baute man ganz in Marmor.

Im Lauf der Jahrhunderte haben die Grundbefestigungen die Oberflächen der Inseln vergrößert; sie scheinen näher aneinandergewachsen zu sein, und die meisten Kanäle sind nur noch schmale Durchlässe mit stehendem Gewässer. Nur der Canal Grande, ein ehemaliger Arm der Brenta, zieht seine Schleifen 3,8 Kilometer lang in stolzer Breite durch die Inselstadt. An seiner

Dieses Gemälde von Vittore Carpaccio, um 1494 entstanden, gibt einen deutlichen Eindruck vom Aussehen Venedigs im 15. Jh., vor allem aber von der damaligen hölzernen Rialtobrücke. Der Bau war eine Zugbrücke, so daß auch große Schiffe den Kanal befahren konnten. Erst 1592 wurde die heutige Rialtobrücke fertiggestellt.

schmalsten Stelle, am Rialto, ist er immerhin noch 30 Meter breit, im Bereich der Mündung erreicht er 70 Meter Breite, und bei 5,2 Metern liegt seine größte Tiefe. Da der Canal Grande ein ehemaliger Mündungsarm ist, ist das Wasser dieser wichtigsten Verkehrsader Venedigs in Bewegung.

Die Stadt liegt knapp 4 Kilometer vom Festland entfernt und ist mit ihm durch den Ponte della Libertà verbunden. *Laguna morta*, die tote Lagune, wird das seichte, stehende, an manchen Stellen nur 30 Zentimeter tiefe Gewässer zwischen Festland und Stadt genannt. Seit dem 14. Jh. haben die Venezianer – bisher erfolgreich – darum gekämpft, das Verlanden der Lagune zu verhindern und Venedig vor dem Schicksal anderer ehemaliger Seestädte wie Ravenna und Adria zu bewahren. Die größte Gefahr sind die von den Flüssen herangetragenen Ablagerungen.

Dieser Gefahr begegnet man, indem man die Flüsse ablenkt oder die Fahrrinnen ausbaggert.

Das junge Venedig blühte als Handels- und Seestreitmacht auf. Aus dem Orient führte es Luxusgüter – vor allem Gewürze und Seidenstoffe – ein, die dann in den Norden weiterverkauft wurden. Daneben beteiligte sich Venedig mit Erfolg am Sklavenhandel, zog aber auch aus dem Verkauf des in den heimischen Lagunen gewonnenen Salzes gute Gewinne. Reiche Kaufleute bevölkerten die Stadt und gewannen auch politisch an Einfluß. Der Doge Pietro Tradonico (836–864) machte Venedig zur führenden

Seemacht des Mittelmeeres, indem er energisch den Ausbau der Flotte vorantrieb. Galt es doch, nicht nur Schiffe für den Handel zu haben, sondern auch für den Krieg gegen die immer dreister werdenden slawischen Piraten, die in der Adria ihr Unwesen trieben. Der Kampf gegen die Piraten sollte aber noch Jahre dauern; erst im Jahr 1000 gelang es dem Dogen Pietro Orseolo II. (992–1009), die Slawen endgültig zu schlagen.

Wer das heute dichtbebaute Venedig durchstreift, kann sich nur schwer vorstellen, daß diese im 11. Jh. so mächtig gewordene Stadt zu jener Zeit nur Wohnbauten aus Holz aufwies, die häufig genug schweren Brandkatastrophen zum Opfer fielen. Der erste Dogenpalast z. B. war 976 abgebrannt; 998 hatte man ihn prächtiger als zuvor wieder aufgebaut, doch 1105 wurde er bereits erneut ein Opfer der Flammen. Auch der im 13./14. Jh. – nun in Stein – errichtete Palast wurde 1483 in einem dritten Brand schwer beschädigt, und noch zweimal, 1574 und 1577, ereilte ihn dieses Schicksal – nicht unbedingt zu seinem Nachteil, denn jedesmal wurde er aufwendiger und prachtvoller wieder aufgebaut und ausgeschmückt.

Nachteile allerdings ergaben sich für die Wälder Dalmatiens und Istriens, aus denen man das Bauholz und die Hölzer für die Fundamente holte. Durch die exzessive Abholzung der Wälder wurden ganze Landstriche verwüstet, denn auch für den ständig wachsenden Flottenbau brauchte man Holz.

Daß eine Seemacht wie Venedig eine große Werft benötigte, wurde den Venezianern

klar, als Pisa und Genua sich zu gefährlichen Konkurrenten entwickelten. Bis 1104 hatten private kleine Werften den nötigen Schiffbau bewältigt, nun aber setzten die Kreuzzüge ein, und die frommen Ritter brauchten Schiffe, die sie ins Heilige Land beförderten, Schiffe, die Pisa und Genua liefern konnten. Venedig wollte nicht nachstehen und baute 1104 das Arsenal – im heutigen Stadtteil Costello gelegen –, die gewaltigste Schiffswerft damaliger Zeit. Neben der Werft war auch die Waffenschmiede hier untergebracht, ein richtiger Industriekomplex, der 30 Hektar Grund einnahm. Während der Glanzzeit Venedigs waren 16000 Arbeiter hier beschäftigt; täglich konnte eine Galeere vom Stapel laufen.

Während sich Venedig langsam zur Großmacht entwickelte, die im östlichen Mittelmeerraum eine Niederlassung nach der anderen gründete, verschlechterten sich die Beziehungen zu Byzanz drastisch. Unter dem 41. Dogen, Enrico Dandolo, setzte sich die venezianische Flotte an die Spitze des vierten Kreuzzugs. Es gelang Dandolo, die christlichen Ritter zu überzeugen, daß man gegen Konstantinopel ziehen müsse. 1203 wurde die Stadt erobert und das Lateinische Kaiserreich begründet, das ganz unter venezianischem Einfluß stand. Damit war Venedig für ein halbes Jahrhundert zur unbestrittenen Herrin des östlichen Mittelmeers geworden.

Der Reichtum, der nun nach Venedig floß, wurde unter anderem in den Ausbau der Stadt investiert. Die Piazza San Marco, der Markusplatz, war in seinen riesigen Ausmaßen schon festgelegt, aber noch ungepflastert und von einem Kanal durchzogen. Wegen seines trapezförmigen Grundrisses,

Venedig ruht auf Pfählen

Um im sumpfigen Lagunengelände überhaupt bauen zu können, mußte man einerseits festen Grund, andererseits Schutz vor den Meeresströmungen schaffen. Seit dem 5. Jh. ist Venedig durch solche Maßnahmen stetig gewachsen.

Zur Befestigung rammte man Lärchen-

oder Eichenstämme tief in den Boden, deckte sie mit Holzbohlen ab und schichtete darauf zum Schutz gegen aufsteigende Feuchtigkeit Ziegel- und Marmorauflagen (siehe Zeichnung). Auf diesen Fundamenten konnte man nun die Gebäude errichten. Durch diese Maßnahmen wurde zugleich auch die Stadtfläche vergrößert; die großen Hauptkanäle hat man nicht zugeschüttet, doch von den einst reichlich im Stadtgebiet vorhandenen Wasserflächen sind nur noch schmale Kanäle geblieben.

Man schätzt, daß ein Wald von mehr als 12 Millionen Stämmen die Last der Bauten Venedigs trägt. Die schwere steinerne Rialtobrücke, die zwischen 1588 und 1592 nach den Entwürfen Antonio da Pontes entstand, ruht auf insgesamt 12000 Pfählen. 1630 erhielt Baldassare Longhena den Auftrag, am äußeren Zipfel des Stadtteils Dorsoduro eine Kirche zu errichten als Dank der Stadt dafür, daß nach dem schrecklichen Wüten der Pest, die allein in Venedig mehr als 50000 Menschen hingerafft hatte, die Seuche nun nachließ. Da mußten als Untergrund für den Bau genau 1156627 Stämme in den Boden getrieben werden.

234

einer kennzeichnenden Besonderheit venezianischer Architektur, wächst seine Breite von 56 Metern im Westen auf 82 Meter im Osten an. 1260 erhielt der 175 Meter lange Platz ein erstes Ziegelsteinpflaster. Von den Bauten, die heute den Platz umschließen, standen lediglich der Campanile – noch ohne das Spitzdach – und die Markuskirche. Der damalige Dogenpalast hatte mit dem heutigen Monumentalkomplex noch wenig gemein; er entstand erst um die Mitte des 14. Jh.

Der einstige schlichte Holzbau der Markuskirche, nach 828 für die in Alexandrien geraubten Gebeine des Evangelisten Markus errichtet, den die Venezianer zu ihrem Schutzheiligen erklärt hatten, war zusammen mit dem ersten Dogenpalast 976 abgebrannt. Die darauf neu aufgebaute Markuskirche hatte man im 11. Jh. wieder abgerissen und durch den heutigen Bau ersetzt. Nach der Eroberung Konstantinopels gab man große Summen aus, um die Kirche wei-

nerkirche Santa Maria Gloriosa dei Frari, im Volksmund kurz I Frari genannt.

Den Dominikanern wies man im Bezirk Castello Grund zu. Sie bauten dort ab 1260 die Klosterkirche Santi Giovanni e Paolo, kurz San Zanipolo genannt. Nicht etwa die Markuskirche, sondern diese Kirche der Dominikaner ist mit 101,5 Meter Länge die größte Kirche Venedigs.

Der neue Reichtum hatte auch die Architektur der Profanbauten verändert. Besonders im Rialtobezirk wurden jetzt die ersten Palazzi in Stein errichtet. Von den rund 350 historischen Bauten, die die Ufer des Canal Grande säumen, gehören rund 70 in die Epochen des veneto-byzantinischen Stils und der Gotik. Sucht man nach einer lückenlosen Darstellung der Entwicklung der venezianischen Palastarchitektur, so muß man nur eine Fahrt auf dem Canal Grande unternehmen.

Die ältesten Palazzi, wie etwa der Palazzo Loredan oder der Fondaco dei Turchi, wa-

Auch in Venedig gibt es schlichte Wohngegenden, die nichts von der Pracht und Herrlichkeit der reichen Handelsstadt und einst mächtigsten Seemacht des Mittelmeeres ausstrahlen.

Gegenüber der Accademia am Ufer des Canal Grande steht der Palazzo Cavalli-Franchetti aus dem 15. Jh., der sich durch sein reiches Maßwerk und die drei Geschosse als typisch gotisches Bauwerk ausweist. Er wurde im 19. Jh. restauriert.

Von der Mole an der Piazzetta und vom Schiavoni-Ufer aus blickt man über den Canale di San Marco hinüber zur Insel San Giorgio Maggiore mit der gleichnamigen Klosterkirche der Benediktiner. Der aus dem 10. Jh. stammende Bau wurde in den Jahren nach 1566 von Andrea Palladio neu errichtet.

ter auszubauen, und genierte sich auch nicht, den Prachtbau mit Diebesgut zu schmücken – so z. B. mit den vier Bronzepferden, die vom Hippodrom in Konstantinopel stammten und die nun zum Mittelpunkt der Westfassade von San Marco wurden.

Wie dicht die Viertel um San Marco und am Rialto auch im 13. Jh. schon bebaut waren, zeigt die Geschichte der Kirchen der Franziskaner und der Dominikaner, jener großen italienischen Bettelorden, die sich gern Niederlassungen in den Städten schufen. Auch in Venedig wollten sie sich festsetzen; doch nur „außerhalb", im noch dünnbesiedelten Westteil des heutigen Bezirks Santa Croce, gab es Platz für die Franziska-

Venedig in Gefahr

Venedig schützen, das hieß vor Jahrhunderten vor allem, den Kräften der Natur entgegenzuwirken, das Verlanden der Lagune ebenso zu verhindern wie die Abtragung der Inseln durch das anbrandende Meer. Noch Anfang des letzten Jahrhunderts beschwor der englische Dichter P. B. Shelley diese natürlichen Gefahren, die Venedig bedrohen, in einem Gedicht: „Du warst des Ozeans Kind, dann seine Königin. Nun, da ein dunkler Tag gekommen, wirst du bald seine Beute sein."

Wenn heute die Gefahr besteht, daß Venedig im Meer versinkt, dann ist das weitgehend eine von Menschenhand herbeigeführte Gefahr. Auf dem Festland wurden die Industriehäfen Mestre und Maghera gebaut; Fabriken und Raffinerien entstanden hier, vor denen Ozeandampfer ankern. Weil die Fabriken das benötigte Süßwasser dem Grundwasser entnehmen, entstehen unterirdische Hohlräume – der Boden sinkt ab. Damit die riesigen Schiffe passieren können, wurden zwischen den Inseln tiefe Fahrrinnen ausgebaggert. Durch diese unnatürlichen Breschen strömt Meerwasser in die Lagune, so daß Venedig, weil es nun stärker als früher absinkt, vom Hochwasser bedroht ist.

Hochwasser – *aqua alta* – ist eine der größten Gefahren für Venedig, denn die Stadt sinkt: Um die Jahrhundertwende maß man 2 mm jährlich, in den 70er Jahren schon mehr als 5 mm. Flutkatastrophen, so wie etwa die vom November 1966, machen deutlich, daß nur drastische Maßnahmen die Lagunenstadt retten können.

Außerdem hat man für neue Industrieanlagen und neue Verkehrswege weite Lagunenteile entsumpft und aufgefüllt. 1846 bauten die Österreicher eine Eisenbahnbrücke vom Festland nach Venedig. 1933 wurde parallel zu dieser Bahnstrecke ein Damm für den Autoverkehr aufgeschüttet. Die Wasseroberfläche der Lagune wurde also verringert, während sich durch das einströmende Meerwasser die Überflutungsgefahr vergrößerte.

Das Problem der Industrieabwässer, die in die Lagune geleitet werden und sie systematisch verseuchen, ist drängend, denn nicht nur der Fischbestand ist gefährdet, sondern das verseuchte, aggressive Wasser greift auch die Holzpfähle an, auf denen die Stadt ruht.

Leiden andere Städte unter Autoabgasen, so ist dies ein Problem, das Venedig in dieser Form wenig berührt, dennoch leidet auch Venedig unter dem Übel der Abgase – allerdings unter denen der Industrie. Sie greifen den empfindlichen istrischen Marmor der Gebäude an, zersetzen ihn, machen ihn bröckelig.

Verursachten die Boote und Gondeln früherer Jahrhunderte nur sanften Wellenschlag, so bedeutet der sehr viel stärkere Wellengang, den die zahlreichen Motorboote auslösen, eine starke Belastung für die ständig unterspülten Fundamente der direkt am Wasser stehenden Gebäude. Rasche Hilfe tut not!

Blick vom Campanile über den Canal Grande auf das großartigste Werk des Barockarchitekten Baldassare Longhena: die Kirche Santa Maria della Salute, die 1687 geweiht wurde. Im Hintergrund die Inseln der Giudecca mit der Kirche Il Redentore von Andrea Palladio.

ren ursprünglich zweigeschossig. Breite Arkadenbogen im Untergeschoß wiederholen sich als schmalere Bogen im Obergeschoß. Der horizontalen Zweiteilung steht eine vertikale Dreiteilung gegenüber: Ein breiter, betonter Mittelteil ist von zwei schmaleren Seitenteilen eingerahmt. Die Schauseite der Palazzi ist grundsätzlich dem Wasser zugewandt, auch die jener Häuser, die an den Seitenkanälen stehen.

Im 14. und 15. Jh. setzte sich die gotische Bauweise durch. Die Gebäude wurden um ein Geschoß aufgestockt, die typische Dreiteilung der Vertikalen blieb jedoch erhalten. Das erste Geschoß wurde nun weitgehend geschlossen, die typischen Spitzbogentore der Gotik ersetzten die offenen Arkaden. In den darüberliegenden Geschossen erschienen statt der Arkaden deutlich abgesetzte Fenster. Machten die Häuser des 13. Jh. einen relativ schmucklosen Eindruck, so zierte diese neuen Bauten reiches Maßwerk. Ein typisches Beispiel dieser Epoche ist der Palazzo Pisani-Moretta, das bekannteste aber ist sicher die Ca' d'Oro.

Auch in der Renaissance wurde die Betonung der Dreiteiligkeit, mit Akzent auf dem Mittelteil, beibehalten, was eigentlich dem Ideal der Renaissance widerspricht. Aber Venedig hat seine Eigenständigkeit immer gegenüber allen Strömungen der Zeit behauptet, und diese Haltung hat es auch im Barock nicht geändert. Denn während Barockbauten sonst oft überladen wirken, erscheinen sie in Venedig durchaus majestätisch und prächtig, doch keineswegs üppig; als Beispiel dient die Fassade der Scalzi-Kirche oder der Palazzo Belloni-Battagia.

Erst mit der ausgehenden Gotik begannen Architekten, Bildhauer, Maler und andere Künstler in Venedig namentlich hervorzutreten. Unter den Malern des 15. und 16. Jh. sind Giovanni Bellini, Cima da Conegliamo und Vittore Carpaccio zu nennen. Giorgione, dessen Lebensdaten nicht genau bekannt sind – er wurde um 1478 geboren und starb etwa 30jährig an der Pest –, war etwa gleichaltrig mit Tizian, der ihn um viele Jahrzehnte überlebte. Sicher einer der bedeutendsten Söhne Venedigs ist Jacopo Robusti, genannt Tintoretto. Der 1518 geborene Sohn eines Färbers *(tintore)* arbeitete fast sein ganzes Leben lang in Venedig. Eines seiner bedeutendsten Werke ist das Markuswunder in der Accademia.

Unter den Architekten ragen vier große Gestalten hervor: Lombardo, Sansovino, Palladio und Longhena. Der um 1435 geborene Pietro Lombardo war als Bildhauer und Architekt tätig. Er entwarf den Schmuck für den Chor von San Giobbe und führte die Skulpturen selbst aus. Sein wichtigstes Werk ist die Kirche Santa Maria dei Miracoli (1481–1489).

Auch Jacopo Sansovino, 1486 in Florenz geboren, war Bildhauer und Architekt. Er führte den Stil der Hochrenaissance, den er in Rom kennengelernt hatte, in Venedig ein. Sein erster Auftrag hier war die Renovierung der Hauptkuppel der Markuskirche. Diesen Auftrag erledigte er so erfolgreich, daß er 1529 zum obersten Baumeister von San Marco ernannt wurde. Zu Sansovinos großen Werken gehören die Markusbibliothek (1536–1582) und die Münze *(Zecca)* gegenüber dem Dogenpalast. Auch die Kolossalstatuen an der Scala dei Giganti und die Bronzetüren zur Sakristei in der Markuskirche hat er geschaffen.

Andrea Palladio war in Venedig der bedeutendste Nachfolger Sansovinos, darüber hinaus aber einer der einflußreichsten Architekten Italiens überhaupt. Er war der erste Berufsarchitekt seiner Zeit, denn anders als seine Zeitgenossen, etwa Michelangelo oder Sansovino, hat er sich auf keinem anderen künstlerischen Gebiet betätigt. In Venedig baute er vor allem Kirchen: Für die von Sansovino geplante San Francesco della Vigna schuf er 1572 die Fassade, außerdem

Die asymmetrischen Gondeln, aus acht verschiedenen Hölzern gebaut, sind 10,15 m lang und 1,4 m breit; die linke Hälfte ist 24 cm breiter als die rechte. Der eiserne Bugaufsatz symbolisiert die Dogenmütze, seine Sporne die sechs Stadtteile.

baute er San Giorgio Maggiore (1566 begonnen) und Il Redentore (1577–1592). Für die im 16. Jh. dringend benötigte neue Rialtobrücke hatte Palladio einen Entwurf vorgelegt, der aber nicht angenommen wurde; statt dessen erhielt Antonio da Pontes Entwurf den Zuschlag.

Der in Venedig 1597 geborene Baldassare Longhena gilt als der einzige wirklich große Barockarchitekt dieser Stadt. Der 1647–1663 erbaute Palazzo Belloni-Battagia gehört ebenso zu seinen Werken wie die Palazzi Rezzonico und Giustinian-Lolin und der Palazzo Pesaro, der allerdings erst lange nach seinem Tod vollendet wurde. 1630 hatte Longhena den Wettbewerb für die Kirche Santa Maria della Salute gewonnen, an der er sein ganzes Leben lang arbeitete und die doch erst nach seinem Tod geweiht wurde.

Venedig läßt sich nicht auf wenigen Seiten beschreiben. Diese Stadt mit ihren zahllosen Kirchen, mit ihren Palästen und Brükken, ihren schlichteren Häusern und Plätzen ist ein architektonisches Wunderwerk, das einen heroischen Kampf führt – gegen die Gewalten der Natur, aber auch gegen den unaufhörlichen Strom der Touristen.

Hongkong
Eine Stadt auf der Suche nach neuen Wegen

Ursprünglich nur eine Insel im Südchinesischen Meer, heute durch eine künstliche Verbindung zum Festland zur Halbinsel geworden, die zusätzlich auf dem Festland an Boden gewonnen hat; ursprünglich nur eine Kolonie auf bergigem, felsigem Gelände, heute ein mächtiges Industriezentrum – so stellt sich die Entwicklungsgeschichte des Stadtriesen namens Hongkong dar, eine der überraschendsten Verwandlungen des 20. Jh.

Hongkong: Das ist der Name eines in der Welt einzigartigen politischen Puzzlespiels, das sich aus verschiedenen Teilen zusammensetzt: aus der Insel Hongkong mit der Hauptstadt Victoria, aus der Halbinsel Kaulun mit der gleichnamigen Stadt, aus dem im Hinterland der Halbinsel gelegenen Gebiet der New Territories sowie aus 236 meist unbewohnten Inseln, von denen Lantau westlich der Insel Hongkong die größte ist. Die gesamte Ausdehnung der britischen Kronkolonie Hongkong beträgt heute 1045 Quadratkilometer.

Zu Beginn des 19. Jh. war Hongkong eine mehr oder weniger öde Insel aus Sand und Felsgestein, auf der lediglich ein paar Fischer wohnten, ein Eiland also, das wenig geeignet schien, sich in eine wirtschaftlich blühende Kolonie zu verwandeln. Dieser

Meinung war wohl auch der Minister des Foreign Office (des britischen Auswärtigen Amtes), als er gegenüber Kapitän Elliot, der den Vertrag von Nanking ausgehandelt hatte, übellaunig äußerte: „Sie haben die Abtretung von Hongkong erreicht, einer unproduktiven und unbewohnten Insel. Es ist offensichtlich, daß es in Hongkong keinen Markt geben wird." Die weitere Entwicklung der britischen Kronkolonie strafte diese pessimistische Einstellung jedoch Lügen.

Der Vertrag von Nanking hatte 1842 den seit 1839 zwischen Großbritannien und China ausgetragenen Opiumkrieg beendet; mit

diesem Vertrag verzichtete China endgültig auf die bereits seit 1840 von den Briten besetzte Insel.

In der Folgezeit bauten die Briten Hongkong zum Hafen aus, der schon bald die älteren Häfen an den Küsten Ost- und Südostasiens an Bedeutung überflügelte. 1860 mußte China im Vertrag von Peking auch noch die Halbinsel Kaulun auf dem Festland gegenüber der Insel Hongkong an Großbritannien abtreten, und 1898 sicherte sich die britische Krone durch einen Pachtvertrag für 99 Jahre zusätzlich noch die New Territories, ein Festlandsgebiet im Hinterland der

Halbinsel, sowie die Insel Lantau und eine Vielzahl kleiner Inseln. Damit war Hongkong zu einem der am besten geschützten Häfen im Fernen Osten geworden.

Aufgrund dieses Pachtvertrags, der 1997 ausläuft, begannen 1982 die Verhandlungen zwischen Großbritannien und der Volksrepublik China über die weitere Zukunft der Kronkolonie. Börse und Immobilienmarkt reagierten darauf zunächst mit drastischen Einbrüchen, erholten sich jedoch rasch wieder, als 1984 eine Einigung zwischen beiden

Blick auf Victoria, die Hauptstadt von Hongkong im Jahr 1898 (oben). Am Ufer erheben sich die Bauten der britischen Kolonialherren. Die Queen's Road, die vornehmste Straße im damaligen Victoria, liegt noch direkt am Meer.

Der gleiche Blick auf Victoria im Jahr 1986 (ganz oben). Die ursprünglichen Gebäude sind verschwunden, das Ufer ist viel weiter nach vorn gerückt, und die Queen's Road verläuft heute gleichsam im Hinterland. Der größte Teil der Gebäude ruht auf einem Gelände, das man dem Meer abgerungen hat.

Staaten zustande kam. Zwar betrifft der Pachtvertrag in erster Linie die New Territories; Großbritannien hätte also nur dieses Gebiet zurückgeben müssen, doch macht es immerhin 89 Prozent der Gesamtfläche aus, und ohne seine „Lunge" müßte Hongkong ersticken. Andererseits aber wollte man dieses florierende Wirtschaftsimperium des Kapitalismus auch nicht ohne weiteres einer kommunistischen Planwirtschaft opfern.

Die Lösung des Problems bestand – wie so häufig – in Zugeständnissen von beiden Seiten: 1997 geht die Souveränität über die gesamte Kronkolonie Hongkong an die Volksrepublik China über; dafür verpflichtet sich China, den kapitalistischen Status quo für weitere 50 Jahre nach Ablauf des Pachtvertrags aufrechtzuerhalten. Hongkong wird sich 1997 also von einer britischen Kronkolonie in eine „Zone besonderer Verwaltung" unter chinesischer Flagge verwandeln.

Die Zitadelle des Kapitalismus hat heute also noch eine Gnadenfrist von 60 Jahren. Und allgemein schätzt man in Hongkong die Zukunft recht optimistisch ein. Man geht davon aus, daß auch die Chinesen nicht eine Henne schlachten werden, die goldene Eier legt. Und überdies wird sich dann in China für Hongkong ein riesiger Markt öffnen, von dem die Geschäftsleute schon jetzt träumen.

Hongkong ist heute ein Dreh- und Angelpunkt der südostasiatischen Wirtschaft. Die örtliche Industrie beschäftigt etwa eine Mil-

lion Menschen und exportiert Waren im Wert von (1983) knapp 56 Millionen Mark. Hauptexportartikel sind Textilien (kein Land der Welt exportiert mehr Stoffe und Bekleidungsartikel als Hongkong), Plastikwaren, Spielzeug, Uhren (1982 hat Hongkong viermal mehr Uhren als die Schweiz verkauft), Feuerwerkskörper sowie – in steigendem Umfang – optische und elektronische Geräte. Als Finanzzentrum von Weltrang (60 Kreditinstitute sowie 600 Filialen ausländischer Banken) steht die Kronkolonie an dritter Stelle hinter London und New York; ferner ist sie der drittgrößte Umschlagplatz für Gold und Diamanten und hat – nach New York und Rotterdam – auch den drittgrößten Containerhafen der Welt.

In Victoria spiegeln sich die prunkvollsten modernen Bauten von ganz Asien im Meer: Riesige Wolkenkratzer bis zu 50 Etagen sind nichts Außergewöhnliches. Die Anzahl der Autos pro Straßenkilometer in Hongkong wird an keinem anderen Ort der Welt erreicht, und in den Städten herrscht die größte Bevölkerungsdichte der Erde: In einzelnen Stadtvierteln leben bis zu 165 000 Einwohner pro Quadratkilometer.

Der Auto- wie auch der Fußgängerverkehr in den Städten ist bei Tag und Nacht so dicht, daß man den Eindruck hat, die ganze Kronkolonie befinde sich gleichzeitig auf den Straßen. Die Eisenbahnen, Busse, Fährboote, Untergrundbahnen und Privatwagen befördern täglich so viele Menschen, wie die

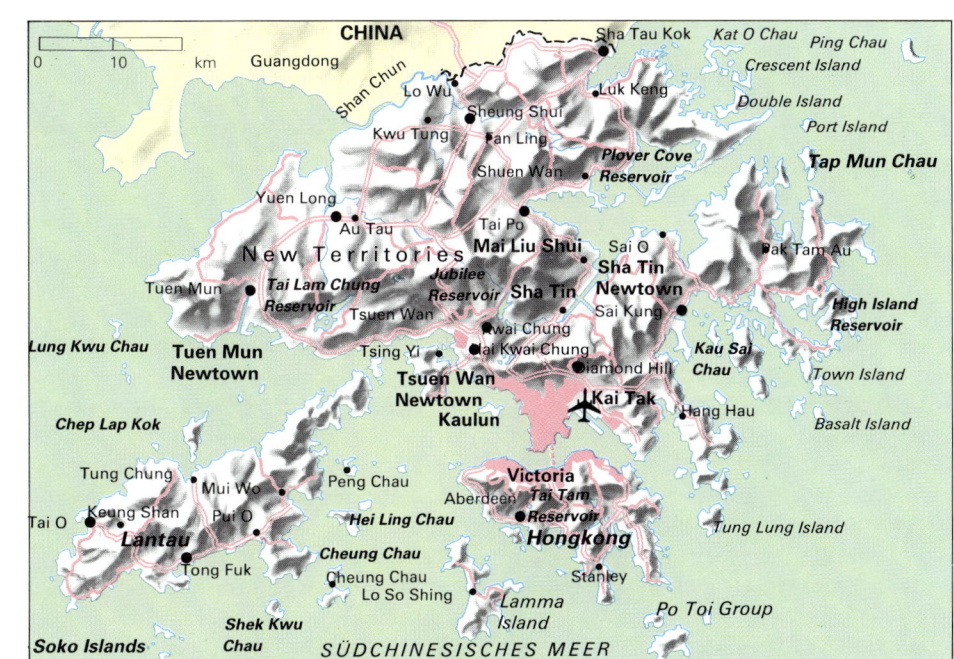

Das Gebiet von Hongkong

Die Karte zeigt deutlich, wie lebenswichtig die New Territories für Hongkong sind. Nicht nur die neugegründeten Städte Tuen Mun, Tsuen Wan und Sha Tin liegen hier, sondern auch die beiden für die Trinkwasserversorgung der Kolonie so wichtigen Süßwasserreservoire Plover Cove und High Island.

aber schon bald dazu über, die Halbleiter selber herzustellen. Und noch eine wichtige Entscheidung fiel: Hongkong versuchte gar nicht erst, den Vorsprung anderer Länder im Bereich sogenannter High-Tech-Produkte (Computer, Roboter) aufzuholen, sondern zog es vor, statt dessen Vor- und Spitzenreiter im Bereich elektronischer Uhren und Spielwaren zu werden – eine Entscheidung, die sich als richtig erwiesen hat.

Für Hongkong, ein Land ohne nennenswerte Rohstoffquellen, ohne ausreichende Landwirtschaft (nur etwa 12 Prozent der Fläche werden genutzt, etwa 70 Prozent aller Nahrungsmittel importiert), ohne Energiequellen und mit einem galoppierenden Bevölkerungswachstum, gab es nach dem

Die Pisten des internationalen Flughafens Kai Tak liegen ebenfalls auf einem Gelände, das man im Meer aufgeschüttet hat. Da der Flughafen seine Kapazitätsgrenze erreicht hat, plant man einen Neubau auf der Insel Lantau.

Central District in Victoria kaum noch ein Prozent der Vorkriegsbauten erhalten ist.

1954 begann man, siebenstöckige Häuser mit Außentreppen zu bauen: Ein Zimmer pro Familie, 2,2 Quadratmeter pro Person, auf jeder Etage gemeinschaftliche sanitäre Einrichtungen – das war der Standard. 1964 erweiterte man den pro Person vorgesehenen Wohnraum auf 3,3 Quadratmeter, und

Im Lauf der letzten zehn Jahre hat man etwa hundert solcher Fly-overs gebaut. Auf diesen Straßenüberführungen kann man die meist verstopften Kreuzungen „überfliegen".

ganze Kolonie Einwohner hat, nämlich fast 5,5 Millionen.

Seit dem Zweiten Weltkrieg hat sich in Hongkong dreimal eine Art industrieller Revolution vollzogen. In den Vorkriegsjahren hatte das Schwergewicht der Wirtschaft auf dem Schiffbau und dem Handel gelegen, doch die mit der kommunistischen Machtübernahme in China 1949 und dem Koreakrieg 1950–1953 verbundenen Handelsbeschränkungen legten diesen Zweig der Wirtschaft nahezu lahm. Gleichzeitig überschwemmten wahre Flüchtlingsströme aus China die Kronkolonie. Mit ihnen kamen auch viele Unternehmer aus Shanghai, die das Kapital, das sie hatten retten können, in Spinnereien und textilverarbeitende Betriebe investierten und in den 50er Jahren die mächtige Textilindustrie Hongkongs aufbauten. Um 1960 begann dann die „Plastikzeit": Hongkong stürzte sich auf die Kunststoffproduktion, die bald schon den zweiten Rang nach der Textilindustrie einnahm. Die dritte „industrielle Revolution", der Einstieg in die Elektronikbranche, fand gegen Ende der 60er Jahre statt: Zunächst montierte man nur in Japan hergestellte Transistoren zu einem Preis, der konkurrenzlos war, ging

Zweiten Weltkrieg nur eine Möglichkeit, um zu überleben: eine unschlagbare verarbeitende Industrie zu entwickeln. Im Gegensatz zu anderen industriellen Zentren der dritten Welt bewältigte Hongkong auch recht gut die sozialen Probleme, die mit seinem Wachstum Hand in Hand gingen. Zu Beginn der 50er Jahre, als die Flüchtlinge aus China scharenweise nach Hongkong drängten, war die Wohnungsnot die größte Plage. Eine dramatische Feuersbrunst, die 1953 in einer der provisorisch errichteten „Notstädte" zahlreiche Opfer forderte, erzwang eine grundsätzliche Änderung der bisherigen Baupolitik. Das Ziel kam einem Wunschtraum gleich: Man wollte alle Obdachlosen mit Wohnungen versorgen. Doch in Hongkong wird auch das Unmögliche möglich. In drei Jahrzehnten veränderte die Kolonie ihr Gesicht so gründlich, daß heute z. B. im

Diese riesige Wohnstadt am Meer entstand vor etwa 20 Jahren an der Grenze zwischen Kaulun und den New Territories. Hongkongs größtes Problem in den 50er und 60er Jahren war die Wohnungsnot.

seit 1971 bieten private Makler 5,3 Quadratmeter je Bewohner an. Von der Mitte der 60er Jahre an entstanden in Hongkong „Wohntürme" mit 20 Etagen, ausgestattet mit Fahrstühlen, Spiel- und Parkplätzen. Heute haben 90 Prozent der Bevölkerung fließendes Wasser in der Wohnung und 70 Prozent private Toiletten. Die Bauleistung ist enorm: Allein im Jahr 1978 wurden von privater Hand etwa eine Million Quadratmeter Wohnraum gebaut, und die öffentliche Hand erstellte zwischen 1979 und 1985 insgesamt 40000 Wohnungen. Und in den

New Territories schossen neue Städte wie Pilze aus dem Boden: Tsuen Wan (900 000 Einwohner), Tuen Mun (530 000 Einwohner) und Sha Tin (700 000 Einwohner).

Schon lange aber ist Bauland in der Kronkolonie knapp. 80 Prozent des Geländes sind felsig und uneben, den schon sehr geringen ländlichen Raum wollte man nicht noch weiter verringern, und auch in die Höhe hatte man bereits bis an die Grenzen des Möglichen gebaut. Doch Hongkong eroberte sich Raum selbst dort, wo es eigentlich keinen gibt: Man trotzte ihn dem Meer ab, indem man in die flachen Buchten jahrelang Millionen und aber Millionen Tonnen Erde und Gestein schüttete.

Aber nicht nur im Bereich des Hochbaus verlangt Hongkong Bewunderung ab. Unter dem Meer hindurch bohrte man einen Tunnel für die Untergrundbahn und den Straßenverkehr und verband so die Insel Hongkong mit der Halbinsel Kaulun. Um die Trinkwasserversorgung zu sichern, schuf man in Plover Cove im Meer ein Süßwasser-reservoir, indem man eine Bucht von 1200 Hektar eindeichte und das Salzwasser abpumpte; damit verfügt man über ein riesiges Becken, in dem man nun den tropischen Regen sammeln kann. Ein zweites Reservoir hat man in High Island geschaffen.

Hongkong ist heute zum Symbol für eine Stadt geworden, die ständig an ihrem eigenen übermäßigen Wachstum zu ersticken droht, die jedoch mit prometheischem Trotz immer wieder originale Lösungen für ihre Probleme sucht und findet.

Vom Bambus zum Wandergerüst

Die Chinesen sind einerseits Traditionalisten, andererseits aber dennoch dem Modernen gegenüber aufgeschlossen. Sie bleiben einmal erprobten Methoden lange treu, doch wenn sie überzeugt sind, daß eine andere, neue Methode besser ist, so übernehmen sie sie, ohne zu zögern. Dieses „Yin und Yang", wie die Chinesen den fruchtbaren Gegensatz zwischen zwei Dingen – in diesem Fall: zwischen Altem und Neuem – bezeichnen, kann man auch an den Bautechniken in Hongkong beobachten.

Bis vor wenigen Jahren baute man selbst die modernsten Hochhäuser mit 20–25 Etagen mit Hilfe des traditionellen Bambusgerüsts. Diese Methode hatte sich bewährt, vor allem bei den in diesem Gebiet häufig auftretenden Taifunen: Das Bambusgerüst ist aufgrund seiner Elastizität sehr haltbar, und sollte es dennoch zusammenstürzen, so verursacht es weniger Schäden als ein schweres Metallgerüst.

Diese Bauweise kostet verhältnismäßig viel Zeit und ist auch nicht gerade billig. Die Arbeiter, die für diese Art Gerüstbau qualifiziert sind, werden immer seltener und sind – da die Nachfrage groß ist – auch sehr teuer. Doch die Wohnungsbau-programme Hongkongs werden immer ehrgeiziger und sollen auch immer schneller umgesetzt werden. Die Housing Authority, die Wohnungsbaubehörde, möchte ihren derzeitigen Rekord von 8000 Neubauwohnungen pro Jahr halten.

Für europäische Unternehmen ist es nicht einfach, in dieses Geschäft einzusteigen. Die Sicherheitsbestimmungen sind sehr streng, denn bei Taifunen müssen die Häuser Windstärken von 150–200 Kilometern pro Stunde standhalten. Dennoch ist es einem französischen Unternehmen gelungen, einen Auftrag für 2000 Wohnungen zu bekommen. Bei diesem Pilotprojekt setzte man statt Bambusgerüsten erstmals einen Turmkran und ein elektrisch gesteuertes Wandergerüst ein. Diese Bautechnik der Franzosen überzeugte die Chinesen, so daß sie weitere ähnliche Projekte in Auftrag gaben.

Aber selbst wenn eine ausländische Firma in Hongkong einen Bauauftrag erhält, darf sie nur einheimische Arbeiter beschäftigen, die ihr die örtlichen Makler vermitteln. Auch das technische Personal sind ausschließlich Chinesen. Doch müssen die europäischen Bauingenieure zugeben, daß diese Arbeiter und Techniker hervorragend qualifiziert sind. Insbesondere die Art, wie man durch Einrammen massiver Beton- und Stahlpfähle die Fundamente sichert, die oft auf einem nur aufgeschütteten Boden ruhen, ruft bei den Europäern Bewunderung hervor.

Zwei im Bau befindliche Hochhäuser, mit dem traditionellen Bambusgerüst umgeben, das mit Schutznetzen bedeckt ist.

Brasilia
Eine Stadt vom Reißbrett

Ein Spaziergänger in Brasilia – wenn es denn so etwas überhaupt gibt – hätte eine der merkwürdigsten Empfindungen, die einen arglosen Menschen befallen können: Er könnte glauben, aus Versehen eine der surrealistischen Szenerien von René Magritte betreten zu haben. Die Stadt hat etwas Unwirkliches, sie entzieht sich, sie schwebt im Raum, wirkt durchsichtig – es ist eine Welt der Illusion, in der nichts luftiger scheint als der Beton, nichts fester als die vom Wind getriebenen Wolken.

Man würde dem Spaziergänger sagen, daß Brasilia die neue Hauptstadt ist, die von Brasilien aus dem Boden gestampft, die buchstäblich aus dem Nichts geschaffen wurde, und daß diese Stadt heute fast 1,5 Millionen Einwohner hat. Der Spaziergänger würde es nicht glauben. Wo sind die Menschen? Wo ist ihr Lachen? Wo wird hier gelebt? Wo ist das bunte Straßentreiben, das sich dem Besucher ins Gedächtnis einprägt, der die anderen großen Städte Brasiliens durchstreift. Karneval in Brasilia? Undenkbar!

Brasilia ist ein steingewordener Widerspruch in sich selbst. Und obwohl sicher nichts so schnell unmodern wird wie die Avantgarde, ist es eines der Wunder Brasilias, daß es auch nach fast 30 Jahren noch eine futuristische Stadt ist, die dem Besucher noch immer den gleichen Schock versetzt: eine surrealistische, hypermoderne Stadt.

„Unser Genie", so faßte es einmal ein Brasilianer zusammen, „besteht darin, immer weiter, größer, luxuriöser zu denken als alle anderen. Das ist unsere Stärke, unser Charme und unser Unglück. Darum ist Brasilia hier entstanden, wie eine Herausforderung, verrückt, mitten in der Wüste …"

Verrückt war die Idee allerdings nicht, wie rasch deutlich wird, wenn man sich die Situation Brasiliens ins Gedächtnis ruft. Mit seinen mehr als 8,5 Millionen Quadratkilometern Fläche ist es das größte Land Südamerikas, und es ist ein junges Land. Noch bevor die ersten Europäer ihren Fuß auf den südamerikanischen Kontinent setzten, hatten die Portugiesen im Vertrag von Tordesillas 1494 das Land für sich beansprucht. Seine Entwicklung beruhte vor allem auf der Plantagenwirtschaft, die sich besonders in den fruchtbaren Streifen der Küstenländer ausbreitete. Für ein so riesiges Land, das zum Industrieland expandieren will, ist es ein tödliches Handikap, seine Hauptstadt an der Küste zu haben, denn auf lange Sicht bedeutet das, an der Küste die Übervölkerung zu begünstigen und das Hinterland zur Bedeutungslosigkeit zu verdammen. Die beiden ersten Hauptstädte Brasiliens, Salvador (heute Bahia) und dann Rio de Janeiro, waren Häfen. Schon um 1750 – also lange bevor Brasilien 1822 unter Pedro I. seine Unabhängigkeit von Portugal erklärte – begann die Idee einer ganz neuen Hauptstadt im Landesinneren zu keimen. Noch aber war das Landesinnere zu wenig erschlossen. Die erste Verfassung der jungen Republik (bis 1889 war Brasilien ein unabhängiges Kaiserreich) legte 1891 fest, daß im Landesinneren eine Hauptstadt zu gründen sei, und alles blickte zu den unendlich weiten Goiás-ebenen, wo die „Stadt der Hoffnung" entstehen sollte. Freilich mußte man noch 70 Jahre warten, bis nach einer katastrophalen Wirtschaftsflaute und fast 25 Jahren bedrückender Diktatur mit Juscelino Kubitschek de Oliveira ein dynamischer Präsident der neuen Stadt zur Entstehung verhalf.

1200 Kilometer von der Küste entfernt, wurde also Brasilia wie ein Leuchtturm in die rote Erde des Cerrado gesetzt, mitten in die Wüstenhochebenen des Goiás. Der Cer-

„ Es ist unmöglich, diese Stadt zu beurteilen, ohne ihre Wolken zu berücksichtigen, die sie in endloser Folge mit Phantasmen aus Schatten und Licht beleben", sagte Lúcio Costa, der Stadtplaner von Brasilia. Die neue Hauptstadt Brasiliens will eine Stadt ohne Einengung und Fesseln sein. Hier der Justizpalast, im Vordergrund ein Teil einer Statue des Präsidenten Juscelino Kubitschek de Oliveira.

rado, das ist die nackte, steinige Erde, sonnenverbrannt und ausgewaschen von den Sturzbächen nach heftigen Regengüssen. Nur einige Bäume trotzen der Unwirtlichkeit der Gegend. Ein extrem einsamer, öder Standort, fast eine ideale Gegend für ein Kloster … Keine Straße führt dorthin, nicht einmal ein brauchbarer Weg, aber was macht das schon? Stein für Stein wurde das Baumaterial für diese Hauptstadt im Flugzeug herangeschafft! Straßen würden später folgen … Und die Stadt wurde in Rekordzeit gebaut, bei Tag und Nacht – in nur vier Jahren!

Die „Verrücktheit" Brasilias präsentierte sich in ihrem ganzen Glanz, als die Entwürfe Gestalt annahmen, als sich die ersten graziösen Paläste emporreckten … Bestürzend! Bestürzend, die zehnspurigen Autobahnen, die doppelte Acht der Zufahrt, die Riesenstraßen, all diese Königsalleen, die plötzlich abbrechen und im Nichts enden … Für diese grandiose Entfaltung verantwortlich sind zwei Visionäre, die berühmten Architekten Lúcio Costa, der die Stadt entworfen, und Oscar Niemeyer, der all ihre größeren Bauten ausgeführt hat. Die beiden kamen nicht erst bei diesem Projekt zusammen. Der 1907 geborene Niemeyer studierte in Rio de

Janeiro Architektur und arbeitete gleichzeitig im Architekturbüro des fünf Jahre älteren Costa. Zusammen mit ihm baute er 1939 den brasilianischen Pavillon für die Weltausstellung in New York. Beide waren anfänglich leidenschaftliche Jünger Le Corbusiers, mit dem sie als junge Architekten kurze Zeit zusammenarbeiteten. Le Corbusier hatte 1936 den Auftrag erhalten, das neue Gebäude des Erziehungsministeriums in Rio zu planen. Der große Altmeister der Architektur des 20. Jh. stellte ein Team brasilianischer Architekten zusammen, dem auch Costa und Niemeyer angehörten. Diese Zusammenarbeit hatte entscheidenden Einfluß auf die weitere Entwicklung der beiden Architekten, die zu den bedeutendsten und berühmtesten Baumeistern Brasiliens werden sollten.

Lúcio Costa gewann den großen nationalen Wettbewerb für die Planung Brasilias, der 1956 ausgeschrieben wurde, obgleich er – einer Legende zufolge – nur eine Skizze, auf die Rückseite eines Briefumschlages gekritzelt, einreichte. Er hat seine Stadt der Hoffnung in Form eines Vogels im Flug entworfen. Die Mitglieder der Jury hatten eine gute Wahl getroffen: Inmitten all der konventionellen Projekte, die eingereicht wurden, strahlte das von Lúcio Costa Kühnheit aus, denn er benutzte die Vorstellung von Raum und Geschwindigkeit als Grundelemente, symbolisiert in der Form des Vogels oder eines Bogens mit eingelegtem Pfeil.

Brasilia sollte eine überschaubare Stadt, eine Stadt der Ordnung werden. Als progressiv denkende Menschen wollten Lúcio Costa und Oscar Niemeyer die Stadt der glücklichen Zukunft bauen, und das hieß für sie, den Zufall ausschalten. Im Wohnviertel ist diese Idee in den Reihen riesiger, autonomer, *superquadre* genannter Quadrate umgesetzt. Jedes bedeckt etwa 6 Hektar Grund, auf dem hohe Mietsblöcke, Schulen, Kirchen und andere Gebäude stehen. Jeweils rund 3000 Menschen leben in einem solchen Quadrat. Perfekte Einheit, nichts von jenem „zerhackten, wirren, verschiedenartigen, vielfältigen, nervenaufreibenden Schauspiel", das individuelle Häuser bieten und das das Auge des Meisters Le Corbusier so störte, auch nichts von jenem „gefährlichen Magma angestauter Massen", das er in Paris anprangerte. Eine Stadt nach dem Herzen

Eine Hommage an die Erbauer Brasilias ist diese Stahlskulptur von Bruno Giorgi Los Candangos *(Die Erbauer). Brasilia ist die einzige Hauptstadt der Welt, in der der Mensch sich an der Stille weiden kann.*

Der einem Vogel gleichende Grundriß Brasilias ergibt sich aus den zwei sich kreuzenden Straßenachsen: der Avenida Monumental (2) und dem gebogenen Rodovario (3), an dem die Wohngebiete (4) liegen; den Kopf des Vogels bildet der Platz der Drei Gewalten (1), rechts und links davon die Ministerien und die Botschaften (10), etwas außerhalb im Norden die Universität (11). Am Schnittpunkt der Achsen stößt man auf Banken (5), Hotels (6), Handels- und Kulturzentren (7). Den Schwanz des Vogels bilden das Sportgelände (8) und der Bahnhof (9). Am Ufer des künstlichen Paranoásees (13) liegt der Präsidentenpalast (12).

Le Corbusiers und seiner Schüler – doch auch eine Stadt nach dem Herzen des durchschnittlichen Brasilianers? Eine wunderbar funktionelle Stadt – die einzige der Welt, die es gewagt hat, ihre Wohnviertel entlang einer riesigen Autobahn anzulegen, die dadurch gleichzeitig ihre Achse und ihr wichtigstes Gestaltungselement ist. Von dieser Autobahn führen Ausfahrten direkt zu den Parkplätzen. Eine perfekte Roboterstadt haben Kritiker Brasilia genannt.

So kann denn der Fußgänger in aller Ruhe – vielleicht in allzuviel Ruhe – die ihm vorbehaltenen Bereiche genießen. Die lichtdurchflutete Stadt scheut sich nicht, den Fußgängern den leeren Raum anzubieten: Keine Begrenzung beengt, aber auch keine schützt die Fußgängerzonen. Die riesige, geneigte Esplanade, die zum Kongreß führt, ist eigentlich eine herrliche, im Raum schwebende Ebene.

Die ganze Stadt will wie ein Haus aus Glas erscheinen, in dem man nichts verbergen kann und in dem es nichts zu verbergen gibt. Aber kann der Mensch besser als jedes andere Lebewesen ohne Schatten leben?

Nach Brasilia kam einst von Gott weiß woher eine Familie armer Bauern. In der Nähe des Nationaltheaters, auf einem sauberen grünen Rasen, hatten sie ihre Flagge der

Luftbild von Washington und Pierre L'Enfants Plan von 1791. Breite Achsen, die von Kapitol und Weißem Haus in alle Himmelsrichtungen ausstrahlen, durchschneiden die geometrischen Blöcke.

Städte vom Reißbrett

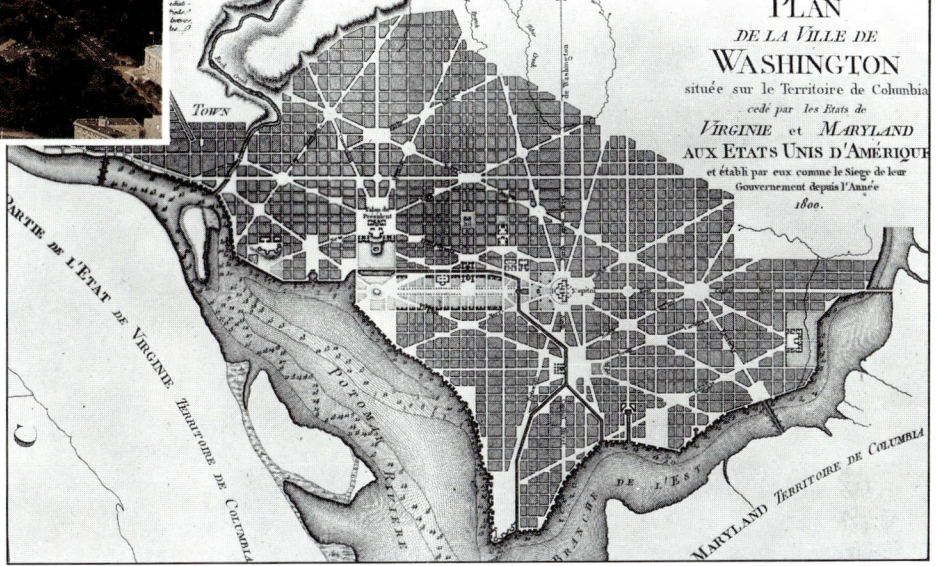

Brasilia oder Tschandigarh, Washington oder Sankt Petersburg – seit die Technik es erlaubt, haben die Mächtigen sich Verwaltungshauptstädte geschaffen, die ihrer Träume von Effizienz und Machtentfaltung würdig waren. Zar Peter der Große gab das erste Beispiel der Neuzeit, als er 1703 befahl, an der Mündung der Newa, mitten im Sumpfland, die neue Hauptstadt Sankt Petersburg zu errichten.

Eine unruhige Geschichte erlebte diese von versklavten und leibeigenen Bauern gebaute und dann zwangsweise bevölkerte Stadt. Weil niemand dort leben wollte, ließ Zar Peter eine Liste von Personen zusammenstellen, die dort wohnen mußten, und mehr noch: Die Adligen waren verpflichtet, dort Häuser aus Stein zu bauen, die weniger Reichen aus Lehm; die Armen durften sich Holzhütten errichten.

Peter der Große träumte von einer grandiosen Hauptstadt und hatte den französischen Architekten Jean-Baptiste Alexandre Le Blond mit der Planung beauftragt. Dessen Pläne konnten aber nicht vollständig verwirklicht werden, weil die Bevölkerung dem Zar trotzte und sich weigerte, in das abgesteckte Gelände zu ziehen. Dennoch wurde 1712 der Regierungssitz nach Sankt Petersburg verlegt. Die Stadt, die unter großen Verlusten an Menschenleben in den Sümpfen gebaut wurde, war von beispielhafter Großzügigkeit, breite Prachtstraßen teilten sie in übersichtliche Rechtecke.

Auch Washington, die Hauptstadt der USA, ist eine auf dem

Der Justizpalast in Tschandigarh, der Hauptstadt des Pandschab, entworfen von Le Corbusier.

Reißbrett entworfene Stadt. Geplant wurde die Stadt mit den zahllosen Plätzen und den schnurgeraden Straßen von Pierre-Charles L'Enfant. 1791 begannen die Arbeiten, doch im folgenden Jahr wurde L'Enfant von George Washington entlassen. Andrew Ellicot führte das Projekt zu Ende.

Die meisten nach vorgefertigten Plänen errichteten Städte verfügen über die Schönheit der weiten Perspektive, doch kann dies nicht über ihre Lebensfeindlichkeit hinwegtäuschen, die offenbar die Krankheit der am Reißbrett entworfenen Städte ist. In Canberra, der 1913 nach Entwürfen von Walter Burley Griffin gegründeten Hauptstadt Australiens, hat man dem Abhilfe schaffen wollen, indem man zwei Millionen verschiedenartige Bäume pflanzte.

In Tschandigarh, der von Le Corbusier und anderen entworfenen, 1947 gegründeten Hauptstadt des indischen Bundesstaates Pandschab, erreicht das Gesetz der Regelmäßigkeit beängstigende Ausmaße. Hier findet sich eine Architektur, der zur reinen Funktionalität nichts fehlt – nichts, außer dem Leben.

Blick in eine der Prachtalleen von Sankt Petersburg.

Die Esplanade der Ministerien: nüchterne, kubische Blöcke, sorgfältig aufgereiht am Rand des offenen Raumes. Ihr Anblick läßt an die Worte Le Corbusiers denken: „Exaktheit und Ordnung … das wird die Leidenschaft des Jahrhunderts sein."

Armut aufgepflanzt: ein paar Kleidungsstücke, die zum Trocknen an einem Pflock flatterten. Die Frau und die beiden Kinder waren erschöpft zu Boden gesunken und schliefen. Der Mann aber betrachtete stehend und ungläubig die Stadt – die Stadt, das ewige Trugbild der Hoffnung für den armen Bauern. Verwirrt sprach er in den Wind: „Aber hier gibt es nichts! Gar nichts … keine Ecke … keinen Schatten … keinen Schatten!"

Versucht man, die Stadt, die den Europäer so begeistert, mit den Augen dieses Bauern zu sehen, der seine von Hungersnot bedrohte Familie mit sich schleppt, so muß man ihm recht geben: Es gibt keinen Platz, wo er sich zu Hause fühlen, keine Ecke, an der er seine Hängematte befestigen könnte. Von seinem Standpunkt aus war es keine

schöne, strahlende Stadt, die sich ausdehnte, so weit der Blick reichte, in der Vollkommenheit einer lang bedachten Ordnung. Für ihn muß die Esplanade der Ministerien ein Alptraum gewesen sein: nüchterne, kubische Blöcke, sauber aufgestellt wie Dominosteine; dann das Bankenviertel, dann das nördliche Geschäftsviertel, genau gegenüber das südliche Geschäftsviertel, dann der Hotelbezirk, dann … Die Stadt ging weiter wie ein gutgeführter Aktenordner: hier die Botschaften, dort die Bürogebäude, so ähnlich im Aussehen, daß sie wie undurchdringliche Palisaden wirkten. All dies war von der abweisenden, kalten Schönheit eines Schachbretts – klar, sauber, schnurgerade.

„Verzeihung", sagte der Mann, „aber wo bitte ist die Stadt? Ich suche Arbeit und einen Platz zum Schlafen." Was sonst kann man in einer Stadt wohl suchen?

Die Begegnung mit dem Bauern läßt

Die Kathedrale von Brasilia: Die gebündelten Betonrippen symbolisieren Dornenkrone und Ährenbündel zugleich; davor einer der Evangelisten.

246

Das Parlament am Platz der Drei Gewalten: Neben den beiden hohen Verwaltungstürmen ragt rechts im Vordergrund der Rand der umgedrehten, dem Himmel zugewandten Kuppel der Abgeordnetenkammer ins Bild.

schlagartig den ganzen Widerspruch der Stadtkultur deutlich werden, die ewig hin und her gerissen ist zwischen entgegengesetzten Ansprüchen. Ein sehr alter Kampf! Schließlich gab es die geometrische und funktionelle Stadtplanung schon um 2500 v. Chr. im Industal. Die rechtwinklige Stadt, überschaubar und pflegeleicht, stand schon immer im Gegensatz zu jenen gewachsenen Städten, die der Zufall und die Bürger gebaut haben.

Die Ordnung, die gerade Linie, die Klarheit haben die Mächtigen und die Philosophen immer inspiriert, und manchmal war es ein Glück für ihre Zeitgenossen, daß sie keine Möglichkeit hatten, ihre Träume in Stein zu verwirklichen. Man denke nur an Platons ideale Stadt, deren Häuser sich wie Mönchszellen gleichen sollten und aus der die Dichter als die ewigen Unruhestifter verbannt sein würden, oder an das Utopia des Thomas Morus, in dem alle Straßen in allen Städten genau gleich sind, so daß jede Reise überflüssig wird.

In Brasilia existiert das notwendige Gegengewicht zur Strenge der Stadt, doch es liegt in gebührendem Abstand: Es sind die Satellitenstädte, die um die ganze Stadt herum im Abstand von etwa 20 Kilometern gewachsen sind und in denen heute 50 Prozent der Bevölkerung wohnen. Hier findet man stürmische Lebensfreude, das Lachen aus Vergnügen am Lachen, Musik aus allen Fenstern, Menschen, die auf der Straße tanzen. Ein paar Schritte vor seiner pompösen Hauptstadt hat sich das lebendige Brasilien spontan eine Stadt für Menschen gebaut, mit nichts als Brettern und Nägeln und mit allen prächtigen Farben des Regenbogens. Hier kommt man auf den Besucher zu, man nimmt ihn beim Arm ... In Brasilia, von den Meisterwerken Oscar Niemeyers überwältigt, hatte man vergessen, daß Brasilien ein Land der Gastfreundlichkeit ist.

Die vielbewunderten und bestaunten Bauten Brasilias zeigen die reife Entwicklung eines Architekten, der sich von seinem Lehrmeister emanzipierte und zu seinem ganz eigenen Stil fand. War Le Corbusier – besonders nach dem Zweiten Weltkrieg – deutlich dem Rationalismus verpflichtet, so erweist sich Niemeyer in seinen Entwürfen für Brasilia expressiv und antirational, dem plastischen Stil verbunden. Er spielt mit der Formbarkeit neuer Materialien. Unter seinen Händen verliert der Beton alle Schwere, wie bei den Bauwerken des Platzes der Drei Gewalten mit dem Kongreßgebäude, dem Senat mit der Kuppel und der Abgeordnetenkammer mit der sich nach oben öffnenden Schale, einer Komposition, die ihre Dynamik durch die beiden schmalen, aufstrebenden Wolkenkratzer der Verwaltung erhält.

Die ganze Welt hat die einzigartige architektonische Leistung bestaunt, jene bewundernswerte Einheit aus der Arbeit zweier Männer, in der jedes Gebäude von Niemeyer dem Raumplan von Costa entspricht, ihn belebt, ihn mit tausend harmonischen Schwingungen dynamisiert, die eine ganze Stadt als ein einziges, einheitliches Kunstwerk entstehen ließen.

Doch das ist genau die Frage, die Brasilia aufwirft: Ist der Mensch dazu geschaffen, in einem Kunstwerk zu leben?

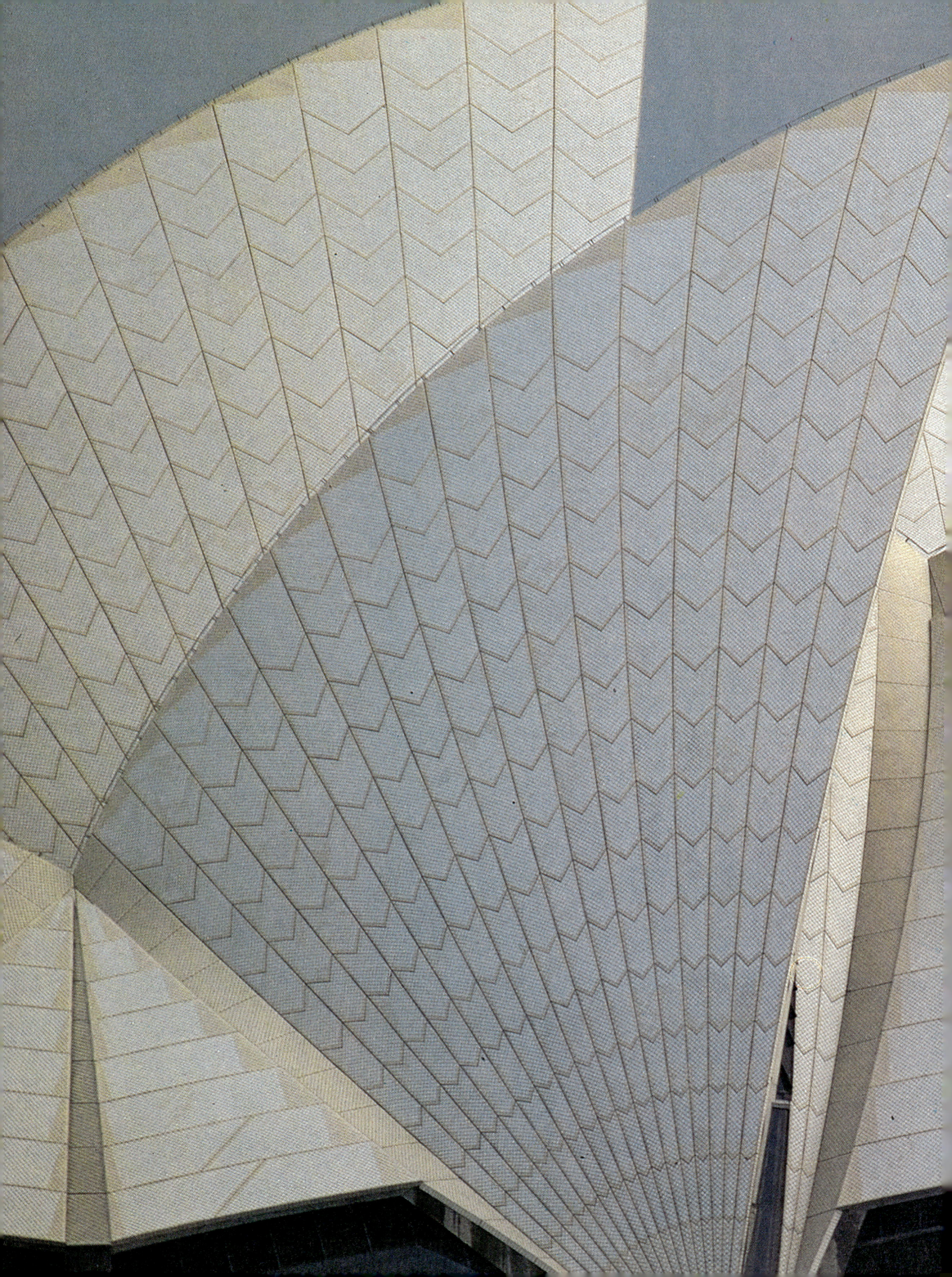

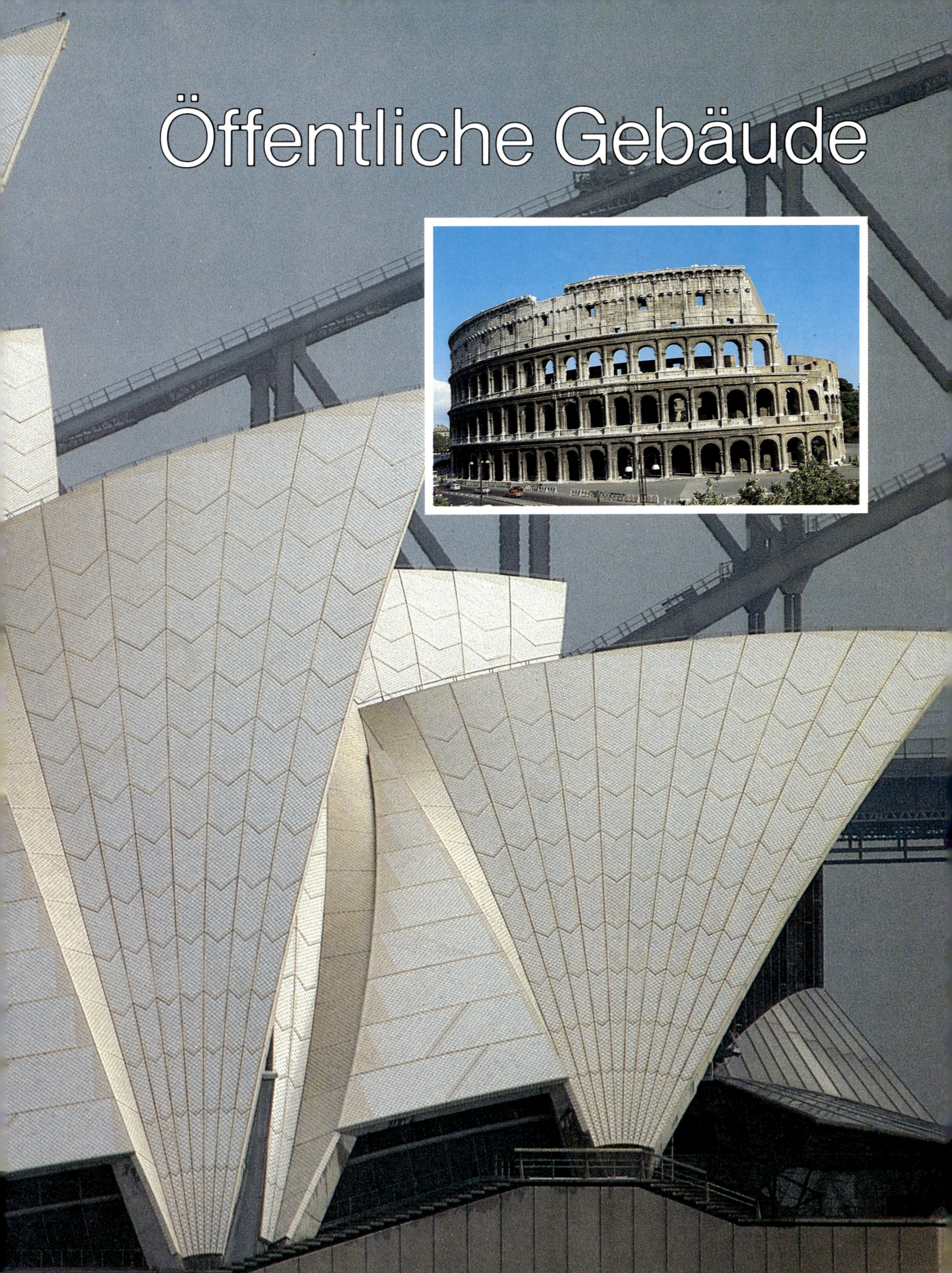

Öffentliche Gebäude

Epidauros
Das schönste Theater der Antike

Ein Ort in bevorzugter Lage und ein genialer Architekt – dem Zusammentreffen dieser beiden Umstände ist die Entstehung des Theaters von Epidauros zu verdanken. Es ist nicht das älteste Theater der griechischen Antike, denn es wurde erst in der zweiten Hälfte des 4. Jh. v. Chr. erbaut, es ist auch nicht das größte, doch es ist gewiß das schönste.

Dieser Meinung war auch Pausanias, ein Reiseschriftsteller des 2. Jh. n. Chr., der über die berühmten antiken Stätten Griechenlands berichtete. Seine Reise führte ihn auch durch die Argolis, eine Landschaft im Nordosten der Peloponnes, und hier in das Städtchen Epidauros. Er schreibt: „Im Heiligtum zu Epidauros gibt es ein Theater, das ich für das schönste halte. Zwar sind die römischen Theater großartiger als alle anderen, und das Theater von Megalopolis in Arkadien [eben-

falls auf der Peloponnes] ist das größte, doch welcher Architekt könnte ernsthaft an Polyklet heranreichen, wenn es um Harmonie und Schönheit geht? Denn es ist Polyklet, der das Theater in seiner kreisförmigen Bauweise errichtet hat."

Pausanias nennt hier als Schöpfer des Theaters Polyklet, der auch den berühmten Tholos von Epidauros erbaute, einen prächtigen, von Säulenhallen umgebenen Rundbau, über dessen Funktion man jedoch nichts Genaues weiß. Dieser Polyklet ist vermutlich identisch mit dem Bildhauer Polyklet von Argos, der – wie Pausanias berichtet – die Statuen der siegreichen Athleten in Olympia schuf. Man nimmt an, daß er der Enkel jenes anderen berühmten Polyklet war, der als Zeitgenosse des großen Bildhauers Phidias im 5. Jh. v. Chr. lebte und wirkte.

In der Antike war Epidauros ein Hafen-

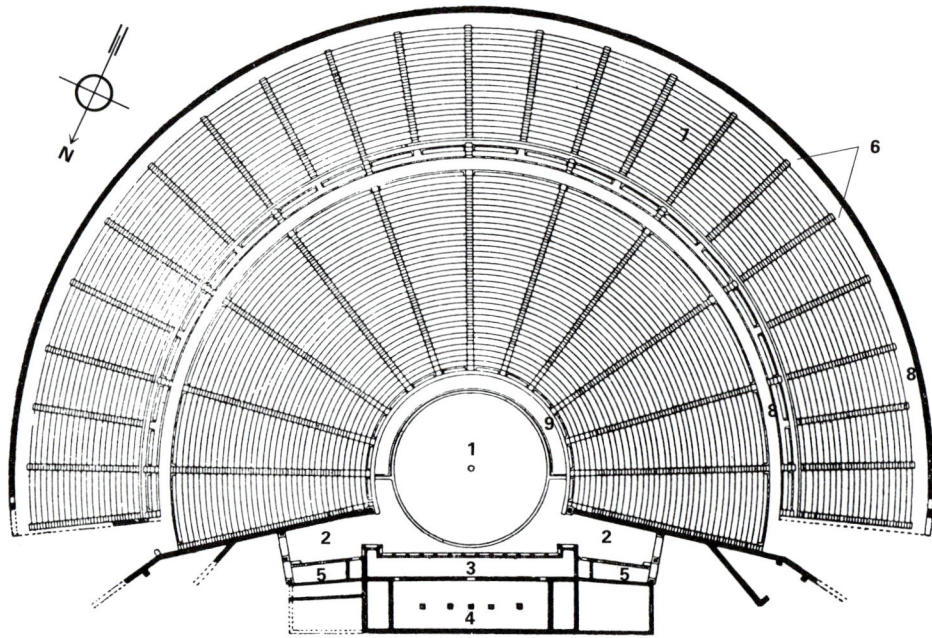

Grundriß des Theaters von Epidauros: 1. Die Orchestra, der Platz, auf dem sich der Chor aufhielt und in dessen Mitte ein Dionysos geweihter Altar stand. 2. Die Zugänge zum Theater; sie wurden durch zwei gewaltige Tore begrenzt. 3. Das Proszenium und 4. die Szene, auf denen die Schauspieler agierten; von dem Bühnenbau sind nur noch die Grundmauern erhalten geblieben. 5. Die Zugangsrampen zur Spielfläche. 6. Die Treppenaufgänge, die den Zuschauerraum vertikal in die einzelnen kerkides (7) unterteilen. 8. Die beiden Gänge; der eine gliedert den Zuschauerraum horizontal, der andere schließt ihn oben ab. 9. Der sogenannte Euripos, die überdachte Abflußrinne.

städtchen am Saronischen Golf. Etwa 10 Kilometer entfernt lag das Asklepiosheiligtum, das Hieron, wie die Griechen es nannten. Dieses Heiligtum war Teil einer bedeutenden Kultstätte, die heute nur noch aus Ruinen besteht.

Asklepios (oder Äskulap), der griechische Gott der Heilkunst und Retter der Mensch-

heit, ist einer Sage nach der Sohn Apollons und der Sterblichen Koronis, einer Tochter des böotischen Königs Phlegyos. Da Koronis Apollon während der Schwangerschaft mit einem Irdischen betrog, tötete er sie, rettete aber seinen Sohn, den er von Chiron, dem Zentauren, erziehen ließ. Asklepios lernte von ihm die Geheimnisse der Heilkunst und

bewirkte bald Wunderheilungen. Er soll sogar Tote wieder zum Leben erweckt haben, was Pluto, dem Gott des Hades, außerordentlich mißfiel. Er beklagte sich bei Zeus, dem Götterkönig, der daraufhin Asklepios durch einen Blitzstrahl tötete, denn das Wirken des Heilkundigen drohte die Ordnung des Universums zu zerstören.

Gesamtansicht des Theaters von Epidauros, dessen Halbrund sich in die Mulde des Berghangs zu schmiegen scheint. Deutlich zu erkennen sind die Treppenaufgänge und der Gang, der die Ränge in einen unteren und einen oberen Bereich unterteilt. Links das Kreisrund der Orchestra und die Reste des einstigen Bühnenbaus.

Im 5. Jh. v. Chr. verbreitete sich der Asklepioskult über ganz Griechenland, und in Epidauros verdrängte er bald die Verehrung Apollons. Die Ausgrabungen auf dem Gebiet des Heiligtums beweisen, daß die Kultstätte bereits im 6. Jh. v. Chr. benutzt wurde. Die meisten Monumente jedoch, deren Überreste man entdeckte, stammen aus dem 4. Jh. v. Chr. In dieser Zeit stand das Hieron auf dem Gipfel seines Ruhms. Aus allen Teilen der griechischen Welt kamen die Kranken herbei, um hier Heilung zu suchen. Und wenn man den Dankinschriften auf den Stelen, die man im Heiligtum entdeckt hat, glauben darf, so haben viele Menschen auch Heilung gefunden.

Man führte die Heilungen auf das Wirken des Gottes zurück, der die Kranken im Schlaf besuchte. Durch kultische Handlungen und Zeremonien bereiteten die Priester diesen Heilschlaf vor: Musik und Tanz, Gymnastik und sportliche Wettkämpfe, das Betrachten und Genießen schöner Dinge – dies alles sollte der körperlichen und geistigen Entspannung dienen und die Seele des Kranken dem Gott der Heilkunst öffnen. Später – vor allem in römischer Zeit – ver-

Andrea Palladio, der große Baumeister der Renaissance

Die Schöpfer zahlreicher antiker Bauwerke sind heute unbekannt. Mehr dagegen weiß man von den Architekten der Renaissance, die sich die Antike zum Vorbild nahmen. Und gewiß einer der herausragendsten Baumeister dieser Epoche war Andrea Palladio.

Als Sohn des Müllers Piero della Gondola wurde Andrea 1508 in Padua geboren; den Beinamen Palladio nahm er erst um 1545 an. 1521 schickte der Vater den 13jährigen zu Bartolomeo Cavazza, einem Steinmetzen, in die Lehre. 1524 wechselte Andrea in die Maurer- und Steinmetzwerkstatt des Giovanni di Giacomo nach Vicenza. Hier traf er um 1536 mit dem Humanisten Giangiorgio Trissino zusammen, der das Genie des jungen Andrea erkannte und ihn mit der Neugestaltung seiner Villa in Cricoli bei Vicenza betraute. Er war es auch, der Andrea mit dem Werk *De architectura* von Vitruv bekannt machte, dem einzigen architekturtheoretischen Handbuch, das aus der Antike überliefert ist.

Die Baukunst der Antike wurde das große Vorbild Palladios. An ihren Maßverhältnissen, an ihrer „wahren Schönheit und Anmut" orientierte er sich bei seinen eigenen Entwürfen. Berühmt machte Palladio vor allem die Umgestaltung der sogenannten Basilika in

Der Grundriß des Teatro Olimpico (unten) läßt deutlich die im Halbkreis angeordneten Sitzreihen sowie die Portale in der Kulisse erkennen, hinter denen sich lange Straßen zu öffnen scheinen (rechts).

Vicenza: Er umgab den vorhandenen älteren Bau in beiden Geschossen mit Arkadenreihen, die ihm ungeahnte Eleganz verliehen. In der Folgezeit, etwa ab 1550, wurde Palladio mit Aufträgen förmlich überschüttet.

Das Teatro Olimpico, das Palladio im Auftrag der Olympischen Akademie von Vicenza entwarf, gilt heute als sein architektonisches Testament. Es versucht, den antiken Theaterbau wiederzubeleben, und faßt all die Lehren zusammen, die Palladio aus Vitruvs Schriften gezogen hat. Der Schöpfer dieses bezaubernden Theaters erlebte die Fertigstellung jedoch nicht mehr. Als er am 19. August 1580 starb, waren nur die Umfassungsmauern errichtet; Vicenzo Scamozzi führte den Bau fort, der 1583 beendet war.

Der Theatersaal, der etwa 1200 Personen Platz bietet, besticht durch seine halbkreisförmig angeordneten und stufenartig ansteigenden Sitzreihen sowie durch die Säulengalerie, die den Zuschauerraum oben abschließt. Auf der zweistöckigen Bühne erhebt sich eine feststehende Kulisse, deren Nischen mit Statuen geschmückt sind. Drei Portale lenken den Blick auf den Hintergrund, wo perspektivische Verkürzungen eine Raumtiefe vortäuschen, die in Wirklichkeit nicht vorhanden ist.

ordnete man auch Diäten, Schlammbäder und Thermalkuren, medizinische Maßnahmen also, die das Wirken des Gottes sicherlich förderten.

Mit diesem Ruhm, den Epidauros genoß, verbanden sich schon recht bald auch Festspiele zu Ehren des Asklepios. Alle vier Jahre fanden diese sogenannten Asklepeia statt, bei denen Athleten, wie bei allen großen griechischen Spielen, ihre Kräfte miteinander maßen. Etwa ab 400 v. Chr. kamen Musik- und Dichterwettbewerbe hinzu, und abgerundet wurden die Festlichkeiten durch dramatische Aufführungen.

In der ersten Zeit baute man für die Dichterwettbewerbe und die Wiedergabe der Tragödien hölzerne Gerüstbühnen auf, doch konnte dies kaum mehr als ein Provisorium sein. Aus der wachsenden Zahl der Pilger, die das Heiligtum und auch die Festspiele besuchten, ergab sich die Notwendigkeit, ein großes Theater aus Stein zu errichten. Und da die Priesterschaft von Epidauros durch die zahlreichen Opfergaben und Geschenke der Geheilten über großen Reichtum verfügte, konnte sie es sich leisten, einen der berühmtesten Baumeister Griechenlands mit dieser Aufgabe zu betrauen.

Polyklet bettete zunächst die cavea, den Zuschauerraum des Theaters, in den Hang des Bergs Kynortion ein, zu dessen Füßen sich auch das Heiligtum erstreckte. Das Halbrund öffnete sich nach Nordosten, so daß die Zuschauer bei Aufführungen die Sonne im Rücken hatten. Der natürliche bogenförmige Verlauf des Hangs bot sich für das Bauwerk geradezu an, doch mußte der Berg noch weiter ausgehöhlt werden, bis der Bogen tief genug war, um die ansteigenden Sitzreihen aufzunehmen.

Die 55 stufenförmig ansteigenden Sitzreihen, die etwa 14000 Zuschauern Platz boten, sind in zwei Bereiche aufgeteilt: Der untere umfaßt 34, der obere 21 Reihen; dazwischen liegt ein 1,9 Meter breiter Gang (diazoma). Ein zweiter Gang von 1,2 Meter Breite schließt die Anlage der Stufenränge oben ab. Die cavea ist durch 13 Treppen, die strahlenförmig von der Orchestra bis zur obersten Reihe aufsteigen, in 12 Kreissegmente, die kerkides, unterteilt; die siebte Treppe bildet dabei exakt die Mittellinie des Theaters. Im oberen Bereich, der erst im 2. Jh. v. Chr. angefügt wurde, hat man jede kerkide durch eine weitere Treppe nochmals untergliedert.

Jede Sitzreihe ist aus einer Vielzahl sorgfältig ausgerichteter Steinquader zusammengesetzt; der weiße Kalkstein stammte aus einem Steinbruch in der näheren Umgebung und schimmerte nach dem Polieren trotz einiger rötlicher Flecke wie Marmor. Ein flacher, leicht erhöhter Teil diente als Sitz; er ist hinten etwas ausgehöhlt, damit der Zuschauer der darüberliegenden Reihe

In der Nekropole von Tangora in Böotien fand man diese Terrakottafigur der Melpomene, der Muse der Tragödie, die eine Theatermaske betrachtet. Melpomene galt als Tochter des Zeus und der Mnemosyne, der Göttin der Erinnerung. Ihr Name bedeutet soviel wie Sängerin und weist auf das musikalische Element der antiken Tragödie hin.

bequem seine Füße unterbringen konnte. Die unterste Sitzreihe, die den Ehrengästen vorbehalten war, besteht aus rosafarbenem Kalkstein und war sogar mit Rückenlehnen ausgestattet. Auch die sich anschließenden drei Reihen standen dem gewöhnlichen Publikum nicht zur Verfügung; hier nahmen die Priester, hohe Beamte und andere hochgestellte Persönlichkeiten Platz. In diesen vier Reihen sind die Sitze auch nur 33 Zentimeter hoch, damit die vornehmen Gäste sich auf ein mitgebrachtes Kissen setzen konnten. Die anderen Sitzreihen sind etwa 10 Zentimeter höher; hier saß das Publikum unmittelbar auf dem Stein.

Den Mittelpunkt des Theaters bildet die

Orchestra, ein kreisrunder Platz mit einem Durchmesser von 20,28 Metern, auf dem sich bei Aufführungen der singende und tanzende Chor aufhielt. Um den Platz zog sich teilweise eine überdachte steinerne Abflußrinne, der Euripos, wie die Griechen allgemein einen Graben, Kanal oder eine Meeresenge bezeichneten. Diese Rinne diente dazu, das Regenwasser aufzufangen und in einen Kanal abzuleiten. Im Zentrum der Orchestra stand einst ein Rundaltar, wo vor Aufführungsbeginn die Opferhandlungen für Dionysos vollzogen wurden.

Das Halbrund der cavea wird an beiden Enden von Stützmauern abgeschlossen, die jeweils von einem gewaltigen Portal aus Tuffstein flankiert sind. Durch diese Portale betraten die Zuschauer das Theater und gelangten an der Orchestra vorbei zu den Treppenaufgängen, die sie zu den Sitzreihen führten.

Von dem rechteckigen Bühnenbau sind heute nur noch die Fundamente erhalten; dieser Steinbau schloß – dem Anschein nach, den die spärlichen Überreste vermitteln – das Theater zwischen den beiden Seiteneingängen ab. Die Spielfläche, die sich in Szene und Proszenium unterteilte, lag erhöht. Die Szene, die Bühne im eigentlichen Sinn, erhob sich auf einem 3,5 Meter hohen, 5 Meter breiten und 26 Meter langen Unterbau. Die der Orchestra zugewandte Seite war durch drei große Tore unterbrochen, die sich zu dem unter der Szene liegenden Raum öffneten. Diesem Unterbau vorgelagert war eine von 18 ionischen Säulen getragene Halle, auf der sich das 2,4 Meter breite Proszenium befand. Man nimmt an, daß auf dem Proszenium die Schauspieler agierten, während die Szene, die möglicherweise überdacht war, den Göttern vorbehalten war. Andere wiederum sehen in dem Proszenium nur eine – wie der Name sagt – Vorbühne und vertreten die Auffassung, daß das eigentliche Schauspiel auf der Szene stattfand.

Viele damals bekannte Schauspieler traten im Theater von Epidauros auf; in welchen Stücken sie jedoch spielten, weiß man nicht genau. In der zweiten Hälfte des 4. Jh. v. Chr., als das Theater errichtet wurde, lebten die drei großen tragischen Dichter Athens – Äschylos, Sophokles und Euripides – nicht mehr. Doch auch diese Zeit hatte ihre Dichter, die jetzt allerdings statt der klassischen Tragödien mehr jene modischseichten Sitten- und Situationskomödien schrieben, die in erster Linie unterhalten sollten und denen die politischen und satirischen Seitenhiebe fehlten, die einst die Werke des Aristophanes gewürzt hatten.

Und auch heute, nach mehr als 2400 Jahren, finden im Theater von Epidauros wieder Festspiele statt, bei denen antike Tragödien und Komödien aufgeführt werden.

Das Kolosseum

Ein Riesenbau für die Schaulust der Römer

Der Name Kolosseum, den das größte Amphitheater der römischen Welt trägt, erscheint erst in Dokumenten aus dem 8. Jh. n. Chr. Ob es so nach der früher ganz in der Nähe stehenden Kolossalstatue Neros heißt oder wegen seiner gewaltigen Ausmaße, weiß man nicht. Die offizielle Bezeichnung war *Amphitheatrum Flavium,* denn es wurde von den flavischen Kaisern *(Flavii)* Vespasian, Titus und Domitian errichtet. Vespasian begann wahrscheinlich im Jahr 70 mit dem Bau. Eingeweiht wurde er im Jahr 80 von seinem Sohn Titus, und die Fertigstellung des Bau-

werks erfolgte unter Domitian, der ab September 81 Kaiser war. Bis dahin hatte Rom nur über das um 29 v. Chr. errichtete Amphitheater des L. Statilius Taurus verfügt, das jedoch unter Nero bei dem großen Brand der Stadt im Jahr 64 völlig zerstört worden war.

Jahrhundertelang hatten die Gladiatorenkämpfe auf öffentlichen Plätzen stattgefunden, in Rom auf dem Forum. Anderswo war es in Mode gekommen, für diese Art von Schauspiel eigene Bauten zu errichten. Ein solches Amphitheater steht noch heute in Pompeji. Es stammt zweifellos aus dem Jahr

80 v. Chr., als die Kleinstadt römische Kolonie wurde.

Der Begriff Amphitheater beschreibt die Form des Bauwerks: Im Gegensatz zum Halbrund des antiken Theaters hat es einen kreisrunden oder elliptischen Grundriß (griechisch *amphi:* auf allen Seiten). Anstelle der Bühne ist in der Mitte ein freier Raum, der Arena heißt nach dem Sand (lateinisch: *arena),* der ihn bedeckt. Auf den ansteigenden Sitzreihen konnte man eine große Anzahl Zuschauer – im Kolosseum schätzungsweise 45 000 Personen – unterbringen und allen eine ausgezeichnete Sicht bieten. Die

Die Luftaufnahme des Kolosseums zeigt deutlich die in drei Rängen aufsteigenden Sitzreihen des ringförmigen Bauwerks. In der Antike stand das riesige Amphitheater auf sonst unbebautem Gelände.

Arena des Kolosseums mißt in der Längsachse 86 Meter und in der Breite 54 Meter. Seine Außenmaße betragen 188 × 156 Meter. Das Bauwerk ist 48,5 Meter hoch.

Die Tatsache, daß Vespasian ein so großartiges Bauvorhaben in Angriff nahm, hat wahrscheinlich ihren Grund darin, daß er sich und seinen Söhnen eine gewisse Legitimität verschaffen wollte. Er war durch Waffengewalt an die Macht gekommen. Seine Herkunft war bescheiden, und seine eigene berufliche Laufbahn verlief zwar ehrenwert, wies aber keine besonderen militärischen Leistungen auf. So blieb ihm nur die Möglichkeit, sich durch eine denkwürdige Großzügigkeit zu profilieren. Solche „Wohltaten" galten als königlich. Sie schufen dauerhafte Bande zwischen Gebern und Nutznießern. Alle Römer, die den im Kolosseum dargebotenen Spektakeln beiwohnten, sollten sich den Flaviern verpflichtet fühlen.

Das Kolosseum wurde an einem Ort errichtet, der selbst einen symbolischen Wert besaß, und zwar in der Senke, die für den künstlichen See geschaffen worden war, der den Mittelpunkt der Lustgärten um Neros Goldenes Haus bildete. Diese weitläufigen Anlagen befanden sich auf einem Gelände, das der Brand im Jahr 64 verwüstet hatte.

Bautechniken

Beim Bau des Kolosseums sind alle in der Antike bis dahin entwickelten Bauverfahren angewandt worden. Die älteste Bauweise ist das *opus quadratum;* hier wurden die Mauern aus übereinandergelegten behauenen Steinen errichtet. Aus diesem Mauerwerk bestehen die Pfeiler der Fassade und der Innenarkaden. Dann ging man auf das *opus caementicium* über, einen Gußbeton aus Bruchsteinen oder Ziegelbruch, bei dem als Mörtel Kalk und vulkanischer Sand verwendet wurden. Der Gußbeton wurde anfangs mit Steinplatten verkleidet, die das Mauerwerk des *opus quadratum* imitierten, später mit kleineren Steinen, die erst unregelmäßig *(opus pseudo-reticulatum),* dann regelmäßig vermauert wurden *(opus reticulatum).* Schließlich verwendete man für die Verblendung Ziegelsteine in gleichmäßigen Lagen *(opus latericium).*

Im Kolosseum grenzt das *opus latericium* an das *opus quadratum;* die Gewölbe bestehen aus *opus caementicium.* Man verwendete zwei Steinsorten: Die sichtbaren Teile sind aus Travertin; an Stellen, die nicht unmittelbar ins Auge fallen, wurde Tuffstein aus dem Aniotal verwendet. Das *opus latericium* war auf das vierte Geschoß beschränkt, weil die aus diesem Material gemauerten Wände leichter waren.

Die Arbeiten mußten möglichst rasch ausgeführt werden. Alle Materialien, die im voraus bearbeitet werden konnten, brachte man fertig auf die Baustelle. Das galt auch für die Travertinblöcke der Fassade, die man nur noch wie Bauklötze zusammensetzen mußte. Sie wurden – wie auch die Wölbsteine der Bogen – serienmäßig gefertigt.

Die Bogen waren selbsttragend; der Schub wurde von den Travertinpfeilern abgefangen. Dieses Bauverfahren hatte man auch bereits beim Theater des Pompejus angewendet. Die vorbereiteten Quader wurden durch Bronze- oder Eisenklammern miteinander verbunden, die man mit flüssigem Blei befestigte. Im Mittelalter holte man das sehr begehrte Metall Klammer für Klammer heraus, wodurch die großen Löcher im Mauerwerk entstanden.

Ingenieure, die die Konstruktion des Kolosseums untersuchten, sind übereinstimmend der Meinung, daß man auf das fertiggestellte elliptische Fundament aus *opus caementicium* sieben konzentrisch verlaufende Pfeilerreihen setzte, die das Bauwerk tragen sollten. Die Fassadenpfeiler wurden mit Hilfe gewöhnlicher Gerüste bis zum dritten Geschoß aufgemauert, die Pfeiler der übrigen Reihen bis zu ihrer endgültigen Höhe, wobei der für die *cavea* vorgesehene Neigungswinkel berücksichtigt wurde. Dann baute man zwischen diese Pfeilerreihen radial verlaufende Mauern, welche die Gewölbe aus *opus caementicium* abstützen, über denen die Sitzreihen errichtet wurden. Diese strahlenförmigen Mauern bestehen teils aus Tuffstein, teils aus *opus caementicium* mit Ziegelverblendung.

Die am Bau benutzten Geräte und Ausrüstungen entsprachen den Arbeitsgeräten der Maurer und Steinmetze aller Zeiten. Die Quader konnte man entweder mit Hilfe von Seilwinden befördern, die von einem Tretrad mit großem Durchmesser angetrieben wurden, oder man bewegte sie mit Rollen (ähnlich den Rollen, mit denen man Boote an den Strand zog) und Hebeln auf schiefen Ebenen aus Holzbohlen. Die Gewölbe aus *opus caementicium* wurden mit Hilfe einer Holzkonstruktion gegossen, die man wegnahm, sobald das Material ausgehärtet war. Die Treppen zwischen den radial angelegten Mauern und die Sitzreihen waren mit Marmor verkleidet.

1. Bau eines Bogens mit Hilfe einer Holzkonstruktion. 2. Einfügen des Schlußsteins, der den Bogen vollendet. 3. Von einem Tretrad bewegte Winde. 4. Lastenaufzug mit Gegengewicht, durch den die Pfeilerelemente hochgezogen wurden. 5. Errichtung einer Säule.

Der Einsatz aller genannten Techniken erklärt, weshalb die Arbeiten so rasch vollendet waren. Alles hing von der Zahl der Arbeiter ab, die den einzelnen Baustellen zugeteilt waren. Es ist denkbar – und es entspricht den damaligen Gepflogenheiten –, daß alle Arbeitskräfte, die man auf den Baustellen des Kaisers benötigte, aus den Reihen der Soldaten abgestellt wurden, denn die Armee verfügte über entsprechende Spezialeinheiten von Holz- und Metallhandwerkern. Nach einer Bauzeit von weniger als zehn Jahren konnte das Kolosseum mit den großartigen Spielen eingeweiht werden, die Titus veranstalten ließ.

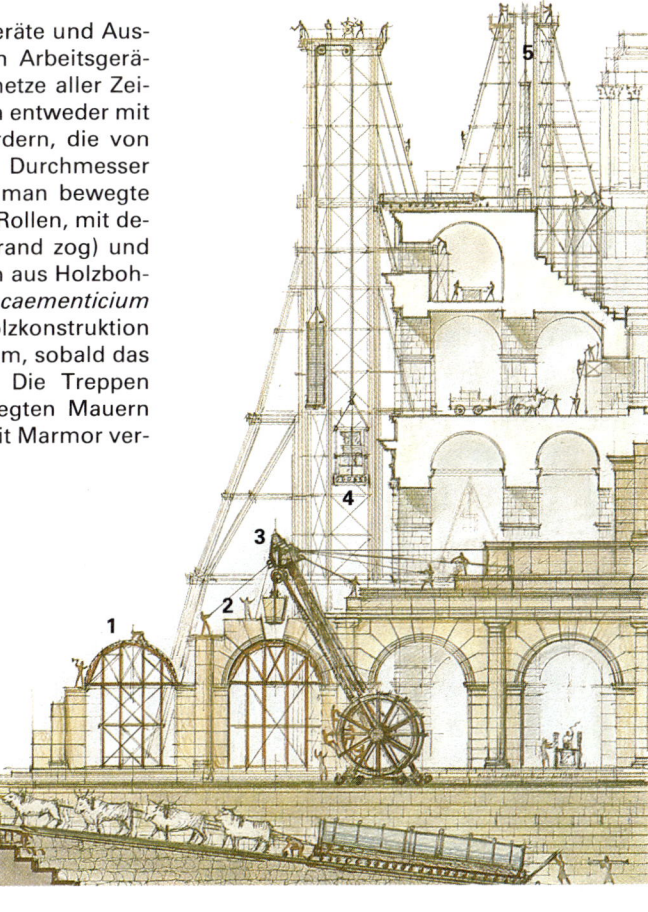

Früher hatten dort Wohnviertel gestanden. Als sich das Volk um diese gebracht sah, war sein Zorn groß. Wenn nun diesem Volk ein Teil des widerrechtlich übernommenen Geländes zurückgegeben wurde, konnte dieser Schachzug das Ansehen der neuen Dynastie nur heben.

Die politischen Gründe jedoch, die die Wahl des Geländes bestimmt hatten, bereiteten den Architekten einige Schwierigkeiten, denn der See Neros lag an einer sumpfigen Stelle, wo sich das Oberflächenwasser

Was in anderen Theatern „hinter den Kulissen" lag, fand im Amphitheater unter dem Boden Platz. Da dieser hier entfernt ist, sieht man die Gänge und die Räume, in denen sich Menschen und Tiere vor ihrem Auftritt aufhielten.

sammelte, das von den benachbarten Hügeln herabfloß. Man mußte mit Erdrutschen rechnen. Um die Stabilität des hier geplanten gewaltigen Bauwerks zu gewährleisten, trieben die Architekten Travertinpfeiler etwa 6 Meter tief in den Boden und legten über die Pfeiler eine Betondecke.

Der Grundriß des Bauwerks hat die Form einer Ellipse. Seine Fassade ist durch drei übereinanderliegende Arkadengeschosse gegliedert; ein viertes Geschoß wurde mit Fensteröffnungen versehen. Im Innern dieser großen Ellipse befindet sich der Zuschauerraum (lateinisch: *cavea*), in dem die Sitzreihen in einem Winkel von 37 Grad nach oben ansteigen. So hatten alle Zuschauer eine gute Sicht auf die Arena.

Die Fassade mit ihren Arkaden ist charakteristisch für das Kolosseum: Theaterfassaden sind eine Erfindung der römischen Ar-

chitekten. In den griechischen Theatern war der Zuschauerraum mit seinen Sitzreihen stets dem Geländeverlauf angepaßt. Meist lag er in der Mulde eines Berghangs, die, wenn nötig, noch vertieft wurde, bis man das Theater fächerförmig einpassen konnte, so daß es schließlich einer großen Muschel glich. Die Theater in Athen, Epidauros und Syrakus waren nach diesem Prinzip gebaut. Auch das große Theater in Pompeji entspricht noch dieser Bauweise.

Ab 55 v. Chr. jedoch, als Pompejus den Bau eines steinernen Theaters statt der in Rom bisher üblichen provisorischen Holzbauten beschloß, hatten sich die Architekten eine andere Lösung ausgedacht. Das Baugelände lag auf dem Marsfeld, also in einer Ebene. Daher mußte man die *cavea* auf einen ausreichend festen und tragfähigen Unterbau stellen, der gleichzeitig so hoch war, daß der Neigungswinkel der Stufenreihen den üblichen Anforderungen entsprach. Bei massiver Bauweise hätte die Außenmauer sehr dick sein müssen und wäre durch eventuelle Rißbildungen gefährdet gewesen.

Es mußte also eine andere Möglichkeit gefunden werden, den Schub aufzufangen. Daher griffen die Architekten auf eine Technik zurück, die sie bereits seit langem beherrschten, den Bau von Bogen. Anstelle der gemauerten Außenwand, wie man sie in mehreren kleinen Theatern in Asien oder in Italien findet, stellten sie mehrere kräftige Bogenreihen in Stockwerken übereinander. Dieses System läßt sich mit einem dreistöckigen Aquädukt vergleichen. Beim Amphitheater bildet die Außenwand einen geschlossenen Ring, bei einem Theater einen Halbkreis. Verwirklicht wurde diese Lösung zunächst beim Bau des Theaters des Pom-

pejus, dann bei dem zwischen 20 und 13 v. Chr. errichteten Theater des Marcellus. Außer den rein technischen Vorteilen hatte sie auch noch ästhetische. Eine fensterlose Fassade von großen Ausmaßen hätte plump und höchst unharmonisch gewirkt. Dagegen vermitteln Bogenreihen einen Eindruck von Lebendigkeit.

Alle diese Gründe trugen dazu bei, daß der Architekt des Kolosseums – dessen Namen man übrigens nicht kennt – sich damit begnügte, Gliederung und Schmuckformen früherer Theaterbauten bei der Entwicklung dieses neuen Amphitheaters zu übernehmen. Arkaden von 80 Bogen umschlossen die elliptische Grundform. Jeder dieser Bogen ist 4,2 Meter breit und 7,05 Meter hoch. Die aus Travertin gebauten Pfeiler zwischen den Bogen sind 2,4 Meter breit und 2,7 Meter tief. Im unteren Geschoß ist jedem Pfeiler eine Halbsäule in dorischem Stil vorgeblendet. Die Halbsäulen im mittleren Geschoß sind im ionischen, im oberen Geschoß im korinthischen Stil gehalten. Das Attikageschoß, das die drei Bogenreihen überragt, ist durch korinthische Pilaster gegliedert, die gemauerte Rechtecke einfassen. Jedes zweite dieser Wandfelder ist von einem rechteckigen Fenster durchbrochen.

Trotz der gewaltigen Masse hat man einen Eindruck von Leichtigkeit; vertikale Linien, die sich unendlich oft wiederholen, lenken den Blick nach oben und lassen die horizontale Ausdehnung des Bauwerks weniger gewichtig erscheinen. Die Folge der übereinanderliegenden Ordnungen erhöht diese Wirkung. Die dorischen Halbsäulen erscheinen massiver als die darüber angeordneten Halbsäulen der ionischen Ordnung, und die korinthischen Kapitelle des dritten und vierten Geschosses krönen das Bauwerk. An den äußeren Enden der beiden Achsen öffnet sich jeweils ein Tor. Sie führen unmittelbar in die Arena. Auch das Hauptproblem – die Massen von Menschen rasch an ihre Plätze zu führen – wurde durch ein sinnreiches System von ringförmig angeordneten Korridoren, radialen Durchgängen und Treppen genial gelöst. Auf den Gewölben dieser Anlage liegen die Sitzreihen.

Um die Arena verlief eine 3,6 Meter hohe Mauer und ein schmaler Kanal, durch den das Regenwasser abfließen konnte. Am Südende der Querachse befand sich die Kaiserloge, ihr gegenüber die Loge des Präfekten der Stadt. Durch das Tor am Westende der Längsachse – die *porta triumphalis,* das Triumphtor – zogen die Kämpfer ein, durch das Tor am Ostende – die *porta libitinaria* – brachte man ihre Leichen hinaus. Dazwischen spielte sich das ganze Drama ab. Der Boden der Arena bestand überwiegend aus einer Zementschicht, die mit einer Mischung aus Sand, Kalk und pulverisierter Terrakotta bedeckt war. Dieses Material

Die Bühnenmaschinerie

Während die Theater der Antike hinter der Bühne ein Bühnenhaus hatten, in dem für Schauspieler und Versatzstücke Platz war, mußten beim Amphitheater wegen seiner Form solche Räumlichkeiten unter der Arena eingerichtet werden. Dort standen, für die Zuschauer unsichtbar, Gänge und Räume zur Verfügung, wo die „Schauspieler" – Tiere und Menschen – sich bis zu ihrem Auftritt aufhalten konnten.

Die Mauern der komplizierten unterirdischen Anlage verliefen parallel zur Hauptachse. Zwei Gänge führten zu den beiden Toren, der *porta triumphalis* und der *porta libitinaria*. Ein ähnlicher Gang verlief unter der kaiserlichen Loge und führte vom Amphitheater zum Claudiustempel. Seine Wände waren mit Stuck verziert, und man geht davon aus, daß dieser Gang vom Kaiser selbst benutzt wurde, vielleicht schon von Domitian, vielleicht aber auch erst seit der Zeit des Commodus (180–192). In der Mauer, die die Arena umgab und sie von den Zuschauerrängen trennte, finden sich Vertiefungen, in die man während der Tierhetzen schwere Eisengitter einsetzen konnte, damit sich die Tiere nicht auf die Zuschauer stürzten. Diese Gitter, über die sich noch ein Netz spannen ließ, waren in Travertinblöcken verankert, die man noch heute in den Fundamenten im Untergeschoß sehen kann.

An den Längsmauern befanden sich in großen Abständen Zellen, die offenbar für die Raubtiere bestimmt waren. Sie waren

Die Bühnendekoration wird nach oben gehoben und in der Arena aufgestellt.

Lastenaufzüge hoben Schauspieler, Tiere und Versatzstücke nach oben. Die Mechanik war in der Dekoration verborgen.

mit einem Aufzug versehen, der die Tiere auf eine schiefe Ebene hievte, und zwar zwischen die Wände eines engen Gangs, in dem sie sich nicht umdrehen und ihre Wärter angreifen konnten. In anderen Zellen wurden wohl Versatzstücke aufbewahrt, wie Felsen, Bäume und Buschwerk, die als Kulisse dienten, wenn etwa die Sage von Orpheus aufgeführt wurde. Schiefe Ebenen erlaubten raschen Kulissenwechsel. Während der Spiele, die Titus zur Einweihung des Kolosseums veranstalten ließ, wurde auch eine Seeschlacht aufgeführt. Hier gab es beträchtliche Schwierigkeiten, den Boden der Arena abzudichten.

Die Spektakel im Kolosseum dauerten oft tagelang. Man mußte deshalb auch dafür sorgen, den Zuschauern Schatten zu spenden. Dazu spannte man große Segel über den Sitzreihen auf, wie das schon in den Theatern geschah. Aber die gewaltigen Ausmaße des Kolosseums verlangten

eine neue Methode, eine so große Fläche zu überspannen. Darüber, wie man das bewerkstelligte, lassen sich nur Vermutungen anstellen. Man weiß lediglich, daß ganz oben auf dem Kranzgesims Öffnungen für die Masten angebracht waren, an denen man die Sonnensegel befestigte. Vielleicht waren große Dreieckssegel, die jeweils einen Teil des Zuschauerraums überspannten, über ein Seil eingerollt, das um die *cavea* lief. Bei einer Aufführung wurden die Segel entrollt und ihre Spitzen mit einem Seil an der gegenüberliegenden Seite befestigt. Es sind aber auch andere Möglichkeiten denkbar.

verwendete man auch für den Untergrund von Zisternen. Der restliche Teil des Arenabodens bestand aus abnehmbaren Platten. Unter der Arena lagen Gänge und Kammern, die die Räume des fehlenden Bühnengebäudes ersetzten.

Wozu diente nun ein solches Amphitheater? Zunächst bot es dem Kaiser Gelegenheit, Schauspiele zu veranstalten, die eine große Zahl seiner Untertanen sich anschauen konnte. Das Büchlein des römischen Dichters Martial über die Schauspiele gibt ein wertvolles Zeugnis von dieser Funktion des Kolosseums. Dort sollte sich das Außergewöhnliche ereignen, das, was man für unmöglich gehalten hatte. So sah man etwa den mythischen Sänger Orpheus, wie er zum Klang seiner Lyra Wälder und Felsen in seinen Bann zog, die sich tatsächlich in der Arena bewegten. Auch Raubtiere und alle möglichen anderen Tierarten sollten sich von der Musik bezaubern lassen. Unglücklicherweise stürzte sich dabei ein Bär auf Orpheus und zerriß ihn.

Bei anderen Darbietungen war der Ausgang nicht so tragisch: Einmal soll sich ein Damhirsch, der in der Arena freigelassen und in einer nachgestellten Jagd von Hun-

den gehetzt wurde, dem Domitian in Demutshaltung zu Füßen geworfen haben, was ihm das Leben rettete. Man wohnte in der Arena auch gefährlicheren Jagdszenen bei. Ein gewisser Carpophorus hat nacheinander einen Bären mit seinem Spieß durchbohrt, einen gewaltigen Löwen niedergestreckt und einen wütenden Leoparden aufgehalten und getötet. Barbaren aus aller Welt, aus Ägypten und Thrakien, aus Kilikien und Arabien, strömten herbei, um diese Wunder zu erleben – Zeugnisse der Macht des Kaisers und seiner Göttlichkeit. Auch erlebten sie hier das Walten des Rechts, denn in der Arena wurden auch Verbrecher hingerichtet.

Heute herrscht allgemein die Vorstellung, das Amphitheater habe vor allem als Schauplatz für die Gladiatorenkämpfe gedient, d.h. für Menschenopfer, denn das war der ursprüngliche Sinn der Spiele: Wenn das Blut in Strömen über den Boden der Arena floß, geschah das für die Toten, die auf diese Weise einen Funken Leben wiedererlangten. Doch diese Ursprünge hatte man längst vergessen. Inzwischen waren die Gladiatoren Kämpfer, die ausgebildet wurden, um zu siegen oder zu sterben. Der siegreiche Gladiator war ein Held, dessen Name in aller Mun-

de war. Aber die Gladiatoren waren nicht die einzigen Darsteller in diesen Spielen. Einige Beispiele der Darbietungen sind bereits oben erwähnt. Zur Feier der Einweihung hatte man sogar das Schauspiel einer Seeschlacht veranstaltet, eine Art pseudohistorische Rekonstruktion eines Kampfes der Flotten von Korinth und Korfu.

Die Zeit hat das Kolosseum nicht verschont. Brände, schon in der Antike, und Blitze, die mindestens zweimal, 217 und 250, einschlugen, fügten dem Bauwerk schwere Schäden zu. Die Instandsetzung erfolgte jedoch jedesmal so schnell wie möglich, so groß war seine Bedeutung für die Ideologie des Kaisertums. Im 5. und 6. Jh. erschütterten Erdbeben die Steinmassen des Kolosseums, wie das auch in neuerer Zeit wieder geschah. Der letzte Gladiatorenkampf fand hier im Jahr 404 statt, die letzte Tierhetze im Jahr 523. Das gilt zumindest für die Antike. Im Mittelalter führte der Versuch, ähnliche Spiele im Kolosseum zu veranstalten, zu einem fürchterlichen Gemetzel. Seitdem ist das antike Bauwerk, das eine Zeitlang auch als Steinbruch für die Erbauer von Palästen diente, nur noch ein steinerner Zeuge des alten Roms.

Ein Museum neuen Stils

Guggenheims Heimstatt für eine Sammlung moderner Kunst

Eins der außergewöhnlichsten Bauwerke New Yorks ist das Guggenheim-Museum. Es liegt an der Fifth Avenue gegenüber dem Central Park und ringt noch heute, fast 30 Jahre nach seiner Fertigstellung, dem Betrachter Bewunderung ab. Mit seiner spiralförmigen Silhouette und seiner runden, fast fensterlosen Fassade bildet das Museum einen deutlichen Kontrast zu den im herkömmlichen Stil errichteten Gebäuden, die in diesem eleganten und dichtbevölkerten Stadtviertel von Manhattan stehen.

Diesen Museumsbau verdankt New York zwei außergewöhnlichen Persönlichkeiten: dem Großindustriellen und Kunstsammler Solomon R. Guggenheim (1861–1949) und dem Architekten Frank Lloyd Wright (1869–1959); keiner von ihnen jedoch hat die Verwirklichung ihrer Idee noch erleben können – beide starben, bevor die Bauarbeiten abgeschlossen waren.

Der Vater Solomon Guggenheims war Mitte des 19. Jh. aus der Schweiz in die USA ausgewandert und hatte dort einen Bergwerkskonzern von Weltrang aufgebaut. Wie viele andere sehr reiche Amerikaner sah sich auch Solomon Guggenheim als Kunstmäzen und hatte schon vor dem Ersten Weltkrieg damit angefangen, eine beachtliche Sammlung von Werken alter Meister zusammenzutragen. In den späten 20er Jahren kam er mit Künstlern der Avantgarde in Berührung. Von nun an galt sein Interesse der zeitgenössischen Malerei, und er begann, abstrakte Gemälde zu erwerben. Er sammelte Werke von Kandinsky, Kokoschka, Fernand Léger, Chagall, Paul Klee und anderen, die er erstmals Ende der 30er Jahre auch der Öffentlichkeit zugänglich machte.

Schon Anfang der 40er Jahre trug sich Guggenheim mit dem Gedanken, für seine Sammlung ein eigenes Museumsgebäude zu errichten, und zwar mitten im Central Park. Dieses Vorhaben ließ sich jedoch nicht verwirklichen, und so erwarb er zumindest in der Nähe an der Fifth Avenue zwischen der 88. und der 89. Straße ein geeignetes Grundstück. Das Gebäude selbst sollte der bekannte amerikanische Architekt Frank Lloyd Wright entwerfen. Der schon über 70jährige Wright nahm das Angebot an und schuf mit dem Museumsbau zugleich sein architektonisches Testament.

Den ersten Entwurf legte Wright schon 1943 vor, doch erst 1956 konnte man mit den Bauarbeiten beginnen. Viele Hindernisse stellten sich der Durchführung des Projekts in den Weg: Zuerst war es der Zweite Weltkrieg, der den Baubeginn verzögerte; dann starb 1949 Solomon Guggenheim, die treibende Kraft des Unternehmens. Vor allem aber machten die städtischen Behörden Schwierigkeiten; sie zeigten sich dem originellen Entwurf Wrights gegenüber mehr als zurückhaltend und verlangten zahlreiche Änderungen, von denen sie die Baugenehmigung abhängig machten.

Wie sah nun die Grundidee Frank Lloyd Wrights aus? Nach seinen eigenen Worten wollte er „einen Ort der Besinnung schaffen, wo man sich besser der Betrachtung der Bilder widmen kann als an jedem anderen Ort". Dieser Gedanke, daß der Besucher frei von Ermüdung und ohne äußere Ablenkung die Bilder betrachten können soll, scheint zunächst nicht sehr originell, denn schließlich liegt er wohl jedem Museumskonzept zugrunde. Die Frage ist, wie Wright diesen Gedanken umsetzte und wie er mit den Zwängen fertig wurde, denen jeder Museumsbau unterliegt: Ein Museum benötigt Magazine für nicht ausgestellte Werke, Ateliers für Restaurierungsarbeiten, Büroräume für das Personal und schließlich auch Einrichtungen für das Publikum wie Restaurants, Toiletten, Verkaufsstände und anderes. Um allen diesen Anforderungen gerecht zu werden und um auch eventuell notwendige Umbauten und Erweiterungen zu ermöglichen, sollte – nach Wright – die Architektur flexibel und wandlungsfähig sein.

Als das Guggenheim-Museum am 21. Oktober 1959, sechs Monate nach dem Tod Wrights, eröffnet wurde, war in der Tat ein außergewöhnlicher Bau entstanden. Ein Grundprinzip, das Wrights gesamtes Schaffen durchzieht, wurde auch hier verwirklicht: Außenansicht und Innenraum des Gebäudes stehen in einem engen Zusammenhang. Schon von der Straße aus kann der Betrachter sofort erkennen, daß der Innenraum aus einer spiralig aufsteigenden Rampe besteht, die sich nach oben hin verbreitert. Diese Rampe bildet die Hauptgalerie. Von außen wirkt das Gebäude wie ein umgekehrter Kegelstumpf, eine Form, die den Eindruck von Leichtigkeit hervorruft, und zwar trotz des massiven Baumaterials: Die an Ort und Stelle gegossene Schale besteht nämlich aus Stahlbeton.

An die Hauptgalerie schließen sich verschiedene Nebengebäude an. An der Nord-

seite befinden sich in einem kleineren, ebenfalls zylindrischen Baukörper die Räume des Konservators. Parallel zur Fifth Avenue verbindet eine langgezogene Brüstung, auf der der Name des Museums steht, dieses Nebengebäude mit der Hauptgalerie und mündet an der Ecke der 88. Straße in einen weit ausladenden Vorbau. Ein rechteckiges Gebäude, das sich zwischen die beiden Rundbauten schiebt und bis zur Höhe der zweiten Spirale reicht, birgt einen weiteren großen Ausstellungsraum, von dem aus man durch einen gewaltigen Bogen in die Hauptgalerie gelangt.

Betritt der Besucher das Museum, wird sein Blick sofort nach oben zu der Glaskuppel gelenkt, die sich über dem Innenraum erhebt und durch die das Licht, ohne zu blenden, in die Hauptgalerie einfällt. Als nächstes ziehen die spiralförmigen Windungen der Rampe die Aufmerksamkeit auf

Der Innenraum des Museums, von oben gesehen. Die Rampe verläuft spiralförmig in sechs Windungen nach unten. Die geschwungenen Linien des Raums wiederholen sich selbst in den kleinsten Details wie den Blumenschalen und Wasserbecken im Erdgeschoß.

Durch die Glaskuppel, die die Hauptgalerie in 30 m Höhe abschließt, fällt das Tageslicht in das Innere des Raums. Unter der Kuppel erkennt man hier eine der ovalen Säulen, die die fast 400 m lange, spiralförmige Rampe stützen.

259

Gesamtansicht des Museums, das ausschließlich von rechtwinkligen Gebäuden umgeben ist. Rechts die Hauptgalerie, links das Gebäude des Konservators, dahinter der 1968 errichtete Anbau.

sich. Wright wollte um jeden Preis zwei große Nachteile vermeiden, die fast allen traditionellen Museen gemeinsam sind: die Verteilung der ausgestellten Werke auf Einzelsäle und die körperliche Ermüdung, die sich auf dem langen und oft komplizierten Rundgang durch diese Säle einstellt. Es ist Wright hervorragend gelungen, diese beiden Nachteile zu umgehen: Der Besucher kann mit dem Fahrstuhl zur obersten Ebene der Hauptgalerie hinauffahren, von dort die sanft abfallende Rampe bis zum Erdgeschoß hinuntergehen und dabei die zu seiner Linken ausgestellten Bilder betrachten, die in kleinen Nischen und Ausbuchtungen hängen. Das schmale Fensterband, das die Wände oben abschließt, sorgt für eine wechselnde natürliche Beleuchtung, die man noch mit Richtstrahlern ergänzen kann. Bänke, die entlang der Galerie aufgestellt sind, laden den Besucher zum Verweilen ein.

Mit diesem Bauwerk wollte Wright „eine völlig neue Einheit zwischen dem Betrachter, der Malerei und der Architektur" schaffen. „Die Malerei", um nochmals Wright zu zitieren, „ist nicht mehr der Tyrannei der geraden Linie unterworfen wie in den Sälen der herkömmlichen Museen; sie ist durch die Architektur befreit, und Malerei und Architektur zusammen bilden ein harmonisches Ganzes."

Tausende von Neugierigen stürmten in den Wochen nach der Eröffnung in das Guggenheim-Museum. Viele waren hell begeistert, andere eher zurückhaltend, wieder andere entrüsteten sich über diesen außergewöhnlichen Bau mitten im Herzen von Manhattan: Man warf dem Architekten vor, das Gebäude passe nicht in das architektonische Umfeld der Fifth Avenue. Die heftigsten Kritiken jedoch galten dem Innenraum: Es habe

Die organische Architektur Frank Lloyd Wrights

Mehr als 60 Jahre lang war Wright nicht nur ein sehr produktiver Architekt, sondern er schrieb auch zahlreiche Abhandlungen, in denen er seine Vorstellungen von Architektur verdeutlichte. Sein Anliegen war es, eine – wie er es nannte – organische Architektur zu schaffen: Die Einzelteile sollten in harmonischer Beziehung zum Ganzen stehen und so eine organische Einheit bilden. Er griff den berühmten Satz seines Lehrers Louis Sullivan auf:

„Die Form folgt der Funktion" und wandelte ihn ab, indem er sagte: „Form und Funktion bilden eine Einheit."

Zu Beginn seiner Laufbahn entwarf Wright überwiegend Wohngebäude. In seinen ‚sogenannten Präriehäusern verwirklichte er in bewundernswerter Weise erstmals die Grundprinzipien seiner organischen Architektur: Das niedrige, langgestreckte Präriehaus fügt sich durch Terrassen, Vordächer und durchlaufende Fen-

sterreihen harmonisch in die Natur ein, scheint aus ihr herausgewachsen zu sein. Der Innenraum ist nicht mehr durch feste Trennwände unterteilt, sondern bildet eine Einheit, in dessen Mittelpunkt ein Kamin steht. Durch mobile Wandelemente kann der Raum je nach Bedarf unterschiedlich gestaltet werden.

Im Jahr 1903 entwarf Wright mit dem Larkin Building in Buffalo zum erstenmal einen Zweckbau. Alle Büroräume führen über große Balkons in einen rechteckigen, glasüberdachten Innenhof. Hier ist schon in Andeutungen die spätere Struktur des Guggenheim-Museums zu erkennen.

In den 20er Jahren setzte sich in Wright die Überzeugung durch, daß die gerade Linie, das Rechteck und der Würfel künstliche Formen seien, die der Natur widersprächen. Fasziniert von den vom Kreis abgeleiteten Formen, entwarf er in der Folgezeit immer wieder achteckige oder kreisförmige Fassaden. Zwei Gelegenheiten boten sich ihm, seine Prinzipien zu verwirklichen: 1948 erhielt er den Auftrag, den Innenraum des V. C. Morris Gift Shop, eines Geschäfts in San Francisco, umzugestalten. Er baute eine spiralförmige Rampe ein, die sich in einem eleganten Bogen bis unter eine durchsichtige Glaskuppel schwingt. Und als Neubau entwarf er das Guggenheim-Museum, das alle seine Überlegungen zum Thema Raum in sich vereinigt und bei dem die runde Form des Baus innen wie außen dominiert.

Das „Haus über dem Wasserfall" in Bear Run, Pennsylvania, scheint aus dem Felsen herauszuwachsen und paßt sich vollkommen an die Landschaft an.

Moderne Museumsbauten in den USA

Die amerikanischen Museen gehören heute zu den schönsten und reichsten der Welt. Großstädte wie New York, Boston, Philadelphia und Chicago hatten ab 1870 Kunsthallen geschaffen, und Großindustrielle und Finanzmagnaten trugen außergewöhnliche Privatsammlungen zusammen, die sie später oft diesen Museen vermachten.

Die Museumsarchitektur orientierte sich lange Zeit an den Bauten des Neoklassizismus oder der Renaissance. Doch schon vor dem Zweiten Weltkrieg entwickelte sich in den USA eine moderne und originelle Museumsarchitektur, deren erstes herausragendes Beispiel das Museum of Modern Art in New York (1939) ist.

Seit den 60er Jahren steigt in den USA das kulturelle und künstlerische Interesse sprunghaft an. Eine Folge davon ist, daß eine Vielzahl neuer Museen entstand. Allein in Washington z. B. öffneten zwischen 1976 und 1985 sechs große Häuser ihre Tore, und heute befindet sich etwa ein Drittel aller weltweit bedeutenden Museen in den USA.

Auch viele alte Museen mußten erweitert werden. Das Metropolitan Museum in New York, das Museum of Fine Arts in Boston und das Art Institute in Chicago bauten neue Flügel an. Manche Anbauten stechen durch ihre auffallende Architektur besonders hervor, wie z. B. der Turm des Museum of Modern Art in New York oder der Erweiterungsbau der National Gallery of Art in Washington, der als eigenständiges Gebäude auf einem benachbarten Gelände steht.

Der Erweiterungsbau der National Gallery of Art in Washington (1978): Versetzte Ebenen, Pflanzen und ein Mobile Alexander Calders kennzeichnen die Eingangshalle.

Doch ob es sich um Erweiterungsbauten bereits bestehender Museen oder um regelrechte Neubauten handelt – stets tragen sie den gewandelten Ansprüchen und Stilempfindungen des heutigen Publikums Rechnung. Eine der neuen Tendenzen besteht darin, weitläufige Kulturkomplexe zu schaffen, in denen Museen, Theatersäle, Bibliotheken und Ateliers zusammengefaßt sind. Beispielhaft verwirklicht wurde dies in dem ehrgeizigen Projekt von Michael Graves: Eine sogenannte Kulturbrücke, ein riesiger Gebäudekomplex, der eine Vielzahl kultureller Bereiche zu vereinen versucht, verbindet die beiden benachbarten Städte Fargo in North Dakota und Moorhead in Minnesota miteinander.

sich manchmal als unmöglich erwiesen, großformatige Bilder an den gebogenen Wänden aufzuhängen; die durch das Oberlicht einfallende Beleuchtung empfanden manche als zu grell; die Rampe sei zu schmal und gestatte dem Besucher nicht, die Bilder mit dem notwendigen Abstand zu betrachten. Und schließlich bemängelte man auch, daß die abfallende Rampe den Besucher zu rasch nach unten führe und damit eine aufmerksame und intensive Betrachtung der Bilder verhindere.

Im Lauf der folgenden Jahre nahm man an dem Gebäude zahlreiche Veränderungen vor. Frank Lloyd Wright selbst hatte ja – wie bereits erwähnt – den Bau als ein lebendiges und entwicklungsfähiges Gefüge geplant. Neuerwerbungen, wie die 75 Meisterwerke von Renoir bis Picasso, die dem Museum 1965 aus dem Justin-K.-Thannhauser-Vermächtnis zuflossen, verlangten eine Änderung und Erweiterung der ursprünglichen Struktur. Der zweite große Ausstellungsraum, der ursprünglich als Bibliothek und

Lesesaal gedacht war, nahm diese Sammlung auf. 1968 fügte man in der 89. Straße dem Rundbau des Konservators ein Gebäude an, das unter anderem die nicht zugänglichen Bestände des Museums aufnehmen sollte. Diesen länglichen Anbau mit seinen achteckigen Fenstern versuchte man zwar dem Entwurf Wrights anzupassen, doch wirkt er schwerfälliger und fügt sich nicht harmonisch in den Komplex ein.

Trotz der verschiedenen Um- und Anbauten leidet das Guggenheim-Museum noch immer unter Platzmangel. Neuerwerbungen, die beim Publikum sehr beliebten Wechselausstellungen, zahlreiche Bildungsangebote und nicht zuletzt ein erhöhter Personalbestand erfordern zusätzlichen Raum. Deshalb prüft man seit Anfang 1986 erneut die Möglichkeiten für weitere Anbauten.

Doch trotz aller Raumprobleme und trotz aller Kritik bleibt das Guggenheim-Museum ein einzigartiger und letztlich wohl auch gelungener Bau. Mögen die Eigenwilligkeit seiner äußeren Erscheinung wie auch der unge-

wöhnlich gestaltete Innenraum manchen Besucher zunächst überraschen, so kann man sich dennoch der Originalität dieses Entwurfs nicht entziehen. Und mehr noch: Nachdem Wright diesen neuen Weg der Museumsarchitektur beschritten hatte, konnte niemand mehr auf die ausgetretenen Pfade herkömmlicher Museumsbauten zurückkehren: Das Guggenheim-Museum markiert einen Wendepunkt in der Architektur der Kunsthallen. Wright hat in diesem Alterswerk alle Vorstellungen vereinigt, die er im Lauf seines Lebens entwickelt hatte: die Ablehnung der starren rechteckigen Form, die einheitliche Gestaltung des Innenraums sowie eine harmonische und dennoch flexible Architektur.

Wright wollte das traditionelle Museum, den Tempel der Künste, den man nur mit Ehrfurcht zu betreten wagte, in einen Ort der Entspannung verwandeln, einen Ort, der dem Menschen gerecht wird und den Besucher zu einem Spaziergang inmitten zeitgenössischer Kunstwerke einlädt.

Olympische Baukunst in Tokio
Architektur im Dienst des Sports

Gelegentlich können öffentliche Bauwerke durch ihre Lage, ihre Funktion oder ihre Konstruktion als Sinnbild für eine ganze Nation dienen, vor allem in den Augen von Ausländern. Das galt – wenigstens eine Zeitlang – für die Olympiahallen in Tokio, die der japanische Architekt Kenzo Tange erbaute. Im Frühjahr 1960 erhielt Tange den Auftrag, die wichtigsten Gebäude für die Olympiade 1964 zu entwerfen.

Tange, 1913 in Imabari, einer Kleinstadt südwestlich von Osaka, geboren, studierte 1935–1945 an der Universität Tokio. Zusammen mit Kunio Maekawa und Junzo Sakakura gehörte Tange in den 60er Jahren zu den bedeutendsten Architekten Japans. Wie seine Kollegen war auch er stark von Le Corbusier beeinflußt, war aber der einzige der drei, der nicht unmittelbar mit dem Meister in Paris zusammengearbeitet hatte. Schon Maekawa war ein entschiedener Verfechter des sogenannten Brutalismus, jener schroffen, aus rohem Sichtbeton geschaffenen Bauwerke, die Le Corbusier um 1950 als erster entwarf. Und auch Kenzo Tanges reife Werke sind ausnahmslos Betonbauten, bei denen der Beton um der dramatischen Wirkung willen so rauh wie möglich belassen wird.

Tanges Pläne für die Olympiahallen in Tokio umfaßten eine große Sporthalle mit 15000 Sitzplätzen sowie eine kleinere Halle mit etwa 4000 Plätzen. Zwischen diese Bauten gliederte Tange Restaurants und Verwaltungsgebäude ein.

Zur Errichtung der großen Halle ließ der Architekt je zwei Stahlkabel von 33 Zentimeter Durchmesser zwischen zwei Betonpylone und zwei Verankerungsblöcke spannen. Eine Seilnetzkonstruktion, die an diesen Hauptkabeln befestigt war, diente als Stütze für das nach innen gewölbte Hängedach aus Spannbeton. Die statischen Berechnungen für diese Konstruktion lieferte der Ingenieur Yoshokatsu Tsuboi, mit dem Tange auch später noch zusammenarbeitete.

Die Außenfassade und der Innenraum der großen Sporthalle stehen in harmonischer Beziehung zueinander. Im Innenraum befinden sich das große Schwimmbecken, das sich in eine Eislaufbahn verwandeln läßt, und das kleine Becken mit den Sprungtürmen. Ein Lichtband zwischen den Hauptkabeln in der Dachkonstruktion läßt Tageslicht einfallen, so daß das Bauwerk oben offen zu sein scheint. Die Innenkonstruktion

Die Olympiahallen in Tokio symbolisieren das Ende der japanischen Wiederaufbauperiode nach dem Zweiten Weltkrieg. Das Hauptgebäude faßt 15000 Zuschauer und ist durch überdachte Gänge mit der zweiten Sporthalle verbunden.

Dachkonstruktion und Innenraum der Schwimmsporthalle

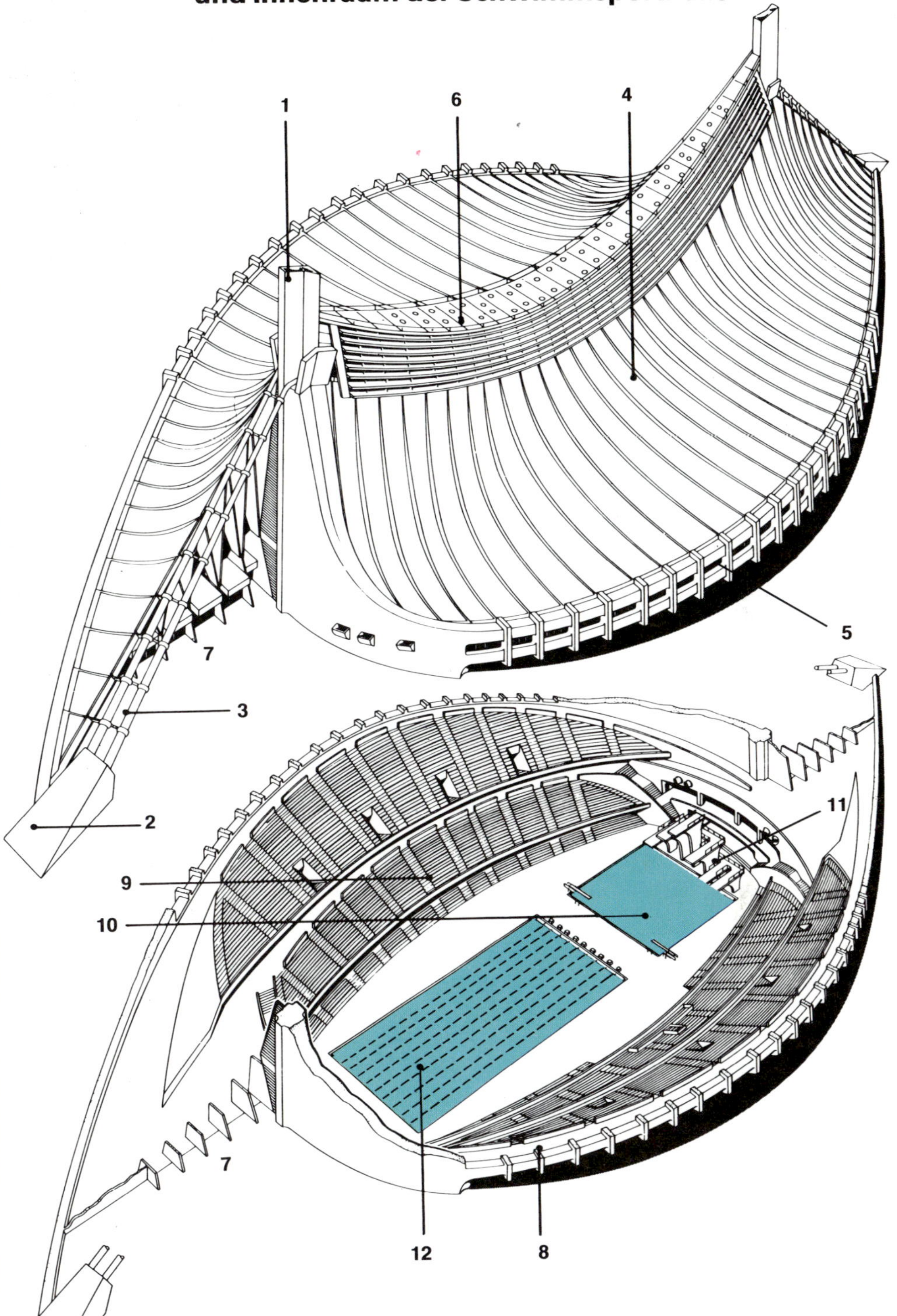

Grundelemente des Bauwerks sind zwei bogenförmige Betonschalen. An beiden Enden der Bogen steht je ein Pylon aus Stahlbeton (1) und ein Verankerungsblock (2). Zwischen Pylon und Block sind je zwei Stahlkabel von 33 Zentimeter Durchmesser (3) gespannt. Die Stahlplatten der Dachhaut (4) ruhen auf einer Stahlseilkonstruktion, die zwischen den Hauptkabeln und dem Sockel gespannt ist. Licht erhält die Halle durch Öffnungen im Sockel (5) und durch das Lichtband (6) in der Dachkonstruktion. Durch große, hohe Eingangstüren (7) gelangt man in die Sporthalle; breite Galerien (8) durchziehen die Ränge (9). An dem kleinen Becken (10) stehen die Sprungtürme (11); das große Becken (12) ist das eigentliche Schwimmbecken. Es kann in eine Eislaufbahn umgewandelt werden.

Innenansicht des Schwimmsportzentrums. Im Vordergrund das Schwimmbecken, im Hintergrund die Sprungtürme am Sprungbecken. Die Halle wird von oben und durch die Öffnungen hinter den Rängen beleuchtet. Das Gebäude wirkt nach oben offen und läßt so kein Gefühl der Enge aufkommen.

des Hängedachs ist auch im Bereich des Haupteingangs klar sichtbar und betont die außergewöhnliche Einheitlichkeit der gesamten Anlage.

Für das kleinere der beiden Gebäude wurde ein einzelner Betonpylon errichtet, der als Träger der Hängekonstruktion dient. Das tragende Stahlkabel ist spiralförmig von der Spitze des Pylons nach unten gespannt. Tange, der sich der Wirkung seiner Architektur auf die Zuschauer stets bewußt ist, ordnete die Sitzreihen hier kreisförmig um den Hallenmittelpunkt an.

Die Vielseitigkeit der Bauwerke bestätigt, wie gut die Architektur gelungen ist: Die Sporthallen sind problemlos auch für andere Sportarten verwendbar, und in dem kleineren Gebäude können außerdem auch Konferenzen stattfinden.

Tange selbst sagte über sein Gesamtkonzept: „Meine architektonische Grundidee ging weit über die Konstruktion eines großen, überdeckten Raumes hinaus. Mein Wunsch war es, daß der Raum Sportlern und Zuschauern Impulse geben sollte. Zwischen Zuschauern und Sportlern sollte ein Gefühl der Zusammengehörigkeit entstehen. Ich wollte einen offenen Raum schaffen, der kein Gefühl der Bedrückung aufkommen läßt. Die Zuschauer sollten sich frei und ungehindert bewegen können, selbst bei stärkstem Besucherandrang. Auch sollte der Raum zwischen den beiden Gebäuden eine gewisse Spannung erzeugen und eine deutliche Beziehung zwischen den Bauten herstellen. Ich habe schon früher lange über die Beziehung zwischen menschlichem Geist und Raumkonzeption nachgedacht. Diese Gedankengänge haben mich schließlich zum Problem des Symbols in der Architektur geführt, einem Problem, das von den modernen Architekten häufig verdrängt worden ist. Die Konstruktion dieser Sporthallen gab mir die Möglichkeit, das Problem der Architektur als Symbol ganz unmittelbar anzugehen."

Tange berichtet, daß rund 30 verschiedene Modelle entworfen wurden, bevor man sich auf die endgültige Lösung einigte, doch selbst da hatte der Architekt noch nicht alle Schwierigkeiten überwunden. Wie so häufig in der Architektur erwiesen sich auch hier die Baukosten als Stolperstein, denn das japanische Finanzministerium wollte nur zwei Drittel der von Tange geforderten Mittel bewilligen. Schließlich konnte Tange sich doch durchsetzen, und zwar mit Hilfe von Minister Kakuei Tanaka, der zu Tanges Freundeskreis gehörte. Der künftige Ministerpräsident Japans war sich der Tatsache bewußt, daß die Olympiahallen in Tokio Symbolcharakter haben würden, und er ordnete an, die von Tange geforderten Geldmittel bereitzustellen. Denn Japan sollte 1964 zum erstenmal nach dem Krieg Gastgeber für eine internationale Besucherschaft sein.

Die Olympiahallen in Tokio gehören zu einer Reihe bedeutender Bauwerke, die in der Zeit zwischen 1950 und 1965 errichtet wurden und die den bis dahin vorherrschenden kubischen Stil ablösen sollten. Das erste Beispiel dieses neuen Stils, der unter der Bezeichnung plastisch in die Architektur eingegangen ist, war Le Corbusiers Wallfahrtskirche Notre-Dame du Haut in Ronchamp (1950–1954).

Dieser plastische Stil griff Tendenzen des Expressionismus und des Jugendstils wieder auf, weshalb man gelegentlich auch von Neoexpressionismus spricht. Das bevorzugte Baumaterial war Beton, der eine große Vielfalt an Verwendungsmöglichkeiten bot; dennoch wird, anders als im Jugendstil, weitgehend auf funktionslosen Schmuck und auf reine Ornamentik bei der Architektur des plastischen Stils verzichtet. Typische Beispiele dieses Stils sind neben Kenzo Tanges Entwürfen vor allem auch Jørn

Das Olympiastadion in München

Erinnern die leichten Dächer des 1972 fertiggestellten Olympiastadions in München, die an einer Stahlseilkonstruktion aufgehängt sind und einem unregelmäßigen, durchscheinenden Spinnennetz gleichen, nicht an die Sporthallendächer von Kenzo Tange? Tatsächlich gibt es in Aussehen und Konstruktion Übereinstimmungen zwischen den beiden Bauwerken. Beiden leitenden Architekten ging es darum, mit einer leicht wirkenden Konstruktion sehr große Flächen zu überdachen.

Doch während Tange sich von der japanischen Tradition inspirieren ließ, wollte Professor Frei Otto, der die Bauten in München im wesentlichen entwarf, auf organische Formen zurückgreifen. Der 1925 geborene Frei Otto ist ein Pionier auf dem Gebiet der Hängedachkonstruktion. Das bedeutendste Werk, das er vor dem Olympiastadion schuf, war der deutsche Pavillon für die Weltausstellung in Montreal 1967. Das zeltartige Gebäude bestand aus einem Stahlnetz, an dem die durchsichtige Dachhaut, ein Spezialgewebe aus Polyester, verankert war. Hier wie bei den Olympiabauten in München und Tokio ist das ins Auge springende architektonische Element das hyperbolisch-paraboloide Dach, eine Sonderform der zweifach gekrümmten Schale, deren Fläche durch Senkrechte aufgespannt wird. Wie andere phantasiebegabte Architekten vor ihm hatte auch Otto Schwierigkeiten mit den Arbeitsgruppen, die dafür sorgen sollten, daß die Arbeiten termingerecht zum Beginn der Olympischen Spiele fertig wurden. Auch konnte er sich nicht gegen diejenigen seiner Kollegen durchsetzen, die für das Dach statt des flexiblen Polyestergewebes, das Otto empfohlen hatte, starre Acrylplatten verwenden wollten.

Die Olympiahallen in Tokio zeugen von dem Wunsch der Japaner, in die moderne Welt einzusteigen und zugleich ihrer Tradition verbunden zu bleiben. Das Olympiastadion in München dagegen entspricht eher einer Modeströmung, der man heute weniger folgt als zu Beginn der 70er Jahre. Damals war eine leichte, gegen alles Monumentale gerichtete Architektur gefragt, die einen Gegenpol zum Brutalismus der 50er und 60er Jahre schaffen sollte.

Die Zeltdachkonstruktion des Olympiazentrums in München ist mit einer Oberfläche von 85 000 m² das größte Dach der Welt. Eine vollendete Konstruktion, doch hatte Frei Otto für die Dachhaut ein flexibleres Material vorgesehen als das schließlich verwendete.

Utzons Opernhaus in Sydney (1956–1973), Eero Saarinens TWA-Gebäude auf dem John-F.-Kennedy-Flughafen in New York (1956–1962) und Hans Scharouns Philharmonie in Berlin (1956–1963).

Für Tange war Le Corbusiers Wallfahrtskirche von Ronchamp ebenso prägend wie für die anderen Architekten des plastischen Stils, doch wo Le Corbusier sich vom Christentum hatte inspirieren lassen, wollte Tange die Wiedergeburt der japanischen Nation symbolisieren. So vereinigte sich bei ihm alles, von der Form der in Tokio errichteten Pylonen bis zum Neigungswinkel der Dächer, zu einer Verbeugung vor der japanischen Tradition, die in eine moderne Sprache übertragen wurde. Ein anderes Werk Kenzo Tanges aus derselben Epoche, die Kathedrale Sankt Maria in Tokio (1965), beweist ebenfalls, auf welche Weise es dem Japaner gelungen ist, das Beispiel von Ronchamp geistig zu erfassen und auf sein eigenes Land zu übertragen. Für die spezielle Dachkonstruktion der Olympiahallen dürfte freilich ein anderes Werk Le Corbusiers Pate gestanden haben: der Philips-Pavillon für die Weltaus-

stellung in Brüssel 1958; dieser Pavillon trägt ein eigenartig geschwungenes Dach (fachsprachlich bezeichnet man diese Dachform als hyperbolisch-paraboloid).

Tange möchte seine Olympiahallen aber auch als Hinweis auf das Kolosseum in Rom verstanden wissen, das aus einem bestimmten Blickwinkel und durch seine partielle Zerstörung ebenfalls den Eindruck einer aufsteigenden Spirale erweckt.

Zur Aufhängung der Dachkonstruktion hatte man eine elegante und leichte Lösung gefunden, die später auch bei anderen Sportbauten – wie etwa dem Olympiazentrum in München – angewendet wurde. Ein anderes, nicht unwichtiges Element, das häufig von ästhetischen und intellektuellen Gesichtspunkten und weniger von den Bedürfnissen der Benutzer bestimmt wird, ist die Erschließung des Zuschauerraums. Bei den Olympiahallen von Tokio ist dieses Problem beispielhaft gelöst – auch zu Zeiten größten Besucherandrangs kommt es nicht zu Behinderungen, denn Tange hat breite Durchgänge auf mehreren Ebenen zwischen den beiden Baukörpern vorgesehen.

Der symbolhafte Aufwärtsschwung der Olympiahallen findet seine Entsprechung auch in der weiteren beruflichen Laufbahn Kenzo Tanges, der sich allerdings schon 1958 mit der Kagawa-Präfektur in Takamatsu einen Namen gemacht hatte. 1967 baute er das Kommunikationszentrum Yamamashi, und im selben Jahr wurde er zum Chefplaner für die Weltausstellung 1970 in Osaka ernannt. Seit 1970 hat Tange auch häufig außerhalb Japans gearbeitet: So hat er z. B. den Präsidentenpalast in Damaskus und die Paläste des Königs und des Kronprinzen in Dschidda in Saudi-Arabien entworfen und war überdies für den Wiederaufbauplan der Stadt Skopje in Jugoslawien verantwortlich. In all seinen Arbeiten zeigt Tange, daß die Synthese von Moderne und Tradition durchaus gelingen kann. Für seine Werke wurde Tange, der Mitglied des Französischen Instituts der Schönen Künste ist, mit der Goldmedaille des Königlich-Britischen Instituts der Architekten, des Verbandes der amerikanischen Architektur und 1973 mit der Goldmedaille der Architekturakademie in Paris ausgezeichnet.

Mut zur Moderne
Das Opernhaus von Sydney, ein umstrittenes Wagnis

Das Opernhaus von Sydney in Australien, das Meisterwerk des dänischen Architekten Jørn Utzon, ist in mancherlei Hinsicht eines der bemerkenswertesten öffentlichen Gebäude, die in den 60er Jahren errichtet wurden. In der Geschichte der modernen Architektur stellt es einen Meilenstein dar, nicht nur seiner originellen Form wegen, sondern auch wegen der zahlreichen Probleme, die seine Errichtung aufgeworfen hat und die es zu lösen galt.

Jørn Utzon, 1918 in Dänemark geboren, studierte an der Akademie der Schönen

So präsentiert sich das Opernhaus von Sydney dem Betrachter vom Hafen aus. Die geschwungenen Linien bilden einen Kontrast zur vertikal ausgerichteten städtischen Umgebung.

Künste in Kopenhagen. Anschließend reiste er viel und traf mit zahlreichen Künstlern und Architekten zusammen. Er absolvierte ein Praktikum bei dem großen schwedischen Baumeister Gunnar Asplund, und 1945 arbeitete er eine Zeitlang bei dem bedeutendsten Architekten Skandinaviens, dem Finnen Alvar Aalto. Zwar beeinflußten diese beiden großen Meister die Entwicklung des jungen Künstlers, doch wirklich entscheidend waren seine Begegnungen mit dem

Architekten Le Corbusier, mit dem Maler Fernand Léger, vor allem aber mit dem französischen Bildhauer und Zeichner Henri Laurens, der anfänglich den Kubisten nahestand, sich später aber von den streng geometrischen Formen löste und zu einem organischeren, gerundeteren Stil fand.

Als Jørn Utzon sich 1956 an dem Wettbewerb beteiligte, den die Stadtverwaltung

von Sydney ausgeschrieben hatte, da war der junge Architekt zwar viel gereist, gebaut aber hatte er bisher wenig. Trotzdem wählte man seinen Entwurf aus den 213 vorgelegten Konzepten aus. Das verdankte Utzon einem der Jurymitglieder, dem finnischen Architekten Eero Saarinen, der seine Kollegen auf diesen Entwurf aufmerksam machte.

Eine gewisse Ähnlichkeit mit Eero Saarinens eigenem Entwurf für das TWA-Gebäude auf dem John F. Kennedy-Flughafen in New York ist nicht zu leugnen. Saarinens 1956 entstandener Entwurf erinnert mit seinen zwei geschwungenen Schalen an einen fliegenden Vogel; die von Utzon für Sydney entworfenen Schalen werden mit einer Muschelkolonie verglichen. Andere Betrachter fühlen sich an die Segelschiffe in der Nachbarbucht erinnert. Für Utzon selbst handelt es sich um Schalen, die den Eindruck riesiger Vogelschwingen erwecken sollen.

Das Bauwerk, das sich 60 Meter hoch erhebt, besteht aus sechs Betonschalen auf einem erhöhten Sockel, der wiederum auf einer riesigen Plattform ruht. Diese Konstruktionsweise gibt dem Gebäude seinen monumentalen Charakter. Die Plattform erinnert an die mesoamerikanischen Tempelanlagen, die Utzon auf seinen Reisen in Mexiko besichtigt hatte und die ihn zutiefst faszinierten.

Die riesigen Betonschalen mußten zunächst komplett vorgefertigt werden. Dies

und der spätere Zusammenbau der Elemente stellten sich jedoch als erheblich komplizierter heraus, als es das Projekt im Entwurfsstadium hatte vermuten lassen. Die extremen Schwierigkeiten entmutigten sogar den berühmten Ingenieur Ove Arup, der seine Mitarbeit an dem Projekt verweigerte. So war Utzon gezwungen, selbst ein Verfahren

Westansicht des Opernhauses. Die Betonschalen – die höchste ragt 60 m empor – sind mit poliertem und mattem weißem Stein verkleidet. Sie ähneln den Segeln der Schiffe im Hafen.

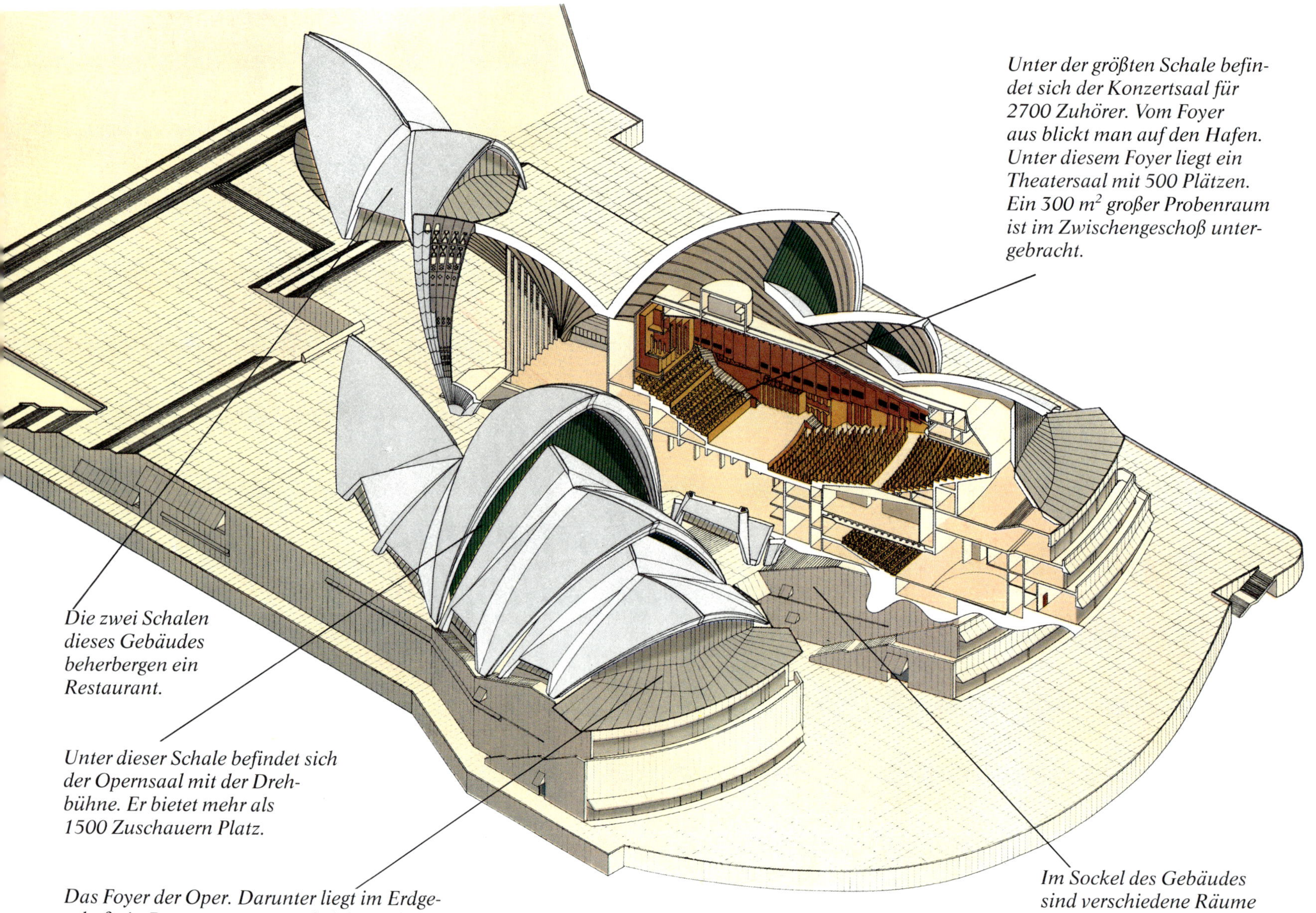

Unter der größten Schale befindet sich der Konzertsaal für 2700 Zuhörer. Vom Foyer aus blickt man auf den Hafen. Unter diesem Foyer liegt ein Theatersaal mit 500 Plätzen. Ein 300 m² großer Probenraum ist im Zwischengeschoß untergebracht.

Die zwei Schalen dieses Gebäudes beherbergen ein Restaurant.

Unter dieser Schale befindet sich der Opernsaal mit der Drehbühne. Er bietet mehr als 1500 Zuschauern Platz.

Das Foyer der Oper. Darunter liegt im Erdgeschoß ein Restaurant. Im Sockel des Gebäudes sind Ateliers für die Bühnenbildner, der Fundus sowie Probenräume und Garderoben untergebracht.

Im Sockel des Gebäudes sind verschiedene Räume untergebracht, die für Kammerkonzerte, Ausstellungen, Filmvorführungen usw. genutzt werden können.

zu entwickeln, nach dem man die in seinen Entwürfen vorgesehenen Elemente vorfertigen konnte. Aus technischen Gründen mußte man einen Teil der Elemente in Schweden anfertigen lassen, was natürlich hohe zusätzliche Kosten verursachte.

Alle diese Schwierigkeiten sowie die kostspielige Verzögerung der Bauarbeiten – die eigentlich erst 1963 richtig begannen, obwohl das Gelände schon seit 1960 erschlossen war – führten zu Protesten der australischen Bevölkerung. Ein heftiger Streit brach aus. Sollte man Utzon erlauben, eine Arbeit fortzuführen, die den australischen Steuerzahler sehr viel mehr kosten würde, als man geschätzt hatte? Auch warfen ihm die Kritiker des Projekts die extravaganten Formen seiner Schalen vor, die ihrer Meinung nach keinen Bezug zu der eigentlichen Funktion

Innenansicht des Konzertsaals mit dem zentral gelegenen Orchesterpodium und den im Rund verlaufenden Rängen. Die innenarchitektonische Gestaltung des Bauwerks folgt nicht den ursprünglichen Plänen Utzons, von dem man sich vor Beendigung der Bauarbeiten trennte. So war beispielsweise dieser Saal ursprünglich für Opernaufführungen, nicht aber für Konzerte vorgesehen.

Die Philharmonie in Berlin

Der Entwurf der Philharmonie in Berlin (1956–1963) stammt von Hans Scharoun. Der 1893 geborene Scharoun war schon Ende der 20er Jahre ein bekannter Architekt, der sich klar zum expressionistischen Stil mit seinen rundplastischen Formen bekannte. Neben Mies van der Rohe, Behrens, Le Corbusier, Gropius und Taut war er an der Errichtung der Weißenhofsiedlung in Stuttgart beteiligt, ohne sich den starren Formen der anderen zeitgenössischen Architekten zuzuwenden. Scharoun blieb seiner „expressionistischen" Architektur treu, weshalb er, der einst zur Avantgarde gehört hatte, in Vergessenheit geriet. Als aber nach dem Zweiten Weltkrieg der plastische Stil Elemente des Expressionismus wiederaufgriff, fand auch Scharoun erneut Anhänger. Er war bereits 63 Jahre alt, als er 1956 den Wettbewerb für die Philharmonie in Berlin gewann, die sieben Jahre später fertiggestellt wurde. Wie Jørn Utzon mit seinem Opernhaus in Sydney hat Scharoun mit der Philharmonie ein Werk geschaffen, das deutlich an den Expressionismus der 20er Jahre anknüpfte.

Für Scharoun stand die Gestaltung des Innenraums der Philharmonie im Vordergrund; alles andere sollte danach ausgerichtet werden. Als erster wagte es Scharoun, gegen die üblichen Regeln der Konzertsaalarchitektur zu verstoßen: In der Philharmonie ist der Zuschauerraum um das Orchesterpodium herum angeordnet. Keiner der 2218 Plätze ist weiter als 35 Meter von der Bühne entfernt, die Sitzreihen steigen im Weinbergprinzip an und sind durch Absätze gegliedert.

Hätten sich die Behörden in Sydney weniger starr verhalten, wäre das Opernhaus von Sydney vielleicht kein so augenfälliges Beispiel für eine mangelnde Beziehung zwischen Innenraum und Außenfassade. Freilich war Utzons Projekt auch sehr viel ehrgeiziger und größer als das Scharouns, und man darf nicht vergessen, daß Scharoun ein Leben lang Zeit hatte, die in Berlin verwirklichten Vorstellungen reifen zu lassen, während Utzon vor seinem Opernhaus fast nichts gebaut hatte.

Die Gliederung des Konzertsaals der Philharmonie in Berlin entspricht der des Konzertsaals in Sydney: Rund um das Orchesterpodium herum steigen die Zuschauerreihen stufenförmig an. Akustik und Sicht sind dadurch optimal.

der Oper hatten. Utzon jedoch war anderer Meinung: „Stellen Sie sich eine gotische Kirche vor, und Sie kommen dem nahe, was ich suche. Betrachtet man eine solche Kirche, gibt es stets etwas Neues zu entdecken. Das Spiel des Lichts und die Bewegung machen sie lebendig."

In der Tat sind die Formen, die Utzon für Sydney entwarf, das Produkt von Überlegungen und Forschungen, die seit dem Anfang dieses Jahrhunderts von allen Architekten angestellt wurden, die mit dem Rationalismus des vergangenen Jahrhunderts brechen wollten. Doch die Stimmen der Kritiker wogen schwerer als die nicht ohne weiteres faßbaren Ideen des Architekten. Schließlich gelang es den Gegnern des Projekts, die Stadtväter von Sydney dazu zu überreden, Utzon die Verantwortung für das Projekt zu entziehen. 1966 wurde ein Komitee gegründet, unter dessen Leitung die Arbeiten zu Ende geführt, vor allem aber die Kosten reduziert werden sollten, denn der ursprüngliche Etat war bereits um fast das 20fache überschritten. Utzon hatte vor allem auch äußerst komplizierte und kostspielige akustische Versuche gefordert, die vielleicht einen weiteren Grund für das Eingreifen der Stadtverwaltung lieferten. Überdies hatte Utzon in den Augen mancher Beobachter eine zu ungenaue Vorstellung von der Gestaltung des Innenraums. Er wollte sie von der ermittelten Bewegung der Schallwellen abhängig machen. Darauf ließ sich das Komitee nicht ein; der Innenraum wurde völlig ohne Zutun Utzons gestaltet.

Als am 20. Oktober 1973 das Opernhaus nach 17 Jahren Planungs- und Bauzeit eingeweiht wurde, stellte es eine Kompromißlösung dar – noch immer ein gigantisches, Ehrfurcht einflößendes Bauwerk, doch in seiner Gesamtheit nicht mehr das, was Utzon – der an der Eröffnung nicht teilnahm – gewollt hatte.

Der Bau des Opernhauses von Sydney löste weltweit Diskussionen in Architektenkreisen aus. Man fragte sich, ob man Planung und Bau eines öffentlichen Gebäudes dieser Größenordnung der Phantasie und Leitung eines einzelnen Menschen überlassen dürfe, selbst wenn dieser mit kompetenten Fachleuten zusammenarbeite. Aber auch die schon oft heftig diskutierte Frage nach der Beziehung zwischen Form und Funktion eines Bauwerks wurde erneut aufgegriffen. Für Utzon war und blieb der soziokulturelle Zusammenhang das wesentliche Element. Er hatte das Opernhaus von Sydney entworfen als Monument zu Ehren eines jungen Kontinents, der aus seiner Sicht voller Wagemut und Zukunftshoffnung steckte. Dies sollte der Bau aussagen, und in diesem Geist wollte er ein Werk schaffen, das mit seinem städtischen Umfeld harmoniert.

Die Schwierigkeiten, mit denen Utzon in Sydney zu kämpfen hatte, führten dazu, daß er bei den Kritikern fast ganz in Vergessenheit geriet. Kaum einer von ihnen ist bereit, ihn zu den großen Architekten des 20. Jh. zu zählen. Sein ehrgeiziger Versuch, mit Hilfe einer kühnen Technologie eine Synthese zwischen einem poetisch zu gestaltenden Raum und einer nüchternen Form herzustellen, war wohl ein zu wagemutiger Anspruch für unsere Zeit.

Das World Trade Center
Die jüngste Generation
amerikanischer Wolkenkratzer

Seit 1973 ragen die gigantischen Zwillingstürme des World Trade Center 412 Meter hoch in den Himmel über Manhattan. Damit entthronte das World Trade Center das altehrwürdige Empire State Building, das bis dahin der höchste Wolkenkratzer der Welt war.

Wie alle Bauwerke dieser Größenordnung ist auch das World Trade Center zunächst auf lebhafte Kritik gestoßen. Die Errichtung eines solchen Kolosses in einem dichtbevölkerten Stadtviertel löste heftige Debatten aus. Auch fürchtete man, daß die beiden Türme in ihrer Kahlheit abstoßend wirken würden. Inzwischen hat man sich an den Anblick der Türme gewöhnt, die auch längst zur Touristenattraktion geworden sind.

Um den Hintergrund dieses Unternehmens besser zu verstehen, muß man sich die geographischen Gegebenheiten und die Geschichte New Yorks vergegenwärtigen. Auf der 1609 von Henry Hudson erforschten Insel Manhattan gründeten die Niederländer 1624 eine Handelsniederlassung. 1664 kam diese Niederlassung unter britische Herrschaft und erhielt den Namen New York. Stets war die Siedlung in erster Linie ein Hafen und ein Handelszentrum. Die zerklüftete Topographie der Bucht sowie die politische und verwaltungsmäßige Gliederung des Stadtgebiets führten aber dazu, daß sich die Geschäftstätigkeit ganz auf die Ufer des Hudsons und des East Rivers konzentrierte. Seit Beginn dieses Jahrhunderts suchte man daher nach Möglichkeiten, dieser Konzentration entgegenzuwirken.

1921 wurde die Hafenbehörde von New York und New Jersey gegründet, eine zwischenstaatliche Einrichtung, die für die Entwicklung des Hafens und der Verkehrswege im Großraum New York verantwortlich war. Kurz nach dem Zweiten Weltkrieg schlug diese Behörde vor, alle Dienstleistungen, die mit dem Welthandel zusammenhingen, an einem Ort zusammenzufassen. Doch es dauerte noch 20 Jahre, bis sie diesen Plan verwirklichen konnte. Das Viertel Manhattans, in dem das Zentrum errichtet werden sollte, war dicht bebaut; Kleinhändler wickelten hier ihre Geschäfte ab, und es war schwierig, die Bewohner zum Umzug zu bewegen. Nach langen Debatten und mit Unterstützung des Staates New York, der zusagte, einen Teil seiner Verwaltungsbüros in das World Trade Center zu verlegen, konnten die Bauarbeiten 1966 endlich beginnen.

Die Hafenbehörde hatte zwei Architektenbüros mit der Planung beauftragt: Minoru Yamasaki & Associates in Troy, Michigan, und Emery Roth & Sons in New York. Yamasaki, 1912 in den USA geboren, hatte sich bereits durch verschiedene Bauten auf amerikanischem Boden hervorgetan; das bekannteste Beispiel seiner Baukunst ist der Flughafen von Saint Louis (1953–1955). Als Architekt, der stets Funktionalismus und Ästhetik zu vereinbaren suchte, liebte er einfache Formen und schöne Materialien. Roth dagegen hatte sich als Architekt vor allem in der Zeit zwischen den beiden Weltkriegen einen Namen gemacht. Inzwischen hatten seine Söhne seine Nachfolge angetreten und zeichneten für zahlreiche anspruchsvolle Bürobauten verantwortlich, wie etwa für das PanAm-Gebäude in der Park Avenue.

Für den Betrachter, der in einiger Entfernung bleibt, besteht das W.T.C., wie man das World Trade Center landläufig nennt, nur aus den beiden Zwillingstürmen, die in den Himmel von New York ragen. Tatsächlich aber handelt es sich um einen umfassenden Komplex, der aus sechs um einen Platz angeordneten Gebäuden besteht. Das gesamte Areal bedeckt eine Fläche von 6,5 Hektar, die sich zwischen dem West Side Highway am Hudson, der Vesey Street im Norden, der Church Street im Osten und der Liberty Street im Süden erstreckt. An der längsten, der Westseite, erheben sich die zwei Türme mit ihren 110 Stockwerken, ein Hotel mit 22 Etagen, das 1981 fertiggestellt wurde, und das Zollamt mit nur acht Stockwerken. Die Plaza, die allein mehr als 2 Hektar beansprucht, ist im Osten von zwei weiteren, neunstöckigen Gebäuden begrenzt.

Das World Trade Center: die Zwillingstürme bei Sonnenuntergang, dahinter die Fassade eines der beiden Türme. Mit ihren Säulen, die den gesamten Bau tragen, und den nach oben geöffneten Bögen, die sich bis zum Gipfel des Gebäudes ziehen, erinnern die Türme an die Architektur gotischer Kathedralen.

Ein Springbrunnen im Mittelpunkt, umgeben von Bänken und Blumentrögen, belebt diesen der Öffentlichkeit zugänglichen Platz. Im Untergeschoß nehmen ein Parkhaus auf fünf Ebenen und eine Einkaufsgalerie die gesamte Fläche ein.

Die Türme sind vom technischen Standpunkt aus der interessanteste Teil. Es sind zwei riesige Quader von knapp 412 Meter Höhe, die sehr massiv aussehen, denn sie haben mehr Metall- und Beton- als Glasflächen. Die mächtigen Fassadensäulen, die sich wie Schienen über die Außenfront ziehen, betonen die Höhe noch zusätzlich. Diese Säulen erfüllen eine wichtige Aufgabe: Statt aus der klassischen Stahlskelettstruktur mit eingehängten Wandelementen bestehen die Türme des World Trade Center aus diesen Stahlsäulen, die mit Querträgern untereinander verbunden sind. Grundstruktur der Gebäude ist also ein Gitter aus vorgefertigten Elementen, die jeweils drei Säulen breit und drei Stockwerke hoch sind. Stützpfeiler und Querträger sind überdies mit einer feuersicheren Schicht überzogen und mit Aluminiumblech verkleidet. Die Fenster sind schmal und hoch, denn ihre Abmessungen richten sich nach den Abständen der Außensäulen. Der Vorteil dieses Systems gegenüber den Glas- und Stahlkäfigen der Wolkenkratzergeneration der 60er Jahre besteht darin, daß es auf jedem Stockwerk einen durchgehenden Innenraum ohne Trennwände und Stützpfeiler gibt. Insgesamt bieten die beiden Türme eine Bürofläche, die mit 800 000 Quadratmetern siebenmal so groß ist wie die Fläche des Empire State Building. In einem zentralen Kern befinden sich die Aufzüge und die Installationen für die Klimaanlagen, für die Wasser- und Stromversorgung und anderes.

Der Bau der Türme war nicht unproblematisch. Um sie ausreichend im Boden verankern zu können, mußte man das Fundament 20 Meter tief bis auf den Felsuntergrund ausheben. Eine Art Betonkasten, eine „Wanne", verhindert, daß Wasser in das Fundament eindringen kann. Die Türme selbst müssen auch starkem Wind Widerstand leisten, der bei Bauwerken dieser Höhe äußerst gefährliche Auswirkungen haben kann. Die Schwankung der obersten Stockwerke beträgt – Berechnungen zufolge – im Höchstfall 30 Zentimeter; sie bleibt also auch bei starken Orkanböen in erträglichen Grenzen.

Jeder Turm ist mit rund hundert Aufzügen ausgestattet, die außerordentlich schnell und leistungsfähig sind. Einige sind Expreßaufzüge, die mit 36 Kilometern pro Stunde nonstop bis in das 110. Stockwerk fahren. Andere halten in den Zwischengeschossen und an den zwei Skylobbies des 44. und 78. Stockwerks, verglasten Aussichtsterrassen für Besucher.

Am 4. April 1973 wurde das World Trade Center eröffnet. Die Gesamtkosten beliefen sich auf rund 700 Millionen Dollar.

Wie wird heute, 15 Jahre später, über das World Trade Center geurteilt? Ist es in ästhetischer Hinsicht ein Erfolg? Erfüllt es den ihm zugedachten Zweck? Zweifelsohne hat sich das W. T. C. zu einer Art Symbol entwickelt, und das nicht zuletzt seiner beeindruckenden Größe wegen. Die wie zwei Monolithen aufragenden Türme, die steife Majestät der hohen, neugotischen Sockelbögen, die Plaza, die Skulpturen des Vorplatzes – all das läßt den Besucher staunen, ringt ihm Bewunderung ab. Das großartigste Schauspiel bietet sich dem Besucher jedoch, wenn er vom 110. Stockwerk des Südturms auf New York hinabblickt, das sich zu seinen Füßen ausbreitet.

Das World Trade Center ist Eigentum der Hafenbehörde, die die Geschäftsführung innehat und an mehr als 1200 Parteien die Räume vermietet. Zu diesen Mietern gehören die Regierung des Staates New York, die Zollbehörde, verschiedene Warenbörsen, zahlreiche Banken, mehrere Schiffahrtsgesellschaften und ein Lehrinstitut für Welthandel. Daneben gibt es Konferenzsäle und Ausstellungsräume, Boutiquen, 22 Restaurants, 250 Hotelzimmer und vieles mehr. Tagtäglich strömen etwa 50 000 Menschen herbei, die hier arbeiten. Außerdem kommen täglich im Durchschnitt 80 000 Besucher, Geschäftsleute, Kunden und Touristen in das Gebäude.

Das World Trade Center ist in der Tat eine Welt für sich. Es hat das Leben in Lower Manhattan völlig umgekrempelt. Die Verkehrsführung mußte geändert werden, um die Erschließung zu ermöglichen, Untergrundbahnhöfe wurden verlegt, und vom Untergeschoß des Wolkenkratzers aus führt jetzt eine neue Untergrundbahn in Richtung New Jersey.

Freilich gibt es auch Stimmen, die Vorbehalte gegen diesen Riesenkomplex äußern. Doch was immer man davon hält, das W. T. C. symbolisiert das Zeitalter des Welthandels, in dem wir leben.

Seit etwa einem Jahrhundert baut man in Amerika Wolkenkratzer unterschiedlichster Form, und jede Epoche entwickelte entsprechend dem zeitgenössischen Geschmack ihren eigenen Stil. So schmückte man in den 20er und 30er Jahren die Gebäude gern mit neugotischem oder orientalischem

Ohne Aufzug kein Wolkenkratzer

Ehe man Wolkenkratzer bauen konnte, mußte man erst einmal Aufzüge für Personen und Güter entwickeln. Wie alle großen technischen Erfindungen ist auch der Aufzug weniger dem Gehirn eines Genies entsprungen als vielmehr das Ergebnis einer langen Entwicklung gewesen. Bereits Herodot berichtet, daß die Ägypter beim Bau ihrer Pyramiden um die Mitte des 3. Jt. v. Chr. eine Art Aufzug einsetzten, der mit menschlicher oder tierischer Kraft betrieben wurde. Handwinde und Roßgöpel waren seit dem Altertum bekannt und wurden bis ins 19. Jh. vor allem im Bergbau eingesetzt. Etwa ab 1800 betrieb man die Aufzüge in Bergwerken mit Dampfmaschinen, und bald beschleunigte sich der technische Fortschritt so sehr, daß aus dem primitiven Arbeitsgerät ein zuverlässiges Beförderungsmittel wurde.

Der Erfinder Elisha Graves Otis führte auf der Internationalen Messe von New York im Jahr 1853 der Öffentlichkeit erstmals einen Personenaufzug mit Sicherheitsvorrichtung vor. 1857 installierte er den ersten Aufzug im New Yorker Geschäftshaus Haughwout. Der Aufzug beförderte fünf bis sechs Personen mit einer Geschwindigkeit von 12 Metern in der Minute.

1880 baute der Deutsche Werner von Siemens den ersten elektrischen Aufzug, der mit Kabeln und Gegengewichten arbeitete. Heute können Aufzüge ganz erstaunliche Geschwindigkeiten erreichen.

Der Aufzug des hundertstöckigen Hancock Building in Chicago beispielsweise bringt es auf eine Geschwindigkeit von 550 Metern in der Minute.

1853 stellte Elisha Graves Otis seine „senkrechte Schraubeneisenbahn" (Vertical Screw Railway), den ersten Personenaufzug, vor.

Die ersten Wolkenkratzer

Häuser, die in herkömmlicher Bauweise errichtet werden, haben tragende Wände – je höher ein solches Bauwerk, desto dikker müssen die Grundmauern sein; ab einer bestimmten Höhe wird diese Bauweise unwirtschaftlich, und auch die statische Sicherheit kann nicht mehr gewährleistet werden. Es mußte für höhere Bauwerke ein ganz neues Konstruktionsprinzip geschaffen werden: der Skelettbau. Der Wolkenkratzer hat ein Stahlskelett, das das gesamte Gewicht der Stockwerke trägt; die Wände sind nachträglich eingezogen und haben keine tragende Funktion mehr. Er ist mit Aufzügen ausgestattet, mit denen man mühelos die einzelnen Stockwerke erreichen kann. Was seinen Zweck betrifft, so hat man den Wolkenkratzer zunächst eindeutig als Bürogebäude geplant und erst in zweiter Linie als Geschäftshaus oder Hotel, nicht aber als Wohngebäude.

Diese Definitionsmerkmale zeigen, welche Umstände die Entstehung des Wolkenkratzers gefördert haben. Ende des 19. Jh. entwickelten sich in den amerikanischen Städten Industrie, Handel und Finanzen mit atemberaubender Geschwindigkeit. Weil aber Grund und Boden in den Städten teuer war, bot sich das Bauen in die Höhe als wirtschaftliche Lösung an.

Der technische und industrielle Fortschritt der Zeit gab den Architekten Baustoffe und Hilfsmittel an die Hand, die den neuartigen Anforderungen in besonderer Weise genügten. Die Produktion von Bessemerstahl lieferte ab 1856 Bauelemente, die wesentlich widerstandsfähiger waren als die bisher in den gewerblichen Bauten verwendeten Gußeisenstützen. Auch machte die Entwicklung der Aufzüge seit 1880 beträchtliche Fortschritte. Alle diese Faktoren führten zur Entwicklung der neuartigen Skelettbauweise.

Den ersten Wolkenkratzer, der in dieser neuen Bautechnik errichtet wurde, entwarf der Architekt William Le Baron Jenney für die Home Insurance Co. in Chicago. Bei dem 1884/85 errichteten zehnstökkigen Bau verwendete er für die ersten sechs Stockwerke gußeiserne Pfeiler und schmiedeeiserne Träger; die übrigen Stockwerke erhielten ein Stahlskelett. Ein weiterer großer Vorteil dieser Bauweise ist der Umstand, daß die Wände – wenn das Skelett erst einmal steht – unabhängig voneinander in verschiedenen Stockwerken zugleich eingebaut werden können, was die Bauzeit erheblich verkürzt.

In der Nachfolge Jenneys bildete sich eine eigene Architekturrichtung, die sogenannte Schule von Chicago, heraus. Junge Architekten und Ingenieure, oft aus dem Osten der USA, fanden hier Gelegenheit, ihr Talent unter Beweis zu stellen. Zu dieser Schule gehörten Architekten wie Daniel Burnham (1846–1912), John W. Root (1850–1891) und Louis Sullivan (1856–1924). Einige ihrer Arbeiten wurden berühmt und erregten die Bewunderung der Zeitgenossen, wie z.B. Burn-

Das 1902 errichtete Flatiron Building (oben) von Daniel Burnham war mit seinen 180 m Höhe der erste Wolkenkratzer New Yorks.

Rechts das Börsengebäude von Chicago, 1884 von den Architekten Adler und Sullivan erbaut.

Links das etwa 260 m hohe Woolworth Building in New York, 1913 von Cass Gilbert entworfen.

hams Masonic Temple in Chicago, der mit seinen 22 Stockwerken eine Zeitlang das höchste Gebäude der Welt war. Diesem Entwurf folgte 1902 sein Flatiron Building, mit 180 Meter Höhe der erste Wolkenkratzer New Yorks und wiederum der höchste Bau seiner Zeit. Sullivan baute nicht nur Hochhäuser, doch wurde er vor allem mit dem Wainwright Building in Saint Louis (1890) und dem Guaranty Building (1894) in Buffalo bekannt.

Nach 1900 wuchsen die Wolkenkratzer immer weiter in die Höhe; gleichzeitig wurden sie mit einem Dekor überladen, das ihre Konstruktion und Zweckmäßigkeit verschleiern sollte. Doch ihr Erfolg war nunmehr gesichert; sie hatten sich zu Symbolen des amerikanischen Wohlstands entwickelt.

Penzoil Plaza in Houston, Texas, von Johnson und Burgee 1976 erbaut. Die beiden trapezförmigen Türme sind im unteren Bereich durch eine Art Atrium miteinander verbunden.

Dekor, und die oberen Stockwerke verjüngten sich treppenförmig nach oben. Der Einfluß der europäischen Architektur, der vor dem Zweiten Weltkrieg bereits in den geometrischen, nüchternen Formen des Rockefeller Center spürbar wurde, führte etwa zwischen 1950 und 1965 zu einer Explosion des internationalen Stils, der in Europa während der 20er Jahre seine Blüte erlebt hatte. Klare Linien, das Fehlen dekorativer Elemente, Glasfassaden – das sind typische Merkmale der Gebäude, die Architekten wie Mies von der Rohe, Philip Johnson sowie Skidmore, Owings & Merrill errichteten.

Mitte der 60er Jahre schienen Publikum und Architekten der unendlichen Wiederholung dieses Modells überdrüssig geworden zu sein. Man bemühte sich um einen ausdrucksvolleren, nicht so streng funktionellen Stil und um die Aus-

nutzung aller Möglichkeiten, die die inzwischen neu entwickelten Baustoffe boten. Auch entstand eine gewisse regionale Vielfalt, die mit der Monotonie des zu unpersönlich gewordenen internationalen Stils brechen wollte.

Aus der Überfülle der Bauten dieser Jahre kristallisieren sich drei Hauptrichtungen heraus, die das Bild vom herkömmlichen Wolkenkratzer erneuern und abwandeln. Die erste zeigt eine Vorliebe für üppige, manchmal sogar barocke Formen und die Verwendung sattfarbiger Materialien. In San Francisco ist die 1976 von William Pereira fertiggestellte weiße Pyramide der Transamericana von überall zu sehen. Penzoil Plaza in Houston und das Citicorp Center in New York mit ihren bizarren Dachschrägen gehören ebenfalls dieser Richtung an wie auch der Trump Tower, der Anfang der 80er Jahre in New York vollendet wurde und mit seinen

Marina City, Chicago, von Goldberg, 1967. Die Garage, Büroräume und Wohnungen sind rund um den zentralen Versorgungszylinder angeordnet.

Blick über das dicht mit Wolkenkratzern übersäte Manhattan (links). Im Vordergrund das mit rosafarbenem Granit verkleidete American Telephone and Telegraph Building von Johnson, Burgee & Simmons, 1982.

Der Sears Tower in Chicago von Skidmore, Owings & Merrill, 1973. Die 110 Stockwerke dieses Wolkenkratzers ragen 442 m hoch auf. Die ganze Anlage besteht aus neun aneinanderhängenden viereckigen Baukörpern.

Fassaden aus goldfarbenem Glas beeindruckt.

Eine zweite Richtung ist gekennzeichnet durch die Rückkehr zum Eklektizismus, d. h., sie verwendet dekorative Elemente, die verschiedenen historischen Stilepochen entlehnt sind. Das erstaunlichste Beispiel stammt vom Reißbrett Philip Johnsons, der dem AT & T-Gebäude in New York einen mit rosafarbenem Granit verkleideten Turm, ein gewaltiges Renaissanceportal und einen Ziergiebel gab.

Die dritte Richtung zeigt sich in dem Bestreben, die Wolkenkratzer nicht mehr als isoliertes Element in die städtische Landschaft zu stellen, sondern sie als einen ganzen Komplex zu gestalten, der unterschiedliche Betätigungen unter einem Dach birgt, Arbeitsplätze schafft, Scharen von Zuschauern, Käufern, vielleicht sogar Bewohner anzieht. In diese Kategorie gehört auch das World Trade Center, doch ist es weder das erste noch das einzige Zentrum dieser Art. Minneapolis, Detroit, Atlanta und viele andere Städte haben eine Wiederbelebung ihrer Stadtzentren durch den Bau solcher Komplexe erfahren. John Portman, der Architekt des Bonaventura-Hotels in Los Angeles, hat sich auf Bauten dieser Art spezialisiert. Seine Gebäudekomplexe bestehen aus vier oder fünf Türmen, die durch verglaste Stege miteinander verbunden sind.

Der Wolkenkratzer, der immer wieder totgesagt wurde, ist also in den USA, von wo aus er seinen Siegeszug um die Welt angetreten hat, lebendiger denn je. Der Wettstreit um die Höhe, der das Denken der Menschheit seit dem Turmbau zu Babel beherrscht, hat seit etwa hundert Jahren zu einem ständigen Konkurrenzkampf geführt. Mehr als 40 Jahre lang behauptete sich das Empire State Building als das höchste Gebäude der Welt. Das World Trade Center entthronte es, doch gebührte ihm diese Ehre nicht lange, denn bald lief ihm der Sears Tower in Chicago mit seinen 110 Stockwerken und einer Höhe von 442 Metern den Rang ab. Heute ist der CNR Tower in Toronto mit einer Höhe von 553 Metern das höchste Gebäude der Erde. Frank Lloyd Wright träumte von einer Phantasiestadt, deren Zentrum ein Wolkenkratzer von mehr als einem Kilometer Höhe sein sollte. Diese Vision wird sicherlich nicht schon morgen in die Tat umgesetzt, doch werden die Wolkenkratzer noch lange ihren Platz im Herzen der modernen Städte behaupten.

Meisterwerke
moderner Technik

Der Deltaplan
Die Herausforderung der Nordsee

In der Nacht vom 31. Januar zum 1. Februar 1953 erlebten die Niederländer die tragischsten Stunden ihrer jüngsten Geschichte. Ein Sturm, der seit dem Vorabend über der Nordsee tobte, verstärkte sich weiter. Das Wetter war höllisch. Die eisigen Nordwestwinde erreichten Geschwindigkeiten von 180, in Böen sogar Spitzenwerte von 200 Kilometern in der Stunde.

Dann, gegen 4 Uhr morgens, stürzten 8 Meter hohe Brecher über die Deiche im Südwesten des kleinen Königreichs. Diesem gewaltigen Ansturm hielten die Deiche nicht stand; innerhalb von Sekunden brachen sie an Dutzenden von Stellen. Die tobenden Flutmassen drangen durch die Breschen, ergossen sich über das tiefer liegende Flachland und zerstörten alles auf ihrem Weg.

Die Sturmflut fegte über die Inseln in Seeland und Südholland und strömte flußaufwärts in die dazwischenliegenden Meeresarme, in das gewaltige Mündungsdelta von Rhein, Maas und Schelde bis über Dordrecht hinaus.

Die Sturmflutnacht war ein Alptraum. Vielerorts läuteten die Alarmglocken, wurden aber nicht gehört. Die Flutwellen brandeten über die schlafenden Dörfer, als seien riesige Schleusentore geöffnet worden.

Viele Inselbewohner wurden im Bett überrascht. Wer konnte, flüchtete in aller Eile auf das Dach seines Hauses. Besonders auf der sehr einsam gelegenen und schwer zugänglichen Insel Schouwen mußten manche zwei, drei Tage ausharren, bis sie von den Rettungsmannschaften mit dem Hubschrauber geborgen wurden. Bei Tagesan-

bruch war Seeland in eine ungeheure Lagune verwandelt, eine kalte, graue Wasserwüste, in der Hunderte von Leichen und Kadavern trieben.

Erst im Lauf des Tages zeigte sich das ganze Ausmaß der Katastrophe. Hinter den gebrochenen Deichen wurden immer mehr Todesopfer gezählt. Überall herrschte Chaos, überall sah man Bilder einer Sintflut. Und noch immer haften sie im Gedächtnis der Menschen, diese Bilder, die damals um die Welt gingen: Dörfer und Weiler, in den Wassermassen versunken, Möbelstücke, die in den tosenden Fluten tanzten, verendete Rinder und ertrunkene Schafe, die sich im Stacheldraht verfangen hatten. Alles war überschwemmt, auf vielen Quadratkilometern. Nur hier und da ragten Dächer, Kirchtürme, Baumreihen aus den Fluten.

Die Bauwerke des Deltaplans: 1. Das bewegliche Wehr in der Hollandse IJssel in Krimpen schützt einen großen Teil der Polder in Südholland, 1958. Fünf Hauptdämme riegeln die Meeresarme des Deltas ab: 2. Damm an der Brielser Maas, 1950. 3. Haringvlietdamm, 1971, 4,5 km lang. 4. Brouwersdamm, 1972, 6,2 km lang. 5. Oosterscheldedamm, 1986, 9 km lang. 6. Veersedamm, 1961, 2,8 km lang. Fünf Sekundärdämme wurden in den Meeresarmen errichtet: 7. Zandkreekdamm, 1960. 8. Grevelingendamm, 1965. 9. Volkerakdamm, 1970. 10. Philipsdamm, 1985. 11. Oesterdamm, 1986. Vorhandene Deiche wurden vor allem an den folgenden Wasserwegen verstärkt: 12. Am Nieuwe Waterweg. 13. An der Westerschelde. Es wurden zwei große Brücken gebaut: 14. Haringvlietbrücke, 1964. 15. Seelandbrücke, 1965, mit 6 km die längste Brücke der Niederlande.

Der Haringvlietdamm und seine Riesenschleusen. Dieses 1 km lange Wehr hat 17 Entwässerungsschleusen, die bei Sturm geschlossen werden. Bei normalem Wetter werden sie geöffnet, und das Wasser von Rhein und Maas kann in die Nordsee fließen. Deshalb wird das Wehr auch „Wasserhahn der Niederlande" genannt.

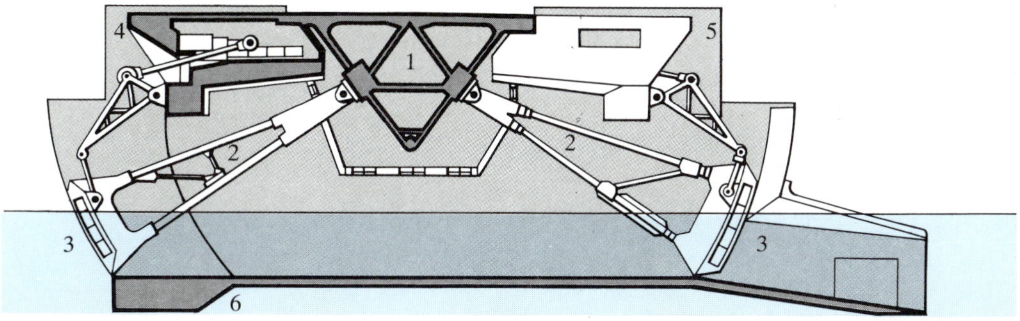

Querschnitt durch die Schleusen des Haringvlietdamms: 1. Brückenelement aus Beton mit dreieckigem Querschnitt, Breite 22 m, Höhe 12 m. 2. Stahlhebearme, 25 m lang, mit denen die Schieber gehoben und gesenkt werden. 3. Stahlschieber, zwischen 56 und 58,5 m breit. 4. und 5. Die vom zentralen Kommandoraum aus gesteuerten Maschinen, mit deren Hilfe die Hebearme der Schieber betätigt werden. 6. Betonschwelle, 90 cm dick, ruht auf 22 000 Stahlbetonpfeilern.

Die Polder des IJsselmeers: Land aus dem Meer

Die Zuidersee, der große, fischreiche Golf, der sich noch vor nicht allzu langer Zeit als Meerbusen zwischen Friesland und Nordholland schob, entstand im 12. Jh., als sich das Gebiet absenkte. Die Zuidersee entwickelte sich rasch zu einem lebhaften kleinen Binnenmeer, an dessen Küsten wohlhabende Hafenstädtchen wie Enkhuizen und Edam entstanden.

Jahrhundertelang wuchs die Bevölkerung der reichen Niederlande, bis das Land übervölkert war. Man mußte dem Meer also immer neues Land abgewinnen. Es entstanden die Polder, unter dem Meeresspiegel liegende Gebiete, die durch Erdwälle gegen das Meer geschützt waren.

Schon um das Jahr 1000 war Friesland ganz eingedeicht. Das blühende, städtische Holland folgte diesem Beispiel bald nach und polderte in großem Maßstab Gebiete ein. Die reichsten Landgewinne fanden im „Goldenen Zeitalter" statt: im 16. Jh. mit den Eindeichpoldern des Andries Vierlingh und im 17. Jh. mit den Trockenlegungspoldern von Jan Adriaansz, der mit Hilfe von Windmühlen Land trockenlegte. Vom 13. bis zum 20. Jh. haben die Niederländer der Nordsee insgesamt etwa 550 000 Hektar Land entrissen, gleichzeitig aber hat sich die Nordsee 560 000 Hektar geholt. Diese Schlüsselzahlen muß man kennen, wenn man dieses „dehnbare" Land verstehen will, das in einem ständigen Schaffungsprozeß begriffen ist.

Bereits im 17. Jh. begann man sich für die Zuidersee zu interessieren, doch mit der damaligen Technik konnte man die wasserbaulichen Probleme dieses oft tückischen und stürmischen Golfs noch nicht lösen. Man mußte bis zum Ende des 19. Jh. und auf Cornelis Lely, den späteren Minister des Rijkswaterstaats, warten. Der Waterstaat ist auch heute noch das Ministerium für Verkehr und Wasserwirtschaft. 1891 legte Lely Pläne für das Einpoldern des Golfs vor. Doch zunächst wurde sein Projekt als zu kostspielig abgelehnt. Aber schon bald mußte man darauf zurückkommen, denn 1916 richtete eine schreckliche Flutwelle verheerende Schäden an. Das Projekt kam wieder zu Ehren,

Die Umwandlung der Zuidersee in das IJsselmeer und die Entstehung Flevolands, der zwölften Provinz des Königreichs, am 1. Januar 1986.

das Parlament nahm es 1918 an, und 1919 begannen die Trockenlegungsarbeiten an der Zuidersee. Schon 1924 war die Insel Wieringen durch einen Abschlußdeich an das Festland angebunden und der Bau des ersten von fünf geplanten Poldern in Angriff genommen.

Am 28. Mai 1932, um 13.02 Uhr, wurde der 1927 begonnene Abschlußdeich, der Afsluitdijk, fertiggestellt. Er ist 30 Kilometer lang, 90 Meter breit und 7 Meter hoch.

So wurde aus der Zuidersee das IJsselmeer, ein Süßwassersee, der von den Küstenflüssen gespeist wird und ein riesiges Trinkwasserreservoir darstellt. Außerdem war die niederländische Küste um 300 Kilometer verkürzt. An den beiden Enden des Deichs sind Entwässerungs- und Schiffsschleusen angebracht.

Die Einpolderung ist ein langwieriges Unternehmen. Eindeichen, Trockenlegen durch Pumpen, Entsalzen, Beginn der Feldarbeit, Besiedlung, Bewirtschaftung – das sind die notwendigen Etappen, die sich über Jahre hinziehen. Die großen Polder am IJsselmeer, die in den 20er Jahren begonnen wurden, sind nicht alle fertiggestellt. Noch immer arbeitet man am letzten Polder, dem Markerwaard, der allmählich Formen annimmt. Nach seiner für 1995 vorgesehenen Fertigstellung werden die Niederländer in diesem Gebiet insgesamt etwa 222 000 Hektar neues Ackerland geschaffen haben, das gegen Überschwemmungen gesichert ist. Sie haben dort bis jetzt eine halbe Million Bewohner angesiedelt und eine zwölfte Provinz geschaffen.

Die Bilanz dieser schrecklichen Flutkatastrophe: 1835 Tote, alle ertrunken; mehr als die Hälfte der Opfer wurde von den Fluten mitgerissen und nie geborgen; etwa 72 000 Obdachlose; über 200 000 Stück Vieh aller Art gingen verloren; 200 000 Hektar Land waren überschwemmt und 500 Kilometer Deiche vollständig oder nahezu ganz zerstört. Die Sachschäden waren unermeßlich.

Nun galt es, das Dringlichste zu erledigen: auf insgesamt 1200 Kilometer Länge die Deiche provisorisch zu erneuern oder die

zahllosen Deichschäden abzudichten. Innerhalb von zwei Wochen wurde die „Deichschlacht" geschlagen und in hartem Kampf gewonnen. Mit Tausenden von Menschen, mit Senkkästen und Sand. Es war ein beängstigender Wettlauf mit der Zeit, denn die Arbeiten mußten bis zur nächsten Springflut am 16. Februar beendet sein. Viele Tausende von Sandsäcken, von Hand aufgestapelt, bildeten provisorische Schutzwälle. So wurden die Deiche verstärkt und die am meisten gefährdeten erhöht. Am 16. Februar hielten

sie dem Wasser stand. Überall waren pausenlos Pumpen im Einsatz, Tag und Nacht. Aus ganz Europa kam Unterstützung. Zwei Monate später waren die Niederlande aus dem Wasser gerettet, doch lagen sie noch unter einer Schlammschicht begraben.

Der Wiederaufbau wurde mit unbändiger Energie vorangetrieben. Er war mit außerordentlichen Kosten und Mühen verbunden und sollte mehr als drei Jahre dauern. Der Deichgürtel wurde in Beton wieder aufgebaut und erhöht. Man bestellte die Felder,

doch bestand die erste Saat aus Gips, der, in die Furchen gestreut, das Salz binden sollte. Getreu dem so bezeichnenden Wahlspruch *Luctor et emergo* (Ich kämpfe und steige aus den Fluten empor) gewann Seeland aus eigener Kraft den Kampf gegen die Nordsee.

Man war sich einig: Nie wieder sollte sich eine solche Katastrophe ereignen. Eine Sonderkommission, die Deltakommission, arbeitete sofort fieberhaft an einem Plan, der bereits seit einigen Jahren auf dem Tisch lag. Das Projekt blieb zwar in den Umrissen erhalten, doch änderte die Kommission die Zielsetzung: Nun sollte nicht mehr ein riesiges Süßwasserreservoir im Südwesten gebaut, sondern um jeden Preis der immerwährenden Bedrohung durch die Nordsee ein Ende gemacht werden. So wurde der Deltaplan entwickelt.

Die Grundidee war einfach: Es ging darum, die vier breitesten Meeresarme zwischen den seeländischen und den südholländischen Inseln durch Sperrdämme endgültig und hermetisch abzuriegeln. Das bedeutete in der für die Bauarbeiten vorgesehenen Reihenfolge: das Veerse Gat, das Haringvliet, das Brouwershavense Gat und die Oosterschelde. Nur der Nieuwe Waterweg im Norden, die Schiffahrtsstraße nach Rotterdam, und die Westerschelde im Süden, der Zugang nach Antwerpen, sollten für den Schiffsverkehr offenbleiben.

Nach ungewöhnlich ausführlichen Untersuchungen und Laborversuchen wurde der Plan dem Parlament in Den Haag vorgelegt und von diesem 1957 fast einstimmig als Deltagesetz (Deltawet) angenommen. Doch schon lange vor der Abstimmung hatte man mit den Arbeiten begonnen. Nach dem vorgesehenen Zeitplan sollten sie sich über mehr als 20 Jahre erstrecken und 1978 beendet sein. Den Kostenaufwand schätzte man auf 3 Milliarden Gulden.

In den Niederlanden wird schon seit Jahrhunderten Wasserbau betrieben. Doch das seeländische Delta hatte in den 50er Jahren außer seiner Größe noch besondere Merkmale, die es in den übrigen Landesteilen nicht gab. Die Meeresarme, die tief in das Landesinnere reichten, verengten sich, setzten sich in den stark verzweigten Mündungen der drei Flüsse fort, die fast ausnahmslos kanalisiert waren, und verschmolzen mit ihnen. Das ganze Gebiet war eine feuchte und sumpfige Zone, ein halb maritimes und halb fluviales Biotop, das lange Zeit hindurch ein ausgedehnter Sumpf geblieben war. Einige Spuren zeugen noch heute davon, vor allem der berühmte Biesbosch (Binsenwald), der später zum Nationalpark erklärt wurde. Der Biesbosch entstand nach der schrecklichen Sturmflut am 18. November 1421 in der Nacht der heiligen Elisabeth. Über Jahrhunderte hatten die Gezeiten des Meeres, das Hoch- und Niedrigwasser

der Flüsse und der Wind dieses Gebiet zu einem sich ständig verändernden Labyrinth gemacht.

Die Niederländer hatten zwar schon vorher das Meer, das regelmäßig diese brackigen Flächen überschwemmte, zurückgedrängt – die Deiche von Walcheren, Westkapelle und Tholen sind Zeugnisse dieser Tradition. Doch es war eine ganz andere Sache, dem Rhythmus der Gezeiten in diesem unglaublich vielgestaltigen, aus Sand, Torf und Ton gebildeten Lebensraum ein Ende zu setzen. Die Wassermenge, die bei jedem Gezeitenwechsel in die vier Meeresarme, unmittelbar am Standort der Sperrdämme, hereinströmt und zurückflutet, ist gewaltig: 70 Millionen Kubikmeter Wasser im Veerse Gat, 260 Millionen im Haringvliet, 225 Millionen im Brouwershavense Gat, 1100 Millionen an der Oosterschelde. Aus den Flüssen ergießen sich weitere Millionen Kubikmeter Wasser in die unendliche Wirrnis. Und der angeschwemmte Meeresboden war tückisch und unstabil; er veränderte sich im Rhythmus der Gezeiten und der Jahreszeiten.

1958 wurde das erste Sturmflutwehr in Betrieb genommen. Es handelt sich um eine Wehranlage mit zwei Stahlschiebern (Schützen), die gehoben und gesenkt werden können, sowie einer Kammerschleuse. Es ist das einzige große Wehr des Deltawerks, das nicht direkt an der Küste errichtet wurde, sondern östlich von Rotterdam in der Hollandse IJssel, einer der wichtigsten Schiffahrtsstraßen. Obwohl es weit im Landesinnern liegt, spielt das Wehr eine bedeutende Rolle, denn es schützt den am tiefsten gelegenen Polder des Landes, den 6,7 Meter unter dem Meeresspiegel liegenden Prinz-Alexander-Polder.

Das Veerse Gat im April 1961: Der letzte Senkkasten wird in Position gebracht. Die Technik, die 1944 an der Küste der Normandie für den Bau provisorischer Häfen erprobt wurde, erreicht hier Perfektion.

Dieser Prototyp aller Sturmflutwehre ruht auf unzähligen Betonpfählen, die man erst einrammen konnte, nachdem man den aus Torf und Schlamm bestehenden schwammigen Untergrund ausgebaggert und durch Sand ersetzt hatte. Dann legte man zwei Betonschwellen als Auflagen für die Schütze hintereinander quer in das Flußbett. Die beweglichen Schütze sind jeweils 80 Meter lang, 11,5 Meter hoch, 670 Tonnen schwer und hängen senkrecht zwischen jeweils zwei fast 45 Meter hohen Betontürmen. Die Kammerschleuse ist für Schiffe bestimmt, die so hoch sind, daß sie das Wehr selbst nicht durchfahren können.

Das Veerse Gat zwischen Walcheren und Nordbeveland ist der schmalste der vier vom Deltaplan erfaßten Meeresarme. Es wurde im Frühjahr 1961 abgeriegelt. Am 24. April übertrug das niederländische Fernsehen in einer Livesendung die schwierigen abschließenden Manöver, als der letzte von 71 Senkkästen des Sperrdamms abgesenkt wurde.

Der 2,8 Kilometer lange Veersedamm trennte nun das schmale Veerse Gat von der offenen See. Im Zandkreek am anderen Ende, stromaufwärts in dem flachen Fjord, der sich zur Oosterschelde hin ausweitet, hatte man schon 1960 einen 830 Meter langen Sekundärdamm mit Kammerschleuse fertiggestellt. Als Sekundärdämme bezeichnet man Abriegelungen, die östlich der Meeresdämme liegen. Das Sekundärwehr im Zandkreek hatte den Zweck, die schon bei normaler

Wetterlage heftigen Gezeitenströme einzudämmen. Es wurde genau zu dem Zeitpunkt geschlossen, als die Strömungen der steigenden Flut aus Veerse Gat und Oosterschelde aufeinandertrafen, d. h., als die beiden Strömungen sich praktisch gegenseitig aufhoben und der sonst bewegte Untergrund wesentlich stabiler war.

Der Veersedamm, dessen Bau gleichzeitig in Nordbeveland und Walcheren begonnen wurde, gründet auf den Untiefen, die sich zu beiden Seiten des Wasserwegs erstrecken. Man schüttete diesen in der Mitte so weit zu, bis man in einer Tiefe von 14 Metern eine 100 Meter breite Schwelle setzen konnte. Dann galt es, den Untergrund zu verdichten. Dazu wandte man ein völlig neues Verfahren an: Die Schwelle wurde mit 80 × 15 Meter großen Nylonfolienbahnen verkleidet, die man provisorisch mit Sandsäcken beschwerte, damit sie liegenblieben. Auf die Bahnen schüttete man dann eine 3 Meter dicke Kiesschicht.

Nach der Vorbereitung des Untergrunds konnte man die Betonsenkkästen einbauen. Es waren 71 jeweils 45 × 20 × 18 Meter große Kästen, die man an Ort und Stelle auf einem kleinen, eigens für diesen Zweck angelegten Polder gebaut hatte. Ihre Technik war zukunftsweisend. Sie hatten vorn und hinten Öffnungen, die mit Schiebern versehen waren. Bei geschlossenen Schiebern schwammen sie wie Schiffe; öffnete man die Schieber, gingen sie unter. Sie wurden nebeneinander auf die Schwelle abgesenkt und dienten als Kern für den Damm.

Der Veersedamm war die Generalprobe für das zweite Dammbauprojekt an der Nordsee, für den Damm im Haringvliet.

Das Haringvliet trennt Goeree-Overflakkee von den alten Inseln Voorne, Putten und Hoekse Waard. An der Stelle, die für den Dammbau vorgesehen war, ist das Haringvliet 5 Kilometer breit. Zu berücksichtigen war, daß über das Haringvliet etwa 60 Prozent des Mündungswassers von Rhein (Lek und Waal) und Maas abfließen.

Deshalb war es unmöglich, diesen Meeresarm völlig abzuriegeln. Man baute daher einen Entwässerungsschleusenkomplex, durch den zwar das Flußwasser weiter in die Nordsee abfließen, das Meerwasser aber nicht eindringen konnte. Bei Sturm werden die Wehrschütze ganz geschlossen; bei normaler Wetterlage arbeiten sie als Speicher- und Rückhaltewehre. Ist die Wasserführung des Rheins, die im Lauf des Jahres stark schwankt, gering, bleiben die Schleusen geschlossen. So wird Süßwasser gespeichert: Das Haringvliet bildet nun ein großes Trinkwasserreservoir vor den Toren Rotterdams. So kann auch das Flußwasser zurückgedrängt und über den Nieuwe Waterweg bei Rotterdam, den einzigen möglichen Abfluß, in die Nordsee abgeleitet werden. Das Süßwasser der Flüsse drängt also das Meerwasser zurück; es verhindert, daß das Meerwasser über den Nieuwe Waterweg in das Landesinnere vordringt. Das Süßwasser trägt somit beträchtlich dazu bei, die ständig drohende Versalzung dieses wichtigen Wasserweges zu verringern.

Bei mittlerer Wasserführung des Rheins (1700–6000 Kubikmeter pro Sekunde) werden die Schleusen stufenweise geöffnet. Bei höchstem Wasserstand dagegen (mehr als 6000 Kubikmeter pro Sekunde), der am Ende des Winters und im Frühjahr erreicht wird, werden alle Schleusen ganz geöffnet, allerdings nur bei Ebbe. Mit diesem Schleusenkomplex kann man also auch den Wasserstand von Rhein und Maas regulieren.

Der Haringvlietdamm wurde 1971 fertiggestellt. Er ist einer der wichtigsten Bestandteile des Deltawerks und von nationaler Bedeutung für die Wasserversorgung. Zuvor hatte man im Volkerak, wo das Haringvliet in das Hollands Diep übergeht, einen Sekundärdamm gebaut.

Der Bau der gesamten Haringvlietabsperrung erstreckte sich über 14 Jahre. Im Haringvliet nahmen die gigantischen Bauvorhaben unter dem Meeresspiegel ihren Anfang, die den spektakulärsten Teil des gesamten Deltaplans darstellten. Doch ist es im Land der Polder wirklich eine technische Meisterleistung, mitten im Meer auf dem Trockenen zu bauen? Wie man das macht, hört sich recht einfach an: In einem seichten Teil des Mündungstrichters legt man eine geräumige Baugrube an, sozusagen einen Kleinpolder; im Haringvliet war er 85 Hektar groß. Um diese Baugrube zieht man einen Ringdeich aus Ton, Sand und Schotter, der ein Rechteck mit abgerundeten Ecken bildet. In die Grube hinein werden Plattformen errichtet, auf denen man Baumaterial lagert oder Bauelemente montiert, ein Kraftwerk wird gebaut und daneben ein Hafen, der alle schwimmenden Betriebsmittel und natürlich die Versorgungsschiffe aufnimmt. Ständig arbeitende Pumpen halten das Polderbecken während der gesamten Dauer der Bauarbeiten trocken. Wenn das Bauwerk fertig ist, wird das Becken geflutet, der Deich zerstört, und die künstliche Insel, die als Baustelle diente, verschwindet.

Man begann mit den Arbeiten an dem ein Kilometer langen Komplex mit den riesigen Schleusen Ende 1957. Man verarbeitete 575 000 Kubikmeter Beton, der an Ort und Stelle hergestellt wurde. Zuerst trieb man etwa 22 000 gewaltige Stahlbetonpfähle dicht nebeneinander in den Untergrund. Sie waren je nach Lage der tragenden Schicht 6,3–24 Meter lang und trugen später das gesamte Bauwerk. Auf dieses Pfahlwerk baute man, ebenfalls aus Beton, eine 3 Meter dicke Sohle, die 5,5 Meter unter dem Meeresspiegel lag. Auf der Sohle wurden 16 Pfeiler errichtet. Sie sind 5,5 Meter breit, erheben sich 18 Meter über den Meeresspiegel und haben einen Abstand von 56,5 Metern zueinander. In sechs der Pfeiler sind absperrbare Röhren eingebaut, die die Fische durchschwimmen können. Auf diesen Pfeilern ruhen die Öffnungen der 17 Entwässerungsschleusen; sie bestehen aus Betonelementen mit dreieckigem Querschnitt. Diese

Die Cardium *verlegt eine riesige Bahn des „Bodenbelags" auf den verdichteten Untergrund in der Oosterschelde. Dieses Filtermaterial besteht aus mehreren Kunststoffgeweben, ist mit Sand, Kies und Schotter gefüllt und 36 cm dick.*

Luftaufnahme der Oosterscheldemündung und der Baugruben von Schaar auf der Insel Neeltje Jans. Dort wurden die Wehrpfeiler gebaut. Wenn sie fertig waren, wurden die Gruben geflutet. Dann brachte das Pontonschiff Ostrea (links) die Pfeiler einzeln an ihren endgültigen Standort. Jeder Pfeiler wog hohl 18 000 t. Die Ostrea hatte eine Hubkapazität von 10 000 t; die restlichen 8000 t „trug" das Wasser.

det. Sein Sekundärdamm, der Grevelingendamm, war 1965 fertig.

Der wirklich gigantischste Teil des Deltaplans jedoch ist der Oosterscheldedamm. Er sollte bereits 1978 fertig sein, doch wurden die Bauarbeiten erst am 4. Oktober 1986 beendet. Allerdings wurde er auch anders gebaut als ursprünglich geplant. Seinetwegen wurde sogar der gesamte Deltaplan stark abgeändert. Dieses ungewöhnliche Flutwehr hat eine eigenartige und interessante Geschichte, denn bei seiner Entstehung spielten erstmals auch ökologische Gesichtspunkte eine wichtige Rolle.

In den 50er Jahren interessierte sich kaum jemand für Fragen des Umweltschutzes. Das Deltagesetz von 1957 hatte den Technikern sogar völlig freie Hand gegeben. Anfang der 70er Jahre jedoch war die ökologische Bewegung in Europa in vollem Gang, und die niederländischen Grünen hatten Macht und Einfluß gewonnen. Sie machten mobil und gingen gegen den im Bau befindlichen Oosterscheldedamm vor.

In den Niederlanden entbrannte eine hitzige Diskussion über die Rettung des natürlichen Ökosystems im Delta und damit zwangsläufig über die Bedeutung der Gezeiten. Ohne Gezeiten keine Austern- und keine Muschelzucht, vor allem aber ein Delta ohne jedes Leben. Denn nicht nur Fische und Vögel würden verenden (in diesem Seengebiet nisten zahllose Zugvögel), sondern auch die reichhaltige Flora der auf Salzboden gedeihenden Pflanzen. Kurz, einmal entsalzt, seien diese Gebiete dem biologischen Tod preisgegeben.

Die von den Wissenschaftlern vorgebrachten Argumente bezogen sich nicht allein auf hehre Prinzipien oder auf die Versuche der Naturschützer in aller Welt, die letzten Feuchtgebiete unseres Planeten zu retten: Die Auswirkungen der großen Bauten des Deltawerks waren nach den drei ersten Absperrmaßnahmen sichtbar und klar bestimmbar. Die Absperrung der Gezeitenströme hatte bereits zahlreiche Schäden verursacht: Man brauchte sich z.B. nur im schwer betroffenen Nationalpark Biesbosch hinter dem Haringvliet und Hollands Diep umzusehen, um sich über die Auswirkungen klarzuwerden. Zwar war die Sicherheit beträchtlich erhöht, doch eindeutig auf Kosten der Natur.

Entrüstete politische Kämpfer, beunruhigte Naturschützer und Umweltorganisationen prangerten einstimmig „die Verwüstung eines empfindlichen Biotops an der Land-See-Grenze" an. Der berühmte Deltaplan, auf den die Niederländer so stolz waren und an dem sie seit etwa 20 Jahren arbeiteten, wurde nun auf breiter Ebene angefochten, angezweifelt, angeklagt.

Der Bau des Absperrdamms an der Oosterschelde kam 1974 zum Stillstand. Un-

Elemente bilden sozusagen das Rückgrat des Bauwerks. An ihnen sind 34 Stahlschieber oder -schütze angebracht. Jede Schleuse hat zwei Schieber, einen zum Meer, einen zum Haringvliet. Die Schieber sind an vier V-förmigen Hebearmen befestigt. Sie sind so groß, daß bei Hochwasser auch große Wassermassen und bei Eisgang des Rheins Eisblöcke abfließen können. Sogar Eisbrecher können passieren. Die Schieber sind zum Haringvliet hin 11 Meter, auf der Meeresseite 9,5 Meter hoch. Sie wiegen einschließlich der Hebearme je 550 Tonnen.

Der Schleusenkomplex ist durch 300 Meter lange Betonwiderlager und durch die Dammkrone mit jeder Uferseite des Haringvliets verbunden. Insgesamt ist der Haringvlietdamm 4,5 Kilometer lang. In seinem südlichen Teil befindet sich eine Kammerschleuse, durch die die Fischkutter von Stellendam das offene Meer erreichen können. Diese in der ganzen Welt technisch einmalige Dammanlage wird von einem Com-

puter gesteuert. Dieser Computer, Delta genannt, entscheidet nach der Analyse einer ungeheuren Datenmenge über das Meer (voraussichtliche Gezeitenstärke, Wasserhöhe, Windstärke und Windrichtung, Wellenhöhe, Salzgehalt usw.), über die Flüsse und andere Gegebenheiten (wie über die Widerstandsfähigkeit der Baumaterialien, Schutz der Dammbettung oder Sicherheit der Schiffahrt), wann, wie hoch und wie lange die Schütze zu öffnen sind. Er überwacht also sämtliche Funktionen des Haringvlietdamms.

Es vollzog sich eine immer komplizierter werdende technische Entwicklung, die Leistungen verbesserten sich, und die Dimensionen wurden immer größer. So ist der Abschluß des Brouwershavense Gat zwischen Schouwen-Duiveland und Goeree-Overflakkee, der Brouwersdamm, 6,2 Kilometer lang; die am tiefsten gelegenen Teile seiner Fundamente befinden sich 28 Meter unter dem Meeresspiegel. Er wurde 1972 vollen-

15,2 m unter dem Meeresspiegel in der Baugrube von Schaar, einem 1 km² großen Polder, der von einem Ringdeich umgeben war und ständig ausgepumpt wurde. Dort wurden zwischen 1979 und 1983 die 65 gewaltigen Pfeiler des Sturmwehrs gebaut.

ter dem Druck der Umweltschützer gab die Regierung nach: Alle Untersuchungen wurden von Grund auf neu durchgeführt. Nach monatelangen Kontroversen einigte man sich schließlich auf einen Kompromiß. Das Delta würde vor Sturmfluten geschützt werden, doch sollten die Gezeitenströme unbehindert fließen können. Die Lösung wurde auf dem Reißbrett und mit Hilfe von Modellen ausgearbeitet und in zahllosen Versuchen und Computersimulationen durchgespielt: ein großes Flutsperrwerk mit Stahlschiebern, die bei gutem Wetter geöffnet bleiben und bei Sturm geschlossen werden.

1976 gab das Parlament grünes Licht, und 1977 wurden die Arbeiten wiederaufgenommen. Die erforderliche Infrastruktur war vorhanden, nämlich die beiden künstlichen Inseln, die schon zuvor auf Sandbänken angelegt worden waren, Neeltje Jans und Rog-

genplaat. Diese Inseln dienten als Versorgungsstützpunkte und waren durch ständiges Abpumpen gesichert. Leistungsfähigkeit und Wagemut – mit diesen Parolen versuchte man, den Rückstand aufzuholen. Die beiden Nebendämme, der Philipsdamm und der Oesterdamm, waren im Bau. Man konnte endlich beginnen.

Wagemut war es wirklich. Zwischen Nordbeveland und Schouwen sollte sich der Oosterscheldedamm über 9 Kilometer erstrecken. Seine Schleusenkonstruktion überbrückte eine Tiefe von 30 Metern. Der Komplex ruhte auf den beiden künstlich aufgeschwemmten Inseln und gliederte sich in drei Teilabschnitte, die den drei Wasserrinnen entsprachen.

Ebenso bewundernswert war die Leistungsfähigkeit. Ab 1979 wurde diese gewaltige Baustelle, wo etwa 2000 Menschen beschäftigt waren, zu einem Muß für jeden Touristen. Doch man muß zugeben, daß sich die Besichtigung lohnte. Etwas nie Gesehenes, Gigantisches! Auf Neeltje Jans wurden mehrere Dockkammern von je einem Quadratkilometer Größe 15 Meter unter dem Meeresspiegel angelegt. Hier baute man die einzelnen Bestandteile des Wehrs,

vorgefertigte Elemente wie Pfeiler, Brückenteile, Schieber, Schutzmatten … Denn diese Teile konnten wegen der Wassertiefe und der Sturmgefahr nicht an Ort und Stelle angefertigt werden. Auch die 65 Riesenpfeiler, an denen die Schieberbatterie angebracht werden sollte, wurden hier serienweise fertiggestellt.

Bevor man die Pfeiler am vorgesehenen Ort absenken konnte, mußte man den Meeresboden ausbaggern und verdichten. Dafür wurden Spezialschiffe konstruiert. Andere ungewöhnliche schwimmende Maschinen kamen hinzu: Die Niederländer schufen Arbeitsgerät, das in der Welt seinesgleichen suchte.

Für Vibrationsarbeiten war das Spezialschiff *Mytilus* gebaut worden. Mit Hilfe von vier Vibrationssonden, die mit einer Schlagkraft von 120 Tonnen in den Boden getrieben wurden, konnte der Untergrund bis in eine Tiefe von 15 Metern verdichtet werden. Anschließend rollte die *Cardium* den „Bodenbelag" aus. Er bestand aus 200 × 42 Meter großen und 36 Zentimeter dicken Bahnen, die man mit Betonblöcken fixierte. Dieser Filterbelag war aus mehreren Kunststoffschichten zusammengesetzt und mit Sand,

und dem Sockel abzusaugen. Dann füllte man den ursprünglich hohlen Pfeiler mit Sand. Am 1. August 1983 wurde auf diese Weise der erste Pfeiler gesetzt. Wenn es die Wetterlage erlaubte, wurden die übrigen, einer nach dem andern, im Abstand von jeweils 45 Metern in die drei Wehrabschnitte abgesenkt.

Ab Ende 1984 und im Lauf des Jahrs 1985 setzte man dann zwischen die Pfeiler, deren Sockel in ein Bruchsteinbett verpackt worden waren, Brückenelemente, den Oberbau der Pfeiler, die unteren und die oberen Träger – alles aus vorgespanntem Beton angefertigt. Ebenfalls montiert wurden die 62 riesigen Stahlschieber, die sich in Schienen heben und senken und den gewaltigen Schutzschild des Oosterscheldedamms darstellen, der bei gutem Wetter geöffnet und bei Sturm geschlossen wird. Die Schieber sind 42 Meter breit, 5,5 Meter dick, zwischen 5,9 und 11,9 Meter hoch, 300–500 Tonnen schwer und werden hydraulisch bewegt. Auf der Meerseite sind sie mit wellenbrechenden Rohrquerträgern verstärkt.

Das Wehr wurde am 4. Oktober 1986 in Betrieb genommen. Es wird vollautomatisch von einem Computer in der Kommandozentrale auf der Insel Neeltje Jans gesteuert. Es ist das aufwendigste Dammbauprojekt, mit dem die Niederländer jemals der Nordsee getrotzt haben: 1987 schätzte man die Kosten auf etwa 8 Milliarden Gulden. Aber ist es wirklich so unzerstörbar, wie seine Erbauer versichern? Wird es extremen Sturmfluten standhalten? Die Konstrukteure ge-

ben eine Sicherheitsgarantie für die nächsten zwei Jahrhunderte. Viele Fachleute zweifeln trotzdem daran; sie halten dagegen, daß der Superdamm auf Sand gebaut sei, zwar auf verdichtetem Sand, doch könne die Stabilität des Untergrunds deswegen nicht garantiert werden. Eine Unterspülung der Pfeiler würde ausreichen, um die Türme aus der Senkrechten zu bringen; dadurch würden sich die Stahlschieber verkanten und nicht mehr funktionieren.

Wie dem auch sei: 60 Minuten nach der Ankündigung einer Sturmflut ist das Wehr geschlossen. Es widersteht Brechern von mehr als 6 Meter Höhe und hält einem Wasserdruck von 3–7 Tonnen pro Quadratmeter stand. Überall in dieser jetzt wohlgeschützten Region hat man die Deiche verstärkt und auf das „Delta"-Niveau erhöht, d.h., sie sind einen Meter höher als der höchste Gezeitenhub.

Das einst veränderliche, unstabile Seeland, das „Land aus der See", wurde endgültig umgestaltet. Man hat es trockengelegt, entsalzt und mit Süßwasser getränkt. Durch die Abriegelungsarbeiten an den Meeresarmen sind die ehemaligen Inseln zu einem Ganzen verschmolzen. Die früher isolierte Provinz wurde mit schnurgeraden Straßen, erhöht liegenden Autobahnen und Brücken an das übrige Gebiet der Niederlande angebunden.

Die Macht der stürmischen Nordseewellen ist gebrochen. Mehr als 30 Jahre nach dem ersten Spatenstich ist das Abenteuer Deltaplan zu Ende.

Schotter und Kies gefüllt. Eine zweite Schutzmatte, 60 × 29 Meter groß und ebenfalls 36 Zentimeter dick, wurde als zusätzliche Verstärkung unter den Pfeilersockeln verlegt, damit sie sich nicht absenken konnten.

Als diese Vorarbeiten beendet waren, mußten die Pfeiler an Ort und Stelle gebracht werden. Das erledigte das Spezialpontonschiff *Ostrea*. Es hob jeden einzelnen der 18000 Tonnen schweren Pfeiler an und transportierte ihn über die Entfernung von ein paar Kilometern bis zu seinem endgültigen Standort. Hier wurde er mit Hilfe des Schwesterpontonschiffs, der *Macoma*, zentimetergenau abgesenkt. Die *Macoma* hatte zudem die Aufgabe, den Pfeiler an Ort und Stelle zu verankern und auch die letzten Sandkörnchen zwischen der Schutzmatte

Der Schwimmkran Taklift IV *(1800 t) installiert einen Schieber des Wehrs. Die Schieber, die senkrecht zwischen den Pfeilern gleiten, bleiben bei normalem Wetter geöffnet, bei Sturm oder Hochwasser werden sie geschlossen und schotten dann die Mündung der Oosterschelde ab.*

Ekofisk
Die große Premiere der Off-shore-Bohrtechnik

In solchen Kontrollräumen wird die Förderung und Aufbereitung des Erdöls überwacht. Diese „Nervenzentren" der Plattformen sind mit modernsten elektronischen Geräten ausgerüstet.

Ekofisk Center. Wenn kein Gas und Erdöl mehr gefördert wird, werden die Plattformen abgebaut. Nur der zentrale Tank bleibt stehen – eine künstliche Insel mitten in der Nordsee.

Im Jahr 1960 wurde die OPEC (Organisation der Erdöl exportierenden Länder) gegründet. Danach wurde Erdöl aus dem Mittleren Osten beträchtlich teurer. Das veranlaßte die internationalen Konzerne, nach neuen Erdölquellen zu suchen. Geologen hatten zwar an der norwegischen Küste bereits Erdöl- und Erdgasvorkommen festgestellt, doch erst ab 1965 wurden die Untersuchungen verstärkt betrieben, wobei die französische Gesellschaft Pétronord sowie die amerikanischen Unternehmen Caltex und Phillips Petroleum die Firma Esso-Norwegen in diesem Konzessionsgebiet unterstützten.

Die ersten, die Erdölvorkommen in der Nordsee entdeckten, waren die Briten; sie wurden im Oktober 1966 in ihren Hoheitsgewässern fündig. Im Juni 1967 bestätigten dann Bohrungen der Esso vor der norwegischen Küste das Vorkommen des schwarzen Goldes auf hundert Küstenmeilen. Noch konnte man jedoch nicht sagen, ob Ausbeutung wirtschaftlich lohnend sein würde, und es wurde noch oft erfolglos gebohrt, bis schließlich eine Sonde der Firma Phillips im April 1970 in 3050 Meter Tiefe eine 213 Meter mächtige Schicht Speichergestein anbohrte. Das war Ekofisk. Die Bezeichnung Ekofisk leitet sich von dem Echo (norwegisch *eko*) ab, das Fischschwärme (norwegisch *fisk* = Fisch) zu den Sonargeräten der Geophysiker zurücksandten, die als erste in diesem Gebiete arbeiteten.

Andere Bohrungen auf dem norwegischen Kontinentalsockel südwestlich von Stavan-

ger bestätigten, was diese Entdeckung verheißen hatte – eine Entdeckung, die das Gefüge des internationalen Erdölmarkts völlig durcheinanderbringen sollte. Die Erdölreserven im Ekofiskfeld allein schätzte man auf über 200 Millionen Tonnen hochwertigen und leicht raffinierbaren Rohöls. Seit

Diese Karte zeigt die wichtigsten Lagerstätten von Erdöl und Erdgas in der Nordsee, die zur Zeit ausgebeutet werden. Auch weiter im Norden hat man Vorkommen entdeckt, doch sind die Erschließungskosten so hoch, daß eine Ausbeutung nicht in Frage kommt.

Die Entwicklung der Off-shore-Bohrtechnik

Die Notwendigkeit, auch in küstenfernen Gebieten und oft in großer Wassertiefe neue Erdöllagerstätten zu erkunden, hat zum Bau gewaltiger Plattformen geführt, deren Fundamente bis 1000 Meter unter der Wasseroberfläche im Meeresboden verankert sind. Wenn allerdings Tiefen über 400 Meter zu überbrücken sind, werden klassische Gitterkonstruktionen wegen der Vibrationen zu unsicher und auch zu teuer. Also hat man flexible Konstruktionen entworfen wie etwa den Förderturm Lena, der von Exxon im Golf von Mexiko errichtet wurde. Er wird von Spannvorrichtungen gehalten, die mit 200 Tonnen schweren Platten am Meeresboden befestigt sind. Dadurch werden die Schwingungen bei Sturm verringert.

Einen großen Vorteil haben Halbtaucher, denn sie können von einer Bohrstelle zur andern geschleppt werden. Halbtaucher sind Plattformen, die von Schwimmkörpern in der Schwebe und von Ankern in Position gehalten werden. Nach diesem Prinzip ist die Bohrinsel Hutton in der Nordsee konstruiert, die seit 1984 in Betrieb ist. Für arktische Zonen haben skandinavische Techniker eisbergsichere Plattformen geplant. Es sind zylindrische Stahlkörper, die 250 Meter Durchmesser haben und mit Eis gefüllt werden.

Doch solche Ungetüme, die enorme Investitionen erfordern, sind nicht der Weisheit letzter Schluß. Neuerdings nämlich zeigt sich eher die Tendenz zur Verkleinerung, sogar dazu, auf die über die Wasserlinie ragenden Einrichtungen zu verzichten und weitgehend Daten- und Robotertechnik unter der Wasseroberfläche einzusetzen. So kann man auch unbedeutendere Lagerstätten kostengünstig ausbeuten.

Für die Erschließung von Lagerstätten, die für Taucher nicht erreichbar sind, gibt es jetzt UMC-Systeme (Underwater Manifold Center), die ganz ohne menschliche Hilfe wesentliche Operationen ausführen können. Eine solche Einrichtung ist seit 1982 am Standort Cormorant in der Nordsee in Betrieb, wo Roboter Inspektionen und Wartungsarbeiten durchführen.

In gleicher Weise plant man, komplette Unterwasserstationen einzurichten, die von einem über dem Wasser gelegenen Kontrollstützpunkt aus automatisch gesteuert werden und mit kaum mehr als einem Roboter und Fernsehkameras ausgestattet sind. Dieses Projekt, Skuld genannt (Skuld ist in der skandinavischen Mythologie die Zukunft), besteht aus leicht installierbaren und problemlos zu wartenden Bauteilen.

seiner Erschließung liefert das Feld das Doppelte des norwegischen Verbrauchs. Phillips Petroleum hatte 1972 mit der Förderung begonnen. Es war eine erste und besonders wagemutige Weltpremiere, sowohl was die Entfernung des Feldes von der Küste (etwa 290 Kilometer) als auch die Wassertiefe (65–75 Meter) betraf. Und der Investitionsaufwand betrug 1,5 Milliarden Dollar.

Ekofisk ist ein Bohr-, Pump- und Vorbehandlungskomplex von etwa 13 Kilometer Länge und 6,5 Kilometer Breite. Zu diesem Komplex kommen noch die Anlagen Cod, Tor, Albuskjell, West Ekofisk, Edda und Eldfisk, die an seinen Randgebieten auf unbedeutenderen Erdölvorkommen errichtet wurden. Die Zentralanlage Ekofisk umfaßt Bohr- und Produktionsplattformen, besonders *Alpha, Bravo, Charly* und eine sogenannte Field-Terminal-Plattform (FTP).

Auf zwei Plattformen befinden sich die Wohnquartiere, eine andere dient als Pumpstation. Weitere Einrichtungen des Erdölfel-

Das Ekofiskfeld 1977. Die Abbildung zeigt die Plattformen auf ihren jackets. *Man ändert die Anlagen immer wieder um: So wurden auf dem Speichertank in der Mitte zusätzliche Einrichtungen gebaut, und alle Plattformen sollen um 6 m erhöht werden, weil der Untergrund sich absenkt.*

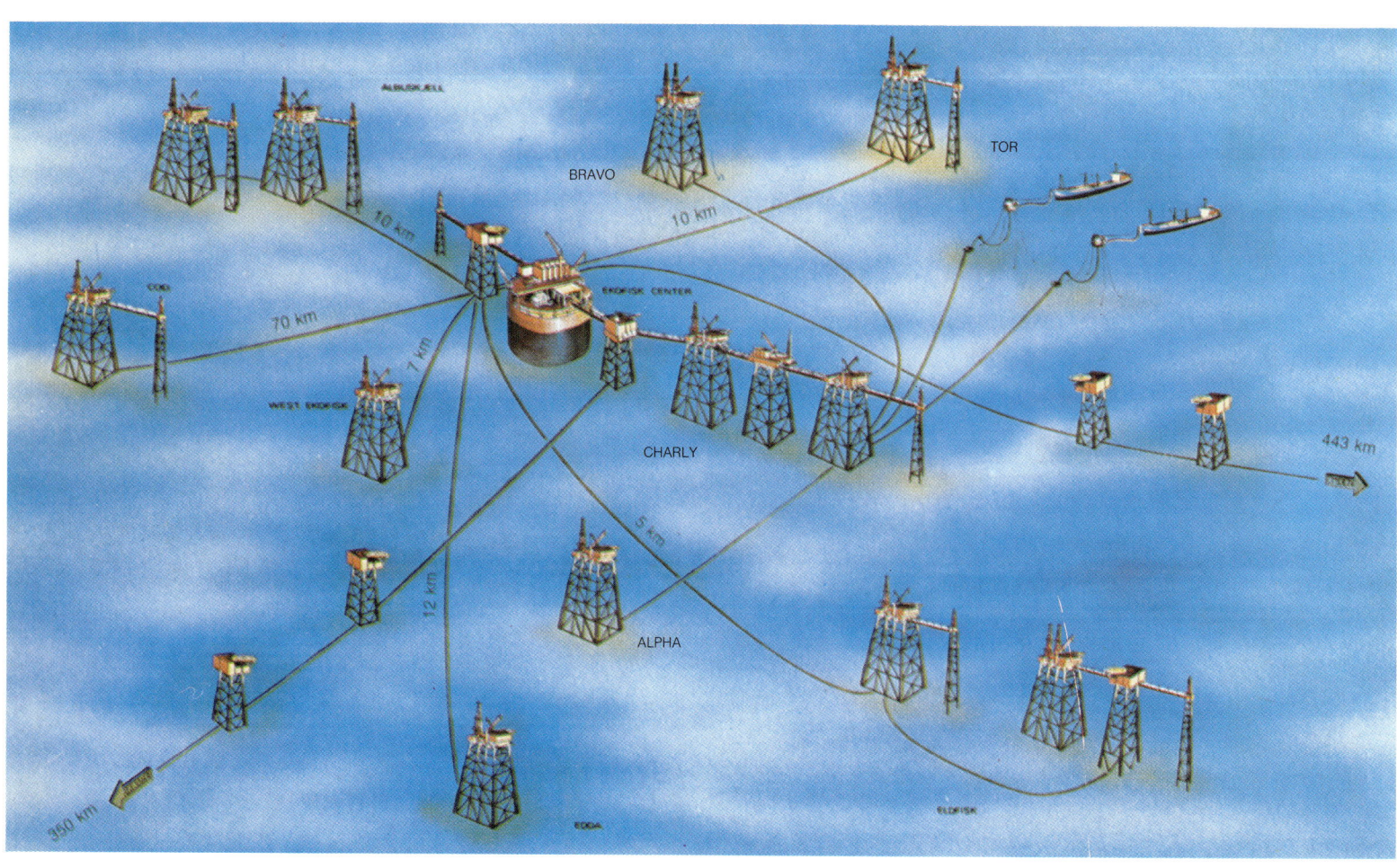

des sind Abfackelstationen und vor allem *Doris,* das Herz der Anlage, der berühmte Speichertank, der von der wellenbrechenden Jarlansmauer umgeben ist. Die Mauer ist nach dem Ingenieur Jerry Jarlan benannt, der sie entwickelt hat. Die Plattformen transportieren das geförderte Rohöl und Erdgas heute durch Pipelines, die auf dem Meeresboden verlegt sind und einen Durchmesser von 85 bzw. 100 Zentimetern haben.

Die Erdölpipeline verläuft über eine Entfernung von 350 Kilometern bis Teesside in Großbritannien. Die Gaspipeline endet nach 420 Kilometern in Emden in der Bundesrepublik Deutschland. Die Verlegung dieser Rohrleitungen dauerte mehr als zwei Jahre und kostete ungefähr 850 Millionen Dollar. Die Pipelines gehören zu gleichen Teilen dem Phillipskonzern und der norwegischen Regierung, und zwar der staatseigenen Gesellschaft Statoil.

Bis die Pipelines verlegt waren, wurde das Erdöl mit Tankern abtransportiert. Das Beladen der Tanker dauerte einige Tage, vorausgesetzt, daß in dieser stürmischen See kein Orkan losbrach. Denn wenn die Wellen höher als 7 Meter waren, konnte nicht mehr abgepumpt werden. Bei mehr als 3 Meter hohen Wellen konnten die Erdöltanker aus Sicherheitsgründen nicht an den Beladebojen festmachen. In einem solchen Fall mußte man einfach günstigere Wetterbedingungen

Der riesige Speichertank im Fjord von Stavanger. Vor der Inbetriebnahme der Erdölpipeline wurde bei schlechtem Wetter Erdöl darin gespeichert. Heute reguliert er die Erdölproduktion im Ekofiskfeld.

Die Überführung des Speichertanks im Jahr 1973 von der norwegischen Küste zum Ekofiskfeld. Dieses schwierige Navigationsmanöver erfolgte in ständigem Kontakt mit den Wetterdiensten in London und Paris.

Rechts im Bild die Jarlansmauer mit ihren fast 8000 kreisrunden Öffnungen. Sie schützt den Tank vor der Dünung, denn sie fängt den größten Teil der Energie der Wellen ab, die unablässig gegen das Bauwerk branden.

abwarten. Weil aber jeder verlorene Tag einen ungeheuren finanziellen Verlust bedeutete, mußte das Erdöl im Meer gespeichert werden.

Deshalb gab Phillips bei der französischen Firma C. G. Doris einen gewaltigen Speichertank aus Beton in Auftrag. Sie entwickelte einen fast runden Tank, der einen Durchmesser von 92 Metern hatte, 90 Meter hoch war und im Kern aus neun Behältern bestand, die 145 000 Tonnen Erdöl faßten. Es handelt sich um eine künstliche Insel im

Meer, die fest auf dem Meeresboden steht und 20 Meter hoch aus dem Wasser ragt. Über dem Tank ist ein 8000 Quadratmeter großes Stahldeck installiert, 10 Meter darüber liegt ein zweites Dreieck aus Beton mit der halben Grundfläche. Die ständige Einwirkung des Seegangs, der die Wände des Bauwerks ausgesetzt sind, wird durch eine durchbrochene Außenmauer gedämpft, die nach Jarlans Verfahren errichtet wurde. Der Bau des Tanks erfolgte in zwei Etappen: Zunächst baute man in einem Trockendock in Küstennähe die 6 Meter hohe Sockelplatte, die dann zu Wasser gelassen und in den Fjord von Stavanger geschleppt wurde, wo man die Betonoberbauten vollendete.

Die Tankanlage wog nach ihrer Fertigstellung schließlich 220 000 Tonnen und wurde im Juni 1973 von sechs Schleppern mit einer Geschwindigkeit von 1,5 Knoten über das offene Meer zum Ekofiskfeld geschleppt und an seinem Standort abgesenkt.

Das Erdöl fließt über ein Rohrleitungs- und Ventilsystem aus der Lagerstätte, und zwar durch den natürlichen Lagerstättendruck oder durch Pumpförderung. Bevor es durch Pipelines oder mit Tankern abtransportiert wird, muß man das in ihm gelöste Gas abtrennen und Verunreinigungen wie Schwefel, Chlorid, Wasser usw. abscheiden. Dies geschieht unter anderem auf den Plattformen *Alpha, Bravo* und *Charly.*

Diese Stahlplattformen sind in 70 Meter Tiefe mit hohlen Stahlzylindern im Meeresboden verankert, die man von oben mit Maschinenhämmern in den Boden gerammt hat. Bei der Durchführung dieser Arbeiten halfen Froschmänner, und das bei einer Wassertemperatur von annähernd 0 °C. Die Plattformen bestehen aus einem Gerüst, dem *jacket,* das ein Deck trägt. Das Gerüst ist eine Stahlkonstruktion, die einem schmalen, hohen Pyramidenstumpf ähnelt. Es ist aus Stahlrohren mit unterschiedlichem Querschnitt erbaut, die verschweißt und mit Querstreben fest verbunden sind. Auf dem Deck befinden sich die zur Vorbehandlung des Erdöls erforderlichen Einrichtungen, ein Hubschrauberlandeplatz, ein Kraftwerk und alle notwendigen Bedienungsstände.

Alle diese Einrichtungen, die auf dem Festland eine Fläche von mehreren Hektar beansprucht hätten, ließen sich dank einer platzsparenden Raumaufteilung zusammen mit einem Förderturm auf den Plattformen unterbringen.

Wegen der Größe des Ekofiskfeldes – es dehnt sich immerhin über einige Quadratkilometer aus – mußte man mehrere Plattformen installieren. Das gleiche gilt für die Lagerstätte der Forties in der Nordsee, wo man später fündig wurde. Dort fördern vier Plattformen, die über Reserven von 250 Millionen Tonnen errichtet sind, jährlich über 25 Millionen Tonnen Erdöl. Um die gesamte Lagerstätte ausbeuten zu können, werden von den Plattformen seitlich abgelenkte Bohrungen niedergebracht. Schon mit einer Ablenkung von einem Grad auf 10 Meter fächern sich die Bohrungen so auf, daß sie, von der Längsachse der Plattform gerechnet, die Lagerstätte bis zu einer Entfernung von 1500 Metern erfassen.

Wenn man eine Lagerstätte anzapft, steigt zunächst die Fördermenge an, stabilisiert sich und nimmt dann über einen Zeitraum von durchschnittlich 20 Jahren allmählich ab. Außerdem kann man kaum mehr als ein Viertel der vorhandenen Vorkommen ausbeuten, weil der Druck im Innern der Lagerstätte abfällt. Um den Druck konstant zu halten und damit mehr Erdöl herausholen zu können, preßt man Gas oder Meerwasser als Treibmittel in die Lagerstätte. Dazu braucht man Pumpen – und für diese ein Kraftwerk.

Die *jackets* selbst müssen regelmäßig sorgfältig untersucht werden, denn sie sind direkt dem ständigen Angriff des Meeres ausgesetzt und sollen doch während der gesamten Förderdauer, also mehrere Jahrzehnte lang, die Decksaufbauten tragen. Innerhalb von 20 Jahren erlebt eine Bohrplattform in der Nordsee hundert Millionen Wellen aller Größenordnungen und muß ihrer geballten Energie Widerstand leisten. Und je stärker der Seegang ist, desto widerstandsfähiger muß die Plattform gebaut sein. Wenn man die Bewegung der Wellen beobachtet, hat man den Eindruck, als bewegten sie sich vorwärts. Das ist jedoch nicht der Fall, denn die Wassermasse, die von der Welle in

Mehrmals in jedem Winter peitschen über 20 m hohe Brecher über die Bohranlagen in der Nordsee wie hier im Ekofisk Center. Um auch meteorologische Beobachtungen machen zu können, hat man außer den Meßgeräten auf den Plattformen auch eine Sonarboje installiert, die die Wellen mißt.

Red Adair – der „fliegende Feuerwehrmann"

Dem Texaner Paul Neal Adair hat man den Spitznamen „Red", der Rote, gegeben, weil bei ihm alles rot ist: seine Haare, das Firmenzeichen seiner Red Adair Oilwell Fire & Blowout Co., die Asbestanzüge seiner Mitarbeiter, die Wände seines Büros, seine Krawatten, sein Cadillac. Er ist der Spezialist für Unfälle bei Erdölbohrungen. Bei mehr als tausend Einsätzen hat er sich unzählige Brandverletzungen und Knochenbrüche zugezogen. Weltberühmt wurde er 1962. Damals schoß aus einem Bohrloch bei Gassi Touil in der Sahara fast sechs Monate lang eine Flamme 150 Meter hoch in den Himmel. Mit einer Sprengladung von 300 Kilogramm Dynamit gelang es Adair, das Feuer zu löschen, das nach Meinung von Experten sonst hundert Jahre gelodert hätte.

Sein Eingreifen an einem Bohrloch im Ekofiskfeld im Jahr 1977 war weder die schwierigste noch die gefährlichste Arbeit seiner Laufbahn, doch sie brachte ihm die größte Anerkennung der umweltbewußten Öffentlichkeit ein. Denn es gelang ihm, eine Erdölquelle zu verschließen, aus der pro Woche 20000 Tonnen Erdöl flossen, das in diesem sehr fischreichen Gewässer einen 4000 Quadratkilometer großen Teppich bildete. Und dabei hatte er erst ein paar Monate zuvor in einem mit der BBC geführten Interview die Behörden der Anrainerstaaten vor der Gefahr der Umweltverschmutzung durch die Erdölförderung auf hoher See gewarnt.

Red Adair war fast 70 Jahre alt, als man ihn 1983 beauftragte, den Kampf gegen die bisher größte Erdölpest aufzunehmen.

Bei den kriegerischen Auseinandersetzungen zwischen dem Iran und dem Irak waren Förderanlagen zerstört worden, so daß aus acht Quellen täglich mehr als 10000 Tonnen Erdöl in den Persischen Golf flossen. Da jedoch zwischen den kriegführenden Staaten kein Stillhalteabkommen zustande kam, konnte er nicht eingreifen.

Das Geheimnis seiner finanziellen Abmachungen mit den Erdölgesellschaften, die ihm, wie man munkelt, schon vor einem Einsatz einen Blankoscheck ausstellten, ist ebenso Legende geworden wie er selbst. Wie ein Mitarbeiter treffend sagte: „Wenn man einen Herzanfall hat, verhandelt man nicht erst mit dem Arzt." Reklamationen hat es jedoch nach einem Einsatz von Red Adair nie gegeben.

Nach einer Havarie auf der Plattform Bravo *im Mai 1977 schossen täglich 3000–4000 Tonnen Erdöl aus dem Bohrloch empor. Die* Seaway Falcon *spritzte ununterbrochen Wasser auf die Plattform, denn es bestand die Gefahr, daß sie Feuer fing oder explodierte. Rechts Red Adair in Aktion.*

Schwingung versetzt wird, vollführt eine Kreisbewegung. Von dieser Bewegung geht ein wechselnder Schub aus, der alle unter Wasser befindlichen Bauteile in Mitleidenschaft ziehen kann. Da die Wellen unmittelbar unter dem Wellenkamm die stärkste Kraft haben, hielt man den Querschnitt der oberen Rohrbauteile so klein wie möglich und vergrößerte ihn bei den unteren in Bodennähe.

Außerdem müssen die Gittergerüste so hoch sein, daß auch eine Jahrhundertwelle nicht über die Decks branden kann. Deshalb liegen die Decks aller Plattformen im Ekofiskfeld 25 Meter über dem Wasser, bei ruhiger See gemessen.

An anderen Lagerstätten in der Nordsee hat man mehrgeschossige Decks gebaut, wenn es z.B. wegen der zu großen Wassertiefe zu aufwendig gewesen wäre, mehrere Plattformen für Unterkünfte und Vorbehandlungsanlagen zu bauen.

Eine solche Anlage arbeitet im Magnusfeld. Sie steht in rund 185 Meter tiefem Wasser, ist über 210 Meter hoch, und die Decksaufbauten wiegen 40000 Tonnen.

Im Ekofiskfeld müssen die Plattformen nicht nur den Wellen standhalten, sondern auch starkem Wind. Sie sind so konstruiert, daß Stürme mit Windgeschwindigkeiten von 170 Kilometern in der Stunde ihnen nichts anhaben können.

Die Nordsee gehört zu den rauhesten Meeren der Welt. Schlechtwetter ist hier fast an der Tagesordnung; vor allem im Winter toben sehr häufig schwere Stürme: Der Wind erreicht dann Geschwindigkeiten von 150 und mehr Kilometern in der Stunde, und die Wellen sind oft bis zu 15 Meter hoch.

Die Wetterbedingungen verschlechtern sich, je weiter man nach Norden vordringt. Hinter den Shetlandinseln, die selbst nur wenig Schutz bieten, werden die Stürme von keiner Landmasse mehr gebremst. Das Wetter wird unberechenbar, und die Erdöltanker müssen damit rechnen, oft in stürmische See zu geraten.

Auf den Plattformen in der Nordsee wurden Beobachtungen gemacht, nach denen zahlreiche Angaben geändert werden mußten. So hielt z.B. das berühmte meteorologi-

sche Handbuch der britischen Admiralität Wellen von 14 Meter Höhe für eine ausgesprochene Ausnahme in diesem Gebiet. Als es noch keine Bohrinseln gab, hatte man in der Antarktis als absoluten Rekord eine Wellenhöhe von 18 Metern festgestellt. Auf den Plattformen des Frigg-Ölfeldes jedoch maß man bei einem Orkan im November 1977 eine Wellenhöhe von 25,7 Metern. Die Meteorologen mußten also die „Jahrhundertwelle" völlig neu berechnen. Die Jahrhundertwelle ist eine Welle, die, statistisch gesehen, einmal in einem Jahrhundert auftritt: Man hat jedes Jahr eine Chance von 1 : 100, auf eine solche Welle zu treffen. Im Friggfeld z.B. erreicht die Spitze dieser Welle 29 Meter. Man kann also sagen, daß Geräte, die in der Nordsee ihre Bewährungsprobe bestanden haben, sich überall bewähren.

Der hohe technische Standard der Anlagen im Ekofiskfeld ist, wie jede Großtat des Menschen, ein Meilenstein im Fortschritt der Technik, und die Erfahrungen, die man hier gewinnt, weisen neue Wege in die Zukunft.

Itaipú
Der größte Staudamm der Welt

In Brasilien gibt es Menschen, die respektvoll *os barrageiros* – die vom Staudamm – genannt werden. Gemeint sind damit die 28 000 Männer, die in neun Jahren in Tag- und Nachtschichten den größten Staudamm aller Zeiten gebaut haben: Itaipú. Mit dem Beton, den sie hergestellt, gegossen und in Handarbeit geglättet haben, könnte man Rio de Janeiro, eine Stadt mit 5 Millionen Einwohnern, neu erbauen. 80 000 Tonnen Baustahl sind durch ihre Hände gegangen: Sie haben ihn gemessen, gebogen, geschnitten und geschweißt. Einige der Männer hatten an fünf, sechs oder acht anderen Staudämmen mitgearbeitet, von denen aber keiner bisher so gewaltige Ausmaße hatte wie Itaipú. Der Damm ist 7,7 Kilometer lang und liefert mit 12 600 Megawatt über siebenmal mehr Energie als der Assuan-Staudamm.

Das alles sind Zahlen, die man in Brasilien mit Genugtuung nennt, als wollte man ein für allemal Schluß machen mit der klischeehaften Vorstellung von Brasilien als einem Land voller Sambatänzer und Karnevalisten.

Die Idee, den riesigen Staudamm von Itaipú zu bauen, kam auf dem Höhepunkt der Erdölkrise auf, in einer jener düsteren Perioden, die Brasilien regelmäßig durchlebt, von denen aber die übrige Welt, die unheilbar vom Zauber des Lands fasziniert ist, nie etwas zu ahnen scheint. Denn Brasilien verfügt über keinerlei Erdölvorkommen und ist bekanntlich das höchstverschuldete Land der dritten Welt.

Für dieses fast unberührte, riesige Land, dessen Reserven noch weitgehend ungenutzt sind, war die Erdölkrise ein tödlicher Schlag. Wenig bekannt ist, daß Brasilien mit seinen schwindelerregenden Kontrasten zwischen Arm und Reich eines der fortschrittlichsten Länder der Welt ist, was die Erforschung von Ersatzenergiequellen betrifft. Schon 1932, als es noch so aussah, als sollte das Erdöl für immer und fast kostenlos aus schier unerschöpflichen Quellen sprudeln, entwickelten die Brasilianer mit fast einem halben Jahrhundert Vorsprung die ersten alkoholbetriebenen Kraftfahrzeuge.

Itaipú sollte 15 Millionen Tonnen Erdöl im Jahr einsparen helfen und die Energieversorgung São Paulos sichern, jener wuchernden Riesenstadt, die bis zum Ende des Jahrhunderts 25 Millionen Einwohner haben wird. Man sagt, es sei die einzige Stadt der Welt, die alle 24 Stunden einen Zuwachs von 1000 Einwohnern, 300 Kraftfahrzeugen, 60 Häusern und 2 Kilometer Straßen zu verzeichnen habe.

Die Geschichte des Itaipú-Staudamms begann 1973. Damals beschlossen Brasilien und Paraguay, gemeinsam ihren Grenzfluß Paraná aufzustauen. Zwei Jahre später begann man, den Paraná umzuleiten. Dazu sprengte man mit etwa 8 Millionen Kilogramm Sprengstoff in etwa drei Jahren einen 2 Kilometer langen, 150 Meter breiten und 90 Meter tiefen Kanal ins Gestein. Das war der größte Flußumleitungskanal, der je gebaut wurde.

Im April 1979 konnte man endlich im trockengelegten Bett des Paraná mit dem Bau der Infrastruktur der Hauptbaustelle auf einer 100 Quadratkilometer großen Fläche beginnen. Genau vier Jahre später sollten laut Programm alle Bauten fertiggestellt sein, und die erste der 18 Turbinen sollte laufen.

Als erstes wurde das riesige Gebiet mit Straßen erschlossen, und die Flußufer wurden durch Seilbahnen miteinander verbunden. Bald danach waren acht gigantische Kräne errichtet, die in der Stunde 530 Kubikmeter Material bewegen konnten. Zwei Steinbrechanlagen wurden gebaut, die in der Stunde 2000 Tonnen Schotter lieferten. Dann folgten sechs Betonwerke mit einer Kapazität von mehr als 1000 Kubikmeter Beton in der Stunde – eine Menge, mit der man mehrere Städte erbauen könnte. All diese Einrichtungen begriffen die vielen Besucher der Baustelle als notwendig und sinnvoll für das Projekt. Als aber schließlich zwei Eisfabriken gebaut wurden, die alle halbe Stunde 20 Tonnen Eis produzierten, fragten sie die Techniker zweifelnd nach dem Zweck der Anlagen. Doch die Antwort leuchtete ein: Mit dem Eis wurde der Beton auf 20 °C abgekühlt. Denn bei dieser Temperatur band er am besten ab. Der Trick mit dem Eis wird heute noch mit Stolz jedem erzählt, der ihn noch nicht kennt.

Der Eindruck, den die riesenhafte Baustelle vermittelte, war der einer Geisterstadt. Die Proportionen waren so gewaltig, daß der Blick sich darin verlor. Überblickte man die Anlage aus der Luft, so wirkten die Arbeiter ameisenklein, und man mußte sich anstrengen, um sie zu erkennen. Selbst die 75-Tonnen-Lastwagen glichen Spielzeugautos, die Streichhölzer transportierten. Die Kulisse wirkte gespenstisch.

Und dennoch, die Batterien von Bohrmaschinen, die Brechgeräte, die Betonmischmaschinen, die Riesenkräne, die pausenlos auf ihren Schienen kreischten, die Betonloren, die ohne Unterbrechung quietschend an den Hängeseilen entlangglitten – sie schickten einen Lärm zum Himmel empor, der gewiß in den darüberfliegenden Flugzeugen zu hören sein mußte. Wenn man aber am Fuß der Staumauer stand, hörte man nur das Echo, das von tausend Hindernissen tausendfach abgeschwächt, tausendfach gebrochen wurde – eine Art gedämpftes Hintergrundgeräusch wie das Brummen einer gewaltigen, gut geölten Maschine.

Doch am eindrucksvollsten war die Baustelle bei Einbruch der Nacht. Mit einem Schlag färbte sich der Himmel rot, und der Staudamm erschien mit seiner bizarren Maschinerie unwirklich in Gold getaucht wie eine außerirdische Zitadelle, ausgestattet mit Geräten, die wie Sonnen strahlten. Um diese Zeit war Schichtwechsel, und lange Menschenreihen tauchten aus dem Nichts auf und strebten den 16 Baracken mit den Stechuhren zu. Vor den Baracken waren an Pfosten Wasserhähne installiert. Viele Arbeiter machten dort halt und tranken in langen Zügen. Manche verweilten ein wenig, wenn sie ihren Durst gestillt hatten, und schauten mit gespanntem Gesichtsausdruck auf die Staumauer. „Das ist ihr Werk, und sie hängen daran", beschrieb ein junger Ingenieur das Gefühl, das die Arbeiter in diesem Moment bewegte.

Durch die engen Baracken mit den Stechuhren schob sich an diesem Abend scheinbar ganz Brasilien, ein junges und ein altes

Die Baustelle des Hauptdamms bei Nacht. Gearbeitet wurde in Schichten rund um die Uhr. Im Bildvordergrund sieht man eine der „Höhlen" für die Turbinen und Generatoren. Die Hauptstaumauer wurde 1,2 km lang und fast 100 m breit.

Betonbauer errichten in schwindelnder Höhe die „Seele" des Staudamms: Stab für Stab bringen sie die Stahlarmierung ein. 80 000 t Stahl gingen durch ihre Hände, eine Menge, aus der man drei Eiffeltürme bauen könnte.

Brasilien, ein schwarzes, ein weißes Brasilien, ein Brasilien der Indios und der Mestizen … Viele sahen aus wie magere, hohlwangige Bauern, andere waren blond wie Skandinavier, wieder andere sahen wie Sizilianer aus, ein paar noch fast bartlose Jugendliche trugen Lockenhaar bis auf die Schultern. Doch so verschieden sie auch aussahen, sie alle waren grau vor Erschöpfung und vom Staub. Und sie konnten kaum ihre Stechkarte halten, so verkrampft waren ihre Hände vom stundenlangen Hantieren mit den Werkzeugen. *Os barrageiros* – 60 Prozent dieser Leute waren Brasilianer, die anderen aus Paraguay, nur etwa ein Prozent war Ausländer „von anderswo".

Bald fuhren 200 Autobusse ohne Sitze vor, die die Arbeiter nach Hause brachten. Man nannte die Busse Sambas von Bahia, weil man darin kräftig durcheinandergeschüttelt wurde und von einem Bein aufs andere hüpfen mußte, um die Balance zu halten.

Der Schichtwechsel vollzog sich reibungslos. Die Arbeiter der Nachtschicht ver-

Präzisionsarbeit für gewissenhafte Handwerker. Zentimeterweise glätten sie den Beton mit der Traufel. Den letzten Glattstrich mußten sie an der Dammkrone in 196 m Höhe anbringen.

schwanden in der Tiefe der Baustelle, die durch Tausende von Scheinwerfern beleuchtet war. Hier und da blitzte das gleißende blaue Licht von Elektroschweißgeräten auf. Und allgegenwärtig war der Lärm der Maschinen.

Aber nicht nur auf der Baustelle wurde nachts gearbeitet, auch in den Büros herrschte eifrige Betriebsamkeit. Computer spuckten eine Flut von Zahlen aus, addierten, subtrahierten, verglichen, lieferten Er-

gebnisse, auf die die Menschen vor den Geräten gebannt warteten. Eine einzige Lieferverzögerung konnte bedeuten, daß 2000 oder 3000 Arbeiter nicht planmäßig eingesetzt werden konnten. Aber den Ingenieuren war so etwas nicht neu. Solche Katastrophen kamen fast jede Woche vor. Sie wußten, was zu tun war. Auf Plänen, die kompliziert waren wie die Schaltanlagen von Rangierbahnhöfen, verschoben sie mit ein paar Bleistiftstrichen Armeen von Menschen und

Tonnen von Material innerhalb von Sekunden kilometerweit an Bauabschnitte, wo sie gebraucht wurden. Dann gingen die Anweisungen auf dem Dienstweg bis zur untersten Sprosse der hierarchischen Leiter, bis zu den Betonbauern Luís und Maurício, die in ihren Fertighäuschen schliefen und am nächsten Morgen erfahren würden, daß sie woanders eingesetzt werden sollten, am anderen Ende der Baustelle, sozusagen auf einem anderen Planeten. Und auch sie würden sich nicht wundern, denn sie waren schon öfter „verschoben" worden und wußten, daß dies nötig war, um den alles bestimmenden Zeitplan einzuhalten. Und in der Tat wurde der Staudamm genau zum vorgesehenen Zeitpunkt 1983 fertig.

Victorino, der Straßenmeister, dessen Aufgabe es war, die Verkehrswege zu markieren, hatte immer Grund zur Sorge. Denn sein Reich war ein verwirrendes, sich oft änderndes Gebilde aus Wegen, die sich kreuzten, teilten, überschnitten und manchmal nur ewig im Kreis zu führen schienen. Er war der einzige, der wußte, daß fünf schöne, breite Straßen seit zwei Tagen in Sackgassen endeten und daß die gewaltigen Kipplastwagen ab sofort über eine neue, kaum erkennbare Piste fahren mußten, um an ihren Einsatzort zu kommen. Und er hatte dafür zu sorgen, daß sie diese Piste ohne Schwierigkeit fanden.

Nachts wurde das dann zu einem wahren Alptraum: Jede Piste mußte mit Petroleumleuchtfeuern markiert werden, und manche Pisten änderten sich täglich. Es war schon ein besonderes Schauspiel, wenn sich die Armeen von Lastwagen bei Einbruch der Dunkelheit langsam ihren Weg durch ein Gewirr von Leuchtfeuern suchten. Victorino war dann ganz aufgeregt, denn wenn nur zwei oder drei Leuchtfeuer schlecht plaziert waren, konnte es passieren, daß ein Fahrer die ganze Nacht im Kreis fuhr. Und dann würde er, Victorino, zur Rechenschaft gezogen werden.

Ein Staudamm, so riesenhaft er auch sein mag, wird in Teilabschnitten erbaut, die überschaubare Ausmaße haben. So konnte man auch in Itaipú einen Trupp Menschen sehen, wie sie auf Brettern knieten und den Beton sorgfältig mit der Traufel glätteten. Nur – hinter diesem Trupp verrichtete ein weiterer Trupp die gleiche Arbeit und hinter diesem noch einer und noch einer, soweit das Auge reichte. Und über ihnen waren Tausende anderer Menschen unermüdlich

Menschen in einem Dschungel aus Stahl. Mit dem Damm wurde der Paraná, einer der unberechenbarsten Flüsse der Welt, gezähmt. Für alle Fälle wurde ein Überlauf eingebaut, durch den bei Hochwasser 58 000 m³/s abfließen können.

damit beschäftigt, Metallgitter wie Leitern zum Himmel aufzurichten, zu verdrahten und zu verschweißen. Und eines Tages würden die Männer mit den Traufeln 200 Meter hoch über dem Boden arbeiten und die letzte Fläche Beton glattstreichen.

Die Männer aßen an ihrem Arbeitsplatz. Man brachte ihnen das Essen in Warmhaltebehältern. Jede Mahlzeit enthielt genau 2000 Kalorien und war nach ernährungswissenschaftlichen Gesichtspunkten wohlausgewogen zusammengestellt. Als Fabrik in der Fabrik beschäftigte die Großküche der Baustelle 180 Personen, kochte in 20 Minuten 480 Kilogramm Reis, lieferte 900 000 Mahlzeiten im Monat und konnte 23 Arbeiter in der Minute bedienen. Nichts blieb dem Zufall überlassen: Arbeiter, denen es gutging, bauten auch gute Staudämme. Und Itaipú mußte fehlerlos sein.

Oberstes Gebot war daher Qualität. Die Arbeit mußte perfekt sein, der Beton durfte keine Luftblase haben; darauf achteten mehr als hundert Poliere. Einer davon war Ramiro. Ganz konzentriert ging er über die Laufbretter auf dem frisch betonierten Teilstück, das marmorglatt gestrichen war und aushärtete. Systematisch suchte er die Fläche ab, bückte sich hin und wieder, fuhr mit der Hand über den Beton, schreckte bei je-

dem Schatten hoch: Er suchte Falten, Bruchstellen, Risse, Strohhalme … „Ein winziger Spalt, ein bleistiftgroßer Riß, das reicht schon aus, einen Staudamm einstürzen zu lassen", erklärte Ramiro mit sorgenvoller Miene. Er war seit 30 Jahren in diesem Geschäft, seit 30 Jahren auf der Suche nach dem Riß, von einem Staudamm zum nächsten, von einem Ende Brasiliens zum andern. Er war so besessen von seiner Aufgabe, daß er abends auch die Zimmerdecke nach Rissen absuchte, wenn er erschöpft auf seinem Bett lag und auf den Schlaf wartete.

Ramiro und seine Kollegen kannten die Wirkung des Wassers, wußten, daß es in jeden Riß eindringt und dort seine zerstörerischen Kräfte entfaltet. Deshalb wurde in Itaipú alles doppelt kontrolliert. Und der große Paraná, der gefangene Paraná sollte nirgendwo anders hindurchkommen als durch die 18 Öffnungen, die man für ihn angelegt hatte. Und in diesen Öffnungen wurden Turbinen und Generatoren installiert, die seine Kraft in elektrische Energie umwandelten, die das riesengroße Brasilien dringend benötigte.

Diese 18 Turbinen sind die größten Turbinen, die jemals auf der Welt konstruiert wurden. Jedes Laufrad hat einen Durchmesser von fast 7 Metern und wiegt 300 Ton-

Der Staudamm im trockengelegten Bett des Paranás. Er staut heute einen 1400 km² großen See auf. Die von den Turbinen Itaipús gelieferte Elektrizität entspricht zwei Drittel der Menge, die Brasilien vor dem Dammbau erzeugte.

nen. Lange bevor man sie an den jeweiligen Standorten installierte, hat man sie stolz den Besuchern vorgeführt. Aber der Laie hatte angesichts dieser Berge von Stahl vor allem den Eindruck, als müßten sie auf ewig unbeweglich da stehenbleiben, denn niemand konnte sich vorstellen, welche Macht der Welt sie je in Bewegung setzen sollte. Aber der Paraná führt 8500 Kubikmeter Wasser in der Sekunde. Und heute drehen sie sich unaufhörlich, denn jede einzelne wird von einem Schub von 8500 Tonnen pro Sekunde angetrieben.

Manchmal verbreitete sich eine Nachricht wie eine unsichtbare Welle über die Baustelle: Es sei „etwas passiert". Niemand wußte, was, wie oder wo. Sicher war nur, daß irgendwo „etwas passiert" sei. Niemals wurde es anders ausgedrückt. Nachrichten dieser Art verbreiteten sich wie ein Lauffeuer innerhalb einer Stunde über die ganze Baustelle. Doch keine Maschine wurde gestoppt,

Die großen Staudämme der Welt

In der ganzen Welt gibt es 30 000 Talsperren. Die größten sind Owen Falls in Uganda (205 Milliarden Kubikmeter), Bratsk in der Sowjetunion (179,1 Milliarden) und Assuan in Ägypten (157 Milliarden). Zum Vergleich: Der Bodensee hat 50 Milliarden Kubikmeter.

Unter den Betonstaudämmen ist die Bogenstaumauer die größte technische Errungenschaft. Obwohl sie verblüffend dünn ist, kann sie durch ihre bogenförmig gewölbte Wand einem Druck standhalten, der drei- bis fünfmal so hoch ist wie der Druck des aufgestauten Wassers. Die höchste Staumauer der Welt, der 272 Meter hohe Inguri-Damm in der Sowjetunion, ist auch eine Bogenstaumauer.

Fast drei Viertel aller Staudämme sind allerdings Schüttdämme, die aus Erde, Kies, Sand, Geröll und Steinen gebaut werden und daher technisch einfacher zu errichten sind als Betonstaumauern.

Mit Hilfe von Staudämmen wird Energie gewonnen, die Gewalt von Flüssen gebändigt und Land gleichmäßig bewässert. Doch die großen Dämme mit ihren riesigen Stauseen können auch Nachteile mit sich bringen. Ein gutes Beispiel dafür ist der 121 Meter hohe Assuan-Staudamm. Er sichert zwar in trockenen Jahren Ägyptens Wasserversorgung und bewahrt das Land vor Hochwasser, das es früher regelmäßig überflutete. Außerdem konnte die Ackerbaufläche um 317 000 Hektar vergrößert werden. Aber inzwischen sind auch die negativen Folgen der Anlage nicht mehr zu übersehen. Der fruchtbare Nilschlamm, der einst auf die Felder geschwemmt wurde, bleibt im Stausee zurück, wo er sich absetzt. Die Bauern müssen immer mehr teuren Kunstdünger ausbringen und fruchtbaren Ackerboden abtragen, um ihre traditionellen Lehmziegel herstellen zu können. Der Grundwasserspiegel steigt, und wegen der hohen Verdunstung versalzt das Land. Brückenfundamente sind bereits gefährdet, und selbst die berühmte Sphinx zeigt erste Schäden. Und nachweislich nahm seit dem Bau des Damms die Bilharziose, eine Wurmkrankheit, stark zu, weil Schnecken, die den Erregern als Zwischenwirte dienen, in den ständig gefüllten Kanälen gute Lebensbedingungen vorfinden.

---

keiner unterbrach die Arbeit. Die Männer auf der Baustelle blieben gelassen. Aber die Frauen unten im Camp bekamen Angst. Wer würde nach der Arbeit nicht heimkommen – der Nachbar oder gar der eigene Mann?

Antwort bekam man erst später und auch nur knapp. Manchmal war es jemand, den man kannte. „Der kleine Octavio von Block 8, weißt du. Abgestürzt." Da brauchte man nichts hinzuzufügen, die Folgen waren allen nur zu klar. Wer auf dieser Baustelle abstürzte, fiel in einen Wald aus Pfosten und Stäben. Zwar war die Benutzung von Sicherheitsgurten vorgeschrieben, doch selbst die Frauen ermahnten ihre Männer nicht mehr, sie anzulegen. Denn sie bewegten sich auf ihren Gitterkonstruktionen wie Seiltänzer und so schnell, daß die Gurte bei der Arbeit nur hinderlich waren. „Und außerdem, was soll's, dem Schicksal kann man nicht entrinnen …"

Auf riesigen Schildern auf der Baustelle stand zwar das Gegenteil: „Sicherheit ist kein Spaß. Ihr Leben hängt davon ab." Doch das waren sinnlose Ermahnungen für Menschen, die aus dem Nordosten kamen, aus dem „Land des Hungers", wo man nicht lebt, sondern „das Leben durchsteht". Außerdem waren *os barrageiros* nicht nur die am besten bezahlten Arbeiter des Landes: Sie waren es auch, die ihr Land in die Zukunft führten. Und darauf waren sie stolz.

Eine Stadt mußte natürlich auch gebaut werden – und zwei Krankenhäuser, ein Entbindungsheim, Schulen für 13 000 Schüler im Jahr, Freizeitzentren, Sportanlagen, Kirchen … 28 000 Arbeiter mit ihren Frauen und Kindern, das bedeutete 150 000 Personen.

In Wirklichkeit hat man drei Städte gebaut, denn obwohl sie ausgesprochen kameradschaftlich miteinander umgingen, waren die Beschäftigten durchaus nicht gleichgestellt. Es waren namenlose Städte: *Conjunto habitacional* (Siedlung) A, B und C. Eine Stadt war den Führungskräften, Ingenieuren und Technikern vorbehalten. Sie wohnten in geräumigen Villen mit Gärten, die bestehenbleiben sollten.

Die zweite Stadt war für die Arbeiter mit ihren Familien bestimmt. Sie war auf Zeit errichtet und trostlos wie alle Arbeiterstädte der Welt. Aber die braunen Kinder mit ihren bloßen Hinterteilen spielten unbeschwert Fangen und lachten, bunte Wäsche hing zum Trocknen vor den Fenstern, und die Jagd nach dem Glück, die Suche nach einem besseren Schicksal, belebte die Blicke der Einwohner.

Nur wenig Mobiliar fand man in diesen Behausungen, und es war ebenso provisorisch wie alles im Leben der *barrageiros* – doch ein Fernsehgerät fehlte in fast keinem Haushalt. Es bot die einzige Zerstreuung, wie einhellig zu hören war. Es war das einzige kleine Fenster, durch das die Männer in ihr Land schauen konnten, von dem sie nichts kannten als die Flüsse und die Staudämme, die sie darin errichteten. Doch was sie im Fernsehen sahen, waren Menschen, die ein Leben führten, wie es sich vielleicht kleine Jungen und Mädchen erträumten, aber doch nicht *barrageiros*.

„Lächerliche Vorstellungen", sagte Celsio, ein Schweißer, der elf Stunden täglich hoch droben im Dschungel der Stahlgeflechte arbeitete. „Der wahre Traum, der steckt da drin", fügte er hinzu und zog eine zerknitterte Lohnabrechnung aus der Tasche. Sie wies eine eindrucksvolle Zahl von Überstunden aus. Und sein Traum, wie der aller seiner Kollegen, war ein Haus, das er bauen wollte, sein Haus. Noch zwei oder drei oder vier Staudämme, und er konnte sich seinen Traum erfüllen.

Die Bewohner hatten ihr Leben in der namenlosen Stadt rasch organisiert, und zwar auf typisch brasilianische Art, wobei *jeito* (Findigkeit, Trick, Einfallsreichtum) gleichbedeutend war mit Überleben. Aus staubigen Bussen quollen regelmäßig ganze Wagenladungen braver Ehefrauen, die mit fünf oder sechs Taschen, gefüllt bis zum Rand, von Einkaufsfahrten zurückkamen und sofort fröhlich schnatternde Scharen aus der Nachbarschaft anzogen. Denn sie hatten auch für ihre Nachbarinnen eingekauft: ein paar Dutzend Kilogramm Kartoffeln, Zucker, Öl oder Waschmittel – alles ein paar *cruzeiros* billiger jenseits der Grenze in Paraguay, das ja nur „ein paar Schritte" entfernt und leicht zu erreichen war. Ein kleiner Gewinn, gewiß. Doch die paar *cruzeiros*, die man am Kilogramm Bohnen sparte, summierten sich im Lauf der Zeit zu ein paar Dachziegeln mehr für das Haus, das man bauen wollte.

In der dritten Siedlung wohnten die Junggesellen in Stubengemeinschaften zu zweit, zu dritt oder zu viert. Zu ihrer Unterhaltung gab es eine Diskothek, Spielsalons, Billardzimmer und Fernsehräume. Aber was die Männer fast mit demselben Stolz vorzeigten wie den Staudamm, waren ihre Duschen – eine Dusche für je zwei Bewohner. Sie galten den Arbeitern offensichtlich als unvorstellbarer Luxus.

Den Besucher beeindruckten allerdings mehr die ärztliche Betreuung und die gutbesuchten, kostenlosen Schulen, denn in Brasilien sind Klassenzimmer, die zu 70 Prozent leer stehen, nicht ungewöhnlich, und der Anteil der Analphabeten beträgt rund 33 Prozent. Viele *barrageiros* haben hier erst lesen und schreiben gelernt. So war der Staudamm von Itaipú für Brasilien nicht nur in technischer Hinsicht ein Schritt in die Zukunft.

Im Jahr 1967 errichteten 18 Männer in der kanadischen Wildnis, oben im Norden der Provinz Quebec, ein kleines Expeditionscamp, LG 2 genannt. Es bestand aus neun Zelten, einem Holzhaus und Holzstegen. Zur Ausrüstung dieses Expeditionskorps gehörten unter anderem ein Stromgenerator und ein Hubschrauber.

Die Männer – Ingenieure, Landvermesser, Geologen, Techniker und Arbeiter – waren gekommen, um das Gebiet zu vermessen, Bodenuntersuchungen durchzuführen und das Fließverhalten der Flüsse festzustellen. Sie bereiteten eines der größten Abenteuer der modernen Welt vor: den Bau des La-Grande-Komplexes, eines Stauwerks, mit dem die staatliche Elektrizitätsgesellschaft Hydro-Quebec bis 1985 ihre Kapazität um 10 282 Megawatt erhöhen wollte.

Das Camp lag mitten in der Taiga, in der Heimat der Cree-Indianer und der Inuit (Eskimo), im Land der Biber, der Karibus, der riesigen Fische, der Krüppelfichten, der Nordlichter, der rasiermesserscharfen Kälte im Winter und der Stechmückenschwärme im Sommer.

Der Fluß La Grande fließt über 800 Kilometer von Osten nach Westen und ergießt sich dann in die James Bay. Auch der Fluß Caniapiscau entspringt im Osten, mündete damals aber in die Ungava Bay im Norden. Südlich vom La Grande strömen der Eastmain, der Opinaca und die Petite Rivière Opinaca ebenfalls in die James Bay.

Heute unterbrechen den Lauf des La Grande drei große Staudämme, und sein Wasser speist drei riesenhafte Staubecken und treibt die Turbinen der gigantischen Kraftwerke LG 2, LG 3 und LG 4 an (LG steht für La Grande). Der Caniapiscau fließt nicht mehr nach Norden, sondern man hat ihn nach Westen zum LG 4 umgeleitet. Er fließt jetzt im Bett des La Grande wie die Flüsse Eastmain, Opinaca und Petite Rivière Opinaca, die man ebenfalls von ihrem ursprünglichen Lauf abgelenkt hat.

Für den ersten Bauabschnitt des La-Grande-Komplexes wurden 1500 Kilometer Straßen, fünf Dörfer, fünf Flugplätze, 14 Arbeitercamps und 215 Deiche und Dämme gebaut, und man bewegte so viel Erde und Gestein, daß man damit 24 Cheopspyramiden hätte errichten können.

Den Bau des La-Grande-Komplexes nahm man 1971 in Angriff, nachdem man erkannt hatte, daß das Kraftwerk von Churchill Falls in Labrador und die Kraftwerke von Manic-Outardes an der Nordküste Quebecs den Strombedarf der Provinz nur noch bis zum Ende der 70er Jahre decken konnten. Für die 80er Jahre mußte man deshalb neue Energiequellen erschließen. Schon seit 1965 führte eine Handvoll Spezialisten im Gebiet der James Bay umfangreiche geologische, topographische und hydrologische Untersuchungen durch; Ziel dieser Untersuchungen war es, festzustellen, ob sich die Flüsse Nottaway, Broadback, Rupert, Eastmain und La Grande für die Anlage von Wasserkraftwerken eigneten.

Aufgrund der Notwendigkeit, neue Kraftwerke schaffen zu müssen, erhielt die staatliche Elektrizitätsgesellschaft Hydro-Quebec von der Regierung grünes Licht für die Bauarbeiten in diesem unbekannten Gebiet, und am 23. Juni 1971 wurde die Gesellschaft für die Entwicklung der James Bay, die SDBJ (Société de développement de la Baie James), gegründet, die die Reichtümer des 350 000 Quadratkilometer großen Territoriums an der James Bay erschließen sollte,

James Bay
Das Abenteuer der letzten Pioniere Kanadas

Der Fluß La Grande entwässert ein 97400 km² großes Becken, bevor er sich in die James Bay ergießt. Er führt 1700 m³/s Wasser, und sein Gefälle beträgt 548 m: zwei große Vorteile für die Errichtung von Wasserkraftanlagen.

eines Territoriums, das so groß ist wie Belgien, die Niederlande, die Bundesrepublik Deutschland und die Schweiz zusammengenommen. Und vor Ablauf des Jahres 1971 wurde die Elektrizitätsgesellschaft der James Bay geschaffen, die SEBJ (Société d'énergie de la Baie James), eine Tochtergesellschaft der Hydro-Quebec. Sie sollte das Wasserkraftpotential der Flüsse im Bereich der James Bay nutzen. Noch war nicht entschieden, welche Flüsse im einzelnen dafür in Frage kamen. Eines jedoch stand fest: Hier im Norden sollte die notwendige Energie gewonnen werden.

Doch noch führte kein Weg in dieses wilde, abgelegene Gebiet, denn die von Montreal kommende Straße und die Eisenbahnlinie endeten rund 500 Kilometer weiter südlich in Matagami; also mußte man als erstes eine Straße von dort nach Norden bauen, um die Arbeitskräfte und das nötige

Das Kraftwerk LG 2: Mit zwei je 405 t tragenden Laufkränen wurden die riesigen Turbinen installiert. Das Foto von 1979 zeigt die spiralförmigen Turbinengehäuse, die „Schnecken", wie die Bauarbeiter sie getauft haben. Diese Generatoren liefern die Hälfte der Megawattleistung des ganzen Komplexes. Mit der Jahresleistung des Kraftwerks LG 2 kann man den Energiebedarf einer Stadt mit 4 Millionen Einwohnern decken.

Material wie Treibstoff, Zement, Stahl und Sprengstoff transportieren zu können.

Hydro-Quebec nutzte die Herbstfröste, um eine erste Winterstraße zu trassieren. Dabei drangen zum erstenmal Weiße in dieses von Indianern und Eskimo bewohnte Territorium ein. Dutzende von Hubschraubern und Wasserflugzeugen zogen plötzlich ihre Bahnen am Himmel, und unten auf der Erde arbeiteten 83 Männer 12–14 Stunden am Tag, sieben Tage in der Woche, in einer weißen, starren, majestätischen und menschenfeindlichen Umwelt. Windböen peitschten den Arbeitern den Schnee ins Gesicht. Doch nicht nur das Wetter, auch die Bodenverhältnisse brachten erhebliche Schwierigkeiten mit sich. An manchen Stellen war der Boden durch den hohen Tongehalt bröckelig und mußte gefestigt werden. An anderen Stellen wiederum leistete metallisches Gestein härtesten Widerstand. Insgesamt zwölf Flußläufe mußten überquert werden, und etwa 10 Prozent des Geländes, das die Trasse durchschneidet, bestehen aus Torfmooren. Dennoch schritten die Arbeiten ständig voran.

Dieser ersten Trasse folgte später die endgültige Straße mit wenigen Abweichungen. Der 735 Kilometer lange Verkehrsweg wurde in 450 Tagen gebaut und verband schließlich Matagami mit LG 2 und Fort George, einer Indianersiedlung auf einer Insel in der Mündung des La Grande.

Die Straße ist für eine Belastung von 500 Tonnen ausgelegt und überquert mit zwölf Brücken die Flüsse. Allein für diesen Straßenbau betrugen die Gesamtkosten 348 Millionen Dollar.

Als erstes sollte der La Grande erschlossen werden. Das kleine Camp LG 2 rückte in den Mittelpunkt der Aufmerksamkeit. Es ist der Standort des leistungsstärksten Wasserkraftwerks der James Bay.

Fast rund um die Uhr arbeiteten die Lastwagenfahrer an sieben Tagen in der Woche, um Baumaterial und Lebensmittel auf die Baustelle des La-Grande-Komplexes zu schaffen. 1972/73 war der Bau der Straße noch in vollem Gange. In frostfreien Perioden war sie der reinste Morast. Die Lastwagenfahrer stellten ihre Zähigkeit unter Beweis, denn bei einer Geschwindigkeit von 15–20 Kilometern in der Stunde brauchten sie für die Hin- und Rückfahrt in der Regel eine volle Woche.

LG 2 bestand jetzt nicht mehr aus neun, sondern aus 50 Zelten – Wintercamping in Eiseskälte, weit entfernt von jeder Zivilisation und in tiefer Einsamkeit. Doch da immer mehr Arbeiter ankamen, wurde 1973 aus Fertigbauteilen ein großes Camp an einem anderen, günstigeren Standort errichtet. Bald schon lebten mehr als 6000 Arbeiter in dieser Stadt aus winterfesten Baracken. 1974 gab es bereits eine Gaststätte,

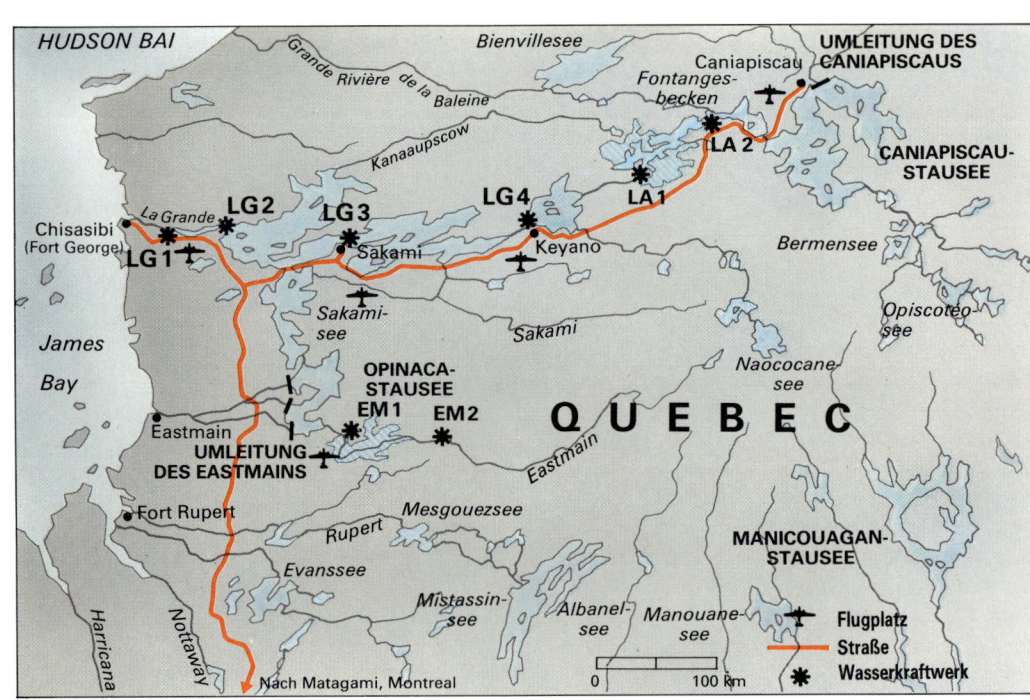

Ansicht des Baugeländes LG 4 im Jahr 1980. Das Kraftwerk wurde 463 km von der Flußmündung entfernt an einer engen Stelle gebaut, wo der Fluß nach dem Zufluß des Laforges einen Wasserfall bildet. Die Baugrube wurde stufenweise angelegt. LG 4 ist mit neun Gruppen von Turbinengeneratoren ausgerüstet. Die 1978 begonnenen Arbeiten waren 1983 beendet. 1984 ging LG 4 ans Netz.

öffentliche Fernsprecher, einen Arzt, einen Geistlichen, ein Postamt, eine Bankfiliale, Polizeibeamte – und natürlich Fernsehen.

Doch auch für Wasser und Strom mußte gesorgt werden. Also installierte man eine Wasseraufbereitungsanlage und ein Dieselkraftwerk. Wegen des Dauerfrostbodens und der ungeheuren Kälte verlegte man die Abwasser- und Wasserleitungsrohre auf der Erdoberfläche, umwickelte sie mit Heizdrähten und baute Holzummantelungen darum herum. Diese erwiesen sich als sehr praktisch, denn die Arbeiter konnten sie bei Tauwetter, wenn die Wege im Morast versanken, als Gehwege benutzen.

Etwa 5 Kilometer von LG 2 entfernt wurde zur gleichen Zeit das hochmoderne Dorf

Nach 13jähriger Bauzeit war die Phase I des La-Grande-Komplexes beendet. Der Ausbau umfaßte die gewaltigen Wasserkraftanlagen LG 2, LG 3 und LG 4 sowie die Umleitung des Caniapiscaus, wodurch der größte künstliche See der Provinz Quebec entstand. Auch die Flüsse Eastmain, Opinaca und Petite Rivière Opinaca wurden zum La Grande umgeleitet, um die Turbinen von LG 2 anzutreiben. Projekte neuer Wasserkraftanlagen der Phase II werden zur Zeit entwickelt, besonders LG 1, LA 1, LA 2 und EM 1 (am Eastmain).

Radisson für die Familien der Führungskräfte und der Unternehmer errichtet. Mit dem Namen des Dorfs wollte man an den französischen Reisenden Pierre Radisson erinnern, der im 17. Jh. als erster Weißer zusammen mit Médart Chouart in dieses Gebiet gekommen war. Die Straßen des Dorfs waren von Häusern und Wohnwagen gesäumt. In Spitzenzeiten lebten hier 620 Familien, also rund 2000 Menschen. Es gab eine Schule, einen Supermarkt, einen sehr komfortablen Gasthof mit Gästezimmern, ein Restaurant, das fast als Feinschmeckerlokal gelten konnte, sowie Freizeit- und Gemeinschaftseinrichtungen, die besser waren als die vieler mittlerer Städte in Kanada.

Die Jahre 1973 und 1974 brachten für die Erbauer des riesigen Kraftwerks im Norden Kanadas erhebliche Aufregungen mit sich. Der Sommer 1973 war außergewöhnlich warm und trocken. An 32 aufeinanderfolgenden Tagen kletterte die Quecksilbersäule auf 28–30 °C und fiel nicht unter 22 °C. Die Brandgefahr war groß. Und tatsächlich brachen zwei Feuer aus, die das Camp LG 2 umzingelten. Eine 100 Meter hohe Rauchwolke breitete sich am Himmel aus. Ein Teil der Arbeiter mußte evakuiert werden. Zum erstenmal landete eine Boeing 737 auf dem Flugplatz, dessen Piste gerade erst fertig geworden war. Etwa 250 Arbeiter wurden nach Süden gebracht, ebenso viele bekämpften sechs Tage lang die Brände. Die Lage wurde schließlich so kritisch, daß der Leiter der Baustelle 125 Männern befahl, auf dem 30 Kilometer entfernten Flugplatz unter freiem Himmel zu schlafen. Dann endlich kam Regen, und alle Arbeiter konnten zur Baustelle zurückkehren.

Am 15. November 1973 kam dann der nächste Rückschlag für das Unternehmen: Der Richter Albert Malouf ordnete die sofortige Einstellung aller Arbeiten an der James Bay an. Er entsprach damit der Forderung der 7000 Cree und Inuit, die sie 18 Monate zuvor gestellt hatten. Es war ein Blitz aus heiterem Himmel. Niemand hatte eine solche Entwicklung vorhergesehen. Die SEBJ, die SDBJ und Hydro-Quebec legten sofort Berufung gegen den Beschluß ein. Sieben Tage später hob die Berufungsinstanz den Beschluß auf und erlaubte die Wiederaufnahme der Arbeiten. In den nachfolgenden Monaten kam es zu langwierigen Verhandlungen zwischen den verschiedenen Parteien einschließlich der Regierung der Provinz Quebec und der kanadischen Regierung. Im November 1975 kam eine Konvention über die James Bay und Nordquebec zustande. Dieses 640 Seiten umfassende Dokument stellte das erste Abkommen dieser Art seit den alten Verträgen mit den Indianern dar. Es legte die Pflichten und Rechte der Eingeborenen fest, unter anderem auch das Recht auf Selbstverwaltung. Außerdem

Das Leben an der James Bay

Mindestens 150 000 Bewohner der Provinz Quebec gaben ihr komfortables Leben im Süden auf, um monatelang, zum Teil sogar jahrelang im unwirtlichen Norden der Provinz zu leben und wie Zwangsarbeiter zu schuften. Warum?

Natürlich waren es unterschiedliche Gründe, die die verschiedenen Menschen dazu bewogen. So gab es beispielsweise für den Führer schwerer Baumaschinen, der eine Familie zu ernähren hatte, kein langes Zögern, denn er war arbeitslos. Und die Sekretärin, die einen guten Job in einer Anwaltskanzlei in Montreal hatte, kündigte aus Abenteuerlust. Für Bauingenieure oder Statiker war es eine einmalige Herausforderung an ihr Können. Und natürlich gab es auch Arbeiter, die nie etwas anderes gemacht hatten, als von Baustelle zu Baustelle zu ziehen. Aber auch Vorbestrafte waren darunter, Kaufleute, die Pech gehabt hatten, Geschäftsleute, die Konkurs gemacht hatten, Menschen, die eine Trennung oder Scheidung vergessen wollten, Abenteurer, Träumer.

Alle aber hatten die Möglichkeit, rasch viel Geld zu verdienen. Das ging jedoch nur mit vielen Überstunden, denn die Löhne waren in ganz Quebec gleich. Die normale Arbeitswoche hatte 60 Stunden, aufgeteilt auf sechs Tage. Tausende von Männern arbeiteten, besonders in der Hauptbauzeit von Mai bis Oktober, ohne zu zögern, 14 Stunden am Tag, und das sogar an Sonntagen. Einige lehnten selbst den Urlaub ab, auf den sie alle 54 Tage Anspruch hatten – mit kostenlosem Rückflugticket nach Montreal und Quebec –, um „Zeit zum Arbeiten" zu haben, wie sie sagten. Die Menschen waren also keine Glücksritter, sondern verdienten ihr Geld im Schweiß ihres Angesichts.

Auf dem Höhepunkt der Bautätigkeit am La-Grande-Komplex, in den Jahren 1978 und 1979, zählte man rund 20 000 Beschäftigte. Untergebracht waren sie in den sechs Hauptcamps (im Camp LG 2 wohnten mehr als 6000 Arbeiter) und fünf Familiendörfern wie dem Dorf Radisson.

So boten die Baustellen im James-Bay-Territorium zehn Jahre lang, von 1973 bis 1983, vielen Menschen die Möglichkeit, Zeiten der Arbeitslosigkeit und persönliche Krisen zu überbrücken, Geld und Er-

Eines der fünf Dörfer für die Führungskräfte und ihre Familien, die das ganze Jahr über und oft für mehrere Jahre dort wohnten. Die meisten Arbeiter dagegen blieben nur von Mai bis Oktober und waren in Camps untergebracht. Heute besteht nur noch das Dorf Radisson.

fahrungen zu sammeln, einen Traum zu verwirklichen, der vielleicht darin bestand, eine Weltreise zu machen, ein Haus zu kaufen, ein Geschäft zu erwerben oder einen kleinen Betrieb aufmachen zu können. Manche allerdings ertrugen die Strapazen der Arbeit oder das Zusammenleben auf engem Raum in der Einsamkeit der Wildnis nicht und gaben die Arbeit wieder auf. Einige sind sogar an Erschöpfung gestorben.

Heutzutage genießen die Angestellten der Hydro-Quebec – der Gesellschaft, die die Kraftwerke an der James Bay betreibt – besondere Arbeitsbedingungen. Sie arbeiten nach einer acht zu sechs genannten Regelung, d.h., sie arbeiten 80 Stunden innerhalb von acht Tagen und haben dann sechs Tage Ruhepause im Süden, und zwar auf Kosten der Hydro-Quebec, die auch für ihre Beförderung per Flugzeug sorgt.

sprach es ihnen eine Entschädigungssumme von 225 Millionen Dollar zu, zahlbar über einen Zeitraum von 20 Jahren.

Ein letzter harter Schlag traf LG 2 am 21. März 1974. Nach innergewerkschaftlichen Auseinandersetzungen wurde das Camp völlig verwüstet: Die Generatoren wurden umgestürzt, die Trinkwasserleitung zerstört, Öltanks angebohrt, Schlafsäle in Brand gesetzt. Der Schaden belief sich auf

2 Millionen Dollar. Die Baustelle mußte sofort evakuiert werden. Die Arbeiten wurden für 51 Tage unterbrochen, bis das Lager wiederhergerichtet war.

Während Hunderte von Arbeitern die Infrastruktur ausbauten, durchbrachen andere das Gestein für zwei jeweils 790 Meter lange Wasserumleitungsstollen. Durch diese Stollen wurde der La Grande am 29. Juni 1975 von seinem natürlichen Lauf abgelenkt. Im

Ein ökologisches Laboratorium

Als Anfang der 70er Jahre das James-Bay-Projekt in Angriff genommen wurde, begann man gerade, über Begriffe wie Umwelt und Ökologie heftig zu diskutieren und ihnen Gewicht einzuräumen.

So sahen sich denn auch die an dem Projekt beteiligten Gesellschaften SDBJ und SEBJ vor die Aufgabe gestellt, trotz des Einsatzes Tausender von Menschen und schwerster Geräte das ökologische Gleichgewicht eines anfälligen, kaum bekannten Lebensraums sowenig wie möglich zu verändern. Im Jahr 1972 schlossen die SDBJ und die Gesellschaft Umwelt – Kanada ein Abkommen, das umfangreiche ökologische Forschungsarbeiten und Bestandsaufnahmen vorsah. Nach siebenjähriger Arbeit legten 200 Wissenschaftler etwa 500 Berichte und 3000 Karten vor.

Ebenfalls im Jahr 1972 schuf man innerhalb der SEBJ einen Umweltdienst, der direkt der Unternehmensleitung unterstellt war. „Umweltschutz geht uns alle an und muß in sämtliche Planungsarbeiten einbezogen werden", hieß es.

Auch in die Verträge mit den Unternehmen, die unter der Aufsicht der SEBJ tätig waren, wurden Bestimmungen über den Umweltschutz aufgenommen. Die Unternehmen waren verpflichtet, nach Beendigung ihrer Arbeit das Gelände zu planieren, steile Abhänge abzuflachen und zu stark verdichteten Boden aufzulockern, damit sich Pflanzen auf natürliche Weise wieder ansiedeln konnten. Schließlich mußten sie den Mutterboden wieder auf das Gelände aufbringen, den sie zu Beginn der Bauarbeiten abgehoben hatten.

Während der gesamten Dauer der Bauarbeiten erforschten nicht weniger als

70 Biologen, Archäologen, Geographen, Soziologen und andere Fachleute das Gebiet, um eine Bestandsaufnahme der Bodenschätze zu machen und die Beschaffenheit der Standorte von Pflanzen und Tieren festzustellen.

Als das Kraftwerk am LG 2 fertig war, ging die SEBJ daran, den ursprünglichen Zustand wiederherzustellen. Das gesamte Gelände wurde mit zehn Millionen junger Bäume aufgeforstet. Mehr als 250 Millionen Dollar wurden investiert, um im Gebiet des La-Grande-Komplexes nach Abschluß der Bauarbeiten wieder ein ökologisches Gleichgewicht zu schaffen.

Um die Veränderungen der Umwelt, die sich durch den Bau großer Talsperren ergeben, wissenschaftlich auswerten zu können, errichtete die SEBJ ein Netz ökologischer Überwachungsstationen, das einzig ist in seiner Art. Diese Stationen sammeln möglichst umfassende Daten über die Entwicklung neuer Ökosysteme, damit geprüft werden kann, ob die Hilfsmaßnahmen, die ergriffen wurden, wirksam sind. Diese sollen dann als Richtlinien für künftige Vorhaben dienen.

Auf Veranlassung der SEBJ, der SDBJ, der Hydro-Quebec und der Regierung wurde das Gebiet an der James Bay von den Ökologen untersucht, fotografiert, vermessen und analysiert wie keine andere kanadische Region zuvor. Der Bau des La-Grande-Komplexes hat das Zeitalter des Umweltbewußtseins in Kanada eingeleitet und auch den Wissensstand über die arktischen Lebensräume erweitert. So erwies sich die James Bay auch als riesiges ökologisches Laboratorium.

Nach dem Bau der Kraftwerke wurden fast 10 Millionen Bäume gepflanzt, vor allem Kiefern-, Weiden- und Erlenarten, die gut auf den kargen Böden im Gebiet der James Bay gedeihen.

Teilansicht des Staudamms von LG 3: Er ist 93 m hoch und 3,8 km lang. Links erkennt man den Hochwasserüberlauf und rechts das im Bau befindliche Kraftwerk. Am 20. Juni 1982 wurden die ersten Turbinengeneratoren in Betrieb genommen.

August war das Flußbett ausgetrocknet, der Dammbau konnte beginnen.

Für dieses fast 3 Kilometer lange Stauwerk von der Höhe eines Wolkenkratzers mit 55 Stockwerken mußten 23 Millionen Kubikmeter Schüttmaterial bewegt werden. Die Arbeiten wurden zwischen April und Oktober durchgeführt, denn in den anderen Monaten war der Boden zu fest gefroren.

Alle Dämme und Deiche des La-Grande-Komplexes sind Schüttdämme: Sie bestehen nicht aus Beton, sondern aus Gestein, Kies und Sand, die an Ort und Stelle abgebaut wurden. Das Gestein stammt aus den Umleitungsstollen und aus den Durchbrüchen für das Kraftwerk, vom Hochwasserüberlauf und aus benachbarten Steinbrüchen. Abgedichtet wurden die Dämme mit tonhaltigem, wasserundurchlässigem Feinmaterial, das Gletscher hier vor langer Zeit abgelagert haben.

Schließlich nahm auch der Hochwasserüberlauf Form an. Er ist eine in den Felsen gehauene Riesentreppe mit 135 Meter breiten Stufen und dient sozusagen als Sicherheitsventil, über das das Überschußwasser aus dem Staubecken abgeführt wird.

Etwa 5 Kilometer vom Staudamm entfernt wurden 137 Meter unter der Erde das Kraftwerk und das Wasserschloß in den Granit getrieben. Das Wasserschloß mußte später das von den Turbinen ablaufende Wasser aufnehmen, bevor es dann in den Fluß zurückfloß. Beide Bauwerke gleichen unterirdischen Kathedralen. Das Kraftwerk, das größte seiner Art in der ganzen Welt, ist 483 Meter lang, 23 Meter breit und 47 Meter hoch. Von 1977 bis 1979 floß hier der Beton in Strömen. Dann mußten noch die 16 leistungsstarken Gruppen von Turbinengeneratoren montiert werden. Sie wurden bei Montreal angefertigt, mit der Eisenbahn bis Matagami transportiert und dann auf Lastwagen zum Kraftwerk gebracht.

Hinter dem Damm staute sich das Wasser auf und bildet nun einen 2836 Quadratkilometer großen See, der mehr als fünfmal so groß ist wie der Bodensee. Am 27. Oktober 1979 wurde in LG 2 gefeiert: Mehr als 3000 Personen, darunter geladene Gäste aus zahlreichen Ländern, wohnten der Inbetriebnahme der ersten Generatorengruppe bei. Ganz Kanada war Zeuge dieses historischen Ereignisses, das vom Fernsehen direkt übertragen wurde.

Die Männer am LG 2 haben schwer gearbeitet. Doch 1976 wurden Arbeiten gleicher Art am LG 3 und LG 4 durchgeführt, während zur selben Zeit drei Flüsse südlich des Komplexes sowie der Caniapiscau im Osten umgeleitet wurden.

Der Damm von LG 3 gründet auf einer Insel mitten im La Grande. Er ist fast 4 Kilometer lang. Der Hochwasserüberlauf befindet sich am höchsten Punkt der Insel, während das Kraftwerk oberirdisch in einem Graben angelegt wurde. Die Wasserreserve reicht aus, um den Bedarf Montreals ein Jahrhundert lang zu decken.

Das Kraftwerk LG 4 wurde in einer Nische im Herzen eines Gebirges am Südufer des Flusses installiert. Der 3,8 Kilometer lange Staudamm liegt flußaufwärts unmittelbar vor dem Kraftwerk, und der Hochwasserüberlauf befindet sich an seinem Südende.

Die mit 10 000 Quadratkilometern größte Baustelle des La-Grande-Komplexes erforderte die Umleitung des Caniapiscaus. Nicht weniger als 22 000 Personen haben zwei Dämme und 91 Deiche gebaut und so eine Talsperre geschaffen, durch die der größte See der Provinz Quebec entstanden ist. Die Baustelle hatte bis 1976 keinen Anschluß an das Straßennetz des Gesamtkomplexes; Menschen, Maschinen und Material mußten auf dem Luftweg zur Baustelle transportiert werden, und lediglich im Winter, wenn der Boden steinhart gefroren war, gab es eine Landverbindung zu LG 4.

Um möglichst viel Wasser auf die Turbinen zu bringen, wurden der Eastmain, der Opinaca und La Petite Rivière Opinaca umgeleitet. Der Bau des Staudamms im Eastmain erwies sich als ungemein schwierig. Man mußte höchst komplizierte Techniken anwenden, die den Erfindungsreichtum und die Geschicklichkeit der Konstrukteure auf die Probe stellten.

Schließlich mußte man auch für den Transport der Energie von Norden nach Süden sorgen. Bereits 1976 begann Hydro-Quebec mit dem Bau des Leitungsnetzes: Es wurde das längste 735-Kilovolt-Netz in Nordamerika. Es besteht aus fünf Hochspannungsleitungen mit einer Gesamtlänge von 5562 Kilometern, die über 11 650 Masten laufen. Das Leitungsnetz kostete etwa 4 Milliarden Dollar.

Der Überlauf von LG 2 wurde 1975–1978 errichtet. Er führt das Überschußwasser ab, das hauptsächlich während der Schneeschmelze und der Herbstregen auftritt. Verlängert wird er durch eine Riesentreppe mit 13 Stufen von je 135 m Breite und 20 m Höhe. Die Treppe verhindert eine zu starke Erosion des Flußbetts.

Im Mai 1984 wurde LG 4 als letztes Kraftwerk eingeweiht. Die Bewohner der Provinz Quebec haben außer den Kosten für das Leitungsnetz 10,8 Milliarden Dollar für die Errichtung eines gigantischen Bauwerks, des La-Grande-Komplexes, investiert. Nach 13 Jahren harter Arbeit konnten die 150 000 Menschen, die an der Umgestaltung des James-Bay-Territoriums mitgearbeitet haben, melden: „Mission beendet." Der Traum der letzten Pioniere Kanadas war Wirklichkeit geworden.

Weitere Meisterwerke von A bis Z

Abu Simbel. Blick auf die Fassade des großen Felsentempels. Die vier sitzenden Kolossalstatuen, die den vergöttlichten Ramses II. darstellen, sind rund 20 m hoch.

Ávila. Blick auf die Stadtmauer, die Alfons VI. von Kastilien 1090–1099 zum Schutz gegen die Mauren errichten ließ.

Baalbek. Detail der Säulen und des Frieses des großen, Jupiter-Heliopolitanus geweihten Tempels.

Abu Simbel, *Felsentempel, Ägypten*

Im 13. Jh. v. Chr. ließ Pharao Ramses II. etwa 280 Kilometer nördlich von Assuan an den Ufern des Nils zwei Tempel aus dem Fels herausschlagen. Als mit dem Bau des Assuanhochdamms das Heiligtum in den Fluten des Stausees zu versinken drohte, versetzte man 1963–1968 mit internationaler Hilfe und mit einem gewaltigen technischen Aufwand die beiden Tempel 180 Meter landeinwärts und 65 Meter höher. Der große, dem Sonnengott Re-Harachte geweihte Tempel, der zugleich den vergöttlichten Pharao verherrlichte, war so gebaut, daß an zwei Tagen im Jahr, im Februar und im Oktober, die ersten Sonnenstrahlen am Morgen bis in das Allerheiligste eindrangen, das immerhin 60 Meter tief im Berg lag. Der kleinere Tempel diente dem Kult der Göttin Hathor und war Nofretari, der Gemahlin des Pharaos, geweiht.

Adschanta, *Höhlenheiligtümer, Indien*

Berühmt wurde der kleine Ort im Bundesstaat Maharaschtra durch seine buddhistischen Höhlenheiligtümer. Aus der Felswand einer tiefen Schlucht hat man insgesamt 29 zum Teil mehrstöckige Klöster und Kulthallen herausgeschlagen, deren älteste aus dem 2./1. Jh. v. Chr. und deren jüngste aus dem 6./7. Jh. n. Chr. stammen. Die Anlage schmücken zahlreiche aus dem Fels gemeißelte Skulpturen, doch ihre größte Attraktion sind die herrlichen Wandmalereien, die zu den bedeutendsten Südostasiens zählen.

Agrigent, *Tempel, Italien*

Nach 480 v. Chr. hatten die auf Sizilien siedelnden Griechen begonnen, den damals größten dorischen Tempel der griechischen Welt zu errichten. Seine Stylobatmaße betrugen 52, 74 mal 110, 1 Meter; sein Dachgesims wurde von fast 8 Meter hohen Atlanten getragen. Noch vor seiner Vollendung zerstörten 406 v. Chr. die nach Sizilien eindringenden Karthager das Heiligtum, das dem Olympischen Zeus geweiht werden sollte.

Amiens, *Kathedrale, Frankreich*

Die Kathedrale Notre-Dame, 1220–1288 erbaut, ist eine der am besten erhaltenen und schönsten gotischen Kirchen und mit einer Grundfläche von 7700 Quadratmetern der größte Sakralbau Frankreichs. Das Mittelschiff ist 133,5 Meter lang, 14,6 Meter breit und 42,3 Meter hoch; die beiden Seitenschiffe sind jeweils 8,65 Meter breit. An das verkürzte dreischiffige Querhaus schließt sich ein fünfschiffiger Chor an, dessen Apsis sieben Kapellen birgt. Besonde-

re Aufmerksamkeit verdient die Westfassade mit ihren drei tiefen Stufenportalen, die mit herrlichen Reliefs und einer Vielzahl von Skulpturen geschmückt sind. Über dem Hauptportal öffnet sich in der Mitte zwischen den beiden Türmen eine mit reichem Maßwerk verzierte Fensterrose.

Amsterdam, *Stadt, Niederlande*

Die Hauptstadt der Niederlande verdankt ihren Namen dem Fluß Amstel, der hier in das Ij, einen Nebenarm des Ijsselmeers, mündet. Die Altstadt von Amsterdam, die rund 800 Hektar bedeckt, durchzieht eine Vielzahl kleiner Kanäle, sogenannter Grachten; sie gliedern den Stadtkern in etwa 90 Inseln, die durch rund 500 Brücken miteinander verbunden sind. Dieses Grachtensystem trug Amsterdam den Beinamen Venedig des Nordens ein. Und wie in der Lagunenstadt ruhen auch hier die Häuser auf Tausenden und aber Tausenden von Pfählen.

Aspendos, *römisches Theater, Türkei*

Die Ruinen der einstmals von Griechen gegründeten Stadt bergen eines der am besten erhaltenen Theater aus römischer Zeit. Der Bau entstand im 2. Jh. n. Chr. Das Halbrund der Zuschauerränge umfaßt 39 Sitzreihen mit insgesamt 15000–20000 Plätzen. 31 Treppen verbinden die Ränge miteinander. Den oberen Abschluß bildet eine Pfeilerarkade mit einem Tonnengewölbe.

Ávila, *Festungsstadt, Spanien*

Als Alfons VI. von Kastilien 1090 die Mauren endgültig aus Ávila vertrieben hatte, ließ er die Stadt mit einer 2400 Meter langen, 12 Meter hohen und 3 Meter dicken Mauer aus Granit umgeben. 88 Türme, wie die Mauer mit Zinnen bekrönt, und neun befestigte Tore unterbrechen durch ihre runden Formen die Eintönigkeit der Mauergeraden. Eine Besonderheit in Ávila ist, daß man die Apsis der Kathedrale San Salvador in die Wehrmauer mit einbezog.

Baalbek, *Tempel, Libanon*

Die schon von Phönikern, später von Griechen und Römern besiedelte Stadt beeindruckt vor allem durch ihre gigantischen Tempelbauten aus der römischen Kaiserzeit (1.–3. Jh. n. Chr.), die selbst als Ruinen noch kolossale Ausmaße haben. Der Tempelkomplex des Jupiter Heliopolitanus – des obersten Stadtgottes der in hellenistischer Zeit Heliopolis genannten Siedlung – erstreckte sich über eine 270 × 120 Meter große Fläche und umfaßte eine große Eingangshalle

(Propyläen), einen sechseckigen, von Säulenhallen umgebenen Vorhof (Vestibül), einen rechtekkigen Haupthof sowie den eigentlichen Tempel, der allein schon 4300 Quadratmeter bedeckte. Von dem monumentalen Bauwerk, das auf einem 7 Meter hohen Sockel stand, sind nur noch 6 Meter hohe Säulen übriggeblieben.

Babylon, *Stadt, Irak*
Von der erstmals Ende des 3. Jt. v. Chr. erwähnten Stadt, die eines der bedeutendsten Zentren des alten Orients war, sind heute nur noch Ruinen erhalten. 1899–1917 grub Robert Koldeweg unter anderem die Grundmauern des Turms von Babel aus, entdeckte die Hauptburg Nebukadnezars II. (605–562 v. Chr.) mit dem herrlichen, mit glasierten Ziegeln verkleideten Thronsaal sowie die Hängenden Gärten, eines der Sieben Weltwunder. Und er legte die Prozessionsstraße und das monumentale Ischtartor frei, die beide mit farbigen Emailziegelreliefs geschmückt waren.

Bamian, *Felsenkloster, Afghanistan*
Bamian war vom 2. bis ins 7. Jh. hinein eine bedeutende buddhistische Klosteranlage. In eine 60 Meter hohe Felswand hatte man Hunderte von kleinen Höhlen geschlagen, die als Mönchszellen dienten. Die größte Aufmerksamkeit erregen jedoch die beiden ebenfalls aus dem Fels herausgemeißelten riesigen Buddhastatuen, deren größere 53 Meter hoch ist.

Banaue, *Reisterrassen, Philippinen*
Schon vor mehr als 2000 Jahren legte der Stamm der Ifugao, der im Norden der philippinischen Insel Luzon beheimatet ist, in Banaue Reisterrassen an, die noch heute genutzt werden. Diese Terrassen ziehen sich an den Hängen des Gebirges bis in eine Höhe von 1500 Metern hinauf. Die Mauern der Terrassen, die oft ein kaum 3 Meter breites Stück Ackerland begrenzen, sind stellenweise bis zu 15 Meter hoch und erreichen eine Gesamtlänge von etwa 19000 Kilometern.

Batalha, *Kloster, Portugal*
Aus Dankbarkeit für den Sieg über die Kastilier in der Schlacht von Aljubarotta 1385, in der die Entscheidung über Portugals Selbständigkeit fiel, gründete König Johann I. 1388 das Dominikanerkloster Santa Maria da Vitória. Die schönsten Teile der Anlage sind die hochgotische Kirche mit der Gründerkapelle und der herrliche Kreuzgang, ein wunderbares Beispiel für die Verschmelzung gotischer und spanisch-islamischer Stilelemente.

Borobudur, *Tempel, Indonesien*
Dieses um 800 entstandene buddhistische Heiligtum zählt zu den bedeutendsten Meisterwerken der indonesischen Kunst. Auf einem quadratischen Sockel von etwa 123 Meter Seitenlänge erhebt sich ein über 40 Meter hoher, einer Stufenpyramide ähnelnder Bau. Er gliedert sich von unten nach oben in sechs eckige und drei runde

Terrassen; letztere sind mit 72 kleinen glockenförmigen Gebilden, den Stupas, geschmückt. Die Stupas sind innen hohl und bergen eine steinerne Buddhafigur. Die oberste Terrasse krönt ein 8 Meter hoher Stupa, zu dem in der Mitte einer jeden Seite Treppen hinaufführen. Die unteren Terrassen des Borobudur sind mit insgesamt 432 steinernen Buddhafiguren geschmückt, und die rund 1300 herrlichen Reliefbilder an den Wänden erzählen vom Leben und Wirken Buddhas.

Brüssel, *Marktplatz, Belgien*
Der alte Marktplatz, die Grand'Place, ist das Herz der belgischen Hauptstadt. Seit dem 15. Jh. war der rechteckige Platz das Zentrum der Zünfte und Gilden. Rund um das Rathaus mit seinem 89 Meter hohen Turm (ab 1499 von Jan van Ruysbroek erbaut) gruppierten sich die Zunfthäuser. Als 1695 französische Truppen die Stadt beschossen, fielen die Zunfthäuser in Schutt und Asche, nur das Rathaus blieb verschont. Doch die Zünfte bauten ihre Häuser wieder auf, und kaum 25 Jahre später präsentierte der Platz sich so, wie man ihn heute sieht: als schönstes Beispiel der flandrischen Barockbaukunst.

Carnac, *Megalithbauten, Frankreich*
Den Namen verdankt der Ort in der Bretagne seinen Großsteinbauten (keltisch *carn* = Steinmal), die aus dem 2. Jt. v. Chr. stammen. Neben zwei riesigen Grabhügeln sind es vor allem die oft kilometerlangen Alignements, die den Ort berühmt gemacht haben. Als Alignements bezeichnet man die (in Carnac bis zu 13) parallelen Steinreihen, die oft auf andere Megalithbauten ausgerichtet sind. Diese Reihen von Menhiren hatten vermutlich kultische Bedeutung.

Cerveteri, *Nekropolen, Italien*
Von der einst blühenden und mächtigen Etruskerstadt sind hauptsächlich die sich über fast 500 Hektar erstreckenden Nekropolen erhalten geblieben. Die ältesten Gräber stammen aus dem 7. Jh. v. Chr., die jüngsten aus dem 1. Jh. n. Chr.; mit ihren Straßen und Plätzen ähneln die Nekropolen einer Stadt für die Toten. Und da die Häuser der Toten denen der Lebenden entsprechen sollten, spiegeln die Gräber in Cerveteri sehr anschaulich die Entwicklung des etruskischen Wohnhauses wider. Man findet einfache Kammergräber, Korridorgräber, bei denen Vor- und Hauptraum in einer Achse liegen, und schließlich mehrräumige Anlagen, bei denen sich um einen zentralen Raum zahlreiche Seitenkammern gruppieren. Auch das Innere der Gräber ähnelte der Ausstattung der Wohnhäuser: Man hat aus dem Tuffstein Balken- oder Kassettendecken herausgearbeitet, Säulen und Pfeiler gliedern die Räume; Thronsessel mit Fußschemeln und Ruhebänke sollten für die Bequemlichkeit der Toten sorgen. Manche Gräber wurden ganz und gar unterirdisch angelegt, bei anderen wiederum wurde der untere Teil der Grabanlage aus dem Tuff herausgeschlagen und der oberirdisch liegende Teil durch einen Tumulus bedeckt.

Bamian. Diese Buddhastatue wurde vollständig aus dem Fels herausgemeißelt.

Batalha. Der Kreuzgang des Klosters Santa Maria da Vitória.

Borobudur. Modell des um 800 entstandenen buddhistischen Heiligtums, das 1973–1982 vollständig restauriert wurde.

Chichén Itzá. Der Caracól, das astronomische Observatorium der Maya.

Coalbrookdale. Die 1779 über den Severn gebaute Brücke ist die erste gußeiserne Brücke der Welt.

Coca. Da die Burg niemals einer Belagerung standhalten mußte, ist sie bis heute eine der besterhaltenen Festungen Spaniens.

Chesapeake Bay, *Verkehrsweg, USA*

Ein ungewöhnliches Bauwerk verbindet seit 1964 Cape Charles und Norfolk über die Chesapeake Bay hinweg miteinander. Von Cape Charles fährt man zunächst über eine Brücke, deren Fahrbahnen jedoch an zwei Stellen unter das Wasser der Bucht abtauchen, so daß man durch zwei 1,6 Kilometer lange Unterwassertunnel fährt, bevor man über eine weitere Brücke das Festland bei Norfolk erreicht. Für die Ein- und Ausfahrten der Tunnel mußte man vier künstliche Inseln aus Sand, Stein und Beton schaffen. Insgesamt ist diese Kombination aus Brücke und Tunnel 28 Kilometer lang.

Chichén Itzá, *Observatorium, Mexiko*

Ein Bauwerk der Mayastadt Chichén Itzá fällt besonders auf: der Caracól, der einzige Rundbau der Stadt. Über einer Reihe von Terrassen und Plattformen erhebt sich ein 13 Meter hoher, zylindrischer Turmbau, dessen obere Kammer man über eine Wendeltreppe erreicht. Diese Hochkammer, der eigentliche Beobachtungsraum, ist mit Visierscharten versehen, die exakt auf bestimmte astronomische Ereignisse ausgerichtet sind.

Coalbrookdale, *Brücke, Großbritannien*

1779 baute Abraham Darby über den Fluß Severn in der Nähe des Seitentals Coalbrookdale die erste gußeiserne Brücke der Welt. Sie ist 35 Meter lang und wird durch fünf 21 Meter lange Eisenrippen gestützt, die einen Rundbogen zwischen den Pfeilern bilden. Mit diesem Bauwerk demonstrierte Darby, wozu man das erstmals von ihm im Koksverhüttungsverfahren gewonnene Gußeisen verwenden kann.

Coca, *Burg, Spanien*

Im 15. Jh. errichtete der Erzbischof von Segovia etwa 50 Kilometer von der Stadt entfernt auf einer Anhöhe die Burg Coca, die heute zu den besterhaltenen und eindrucksvollsten Festungsbauten Spaniens gehört. Sie ist – obwohl unter einem christlichen Bauherrn entstanden – noch ganz vom maurischen Stil geprägt und wurde nur aus Ziegeln gebaut.

Copán, *Ballspielplatz, Honduras*

Diese bedeutende Ruinenstätte aus der Mayazeit besteht aus einem 30 Hektar großen, von Streusiedlungen umgebenen Zeremonialzentrum, wo sich auch der schönste von allen bis heute bekannten Ballspielplätzen der klassischen Mayakultur befindet. Der Platz ist 28,45 Meter lang, 7 Meter breit und mit großen Steinblöcken gepflastert, die einst noch mit Stuck überzogen waren. Rechts und links begrenzen den Platz überwölbte Bauten, zu denen im Winkel von 40 Grad abgeschrägte Flächen aufsteigen. In der Mitte dieser Schrägen ist man auf Inschriften gestoßen, die das Datum 775 n. Chr. angeben. Ferner hat man am oberen Rand der geneigten Flächen sowie in der Mitte des Platzes je drei rechteckige Blöcke mit skulptierter Oberfläche gefunden.

Man bezeichnet sie als Marksteine, doch ist ihre genaue Bedeutung ebenso unbekannt wie der Spielverlauf. Man weiß nur, daß das Ballspiel die mythologische Vernichtung und Wiederauferstehung des Monds darstellen sollte.

Delos, *Heiligtum, Griechenland*

Die kleine Kykladeninsel im Ägäischen Meer galt den Griechen als heiliger Ort, denn hier soll der Sage nach Leto die Götter Apollon und Artemis zur Welt gebracht haben. Bis ins 4. Jh. v. Chr. hinein durfte darum hier kein Sterblicher geboren noch bestattet werden. Erst nachdem dieses Verbot nicht mehr bestand, konnte sich Delos zu einem wichtigen Handelsplatz entwickeln. Im Mittelpunkt des heiligen Bezirks standen die drei Tempel des Apollonheiligtums (6./5. Jh. v. Chr.), zu dem auch vier Schatzhäuser gehörten. Nördlich davon lag der Letotempel, an den sich die berühmte Löwenallee, das schönste Denkmal aus archaischer Zeit (7. Jh. v. Chr.), anschloß. Als man im 3. Jh. v. Chr. den heiligen Bezirk erweiterte, errichtete man im Norden die 120 Meter lange Stoa (Wandelhalle), hinter der sich im 2. Jh., als der Handel in Delos in voller Blüte stand, die Agora der Italiker, ein 70 × 100 Meter großer Hallenhof, erhob. Aus dieser Zeit stammen auch die prächtigen Mosaiken der Wohnhäuser, die sich im Süden an den heiligen Bezirk anschlossen.

Dschaipur, *Observatorium, Indien*

Der Maharadscha Dschai-Sing II. ließ hier 1718–1734 aus rotem Sandstein und Marmor astronomische Meßinstrumente in hundertfacher Vergrößerung errichten. Diese Instrumente ermöglichen Messungen von großer Genauigkeit.

Dunhuang, *Höhlenkloster, China*

Am Rand der Wüste Gobi bei Dunhuang lebten vom 4. bis zum 14. Jh. buddhistische Mönche in knapp 500 aus einer Steilwand herausgeschlagenen Höhlen. Beeindruckend sind vor allem die Vielzahl der Wandmalereien, die insgesamt eine Fläche von über 40000 Quadratmetern bedecken, sowie die über 3000 Skulpturen, die aus einem Holzkern bestehen, über dem man einen Lehmmantel modellierte. Darüber wurde eine dünne Schicht Zement gezogen, der in zartesten Farben bemalt ist.

Edfu, *Horustempel, Ägypten*

Der Horustempel von Edfu in Oberägypten entstand in ptolemäischer Zeit (237–57 v. Chr.). Man durchschreitet zunächst einen 35 Meter hohen und 79 Meter breiten Pylon und gelangt dann in einen Hof, in dem sich zwei Kolossalstatuen des falkenköpfigen Horus erheben. Von dort kommt man in den Pronaos, eine von Säulen getragene Vorhalle, an die sich das Hypostylon, das Allerheiligste, anschließt.

Elche, *Palmenhain, Spanien*

Etwa 20 Kilometer von Alicante entfernt steht der einzige Palmenhain Europas und der nördlichste der Welt. Den Palmenwald von Elche legten bereits die Karthager an; die Mauren pflegten und vergrößerten ihn mit Hilfe eines künstlichen Bewässerungssystems. Heute zählt der Wald Tausende von Bäumen.

El-Djem, *Amphitheater, Tunesien*
Neben dem Kolosseum in Rom und dem von Pozzuoli bei Neapel war das Amphitheater von Thysdrus, wie El-Djem in der Antike hieß, das drittgrößte des römischen Imperiums. Der ovale Bau aus dem 3. Jh. erstreckt sich über eine Länge von 148 Metern und über eine Breite von 122 Metern; seine drei steinernen Geschosse ragen bis zu 36 Meter hoch.

Ellora, *Kailasa-Tempel, Indien*
Im 4.–10. Jh. entstand in Ellora ein großartiges Heiligtum aus Höhlenanlagen und Felsentempeln. Ein besonderes Juwel ist der Kailasa-Tempel aus dem 8. Jh.; er ist das größte monolithische Bauwerk Indiens. Er erhebt sich auf einem Sockel, um den sich ein großartiger Elefantenfries zieht. Man betritt den Tempel durch ein Eingangstor, dem ein kleiner Pavillon folgt. Dem Allerheiligsten, einem 30 Meter hohen Turm, der den Weltenberg, den Sitz Schiwas, darstellen soll, ist eine weiträumige Säulenhalle vorgelagert. Man schätzt, daß 400000 Tonnen Stein entfernt werden mußten, um diesen Tempel herauszuarbeiten.

El Tajín, *Nischenpyramide, Mexiko*
Etwa zwischen 500 und 900 bauten Totonaken in El Tajín eine siebenstufige Pyramide, die sich auf einer quadratischen Basis von 35 Meter Seitenlänge bis in eine Höhe von etwa 18 Metern erhebt. Eine steil aufsteigende Treppe führt hinauf zur Spitze, auf der sich einst ein Heiligtum befand. Auffallend an diesem Tempelhaus sind vor allem die 364 Nischen, die die sich senkrecht erhebenden Wände eines jeden Absatzes verzieren und die den Tagen des Jahrs geweiht waren.

Escorial, *Kloster und Palast, Spanien*
1557 gelobte Philipp II., dem Märtyrer Laurentius eine Stätte der Verehrung zu weihen. Gleichzeitig wollte er damit eine Grablege für sich, seinen Vater Karl V. und seine Nachfolger schaffen. 1563 wurde auf einem Hochplateau der Sierra, etwa 50 Kilometer von Madrid entfernt, der Grundstein zum Escorial gelegt; 1584 war der Bau, eine Kombination aus Kloster und Palast, vollendet. Der riesige Komplex aus hellgrauem Granit erstreckt sich über ein Rechteck von 161 × 206 Metern; die Gebäudegruppen innerhalb dieses Rechtecks sind quadratisch angeordnet und durch Innenhöfe getrennt. In der Mitte erhebt sich die Klosterkirche mit der 90 Meter hohen Kuppel über dem Vierungsquadrat. Unmittelbar unter dem Hauptaltar befindet sich die Grablege der spanischen Könige.

Fatehpur Sikri, *Mogulstadt, Indien*
Die westlich von Agra gelegene Stadt wurde ab 1569 von dem Großmogul Akbar erbaut und war 1574–1586 Hauptstadt des Mogulreichs. Durch die stilistische Einheitlichkeit der Bauten ist Fatehpur Sikri eines der schönsten Beispiele der Mogularchitektur. Die Straßen der aus rotem Sandstein errichteten Stadt sind nach Nordwesten und Südwesten orientiert; in der Mitte erheben sich die große Moschee, deren Gebetswand exakt nach Westen, nach Mekka, weist, und der prächtige Palast des Großmoguls. Die Anlage wird überragt vom Siegestor, einem 53 Meter hohen Liwan, der sich über einer 11 Meter hohen Treppe erhebt.

Florenz, *Ponte Vecchio, Italien*
Eine der berühmtesten Brücken der Welt und die älteste der Stadt Florenz ist der Ponte Vecchio. In ihrer heutigen Form stammt die Brücke aus dem 14. Jh.: Ihre drei Bogen ruhen in der Mitte des Flusses auf zwei massiven Pfeilern. Rechts und links auf der Brücke stehen kleine Häuser, Verkaufsläden, in denen sich seit 1593 die Goldschmiede niedergelassen haben. Über den Häusern entlang zieht sich die Galerie, die die Uffizien mit dem Palazzo Pitti verbindet.

Göreme, *Höhlenkloster, Türkei*
Vom 7. bis 14. Jh. befand sich im Tal von Göreme in Inneranatolien eines der größten und ungewöhnlichsten Zentren des byzantinischen Mönchtums. In die durch Erosion entstandenen, zum Teil bis zu 30 Meter hohen Tuffkegel hatten die Mönche Zellen und Höhlenkirchen gegraben, die sie mit herrlichen Malereien ausschmückten. Die wohl schönste und größte Höhlenkirche ist die Tokali Kilisi (9./10. Jh.): Sie zeigt eine Vielzahl von Szenen aus dem Leben Christi, und an den Bogen und Kuppeln der Kirche sind mehr als hundert Heilige dargestellt.

Hildesheim, *Klosterkirche Sankt Michael, Bundesrepublik Deutschland*
Sankt Michael war einst die Klosterkirche der Benediktinerabtei von Hildesheim. Die dreischiffige Basilika mit zwei Querschiffen und den zwei mächtigen Vierungstürmen stammt aus ottonischer Zeit (frühes 11. Jh.) und ist einer der schönsten romanischen Kirchenbauten Deutschlands. Die Strenge der schmucklosen Mauern des Mittelschiffs wird gemildert durch die schön bemalte flache Holzdecke und durch den Stützenwechsel der Arkaden von einem großen quadratischen Pfeiler auf zwei schlanke Säulen und wieder auf einen Pfeiler.

Isfahan, *Königsmoschee, Iran*
Als der Safawidenschah Abbas I. 1598 Isfahan zur Hauptstadt des Reichs machte, ließ er ab 1612 die Königsmoschee, eines der schönsten Monumente der Stadt, bauen. Der Grundriß der Moschee ist vollkommen symmetrisch. Vom Königsplatz aus betritt man zunächst den rechteckigen Zentralhof, dessen vier Seiten in der Mitte von je einem Liwan unterbrochen werden. Im Süden führt der von zwei Minaretts flankierte

El-Djem. Das drittgrößte römische Amphitheater der Welt konnte etwa 30000 Zuschauern Platz bieten.

Ellora. Der Kailasa-Tempel wurde vollständig aus dem gewachsenen Fels herausgearbeitet.

El Tajín. Die 364 mit buntem Stuck verzierten Nischen gaben dem Tempelbau den Namen: Nischenpyramide.

Lalibela. Blick von oben auf die ganz aus dem Stein herausgeschnittene Sankt-Georgs-Kirche.

Lhasa. Der Potala, dessen Fassade an Festtagen mit dem größten Wandteppich der Welt geschmückt wird.

Machu Picchu. Diese Inkastadt entstand um 1450. Alles Baumaterial mußte mühsam aus dem Tal auf den Felsabsatz heraufgeschafft werden.

Hauptliwan zu dem prachtvoll ausgeschmückten Gebetssaal, der von einer farbenprächtigen Kuppel gekrönt ist.

Jericho, *Stadt, Jordanien*
Jericho ist die älteste bekannte stadtartige Anlage der Welt. Die ersten Spuren einer befestigten Siedlung stammen aus der Zeit um 7000 v. Chr. Unter einem fast 16 Meter hohen Ruinenhügel ist man auf einen in den Fels geschlagenen Verteidigungsgraben gestoßen, der etwa 9 Meter breit und 3 Meter tief war, ferner auf Mauerreste (2 Meter dick und noch 6 Meter hoch) sowie auf einen 9 Meter hohen Turm, der einen Durchmesser von fast 10 Metern hat und in dessen Innern eine Treppe nach oben führte.

Kairo, *Moschee, Ägypten*
Die Sultan-Hasan-Moschee (1356–1363) in Kairo ist ein Meisterwerk mameluckischer Baukunst. Der riesige Gebäudekomplex erstreckt sich über eine Fläche von 150 × 70 Metern und ist von hohen Mauern umschlossen. Ihn überragt das mit 84 Metern höchste Minarett Kairos. Diese Moschee war jedoch nicht nur eine Stätte des Gebets, sondern zugleich eine bedeutende Koranschule, deren Räume und Bibliotheken sich um die zentrale Gebetshalle gruppieren.

Karnak, *Amuntempel, Ägypten*
Karnak liegt (ebenso wie das benachbarte Luxor) an der Stelle des antiken Thebens, das religiöses Zentrum des alten Ägyptens war. Die Ruinen des Tempelbezirks bergen unter anderem den Tempel des Reichsgottes Amun, das bedeutendste und größte Heiligtum Ägyptens, mit dessen Bau man um 1900 v. Chr. begann. Durch einen riesigen Pylon von 113 Meter Breite und 15 Meter Höhe gelangt man zunächst in einen 103 × 84 Meter großen Hof. Erst wenn man den zweiten Pylon durchschreitet, vor dem sich zwei Kolossalstatuen aus rosafarbenem Granit erheben, kommt man in das eigentliche Heiligtum, ein 102 × 53 Meter großes Hypostylon, dessen 134 Säulen 23 Meter in die Höhe ragen und mit herrlichen Skulpturen verziert sind.

Knossos, *Palast, Griechenland*
Zu Beginn unseres Jahrhunderts legte Sir Arthur Evans an der Nordküste Kretas den Palast von Knossos, die Residenz der minoischen Herrscher, frei. Die gesamte Anlage erstreckte sich einst über ein Areal von mehr als 20 000 Quadratmetern, und von den geschätzten 1300 Räumen sind heute gut 800 erkennbar. Man stößt auf große Magazine, in denen riesige Vorratskrüge (Pithoi) standen, auf Kulträume, den Thronsaal sowie die Prunkgemächer des Herrschers, die mit herrlichen Wandmalereien ausgestattet sind. Die Anfänge dieser Palastanlage reichen bis etwa 2000 v. Chr. zurück; Erdbeben fügten ihr immer wieder Schäden zu, doch jedesmal erstand der Palast prächtiger und schöner, bis um 1450 v. Chr. eine Naturkatastrophe der minoischen Kultur ein Ende bereitete.

Köln, *Dom, Bundesrepublik Deutschland*
Der Kölner Dom ist die größte Kathedrale Mitteleuropas und ein Meisterwerk gotischer Baukunst. Den Grundstein für die fünfschiffige Basilika mit dreischiffigem Querhaus und mit einem von sieben Kapellen begrenzten Chor legte man 1248. Schon 1322 konnte man den Chor weihen; bis Mitte des 16. Jh. baute man an der Kathedrale, doch noch immer waren Quer- und Langhaus unvollendet, ebenso die Westfassade mit dem Südturm, der nur bis zum Glockengeschoß hochgezogen war. Fast 300 Jahre ruhten die Arbeiten, und erst 1842–1880 stellte man den Bau nach den alten Plänen endlich fertig. Ein paar Maßangaben machen die Monumentalität der Kirche deutlich: Das Langschiff ist 136,5 Meter lang, 45,7 Meter breit und 43 Meter hoch; das Querhaus mißt 75,2 × 31 Meter; und bis zu den Turmspitzen hinauf ist der Dom fast 160 Meter hoch.

Krakau, *Zitadelle, Polen*
Der Wawel, wie man die Zitadelle Krakaus nach der Anhöhe nennt, auf der sie liegt, ist eine zinnenbewehrte Festung, deren Mauern ein prächtiges Renaissanceschloß (1507–1536) sowie eine Kathedrale (geweiht 1364, im 16. und 17. Jh. erweitert) beherbergen. Schon Ende des 10. Jh. erhob sich auf dem Kalksteinhügel eine wehrhafte Burg, in der 1320, als Krakau Hauptstadt des Königreichs Polen wurde, die Herrscher residierten. Damals bezog man den Wawel in den Ring der Stadtmauer mit ein und begann mit dem Bau der Kathedrale, die bis 1596 Krönungskirche und Grablege der Könige war.

Lalibela, *Felsenkirchen, Äthiopien*
Dieser Ort im Abessinischen Hochland birgt die wohl großartigsten Monumente der äthiopischen Kunst: elf Kirchen aus dem 11.–13. Jh., die vollständig aus dem Fels herausgeschlagen wurden, so daß frei stehende monolithische Bauten entstanden.

Lascaux, *Höhlenmalerei, Frankreich*
1940 entdeckte man in der Dordogne die 140 Meter tiefe Höhle von Lascaux, deren herrliche Malereien ein einzigartiges Beispiel der Kunst in der jüngeren Altsteinzeit (etwa 14 000 v. Chr.) sind. Auf den Wänden und Decken der Höhle sind Stiere, Wildpferde, Steinböcke, Hirsche, Wisente und Wildkatzen dargestellt. Allerdings mußte die Höhle 1963 geschlossen werden, da durch die Besucherströme das Höhlenklima gestört wurde und als Folge davon die Bilder durch Algenbefall gefährdet waren.

Lhasa, *Palastburg, Tibet*
Im Jahr 1642 befahl der fünfte Dalai-Lama, den Potala, die Palastburg, auf einem Bergrücken zu bauen. Das monumentale Bauwerk bedeckt eine Fläche von 300 × 150 Metern und überragt mit seinen elf Stockwerken die Stadt um fast hundert Meter. Jahrelang transportierten Tausende von Menschen auf ihrem Rücken die Steine und

Baumstämme, die für diesen Bau nötig waren. Der Palast hat fast tausend Zimmer und beherbergt 20 000 Statuen und Zehntausende von Büchern. Und acht Dalai-Lamas wurden in seinen Mauern bestattet.

Lintong, *Grabanlage, China*
1974 stießen im Bezirk Lintong in der Nähe von Xian Landarbeiter durch Zufall auf eine riesige unterirdische Armee aus über 800 lebensgroßen Tonkriegern und Streitwagen mit vierfachen Pferdegespannen. Sie bewachen das unter einem etwa 50 Meter hohen Hügel verborgene Grab des Ersten Kaisers von China, des Qin Shihuang Di, der 221–210 v. Chr. regierte.

London, *Westminster Abbey, Großbritannien*
Die Westminster Abbey ist die berühmteste und zugleich die kunsthistorisch bedeutendste mittelalterliche Kirche Großbritanniens. Sie erhebt sich an der Stelle einer angeblich im 8. Jh. gegründeten Benediktinerabtei und entstand 1245–1269, doch das Langhaus und die Westtürme wurden erst im 15. bzw. 18. Jh. angefügt. Im Chor befinden sich der Krönungsstuhl und die Gräber der englischen Herrscher des Mittelalters; ebenso birgt die Kirche Grabdenkmäler für berühmte Persönlichkeiten aller Epochen. Ein Meisterwerk des sogenannten Perpendicular Style, einer englischen Sonderform der Spätgotik, ist die östlich vom Chor gelegene Grabkapelle Heinrichs VII. und seiner Gemahlin Elisabeth von York.

Machu Picchu, *Stadt, Peru*
500 Meter über dem Tal des Río Urubamba liegt auf einem Felsabsatz in etwa 2300 Meter Höhe diese Inkastadt, die kein spanischer Eroberer jemals betrat. Die Lage dieser natürlichen Festung war außerordentlich günstig: Sie konnte von keinem Punkt des Tals aus gesehen werden, erlaubte aber gleichzeitig, alles, was in der Tiefe geschah, genau zu beobachten. Die Stadt gliederte sich in drei Bezirke: den Tempelbezirk, das Palastviertel und das Wohnviertel der einfachen Bevölkerung. Da das Gelände, auf dem Machu Picchu sich erhebt, vielfach abgestuft ist, waren überall Treppen erforderlich, die zum Teil direkt aus dem Felsen geschlagen wurden und die bis zu über hundert Stufen zählen. Beispiellos ist die Wasserversorgung der Stadt: Jedes Viertel wurde über sorgfältig gemauerte oder aus dem Stein gehauene Kanäle versorgt.

Melk, *Klosteranlage, Österreich*
Das Benediktinerstift Melk liegt auf einem 53 Meter hohen Granitfelsen direkt an der Donau. Die prachtvolle barocke Anlage entstand 1702–1736 an der Stelle eines bereits 1089 gegründeten Klosters. Die zwei Türme der Westfassade und die hohe Vierungskuppel der Klosterkirche überragen majestätisch die Stiftsgebäude. Ein besonderer Schatz des Klosters ist die Bibliothek mit ihren wertvollen mittelalterlichen Handschriften.

Mesa Verde, *Cliff Palace, USA*
Die Mesa Verde ist ein 24 Kilometer langes, an den Rändern bis zu 600 Meter steil abfallendes Felsplateau über dem Colorado. Hier hat man über 300 Siedlungen entdeckt, die hauptsächlich aus der Zeit zwischen dem 8. und 13. Jh. stammen und zum Kulturkreis der Anasazi-Indianer gehören. Der größte Pueblo, wie man die Siedlungen nennt, ist Cliff Palace: Seine bis zu fünf Stockwerke hohen Wohnbauten sind meist aus Lehmziegeln (Adobe) auf den schmalen Vorsprüngen der Steilwand errichtet. Der Pueblo umfaßt rund 200 Wohnstätten, die man nur über Leitern erreichen kann und die man über eine Öffnung im Dach betritt.

Mont-Saint-Michel, *Kloster, Frankreich*
Der Mont-Saint-Michel, eine Granitinsel vor der Küste der Normandie, hat einen Umfang von etwa 900 Metern und ragt rund 80 Meter aus dem Meer heraus; heute ist er durch einen Fahrdamm mit dem Festland verbunden, früher konnte man ihn nur bei Ebbe über das Watt erreichen. Dieses Eiland, auf dem vermutlich schon im 6. Jh. Mönche siedelten, war seit dem 8. Jh. einer der meistbesuchten Wallfahrtsorte Frankreichs. Die Klosterbauten dieser dem heiligen Michael geweihten Stätte sind alle im romanischen oder gotischen Stil errichtet; lediglich die Fassade der Abteikirche gestaltete man im 18. Jh. im barocken Stil um.

Moskau, *Kathedrale, Sowjetunion*
Die Basiliuskathedrale entstand 1555–1560. Der Grundriß der Anlage bildet ein Kreuz, an dessen vier Enden je eine Kirche steht; eine fünfte, die höchste und größte, erhebt sich im Schnittpunkt der Kreuzarme. In die rechten Winkel des Kreuzes wurden weitere vier Kirchen eingefügt, so daß der ganze Komplex aus neun Kirchen besteht, Diesen genau geplanten Grundriß vermag man nur schwer zu erkennen, wenn man die verwirrende Vielfalt der Zwiebelkuppeln und Türmchen betrachtet.

Mount Palomar, *Observatorium, USA*
Auf dem Mount Palomar in Südkalifornien befindet sich eines der leistungsstärksten astronomischen Observatorien der Welt. Der Parabolspiegel des Teleskops ist mit einem Durchmesser von 5,1 Metern der größte, den es zur Zeit gibt. Das Observatorium ist seit 1948 in Betrieb und gestattet die Beobachtung von Himmelskörpern, die 400 Millionen Lichtjahre entfernt sind.

Mount Rushmore, *Skulpturen, USA*
In den Black Hills im westlichen South Dakota schlug 1927–1941 der Bildhauer Gutzon Borglum aus dem Granit des Mount Rushmores die vier 20 Meter hohen Büsten der Präsidenten Washington, Jefferson, Lincoln und Theodore Roosevelt (Abbildung Seite 310).

Naghsch-e Rostam, *Gräber, Iran*
In der Felswand Naghsch-e Rostam, etwa 10 Ki-

Melk. Jakob Prandtauer war der Architekt dieser barocken Klosteranlage.

Mont-Saint-Michel. Die Granitinsel wird von der Abteikirche mit ihrem 152 m hohen Turm gekrönt.

Moskau. Aus Dankbarkeit über seinen Sieg bei Kasan über die Tataren ließ Iwan IV., der Schreckliche, die Basiliuskathedrale bauen.

Mount Rushmore. Die vier Kolossal-büsten der Präsidenten Washington, Jefferson, Th. Roosevelt und Lincoln.

Naghsch-e Rostam. Das Grab des persischen Großkönigs Artaxerxes I. (465–424 v. Chr.).

New York. Am 4. Juli 1884 überreichte man in Paris die Freiheitsstatue dem Botschafter der USA. 1886 konnte man das Denkmal in New York einweihen.

lometer von Persepolis entfernt, liegen die Felsengräber der Achämenidenherrscher Darius I., Xerxes I., Artaxerxes I. und Darius II. Diese in die Wand getriebenen Hypogäen stammen aus dem 6.–5. Jh. v. Chr. und haben eine aus dem Fels herausgearbeitete kreuzförmige Fassade. Das Relief im oberen Kreuzarm zeigt den verstorbenen König, getragen von den Abgeordneten seiner ihm untergebenen Völkerschaften. Im Querarm liegt in etwa 15 Meter Höhe über dem Boden der von Säulen umrahmte Eingang zur Grabkammer.

Nazca, *Scharrbilder, Peru*
Bei einem Erkundungsflug über die Wüste von Nazca entdeckte man 1942 in einem etwa 500 Quadratkilometer großen Gebiet zahlreiche Linien, geometrische Muster sowie Tier- und Menschenfiguren, die in präkolumbischer Zeit, etwa zwischen dem 3. und dem 7. Jh., in den Wüstensand gezeichnet worden waren. Diese Scharrbilder entstanden, indem man die dunkelbraune, stark eisenhaltige Erdkruste bis zum sandiggelben Untergrund abtrug. Die ausgescharrten Linien sind bis zu 1,2 Meter breit und 20 Zentimeter tief, und die dargestellten Figuren sind bis zu 8 Kilometer lang. Die Bedeutung dieser Bilder ist bis heute ein ungelöstes Rätsel.

Nemrud Dağ, *Grabanlage, Türkei*
König Antiochos I. von Kommagene (69–38 v. Chr.) ließ sich auf dem 2150 Meter hohen Gipfel des Nemrud Dağ eine monumentale Grabanlage errichten. Die eigentliche Grabkammer liegt unter einem riesigen Tumulus von rund 150 Meter Durchmesser verborgen. Im Westen und Osten war für den Totenkult je eine Terrasse vorgelagert, die von kolossalen Götterstatuen sowie von riesigen Löwen und Adlern aus Stein bewacht wurde.

New York, *Empire State Building, USA*
Bevor das World Trade Center gebaut wurde, war das Empire State Building das höchste Gebäude Manhattans. Mit seinen 102 Stockwerken ist es 381 Meter hoch, mit dem 68 Meter hohen Antennenaufbau sogar 449 Meter. Für den schon 1931 errichteten Wolkenkratzer verbaute man rund 60 000 Tonnen Stahl und verlegte hundert Kilometer Wasserleitungen und 5630 Kilometer Telefonkabel. Insgesamt 72 Fahrstühle verkehren in dem Gebäude, das noch immer ein Wahrzeichen der Stadt New York ist.

New York, *Freiheitsstatue, USA*
In der Hafeneinfahrt von New York erhebt sich auf der Felseninsel Liberty Island die *Statue of Liberty Enlightening the World,* die Statue der Freiheit, die die Welt erleuchtet. Dieses insgesamt 93 Meter hohe Monument, das Symbol für Freiheit und Demokratie, ist ein Geschenk Frankreichs zur Hundertjahrfeier der amerikanischen Unabhängigkeitserklärung. Es ist ein Werk des französischen Bildhauers Frédéric-Auguste Bartholdi und besteht aus Kupferplatten, die von einem Stahlgerüst getragen werden, das Gustave Eiffel, der Erbauer des Eiffelturms in Paris, geschaffen hat. Die Figur wiegt insgesamt 225 Tonnen. Nach einer umfassenden Restaurierung feierte man 1986 den hundertjährigen Geburtstag von „Miss Liberty".

Olympia, *antike Sportanlage, Griechenland*
Olympia war einst eine antike Kultstätte des Zeus und der Hera, und hier, im heiligen Hain, erhob sich einst eines der Sieben Weltwunder, der Tempel des Olympischen Zeus (64,1 × 27,66 Meter groß) mit der riesigen, von Phidias geschaffenen Statue des Gottes aus Gold und Elfenbein. Außerhalb des heiligen Hains hielt man seit 776 v. Chr. alle vier Jahre die Olympischen Spiele ab, die ursprünglich kultischen Charakter hatten. Die Ausgrabungen förderten ein Stadion zutage, das 214 Meter lang und 32 Meter breit war, sowie die Hallenanlagen des Gymnasiums und der Palästra, in denen sich die Athleten auf den Wettkampf vorbereiteten. Ferner hat man ein Schwimmbad gefunden, Sitz- und Schwitzbäder, Thermen sowie zahlreiche Gästehäuser. Man weiß aus überlieferten Quellen, daß es auch einen Hippodrom für Wagenrennen in Olympia gab, doch seine Überreste konnte man bislang noch nicht ausfindig machen.

Osterinsel, *Kolossalstatuen, Chile*
An die 600 Kolossalstatuen aus schwarzem Tuff hat man auf der Osterinsel gefunden, einem 180 Quadratkilometer großen Eiland, das 4000 Kilometer von der nächsten polynesischen Insel entfernt liegt. Die Statuen – es sind riesige Köpfe, die auf einem abgeschnittenen Oberkörper sitzen – sind zum Teil aus einem Stück gearbeitet, zum Teil sitzt der Kopf auf einem zweiten Block auf. Die größte Statue ist etwa 11,5 Meter hoch und wiegt fast 89 Tonnen. Schöpfer dieser steinernen Giganten waren Polynesier, die vermutlich Anfang des 12. Jh., möglicherweise auch schon früher, die Insel besiedelten.

Oxford, *Universität, Großbritannien*
Etwa ein Viertel der Fläche Oxfords nimmt die Oxford University ein, die älteste und berühmteste Universität Englands. Sie umfaßt heute 29 Colleges, in denen Studenten und Lehrer wohnen und die sich weitgehend selbst verwalten. Seit dem 12. Jh. kamen die Scholaren nach Oxford, um sich in den hiesigen klösterlichen Lehranstalten dem Studium generale zu widmen. Das älteste College ist das 1249 gegründete University College; seine heutigen Gebäude stammen jedoch aus dem 17. Jh. Ebenfalls noch im 13. Jh. entstanden das Balliol und das Merton College, die später unter dem Namen des letzteren zusammengeschlossen wurden. Das Merton College birgt in seiner Bibliothek alte Bibeln und Manuskripte von unschätzbarem Wert. Im 14. Jh. setzten sich die Collegegründungen fort. Das berühmteste College von Oxford ist Christ Church, das 1532 von Kardinal Wolsey gegründet und von Heinrich VIII. reich ausgestattet wurde.

Palmyra, *römische Stadt, Syrien*
Palmyra lag im Norden der syrischen Wüste an der Karawanenstraße, die vom mittleren Euphrat nach Damaskus führte. Dieser verkehrsgünstigen Lage verdankte die Stadt, die erstmals im 2. Jh. v. Chr. erwähnt wurde, ihren Reichtum. Im 1. Jh. n. Chr. gewann Palmyra Bedeutung als Puffer zwischen dem Partherreich und dem römischen Imperium. Um 17 n. Chr. schloß sich die Stadt freiwillig an das Römische Reich an. Um die Mitte des 3. Jh. versuchte ein einheimischer Stadtfürst, ein unabhängiges Reich von Palmyra zu gründen, doch wurde dieses Reich 273 von den Römern zerschlagen. Die umfangreichen Ruinen aus dem 1.–3. Jh. zeugen von der Blüte Palmyras in der römischen Kaiserzeit. Besonders eindrucksvoll ist (neben zahlreichen Tempeln und einem Theater) die 1100 Meter lange, ursprünglich mit Bronzestatuen geschmückte Säulenstraße mit der gut erhaltenen triumphbogenartigen Toranlage. Außerhalb der antiken Stadt lag die Nekropole mit zum Teil unterirdischen, zum Teil turmähnlichen Grabbauten. Besonders imposant sind der fünfstöckige Jamblichosturm und das unterirdische „Dreibrüdergrab" mit herrlichen Wandmalereien.

Panamakanal, *Panama*
Der 81,6 Kilometer lange Kanal durchschneidet die Landenge von Panama und verbindet den Atlantischen mit dem Pazifischen Ozean. Er ist zwischen 90 und 300 Meter breit und mindestens 12,4 Meter tief. Durch drei Schleusenanlagen überwinden die Schiffe einen Höhenunterschied von 26 Metern. Der Schöpfer des Sueskanals, Ferdinand de Lesseps, begann 1879 mit dem Bau der künstlichen Wasserstraße, scheiterte jedoch 1889 an den technischen Schwierigkeiten des Projekts. Erst 1906 begann der Ingenieur George W. Goethals erneut mit dem Bau des Kanals, der 1914 schließlich eröffnet werden konnte.

Paris, *Eiffelturm, Frankreich*
Wahrzeichen von Paris ist der Eiffelturm, benannt nach seinem Schöpfer, dem französischen Ingenieur Gustave Eiffel, der ihn zur Weltausstellung 1889 konstruierte. Der Eiffelturm ist 300,5 Meter hoch; rechnet man die Antenne auf seiner Spitze mit, mißt er sogar 320,8 Meter. 15000 Metallteile wurden mit 2,5 Millionen Schrauben miteinander verbunden. Insgesamt wiegt die Stahlkonstruktion des Turms über 7000 Tonnen.

Peking, *Kaiserpalast, China*
Abgeschlossen von einer roten Mauer und einem breiten Wassergraben, erhebt sich im Zentrum Pekings die Verbotene Stadt, die Palastanlage der chinesischen Kaiser. Sie entstand zwischen 1407 und 1420, wurde jedoch im 17./18. Jh. umfassend restauriert und ausgebaut. Die goldgelben Dächer mit den charakteristischen hochgezogenen Traufen der Dachecken, die weißen Marmorbalustraden und die roten Säulen bieten einen einzigartigen Anblick. Kern der Palastanlage sind die drei auf hohen Marmorterrassen errichteten Zeremonienhallen, von denen die größte und schönste die Halle der höchsten Harmonie ist.

Petra, *Hauptstadt des Nabatäerreichs, Jordanien*
Bis ins 3. Jh. hinein war Petra, die Residenz der semitischen Nabatäerkönige, ein wichtiger Knotenpunkt und Stapelplatz im Karawanenverkehr und Weihrauchhandel zwischen Südarabien und Syrien. Die Stadt, die sich im 2. Jh. an das Römische Reich anschloß, lag geschützt in einem Talkessel, zu dem nur eine natürliche Felsbresche Zugang gewährte. Bis auf einen einzigen frei stehenden Tempel waren alle Gebäude, ob öffentliche Bauten, Heiligtümer oder Privathäuser, in den roten Sandstein gehauen. Von der Blüte der nabatäischen Kunst zeugen vor allem noch die tempelähnlichen Felsgräber mit ihren prunkvoll verzierten und untergliederten Fassaden.

Pisa, *Domplatz, Italien*
Auf einem riesigen Rasenplatz bilden vier Marmorbauten aus der Zeit zwischen dem 11. und dem 13. Jh. eine architektonische Einheit, die in ihrer Weite und Geschlossenheit einzigartig ist: Es sind der Dom, das Baptisterium, der als „Schiefer Turm von Pisa" bekannte Campanile sowie der Camposanto, der Friedhof. Mit dem Bau des Doms, einer fünfschiffigen Basilika mit dreischiffigem Querhaus, begann man 1063; 1118 wurde er geweiht, doch dauerten die Bauarbeiten noch bis ins 13. Jh. an. Im Westen erhebt sich das Baptisterium, ein Rundbau, den man 1152 im romanischen Stil begann und um 1300 im gotischen Stil beendete. Seine Kuppel erhebt sich 55 Meter über den Boden und hat an der Basis einen Innendurchmesser von 35 Metern. Im Osten steht der etwa 55 Meter hohe Glockenturm mit den sechs übereinander errichteten Säulenreihen, der sich schon während seiner Bauzeit (ab 1174) zu neigen begann, weil sich der Boden absenkte. Heute beträgt seine Abweichung vom Lot 4,3 Meter. Im Norden schließlich liegt der von kreuzgangartigen Arkadenhallen umschlossene Camposanto.

Pompeji, *römische Stadt, Italien*
Im Jahr 79 n. Chr. wurde die römische Stadt am Golf von Neapel durch einen Vesuvausbruch innerhalb weniger Stunden unter einer dicken Schicht Vulkanasche begraben. Die Stadt, die etwa 20000 Einwohner beherbergte, erstreckte sich über rund 66 Hektar und ist heute zu etwa zwei Dritteln ausgegraben. Pompeji war von einer Kalksteinmauer umschlossen; acht Tore führten in die Stadt hinein. Im Südwesten lagen das Forum und die öffentlichen Gebäude, die wichtigsten Tempel sowie ein kleines Theater. Im Südosten, gleichsam in den rechten Winkel der Stadtmauer eingepaßt, lag das älteste römische Amphitheater (80. v. Chr.) mit einer großen Palästra. Im Norden und Osten dehnten sich die Wohnviertel aus, durchzogen von einem rechtwinkligen Netz von Haupt- und Querstraßen.

Osterinsel. Man deutet die steinernen Riesen, die meist auf eigens errichteten Plattformen standen, als Göttersitze.

Peking. Der Ehrenhof vor der Halle der höchsten Harmonie, das Herzstück der Verbotenen Stadt, der kaiserlichen Palastanlage.

Petra. Bis auf einen einzigen frei stehenden Tempel sind alle Gebäude der Nabatäerstadt aus dem Sandstein herausgeschlagen.

Rangun. Der Haupttempel der Schwe-Dagon-Pagode (16. Jh.).

San Augustín. Den Dolmengang zu einer Grabkammer bewachen zwei Steinskulpturen.

Sanchi. Der große Stupa ist umschlossen von einem 3,15 m hohen Steinzaun.

San Gimignano. 13 Geschlechtertürme überragen die Stadt.

Hier stößt man auf die einfachen, meist aufgestockten Wohnhäuser, in denen man auch Werkstätten der Handwerker, Läden, Schenken und ähnliches eingerichtet hatte, aber auch auf vornehme Atriumhäuser, die mit kostbaren Fußbodenmosaiken und prachtvollen Wandmalereien ausgestattet waren.

Rangun, *Schwe-Dagon-Pagode, Birma*
Die Schwe-Dagon-Pagode ist ein bedeutendes buddhistisches Wallfahrtsziel und zugleich das höchste Heiligtum Birmas. Der riesige, glockenförmige Haupttempel, der an der Basis einen Umfang von 433 Metern hat, ist von zahlreichen kleineren Pagoden umgeben. Dieser Haupttempel ist vom Boden bis zu seiner 112 Meter hohen Spitze mit Gold überzogen, was ihm den Namen „Goldtempel" eintrug.

Sakkara, *Nekropole, Ägypten*
Westlich der alten Hauptstadt Memphis bei dem Dorf Sakkara erstreckt sich die größte Nekropole des alten Ägyptens; sie birgt Grabbauten aus der Zeit der 1. Dynastie (um 3000 v. Chr.) bis in die Römerzeit. Hier erhebt sich die älteste Pyramide, das sechsstufige Grabmal des Pharaos Djoser, das zum Vorbild für die prachtvollen Pyramiden in Gise wurde. Ferner hat man eine Reihe Mastabas aus der Frühzeit entdeckt, kastenförmige, sich nach oben verjüngende Grabbauten. Ihre großartigen Reliefs und Wandmalereien geben einen guten Einblick in die Kultur damaliger Zeit.

Salisbury, *Kathedrale, Großbritannien*
Die Kathedrale von Salisbury ist das wohl eindrucksvollste Beispiel des frühgotischen Early English Style, und zwar nicht zuletzt wegen der außerordentlichen stilistischen Reinheit und Geschlossenheit. Beide Eigenschaften rühren daher, daß die Kirche ohne Unterbrechungen 1220–1258 erbaut wurde – mit Ausnahme des über 120 Meter hohen Vierungsturms, der erst im 14. Jh. entstand. Im Süden grenzt an die Kathedrale ein herrlicher Kreuzgang an, von dem aus man einen achteckigen Kapitelsaal betritt (beide um 1280).

San Augustín, *Megalithkultur, Kolumbien*
Im Umkreis von etwa 25 Kilometern von San Augustín, einem kleinen Ort in der Zentralkordillere am oberen Río Magdalena, stößt man auf die steinernen Zeugen einer Kultur, die sich hier im 1. Jt. n. Chr. entwickelte. Kennzeichen dieser Kultur sind Megalithgräber, aus großen Steinplatten errichtete Grabkammern, die meist von einem großen Tumulus bedeckt waren, der einen Durchmesser bis zu 25 Metern haben konnte. In den Eingängen, aber auch in den Kammern selbst hat man etwa 320 bis zu 4,25 Meter hohe monolithische Steinfiguren gefunden, die meist menschenähnliche Züge tragen, deren Antlitz jedoch durch die jaguarartigen Reißzähne furchterregend aussieht. Man vermutet, daß es sich hierbei um Götterstatuen handelt.

Sanchi, *Heiligtum, Indien*
Nordöstlich von Bophal liegt auf einem Hügel Sanchi, ein buddhistisches Heiligtum aus dem 3. Jh. v. Chr., das man erst um die Jahrhundertwende wiederentdeckt hat. Die drei Stupas gehören zu den am besten erhaltenen und ältesten Kultbauten Indiens. Besonders eindrucksvoll ist der große Stupa, ein halbkugelförmiger Bau, der symbolisch das Grab Buddhas nachahmt. Er ist etwa 9 Meter hoch und hat an der Basis einen Durchmesser von 15 Metern. Auf der abgeplatteten Spitze erhebt sich ein rechteckiger Aufbau (Chattra), der ebenso der rituellen Umschreitung diente wie der Umgang an der Basis.

San Gimignano, *Geschlechtertürme, Italien*
Das Stadtbild des mittelalterlichen Städtchens San Gimignano in der Toskana bestimmen noch heute die aus dem 12.–14. Jh. stammenden Geschlechtertürme, festungsartige Wohnbauten der wohlhabenden Familien. Sie dienten in den Kämpfen zwischen Guelfen und Ghibellinen als letzte Zuflucht.

Sankt-Lorenz-Seeweg, *Kanada/USA*
1954–1959 bauten Kanada und die USA gemeinsam diese Wasserstraße, die den Atlantik mit den Großen Seen verbindet. Die Kanalbauten ermöglichen den Hochseeschiffen, von Montreal aus 3770 Kilometer weit ins Landesinnere bis zum Westende des Oberen Sees zu fahren. Den Höhenunterschied von 184 Metern überbrückte man mit Hilfe von 16 Schleusen.

Sardinien, *Nuragen, Italien*
Etwa 7000 Nuragen stehen auf Sardinien, turmartige, aus großen Steinblöcken errichtete Rundbauten, die aus der Zeit um 2000–500 v. Chr. stammen. Die meisten haben im Innern nur einen Raum mit hohem Kraggewölbe, doch finden sich auch Nuragen mit drei übereinanderliegenden Kammern, die durch Treppen miteinander verbunden sind. Wozu diese Bauwerke dienten, ist bis heute unbekannt.

Segovia, *Aquädukt, Spanien*
Der Aquädukt von Segovia ist das wohl schönste Zeugnis der Römer in Spanien. Er wurde gegen Ende des 1. Jh. n. Chr. gebaut und erstreckt sich insgesamt über 813 Meter; davon verläuft er über 250 Meter zweistöckig und überquert die Talsohle in einer Höhe von maximal 28,5 Metern. Die kühn geschwungenen doppelten Bogengalerien sind aus Granitblöcken gefügt, die so genau aneinandergepaßt wurden, daß man weder Mörtel noch Zement benötigte.

Simbabwe, *Kultstätte, Simbabwe*
Auf einem Hochplateau östlich von Fort Victoria liegt die Ruinenstätte Simbabwe. Auf einem Granitrücken erhebt sich die sogenannte Akropolis, eine Komposition aus gewaltigen Steinblöcken, zwischen die sich Mauern spannen, so daß kleine eingefriedete Bezirke entstanden. Da man hier zahlreiche monolithische Vogelskulpturen ge-

funden hat, vermutet man, daß diese Akropolis das religiöse Zentrum der einheimischen afrikanischen Völker war. Im Tal liegt ein fälschlich als Tempel bezeichnetes Bauwerk, ein von einer knapp 10 Meter hohen Mauer umschlossenes Oval, in dem wiederum durch Mauern eingefriedete Bezirke lagen. Diese Einfriedungen umschlossen die Wohnhütten des Herrschers, der hier verborgen vor den Augen des Volkes lebte. Die Bauten stammen etwa aus dem 9.–15. Jh.

Split, *Diokletianspalast, Jugoslawien*

In den Jahren 295–305 ließ sich Kaiser Diokletian am Meer einen Palast erbauen, in den er sich nach seiner Abdankung 305 zurückzog. Die rechteckige Anlage bedeckte eine Fläche von 38 000 Quadratmetern und war von einer 2 Meter dicken und 16–23 Meter hohen Mauer umgeben, die mit 16 Türmen verstärkt und auf jeder Seite von einem Tor unterbrochen war. Von Osten nach Westen und von Norden nach Süden durchzieht die Anlage eine breite Straße. Die Nord-Süd-Achse mündet im Süden in ein Peristyl, einen von Säulenhallen umstandenen Hof, an den sich auf der Westseite ein Tempel, auf der Ostseite das Mausoleum des Kaisers anschließt, ein achteckiger Bau, den man im frühen Mittelalter zum Dom ausbaute. Im Süden, direkt am Meer, lag der eigentliche Wohnpalast Diokletians. Die nördlich der Ost-West-Achse sich erstreckende Hälfte der Anlage war der den Beamten, Dienern und Soldaten vorbehaltene Bezirk.

Tassili N'Ajjer, *Felsbilder, Algerien*

In der dem Ahaggar vorgelagerten Fels- und Felsschuttwüste der Sahara hat man zu Beginn unseres Jahrhunderts an meist überhängenden Felswänden zahlreiche Malereien und – seltener – Gravierungen gefunden, deren älteste aus dem 7./6. Jt. v. Chr. stammen und die von einem Klima und einer Tierwelt zeugen, die heute verschwunden sind. Häufig dargestellt sind Büffel, Antilopen, Elefanten, Nashörner und Giraffen, ebenso mit Pfeil und Bogen sowie mit Wurfspeeren bewaffnete Menschen. Im 4./3. Jt. v. Chr. entstanden vor allem die Rinderdarstellungen, und vom 15. Jh. v. Chr. an tauchen Bilder von Streitwagen und Pferden auf.

Transamazônica, *Straße, Brasilien*

1970–1974 baute Brasilien eine 5500 Kilometer lange Verkehrsader quer durch das Amazonastiefland. Diese Transamazônica genannte Straße beginnt in João Pessôa und Recife am Atlantik, durchquert das Amazonasgebiet und endet in Bôa Esperança an der Grenze Perus; von dort aus führt dann die nochmals 800 Kilometer lange Transandiana bis zum Pazifik. Zusammen mit anderen von Norden nach Süden verlaufenden Fernstraßen sollte die Transamazônica eine Voraussetzung dafür schaffen, das weitgehend von tropischem Regenwald bedeckte und kaum besiedelte Amazonasbecken zu erschließen.

Uxmal, *Gouverneurspalast, Mexiko*

Uxmal ist eine der ältesten und eindrucksvollsten Stadtanlagen der Maya und stammt aus dem 7.–11. Jh. Ein wahres Meisterwerk der Baukunst ist der sogenannte Gouverneurspalast. Er liegt auf einem 15 Meter hohen, oben zu einer Plattform abgeflachten künstlichen Hügel; der Palast selbst ist 98 Meter lang, 12 Meter breit und 8 Meter hoch. Seine Fassade springt zweimal zurück und wird zusätzlich durch den Kontrast untergliedert, den der vorspringende, 3 Meter hohe Fries mit den glatten, schmucklosen Wänden bildet.

Wieliczka, *Salzbergwerk, Polen*

Vermutlich schon seit dem 11. Jh. beutet man die Salzminen von Wieliczka bei Krakau aus. Bis in 300 Meter Tiefe reichen die in acht Stockwerken angelegten Stollen, die insgesamt 150 Kilometer lang sind. Die Gänge führen zu unterirdischen Kapellen, Grotten und Sälen mit Seen, die kunstvoll in das Salz gehauen worden sind.

Wien, *Schloß Schönbrunn, Österreich*

Schon 1695–1696 begann Johann Bernhard Fischer von Erlach mit dem Bau dieser Sommerresidenz der Habsburger, doch erst ab 1744 wurden die Arbeiten fortgeführt und schließlich 1748 abgeschlossen. Schloß Schönbrunn birgt über 1400 Räume, die 1765–1780 im Stil des Rokokos neu ausgestattet wurden. Mit seiner 2 Quadratkilometer großen Parkanlage gilt es als eines der schönsten Barockschlösser Europas.

Segovia. Der Aquädukt, ein Meisterwerk römischer Baukunst.

Simbabwe. Dieser Turm innerhalb des sogenannten Tempels ist ein massiver Steinbau und war vermutlich ein religiöses Symbol.

Abkürzungen

arab.	=	arabisch
assyr.	=	assyrisch
babylon.	=	babylonisch
drawid.	=	drawidisch
frz.	=	französisch
griech.	=	griechisch
italien.	=	italienisch
lat.	=	lateinisch
portug.	=	portugiesisch
span.	=	spanisch
→	=	siehe

A

Abakus, der (griech.-lat.): Meist rechteckige oder quadratische Deckplatte als Abschluß des → Kapitells.

Abhängling, der: Zapfenförmig herabhängender Schlußstein am Schnittpunkt der Gewölberippen.

Adobe, der (span.): Luftgetrockneter Lehmziegel, den die Indianer Lateinamerikas zum Bauen verwendeten.

Agora, die (griech.): Öffentlicher Platz im Zentrum der griechischen Stadt, wo Märkte abgehalten wurden und Versammlungen stattfanden. Die meist viereckige A. war umgeben von Säulenhallen (Stoa) und mit Altären versehen.

Akropolis, die (griech.): In der griechischen Antike eine hoch gelegene, befestigte Siedlung oder Burg, die in nächster Nähe einer manchmal erst später entstandenen Stadt lag. Am bekanntesten ist die A. von Athen, die sich von der Wehranlage zur Kultstätte wandelte.

Akroterion, das (griech.): Bekrönendes Schmuckelement auf dem Giebelfirst oder den Giebelecken griechischer und römischer Tempel.

Alkazar, der (arab.): Spanische Bezeichnung für ein Schloß, vor allem für ein Schloß arabisch-maurischen Ursprungs.

Altarretabel, das (lat.): Ein Altaraufsatz, der entweder direkt auf dem hinteren Teil des Altars aufliegt oder auf einem eigenen Sockel hinter dem Altar steht.

Ambo, der (griech.): Ein um mehrere Stufen erhöhtes Podium in altchristlichen und frühmittelalterlichen Kirchen, das zum Verlesen des Evangeliums diente.

Apsis, die (griech.): Halbkreisförmiger, mit einer Halbkuppel überwölbter Raum, der sich an einen Hauptraum anschließt und sich zu diesem hin öffnet. In der christli-

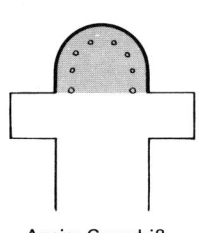

Apsis: Grundriß

Apsis und Nebenapsiden

chen Baukunst die Altarnische, die den Hauptraum abschließt. Im Mittelalter schlossen sich an die Seitenschiffe der Kirche oft Nebenapsiden an.

Architrav, der (griech.-lat.): In der antiken Baukunst und in den von ihr beeinflußten Baustilen der das Dach tragende Hauptbalken; ruhte in der griechischen Baukunst meist auf Säulen.

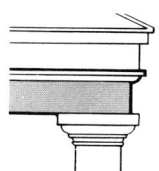

Arkaden, die (Plural; lat.): Eine Reihe von Bogen, die auf Pfeilern oder Säulen ruhen.

Astragal, der (griech.): Wulst zwischen → Schaft und → Kapitell der ionischen Säule.

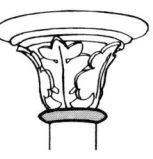

Atlant, der (nach dem griechischen Gott Atlas, der das Himmelsgewölbe auf seinen Schultern trägt): Männliche Statue, die anstelle von Säulen ein Gebälk oder Gewölbe stützt.

Atrium, das (lat.): Innerer Wohnhof des römischen Privathauses; durch eine rechteckige Öffnung im Dach (Compluvium) erhielt es Luft und Licht; der Regen, der durch das Compluvium fiel, wurde in einem Becken, dem Impluvium, gesammelt, das in der Mitte des A. eingelassen war. Um das A. herum waren die anderen Räume des Hauses angeordnet.

Azulejos, die (Plural; span.): Glasierte hellblaue Kacheln, mit denen man in Spanien und Portugal Wände verkleidete.

B

Balustrade, die (frz.-italien.): Ein aus kleinen Säulen gebildetes, durchbrochenes Geländer an Treppen und Balkonen.

Baptisterium, das (griech.-lat.): Taufkapelle, die im Frühmittelalter als eigenständiges Bauwerk in der Nähe einer größeren Kirche stand.

Barbakane, die (arab.): Meist ringförmiges Befestigungswerk, das einer Stadtbefestigung oder Burg vorgelagert ist und das dazu diente, Angriffe auf den Zugang abzuwehren.

Barock, das oder der: Kunststil, der von etwa 1600 bis 1750 in Europa verbreitet war; Hauptmerkmale sind Formenreichtum, üppige Verzierungen und eine deutliche Vorliebe für Farb- und Lichteffekte. Im B. verschmelzen die Einzelelemente Architektur, Malerei, Bildhauerkunst und Stuckarbeiten zu einem harmonischen Ganzen.

Basilika, die (griech.-lat.): Im antiken Rom die Markt- und Gerichtshalle; in frühchristlicher und romanischer Zeit eine Kirchenbauform, bei der das Mittelschiff die Seitenschiffe überragt.

Bastion, die (frz.): Vorspringender Bauteil einer Festung; die ursprünglich runden Vorsprünge wurden im 17./18. Jh. winkelförmig angelegt (Sternschanzen).

Bergfried, der: Hauptturm einer Burg, diente in Belagerungszeiten als letzte Zuflucht der Burgbewohner.

Bogen, der: Mit Hilfe des B. überbrückt man im Steinbau eine Öffnung von größerer Spannweite; er kann aber auch zur Entlastung nicht genügend tragfähiger Bauteile dienen (Entlastungsbogen). Der B. besteht aus meist keilförmig zugehauenen Steinen, den sogenannten Bogensteinen; den Stein im Scheitelpunkt bezeichnet man als → Schlußstein.

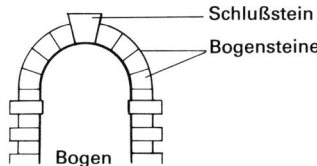

Bosse, die: Die ursprünglich nur roh bearbeitete, bucklige Vorderseite oder Ansichtsfläche eines Quaders; vor allem in der → Renaissance gab man den Steinen bewußt ein rustikales Aussehen, indem man sie so bearbeitete, daß sie den Bruchsteinen glichen (Rustika). Bossen können auch diamantförmig geschnitten oder reliefartig gemustert sein.

Bossenmuster

Burgwarte, die: Vorgeschobenes kleines Wachttürmchen an einem Turm oder an einer Wehrmauer.

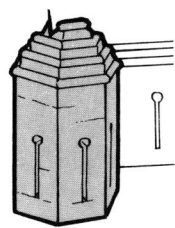

C

Campanile, der (italien.): Frei stehender Glockenturm italienischer Kirchen (bis in die → Renaissance üblich).

Castrum, das (lat.): Das befestigte Standlager römischer Truppen.

Cella, die (lat.): Im antiken Tempel der Raum, in dem die Götterstatue stand; bei den Griechen auch *Naos* genannt.

Chor, der (griech.): Ursprünglich der den Geistlichen und Mönchen zum Gebet vorbehaltene Platz vor dem Hochaltar; seit dem 14.Jh. der Raum, in dem der Hochaltar steht.

D

Dom, der (lat.): Ursprünglich Bezeichnung für das Wohnhaus des Bischofs, dann übertragen auf die Bischofskirche, die Kathedrale; schließlich auch Bezeichnung für die Hauptkirche einer Stadt.

Donjon, der (frz.): Bezeichnung für den zentralen, wehrhaften Hauptturm vor allem französischer Burgen; entspricht dem → Bergfried deutscher Burgen, ist im Gegensatz zu diesem aber zum dauerhaften Wohnen eingerichtet.

Dorische Säule → Säulenordnungen.

Dromos, der (griech.): Bezeichnung für einen Gang, der zu einem Grabraum führt.

E

Echinus → Säulenordnungen.

Empore, die: Galerieartiger oder tribünenähnlicher Einbau in einem Innenraum, zu dem hin sich die E. öffnet. In Kirchen befinden sich die Emporen oft zu beiden Seiten des Mittelschiffs oder über dem Eingang.

Epitaph, das (griech.): Erinnerungsmal an einen Verstorbenen in Form einer Inschrift und/oder figürlicher Darstellungen; an der Außenwand oder im Innern einer Kirche angebracht.

Eremitage, die (frz.): Im Barockzeitalter ein Garten- oder Lustschloß, das in ländlicher Abgeschiedenheit liegt.

Erker, der: Ein- oder auch mehrgeschossiger Anbau an der Fassade oder Ecke eines Hauses, der nicht vom Erdboden her gestützt wird, sondern frei vorkragt oder von → Konsolen getragen wird.

Esplanade, die (frz.-span.): Besonders breite Straße.

Estrade, die (frz.): Erhöhter Teil des Fußbodens in einer Raumnische oder in einem Raumteil, der für einen bevorzugten Sitz vorgesehen war.

F

Fachwerk, das: Skelettbauweise, deren tragendes Gerüst aus meist hölzernen Pfosten, Querverbindungen und Streben besteht. Die Zwischenräume füllt man mit Lehm oder Backsteinen, so daß eine geschlossene Wand entsteht. Oft stehen die oberen Geschosse des Fachwerkhauses aus konstruktiven und räumlichen Gründen etwas über, wobei *Knaggen* die vorstehenden Balkenköpfe unterstützen können.

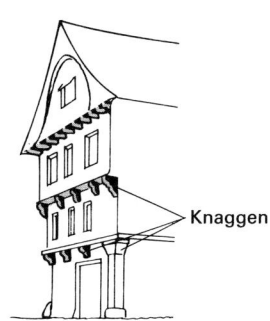

Knaggen

Fayence, die (frz.): Nach der italienischen Stadt Faenza benannte gebrannte Tonware, die mit einer bemalten Glasur überschmolzen ist.

Fiale, die (griech.): Schlankes, spitzes Türmchen, das die Strebepfeiler gotischer Bauwerke krönt.

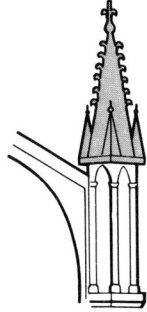

Forum, das (lat.): Meist rechteckiger Platz der römischen Stadt; diente wie die griechische → Agora als Marktplatz und als Versammlungsort. Um das F. herum gruppierten sich die öffentlichen Gebäude.

Fries, der (frz.): Allgemein jeder schmale waagrechte Streifen, der unterschiedliche Architekturteile voneinander abgrenzt oder sie untergliedert und dekoriert.

G

Galerie, die (italien.): Langgestreckter, seitlich offener Gang; Festsaal in Renaissance- oder Barockschlössern, in denen man häufig auch Bilder aufhängte (daher auch Bezeichnung für eine Gemäldesammlung).

Gewände, das: Die schräg geführten Einschnittflächen in einer Mauer bei Fenstern und Portalen. Das G. kann profiliert sein und tritt beim *Stufenportal* abgestuft zurück.

Gewölbe, das: Bogenförmig gekrümmte Decke eines Raums; das G. besteht aus Steinen, die sich gegenseitig stützen – im Gegensatz zum unechten G. *(Kraggewölbe)*, das durch Vorkragen der einzelnen Steinschichten gebildet wird. Man unterscheidet mehrere Gewölbeformen: Die einfachsten Formen sind das Tonnengewölbe mit halbkreisförmigem Querschnitt (Rundtonne) und die Halbtonne mit Viertelkreisquerschnitt (einhüftiges Gewölbe). Tonnengewölbe können durch → Gurtbogen verstärkt sein. Aus der Kreuzung zweier Tonnengewölbe entsteht das Kreuzgewölbe, dessen Gewölbeflächen sich in Graten verschneiden (Kreuzgratgewölbe);

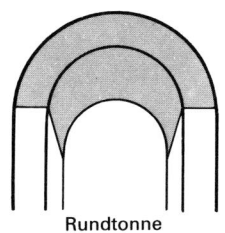

Rundtonne

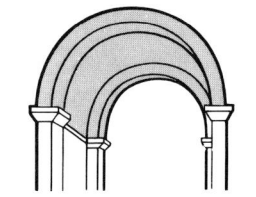

Tonnengewölbe mit Gurtbogen

Kreuzgratgewölbe

Kreuzrippengewölbe

Halbkuppelgewölbe oder Konche

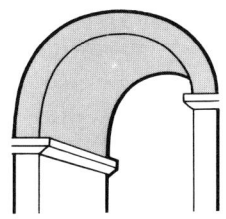

Einhüftiges Gewölbe

wenn im Verlauf der Grate die Gewölbeflächen von Rispen getragen werden, bezeichnet man es als Kreuzrippengewölbe. Eine Gewölbeform, die einen Kugelabschnitt bildet, bezeichnet man als Kuppel. Ein Halbkuppelgewölbe (Konche) entspricht dem Viertel einer Kugel und erhebt sich über einem halbkreisförmigen Grundriß.

Gotik, die (frz.): Stilepoche der abendländischen Kunst, untergliedert sich in Frühgotik (von etwa 1135 bis zum Ende des 12. Jh.), in Hochgotik (13. Jh.) und Spätgotik (vom 14. bis ins 16. Jh. hinein). Kennzeichen der G. sind der Spitzbogen und das Kreuzrippengewölbe, das es erlaubte, die Kirchenbauten weit in die Höhe zu ziehen.

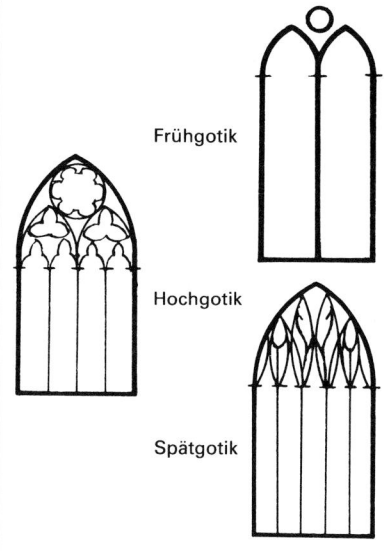

Frühgotik

Hochgotik

Spätgotik

Je weiter die G. fortschritt, desto reicher wurde das → Maßwerk, die typische Ornamentik dieser Stilepoche.

Gurtbogen, der: Vorspringender Bogen, der ein Gewölbe stützt.

H

Hallenkirche, die: Im Gegensatz zur → Basilika sind bei der H. Mittel- und Seitenschiffe gleich hoch, so daß nicht jedes Schiff eigenständig belichtet werden muß; das Licht fällt durch die entsprechend größeren Fenster der Seitenschiffe.

Hypogäum, das (griech.): Unterirdischer Grabbau.

Hypostylon, das (griech.): Ein Raum, dessen Dach von Säulenreihen getragen wird.

I

Ikonostasis, die (griech.): In der orthodoxen Kirche die Bilderwand, die Altar- und Gemeinderaum trennt.

Inkrustation, die (lat.): Verkleidung von Innen- oder Außenwänden mit verschiedenfarbigen Blendsteinen.

Intarsia, die (lat.): Einlegearbeit aus verschiedenfarbigen Holzfurnieren.

Ionische Säule → Säulenordnungen.

J

Joch, das: Gewölbefeld eines Bauwerks; im Gegensatz zu den Schiffen, deren Anzahl in der Querachse feststellbar ist, wird die Anzahl der Joche in der Längsachse gezählt.

K

Kanneluren, die (Plural; griech.-lat.): Die senkrechten, eingeschnittenen Vertiefungen im Säulenschaft.

Kapitell, das (lat.): Kopfstück einer Säule oder eines Pfeilers, mit Ornamenten, Pflanzenmotiven oder figürlichem Schmuck verziert. Das K. besteht aus dem → Astragal, dem Korb und dem → Abakus.

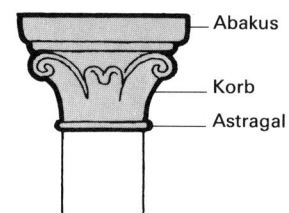

— Abakus

— Korb

— Astragal

Kapitelsaal, der (lat.): Saal in einem Kloster, wo sich die Mönche versammelten, um Weisungen entgegenzunehmen und ihre Angelegenheiten zu beraten.

Kartusche, die (frz.): Im alten Ägypten der ovale Rahmen um den Namen des Pharaos. Vor allem im Barock weitverbreiteter Zierrahmen für Wappen und Inschriften.

Karyatide, die (griech.): Mädchengestalt, die anstelle von Säulen ein Gebälk oder Gewölbe stützt; → auch Atlant.

Kathedrale, die (griech.): Ursprünglich Bischofskirche; → auch Dom.

Kenotaph, das (griech.): Grabmal zum Andenken an einen oder mehrere Tote, die an anderer Stelle beigesetzt sind.

Klassizismus, der: Stilepoche, die etwa um die Mitte des 18. Jh. entstand und bis in die erste Hälfte des 19. Jh. hinein dauerte. Der K. entwickelte sich als Reaktion auf das späte → Barock und das → Rokoko und propagierte die Rückbesinnung auf die klassische Antike. Kunst und Architektur sind gekennzeichnet durch eine strenge Monumentalität mit einem äußerst sparsamen Dekor.

Knaggen → Fachwerk.

Konsole, die (frz.): Aus einer Wand oder einem Pfeiler vorspringender Tragstein, der als Basis für Balken, Balkone, Erker und anderes dient.

Korinthische Säulen → Säulenordnungen.

Kraggewölbe → Gewölbe.

Krypta, die (griech.): Unterirdische Grab- und Reliquienkapelle unter dem → Chor einer Kirche. Oft konnte sie nicht ganz versenkt angelegt werden, so daß dann Chorboden und Altar über das Niveau des Langhauses erhöht sind.

Kurtine, die (frz.): Der Wall, der zwei → Bastionen miteinander verbindet.

L

Laibung, die: Die innere gewölbte Fläche eines Bogens oder eines Gewölbes.

Lanzettbogen, der: Sehr langgezogener Spitzbogen; in der Gotik bestanden die Fenster oft aus zwei- oder dreifachen Lanzettbogen.

Laterne, die (griech.): Kleiner, mit Fenstern durchbrochener Aufsatz

über der Scheitelöffnung einer Kuppel.

Lettner, der (lat.): In romanischer und gotischer Zeit errichtete Trennwand zwischen → Chor und Mittelschiff bei Dom-, Kloster- und Stiftskirchen; trennte den Raum der Priester und Mönche von dem der Laien.

Lisene, die (frz.): Nur wenig aus der Mauerfläche vortretender senkrechter Wandstreifen; diente vor allem in der Romanik zur Gliederung von Fassaden.

Liwan, der (arab.): Überwölbte, sich zum Hof öffnende Halle des arabischen Wohnhauses. Der L. findet sich auch bei der islamischen Moschee als Eingangshalle.

Loggia, die (italien.): An den Seiten offene Säulenhalle vor oder innerhalb eines Gebäudes; manchmal auch selbständige Bogenhalle.

Lünette, die (frz.): Dekoriertes halbkreisförmiges Feld über Türen oder Fenstern.

M

Mäander, der (griech.): Fortlaufendes Bandornament, das immer rechtwinklig die Richtung ändert.

Mandorla, die (italien.): Mandelförmige Aureole, die die Figur des thronenden Christus umgibt.

Manierismus, der (italien.): Stilepoche zwischen → Renaissance

und → Barock (etwa 1530–1610). Der M. ist gekennzeichnet durch die Abwendung vom klassischen Ideal der Harmonie zu einem im höchsten Maß künstlichen System, das oft bis zur Affektiertheit und zum Bizarren ausartet.

Maqsura, die (arab.): Der abgeschirmte Betplatz des Kalifen vor dem → Mihrab einer Moschee.

Maschikulis, die (Plural; frz.): Ausgußöffnungen *(Pechnasen)* für heißes Pech und Öl im Boden der an den Verteidigungsmauern einer Burg auf Konsolen vorkragenden Wehrgänge *(Pechnasenkranz).*

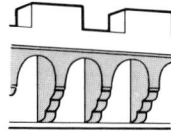

Maßwerk, das: Geometrisch konstruiertes Ornament der → Gotik; diente ursprünglich dazu, die Bogenspitze großer Fenster zu untergliedern, wurde später auch bei Wandflächen und anderem verwendet.

Mastaba, die (arab.): Altägyptische Form des Privatgrabs; die M. ist ein rechteckiger Hügel, in den von oben ein senkrechter Gang bis tief in den Untergrund hinein in die Sargkammer führt.

Mausoleum, das: Monumentaler Grabbau, so benannt nach dem Grabmal des Königs Mausolos in Halikarnassos (um 350 v.Chr. erbaut).

Megaron, das (griech.): Hauptraum des griechischen Wohnhauses mit Vorhalle; in kretisch-mykenischen Burgen speziell der Thronsaal.

Metope, die (griech.): Im → Fries des dorischen Tempels das meist mit Figurenreliefs geschmückte Feld zwischen zwei → Triglyphen.

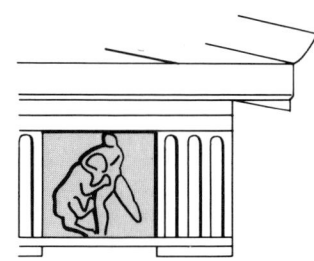

Mihrab, der (arab.): Die nach Mekka gerichtete Gebetsnische einer Moschee.

Minarett, das (arab.): Turm für den Gebetsrufer (Muezzin) einer Moschee.

Minbar, der (arab.): Der erhöht stehende Predigtstuhl in einer Moschee.

Münster, das: Hauptsächlich in Südwestdeutschland Bezeichnung für größere Kirchen, die nicht unbedingt Bischofs- oder Klosterkirchen sein müssen.

Mutulus, der (lat.): Rechteckige Steinplatte an der Unterseite des Kranzgesimses bei der dorischen → Säulenordnung.

N

Naos → Cella.

Narthex, der (griech.): Vorhalle der frühchristlichen → Basilika, vom Langhaus durch Säulen, Gitter oder eine Wand abgetrennt.

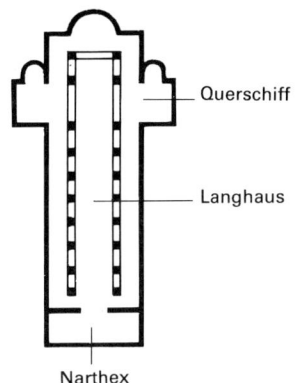

Querschiff
Langhaus
Narthex

Nekropole, die (griech.): Eine Gräberstadt mit architektonisch gestalteten Gräbern oder Grabbauten.

O

Obelisk, der (griech.): Quadratischer, sich nach oben leicht verjüngender und von einer kleinen Pyramide abgeschlossener Steinpfeiler.

Orangerie, die (frz.): Vor allem in barocken Parkanlagen ein Gewächshaus für nicht winterharte Pflanzen.

Orchestra, die (griech.): Kreisförmiger Tanzplatz im Zentrum des antiken griechischen Theaters.

P

Pagode, die (drawid.-portug.): Buddhistischer Tempel in Form eines quadratischen oder polygonalen Stockwerkbaus (Turms), meist mit kunstvoll geschwungenen Dächern über jedem Stockwerk.

Palas, der (lat.): Wohn- und Saalbau der mittelalterlichen Burg oder Pfalz.

Pantokrator, der (griech.): Darstellung des thronenden Christus in den → Apsiden und Kuppeln byzantinischer Kirchen.

Paß, der (lat.): Kreisbogen des gotischen → Maßwerks; nach der Zahl der Kreisbogen, die durch sogenannte Nasen getrennt sind, unterscheidet man den Drei-, Vier-, Sechspaß usw.

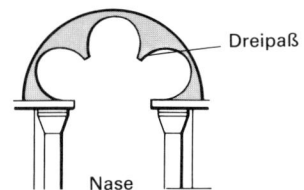

Dreipaß
Nase

Pechnasen(kranz) → Maschikulis.

Pendentif, das (lat.-frz.; auch *Hängezwickel*): Sphärisches Dreieck, das eine runde Kuppel an den quadratischen Grundriß des Unterbaus anpaßt.

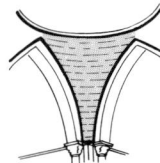

Peristyl, das (griech.): Die einen Hof umgebende Säulenhalle.

Pfalz, die (lat.): Residenz der deutschen Kaiser und Könige im Mittelalter.

Pfeiler, der: Stützglied aus Mauerwerk, im Gegensatz zur zylindrischen Säule meist viereckig oder polygonal.

Portikus, der (lat.): Von Säulen getragene Vorhalle vor der Hauptfront eines Gebäudes.

Propyläen, die (Plural; griech.): Toranlage eines meist von hohen Mauern umschlossenen Tempelbezirks; die P. bestehen meist aus mehreren Durchgängen sowie einer äußeren und inneren Vorhalle.

Pylon, der (griech.): Torbau des ägyptischen Tempels, der aus zwei trapezförmigen Türmen besteht, die den Eingang flankieren; auch torähnlicher tragender Pfeiler einer Hängebrücke.

R

Refektorium, das (lat.): Der Speisesaal der Mönche in einem Kloster.

Reliquiar, das (lat.): Schrein, in dem die Gebeine oder Gegenstände eines Heiligen aufbewahrt werden.

Kopf-
reliquiar

Renaissance, die (frz.): Stilepoche, die um 1420 in Italien begann und etwa bis 1525 dauerte. Hauptkennzeichen sind die Rückbesinnung auf die klassische Antike und das Streben nach einer harmonischen Gliederung der Bauten.

Rocaille, die (frz.): Muschelähnliches Dekorationselement des Spätbarocks, wurde namengebend für das → Rokoko.

Rokoko, das (frz.): Letzte Stilepoche des → Barocks, etwa 1720–1770. Der Außenbau wirkt gegenüber dem pathetischen Barock eleganter, die Stukkatur der Innenräume wird leichter, und die Farben sind hell und licht.

Romanik, die (lat.): Frühmittelalterliche Stilepoche, die um das Jahr 1000 beginnt und ihre Blütezeit im 12. Jh. erlebt. Die romanische Kirchenbaukunst ist gekennzeichnet durch Rundbogen, Gewölbe und eine klare Gliederung des Kirchenschiffs.

Rose, die: Rundfenster einer gotischen Kirche, meist reich mit → Maßwerk gefüllt.

Rundbogen, der: Ein Bogen, der exakt einen Halbkreis bildet.

Rustika → Bosse.

S

Sakristei, die (lat.): Ein neben dem → Chor liegender Raum, in dem man Meßgewänder und liturgische Geräte aufbewahrt.

Säulenordnungen, die: Die antike griechische Architektur kennt drei Systeme, bei denen Säulen, → Kapitelle, → Architrave und Gesims aufeinander abgestimmt sind und so eine feste Ordnung bilden. 1. Die *dorische Ordnung:* Sie ist die älteste und einfachste. Die Säulen haben keine Basis, sondern ruhen direkt auf dem → Stylobat. Die → Kanneluren des Säulenschafts haben scharfe Kanten. Das Kapitell setzt sich zusammen aus dem *Echinus,* einer wulstartigen Verdickung, und dem → Abakus. Der Architrav ist glatt, der → Fries ist in → Triglyphen und → Metopen untergliedert. Darüber erhebt sich das Kranzgesims, an dessen Unterseite sogenannte → Mutuli hängen. 2. Die *ionische Ordnung* ist gekennzeichnet durch schlankere Säulen, die auf einer Basis ruhen, bei der sich Wulst (Torus) und Hohlkehle (Trochilus) abwechseln. Die Kanneluren des Säulenschafts sind tiefer, die Übergänge jedoch fließend. Das ionische Kapitell entfaltet sich in → Voluten. Der Architrav besteht aus drei übereinanderliegenden, vorkragenden Schichten; der Fries bildet ein zusammenhängendes, meist mit Reliefs geschmücktes Band. Das

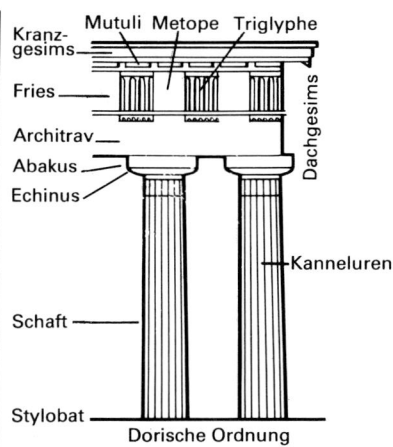

Dorische Ordnung

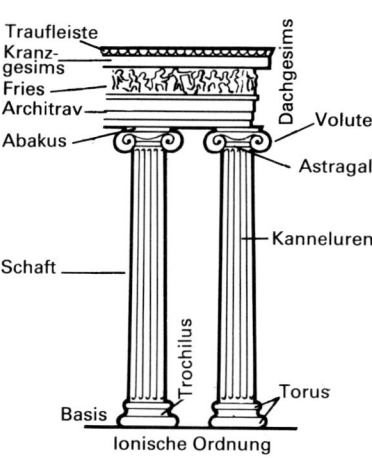

Ionische Ordnung

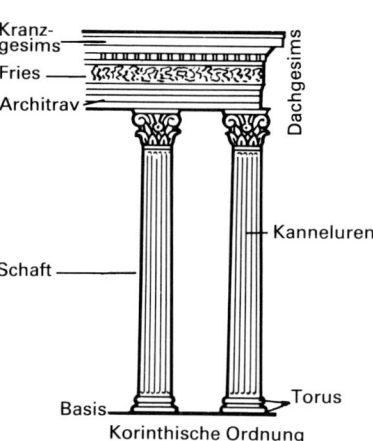

Korinthische Ordnung

Kranzgesims trägt eine gezahnte Traufleiste. 3. Die *korinthische Ordnung* unterscheidet sich von der ionischen durch das Kapitell, das aus Akanthusblättern gebildet ist, sowie durch die noch schlankere Gestaltung der einzelnen Bauelemente.

Schaft, der: Der Rumpf einer Säule; er kann aus einem Stück bestehen oder aus einzelnen → Trommeln zusammengesetzt sein.

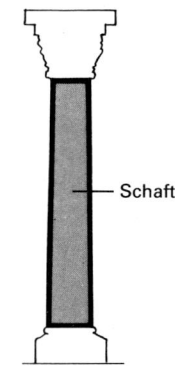

Schießscharte, die: Schmale, sich trichterförmig nach innen erweiternde Öffnung in einer Wehrmauer, durch die man den Feind beschießen konnte.

Schlußstein, der: Der oberste, als letzter eingesetzte Stein eines → Bogens oder eines Kreuzrippengewölbes. Hängt er herab, bezeichnet man ihn als → Abhängling.

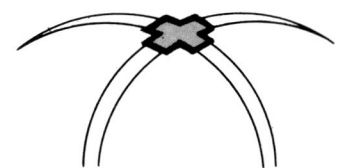

Schlußstein eines Kreuzrippengewölbes

Spitzbogen, der: Der S. setzt sich zusammen aus zwei Kreisbogen, die sich oben in einem spitzen Winkel kreuzen.

Staffelgiebel, der: Giebel mit abgetreppter Kontur.

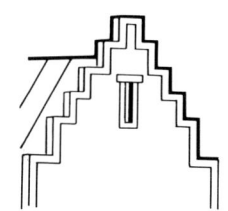

Stele, die (griech.): Eine aufrecht stehende, meist mit Reliefs verzierte Gedenk- oder Grabplatte.

Strebebogen, der: Ein schräg ansteigender Bogen, der bei gotischen Kirchen den Gewölbeschub vom Mittelschiff auf den Strebepfeiler überträgt.

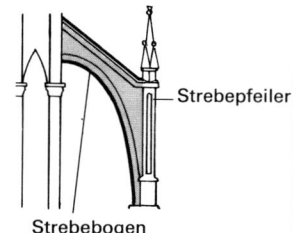

Strebebogen

Stufenportal → Gewände.

Sturz, der: Gerader oberer Abschluß einer Tür- oder Fensteröffnung.

Stylobat, der (griech.): Oberste Stufe des antiken Tempelunterbaus, auf dem die Säulen ruhen.

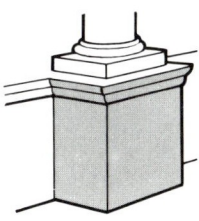

T

Tabernakel, das oder der (lat.): Gehäuse auf einem Altar, in dem die geweihten Hostien aufbewahrt werden.

Temenos, das (griech.): Der durch eine Mauer oder Säulenhalle begrenzte Tempelbezirk.

Terrakotta, die (italien.): Gebrannter Ton.

Tholos, der (griech.): Griechischer Rundtempel.

Torii, das (japan.): Das aus zwei senkrechten und zwei waagrechten Holzbalken gebildete Tor eines schintoistischen Tempelbezirks.

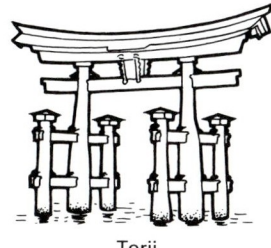
Torii

Traufe, die: Die untere waagrechte Begrenzung eines Dachs.

Triglyphe, die (griech.): Schmuckelement des dorischen → Frieses, das aus drei senkrechten Kanneluren (Rillen) besteht.

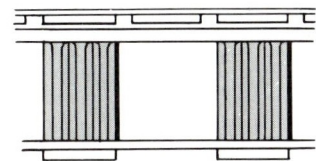

Trommel, die: Zylindrischer Teil eines Säulenschafts.

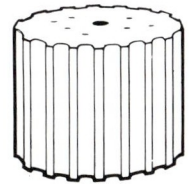

Trompe, die (frz.): Trichterförmiges Gewölbe; Trompenkuppeln errichtet man häufig über einem quadratischen Unterbau.

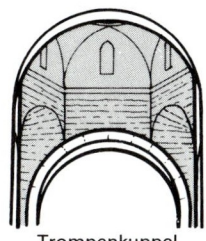
Trompenkuppel

Trumeau, der (frz.): Der mittlere Steinpfosten eines Portals, der das → Tympanon stützt.

Trumeau

Turmhelm, der: Der obere Abschluß eines Turms mit geneigten Dachflächen.

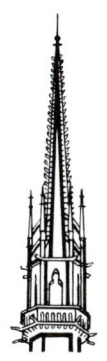

Tympanon, das (griech.): Giebelfeld eines antiken Tempels; im Mittelalter das Bogenfeld über einem Portal.

Antikes Tympanon

Mittelalterliches Tympanon

VW

Vierung, die: Der meist quadratische Raum einer Kirche, der entsteht, wo Langhaus und Querhaus sich kreuzen.

Volute, die (frz.): Spiral- oder schneckenförmiges Ornament des ionischen Kapitells (→ auch Säulenordnungen).

Wimperg, der: Giebelartige Bekrönung gotischer Portale und Fenster.

Z

Ziborium, das (lat.): Von Säulen getragener Baldachin über dem Altar.

Zikkurat, die (assyr.-babylon.): Tempelform der frühen Hochkulturen des Zweistromlands; besteht aus mehreren, sich nach oben verjüngenden Plattformen mit einem Hochtempel auf der Spitze.

Zinne, die: Zacke einer Brüstungsmauer; zwischen zwei Zinnen liegt eine Scharte.

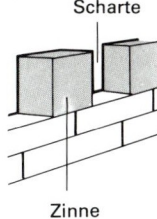
Scharte
Zinne

Zwickel, der: Fläche zwischen zwei Bogen einer → Arkade.

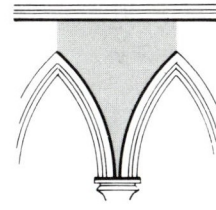

Zyklopenmauer, die: Ein aus gewaltigen, unregelmäßigen, aber sorgfältig geschichteten Natursteinen errichtetes Mauerwerk.

Bildnachweis